Studia Orientalia Christiana

Monographiae

n. 21

Progetto grafico Elisa Agazzi

Edizioni Terra Santa s.r.l. - Milano
Via Gherardini 5, 20145 Milano, Italy
editrice@edizioniterrasanta.it - www.edizioniterrasanta.it

Finito di stampare nel gennaio 2013 da Corpo 16 s.n.c. - Bari
ISBN 978-88-6240-164-7

Agapio di Gerapoli

STORIA UNIVERSALE

Introduzione, traduzione dall'arabo e note
di
Bartolomeo Pirone

In memoria di
padre Michele Piccirillo
amico di una vita

Prefazione

1. La felice iniziativa di Bartolomeo Pirone mette per la prima volta a disposizione del pubblico italiano il testo del *Kitāb al-ʿUnwān* («Libro del Titolo») di Agapio di Gerapoli (identità ellenizzata del melchita Maḥbūb b. Qusṭanṭīn al-Manbiǧī, m. 942), una delle più importanti opere storiografiche della tradizione araba cristiana, in cui seguiva di pochi anni soltanto il suo illustre confratello e primo rappresentante del genere della cronaca universale, Saʿīd b. al-Baṭrīq, meglio noto in Occidente come Eutichio, patriarca di Alessandria (m. 940).

Vescovo di Gerapoli di Siria (= sir. Mabbūg, ar. Manbiǧ), all'incirca equidistante tra Edessa e Aleppo, Agapio ha potuto attingere per le diverse sezioni della sua ingente compilazione a un cospicuo numero di fonti – non tutte ancora precisamente identificabili – in arabo, greco bizantino e siriaco. Questo rappresenta uno dei principali motivi d'interesse di questa storia universale, che in alcuni casi si trova a essere il più antico – se non l'unico – testimone di dati storici e biografici o di leggende e tradizioni interpretative molto importanti per l'ambito complessivo dell'Oriente cristiano: a questo aspetto, piuttosto che al merito da più parti riconosciuto ad Agapio di illustrare con particolari altrimenti ignoti gli eventi più vicini al suo tempo (benché l'opera ci sia giunta incompleta, non oltrepassando il secondo anno di regno del califfo abbaside al-Mahdī, 776-7 d.C.), saranno rivolte le brevi osservazioni che seguono.

2. Nella prima parte della sua storia universale (al capitolo 5, pp. 84-86), Agapio include anche una versione per più rispetti interessante della leggenda sull'origine della traduzione greca cosiddetta «dei LXX» della Bibbia ebraica. Il resoconto del vescovo di Manbiǧ non solo è più lungo di qualsiasi altra fonte della leggenda, con la sola eccezione del suo scritto fondativo, la greca *Lettera di Aristea*, ma ne fa un uso apologetico in conflitto radicale con le origini di questa tradizione: non, cioè, nel senso di sottolineare l'origine miracolosa della traduzione, e dunque la sua inalterabilità, bensì allo scopo di dimostrare che gli ebrei avrebbero introdotto nel testo alterazioni tutt'altro che innocue. In questo modo Agapio inserisce la leggenda nella più ampia cornice delle accuse agli ebrei di aver manipolato il testo della Bibbia per occultare la presenza in esso di testimonianze dell'avvento del Messia cristiano: una vena polemica che nel 10° secolo aveva già precedenti nella tradizione cristiana (non soltanto di lingua araba), ma anche corrispettivi nell'apologetica religiosa islamica, con la parallela accusa a ebrei e cristiani di aver contraffatto le loro Scritture al fine di obliterare le prove dell'identità di Muḥammad.[1]

[1] Si veda per quanto precede la brillante analisi di Abraham e David J. Wasserstein, *The Legend of the Septuagint from Classical Antiquity to Today*, Cambridge 2006, pp. 144-145.

Altrettanto originale rispetto ai precedenti testimoni della leggenda dei LXX è l'immagine che Agapio fornisce del sovrano committente della grande impresa di traduzione della Bibbia dall'ebraico in greco: Tolomeo è infatti rappresentato come non solo un successore, ma un pari di Alessandro per potenza e suo superiore per sapere (cf. p. 84), diretto da interessi intellettuali in particolare verso le scienze matematiche (astrologia, astronomia, geometria, aritmetica), per l'appunto tipiche dei saperi stranieri importati dai musulmani nella loro cultura nei due secoli precedenti l'epoca di Agapio. Insomma, l'organizzazione della biblioteca e l'interesse del re per la sua attività richiamano piuttosto il rapporto del califfo al-Maʾmūn con la *Bayt al-ḥikmah* di Baġdād che il Tolomeo della *Lettera di Aristea* e la biblioteca di Alessandria.[2]

Nel seguito del racconto di Agapio riemerge più volte il tema della manipolazione della Scrittura da parte degli ebrei, tra l'altro con l'entrata in scena di un altro protagonista regale, Costantino, alla cui iniziativa – storicamente documentata – di commettere a Eusebio la riproduzione e la collazione di copie del testo biblico è attribuita la scoperta e la frustrazione della manovra degli ebrei (qui alle pp. 86-88), nel rispetto di uno schema narrativo che pare ancora influenzato dalla *Lettera di Aristea*.[3]

La versione riportata da Agapio, privata del suo impiego in funzione apologetica antigiudaica, risulta tuttavia già nota alla più antica fonte islamica della leggenda dei LXX, vale a dire il cronografo di Baġdād Abū ʿĪsā al-Munaǧǧim (seconda metà del IX secolo), excerpito dallo storico siriano del XIII secolo Abū l-Fidāʾ: questo ha indotto a supporre l'esistenza di una fonte comune ad Abū ʿĪsā e ad Agapio, probabilmente uno scritto cristiano disponibile anche in lingua araba, per ora non identificato.[4] È questo soltanto un primo esempio della complessa rete intertestuale che sottende l'opera del cronografo di Manbiǧ.

3. Un secondo caso concerne il filosofo cristiano sincretista di lingua siriaca Bardesane di Edessa (154-222), della cui biografia leggendaria Agapio ci fornisce la più antica testimonianza (al capitolo 23,10), combinata con una delle tre tradizioni disponibili sulla sua dottrina cosmologica.[5] Questa notizia eresiologica è comune – con qualche differenza di dettaglio – al nostro autore, al Patriarca siro-ortodosso Michele Siro (m. 1199), storico tra i maggiori del Medioevo in qualsiasi lingua, e al poligrafo pure siro-ortodosso Barebreo (1226-1286): se Barebreo ha molto spesso attinto i suoi dati direttamente dal suo illustre confratello, questi può aver tanto ricavato i propri direttamente da Agapio,

[2] A. e D.J. Wasserstein, *The Legend of the Septuagint* (2006), pp. 147-148.

[3] A. e D.J. Wasserstein, *The Legend of the Septuagint* (2006), pp. 150-152 (con menzione dell'ambiguità del testo arabo alla n. 48).

[4] Vedi in proposito A. e D.J. Wasserstein, *The Legend of the Septuagint* (2006), pp. 175-177, con i necessari riferimenti.

[5] Le tre tradizioni sulla cosmologia di Bardesane sono ampiamente discusse da H.J.W. Drijvers, *Bardaiṣan of Edessa*, Assen 1966, che tratta in particolare del resoconto di Agapio alle pp. 116-119, 149 e 187-193.

quanto aver usato una fonte comune oppure un intermediario dipendente dal vescovo di Manbiğ, ancora da identificare.[6]

In ogni caso, mentre la biografia attribuisce a Bardesane alcuni tratti caratteristici degli stereotipi eresiologici più correnti nella letteratura cristiana antica (p. es. la nascita da genitori ribelli al proprio sovrano, l'esser stato un diacono lapso o un pagano[7] convertito perversamente tornato all'idolatria, o ancora l'autore di un'eresia senza predecessori), e si configura quindi come destituita di valore storico, la tradizione cosmologica che ci consegnano i tre storici cristiano-orientali del tardo Medioevo presenta una serie di elementi comuni, che in parte trova riscontro nelle fonti più antiche sul pensiero bardesanitico, in particolare Efrem di Nisibi (m. 373):[8] 1) la dottrina dei sette elementi, distinti in tre superiori (intelletto, potenza, pensiero) e quattro inferiori (fuoco, acqua, luce, spirito), dalla cui combinazione traggono origine 360 mondi: Agapio specifica che l'anima dell'uomo deriva dai tre superiori, il corpo invece dai quattro inferiori, e che le singole parti del corpo sono state create dai signori dei sette segni zodiacali; 2) in analogia con la crescita e diminuzione della luna ogni trenta giorni, la Madre della vita ogni mese si spoglia dei suoi abiti ed entra dal Padre della vita: dalla loro unione nascono sette figli; 3) il rapporto sessuale è un apprezzato strumento di purificazione dal peccato; 4) i bardesaniti negano la resurrezione. È questo soltanto uno dei numerosi motivi d'interesse del *Kitāb al-ʿUnwān* per gli storici delle religioni, che potranno in particolare riconoscervi molti casi di fertile tensione delle fonti relativamente a varie sette gnostiche (per esempio gli Audiani, al cap. 28,15) e ai conflitti tra le diverse forme di cristianesimo praticate nella tarda antichità in Siria e in Mesopotamia.

4. La terza antella del nostro trittico vorrebbe esemplificare l'importanza di Agapio per la storia della storiografia del Vicino Oriente medievale. In epoca abbaside, in particolare, si è constatata una vivace circolazione intellettuale tra le tradizioni linguistiche araba, siriaca, greca e medio-persiana negli ambiti più diversi, dalla filosofia alla teologia, dalle scienze all'astrologia, che può aver favorito contatti anche tra le rispettive produzioni storiografiche.[9] Uno dei casi più vistosi di opera storica trasmessa in molteplici filiere – sia pure con modifiche e adattamenti alle finalità diverse dei

[6] Cf. G. Graf, *Geschichte der christlichen arabischen Literatur*, Bd. II, Città del Vaticano 1947, p. 39; Drijvers, *Bardaiṣan of Edessa* (1966), pp. 116-118 (cui si rinvia per le indicazioni precise dei passi di Michele Siro e Barebreo).

[7] Anche la notizia del soggiorno di Bardesane bambino a Mabbug / Gerapoli, centro famoso di culti pagani, in particolare della Dea Syra (= Atargatis), pare di dubbia autenticità e andrà piuttosto ascritta alla tendenziosa propaganda eresiologica del suo primo testimone, Agapio, che fu appunto vescovo di quella città: sulla questione vedi Drijvers, *Bardaiṣan of Edessa* (1966), pp. 116 s. e 217.

[8] Se ne veda l'eccellente analisi critica proposta da A. Camplani, *Rivisitando Bardesane. Note sulle fonti siriache del bardesanismo e sulla sua collocazione storico-religiosa*, in *Cristianesimo nella storia* 19/3 (1998) [519-596] 525 s.

[9] Ne offre un'ampia rassegna, ricca di ulteriori indicazioni bibliografiche, R. Hoyland, *Arabic, Syriac and Greek Historiography in the first Abbasid Century: an Inquiry into Inter-cultural Traffic*, in *Aram* 3: 1&2, 211-233.

differenti autori – è rappresentato dalla cronaca in siriaco del poligrafo, cui Barebreo ascrive fede maronita, Teofilo bar Tomā di Edessa (ca. 695-785), perduta come scritto indipendente ma conservata in *excerpta* e nella disposizione della materia in almeno tre tradizioni storiografiche: la bizantina, rappresentata dalla *Chronographia* del monaco Teofane (m. 818), cui giunse attraverso la traduzione greca modificata composta da un monaco della Siria settentrionale verso il 780; la siriaca occidentale, per il tramite della cronaca – anch'essa perduta – del Patriarca Dionisio di Tellmaḥrē (m. 845), da cui si sono dipartite due diverse trafile testuali, approdate la prima al già nominato Michele Siro e successivamente a Barebreo, la seconda – per il tramite di intermediari soltanto ricostruibili a filo di filologia – alla preziosa *Cronaca anonima fino al 1234*, che va considerata il suo testimone più fededegno; infine l'araba cristiana, rappresentata per l'appunto dal nostro Agapio.[10]

Il cronografo di Manbiǧ dichiara esplicitamente (qui al capitolo 47,31) il proprio debito nei confronti dell'opera storica di Teofilo, intellettuale ellenofilo poliglotta e di vocazione eclettica che finì per abbandonare il genere storiografico, forse rivelatosi troppo delicato in considerazione dell'alta carica che aveva assunto in tarda età alla corte abbaside, per dedicarsi ad apprezzate traduzioni in siriaco dell'*Iliade* e forse dell'*Odissea*,[11] e soprattutto al suo ufficio di astronomo e astrologo capo del califfo al-Mahdī (775-785). Rimane da accertare sulla base di una ricognizione sistematica se Agapio si sia fondato direttamente sulla cronaca di Teofilo o abbia piuttosto fatto ricorso a un intermediario, eventualmente tradotto in greco: gli scandagli condotti finora sui casi di studio della conquista araba di Arado (Arwād) nel 650 e rispettivamente della seconda guerra civile (683-692) e degli anni 744-750 della terza guerra civile (o «rivoluzione» abbaside) hanno dato luogo a risultati non conclusivi.[12] Il confronto con i

[10] L'identificazione della «Eastern Source» individuata, tra gli altri, da E.W. Brooks (*The Sources of Theophanes and the Syriac Chroniclers*, in *Byzantinische Zeitschrift* 15 [1906] 578-587) a monte delle tradizioni comuni a Teofane, ai cronisti siro-ortodossi e ad Agapio, con l'opera di Teofilo di Edessa è stata persuasivamente argomentata da Hoyland, *Arabic, Syriac and Greek historiography* (1991), pp. 216-230, e da L.I. Conrad, *Theophanes and the Arabic Historical Tradition: some Indications of Intercultural Transmission*, in *Byzantinische Forschungen* 15 (1990) [1-44] 37-43, e soprattutto *The Conquest of Arwād: a Source-critical Study in the Historiography of the Early Medieval Near East*, in A. Cameron - L.I. Conrad (a cura di), *The Byzantine and early Islamic Near East*, I: *Problems in the Literary Source Material*, "Studies in Late Antiquity and Early Islam" 1, Princeton 1992, [317-401] 322-348 (con diagramma delle tre filiere della trasmissione delle notizie di Teofilo a p. 326); R.G. Hoyland, *Seeing Islam as Others saw it. A Survey and Evaluation of Christian, Jewish and Zoroastrian Writings on Early Islam*, Princeton 1997, pp. 400-409 e 631-671, ha poi rispettivamente descritto le caratteristiche storiografiche dell'opera di Teofilo e presentato una sua ipotetica ricostruzione fondata sull'accordo delle tre suddette filiere di trasmissione, che comprende gli eventi della storia civile dal 589 al 760 (le cui date – spesso non indicate da Teofilo – sono peraltro fornite dallo studioso inglese).

[11] Di cui ci rimangono solo rare citazioni in tardi manuali di retorica: vedi C.A. Ciancaglini, *Traduzioni e citazioni dal greco in siriaco e aramaico*, in S. Settis (a cura di), *I Greci: Storia Cultura Arte Società*, vol. 3: *I Greci oltre la Grecia*, Torino 2001, pp. [1009-1022] 1021.

[12] Hoyland, *Arabic, Syriac and Greek historiography* (1991), p. 228 n. 107, non esclude l'ipotesi di una fonte intermedia, soprattutto alla luce della corruzione di una serie di nomi propri; per contro, L.I. Conrad,

resoconti di Teofane e dei cronografi siri ha in ogni caso messo in evidenza che Agapio è stato relativamente incostante nella sua procedura d'impiego del materiale di Teofilo, talvolta riproducendolo per intero, talaltra abbreviandolo in modo sostanziale:[13] nel caso sopra ricordato della conquista di Arado, per esempio, ha drasticamente ridotto il resoconto dell'attacco a Cipro e omesso l'introduzione topografica su Arwād e l'asserzione finale sui motivi della sua distruzione (al cap. 41,12).[14] Sebbene Teofilo di Edessa rappresenti la sua fonte principale per gli anni 630-754, Agapio aggiunge occasionalmente informazioni ricavate senza dubbio da una fonte islamica, quali l'inserimento dell'anno dell'ègira o dell'indicazione dei governatori di una data regione durante il regno di un determinato califfo.[15] Un caso singolare è rappresentato dal racconto della distruzione del Colosso di Rodi a opera degli Arabi dell'ammiraglio Muʿāwya b. Abī Sufyān nel 652-3 d.C. (qui al cap. 41,17): in questo il nostro cronografo si discosta dalla – peraltro del tutto fittizia – versione di Teofilo di Edessa (conservata da Michele Siro in forma più vicina all'originale rispetto agli altri successori) per l'omissione di alcuni particolari (quali il ruolo del mercante ebreo di Emesa nel fare incetta dei rottami di bronzo in quantità pari a oltre 900 some di cammello) e l'inserimento di altri assai improbabili (quali il monumento – definito despettivamente *ṣanam* «idolo» – gettato direttamente in mare dagli Arabi, Rodi occupata da questi stabilmente al tempo di ʿUṯmān e usata come osservatorio dei movimenti navali bizantini), come pure di un'indicazione cronologica precisa, desunti da un'antica tradizione araba islamica probabilmente corrente al tempo di Agapio in Siria settentrionale.[16]

Nella prospettiva di una circolazione storiografica interculturale e interconfessionale, val la pena di ricordare che a questa sia pur parziale apertura di Agapio verso fonti di parte musulmana fa riscontro l'apprezzamento del *Kitāb al-ʿUnwān* espresso da Masʿūdī (m. 956), uno dei più insigni rappresentanti della storiografia islamica suoi contemporanei.[17]

5. In conclusione, la *Storia universale* di Agapio di Manbiǧ si raccomanda vivamente a ogni lettore italiano interessato alla storia della Siria tardoantica e medievale, e più in generale dell'Oriente cristiano, non meno per le tradizioni che raccoglie, in articolato rapporto intertestuale con fonti di diversa provenienza, epoca e lingua, che per la descrizione di avvenimenti dell'epoca omayyade e abbaside.

Cultore sperimentato della letteratura storiografica e agiografica arabe cristiane, Bartolomeo Pirone ha seguito implicitamente l'autorevole raccomandazione di Carlo

The Conquest of Arwād (1992), pp. 332 n. 38 e 347, inclina per il momento a ritenere che Agapio non abbia usato intermediari, ma sia dipeso da una *Vorlage* siriaca corrotta o fisicamente danneggiata.

13 Hoyland, *Seeing Islam as Others saw it* (1997), p. 442.

14 L.I. Conrad, *The Conquest of Arwād* (1992), pp. 328-330.

15 Hoyland, *Seeing Islam as Others saw it* (1997), p. 441 e n. 173.

16 L.I. Conrad, *The Arabs and the Colossus*, in *Journal of the Royal Asiatic Society* 3rd ser. 6 (1996) [165-187] 169-174.

17 Hoyland, *Seeing Islam as Others saw it* (1997), p. 441 n. 172.

Alfonso Nallino[18] di impiegare entrambe le edizioni di Louis Cheikho (1912) e di Alexander Vasiliev (1910-1915) a fondamento della propria traduzione; ha inoltre respinto in nota, a differenza di Cheikho, i dati – interpolati in parte della tradizione manoscritta del *Kitāb al-ʿUnwān* – desunti dalle inedite *Cronache* di al-Makīn Ǧirǧis b. al-ʿAmīd (m. 1273), alla cui traduzione italiana attende da alcuni anni. L'ampio corredo di note e un articolato indice analitico faciliteranno ogni più mirata consultazione dei dati di Agapio.

Nel riconoscere ancora il debito di gratitudine verso il curatore di questa edizione, il lettore curioso di letteratura cristiana orientale non sa sottrarsi alla tentazione di formulare un auspicio per il prossimo futuro: che si voglia presto offrire al pubblico italiano una traduzione, altrettanto puntualmente annotata di quella che qui si presenta, di quell'autentica gemma della storiografia araba cristiana che è la siro-orientale *Cronaca di Seert* dell'XI secolo, anch'essa incompleta, ma prezioso deposito delle informazioni di una serie di cronache più antiche. Anche questa encomiabile attività di alta divulgazione rappresenta una testimonianza non secondaria del costante interesse verso il cristianesimo d'Oriente per cui l'Italia vanta un'illustre e secolare tradizione.

Riccardo Contini
Ordinario di Filologia Semitica
Università degli Studi di Napoli "L'Orientale"

[18] C.A. Nallino, *Agapio di Manbiǧ*, in *Enciclopedia Italiana*, vol. I, Roma 1929, p. 835.

Nota sulla traslitterazione

Per la traslitterazione dei termini arabi ci si è avvalsi del sistema correntemente in uso presso gli orientalisti. Segnaliamo alcune osservazioni utili alla pronuncia dei fonemi assenti nell'alfabeto italiano.

Come l'inglese, l'arabo possiede le interdentali *ṯ* (sorda, corrispondente all'inglese *think*) e *ḏ* (sonora, corrispondente all'inglese *this*).

Le consonanti segnalate con un punto sotto (*ṣ ḍ ṭ ẓ*) rappresentano le enfatiche corrispondenti alle rispettive consonanti, vanno cioè pronunciate ritraendo la radice della lingua verso la faringe. La *q* rappresenta l'enfatica della *k* (per questo alcuni autori la traslitterano con *ḳ*) e corrisponde nella pronuncia alla *c* di *cuore*.

Il segno ʾ indica la lettera *hamzah*, consistente in una brusca apertura delle corde vocali, come un leggero singhiozzo.

L'alfabeto arabo conosce inoltre una faringale sorda *ḥ* (corrispondente ad una *h* espirata con forte raschiamento della faringe) e una sonora, la ʿ (ʿayn, corrispondente sonora della precedente).

La *ǧ* corrisponde alla *g* dolce come in *giro*. A sua volta la *š* corrisponde al suono italiano *sc* come in *scena*.

Le due semivocali *w* e *y* corrispondono rispettivamente alle italiane *u* di *uomo* e *i* di *ieri*.

I segni *ḫ* (talvolta trascritto con ẖ) e *ġ* indicano le due prevelari, rispettivamente sorda (come il tedesco Bach) e sonora (dal suono simile alla *r* francese).

Elenco delle abbreviazioni

Abū al-Barakāt, *Miṣbāḥ* (1971): Abū al-Barakāt, *Miṣbāḥ al-ẓulmah fī Īḍāḥ al-ḫidmah*, Il Cairo: ed. Maktabat al-Kārūz, 1971. Agapio, *Kitāb al-ʿUnwān* (1912): Agapio, *Kitāb al-ʿUnwān*, a cura di Louis Cheikho, in CSCO 65, Lovanio: Imprimerie Orientaliste, 1912, rist.

Bausani, *Il Corano* (1978): Bausani Alessandro, *Il Corano*, Firenze: Sansoni, 1978.

Cheikho, CSCO 65: Agapio, *Kitāb al-ʿUnwān*, a cura di Louis Cheikho, in CSCO 65, Lovanio: Imprimerie Orientaliste, 1912, rist.

CSCO: *Corpus Scriptorum Christianorum Orientalium*.

Dozy, *Supplément* (1968) : Dozy Reinhart, *Supplément aux dictionnaires arabes*, Beirut, ed. Librairie du Liban, 1968.

EPRO: *Études preliminaires aux Religions Orientales dans l'Empire Romaine*.

Eutichio, *Gli Annali* (1987): Eutichio, *Gli Annali*, introduzione, traduzione e note a cura di B. Pirone, Gerusalemme-Cairo: Franciscan Centre of Christian Oriental Studies e Franciscan Printing Press, 1987. Per quanto concerne il testo arabo si rimanda all'edizione curata da L. Cheikho e pubblicata in CSCO in due riprese. La prima nel vol. 50, tomo 6, Beirut 1905, con le pagine così distribuite: testo (1-219), varianti (220-234); la seconda nel vol. 51, tomo 7, Beirut: tipografia dei Padri Gesuiti, 1909, pp. 1-88. Le copertine esterne portano il titolo *Eutichii patriarchae Alexandrini ANNALES*, Lovanio 1962.

Grumel, *Cronologie* (1958): Venance Grumel, *Traité d'Etudes Byzantines. I La Cronologie*, Parigi, 1958.

Ibn al-Aṯīr, *al-Kāmil* (1983): Ibn al-Aṯīr, *al-Kāmil fī al-tārīḫ*, Beirut: Dār al-kitāb al-ʿarabī, 1983.

Ibn Kaṯīr, *Qiṣaṣ* (1998): Ibn Kaṯīr Abū Al-Fidāʿ Ismāʿīl, *Qiṣaṣ al-anbiyāʾ*, il Cairo: Dār al-ʿulūm al-ʿarabiyyah, 1998.

Idrīsī, *Opus* (1972): Idrīsī (al-), *Opus geographicum*, Napoli-Roma: Istituto Universitario Orientale, 1972.

Kelly, *Dizionario*: John N.D. Kelly, *Dizionario illustrato dei Papi,* Piemme, Casale Monferrato 2003.

Malala, *Chronographia* (1831): Malala, Giovanni, *Chronographia*, Bonn: ed. Indorf L.D., 1831.

Michele il Siro, *Chronique* (1899): Michele il Siro, *Chronique de Michel le Syrien*, a cura di J. B. Chabot, Parigi: ed. Ernest Leroux, 1899, 1901, 1905.

Nasrallah, *Histoire* (1987): Nasrallah Joseph, *Histoire du mouvement littéraire dans l'Église melchite du Ve au XXe siécle*, Lovanio: Peeters, 1987.

PG: *Patrologia Græca*, a cura di Jacques-Paul Migne.

PO: *Patrologia Orientalis*.

Ṭabarī, *Annales* (1965): Ṭabarī (al-), *Annales*, Nederland, ed. De Goeje, 1965.

Vasiliev, *Kitab*: Vasiliev Alexander, *Kitab al-ʿUnvan*, PO, vol. V (1909), pp. 557-692; vol. VII (1911), pp. 93-203; vol. VIII (1912), pp. 433-640; vol. XI (1915), pp. 1-144.

Yaḥyā al-Anṭākī, *Cronache* (1998): Yaḥyā al-Anṭākī, *Cronache dell'Egitto fatimide e dell'impero bizantino* (937-1033), a cura di B. Pirone, Milano: Jaca Book, 1998 (attualmente distribuito da Silvio Zamorani editore).

Yāqūt, *Muʿǧam* (1990): Yāqūt, *Muʿǧam al-buldān*, Beirut: Dār al-kutub al-ʿilmiyyah, 1990.

Bibliografia

AA.VV., *Il Manicheismo*, vol. I, a cura di Gherardo Gnoli, Fondazione Lorenzo Valla, Milano: Mondadori, 2003.

AA.VV., *La Sacra Bibbia,* Casale Monferrato: Marietti, 1961.

Abel, Félix-Marie, *Histoire de la Palestine depuis la conquête d'Alexandre jusq'à l'invasion arabe*, 2 voll., Parigi 1952.

Abū Al-Barakāt, *Miṣbāḥ al-ẓulmah fī Īḍāḥ al-ḫidmah*, Il Cairo: ed. Maktabat al-Kārūz, 1971.

Abū Qurrah, Teodoro, *La difesa delle icone*, traduzione, introduzione e cura di Paola Pizzo, Milano: Jaca Book, 1995.

Abū ṣāliḥ, *The Churches and Monasteries of Egypt and some Neighbouring Countries,* a cura di B.T.A. Evetts e Alfred Joshua Butler, Londra 1969.

Agapio, *Kitāb al-ʿUnwān*, a cura di Louis Cheikho, in CSCO 65, Lovanio: Imprimerie Orientaliste, 1912, rist. 1954.

Anṭākī (al-) Yaḥyā, *Cronache dell'Egitto fatimide e dell'impero bizantino* (937-1033), a cura di B. Pirone, Milano: Jaca Book, 1998.

Assemani, Iosephus Simonius, *Bibliothecae Medicaeae Laurentianae et Palatinae Cod. Mss Orient. Catalogus*, Firenze, 1742.

Athanassiadi-Fowden, Polymnia, *L'imperatore Giuliano*, Milano, 1984.

Bagatti, Bellarmino, *Alle origini della Chiesa*, voll. 2, Roma 1981.

Bagatti, Bellarmino / Testa, Emmanuele, *Il Golgota e la Croce*, Gerusalemme: Franciscan Printing Press, 1978.

Balāḏurī (al-), *Futūḥ al-buldān,* Beirut: Manšūrāt Mu'assasat al-Maʿārif, 1987.

Baldi, Donato, *Enchiridion Locorum Sanctorum. Documenta S. Evangelii Loca Respicientia*, Jerusalem: Franciscan Printing Press, 1982.

Barebreo (Ibn al-„Ibrī), *Tārīḫ muḫtaṣar al-duwal*, a cura di Anṭūn Ṣāliḥānī, Beirut: ed. Dār al-rā'id al-lubnānī, 1983.

Bartelink, Gerard J.M., *Vita di Antonio,* Fondazione Lorenzo Valla, Milano: Mondadori, 1974.

Battista, Antonio / Bagatti, Bellarmino, *La Caverna dei Tesori*, Gerusalemme: Franciscan Printing Press, 1979.

Bausani, Alessandro, *Il Corano*, Firenze: Sansoni, 1978.

Bedjan, Paul, *Acta Martirum et Sanctorum Syriace*, Lipsia : Otto Harrassowitz, 1896, Tomo VI.

Bouché Auguste - Leclercq V., *Histoire des Lagides*, Parigi: éd. Ernest Leroux, 1903-1907.

Budge, Ernest Alfred Wallis, *The Book of the Bee*, Oxford: Clarendon Press, 1886.

Caetani, Leone, *Gli Annali dell'Islàm*, Milano, 1907-1910.

Cassio, Dione, *Storia romana*, Roma, trad. a cura di Giovanni Viviani, 1790-1792.

Christensen, Arthur, *L'Iran sous les Sassanides*, Copenhagen: Munksgaard, 1944, rist. Osnabrück: Otto Zeller, 1971.

Chronicon Paschale, in PG, XCII.

Clermont-Ganneau, Charles Simon, *Recueil d'Archéologie Orientale*, Parigi, 1900, tomo III.

Contini, Riccardo - Grottanelli, Cristiano (a c.), *Il saggio Ahiqar*, Brescia: Paideia, 2005.

CSCO, *Pseudo-Dioclis Fragmentum*, a cura di Ignazio Guidi, *Scriptores Syri. Versio, Chronica Minora*, III, Parigi, 1903.

Da Varazze, Iacopo, *Legenda aurea*, Milano: Fabbri Editori, 2001.

Debord, Pierre, *Aspects sociaux et économiques de la vie religieuse dans l'Anatolie greco-romaine*, Leiden 1982 in EPRO (*Études preliminaires aux Religions Orientales dans l'Empire Romaine*) 28.

Della Valle, Pietro, *Viaggi*, Brighton: G. Gancia, 1834, vol. I.

Dozy, Reinhart, *Supplément aux dictionnaires arabes*, Beirut: Librairie du Liban, 1968.

Duval, Robert, *Histoire d'Édesse*, Parigi, 1892.

Duval, Robert, *La littérature syriaque*, 2ème éd, Parigi, 1900.

Duval, Rubens, *Histoire politique, religieuse et littéraire d'Edesse, jusqu'à la première croisade*, Paris: Imprimerie Nationale, 1892.

Duval, Rubens, *La Littérature syriaque*, 2° éd, Parigi: Librairie Victor Lecoffre, 1900.

Duval, Rubens, *The homilies of Afraates*.

EI^2, *Encyclopédie de l'Islam, 2^a* éd., Leida: Brill 1961 e successivi.

Eusebio di Cesarea, *Storia Ecclesiastica,* voll. 2, Roma: Città Nuova Editrice, 2001.

Eutichio, *Gli Annali*, a cura di Bartolomeo Pirone, Gerusalemme-Cairo: Franciscan Centre of Christian Oriental Studies e Franciscan Printing Press, 1987.

Flavio Giuseppe, *Contra Apionem*, Berlino: ed. Niese B., 1892.

Flavio Giuseppe, *Antichità Giudaiche*, a cura di Moraldi L., Torino: UTET, 1998.

Garitte, Gerard, *Expugnationis Hierosolimae A.D. 614, Recensiones Arabicae*, Lovanio: CSCO, 1973-1974, voll. 340-341, tomi 26-27 e voll. 347-348, tomi 28-29.

Gelzer, Heinrich, *Sextus Julius Africanus und die byzantinische Chronographie*, Lipsia, 1898.

Gibson, Margaret Dunlop, *Catalogue of the Arabic mss. in the Convent of S. Catharine on Mount Sinai*, Londra, 1894.

Ginzberg, Louis, *The Legends of the Jews*, trad. Szold Henrietta, voll. 7, Filadelfia, 1954-1957.

Grillmeier, Alois, *Gesù il Cristo nella fede della Chiesa*, Brescia: Paideia, 1982.

Grumel, Venance, *Traité d'Études Byzantines. I La Cronologie*, Parigi: Presses universitaires de France, 1958.

Guidi, Ignazio, *Testi orientali inediti sopra i Sette Dormienti di Efeso. Atti della Reale Accademia dei Lincei. Memorie*, vol. XII, Roma, 1884.

Ibn ʿIbrī, *Tārīḫ muḫtaṣar al-duwal*, a cura di Anṭūn Ṣāliḥānī, Beirut: Dār al-rāʿid al-lubnānī, 1983.

Ibn Abī Uṣaybiʿah, *ʿUyūn al-anbāʾ fī ṭabaqāt al-aṭibbāʾ*, Beirut, Dār al-ṯaqāfah, 1987 (tre volumi in uno, numerati ciascuno a partire da p. 1).

Ibn Al-Aṯīr, *al-Kāmil fī al-tārīḫ*, Beirut: Dār al-kitāb al-ʿarabī, 1983.

Ibn Al-Faqīh Al-Hamaḏānī, *Abrégé du Livre des Pays*, a cura di Massé H., Damasco: Institut français, 1973.

Ibn Kaṯīr Abū Al-Fidāʾ Ismāʿīl, *Qiṣaṣ al-anbiyāʾ*, il Cairo: Dār al-ʿulūm al-ʿarabiyyah, 1998.

Idrīsī (al-), *Opus geographicum*, Napoli-Roma: Istituto Universitario Orientale, 1972.

Ireneo, *Contra Haereses*, in PG VII.

Kazimirski A. De Biberstein, *Dictionnaire arabe-français*, Beirut: Librairie du Liban, s.d., 2 voll.

Kelly, John N.D., *Dizionario illustrato dei Papi,* Casale Monferrato: Piemme, 2003.

Lamy, Thomas Josephus, *Beati Abrahae Kidunaiae Monachi Liber*, in *Analecta Bollandiana* 10 (1891), Parigi-Bruxelles, pp. 5-49.

Leclerq, Bouché Auguste, *Histoire des Lagides*, Parigi: éd. Ernest Leroux, 1903-1907.

Le Quien, Michaelis, *Oriens Christianus*, Parigi : Ex Typographia Regia, vol. II, 1740.

Lescot, Roger, *Un Sanctuaire des Dormants en Jordanie*, in *Révue des Études Islamiques* 36 (1968), fasc. I, 3-9.

Lombard, Alfred, *Constantin V, empereur des Romains (740-775)*, Parigi, 1902.

Makīn (al-) Ğirğis Ibn al-ʿAmīd, *Storia*, fondo manoscritti arabo-cristiani del Centro Francescano di Studi Cristiani Orientali del Muski, il Cairo.

Malala, Giovanni, *Chronographia*, Bonn: ed. Indorf L.D., 1831.

Mašriq (al-), VIII (1905), Beirut, pp. 1051-1052.

Masʿūdī (al-), *Kitāb at-Tanbīh wa'l-Išrāf*, Bibl. Geographorum arabicorum, Leida: De Goeje, VIII, 1894.

Masʿūdī (al-), *Le livre de l'avertissement et de la revision*, trad. a cura di B. Carra de Vaux, Parigi, 1896.

Meistermann, Barnabé, *Guida di Terra Santa*, Firenze: Alfani e Venturi Editori, 1925.

Michele il Siro, *Chronique de Michel le Syrien*, a cura di J. B. Chabot, Parigi: Ernest Leroux, 1899, 1901, 1905, 1914.

Migne, Jacques-Paul, *Patrologia Græca*, Parigi, 1857-1912.

Moraldi, Luigi, *Apocrifi del Nuovo Testamento*, Torino: UTET, 1971.

Moscati, Sabatino, *La rivolta di ʿAbd al-Ğabbār contro il califfo al-Manṣūr*, in *Rendiconti dell'Accademia dei Lincei*, serie 8, 2 (1947) 613-615.

Nasrallah, Joseph, *Histoire du mouvement littéraire dans l'Église melchite du Ve au XXe siècle*, vol. II, Tomo 2, Lovanio: Peeters, 1987.

Nestle, E., *De Sancta Cruce*, Berlino 1889.

Nezāmī Di Ganje, *Haft Peikar, Le sette principesse*, tradotta in italiano da Alessandro Bausani, Milano, Rizzoli, 1982.

Palladio, *La storia lausiaca*, a cura di Gerard J.M. Bartelink, Fondazione Lorenzo Valla, Milano: Mondadori, 1974.

Phillips, George, *The doctrine of Addai the Apostle*, Londra 1876.

Piccirillo, Michele, *Le due iscrizioni della cappella della Theotòkos nel wadi ʿAyn al-Kanīsah sul Monte Nebo*, in *Liber Annuus* 44 (1994) 521-538.

Pirone, Bartolomeo, *La presa di Gerusalemme nel sermone del monaco Strategio*, in *Studia Christiana Orientalia Collectanea* 28 (1995), Gerusalemme-Cairo: Franciscan Printing Press, pp. 167-236.

Pirone, Bartolomeo, *Sangue e icone nella tradizione della chiesa egiziana*, in *Atti della VIII Settimana "Sangue e antropologia nella teologia medievale"*, Roma 1993, pp. 453-489.

Platone, *Timeo*, a cura di Giovanni Reale, Milano: Bompiani, 2000.

Pseudo-Dioclis Fragmentum, trad. Ignazio Guidi, *Scriptores Syri. Versio, Chronica Minora,* CSCO III-4, Parigi, 1903, pp. 285-295.

Reinaud, M., *Géographie d'Abulfeda*, Parigi, Imprimerie Nationale, 1848.

Schott, Hermann, *De septem orbis spectaculis quaestiones*, Onoldi (= Ansbach): Brugel & Sohn, 1891.

Serra, Armando, *Pellegrinaggio al Monte Sinai dal IV sec. al 2001*, in *Studia Orientalia Christiana*, «monographiae» n° 11, Gerusalemme-Cairo: Franciscan Centre of Christian Oriental Studies e Franciscan Printing Press, 2003.

Solomon of Akhlat, *The Book of the Bee*, a cura di E.A.W. Budge, Piscataway (USA, New Jersey): Gorgias Press, 2006.
Ṭabarī (al-), *Ǧāmiʿ al-bayān ʿan taʾwīl āyy al-qurʾān*, Beirut: Dār al-fikr, 1995.
Ṭabarī (al-), *Tārīḫ al-umam wa-l-mulūk*, Beirut: Dār al-Fikr, 1987.
Ṭarafī (al-), *Storie dei profeti*, a cura di Roberto Tottoli, Genova: il Melangolo, 1997.
Teodoreto di Cirro, *Explanatio ad Danielem*, in PL.
Tournebize, H. François, *Histoire politique et religieuse de l'Armenie*, Parigi: Librairie Alphonse Picard et Fils, 1900.
Usener, Hermann Karl, *De Stephano Alexandrino*, I, Bonn: , 1879.
Vasiliev, Alexander, *Kitab al-ʿUnvan*, in PO, vol. V, pp. 557-692; vol. XI, pp. 5-144; vol. VII, pp. 457-591; vol. VIII, pp. 397-550.
Virgilio, *Eneide*, Milano: Mondadori, 1971.
Vloten, Gerard Van, *Liber Mafātīḥ al-Olūm*, Leida, 1896.
Wadi, Awad Abullif Malek, *Al-Makīn Girgis Ibn al-ʿAmīd e la sua Storia*, in *Atti del VII Incontro degli amici del patrimonio arabo-cristiano*, edito a cura di A. Wadi, il Cairo, 1999, pp. 22-23.
Wright, William, *A Short History of Syriac Literature*, Londra: Adam and Charles Black, 1894.
Yadin, Yigael, *Bar-Kokhba*, Londra: Weidenfeld and Nicolson, 1971.
Yāqūt, Ibn ʿAbd Allāh al-Rūmī al-Ḥamawī, *Muʿǧam al-buldān*, Beirut: Dār al-kutub al-ʿilmiyyah, 1990.

Introduzione

I. Sull'autore della *Storia*

I.1. *Quando visse Agapio*

Dovrebbe essere vissuto a cavallo tra il nono e il decimo secolo, in un ambiente familiare di credenza melchita, di formazione greco-romana e di scuola di pensiero libero, diremmo ecumenico, perché non trincerato e non prevenuto e nemmeno chiuso ai valori dell'altro. Dicevamo di poterlo collocare tra le suddette coordinate temporali perché, nonostante la sua storia si arresti al califfato di Leone figlio di Costantino e con la spedizione voluta da Muḥammad Ibn ʿAbd Allāh al-Mahdī al comando di al-ʿAbbās Ibn Muḥammad contro i Bizantini che finì con la conquista di Ancira, in Galazia, da un passaggio della sua *Storia* evinciamo che questa era già stata scritta nell'anno 330 dell'egira, corrispondente al 942 della nostra era. Questo risulta, infatti, se prendiamo in considerazione l'esplicita indicazione del tempo in cui Agapio scriveva la sua *Storia* nel passo in cui puntualizza che da Alessandro al momento in cui scrive erano trascorsi 1273 anni e 330 dall'egira dei musulmani. Ora, se sottraiamo 330 da 1273, abbiamo proprio l'anno 942/3 dell'era cristiana.

Questa precisazione ci dà la misura di quanto vistosa sia in effetti la lacuna che la seconda parte della sua storia ha nell'unico manoscritto sinora trovato ed edito, di cui parleremo più avanti[1]. Ma come già per altri storici cristiani, anche Agapio è menzionato in una rara e preziosa testimonianza di uno storico musulmano.

I.2. *Testimonianze su Agapio*

Parlando, di fatto, di diversi scrittori soprattutto storici, ʿAlī Ibn Ḥusayn al-Masʿūdī, morto nel 957, così scriveva nella sua celebre opera *Kitāb al-tanbīh wa-l-išrāf*:

> Molti melchiti, nestoriani e giacobiti hanno scritto diversi libri in tempi antichi e recenti. Ebbene, i più bei libri scritti da melchiti ch'io abbia mai visto sulla storia dei re, dei profeti, dei popoli, dei paesi e d'altro, sono quello di Maḥbūb Ibn Qusṭanṭīn al-Manbiǧī e quello di Saʿīd Ibn al-Baṭrīq, noto come Ibn al-Farrāǧ al-Miṣrī, patriarca del soglio di

[1] Tale manoscritto è rintracciabile nell'unico codice conservato a Firenze. Non è completo, ma mutilo alla fine. Lo descrive l'Assemani nel suo *Bibliothecae Medicaeae Laurentianae et Palatinae Cod. Mss Orient. Catalogus*, 213. Il codice fiorentino si arresta in effetti al secondo anno del califfato di al-Mahdī, ossia all'anno 776-777 d.C.

Marco ad Alessandria, che noi abbiamo personalmente visto a Fusṭāṭ-Miṣr; egli termina la sua opera con il califfato di al-Rāḍī...[2].

Fu dunque contemporaneo di Eutichio, noto storico della comunità egiziana, anzi patriarca della sede alessandrina, autore anch'egli di una notevole opera storica dal titolo *Kitāb al-tāriḫ al-maǧmūʿ ʿalà al-taḥqīq wa-l-taṣdīq* o *Annales*[3], che va da Adamo ai giorni del califfo al-Rāḍī. Questa stessa opera si ritiene da alcuni completata da Yaḥyà Ibn Saʿīd al-Anṭākī, erroneamente considerato un suo nipote o parente[4], autore di un'opera meglio conosciuta come *Tārīḫ Yaḥyà Ibn Saʿīd al-Anṭākī* che, partendo dall'anno 938, si arresta all'anno 1027[5].

I.3. *Dove nacque Agapio*

Dalle considerazioni di al-Masʿūdī siamo in grado di rilevare alcuni dati essenziali, pur se limitati, per meglio inquadrare lo spessore personale di Agapio. Risalta immediatamente la sua duplice individuazione come membro della comunità araba. È di fatto chiamato Maḥbūb. La fissazione della sua origine o luogo di provenienza, di per sé non immediata, nel senso che originario di Gerapoli, detta in arabo Manbiǧ, poteva essere anche suo padre o un suo più tardo antenato; la precisazione di chi era figlio e quale fosse in effetti la sua *kunyah*, vale a dire Ibn Qusṭanṭīn, classica denominazione di persone legate in un modo o in un altro alla tradizione greco-romana o bizantina. Ma forse non è da trascurare che la *nisbah* al-Manbiǧī stia veramente qui ad indicare la sua consacrazione episcopale e la cura che gli era stata affidata dell'eparchia di Manbiǧ. Vescovo di Gerapoli, quindi, o semplicemente oriundo e originario di detta città?

2 Cf. al-Masʿūdī, *Kitāb al-tanbīh wa'l-išrāf*, ed. De Goeje, p. 154 e B. Carra De Vaux, *Le livre de l'Avertissement et de la Révision*, Parigi 1897, p. 212. Nasrallah, *Histoire* (1987), vol. II, Tomo 2, p. 51, sottolinea che è altresì citato da Ibn Šaddād (m. 1285) nel suo *al-Aʿlāq al-ḫaṭīrah* e più volte da Ibn al-ʿAmīd, ovvero al-Makīn, come indicheremo in seguito.

3 Vedi Eutichio, *Gli Annali* (1987). Per quanto concerne i riferimenti al testo arabo rimandiamo all'edizione curata da L. Cheikho e pubblicata in CSCO in due riprese. La prima nel vol. 50, tomo 6, Beirut 1905, con le pagine così distribuite: testo (1-219), varianti (220-234); la seconda nel vol. 51, tomo 7, Tipografia dei Padri Gesuiti, Beirut 1909, pp. 1-88. Le copertine esterne portano il titolo *Eutichii patriarchae Alexandrini ANNALES*, Lovanio 1962.

4 L'ipotesi fu avanzata da Ibn Abī Uṣaybiʿah, *ʿUyūn al-anbāʾ fī ṭabaqāt al-aṭibbāʾ*, Beirut: Dār al-ṯaqāfah, 1987, vol. III, pp. 142-143, dove, chiamandolo Yaḥyà Ibn Saʿīd Ibn Yaḥyà al-Anṭākī, afferma ch'era un suo parente e che continuò la sua opera con un libro dal titolo Kitāb al-tārīḫ al-ḏayl.

5 Per il contenuto dell'opera vedi Yaḥyā al-Anṭākī, *Cronache* (1998). L'anno 1034 è appena accennato con l'indicazione della morte dell'imperatore Romano Argiro avvenuta, come si sa, proprio l'11 aprile dell'anno in oggetto. Il testo originale arabo è comparso in CSCO, vol. 51, tomo 7 con il titolo *Tārīḫ Yaḥyà Ibn Saʿīd al-Anṭākī ṣannafahu tatabbuʿan li-Tārīḫ Saʿīd Ibn Baṭrīq*, a cura di L. Cheikho, B. Carra De Vaux e H. Zayyat, edito a Beirut nel 1909 per i tipi della Tipografia Cattolica o dei padri Gesuiti. Il testo arabo è così distribuito: pp. 1-89 fine del testo degli *Annali* di Eutichio; pp. 91-273 il testo dell'Antiocheno, pp. 274-291 varianti al testo di Eutichio; pp. 292-298 Appendice al testo di Eutichio; pp. 298-363 varianti relative al testo dell'Antiocheno. All'interno si trova un *monitum* senza data. Sulla copertina compare come edizione dell'Imprimerie Orientaliste, Secrétariat du CorpuSCO, Lovanio 1954.

Indicazioni in tal senso non ci sono fornite né da lui stesso, in un qualche passaggio della sua *Storia*[6], né da testimonianze altrui in altre opere. Certo è che in apertura di testo troviamo per completo il suo nome come *Aġābiyūs Ibn Qusṭanṭīn al-Rūmī al-Manbiǧī*. Tuttavia l'interpretazione più ovvia sembra essere quella di ritenerlo romano o bizantino di formazione e di confessione religiosa e originario di Manbiǧ o a tale città legato per una particolare relazione, come poteva essere la sua nomina a vescovo di detta eparchia. Joseph Naṣrallah asserisce, senza ombra di dubbio, che fu vescovo di «Mambiǧ o Hiéropolis».[7]

I.4. *Agapio ed Eutichio*

Da una attenta lettura del cappelletto introduttivo e dall'esame dei termini ai quali si fa ricorso, non è da escludere che in questo periodo Agapio fosse in piena attività e nelle funzioni da lui ricoperte. È in effetti ritenuto un'autorità di comprovati meriti, *al-šayḫ al-fāḍil*, un maestro in piena e attuale efficienza, *al-muʿallim al-ʿāmil*, un filosofo di alta compiutezza cognitiva, *al-faylasūf al-kāmil*, mostra di avere padronanza del greco che non rare volte pervade la struttura sintattica di intere sezioni del testo e offre non pochi indizi di una certa conoscenza del siriaco.

Il fatto però che sia ricordato sotto la *nisbah* al-Manbiǧī dallo storico egiziano al-Masʿūdī, sta ad indicare che in questo periodo è già conosciuto come al-Manbiǧī e che la sua *Storia* è già accreditata nei circoli culturali della città del Cairo. Ma è tuttavia indubbio che la testimonianza di al-Masʿūdī indica qui una informazione di massima, non così determinante per la certezza di una conoscenza diretta e personale dell'autore, come è invece nel caso di Eutichio, del quale dice di averlo personalmente visto a Fusṭāṭ-Miṣr.

Colpisce il particolare, comunque, che nomini Agapio prima di Eutichio. Questo non significa, ad ogni modo, che Eutichio abbia scritto i suoi *Annali* dopo la *Storia* di Agapio, per il semplice fatto che l'anno 330 dell'egira in cui il califfo ʿabbāside al-Mahdī regnava già da due anni, corrisponde all'anno 942 della nostra era[8]. Ma è pure risaputo che Eutichio, stando ai dati più certi, era già morto l'11 maggio 940. Pur

[6] Per quanto concerne i riferimenti al testo arabo rimandiamo all'edizione curata da L. Cheikho e pubblicata in CSCO, vol. 65, tomo 10, con un *monitum Editoris* (1-2) senza data, una prefazione (3-5) in data 2 febbraio 1912 Beirut. Seguendo il volume da destra a sinistra, si ha il testo arabo (3-380), una sezione dedicata alle *excerpta* prese da al-Makīn (381-409) e la serie delle varianti (409-429). La parte araba risulta pubblicata a Beirut nel 1907 per i tipi della tipografia dei Padri Gesuiti. Il titolo è qui *Kitāb al-ʿunwān al-mukallal bi-faḍāʾil al-ḥikmah al-mutawwaǧ bi-anwāʿ al-falsafah al-mamdūḥ bi-ḥaqāʾiq al-maʿrifah*. In copertina il titolo è invece dato come *Historia Universalis*, Lovanio: Imprimerie Orientaliste, 1954.

[7] Cf. Nasrallah, *Histoire* (1987), p. 50.

[8] A p. 334 del testo arabo Agapio, prima ancora di introdursi nella trattazione degli eventi relativi agli arabi, ricapitola la storia già scritta dicendo che da Alessandro a questo momento erano trascorsi 1273 anni e 330 dall'egira dei musulmani. Sottraendo 330 e 1273 risulta di fatto l'anno 942/3 dell'era cristiana. Joseph Nasrallah ritiene che sia nato nell'ultimo quarto del IX secolo e che sia morto dopo il 941. Cf. Nasrallah, *Histoire* (1987), p. 50.

se apparentemente inverosimile, il fatto che Eutichio sia qui ricordato dopo è dovuto ad una maggiore considerazione che lo storico musulmano nutriva nei suoi confronti rispetto a quanta ne avesse, forse, nei riguardi di Agapio. Purtroppo nessuna fonte ci offre elementi sufficienti per stabilire con esattezza chi dei due abbia scritto prima e non può nemmeno costituire un punto di oggettiva valutazione il fatto che Eutichio viva ancora almeno due anni dopo la morte del califfo al-Rāḍī.

I.5. *A quale confessione apparteneva Agapio*

Al-Masʿūdī cerca alla sua maniera di determinare altresì l'ambito religioso o confessionale al quale Agapio apparteneva, asserendo a chiare lettere ch'era melchita.[9] Era cioè della religione dell'imperatore e schierato decisamente dalla parte del concilio di Calcedonia. Lo deduciamo sia in virtù dell'alta considerazione che Agapio esternerà per il primato del vescovo di Roma, vicario di quel Pietro ch'egli considera una volta colonna dei discepoli a Gerusalemme, *ʿāmūd al-talāmīḏ fī bayt al-maqdis*, e un'altra volta preposto agli apostoli, *muqaddam al-rusul*, perché a lui e non ad altri Cristo «ha consegnato la chiesa cattolica e apostolica, retta e ortodossa, riscattata al prezzo del suo sangue puro e prezioso»[10]. Ma significativo è a tal proposito anche il passo nel quale la figura dell'apostolo Pietro è esaltata al punto tale da definirlo «magnificato», *muʿaẓẓam*, come a p. 169 del testo arabo.

I.6. *Compilazione della* Storia

Come già altri autori del suo tempo o a lui anteriori, Agapio dice di aver compilato questa sua *Storia* e di averla mandata ad un uomo di provate virtù, rispondente al nome di ʿĪsà Ibn al-Ḥusayn. Non è una dedicatoria personale, non si arguisce nemmeno che a spingerlo a comporre la sua opera sia stata una diretta sollecitazione di questo personaggio del quale non si conosce null'altro all'infuori del nome e del quale non ricorre più accenno alcuno in tutta la stesura e la trama della *Storia*. Diversa è, per esempio, la maniera con la quale Eutichio dedica la sua opera al fratello ʿĪsà, per il quale dichiara d'averla scritta, lasciandoci presumere d'essere stato esortato a compilarla dietro sua insistenza. Il canovaccio è comune e segue il seguente schema: a) eulogia introduttiva; b) titolo del libro; c) persona alla quale il libro è destinato in prima istanza; d) serie di esortazioni e considerazioni sui contenuti e finalità dell'opera stessa; e) delucidazione dei fondamenti scritturali e filosofici su cui si articola l'esposizione della materia trattata.

[9] C. Cahen asserisce invece, nel suo articolo *L'historiographie arabe, des origines au VIIe s.*, in *Arabica* 33 (1986), 2 fascicolo, p. 164 che era uno «storico monofisita». Citato in Nasrallah, *Histoire (*1987), p. 50, nota 41.

[10] Vedi pp. 152-153 del testo arabo.

II. Manoscritti concernenti la *Storia*

II.1. *Manoscritti della prima parte curata da Cheikho*

In origine l'opera era stata concepita in due parti. La prima da Adamo alla morte di Teodosio il Giovane, la seconda fino al secondo anno di regno del califfo al-Mahdī. Per la prima parte disponiamo di numerosi manoscritti, come è descritto in breve ma in maniera chiara nella succinta introduzione o nota di Cheikho, che per la sua edizione si è però riferito sistematicamente ai due codici conservati nella Biblioteca dell'Università Saint Joseph di Beirut[11]. Nell'edizione da lui curata, vengono indicati come codice A e codice B. Non tiene conto delle varianti di altri cinque codici individuati, perché «paucissimis exceptis, identici sunt similesque codici Oxoniensi, et desinunt mutili in medio ejusdem sententiae, Scharfensi excepto qui desinit ad folium 104 codicis nostri A». Vengono quindi indicate esclusivamente le varianti del codice C, ossia quello reperibile nella Biblioteca del Seminario del Patriarcato Siriano Cattolico di al-Šarfah, in Libano, scritto nel 1662[12].

II.2. *Manoscritti della seconda parte curata da Cheikho*

La seconda parte dell'opera, invece, abbondantemente mutila, è stata curata alla luce dell'unico codice esistente, come abbiamo già accennato, nella Biblioteca Medicea di Firenze. Cheikho afferma di averlo avuto in foto, per il tramite di un suo confratello, anch'egli professore presso l'Università Saint Joseph di Beirut. Come esempi di riferimento o di revisione e confronto allega in appendice, 381-409, una serie di *excerpta* attinti alla *Storia* di Ǧirǧis al-Makīn Ibn al-ʿAmīd, che, come è facile desumere anche dall'analisi dell'opera, si è abbondantemente dissetato alla fonte di Agapio e in non pochi passi dichiara di riportare quanto Agapio stesso ha narrato prima di lui[13].

[11] Lo stesso Cheikho precisa di averne dato una descrizione nella rivista dei Gesuiti *al-Mašriq*, VIII (1905), pp. 1051-1052. Indicando la data degli stessi codici, precisa che il primo potrebbe risalire ai secoli VI-VII, il secondo al 1818. Fa inoltre notare che non ha in nessun modo tenuto in considerazione le recensioni o i due codici conservati nel fondo del Monte Sinai. Per altre notizie, cf. Nasrallah, *Histoire* (1987), p. 51.

[12] L'edizione del testo, invece, nella sua attuale veste tipografica segue una divisone in due parti, la prima delle quali va dalla creazione di Adamo e del cominciamento del mondo alla nascita di Cristo; la seconda, riallacciandosi a notizie già elaborate e relative a quest'ultimo evento e a personaggi che con Cristo sono messi in relazione, si protrae fino agli inizi del regno del califfo al-Mahdī.

[13] Girgis Ibn al-ʿAmīd Abū al-Yāsir Ibn Abī al-Makārim Ibn Abī al-Ṭayyib, detto al-Makīn, nacque al Cairo nel 1205 e morì a Damasco nel 1292, all'età di 87 anni. Suo nonno, di fede cristiana e di rito siriaco originario di Takrīt, in Iràq, di nome Ṭayyib Ibn Yūsuf, commerciante di tessuti, emigrò in Egitto al tempo del sultano al-Āmir bi-llāh (1101-1130), i cui favori gli consentirono di vivere onorato e riverito. Suo padre ricoprì invece la mansione di cancelliere di corte, distinguendosi per competenza e ottimo disimpegno e accumulando un'ingente fortuna, essendo amministratore capo del Delta occidentale. Ebbe cinque figli, quattro dei quali divennero vescovi e il quinto, il più giovane, ossia Abū al-Makārim, si occupò invece delle greggi, delle masserie e dei più di mille alveari che la famiglia possedeva. Generò tre figli e si fece poi monaco dopo la morte della moglie. Il suo primo figlio, al-ʿAmīd Abū al-Yāsir, padre dell'Autore, fu impiegato presso il segretariato di guerra, dove aveva già lavorato lo zio materno al-Makīn Simʿān, ma conduceva una vita improntata allo stile monacale, digiunava molto e pregava tanto, e si

In parecchi casi abbiamo noi stessi fatto ricorso ad al-Makīn per capire meglio alcuni passi di Agapio. Si veda, ad esempio, la sezione dedicata ai nomi dei Settanta discepoli e alle notizie che li riguardano[14].

Cheikho licenzia la sua nota introduttiva il 2 febbraio 1912. Sul frontespizio arabo compare, come data di pubblicazione, il 1907. Sul frontespizio latino della ristampa anastatica è indicato l'anno 1954 ma la progressione delle pagine indica chiaramente che la nota introduttiva segue la paginatura del frontespizio e che essa fu aggiunta in occasione della stampa della seconda parte, come del resto è stato anche della pubblicazione dei due volumi concernenti gli *Annali* di Eutichio.

II.3. *Particolarità del testo curato da Cheikho*

Dobbiamo subito precisare che il testo curato da Cheikho è, rispetto a quello poi edito da Vasiliev e di cui si parlerà tra breve, più esteso e più ricco di particolari. Si tratta, in genere, di intere sezioni inserite con l'intento di precisare o di introdurre l'argomento centrale della narrazione. Ma la maggior parte di esse sono indicate nel manoscritto come chiose o aggiunte ai margini e, quindi, non formalmente contemplate dall'autore. Sono il frutto di interventi diretti di uno o più amanuensi o lettori. Per la loro formulazione e contenuto rappresentano delle vere e proprie sincrasi, non rare volte sono palesemente fuori contesto e rappresentano indebite interruzioni dell'unità narrativa ed espositiva. Per tale motivo non abbiamo ritenuto opportuno mantenerle nel testo tutte le volte in cui sono in modo vistoso incompatibili con l'argomento trattato. Indicheremo tuttavia di volta in volta, in nota, l'omissione dei suddetti passaggi.

attirò le simpatie del sultano al-Malik al-ʿĀdil (1200-1218) che lo fece tesoriere dello Stato. Al-Makīn ci informa che nel 1240, ai tempi del sultano al-Malik al-Ṣāliḥ (1239-1249) è a Damasco. Nel 1259 è costretto a scappare a Tiro insieme ad un gruppo di segretari del sultano al-Malik al-Nāṣir (1250-1260), nello stesso anno è ad Acri e nello stesso anno dice di aver visitato i territori dei Franchi, senza specificare quali. Sembra comunque certo che durante l'assedio dei mongoli al comando di Hūlāgū contro Damasco (1260), al-Makīn fosse in città. Accusato di tradimento della causa del sultano al-Malik al-Ẓāhir Baybars (1260-1277) per essersi schierato dalla parte di Hūlāgū, fu imprigionato e tenuto nelle galere per ben undici anni (1261-1272), da cui uscì dietro versamento di un'ingente somma. Sull'anno della sua morte si sono affacciate nuove considerazioni che lo spostano dal 1273-1274 sinora ritenuto come tale, a dopo il 1280. Questo perché prima della fine della sua prigionia, 1272 o 1276, non aveva ancora redatto la stesura della sua Storia e anche perché, stando alla Storia stessa, l'Autore afferma di avere implorato la clemenza di Baybars che, come ben sappiamo, morì nel 1277. Al-Makīn era quindi ancora in vita, come ancora vivo era nel 1276, anno in cui ebbe luogo la comparsa di un grosso astro nel cielo di cui si fa parola nella Storia. Del resto proprio parlando della storia di Alessandro, al-Makīn parla dell'anno 677 lunare, corrispondente al 1278. Si è perciò avanzata l'ipotesi che se era vivo nelle date dei summenzionati eventi, la sua morte è da collocare nel 1292, leggendo non più *iṯnāni wa-sabʿūna wa-sittimiʾah*, bensì *iṯnāni wa-tisʿūna wa-sittimiʾah*, ossia il 692 dell'ègira, che corrisponde, appunto, al 1292.

[14] Per al-Makīn, Cheikho si è servito del manoscritto conservato alla Nazionale di Parigi, catalogato al numero 294 del fondo arabo. Noi invece, ultimando questo nostro lavoro nel Centro Francescano di Studi Arabi Cristiani del Muski, abbiamo avuto la comodità di consultare direttamente un codice arabo non ancora catalogato, inserito tra le nuove accessioni del Centro.

II.4. *Edizione curata da Vasiliev*

Più o meno negli stessi anni della prima edizione, compariva una nuova pubblicazione della *Storia Universale* di Agapio, sotto il titolo *Kitab al-ʿUnvan* o *Histoire Universelle*, edita e tradotta in francese dal noto orientalista Alexandre Vasiliev, professore all'Università di Dorpat. L'opera veniva pubblicata in differenti volumi della PO, rispettivamente in vol. V, pp. 557-692 (1910) la prima parte; in vol. XI, pp. 5-144 (1915) la fine della prima parte; in vol. VII, pp. 457-591 (1911) la seconda parte; in vol. VIII, pp. 397-550 (1912) la fine della seconda parte e dell'opera.[15]

Introducendo la pubblicazione del testo in arabo con traduzione francese, Vasiliev pone in risalto, giustamente, come di Agapio si sappia poco e quanto poco si sia scritto di lui e del suo contributo alla storiografia arabo-cristiana[16]. Lo ritiene comunque «*le premier* historien arabe-chrétien»[17], prendendo quindi una netta posizione a favore della priorità dell'opera di Agapio nei confronti di quella di Eutichio. Mette in evidenza come si sia cominciato ad interessarsi alla sua *Historia Universalis* a partire dal 1742, anno in cui Assémani descrive in maniera «più o meno dettagliata», pur se «non troppo esatta», il manoscritto CXXXII concernente la seconda parte della *Storia* conservato tra i testi manoscritti orientali della Biblioteca Laurenziana di Firenze[18]. Più accurati studi sulla figura e sull'opera di Agapio si devono al grande orientalista V. Rosen, del quale il Vasiliev sente l'onore di essere allievo. In realtà era stato lui a elaborare i primi estratti della *Storia* servendosi del manoscritto di Firenze e a pubblicare, nel 1884, un primo articolo in russo dal titolo *Notizie sulla cronaca di Agapio di Manbiğ*[19].

II.5. *Manoscritti della prima parte curata da Vasiliev*

I manoscritti di cui si serve Vasiliev sono molteplici. Nel 1902, durante un suo soggiorno nel monastero di santa Caterina al Sinai, copia di sua mano due manoscritti conservati nella Biblioteca del monastero[20]. Contengono, tuttavia, soltanto la prima

[15] Citeremo quest'opera del Vasiliev come *Kitab* (anno delle rispettive parti), seguito da p. o pp.

[16] In effetti qui egli fa notare come non dicano niente né di lui né della sua opera Wüstenfeld nel suo lavoro *Die Geschichtschreiber der Araber und ihre Werke*, Brockelmann nella sua opera *Geschichte der arabischen Litteratur*, Ch. Huart in *La littérature arabe* e persino G. Graf nella sua imponente e impareggiabile *Die christlich-arabische Literatur*. Sottolinea inoltre come solo dietro pubblicazione di un suo articolo su Agapio di Manbiğ in russo, in cui sottolineava la sua importanza di storico arabo-cristiano del X sec., C. Brockelmann ne inseriva un profilo nella sua *Die christlich-arabische Litteratur*. Per altre notizie sui manoscritti, edizioni e altri studi relativi all'opera di Agapio cf. Nasrallah, *Histoire* (1987), p. 50, nota 40, e pp. 51-52.

[17] Cf. Vasiliev, *Kitab* (1910), p. 561.

[18] Il manoscritto contenente la prima parte sarebbe poi stato descritto nel 1835 nel *Catalogus codicum manuscriptorum orientalium Bibliothecae Bodleianae*, su cui lo stesso Vasiliev sarebbe intervenuto nel 1904 con una relazione pubblicata poi in *Vizantiysky Vremennik*, XI (1904), pp. 574-587, il cui sunto venne dato un anno dopo, durante il Congresso Internazionale degli Orientalisti celebratosi ad Algeri, e pubblicato su *Revue Africaine*, 1905, pp. 337-338.

[19] Cf. Vasiliev, *Kitab* (1910), p. 562.

[20] Sono esattamente il manoscritto 456 e 580 descritti rispettivamente a p. 88 e a pp. 123-124 in

parte della *Storia*. Nel 1903 è a Firenze e qui, nella Biblioteca Laurenziana, copia la seconda parte della *Storia*. Si sarebbe potuto ritenere soddisfatto. Ma non lo è. Attento e scrupoloso studioso sa che ci sono qua e là altri manoscritti. Uno a Oxford, da lui visto nel 1907 e del quale non gli era sfuggita l'importanza. Grazie all'interessamento di Graffin ha finalmente le foto del manoscritto. La sua edizione critica la conduce in effetti sui quattro manoscritti sinora indicati[21].

La prima parte, infatti, è da lui elaborata sul manoscritto di Oxford, del 1320, indicato sotto la lettera C, per essere ben scritto. Lo prende come testo base, ma si serve, nel contempo, dei due manoscritti del Sinai, vale a dire del 580, che indica sotto la lettera B, anch'esso molto ben scritto e pressoché identico al C, e del 456 che però è una recensione più breve e differisce di non poco dai due precedenti, con una vistosa lacuna alla fine. Per la metodologia da lui seguita nell'edizione del testo, indica opportunamente le varianti dei manoscritti ABC tra il testo arabo e la traduzione francese.

II.6. *Manoscritti della seconda parte curata da Vasiliev*

La seconda parte la elabora su un solo manoscritto, vale a dire quello conservato nella Biblioteca Laurenziana di Firenze, catalogato con numero CXXXII come dall'opera già citata di Assemani, e tenendo in considerazione la foto a lui fornita da Graffin nel 1909. Il testo è incompleto alla fine, spezzato quasi brutalmente su una frase in cui si parla di eventi dell'VIII secolo. Vasiliev non ci intrattiene molto sulle specificità del manoscritto in sé. Si limita a dire che qualche foglio è talmente compromesso dall'umidità da essere illeggibile. Ad ogni modo le indicazioni sullo stato della scrittura vengono indicate opportunamente a mano a mano che scorre il testo stesso. Il cattivo stato dell'unico testo di cui dispone e di cui si serve, lo inducono a prevenire scomode reazioni del lettore e precisa quindi che alcuni passaggi non sono sufficientemente interpretati perché non sufficientemente decifrati.

Per la metodologia da lui seguita nell'edizione del testo, precisa che non ha creduto opportuno differenziare con sigle le varianti riportate nel testo, giacché altro non sono che l'originale di correzioni da lui apportate nella sua edizione, oppure forme che nel testo compaiono con una pressoché totale assenza di punti diacritici, soprattutto per quel che concerne i nomi propri[22].

M.D. Gibson, *Catalogne of the Arabic mss. in the Convent of S. Catharina on Mount Sinai*, London 1894.

[21] Vasiliev è in effetti al corrente che esistono altri manoscritti riguardanti l'opera di Agapio. Ce ne sono in Siria, in Libano e sicuramente altrove. Ma nell'impossibilità di reperirli, ritiene sufficienti i quattro testé indicati. A tal proposito segnala alcune informazioni attinte a due numeri della rivista *al-Mašriq*, ossia al volume VIII del 1905, pp. 1051-1052 e al volume V del 1902, p. 909.

[22] Degne di rilievo sono la determinazione e la scelta del curatore di non intervenire sulla struttura grammaticale e sintattica del testo. Ciò per consentire agli studiosi di linguistica e delle trasformazioni semantiche di avere a propria disposizione un testo che, come molti altri del suo genere, può costituire un ubertoso campo di indagine e di riflessione sulla particolare lingua dell'arabo-cristiano, già affermatosi come strumento di trasmissione e di composizione. Tale lingua si andava affermando sempre più come autonomo strumento di composizione rispetto all'idioma classico scrupolosamente seguito dall'élite intellettuale musulmana.

III. Contenuti della *Storia*

III.1. *Cosa vuole essere questa* Storia

In realtà a ben leggere le parti introduttive di non pochi storici e cronografi, la storia da essi registrata nell'incessante divenire e susseguirsi di eventi in ogni aspetto del mondo dell'essere, vuole innanzitutto rappresentare una visione soteriologica in senso lato della creazione in quanto creatura di un atto d'amore da parte di Dio e depositaria di un suo imperscrutabile disegno. Agapio si appella senza mezzi termini alla certezza che, come dice l'apostolo, «Ogni buon regalo e ogni dono perfetto è dall'alto, scende dal Padre degli astri»[23]. «Dio, mio caro, ti ha concesso in particolare un dono buono e bello, ha posto in te il desiderio di conseguir conoscenza di quante cose palesi esistono, di venire in possesso delle loro verità e di prender contezza delle sottigliezze dei loro misteri».

Agapio è fin troppo chiaro in questa sua assunzione di intenti e niente meglio che le sue parole sanno esprimerlo appieno. Infatti, così egli dice:

> Conscio come sono di ciò, possa Iddio corroborarti, ho voluto esporti un libro cominciando dagli albori del mondo, dopo avertene giudicato degno e meritevole, avendo io veraci informazioni circa la finezza del tuo spirito e intelligenza. Ho perciò composto questo libro in modo che fosse di spiegazione, dimostrazione e chiarimento; è il libro che comprende, prendendo l'avvio sin dalle origini del mondo, la conoscenza completa degli anni del mondo, dei secoli dei tempi e delle nazioni, singolarmente prese, con compendio e descrizione degli avvenimenti che ebbero luogo nei primi secoli tra i regni della terra, con notizie ad essi relative e alle cose meravigliose che avvennero in mezzo ai popoli e ai regni, nazione per nazione regno per regno. Facciamo a ciò seguire le storie dei profeti, profeta dopo profeta, dei loro tempi ed epoche; dei filosofi, dei tiranni e dei detentori di talismani contro i quali nulla potevano rettili e insetti; della confezione delle perle e dell'arte di lavorare il giacinto, il marmo, il vetro del faraone; dell'arte, ossia i dieci doni, che Dio ha elargito in modo particolare ai figli di Adamo, la descrizione delle sette meraviglie del mondo e dei luoghi in cui si trovano.

III.2. *Ambiti di questa* Storia*: la natura*

Il ventaglio delle meraviglie di questa preziosa *Storia* è oltremodo variegato, come possiamo dedurre dalla sua attenta lettura. Celebrazione dell'intelletto e della *pietas* umana, innanzitutto, essa affonda i principi della conoscenza nel mondo della natura e delle sue svariate espressioni, quali la creazione dei cieli e della terra e di ciò che essi comprendono; la descrizione della terra, le sue parti abitate o deserte, i suoi mari e fiumi e montagne e golfi e isole; i sette climi e ciò che ciascuno di essi ha in proprio

[23] Cf. *Gc* 1,17, dove il testo qui citato termina con le parole: «Ci generò per sua volontà per mezzo di una parola di verità, affinché noi fossimo come le primizie delle sue creature».

e come essi influiscono sulle popolazioni che abitano i territori da ciascuno interessati; la vita sulla terra, la lunghezza dei giorni e della notte, i criteri di datazione del tempo, le ere del mondo e gli influssi dei segni zodiacali.

III.3. *L'uomo*

Segue alla natura l'uomo, la cui comparsa sulla terra è collocata dapprima in un giardino benedetto e, dopo la colpa, tra le sofferenze e le pene patite dai suoi discendenti, che si dividono la terra, e con questa le lingue, andando incontro al diluvio, confortato subito dopo dalla comparsa dell'arcobaleno. Seguono le storie dei patriarchi con le quali si intersecano periodi di regni di disparate dinastie e personaggi, quali quelli di Nimrod il gigante, dei re di Babele, dei faraoni dell'Egitto, dei re di Persia nelle loro diverse dinastie, dei re di Giuda e di Israele, di Alessandro il Macedone e dei suoi luogotenenti, degli Antiochi e dei Tolomei, delle gesta dei Maccabei, del periodo di regno degli Ircani e dei Romani dagli albori della loro storia fino all'instaurazione della repubblica e dell'impero nella persona di Augusto. Ma interpone tra questi due estremi la nascita di Cristo, come nuovo punto di riferimento di un'era che per la storia della nascente Chiesa non subirà ulteriori alterazioni di datazione. Questo per quanto concerne la prima parte. Nella seconda il canovaccio narrativo ed espositivo è pressoché identico, come identica è la maniera di intercalare alla narrazione degli eventi propriamente storici fenomeni della natura che incidono sull'assetto sociale in maniera traumatica e destabilizzante.

III.4. *Le Sacre Scritture*

Di particolare rilievo sono le informazioni fornite sulla manipolazione delle Sacre Scritture ad opera dei sommi sacerdoti Anna e Caifa, sulle quali Agapio ritorna più di una volta coinvolgendovi l'imperatore Costantino. Non meno peregrine sono le allusioni ai cataclismi che hanno di tempo in tempo sconvolto la vita sulla terra, quali diluvi, terremoti, eclissi, fenomeni astrali ed esondazioni.

Un altro ambito su cui l'attenzione di Agapio si concentra è quello della comparsa e dell'affermazione della religione sulla terra. Muove, in verità, dai primordi del senso del religioso che ha accompagnato l'uomo, dall'Adamo della grazia e della caduta, per poi interessarsi all'origine dell'adorazione degli idoli; alla formazione delle Scritture; all'iniziativa di Tolomeo Filadelfo di far tradurre in greco le Scritture da parte dei Settanta sapienti riuniti ad Alessandria; al culto degli idoli in Egitto; alla nascita di Cristo e della comunità cristiana; alle diverse sette religiose che turbarono il comune sentire della Chiesa degli Apostoli; alla comparsa della religione musulmana, alle fratture e divisioni interne alla Chiesa.

III.5. *Interesse di questa* Storia

L'interesse della *Storia* è di indubbio valore. Nel suo *Avertissement*, con cui introduce la prima parte dell'opera, Vasiliev anticipava un giudizio di massima sulla seconda parte della medesima con le parole:

La seconda parte della cronaca di Agapio che, oso sperare, farà seguito alla prima, è interessante soprattutto per gli studi storici: essa fornisce una buona serie di informazioni circa la storia antica della Chiesa, sul periodo dei Concili Ecumenici, sulla storia di Bisanzio e, sopra ogni cosa, sul periodo del passaggio del potere dagli Omayyadi agli ʿAbbāsidi[24].

Naturalmente la puntualizzazione del Vasiliev è qui circoscritta all'ambito che solo un autore arabo-cristiano avrebbe potuto privilegiare nel suo registrare gli eventi storici e le loro connessioni, pur se non dichiaratamente funzionali ad un piano di spessore e valore metastorico e che solo secoli più tardi avrebbero innervato di sé un succedersi di accadimenti in netta relazione con pulsazioni profetiche e messianiche.

Come già in Eutichio, anche in Agapio i riferimenti al mondo pagano, alla mitologia e alla storiografia non meramente orientale sono notevoli e a volte curiosi. Di moltissimi si riesce ad individuarne la corrispondenza con i nomi a noi giunti in una maniera spessissimo alterata e non decifrabile, facilitandone così l'identificazione. Altre volte è invece impossibile fissarne la lettura e, quindi, offrirne l'identificazione, come si avrà modo di constatare nella lettura del testo. Un peso maggiore è riservato agli illustri personaggi del mondo greco-romano. J. Nasrallah è dell'avviso che «per il periodo contemporaneo all'autore, il *kitāb al-ʿUnwān*, è di estremo interesse. Agapio ne fa in realtà un'opera del tutto personale e fornisce dettagli sulla storia religiosa dell'oriente, liste di metropoliti e di vescovi che non troveremmo altrove».[25]

Ciò fornisce un ulteriore elemento a conforto della tesi di un Agapio fortemente ancorato ad una formazione classica e cristiana, comune a non pochi rappresentanti dell'élite intellettuale della comunità cristiana del tempo. Non si trascuri quali potrebbero essere stati, in verità, gli apporti della componente cristiana all'implodere della cosiddetta civiltà islamica dell'era ʿabbāside nei centri culturali di allora, come a Damasco, a Baġdād, a Kufa, al Cairo e ad Alessandria.

III.6. *Le fonti di Agapio*

Grazie alle note apposte dal Vasiliev alla sua edizione, si ha un quadro approssimativo di quelle che potrebbero essere state le fonti di cui Agapio si è servito. La fonte per eccellenza in quel che concerne la prima parte è, senza ombra di dubbio, quella delle Scritture, tanto del Vecchio quanto del Nuovo Testamento. Dal *Genesi* al *Secondo dei Maccabei*, senza trascurare, seppure in maniera meno incisiva, i Libri sapienziali e dei singoli Profeti, c'è di tutto. In modo preponderante, come accennato, nella prima parte.

Le citazioni sono indirette o dirette. Presentano delle discrepanze con le attuali traduzioni, dovute in parte sia al fatto che non rare volte gli autori citano a memoria sia al fatto che il testo arabo non aveva ancora una sua omogenea *lectio*. Ma influssi non trascurabili

[24] Cf. Vasiliev, *Kitab* (1910), p. 563.

[25] Nasrallah, *Histoire* (1987), p. 51.

deve averli subiti anche da Giuseppe Flavio, da Africano, da Eusebio di Cesarea[26], da Didimo di Alessandria, da Andronico, da Anniano di Alessandria, da Giorgio il Sincello, da Giacomo di Edessa e da autori musulmani coevi, come forse al-Masʿūdī. In un passo della sua *Storia* parla espressamente di Platone e dei suoi Libri menzionando il diluvio che ebbe luogo ai tempi di Deucalione[27]. Non mancano notizie che si collegano direttamente ad un cosiddetto ciclo di leggende orientali che comparirà poi nella *Cronaca* di Michele il Siro[28].

Come si noterà dall'alta frequenza di confronto di passi di Agapio con quelli di Michele il Siro (1126-1199) che compaiono nelle note, si potrebbe essere spinti a supporre che Agapio sia stato una sua fonte preferita, magari in modo indiretto[29]. Ma per un'ulteriore comunanza che la *Cronaca* dello stesso Michele il Siro ha con la *Storia* di al-Makīn potremmo pensare che quest'ultimo, anch'egli grande storico arabo-cristiano, sia stato grandemente influenzato dal primo.

[26] Le citazioni dal *Chronicon* di Eusebio che compaiono qua e là nel testo da noi tradotto sono da ritenersi attinte direttamente dall'apparato delle note curato da Vasiliev. Lo stesso dicasi per le citazioni relative a Migne, a Giovanni Malala e a Teodoreto di Cirro.

[27] Vedi 6,48.

[28] Michele il Siro, *Chronique* (1899), vol. I, p. xxvii. Riteniamo che non poche di queste fonti siano in effetti servite anche ad Agapio, costituendo esse un patrimonio culturale già filtrato e selezionato per la composizione e la diffusione di opere di autori orientali cristiani. Per una accurata analisi delle interdipendenze testuali tra autori che si interessano di cronache o di filoni storici inseriti dentro trattazioni di più largo respiro compilativo, rimandiamo alle pp. xxix-xxxvii dell'introduzione di J.-B. Chabot.

[29] Nella sua acuta ed esauriente analisi delle fonti di Michele il Siro, Chabot non menziona diretti influssi di opere in arabo sull'estensore della *Cronaca*, ma non si nasconde che domandarselo sia del tutto fuori luogo. Cf. Michele il Siro, *Chronique* (1899), vol. I, p. xxxvi.

IV. Criteri seguiti nell'elaborazione del testo tradotto

IV.1. *Divisione dell'opera*

Per la presente edizione della traduzione italiana della *Cronaca* di Agapio, abbiamo scelto di lasciare così come nel testo di edizione la prima e suddividendo la seconda in due. L'abbiamo fatto soprattutto per dare un certo rilievo al periodo che concerne direttamente la comparsa dell'Islām e la sottomissione delle genti di fede cristiana all'egida islamica. La prima parte l'abbiamo suddivisa in tredici capitoli, rispettando il *terminus a quo*, vale a dire la creazione e la venuta al mondo di Adamo, e il *terminus ad quem*, ossia la nascita di nostro Signore Gesù Cristo e la morte di Erode, simbolicamente indicata come abbattimento del baluardo del male e della perfidia. Questa tipologia di riferimento sembra calcare l'assunto teologico sviluppato dall'apostolo Paolo sulla figura e sul ruolo del primo e del secondo Adamo, che sono i due cardini all'interno dei quali si colloca tutta la teologia della salvezza.

La seconda e la terza sono, come accennato, una nostra suddivisione all'interno di una unità narrativa compresa in un unico manoscritto che non ne fa esplicita dichiarazione. Nella seconda, suddivisa in venticinque capitoli, si ricomincia con un accenno al regno di Giulio Cesare per poi passare a narrare delle gesta e delle imprese di Augusto al fine di riproporre quanto già detto a proposito del sacerdozio dei Giudei e della nascita di Cristo, che resta idealmente anche il *terminus a quo* di tutto quanto sarà narrato in seguito. Per la divisione in capitoli ci siamo attenuti al criterio di raggruppare una serie di eventi e di notizie nel periodo di reggenza di imperatori maggiori e minori consacrati dalla storia, dentro i quali sono messe in rilievo le successioni di vescovi sulle diverse cattedre o sogli patriarcali, il sopraggiungere e il diffondersi di varie eresie, il succedersi dei Concili, i conflitti con i regnanti di Persia, la registrazione di particolari fenomeni atmosferici, fino alla comparsa degli Arabi e le ultime considerazioni sul regno di Costante II.

La terza parte, suddivisa in quattordici capitoli, trova il suo *terminus a quo* in un preambolo che traccia la storia degli Arabi che irrompono d'improvviso nelle precarie relazioni tra Eraclio e Cosroe con la dolorosa vicenda della deportazione della santa Croce in Persia e della sua restituzione in seguito ad una tregua stipulata tra i Bizantini e i Persiani. I seguenti capitoli raccolgono a vario titolo l'avvicendarsi di califfi omayyadi e ʿabbāsidi e di imperatori bizantini, con tutte le diverse notizie, eventi e fenomeni che si accompagnano al periodo dei loro rispettivi governi, che andranno sempre più disgregandosi in divisioni e sottodivisioni di altre egemonie: effimere alcune, durature altre. Termina con il regno di Leone IV e il califfato di Muḥammad Ibn ʿAbd Allāh al-Mahdī.

IV.2. *Aspetti formali del testo tradotto*

La divisione in capitoli, titoli, sottotitoli e paragrafi è nostra, come nostre sono le parti che compaiono tra i segni / /. Spesso si tratta di aggiunte chiarificatrici perché non sempre ci è stato possibile, come accennato, identificare l'esatta corrispondenza di alcuni termini arabi relativi a nomi di persone o di luoghi. Ciò ha altresì determinato la scelta di lasciare in trascrizione quei vocaboli per i quali non si è trovata una soddisfacente lettura e, di conseguenza, una identificazione. Lo stesso apparato delle note potrebbe non sempre apparire esaustivo o forse ritenuto improntato a soverchia essenzialità informativa e chiarificatrice: abbiamo in effetti a che fare con una mole di carattere onomastico e toponomastico non rare volte del tutto trasformato nei suoi diversi passaggi di luogo in luogo e di comunità in comunità in diverse epoche.

L'unico conforto che lenisce in minima misura questo nostro disappunto è che quanto da noi e da altri già fatto possa trovare, in chi verrà un terreno di più soddisfacenti intuizioni e soluzioni. Ciò che è stato non è e ciò che è non sarà. Sarà forse questa la sorte di ogni lavoro che ciascun innamorato di letteratura arabo-cristiana cerca di elaborare come meglio può?

Esprimo un particolare ringraziamento a don Davide Righi, vice-presidente del Gruppo di Ricerca Arabo-Cristiana (GRAC) e anche questa volta, come in altre, la mia profonda gratitudine alla dott.ssa Elena Bolognesi per la cura con cui ha atteso alla riformattazione di questo volume.

AGAPIO DI GERAPOLI

STORIA UNIVERSALE

PARTE PRIMA

CAPITOLO 1

Nel nome del Dio unico, da sempre eterno, per sempre eterno e tuttora eterno, che noi invochiamo in aiuto.

Descrizione dell'opera

Autore del libro

1 Libro del Titolo[1] che per serto ha le eminenti qualità della saggezza e per corona le diverse schiere di filosofi, encomiabile per le verità della conoscenza che ha avuto a cuore di collazionare l'illustre *šayḫ,* dotto maestro e perfetto filosofo, Agapio, figlio di Costantino, greco originario di Manbiğ[2] e che egli inviò poi ad un uomo adorno d'ogni virtù, chiamato ʿĪsà Ibn al-Ḥusayn[3].

Come avvicinarsi al testo

2 Sappi, e possa l'Altissimo assecondarti in ciò, che questo libro benedetto è stato dal suo compilatore collazionato e composto attingendo ai santi libri di Dio nonché a quelli dei filosofi e dei saggi; vi ha messo tutto se stesso, zelo e fatica, assiduità e duro lavoro, componendolo, così, a beneficio e gran profitto di quelli che vorranno meditarlo. Chi,

[1] L'espressione araba *kitāb al-ʿunwān*, sembra stare qui per *kitāb al-taʾrīḫ*, dove al termine storia è dato un senso largo e ampio, per quanto concerne le sue continue e diverse scansioni di eventi, ma nello stesso tempo precipuo, in quanto è storia che ha un preciso inizio e una particolare finalità, come è nell'ottica della storiografia arabo-cristiana; in tale ambito, infatti, lo schema costruttivo della narrazione biblica vetero e neo-testamentaria si fa esplicito assunto di cominciamento e di continuità, necessario per la comprensione dei susseguenti accadimenti.

[2] Nella sua opera *Kitāb al-tanbīh wa-l-išrāf*, ed. De Goeje, p. 154, lo storico al-Masʿūdī, parlando dei molti melchiti, nestoriani e giacobiti che han scritto di storia antica e recente, annovera, tra gli altri, anche Maḥbūb Ibn Qusṭanṭīn al-Manbiğī, la cui opera egli avrà certamente letto e visto se la addita tra le più belle e interessanti per quanto concerne le storie di re, profeti, popoli, paesi e quant'altro è specifico ambito della cronachistica.

[3] Era uso dedicare il libro a un personaggio del tempo dell'Autore, quasi sempre individuato come uomo virtuoso o bramoso di conoscenza. Anche l'altro grande storico, pur'egli citato da al-Masʿūdī nel libro di cui sopra, ossia Eutichio o Saʿīd Ibn Baṭrīq, autore di una interessante Cronaca che prende l'avvio dai tempi di Adamo sino ai primi tempi del califfato di al-Rāḍī, dedicò la sua opera al fratello ʿĪsā, che lo aveva sollecitato e spronato a comporla.

infatti, farà di questo libro oggetto di ripetuta meditazione, lo comprenderà, lo esaminerà con attenzione e lo analizzerà, sarà simile ad un uomo che avrà percorso l'intero universo, come se conoscesse il mondo sin dalle sue origini e come se il mondo gli raccontasse la propria storia, meraviglie e peculiarità e gli parlasse degli eventi e dei portenti che in esso si sono avuti dai primordi della creazione fino alla sua epoca e al suo tempo. Lo legga quindi, chi lo legge, acconciamente e lo comprenda in modo retto.

Inizio del libro

Riferimenti scritturali

3 Dice l'apostolo di Dio: «Ogni buon regalo e ogni dono perfetto è dall'alto, scende dal Padre degli astri»[4]. Dio, mio caro, ti ha concesso in particolare un dono buono e bello, ha posto in te il desiderio di conseguir conoscenza di quante cose palesi esistono, di venire in possesso delle loro verità e di prender contezza delle sottigliezze dei loro misteri.

Intento dell'autore

4 Conscio come sono di ciò, possa Iddio corroborarti, ho voluto esporti un libro cominciando dagli albori del mondo, dopo avertene giudicato degno e meritevole, avendo io veraci informazioni circa la finezza del tuo spirito e intelligenza. Ho perciò composto questo libro in modo che fosse di spiegazione, dimostrazione e chiarimento; è il libro che comprende, prendendo l'avvio sin dalle origini del mondo, la conoscenza completa degli anni del mondo, dei secoli dei tempi e delle nazioni, singolarmente prese, con compendio e descrizione degli avvenimenti che ebbero luogo nei primi secoli tra i regni della terra, notizie relative ad essi e alle cose meravigliose che avvennero in mezzo ai popoli e ai regni, nazione per nazione, regno per regno. Facciamo a ciò seguire le storie dei profeti, profeta dopo profeta, dei loro tempi ed epoche; dei filosofi, dei tiranni e dei detentori di talismani contro i quali nulla potevano rettili e insetti; della confezione delle perle e dell'arte di lavorare il giacinto, il marmo, il vetro del faraone; dell'arte, ossia i dieci doni, che Dio ha elargito in modo particolare ai figli di Adamo, la descrizione delle sette meraviglie del mondo e dei luoghi in cui si trovano.

Le sette meraviglie del mondo

5 Dette meraviglie sono: il Campidoglio di Roma, superbo edificio[5], lo stesso dove Apollonio apprese l'arte dei talismani[6]. La seconda meraviglia è il faro di Alessandria. È

[4] Cf. *Gc* 1,17.

[5] Allusione al tempio di Giove Capitolino che sorgeva sull'ala meridionale del Campidoglio, uno dei sette colli di Roma, mentre la rocca o l'arce era situata sulla sommità settentrionale.

[6] Apollonio di Tiana (4 ca. a.C. - Efeso 97 ca. d.C.), forse il massimo rappresentante del neopitagorismo, conosciuto anche come il Cristo pagano, sosteneva che l'anima, grazie ad una intensa catarsi si fa divina e, quindi, capace di dirigere il corso della natura per il tramite della magia. Michele il Siro, *Chronique* (1899), vol. I, p. 171 ne parla in questi termini: «In quel tempo fiorìrono i filosofi Apollonio di Tiana

una torre con un osservatorio, situata all'imbocco del mare, su quattro colonne di vetro a proposito della quale Beda il sapiente[7], che misurò il mare e percorse la terra, diceva di non aver trovato al mondo costruzione di essa più alta. La terza meraviglia è il tempio di Cizico[8], in Cappadocia, nel paese dei *Rūm*. È un edificio mozzafiato di centocinquanta cubiti quadrati, su quattro pilastri, ma quel che di tutto più sorprende è che non vi cade mai sopra la pioggia. La quarta meraviglia sono le tre pietre di Baʿalbik[9]. La quinta, poi, è la donna che fu già nella città di Cesarea di Palestina. La sesta meraviglia è l'efo di Bellerofonte, ossia un cavallo di ferro cavalcato da un soldato anch'egli di ferro, sospeso nell'aria sotto una volta, senza punti d'appoggio alle pareti di quest'ultima.[10] La settima meraviglia sono i tre idoli che Ercole, il più antico re che si conosca, issò nel mare per mettere in guardia i naviganti contro il pericolo di annegamento.

Altra materia del libro

6 In una con ciò, in questo libro collezioniamo e chiaramente illustriamo la narrazione della divisione della terra e dei sette climi[11] con la loro lunghezza e larghezza, mari, golfi e celebri metropoli, le condizioni e gli usi di vita dei loro abitanti nonché quanto di nocivo e di giovevole ciascun clima possiede.

e Eufrate. Detto Apollonio fece conoscere dei talismani; faceva ogni sorta di cose con l'aiuto dei demoni. Diceva, tra l'altro: "Che sfortuna essere stato preceduto dal Figlio di Maria!"». Il testo che traduciamo ha il verbo *taʿallama*, imparare, apprendere, come del resto il testo curato da Vasiliev che, tuttavia, registra la variante *ʿallama*, insegnare.

7 Allusione a Beda o Baeda il Venerabile (672-735), santo dottore della Chiesa celebrato il 27 maggio, noto erudito anglo-sassone che molto influì sulla cultura scolastica del medioevo. Gli sono attribuite opere di carattere storico, come la *Historia ecclesiastica gentis anglorum*, di computo degli anni a partire dall'era cristiana, come il *De temporibus* e il *De ratione temporum*, di filologia come il *De metrica arte*, e di retorica, come il *De schematibus et tropis*. Non di minor rilievo è anche la sua produzione di omelie, vite di santi, inni e esegesi biblica. Per quanto concerne le notizie qui riferite, cf. H. Schott, *De septem orbis spectaculis quaestiones*, Onoldi 1891, p. 5 e II-IV, citato in Vasiliev, *Kitab* (1910), p. 569.

8 Allusione al grande tempio eretto in onore di Giove o Zeus dall'imperatore Adriano. Cizico, in greco Kýzikos, già colonia degli ioni di Mileto nel 755° anno della sua fondazione, è celebre per la battaglia che nel 410 si svolse nel suo mare tra l'ateniese Alcibiade e gli spartani, con la sconfitta di questi ultimi. Lottò costantemente per la sua autonomia e indipendenza ed ebbe grande importanza commerciale, rivaleggiando con Bisanzio per il controllo del traffico marittimo della Propontide. Celebre per la sua monetazione, conobbe il suo definitvo tracollo intorno all'anno 950, circa venti anni dopo un terremoto che ne provocò la distruzione.

9 Ovvero la greca Heliopolis del Libano, dove era stato eretto il maestoso e imponente tempio dedicato a Yupiter, la cui costruzione, iniziata ai tempi di Augusto, fu terminata durante il regno dell'imperatore Caracalla. Ancora oggi, tra le rovine dell'antica città, spiccano le ormai famose colonne, simbolo della città. Già colonia romana, più tardi occupata dagli arabi, è oggi, tra l'altro, centro di un festival artistico nazionale e registra una massiccia presenza di emigrati iraniani.

10 Intende qui parlare del cavallo alato Pegaso che nella *Teogonia* di Esiodo è messo in rapporto con l'eroe Bellerofonte e con Medusa dal cui sangue, dopo essere stata uccisa da Perseo, esso trasse origine.

11 Il termine arabo *aqālīm* sta qui ad indicare le sette terre allora conosciute, caratterizzate ciascuna da un proprio clima.

Altro preambolo dell'opera

Nel nome di Dio unico, preeterno, sempiterno e tuttora eterno, che noi invochiamo in aiuto.

Inizio del libro

7 Diamo qui cominciamento al libro dell'illustre *šayḫ* e perfetto filosofo Agapio, figlio di Costantino, alla cui anima conceda Iddio riposo e conceda a lui copiosa ricompensa. Amen.

8 Persone intelligenti e versate nella conoscenza delle cose che si vedono accadere, sin dai primordi del mondo, secondo l'ordine della natura, sanno che il cominciamento del tempo, l'origine delle cose create, la scansione degli anni e dei giorni prendono avvio dall'attimo in cui la notte e il giorno sono in equinozio all'entrata del sole nella testa dell'Ariete, ossia l'equatore.

Vita sulla terra

9 Da questo momento la terra comincia a produrre erba verdeggiante e gli alberi prendono a dar foglie e a cambiar colore. La terra si riveste di verzure, sfoggia la propria bellezza in cromatica scala di bei colori. Ugualmente vediamo come al tempo stesso gli animali, tutti gli insetti della terra e gli uccelli tutti s'accoppiano gli uni gli altri, mettendo al mondo cucciolotti d'ogni specie e d'ogni genere a seconda della loro sostanza.

10 Nel medesimo tempo e stagione di cui stiamo qui parlando, gli uccelli si costruiscono nidi d'ogni genere e d'ogni forma, secondo le loro forze.

Datazione del tempo

11 Il tempo di cui ci occupiamo comincia, come è unanime parere di tutti i sapienti e cronografi, con l'origine del mondo, il 18 *aḏār* /=marzo/, corrispondente al mese lunare di *nīsān* /aprile/, che corrisponde, a sua volta, a *raǧab*, primo dei dodici mesi lunari del mondo.

12 Abbiamo constatato che il libro di Dio, sia Egli lodato, rivelato per il tramite del profeta Mosè, è in piena sintonia con quanto abbiamo detto sul corso naturale delle cose sin dagli albori del mondo. A questo libro il nostro si conforma, con esso si accorda ed esso segue. Ora Iddio, benedetto è il suo nome e eccelsa la sua gloria, ispirò Mosè, suo profeta, e gli disse: «Questo mese sia per voi l'inizio e il primo dei mesi lunari»[12]. Coloro che hanno conoscenza dei libri di Dio rivelati, affermano che in questo medesimo mese avrà luogo la fine del mondo. Del resto, nessuno tra i dotti e le persone di scienza nutre alcun dubbio che il mese in questione sia cominciato, agli albori del mondo, con la domenica, e non abbiamo quindi bisogno di esaminare siffatta questione o di chiarirne l'enunciato, giacché è di dominio pubblico tanto in mezzo a tutti i

[12] Cf. *Es* 12,1.

sapienti quanto tra tutti coloro che conoscono le sacre Scritture che il primo cominciamento della creazione fu di domenica. Il nome di questo giorno, d'altra parte, è di per sé prova di quanto stiamo dicendo[13]. Da questo giorno, mese ed anno si è cominciato a computare i tempi e gli anni della storia del mondo e a riferire notizie e a parlare delle cose che in essi sono accadute.

Carattere del libro

13 Detto modo di scrivere la storia è in greco chiamato *kronicòn*, che tradotto in arabo significa sequenza degli anni e scorrimento dei tempi e dei secoli. Questo libro comincia con il primo giorno nel quale Iddio creò tutte le creature e procede poi da Adamo fino all'ascensione di Cristo Signore. Esso descrive, illustra e mostra le vicende delle nazioni e di ogni singola nazione, dei re della terra e di ogni singolo re, delle cose che hanno avuto luogo nel mondo, delle meraviglie dei diversi regni e di ogni singolo regno, nazione dopo nazione e altro.

Parole dell'autore

14 L'autore e collazionatore di questo libro dice: «È per noi doveroso cominciare sin dalle origini, cercare i motivi e le cause di ciò che è risaputo a proposito del cominciamento del mondo e della scansione degli anni, esporre chiaramente le prove, dar notizia dei fatti avvenuti e illustrarli».

15 Egli dice ancora: «Il primo anno dopo l'uscita dei figli di Israele dalla terra d'Egitto, Mosè, il profeta di Dio, salì sul monte di Dio detto Ṭūr Sīnā[14], digiunò quaranta giorni e quaranta notti e pregò. Dio allora si degnò di parlargli rivolgendogli la parola e dandogli in dono il carisma della sapienza, della scienza e della profezia, perché profetasse, parlasse, desse notizia e scrivesse di come Iddio aveva creato questo mondo in sei giorni. Iddio fece quindi scendere su di lui le tavole della Tōrāh, scritte per suo volere».

I cinque libri di Mosè

16 Mosè scrisse cinque libri. Nel primo, ci da notizie delle cose create, descrivendo il cominciamento e le modalità della loro creazione; nel secondo, scrive e fornisce notizie dell'uscita dei figli di Israele dalla terra d'Egitto; nel terzo libro, chiamato il libro

[13] L'autore gioca sulla formulazione dell'espressione araba *yawm al-aḥad*, che sta appunto ad esprimere la priorità di detto giorno rispetto agli altri che lo seguono a ruota, costruiti su elementi radicali che si connettono direttamente a due, per cui abbiamo *yawm al-iṯnayn* /=lunedì/; a tre, per cui si ha *yawm al-ṯulaṯā'* /=martedì/; a quattro, e si ha quindi *yawm al-arbaʿā'* /=mercoledì/; a cinque, avendo così *yawm al-ḫamīs* /=giovedì/, eccezion fatta per venerdì e per sabato che hanno una particolare forma avulsa dal rapporto numerico vero e proprio.

[14] Ossia il monte Sinai, annoverato tra le più celebri montagne delle teofanie divine, insieme al monte degli Ulivi, al monte Tabor e al monte Garizim. Per una recente opera sulla sua storia e l'importanza ch'esso ha avuto lungo i secoli nelle relazioni dei viaggiatori arabi e stranieri, cf. Armando Serra, *Pellegrinaggio al Monte Sinai dal IV sec. al 2001*, in *Studia Orientalia Christiana*, «monographiae» n° 11, Gerusalemme-Cairo: Franciscan Center of Christian Oriental Studies e Franciscan Printing Press, 2003.

dei sacerdoti[15], illustra le cose concernenti i sacerdoti e i leviti. Il quarto è il libro del numero dei figli di Israele, così chiamato perché il profeta Mosè li contò e ne definì il numero. Il quinto libro è quello della seconda legge /= Deuteronomio/.

Era del mondo

17 Da qui ha fine l'èra del mondo, cominciata nell'anno della creazione e protrattasi sino all'anno 81 dalla nascita di Mosè, che è poi l'anno in cui il profeta Mosè salì sul monte di Dio, detto Ṭūr Sīnā. Fino a questo tempo e a detto giorno erano trascorsi tremilaottocentoquarantasette anni, come è dato stabilire alla luce della traduzione dei Settanta, vale a dire i commentatori Giudei che tradussero dall'ebraico in greco per Tolomeo Filadelfo[16], sovrano d'Egitto, il Pentateuco e tutti i libri dei profeti. Avveniva, questo, circa trecento anni prima della venuta di Cristo Nostro Signore.

[15] Denominazione sotto la quale è oggi conosciuto il Levitico, terzo libro del Pentateuco. La denominazione propriamente araba usata da Agapio è qui *sifr al-kahanah*.

[16] Tolomeo II Filadelfo, nato a Coo nel 308 e morto nel 246, figlio di Tolomeo I e di Berenice I, re d'Egitto dal 285 al 246, secondo il testo apocrifo *Lettera di Aristea*, dietro consiglio del suo bibliotecario Demetrio Falereo, mandò due suoi emissari a Gerusalemme per chiedere al sommo sacerdote Eleazaro di preparargli una traduzione della Bibbia da collocare nella biblioteca di Alessandria. I 72 dotti che Eleazaro scelse per questo compito, 6 per ognuna delle 12 tribù, furono alloggiati in un palazzo sull'isola di Faro. La traduzione da essi approntata è conosciuta come la traduzione dei *Settanta*, nei testi abbreviata con LXX.

Capitolo 2

Creazione del mondo e dell'uomo

Creazione dei cieli e della terra e di ciò che essi contengono

1 In testa al primo libro, il profeta Mosè ha scritto che Dio creò, all'inizio, la sostanza del cielo e la sostanza della terra, intendendo, per sostanza, l'ipostasi del cielo e l'ipostasi della terra in una con la loro essenza. Dio creò la luce, vale a dire il chiarore diffuso ed esteso, e separò la luce dalle tenebre nel primo giorno, che è il cominciamento della creazione. Iddio lo chiamò il primo giorno. Fu il primo giorno del mese di *nīsān*, lo stesso primo mese lunare *rağab*, cominciamento della creazione. La prova che questo primo mese lunare fu *rağab* e che una domenica fu il primo giorno, è desunta dal calcolo astronomico, la cui formula è semplice a capirsi. In tal maniera, chiunque lo desideri e voglia saperlo, raggiungerà con esiguo sforzo detta conoscenza capace di appagarne l'intelletto. A volte, però, questo calcolo astronomico resta celato a chi brama conoscerlo, se è Dio a volerlo.

2 Il secondo giorno Dio creò la sfera celeste che ruota di moto perpetuo movendo dall'Oriente all'Occidente, facendo un giro su se stessa ogni ventiquattro ore, giorno e notte, in maniera costante, senza mai fermarsi. Dio chiamò cielo la sfera rotante, fissa / nel suo luogo/ ed elevata.

3 Il terzo giorno Dio disse: «Si ammassino tutte le acque che sono sopra la terra in un solo luogo e in un'unica zona». Al loro ammassarsi, le acque furono chiamate mari. La terra, allora, produsse le sue erbe, fiori variopinti, alberi da frutto e alberi infruttiferi.

4 Il quarto giorno Dio, sia esaltato il suo Nome, ordinò alla luce estesa di ammassarsi e le assegnò come dimora tutti i luminari del cielo, ossia il sole, la luna e tutte le stelle, fisse e mobili, secondo le loro categorie e classi, che si muovono dentro la sfera che le mette in moto perpetuo e continuo, girando in senso opposto a quello della sfera stessa, da Occidente a Oriente.

5 Il quinto giorno Dio creò dall' acqua tutti gli uccelli che volano nell'aria sulla terra, e tutte le bestie del mare; Dio creò dall'acqua i loro corpi e il soffio della loro vita.

6 Il sesto giorno Dio creò dalla terra tutti gli animali e le bestie feroci, tutti i rettili che strisciano sulla sua superficie e altri animali i cui corpi e soffio di vita provengono dalla terra.

Creazione dell'uomo

7 In questo stesso giorno Dio creò l'uomo, cioè Adamo. Ad immagine di Dio lo creò e a sua somiglianza, quale creatura più completa e perfetta, avendolo Iddio reso ricettacolo del dono della peculiarità di parola, di intelletto e di anima intelligente, razionale e parlante che è poi ciò che Dio ha di sé messo in lui. Il corpo di Adamo e il di lui spirito provengono dunque dalla terra e dai primi quattro elementi che sono madri d'ogni essere, creati prima di ogni cosa come separati, indipendenti e liberi; la sua anima, invece: intelligente, razionale, parlante, simile a Dio e immortale, proviene da Dio che ne è il donatore e il largitore.

Adamo ed Eva nel paradiso terrestre

8 Essendo così l'uomo, vale a dire Adamo, divenuto un essere spirituale e corporeo, fatto della migliore e più accurata struttura, Iddio lo fece abitare, insieme con sua moglie, ch'Egli aveva creato da una di lui costola, nel paradiso dell'Eden[1].

9 Il settimo giorno Dio cessò da ogni opera che aveva fatto creando. Per tal ragione chiamò quel giorno sabato, poiché *šabat* vuol dire «riposo».

10 Taluni sapienti ritengono che Dio, sia Egli benedetto ed esaltato, abbia impiantato il paradiso nell'Eden e lo abbia poi collocato al di sopra della terra, a una distanza di quindici cubiti dal suolo, sospeso nell'aria.

Superiorità e inferiorità di Adamo

11 Là Iddio fece abitare Adamo e lo stabilì, da una parte, re su tutti gli animali e su tutte le bestie feroci, che erano sotto di lui, e, dall'altra, lo sottomise a coloro che per sapienza e scienza sono a lui superiori, vale a dire agli angeli immateriali, che sono prossimi a Dio[2].

Caduta di Adamo

12 Dio piantò in mezzo al paradiso l'albero della conoscenza del bene e del male[3] che però proibì ad Adamo, proibendogli rigorosamente di avvicinarsi ad esso e raccomandandogli di non mangiare dei suoi frutti, per mettere alla prova la sua obbedienza: nel caso fosse stato perseverante nell'obbedienza, Adamo sarebbe stato reso degno di passare a far parte della schiera degli angeli e di stare in mezzo a loro; se fosse invece caduto nella disobbedienza e nel peccato, sarebbe stato gettato giù dal paradiso, cacciato fuori e mandato a tener compagnia alle bestie.

13 Allorché Adamo disobbedì al suo Signore e Creatore violandone il comandamento, non poté più abitare il paradiso santo e spirituale a causa del peccato e della violazione

[1] La costruzione araba ne fa qui un vero e proprio sito dentro il quale si trova il giardino o *firdaws*, da cui è stato in seguito derivato il nostro termine «paradiso», di origine persiana.

[2] Cf. sura IV,172. A. Bausani, *Il Corano*, Sansoni, Firenze 1978, p. 72 traduce «Angeli Cherubini».

[3] Letteralmente: Dio piantò la conoscenza dell'albero del bene e del male.

del comandamento. Il paradiso santo e spirituale non lo tollerava. Dio lo fece perciò uscire dal paradiso e lo fece dimorare dirimpetto ad esso sul monte, senza allontanarlo troppo, spinto dalla pietà che per lui provava. Per questo il profeta David, parlando di Adamo nel libro dei salmi dice: «L'uomo che non distingue l'onore e il privilegio di cui gode /presso Dio/, è abbandonato alle bestie, ad esse consegnato e assimilato e lasciato in loro compagnia»[4].

Adamo ed Eva prendono dimora fuori il paradiso

14 Adamo e sua moglie Eva passarono in tristezza e afflizione cento anni a causa della loro disobbedienza nei riguardi del Signore, struggendosi di rammarico ogni qual volta i loro sguardi cadevano sul paradiso, rimpiangendo le delizie perdute e sconsolati per dover coabitare con le bestie. Cento anni dopo, Adamo conobbe sua moglie Eva e generò da lei Qāyīn[5]; in seguito, dopo Caino, nacque Hābīl[6].

Caino ed Abele

15 Raggiunto che ebbero l'età di trent'anni, presentarono a Dio le loro offerte. Dio accettò l'offerta di Abele a causa della sua purezza e della bontà della sua anima, ma non accettò l'offerta di Caino nel cui cuore albergava rancore e malcelato odio contro suo fratello. Covò quindi invidia contro il fratello, perché Dio aveva preferito l'offerta di costui. Perciò Caino disse ad Abele: «Vieni, andiamo insieme giù alla pianura», e scesero dai monti alla pianura, dove Caino assalì Abele, suo fratello, e lo uccise.

Dio si incollerì con Caino e lo condannò a trascorrere il resto dei suoi giorni nel terrore.

Adamo ed Eva hanno altri figli

16 Adamo e Eva, sua moglie, furono grandemente addolorati per la morte violenta di Abele per altri cento anni. Adamo capì che la sventura che si era abbattuta sul figlio Abele era /giusto/ castigo del suo peccato e della disobbedienza verso il suo Signore, giacché i padri sono colpiti e puniti per i loro propri peccati nei figli. Adamo temeva così per la propria vita Caino. In seguito, a distanza di cento anni, Adamo e Eva, sua moglie, si consolarono della loro afflizione. Adamo, infatti, conobbe Eva, sua moglie, e gli fu generato Šīt, somigliante ad Adamo nel volto e nei tratti.

Caino e Lamik

17 Šīt dimorò con Adamo, suo padre, su per le montagne, mentre Caino abitava in basso, nella piana. Allorché si fu nella settima generazione dei figli di Caino, vale a dire quella del cieco Lamik, figlio di Matūšā'īl, figlio di Miḫuwā'īl, figlio di ʿĪdār,

4 Libero adattamento di *Sal* 49,21.

5 D'ora in avanti lo renderemo sempre con Caino.

6 D'ora in avanti lo renderemo sempre con Abele.

figlio di Iḫnūḫ, figlio di Caino, figlio di Adamo, avvenne che Lamik uscì un giorno, accompagnato da un ragazzo che gli faceva da guida. Caino, in preda al terrore, vagolava nella foresta[7]. Il cieco Lamik ne avvertì la presenza e, pensando fosse una bestia selvaggia della foresta, prese una pietra e la scagliò contro Caino, uccidendolo. Il ragazzo gli disse: «Cosa hai fatto? Hai ucciso Caino!». Lamik allora, in preda ad un eccesso di tristezza, sconforto e pentimento e a causa del dolore che subentrò in lui, prese a battere l'una contro l'altra le mani e, colpendo alla testa il ragazzo, gliela fracassò, e lo uccise. Si recò di poi dalle sue donne, Ġadā e Ṣilà[8] e disse loro: «Udite la mia voce e ascoltate in silenzio le mie parole, Ġadā e Ṣilà, donne di Lamik! Se Caino sarà vendicato sette volte, Lamik lo sarà settantasette, perché ha ucciso un uomo al lancio d'una pietra e un ragazzo nel battere le mani»[9].

Discendenza di Caino

18 In questo tempo e durante questa generazione, visse al-Nāʿamah, sorella di Tūbāl[10] e di Tūlqayn[11], della discendenza di Caino. Non c'era al mondo nessuno più abile di Tubalqayn nel suonare flauti, cembali, tutti gli strumenti a corda e qualsiasi altro strumento di divertimento e di svago. Fu il primo ad introdurli nel mondo. Grazie alla maestria con cui suonava e alla suadente bellezza della sua voce, le bestie selvagge e feroci in una con gli uccelli gli si facevano dappresso per ascoltare la sua voce, senza nuocersi gli uni gli altri. Al-Nāʿamah, sua sorella, fu una delle donne più affascinanti e più formose. Fu ella la prima che insegnò a tingere e colorar stoffe e ad andar vestita di sgargianti vesti.

19 I figli di Caino si immersero nei piaceri e si abbandonarono ai divertimenti e alla pazza gioia, passarono ogni limite nel piluccar delizie e sfrenate passioni, senza darsi sosta, né la notte né il giorno.

Morte di Adamo

20 I figli di Šīt, che vivevano sul monte, li guardavano dall'alto e udivano le loro voci. Al sopravvenire della quinta generazione dei figli di Adamo – correva l'anno 135 dalla nascita di Mahlālā'īl, figlio di Qīnān, figlio di Inūš, figlio di Šīt, figlio di Adamo – morì Adamo, abbia Iddio pietà della sua anima, all'età di novecentotrent'anni. Dalla nascita del figlio Šīt era vissuto settecento anni[12].

[7] Il testo arabo ha في العافية ma andrebbe letto meglio في الغابة come anche in un manoscritto della *Storia* di al-Makīn conservato nel fondo del Muski dei Padri francescani.

[8] Sono Ada e Zilla di cui in *Gn* 4,15.

[9] Per le concordanze e le varianti rispetto alla versione biblica, cf. *Gn* 4,13-24.

[10] Trattasi di Yubal di cui in *Gn* 4,21, figlio di Ada.

[11] Meglio Tubalqayn di cui in *Gn* 4,21, figlio di Zilla e fratello di al-Nāʿamah. Agapio presenta tanto Yubal quanto Tubalqayn come fratelli di quest'ultima.

[12] *Gn* 5,4 recita invece: «E dopo aver generato Šīt, Adamo visse ancora ottocento anni e generò figli e figlie».

Calcolo degli anni di vita di Adamo

21 Il suddetto calcolo è computato alla luce della traduzione dei Settanta. È scritto: «Adamo visse duecentotrenta[13] anni e generò Šīt»; dal giorno della nascita di Šīt, poi, fino a quello della nascita di Inūš, ne passarono duecentocinque, il che, sommato, fa quattrocentotrentacinque anni; dalla nascita di Inūš a quando costui ebbe il figlio Qīnān, intercorsero centonovant'anni, il che, sommato, fa seicentoventicinque; dal giorno in cui nacque Qīnān fino al giorno della nascita di Mahlālā'īl, figlio di Qīnān, passarono centosettant'anni, il che, sommato, fa settecentonovantacinque anni. Dopo la nascita di Mahlālā'īl Adamo ebbe novecentotrent'anni, che è poi quanto durò la sua vita.

22 Secondo la Tōrāh che posseggono i Giudei e ch'essi hanno mutilato e ridotto quanto agli anni, intendo dire riducendo gli anni della vita dei patriarchi prima della nascita dei loro figli, il calcolo degli anni che si computano per la cronologia degli anni del mondo, è diverso. La Tōrāh siriaca dipende dalla Tōrāh dei Giudei, giacché essa fu tradotta dall'ebraico dopo l'affermazione del cristianesimo e la mutilazione del testo. Vi è scritto infatti che Adamo visse fino alla nona generazione dei figli dei suoi figli, vale a dire fino all'anno cinquantasei della nascita di Lāmiḫ, padre di Noè[14], poiché i Giudei avevano ridotto di cento anni gli anni di Adamo e degli altri patriarchi prima della nascita dei loro figli, aggiungendoli agli anni della loro vita dopo aver avuto i rispettivi figli. Anna e Caifa[15], sacerdoti dei Giudei, concepirono di dimostrare falsa la venuta del Messia e di mostrare che il tempo della sua venuta non era ancora arrivato, come invece si diceva. Scrissero perciò: Adamo era vissuto centotrent'anni quando gli fu generato Šīt; dal giorno della nascita di Šīt a quello in cui gli fu generato Inūš passarono centocinque anni; dal giorno della nascita di Inūš al giorno della nascita di Qīnān passarono novant'anni; dal giorno della nascita di Qīnān al giorno della nascita di Mahlālā'īl passarono settant'anni; dal giorno della nascita di Mahlālā'īl al giorno in cui gli fu generato Yārid passarono sessantacinque anni; dal giorno della nascita di Yārid al giorno in cui gli fu generato Iḫnūḫ passarono centosessantadue anni; dal giorno della nascita di Iḫnūḫ al giorno in cui gli fu generato Matūšāliḫ passarono sessantacinque anni; dal giorno della nascita di Matūšāliḫ al giorno della nascita di Lamik passarono centoottantasette anni. Ora, computando correttamente quanto è stato sin qui esposto, si constaterà che il numero degli anni ammonta a ottocentosettantaquattro fino al giorno della nascita di Lāmiḫ. Perciò a cinquantasei anni esatti dalla nascita di Lamik, fino alla nona generazione dei figli di Adamo, vale a dire al padre di Noè, Adamo compì novecentotrent'anni, che furono appunto la durata della vita di Adamo.

13 Qui il testo biblico ha una diversa attestazione. Vedi *Gn* 5,3 dove si recita: «Adamo visse centotrent'anni e poi generò a sua somiglianzà un figlio che era come la sua immagine e lo chiamò Šīt».

14 Per l'esatta genealogia cf. *Gn* 4,18.

15 D'ora in avanti li chiameremo Anna e Caifa.

23 Quel che abbiamo qui esposto serva come prova e argomento, per coloro che non hanno né letto né esaminato a fondo le Scritture, per non parlar degli altri, i quali asseriscono che la vita di Adamo non durò fino a giorni di Lāmiḫ, padre di Noè.

Il diluvio

Nascita di Noè

24 Al compimento di milleseicentocinquant'anni esatti, nacque il figlio di Lamik[16]. Suo padre, profetò di lui che avrebbe consolato il mondo dei suoi peccati[17]. È scritto che i figli di Šīt, figlio di Adamo, e la sua discendenza composta di trecento uomini si riunivano e scendevano dal santo monte[18] in mezzo ai figli di Caino, nella piana maledetta, che aveva ricevuto il sangue di Abele[19], spinti dal desiderio di ascoltare le voci dei loro giochi e svaghi. Le figlie di Caino avevano con essi congiunzione carnale e consumavano così adulterio nei loro amplessi. Continuarono a farlo per taluni giorni fino a quando decisero di far ritorno sul monte, loro dimora e sede. Epperò il monte si fece fuoco davanti ad essi sì che non poterono avvicinarsi o salirvi a causa dei loro peccati. Coloro che erano rimasti sul monte, pensando che il ritardo dei loro compagni fosse dovuto a qualcosa di grave e vedendo che non erano ancora risaliti su da loro, avevano cominciato, nel frattempo, a scendere anch'essi, uno dopo l'altro, con i loro figli e le loro donne, al punto che sul monte restò il solo Noè. Aveva, in quel tempo, cinquecento anni, e non era ancora sposato.

25 Dio disse allora a Noè: «Dio manderà il diluvio sulla terra, per sommergere la terra stessa e coloro che su di essa vivono»[20].

Noè scende dal santo monte

26 Noè si levò, prese con sé il corpo di Adamo, padre del genere umano, scese dal monte e prese moglie. La gente tutta, i discendenti di Šīt e quelli di Caino non si occupavano d'altro che di fornicare e di rendere prava ogni via alla libertà, degradandosi al rango delle bestie nell'accoppiarsi gli uni con gli altri. La causa prima di ciò erano stati, come abbiamo per l'innanzi detto, Tūbalqayn e sua sorella al-Nāʿamah. A

[16] Il testo arabo continua ad oscillare tra le due forme Lamik e Lāmiḫ nell'indicare il padre di Noè. Lo rendiamo, come già fatto per l'innanzi, con la forma più propria, ossia con Lāmiḫ.

[17] Cf. *Gn* 5,29.

[18] Compare qui per la prima volta l'espressione *al-ǧabal al-muqaddas*, cui è contrapposta quella di *al-buqʿah al-malʿūnah*, o piana maledetta, intorno alla quale si è poi sviluppata tutta una letteratura arabo-cristiana incentrata su testi meglio conosciuti come gli apocrifi adamitici, tra i quali sono da annoverare *La caverna dei tesori*, *Il combattimento di Adamo*, *Il testamento di Adamo* e *La vita di Adamo ed Eva*.

[19] Non sfugga anche qui il simbolismo o la prefigurazione di questi particolari, là dove li si riconduca alla drammatica uccisione di Cristo che con il proprio sangue redime dal monte Calvario la discendenza di Adamo, e la disperata sorte di Giuda del cui sangue si imbeve la piana dell'Aceldama.

[20] Cf. *Gn* 6,13.

tal proposito le Sacre Scritture dicono: «I figli di Elohim frequentarono le figlie degli uomini»[21], intendendo, per i primi, i figli di Šīt e la sua discendenza. La parola di Dio e il suo comandamento erano stati in essi e con essi per tutto il tempo che erano rimasti sul monte santo.

Dio prepara il diluvio

27 E però, per aver frequentato le figlie di Caino e reso prave le vie della loro libertà, Dio ordinò a Noè, che aveva allora cinquecento anni, di costruire l'imbarcazione, fissandogli un termine e definendo il tempo del diluvio allo scoccare di centoventi anni. Nel frattempo Noè si era sposato, come abbiamo già detto, e aveva generato tre figli: Sām, Ḥām e Yāfit[22]. Dio – sia Egli benedetto ed esaltato – mostrava ad essi nel cielo, durante questi anni, l'arcobaleno, che aveva, nella parte inferiore, una coda di fuoco e strali anch'essi di fuoco: la coda era tesa, era tutta una fiamma che ardeva con una spada di fuoco, che tremolava incutendo paura nell'aria senza mai venir meno. Ciò trova una sua spiegazione nel libro dei Salmi, dove il profeta David dice: «Certo torna ad arrotare la spada; l'arco egli tende, lo punta. Ei si prepara tutto ciò come strumenti di guerra e di collera»[23].

28 Tutto ciò volle Iddio perché si pentissero e si ravvedessero delle loro colpe e peccati, ma non si pentirono né si ravvidero, degenerarono anzi in ogni sorta di empietà e finirono con il darsi ad ogni forma di dissimulazione. Si misero ad uccidersi a vicenda; coloro che si sentivano più forti di altri li uccidevano e si cibavano delle loro carni, stomacati quali erano di mangiare carne di bestie e di fiere. In siffatto frangente, Dio ridusse di vent'anni il termine fissato per il diluvio, anticipandolo allo scoccare dei cento anni. Noè aveva, allora, seicento anni mentre Sem, suo figlio, ne aveva cento. Dio fece loro questo per la pietà che provava per essi e per indurli a smettere di peccare e commettere colpe, di versare il sangue altrui e di nutrirsi gli uni degli altri.

Ritorno ad Adamo e sua discendenza

Ancora su Adamo

29 Prima di addentrarci nella narrazione del diluvio, è bene che si torni alla descrizione del tempo della vita di Adamo e dei suoi figli fino all'esito del diluvio, in modo da spiegare meglio la cronologia del mondo fino a questo anno.

30 È scritto nella vera Tōrāh[24], quella tradotta dai Settanta sapienti commentatori,

21 Cf. *Gn* 6,2-4.

22 D'ora in avanti li renderemo con Sem, Cam e Yafet.

23 Cf. *Sal* 7,13-14.

24 Il termine *ṣaḥīḥah* riferito qui alla Tōrāh tradotta dai Settanta sta a connotare l'intrinseca validità del testo, e perciò la sua verità, nei confronti del testo conservato e seguito dai Giudei, all'interno del quale si è già consumata, per così dire, una sorta di alterazione e di mutilazione, *taḥrīf*, di cui si trovano echi anche nel testo coranico, come in sure II,75; IV,46; V,13,41.

che Adamo aveva duecentotrent'anni quando gli fu generato suo figlio Šīt, a sua immagine, a sua somiglianza[25]. Egli visse, dopo che gli era stato generato Šīt, settecento anni e quindi, essendo durata la sua vita novecentotrent'anni, morì nella quinta generazione, esattamente centotrentacinque anni dopo la nascita di Mahlālā'īl. Quanto a ciò che concerne la Tōrāh alterata, cioè che i Giudei alterarono dopo la resurrezione di Cristo riducendo il numero degli anni, vi è scritto che Adamo visse, fino a quando gli fu generato Šīt, centotrent'anni e ne visse altri ottocento dopo la nascita di Šīt. I Giudei ridussero di cento gli anni della sua vita che vengono invece computati nella cronologia del mondo, e li aggiunsero agli anni della sua vita dopo la nascita di Šīt, che non sono computati negli anni della cronologia del mondo. In base a questo computo alterato dai Giudei, Adamo morì esattamente cinquantasei anni dopo la nascita di Lāmiḫ, padre di Noè. Stando alla traduzione dei Settanta, Šīt aveva duecentocinque anni, quando gli fu generato Inūš e ne visse altri settecentosette dopo la nascita di costui. Essendo la sua vita stata di novecentodue anni, morì dunque nella settima generazione, esattamente venti anni dopo la nascita di Iḫnūḫ.

31 Quanto alla Tōrāh alterata, che i Giudei usano ancora oggi e che fu da essi ridotta e sulla quale fu eseguita la traduzione siriaca, vi si trova scritto che Šīt aveva centocinque anni quando gli fu generato Inūš e ne visse altri ottocentosette dopo la nascita di quest'ultimo. Ridussero, così, di cento gli anni della sua vita che sono computati nella cronologia del mondo, e li aggiunsero agli anni della sua vita dopo la nascita di Inūš, senza computarli affatto. Proprio come avevano ridotto gli anni della vita di Adamo, facendo poi lo stesso con gli altri.

32 In base a questo calcolo, egli morì nella nona generazione, esattamente centootto anni dopo la nascita di Lāmiḫ, padre di Noè. Africano il sapiente[26] dice che Šīt, figlio di Adamo, inventò per primo le lettere e insegnò a scrivere e a parlare ebraico. Inūš visse centonovant'anni prima della nascita di Qīnān e altri settecentoquindici li visse dopo la morte di quest'ultimo. Essendo stata la sua vita di novecentoquindici anni, morì dunque nella ottava generazione, esattamente cinquantatre anni dopo la nascita di Mātūšāliḫ.

33 Stando alla Tōrāh dei Giudei, che fu da costoro ridotta, e di quella siriaca, che fu di essa copia, vi troviamo scritto che Inūš aveva novant'anni quando gli fu generato Qīnān. Ora, essendo vissuto, dopo la nascita di quest'ultimo, altri ottocentoquindici anni, morì dunque nella decima generazione, esattamente ottantaquattro anni dopo la nascita di Noè.

34 In base a quanto troviamo scritto nella Tōrāh tradotta dai Settanta, Qīnān era vissuto centosettant'anni fino a quando gli fu generato Mahlālā'īl e ne visse altri settecen-

[25] Cf. *Gn* 5,3. Dobbiamo far notare che la formulazione di cui nel testo arabo, recita qui *bi-ṣanamihi wa-miṯālihi*. Al n° 2.1.8.16, pag. 68, abbiamo invece *'alā ṣūratihi wa-miṯālihi* che abbiamo preferito tradurre «somigliante a lui nel volto e nei tratti».

[26] Trattasi dello storico Giulio Africano, Su questo personaggio cf. Heinrich K. Gelzer, s.j., *Sextus Julius Africanus und Die Byzantinische Chronographie*, New York: Burt Franklin Publisher, 1968.

totrentaquattro dopo la nascita di quest'ultimo. Essendo stata la sua vita di novecentoquattro anni, morì dunque nella nona generazione, esattamente cinquantacinque anni dopo la nascita di Lāmiḫ, padre di Noè. Qīnān aveva vissuto, secondo quanto troviamo scritto nella Tōrāh alterata, settant'anni quando gli fu generato Mahlālā'īl e ne visse altri ottocentotrentaquattro dopo la nascita di costui, morendo così nella decima generazione, esattamente centosettantatre anni dopo la nascita di Noè. Stando alla vera Tōrāh, Mahlālā'īl visse, fino a quando gli fu generato Yārid, centosessantacinque anni e ne visse altri settecentotrenta dopo la nascita di quest'ultimo. Essendo stata la sua vita di ottocentonovantacinque anni, morì dunque nella decima generazione, esattamente trentaquattro anni dopo la nascita di Noè.

35 Stando a quel che dice la Tōrāh che i Giudei usano ancora oggi, e a quel che dice la Tōrāh siriaca, Mahlālā'īl visse, fino a quando gli fu generato Yārid, sessantacinque anni e ne visse altri ottocentotrenta dopo la nascita di costui, morendo così nella decima generazione, esattamente duecentottantaquattro anni dopo la nascita di Noè. Yārid visse, fino a quando gli fu generato Iḫnūḫ, centotrentasei anni e ne visse altri ottocento dopo la nascita di costui. La sua vita fu dunque di novecentosessantadue anni e morì nella decima generazione, esattamente duecentosessantasei anni dopo la nascita di Noè. Ma Yārid visse del pari un ugual numero di anni anche per la Tōrāh alterata e sotto tale aspetto c'è concordanza tra la traduzione dei Settanta e la Tōrāh alterata dei Giudei.

36 La concordanza che c'è tra gli anni di Yārid nella vera Tōrāh e nella Tōrāh alterata dei Giudei, è tuttavia una prova che indica, in virtù di questa stessa concordanza, l'alterazione e la difettosità/in quest'ultimo testo/. Ma c'è un'altra ragione: se i Giudei, infatti, avessero ridotto gli anni di tutti i patriarchi, sarebbe risultato, dal computo di questi anni, come se Adamo fosse vissuto quasi fino ai giorni del diluvio ed esattamente fino all'anno centosettantaquattro dopo la nascita di Noè. I sacerdoti dei Giudei, tuttavia, aborrivano scandalizzare e nonostante ciò incorsero in quel che cercavano di evitare, come stanno a dimostrare le prove e le testimonianze delle Scritture che stabiliremo e verificheremo più avanti, di modo che si possa confermare la verità della Tōrāh tradotta dai Settanta sapienti commentatori, a Dio piacendo.

Primo millennio della storia

37 Stando alla traduzione dei Settanta, il primo millennio della storia del mondo finì esattamente quarant'anni dopo la nascita di Yārid. Ciò che ci accingiamo a dire è una prova e un esempio di quanto abbiamo esposto a proposito del modo di computare gli anni dei patriarchi, ed è quanto può bastare a chi volesse contare tutti gli anni della storia del mondo. Abbiamo di fatto già detto che gli anni che contano sono quelli che ebbero luogo prima della nascita dei loro figli. Sono questi quelli che contano nella cronologia generale del mondo. Quanto agli anni ch'essi vissero dopo la nascita dei loro figli, stanno semplicemente a significare il termine della vita di ciascuno di essi.

38 Nel badare a ciò che riguardò Adamo dal giorno in cui Iddio lo creò al giorno in cui gli fu generato Šīt, abbiamo visto che i suoi anni erano stati duecentotrenta, il che è il cominciamento della cronologia attraverso il computo degli anni del mondo. Aggiungiamo a tali anni il numero degli anni di Šīt dal giorno della sua nascita fino a quando gli fu generato Inūš, che fu di duecentocinque anni, e avremo un totale di quattrocentotrentacinque anni. Aggiungiamo a questo il totale degli anni di Inūš dal giorno della sua nascita fino a quando gli fu generato Qīnān, che fu di centonovant'anni, e avremo un totale di seicentoventicinque anni. Aggiungiamo poi a tali anni il numero degli anni di Qīnān dal giorno della sua nascita a quello in cui gli fu generato Mahlālā'īl, che fu di centosettanta anni, e avremo un totale di settecentonovantacinque anni. Aggiungiamo a tali anni il numero degli anni di Mahlālā'īl dal giorno della sua nascita fino a quello in cui gli fu generato Yārid, che fu di centosessantacinque anni, e avremo un totale di novecentosessant'anni. Se a ciò aggiungiamo i quarant'anni dopo la nascita di Yārid, avremo al completo il primo millennio degli anni della cronologia del mondo al momento della loro compiutezza, secondo quel che abbiamo descritto e illustrato, fino ai nostri giorni ed epoca, anno dopo anno, mese dopo mese, a Dio piacendo. I dotati di intelletto e le persone di scienza comprendano, alla luce di questo esempio, come vanno computati gli anni della cronologia del mondo a partire dalla creazione.

Storia di Iḫnūḫ

39 Alla luce di quanto è contenuto nella versione autentica, Iḫnūḫ era vissuto centosessantacinque anni fino a quando gli fu generato Matūsāliḫ, e ne visse altri duecento dopo la nascita di quest'ultimo, sì che i suoi anni furono in tutto trecentosessantacinque. Durante tutta la sua vita, aveva pregato umilmente Dio di menarlo in Paradiso. Dio esaudì la sua preghiera, accolse la sua invocazione e lo portò in Paradiso, esattamente duecento anni dopo la nascita di Matūsāliḫ ed esattamente tredici dopo quella di Lamik. Stando però alla Tōrāh alterata, che i Giudei usano ancora oggi, e a quella siriaca, che ne è copia, vi è scritto che Iḫnūḫ aveva sessantacinque anni quando gli fu generato Mātūsāliḫ, che ne visse altri trecento anni dopo la nascita di quest'ultimo e che Dio lo portò in Paradiso esattamente trecento anni dopo la nascita di Mātūsāliḫ ed esattamente centotredici anni dopo quella di Lāmiḫ, padre di Noè. Iḫnūḫ è lo stesso che Idrīs[27]. Taluni sapienti affermano altresì che Iḫnūḫ, che è Idrīs, fece conoscere, spiegò e insegnò la scrittura, le lettere, /la scienza del/ le stelle e l'aritmetica. Mānātūr il sapiente[28], egiziano e

[27] Per le tematiche connesse alla leggendaria sublimazione della sua figura e del suo ruolo sino ad essere identificato con personaggi della tradizione biblica cf. *Cor* XIX,56-57 dove è ricordato come uomo giusto e profeta e se ne menziona l'elevazione ad altissimo luogo, e *Cor* XXI,85-86 che ne esalta la longanimità e lo annovera nel numero dei santi. La figura di questo profeta è altresì menzionata in Ibn Kaṯīr Abū Al-Fidā' Ismā'īl, *Qiṣaṣ al-anbiyā'* (1998), pp. 64-66. Cf. pure EI^2 3 (1971), 1056-1057.

[28] Nato a Sebennito, sul Delta orientale, intorno al III sec. a. C., Manetone fu sacerdote e storico egiziano, contemporaneo di Tolomeo I Sotere e di Tolomeo II Filadelfo. Soggiornava a Eliopoli e introdusse

astronomo, afferma che Dio elevò Iḫnūḫ fino alla sfera ruotante facendogliene conoscere i segni dello zodiaco, le stelle fisse e erranti, gli oroscopi, le traiettorie e gli influssi degli astri, le decadi dei gradi, le costellazioni che vi si trovano e altri misteri dell'astrologia. Per questo si dice che il suo libro sull'astrologia porta il nome di Libro dei sensi celati[29] e tutti gli abitanti di Ḥarrān[30] che adorano gli idoli e le stelle, si attengono strettamente alla dottrina di Manetone l'egiziano.

Si riprende a parlare della discendenza di Adamo

40 Mātūsāliḫ aveva centottantasette anni quando gli fu generato Lāmiḫ, padre di Noè, e ne visse altri settecentottantadue dopo la nascita di quest'ultimo. La sua vita fu dunque di novecentosessantanove anni, come è del pari scritto nella Tōrāh che i Giudei usano ancora oggi e nella Tōrāh siriaca. Il che comprova ancora una volta, come abbiamo descritto, l'alterazione e la detrazione degli anni da essi apportate /alla vera Tōrāh/.

41 Mātūsāliḫ morì nella decima generazione, esattamente seicento anni dopo la nascita di Noè, l'anno in cui ebbe luogo il diluvio. Lāmiḫ aveva centottantadue anni quando gli fu generato Noè e ne visse altri cinquecentonovanta dopo la nascita di quest'ultimo. La sua vita fu dunque di settecentosettanta[31] anni. Anche qui, riguardo agli anni di Lāmiḫ, la Tōrāh alterata dei Giudei concorda con quanto è dato trovare nella Tōrāh tradotta dai Settanta, in perfetta analogia, senza differenza alcuna. Lāmiḫ morì esattamente cinquecentosettantacinque[32] anni dopo la nascita di Noè. La sua morte avvenne dunque cinque anni prima che morisse Mātūsāliḫ, suo padre. Noè aveva cinquecento anni quando gli furono generati Sem, Cam e Yafet.

Noè e il diluvio

42 Nel seicentesimo anno della nascita di Noè[33], quando Sem, suo figlio, aveva cento anni, ci fu il diluvio su tutta la terra. Noè entrò nell'arca con i suoi tre figli, le tre mogli dei figli e con sua moglie il venerdì, 17 del secondo novilunio. Dio fece piovere dal cielo su tutta la terra durante quaranta giorni. Le sorgenti e le...[34] della terra eruppero e fu così sommersa in una con ciò che si trovava su di essa: uomini, animali, bestie e volatili. La

in Egitto il culto di Serapi. Sua è una *Storia dell'Egitto* dalle origini al 323 a.C., dove la storia dei faraoni è ben delineata, alla luce di fonti allora in circolazione, in trenta dinastie, come è dato leggere in Giuseppe Flavio, Sesto Giulio Africano, Eusebio di Cesarea e altri.

29 Il titolo arabo è qui *Kitāb al-maʿānī*.

30 Località della Mesopotamia, al confine meridionale con la Turchia, già metropoli del Diyār Muḍar, sulla via per Mossul, la Siria e il paese dei *Rūm*. Per la sua storia e importanza tra gli arabi cf. Yāqūt, *Muʿǧam* (1990), vol. II, pp. 281-282. Il testo ha la forma errata di *al-Ḥarbāniyyīn*.

31 Vasiliev, *Kitab* (1910), p. 592 ha invece «777 anni».

32 Vasiliev, *Kitab* (1910), p. 592 ha invece «595 anni».

33 La lettura di Cheikho, CSCO 65, 16, come del resto quella di Vasiliev, *Kitab* (1910), p. 592, non è corretta o non corretta è la puntuazione.

34 Testo illeggibile. Cheikho suggerisce di leggere تباعيق ma non siamo riusciti a reperire tale termine nei dizionari.

loro uscita dall'arca ebbe luogo la domenica, 27 del secondo mese dell'anno successivo, esattamente trecentosessantasei giorni dopo. Tanto essi restarono nell'arca, essendo stato, questo, un anno bisestile[35].

Descrizione dell'arca

43 L'arca era lunga trecento cubiti, larga cinquanta e alta trenta. Aveva tre piani. Giuseppe il Giudeo[36], il sapiente, che scrisse sulla distruzione di Gerusalemme dopo l'Ascensione al cielo di Gesù Cristo nostro Signore, ritiene che le fiancate dell'arca si trovavano nella città di Afāmiyah[37].

Sul primo uomo

44 I due filosofi greci, Abideno[38] e Alessandro[39] ritengono che Crono[40], vale a dire Saturno, si apprestò a svelare e mostrare a Iksīs[41] che il 15 *ḥazīrān* /=giugno/ ci sarebbe stato grande sommovimento della massa delle acque e inondazione. Sentito che ebbe ciò, egli si mise in cammino dirigendosi, per mare, alla volta dell'Armenia, su una imbarcazione munita di fiancate. I due filosofi ritengono che le fiancate di questa imbarcazione si trovano sul monte *Qardā*[42] e che ancora oggi sono causa di medicamento e di guarigione per gli abitanti della zona. Quanto al luogo dove si arrestò l'arca, quel che qui se ne dice è simile a quanto è detto nel libro della Tōrāh.

Secondo millennio

45 Esattamente trecentoquarantaquattro anni dopo la nascita di Noè, si compì il secondo millennio della cronologia degli anni del mondo. Abbiamo di già detto che il totale

[35] Nel testo edito da Vasiliev è aggiunto: «Alcuni sapienti asseriscono che non mangiarono nulla durante tutto il periodo del loro soggiorno in quest'arca, né essi né gli animali bestie e volatili che erano con loro». Cf. Vasiliev, *Kitab* (1910), p. 593.

[36] Cf. Flavio G., *Antichità Giudaiche*, I, 3, 5.

[37] In arabo *Afāmiyah*, antica città della Siria sul fiume Oronte, chiamata dapprima Farnàce, poi Pella ed infine Apamea da Seleuco I Nicatore in onore della moglie Apamea. D'ora in avanti la chiameremo Apamea.

[38] Qui il testo arabo ha la forma *Abwḏwnyws*. Cf. Michele il siro, *Chronique* (1899), p. 14.

[39] Allusione allo storico Alessandro Polyhistor. Cf. Cf. Michele il siro, *Chronique* (1899), p. 14.

[40] In greco *Krònos*, riproposto nel testo con *Qrwns*, era considerato il più giovane dei titani, figlio di Uranio (Cielo) e di Gea (Terra), di origine preellenica, forse anatolica. Una più tarda leggenda lo faceva re della mitica età dell'Oro. La lettura «Saturno» è correzione in زُحَل del termine رَجُل che compare nel testo.

[41] In Michele il siro, *Chronique* (1899), p. 14 leggiamo invece Xisostros.

[42] In Eutichio, *Gli Annali* (1987), p. 40 ci è offerta la forma *al-Ǧūdī*, con l'indicazione ch'esso corrisponde al monte Ararat, in Armenia. Per le varie denominazioni di questo monte o catena di montagne cf. L. Ginzberg, *The Legends of the Jews*, trad. Szold Henrietta, Filadelfia 1954-1957, vol. I, p. 171, dove è tra l'altro chiamato Lubar. Nelle tradizioni degli storici e geografi musulmani troviamo in al-Ṭabarī, *Annales* (1965), vol. I, pp. 123, 193, 196-198 e in Ibn al-Faqīh, *Abrégé* (1973), p. 25 la forma *al-Ǧūdī*, del resto già presente nel Corano, sura XI, 44. Abū Ṣāliḥ, *The Churches* (1969), p. 302 ha la forma *al-Ǧūdā* mentre al-Idrīsī, *Opus* (1972), p. 664 lo chiama *ǧabal al-Ǧūdī*. La dizione che compare nel testo ad indicare il villaggio Qardā o Qirdā è presente già in Yāqūt, *Muʿǧam* (1990), vol. IV, p. 56; in Ibn Al-Faqīh, *Abrégé* (1973), pp. 158, 162 e al-Idrīsī, *Opus* (1972), pp. 654, 662.

degli anni dalla nascita di Yārid ammontava a novecento e uno[43]. Orbene, se aggiungiamo ad essi gli anni trascorsi dal giorno della nascita di Yārid fino a quando gli fu generato Iḫnūḫ, vale a dire altri centosessantadue anni; se a questi aggiungiamo altresì gli anni di Iḫnūḫ dal giorno della sua nascita fino a quando gli fu generato Mātūsāliḫ, vale a dire altri centosessantacinque anni; se a questi aggiungiamo ancora gli anni di Mātūsāliḫ dal giorno della sua nascita fino a quando gli fu generato Lāmīḫ, vale a dire altri centottantasette anni; se infine aggiungiamo ad essi gli anni di Lāmiḫ dal giorno della sua nascita fino a quando gli fu generato Noè, /vale a dire altri centottantadue anni/, constatiamo che gli anni trascorsi fino al giorno in cui nacque Noè erano stati milleseicentocinquantasei.

46 Perciò, come abbiamo appena descritto, il secondo millennio si compì esattamente trecentoquarantaquattro anni dopo la nascita di Noè.

Da Adamo al diluvio

47 Il totale degli anni della cronologia del periodo del mondo, a partire dalla nascita di Adamo e dal cominciamento della creazione fino all'anno del diluvio, fu di duemiladuecentocinquantasei anni, stando a quanto è detto nella traduzione dei Settanta. Stando però a quanto si dice nella Tōrāh alterata e ridotta dei Giudei e nella Tōrāh siriaca, il totale degli anni ammonta a milleseicentocinquantasei. Ma a chi volesse fare la somma e il conto di questi numeri alla luce di quanto abbiamo illustrato ed esposto, abbiamo di già indicato quale metodo seguire per farla. Dieci sono le generazioni avutesi da Adamo a Noè, vale a dire quella di Adamo, di Šīt, di Inūš, di Qīnān, di Mahlālā'īl, di Yārid, di Iḫnūḫ, di Mātūsāliḫ, di Lāmiḫ e di Noè.

L'arcobaleno

48 Allorché Noè uscì dall'arca, presentò a Dio i suoi olocausti. Il Signore odorò la soave fragranza degli olocausti di Noè, lo benedisse[44] e gli diede l'arco nel cielo come garanzia contro l'inondazione e come segno per lui e per tutta la sua discendenza nei secoli dei secoli. Per la sua clemenza e misericordia Dio innalzò per i figli di Adamo l'arco, la corda e le frecce con i differenti colori che lo compongono tra cui il rosso, il verde e altri che sono espressione del beneplacito di Dio, poiché i termini «rosso» e «verde» vanno interpretati, nella lingua ebraica, come beneplacito e cessazione della collera di Dio. Dio fece di esso un segno per lui e la sua discendenza e una garanzia contro l'inondazione nei secoli dei secoli e in eterno.

Spartizione della terra

49 Dopo il diluvio, la terra venne spartita tra le tribù dei figli di Noè. I confini di Sem, figlio primogenito di Noè, si stendevano dalla Persia e dalla Battriana[45] fino all'Indo,

[43] Il testo sembra qui corrotto in quanto recita تسعمائة سنة وسنة.

[44] Il termine arabo è qui, come pure in Vasiliev, وقدسه .

[45] Così ci sembra di dover tradurre il termine نيطريون.

ossia il paese dell'India; i confini di Cam si estendevano dalla regione del Rinocurura[46] fino a Gadès[47], mentre quelli di Yafet si estendevano dalla Media alla regione di Mossul con le sue contrade fino al paese di Gadès, a nord. A delimitare i loro territori c'era il fiume Tigri, che attraversa la Media e la Persia. Le tribù dei figli di Yafet erano quindici, venticinque quelle dei figli di Sem e trentadue invece quelle dei figli di Cam, per un totale di settantadue tribù. Il territorio dei figli di Cam era delimitato dal fiume Ğayḥūn[48], ossia il Nilo.

Digressione dell'Autore

50 Spiegheremo tutto ciò nel descrivere la ripartizione dei sette climi in seguito alla divisione delle lingue. Descriveremo lo stato degli abitanti, i loro usi, le loro credenze religiose, i loro interessi e occupazioni, il grado di sapienza e di cultura da essi raggiunto; parleremo altresì dei loro animali e volatili, della durata di vita dei loro abitanti, dei loro modi di vivere e delle cose meravigliose da ciascuno di essi possedute, dopo la confusione e la divisione delle lingue a Bābil[49]; faremo menzione dei mari di ciascun clima, dei suoi golfi, della loro lunghezza e larghezza in parasanghe, dal punto in cui cominciano e fin dove si estendono, di quali isole, abitate e disabitate, vi si trovano e descriveremo, a Dio piacendo, le città celebri di ogni singolo clima.

Il dopo Noè

Ancora su Noè

51 Dopo il diluvio Noè visse trecentocinquant'anni. La sua vita fu dunque di novecentocinquant'anni e morì nella quattordicesima generazione, esattamente settantaquattro anni dopo la nascita di Mātūšāliḫ. Stando a quel che si trova scritto nella Tōrāh dei Giudei e in quella siriaca, che i Giudei alterarono dopo l'Ascensione di nostro Signore Gesù Cristo, Noè morì nella ventunesima generazione, esattamente cinquantatre anni dopo la nascita di Abramo, padre dei padri[50]. Abbiamo /qui un'altra/ prova dell'alterazio-

[46] Il termine arabo è qui تيفرود.

[47] Il termine arabo è qui عدريون.

[48] Trattasi del grande fiume Oxus o Amu Darya, imponente corso che in alcuni punti raggiunge una larghezza di otto chilometri ed ha una portata di poco inferiore a quella del Nilo. La tradizione cristiana ne fa uno dei quattro fiumi del Paradiso, come è dato rilevare da un mosaico della cappella ad aula unica del monastero della Theotòkos, ad est della sorgente ʿAyn al-Kanīsah, a sud del monte Nebo, nei cui angoli sono raffigurati quattro vasetti «da cui sgorgano getti d'acqua accompagnati dai nomi dei quattro fiumi del Paradiso: Ghion, Fison, Tigri e Eufrate», dove Ghion sta appunto per Ğayḥūn. Il mosaico è del 762, come risulta dal testo del pannello aggiunto al mosaico. Cf., a tal proposito, M. Piccirillo, «Le due iscrizioni della cappella della Theotòkos nel wadi ʿAyn al-Kanīsah sul Monte Nebo», in *Liber Annuus*, 44 (1994), p. 529. Non può quindi essere considerato il Nilo come impropriamente affermato da Agapio.

[49] D'ora in avanti la chiameremo Babele.

[50] Nel testo curato da Vasiliev troviamo invece l'espressione *ḫalīl al-Raḥmān*, ovvero amico confidente del Misericordioso. A tal proposito cf. sura IV,125: «E chi mai potrebbe scegliere una religione migliore di quella di darsi tutto a Dio e far bene ai suoi simili e seguire la comunità di Abramo, in pia fede?

ne e della riduzione che i Giudei apportarono agli anni da noi menzionati per l'innanzi. Noè, però, non raggiunse il tempo in cui nacque Abramo e non visse fino al giorno della divisione delle lingue.

Discendenza di Sem

52 Due anni dopo il diluvio, a Sem fu generato Arfaḫšad. Essendo vissuto altri cinquecento anni dopo la nascita di Arfaḫšad, Sem visse in tutto seicentosessant'anni. Qui la traduzione dei Settanta concorda con quanto è scritto nella Tōrāh dei Giudei. Sem morì settantaquattro anni dopo la nascita di ʿĀbir. Stando a quanto troviamo nella Tōrāh alterata e ridotta dei Giudei, Sem morì esattamente settant'anni dopo la nascita di Giacobbe. Arfaḫšad, figlio di Sem, visse, dal giorno in cui era nato fino al giorno in cui gli fu generato Qīnān, centotrentacinque anni, e ne visse altri quattrocentotrenta dopo la nascita di quest'ultimo. La sua vita fu dunque di cinquecentosessantacinque anni /e morì/ esattamente ventisette anni dopo la nascita di Fāliġ[51].

53 Alla luce di quel che si trova nella Tōrāh dei Giudei, Arfaḫšad era vissuto trentacinque anni quando gli fu generato Qīnān e ne visse altri cinquecentotrenta dopo la nascita di quest'ultimo, morendo esattamente un anno dopo la nascita di Qāhat, figlio di Levi, figlio di Giacobbe. In base a questo calcolo visse dunque fino a quando Giacobbe entrò in Egitto, il che prova l'alterazione del testo[52].

54 Qīnān era vissuto centotrent'anni fino a quando gli fu generato Mātūšāliḫ e ne visse altri trecentotrenta dopo la nascita di quest'ultimo. La sua vita fu dunque di quattrocentosessant'anni e morì esattamente sessantasei anni dopo la nascita di Fāliġ. Il Qīnān di cui stiamo qui parlando è il secondo, ovvero il figlio di Arfaḫšad, figlio di Sem, figlio di Noè. Ma di lui, nella Tōrāh che è ancora oggi nelle mani dei Giudei, non ricorrono né nome né memoria né numero di anni vissuti, come del resto si riscontra anche nella Tōrāh siriaca.

Storia di Qīnān

55 Per quanto concerne la storia di Qīnān il cui nome e numero degli anni da lui vissuti sono tagliati fuori dalla Tōrāh dei Giudei e da quella siriaca, è scritto che allorquando un nutrito gruppo di dottori giudei e persone probe si rivoltarono contro Anna e Caifa, capisacerdoti del tempo, li redarguirono e li rimproverarono per quel che avevano fatto al Messia, incutendo in essi timore a causa dell'arroganza con cui l'avevano trattato,

Che Dio scelse Abramo per Amico».

51 È il Peleg di cui in *Gn* 10,25, cosi chiamato perché ai suoi tempi fu divisa la terra. In considerazione di questo particolare, altri autori che scrivevano in arabo gli danno il nome di Fāliq sulla radice araba *falaqa*, che vuoi dire «spezzare in due», «fendere».

52 Nel testo tradotto da Vasiliev è invece scritto: «In base a questo calcolo visse, dunque, fino a quando generò Qīnān, 35 anni ed essendo in seguito vissuto altri 530 anni, morì un anno dopo la nascita di Qāhat, figlio di Levi, figlio di Giacobbe. Sempre in base a questo calcolo, visse fino all'entrata di Giacobbe in Egitto, il che prova l'alterazione del testo».

senza dar peso alle grazie e alla benevolenza da lui elargite. I due capisacerdoti, in preda al panico, si sottrassero alla loro vista prendendo con sé i tesori delle Scritture rivelate e da queste eliminarono quegli anni di cui abbiamo parlato per l' innanzi e di cui, a Dio piacendo, daremo qui di seguito illustrazione.

56 Là dove essi, infatti, si imbatterono nel nome di questo secondo Qīnān tra i discendenti di Noè, il cui nome era identico a quello di Qīnān, figlio di Inūš, figlio di Šīt, figlio di Adamo, eliminarono il suo nome dalla Tōrāh e, nel farlo, eliminarono altresì gli anni suoi e altri anni ancora, per far credere ai loro partigiani che erano nel mezzo della durata del mondo e per mostrare la falsità della parola del beato Paolo che asseriva «è a noi arrivata la fine dei tempi»[53], nonché per denunciare la fallacia di quanto andavano asserendo i discepoli del Messia, venuti dopo di loro, dicendo: «Il Messia apparirà alla fine dei tempi»[54].

57 E di questo disputavano con essi e pretendevano che il tempo del Messia non era ancora venuto e che non sarebbe venuto che alla fine del tempo. Allorquando presero a discutere e ad argomentare tra loro, /i discepoli del Messia/ misero a nudo la verità chiara ed evidente, al punto che li misero alle strette e li costrinsero a confessare di avere eliminato il nome del suddetto Qīnān. In seguito i capisacerdoti addussero delle argomentazioni contro coloro che avevano creduto nel Messia, sostenendo di avere eliminato il suo nome per essere stato lui il primo ad inventare, diffondere e dare inizio al culto degli idoli. Ma (i discepoli) replicarono: «E va bene, ne avete eliminato il nome, ma gli anni suoi, dove li avete messi?» Restarono interdetti, incapaci di addurre una qualsiasi argomentazione.

Dove Agapio ha trovato il nome di Qīnān

58 Troviamo il nome di questo secondo Qīnān nella Tōrāh che è nelle mani dei Samaritani, ed è pure scritto nel vangelo dell'evangelista Luca, nel passo in cui ci presenta la genealogia del Messia[55].

Ancora sui patriarchi

59 Mātūšāliḫ aveva centotrent'anni quando gli fu generato ʿĀbir, e ne visse altri trecentotrenta dopo la nascita di quest'ultimo. Ci sono di quelli che ritengono che ʿĀbir sia lo stesso che Hūd[56]. La sua vita fu di quattrocentosessant'anni, morì nella diciassettesima generazione, esattamente sessantasei anni dopo la nascita di Arġū.

[53] Cf. *Gal* 4,4.

[54] Sembra essere una velata allusione a quanto narrato nel discorso escatologico riportato dagli evangelisti.

[55] Cf. *Lc* 4,37.

[56] Per questo profeta degli arabi, al quale il Corano consacra la sura XI, cf. sure VII,65-72; XI,50-60.89; XXVI,124; Ibn Kaṯīr, *Qiṣaṣ* (1998), pp. 103-121; Al-Ṭarafī, *Storie dei profeti*, a cura di Roberto Tottoli, pp. 120-124, dove è presentato come il primo ad aver parlato arabo e come il padre di Qaḥṭān, Muqḥiṭ, Qāḥiṭ e Fāliġ. Da lui trassero origine gli arabi.

Stando alla Tōrāh alterata dei Giudei e a quel che da essa hanno ridotto, vi è scritto che Matūšāliḫ aveva trent'anni quando gli fu generato ʿĀbir e ne visse altri quattrocentotrenta dopo la nascita di quest'ultimo, morendo così nella ventitreesima generazione, esattamente sessantacinque anni dopo la nascita di Giacobbe. ʿĀbir aveva centotrentaquattro anni quando gli fu generato Fāliġ e ne visse altri duecentosettanta dopo la nascita di quest'ultimo. Visse perciò in tutto quattrocentosessantaquattro anni e morì nella diciottesima generazione, esattamente otto anni dopo la nascita di Sārūʿ.

La figura di ʿĀbir

60 Stando alla Tōrāh dei Giudei e a quella siriaca, ʿĀbir aveva quattrocentotrent'anni quando gli fu generato Fāliġ e ne visse altri trecentosettanta dopo la nascita di quest'ultimo, morendo così nella ventitreesima generazione, esattamente trentanove anni dopo la nascita di Giacobbe. Dalla lingua di ʿĀbir i Giudei furono chiamati ebrei. La prima sua lingua, infatti, fu l'ebraico[57]. Altri dicono che furono chiamati ebrei perché Abramo aveva attraversato[58] l'Eufrate.

La figura di Fāliġ

61 Fāliġ aveva centotrent'anni quando gli fu generato Arġū e ne visse altri duecentootto dopo la nascita di quest'ultimo. La sua vita fu dunque di trecentotrentotto anni e morì nella diciottesima generazione, esattamente settantasei anni dopo la nascita di Šārūʿ. Stando alla Tōrāh dei Giudei, Fāliġ aveva trent'anni quando gli fu generato Arġū e ne visse altri trecentosessantotto anni dopo la nascita di quest'ultimo, morendo così nella ventiduesima generazione, esattamente trentasette anni dopo la nascita di Isacco. La sua morte avvenne dunque sessantadue anni prima della morte di ʿĀbir, suo figlio. Al tempo e all'epoca di Fāliġ, figlio di ʿĀbir, le lingue, le genti e i popoli si divisero per tutt'e sette i climi della terra, come abbiamo riferito per l'innanzi. Ciascun loro popolo e fazione dichiarò il proprio dominio sulla regione e sul clima che gli era capitato di aggiudicarsi.

La torre di Babele

62 È scritto che la terra era interamente una sola lingua per la gente tutta, vale a dire l'ebraico, e che gli uomini si riunirono per costruirsi un edificio elevato e una rocca, ossia una torre, la cui sommità arrivasse a lambire, come credevano, il cielo, per abitarvi e perché, venendo, non li sommergesse il diluvio o li disperdesse sulla faccia della terra.

57 Allude alla lingua che parlava prima che ci fosse la divisione degli idiomi con l'episodio della torre di Babele.

58 Si gioca sul verbo *ʿabara*, attraversare o passare oltre.

La divisione delle lingue

63 Allorquando gli uomini si rivoltarono contro il Signore e si accinsero con lena ad erigere la torre – c'erano settantadue sovrintendenti per settantadue torri di quell'edificio, un sovrintendente per ogni torre preposto ai suoi compagni onde farli lavorare – Dio, sia benedetto il suo nome, faceva loro vedere, per tutto il tempo della loro disobbedienza, traviamento e rivolta contro il loro Signore, sessantadue lingue di fuoco nell'aria, contorte e di differenti colori, per ammonirli e metterli in guardia, perché si convertissero. Tuttavia non si convertirono, anzi divennero ancor più pervicaci nella loro malvagia condotta. Dio allora si adirò con essi, perché non si erano lasciati ammaestrare dai segni del castigo che aveva ad essi minacciato e della sua collera.

64 Qui la Scrittura dice che il Signore divise in settantadue le loro lingue, sì che l'uno non comprendeva la lingua e le parole dell'altro; /le divise/ secondo il numero delle loro tribù da noi già descritte, discendenti da Sem, Cam e Yafet e secondo il numero dei loro sovrintendenti preposti alla costruzione dell'edificio.

65 Da questo episodio quel paese fu chiamato Babele, poiché /fu là che/ il Signore confuse e divise le loro lingue.

Ancora su ʿĀbir e sulla dispersione degli uomini sulla terra.

66 Quanto ad ʿĀbir, restò saldo nell'obbedienza al suo Signore, non ebbe parte alcuna nel loro traviamento né mostrò propensione per le loro passioni e i loro perversi pensieri, grazie alla sua santità, conscio che Iddio avrebbe potuto fare di essi quel che voleva.

67 Un certo uomo di scienza ha detto che Dio, per aver sempre saputo della conoscenza ch'egli aveva di lui, della sua santità e del suo sostener pubblicamente ciò che Dio avrebbe fatto agli uomini, confermò per lui la lingua ebraica[59]. Gli uomini si dispersero su tutta la faccia della terra e qui tornarono a ribellarsi gli uni contro gli altri.

[59] In Michele il Siro, *Chronique* (1899), vol. I, p. 20 leggiamo che a causa della sua pietà, «gli fu conservata la lingua primitiva e paterna». Tra i sapienti che nei loro scritti sostenevano una simile posizione, cita Giacomo detto di Edessa e Giovanni di Litarba. Il testo che traduciamo sembra qui lacunoso in quanto omette il verbo della principale che nel testo curato da Vasiliev è *anbāhu*, che a sua volta starebbe per *anba'ahu*. La traduzione tiene quindi conto di detta omissione.

Capitolo 3

Descrizione dei climi

Modalità di esposizione

1 Abbiamo parlato, all'inizio di quanto in precedenza illustrato e decritto, dei limiti dei paesi delle tribù discendenti da Sem, Cam e Yafet, figli di Noè; abbiamo indicato come la terra era stata in generale spartita tra di loro, senza tuttavia definire i confini dei climi e senza descrivere, illustrare ed esporre ciò che essi contenevano. Cominceremo, ora, a esporre e a illustrare la divisione dei sette climi, coltivati e abitati, e la delimitazione della loro lunghezza e larghezza; descriveremo le condizioni dei paesi e delle genti che li abitano; riferiremo dei loro costumi, amministrazione, condizioni, caratteri distintivi e i principali eventi che ebbero luogo in mezzo ad essi dai tempi antichi e dopo la loro dispersione; parleremo degli animali e di tutte le bestie feroci che vi si trovano, clima dopo clima, alla luce di quanto hanno scritto Tolomeo[1] il sapiente e, dopo di lui, Eratostene il sapiente[2].

Divisione della terra

2 Diciamo che la terra si divide in cinque parti, quattro delle quali non sono né coltivate né abitate. La prima parte è quella dell'Oriente, sempre ignea, vampante e ardente; la seconda parte è quella del Meridione, situata al lato destro del primo clima, talmente calda che è impossibile abitarla; la terza parte è quella dell'Occidente, acquosa, delimitata da mari insolcabili e da isole /incolte e/ inabitate; la quarta parte è quella del Settentrione, situata al lato destro[3] del settimo clima, esageratamente fredda, selvaggia e arida, sempre innevata. Di queste cinque parti la sola coltivabile del mondo abitato è quella

[1] Trattasi, come ovvio, di Claudio Tolomeo (n. 100 ca. - m. 170 ca.), scienziato alessandrino, che oltre al celebre *Almagesto* in campo astrologico, scrisse pure una *Geografia*, ritenuta una delle più complete sintesi delle conoscenze geografiche dell'antichità.

[2] Il testo arabo non agevola una chiara identificazione del personaggio qui alluso. Eratostene (Cirene 280 ca. - Alessandria 195 a.C. ca.) matematico, astronomo e geografo greco, fu anteriore a Tolomeo, il che mal si concilia con l'affermazione di Agapio che lo fa scrivere dopo Tolomeo. Fu anche scrittore, tra l'altro, di cronologia storica. Ci restano, delle sue opere, solo alcuni frammenti e titoli: *Geografia*, *Cronografie* e *Sulle medie proporzionali*. O si tratterebbe, invece, di Timostene, come suggerisce Vasiliev, *Kitab* (1910), p. 605? La voce che ricorre nel testo, هوطوسيانوس, è oltremodo deformata. Più avanti ci è presentato sotto la forma هرطس يانس.

[3] Il testo ha المتباينة ma andrebbe meglio letto con المتيامنة.

mediana, che a sua volta si suddivide in sette parti, dette in greco *qlimata*[4], ossia climi, e in persiano *qusūr*.

Descrizione della terra

3 Bisogna innanzitutto sapere che la terra è rotonda come una palla, che il suo centro coltivato e abitato è una prominenza, che le estremità delle sue quattro parti sono degradanti e situate in basso e che a causa della sua elevazione il centro è più vicino al corso del sole nelle parti della terra site ad oriente, intendendo, con ciò, la regione della terra ardente[5]. A mano a mano che con l'intelligenza e il pensiero volti alla regione settentrionale si proceda e si avanzi verso gli estremi limiti della terra, e se ne faccia attento esame, si constata che costì l'estendersi della lunghezza del giorno ha luogo in maniera costante al levarsi del sole, nel suo procedere dai dodici segni dello Zodiaco, nei pressi del segno del Cancro e che il crescere della fine della notte ha luogo allo scendere del sole nello Zodiaco del sud. Tutto ciò si percepirà e si comprenderà grazie all'intelligenza. Tale regione è estremamente fredda.

Sulla lunghezza del giorno e della notte

4 La spiegazione di quel che abbiamo descritto circa la lunghezza dell'estendersi della notte e del giorno nella suddetta regione si trova nell'astrolabio, ovvero nel *quadrante* fatto da Tolomeo, in *al-Bayḍah*, in *Ḏāt al-ḥalaq* come pure nel *Kitāb al-qānūn*[6], ch'egli compose e nel quale descrive la lunghezza e la larghezza della terra, i mari, le isole, le città e la conoscenza delle ore dei sette climi.

Come Tolomeo parla dei climi

5 Così enuclea e afferma nei suoi libri Tolomeo: «Il primo clima è quello orientale. Comincia nelle prossimità del sito della terra ardente. Vi sono fuochi sempre e continuamente brucianti e non v'è vita animale. Questo clima è detto *ḏiyāmāris*[7]: è la regione dell'Indo e dell'estrema Cina, dove il giorno più lungo dura tredici ore. Il secondo clima è detto, dal greco, *diyāstānus*[8], che è il paese di Kūš[9], ossia dell'Abissinia, dove il giorno più lungo dura tredici ore e mezza. Il terzo clima è chiamato il clima di Alessandria e il suo giorno più lungo dura quattordici ore. Il quarto clima è detto,

[4] La forma araba è qui *qlīmāṭā*.

[5] Allusione allo spazio situato tra il diciannovesimo grado della Bilancia e il terzo grado dello Scorpione. Vedasi, a tal proposito, l'opera geografica di Abū al-Fidā', Parigi 1847, II, p. 6, nota 1, dove tale spazio è appunto detto terra o via bruciata. Riportato in Vasiliev, *Kitab* (1910), p. 606.

[6] Su questa terminologia cf. Van Vloten, *Liber Mafàtih al-Olùm*, p. 235, 7-9, citato in Vasiliev, *Kitab* (1910), p. 606.

[7] Arabizzazione del greco *diyàmeros*.

[8] Arabizzazione del greco *diyàstatos*.

[9] Il testo arabo ha qui دلوس.

dal greco, Rūḏus[10], l'isola che è nel mare, comprende Babele ed altre città[11] e il suo giorno più lungo dura quattordici ore e mezza. Il quinto clima è detto, dal greco, *Tfls* Bunṭus[12]. Vi si trovano Costantinopoli, ʿAmmūriyyah[13] e Rūmiyyah e il suo giorno /più lungo/ dura quindici ore. Il sesto clima è detto, in greco, *Māsūnṭrmyūs*[14]. Vi si trovano il territorio di Burğān[15] e altri e il suo giorno /più lungo/ dura quindici ore e mezza. Il settimo clima è detto, dal greco, *Bās Yās*[16], ha abitanti sonnolenti e il suo giorno /più lungo/ dura sedici ore».

Longitudine e latitudine dei climi

6 Intraprendiamo ora a descrivere la longitudine e la latitudine di ognuno di questi climi e diciamo che la latitudine di questi sette climi, coltivati e abitati, che sono al centro della terra, principia dall'India e dalla parte più remota della Cina nonché dalla regione della terra bruciante e va fino all'estremità del settimo clima, vale a dire della regione del Meridione fino a quella del Settentrione. L'intera latitudine è di sessantatre gradi. Detta latitudine si divide in sette parti, che sono poi i climi; la latitudine di ciascun clima è di /sette/[17] bracci, come l'hanno divisa Eratostene il sapiente[18] e Tolomeo. La durata[19] di questi sette gradi è di ventisette fasi lunari. Ma giacché quella di ciascun grado è di cento miglia, è inevitabile che la durata di ciascun grado debba essere di tre fasi lunari. Questo clima principia dalla regione dell'Oriente e va fino a lambirne l'estremità ad occidente. Ha una longitudine di centottanta gradi, con una metà della sfera sopra e l'altra metà sotto di esso. Il totale della sua longitudine, dalla regione del

10 Arabizzazione del greco *Rodos*.

11 Nel testo curato da Vasiliev troviamo scritto «le città della Siria e della Mesopotamia, regione, quest'ultima, compresa tra due fiumi; in detto clima si trovano Babele e altre città...». Cf. Vasiliev, *Kitab* (1910), p. 607.

12 Arabizzazione del greco *Hellespontos*.

13 Ossia l'antica Amorion, di cui parla anche il grande geografo arabo Yāqūt, *Muʿğam* (1990), vol. IV, pp. 178-179, riportando il testo di Tolomeo in cui si descrivono la sua lunghezza, larghezza e posizione rispetto allo Zodiaco. Vedi EI, s.v. ʿAmmūriyyah, vol. I, p. 462.

14 Le diverse scritture del nome nei differenti manoscritti non ci aiutano nell'identificazione del termine preciso. In Vasiliev troviamo la forma *Māsūnūṭūmiyus*.

15 Per questo paese cf. al-Idrīsī, *Opus* (1972), pp. 905, 911, dove se ne parla nella sezione quinta del sesto clima e dove si descrivono altresì le altre città della regione.

16 Arabizzazione del greco *Boristhènes*, ma anche per questo nome ci sono differenti forme nei numerosi manoscritti di cui disponiamo. In Vasiliev troviamo la forma *Bāris Ṯānis*.

17 Mancante nel testo, ma presente in Vasiliev con «nove», mentre Agapio stesso dirà poco più oltre che sono sette. Ma mentre la prima volta li chiama «bracci», أذرع qui ricorre al termine درجات.

18 Nel testo abbiamo la forma هرطس يانس mentre Vasiliev traduce «Ermete» con allusione ad Ermete Trismegisto, falsamente indicato come autore di un complesso di opere che furono invece scritte durante i primi tre secoli dell'era cristiana, a carattere popolare con trattati di astrologia, alchimia e scienze occulte e a carattere dotto, contenenti scritti in prevalenza teologici e filosofici nonché gnostici.

19 Il termine arabo *ḥiṣṣah* indica durata rispetto al tempo, ma potrebbe anche esprimere estensione rispetto allo spazio, come indurrebbe a credere la presenza del termine *mīl* che è appunto una unità di lunghezza.

Mare-Oceano fino al mare che circonda il mondo verso la sua estremità superiore occidentale, è di centosessanta fasi lunari, per un totale di cinquemilaseicento parasanghe, come risulta dal calcolo dei Persiani e della gente dell'Oriente.

7 Per quanto poi riguarda la latitudine di questo primo clima, diciamo ch'essa principia dalla vicina regione della terra bruciante e si protende fino alla terra di Sarandīb[20]. Gli abitanti di questo clima, ossia della Cina più remota rispetto all'estremità della terra, ad oriente, fino all'altra sua estremità, ad occidente, hanno una solo tratto: sono sempre nudi a mo' delle bestie, d'aspetto orrendo, brutti di costituzione e forme. La maggior parte di essi sono tribù discendenti dai figli di Cam.

8 Sono gente detentrice di molti misteri, conoscono la magia e cose ad essa simili e sono longevi. È dato trovare, in questo clima, bestie ed animali terrificanti, dal corpo enorme, dall'aspetto ripugnante, brutti di costituzione e raccapriccianti in una con enormi uccelli, alcuni dei quali hanno complessione più di animali, come lo struzzo, la giraffa, il grifone e un uccello chiamato passero dell'elefante che, piombando con gli artigli su un enorme elefante, è capace di ghermirlo. Ci sono mastodontici elefanti e altri animali mai visti altrove o di cui si sia sentito parlare. Ci sono, inoltre, ogni specie di grossi draghi, di enormi serpenti, di bisce e rettili infidi e orripilanti.

9 Le genti che vivono in questo clima sono esperti di incantesimi e conoscono piante medicinali e pietre che nella loro natura ed essenza posseggono qualità terapeutiche, di cui si servono nella guarigione delle malattie. Con esse, infatti, trattano tutti coloro che restano vittime dei morsi dei sopraddetti infidi e orripilanti rettili e li guariscono.

10 La longitudine di questo clima, come abbiamo già descritto, si dilunga da est ad ovest, coprendo cinquemilaseicento parasanghe, mentre la sua latitudine, da sud a nord, è di duecentottantacinque parasanghe.

Secondo clima

11 Il secondo clima è quello dell'Abissinia. La sua longitudine si estende dai limiti della terra di Sarandīb fino al paese dell'Abissinia, ad ovest, e fino alle montagne dello smeraldo, delle margarite, delle miniere d'oro, degli abitanti della Cina più vicina, del Sind[21] e dell'India.

12 Anche in questo clima si trovano animali, uccelli e rettili forti, orripilanti e enormi, ma in numero inferiore rispetto a quelli del primo clima. L'aspetto dei suoi abitanti, le loro forme e dimensioni non sono orrendi come quelli degli abitanti del primo clima.

[20] Yāqūt, *Muʿǧam* (1990), vol. III, pp. 243-244, la descrive come grossa isola del mare Harkand, posto tra l'India e la Cina, sulla quale si trova il monte, detto al-Rahūn, svettante nel cielo e visibile ai naviganti ad una distanza di parecchi giorni, dove Adamo, cacciato dal paradiso, scese lasciandovi sopra impressa l'orma d'un piede.

[21] Paese lungo il corso inferiore dell'Indo e il delta di questo, nel Pakistan occidentale. Attualmente ne è capitale Caraci. Durante le conquiste musulmane fu occupato da Muḥammad Ibn Qāsim al-Ṯaqafī, nel 711.

Ci sono anche numerose piante medicinali e pietre che procurano guarigione là dove vengono applicate, grazie alla loro essenza e natura.

13 Tra i suoi abitanti ci sono di quelli che conoscono gli incantesimi, i misteri e il trattamento delle malattie per il tramite delle suddette piante e pietre. Però sono meno esperti degli abitanti del primo clima e sono parimenti meno longevi di questi ultimi.

14 La longitudine e la latitudine di questo clima sono le stesse che abbiamo descritto per il primo.

Terzo clima

15 Il terzo clima è quello di Alessandria. Questo clima si estende dall'estremità superiore del paese dell'Egitto, a ovest, e ad est dal limite della terra di *Snds Myrr*. La sua latitudine si estende, a ovest, fino ai confini della Siria esteriore e della prima Persia contigua al paese di Iṣfahān[22], di al-Rayy[23] e del paese di Maysān[24], fino al confine di Alessandria, delle estremità di Barca e della prima Africa.

16 Gli abitanti di questo clima, lo giuro sulla mia vita, sono persone aduse ad esaminare le cose concernenti gli esseri viventi e a scrutare le cose legate alla natura. Sono assidui nel lavoro, studiano le belle lettere, i libri sacri e le scienze con più zelo degli abitanti del primo e del secondo clima, perché questo clima è, in verità, di migliore indole degli altri due.

17 Quanto alla sua longitudine e latitudine, sono uguali a quelle che abbiamo indicate per il primo clima.

Quarto clima

18 Il quarto clima è quello al centro del quale si trova un'isola marittima chiamata Rodi. Le sue città sono tante da non contarsi. E tuttavia alcune le abbiamo già scritte, perché servano da guida e segnalazione della carta e del piano su cui è tracciato il sistema della divisione dei sette climi. Delle sue città abbiamo così nominato Damasco, Ḥomṣ[25],

[22] Città dell'Iran sulle rive del fiume Zinda Rud, cosi chiamata sotto i sasanidi ma poi arabizzata in seguito alla conquista musulmana avvenuta al tempo del califfo ʿUmar nel 643 e cinta di un imponente e lungo sistema murario nel sec. X e abbellita in seguito, dai Selgiuchidi, della bellissima moschea nota sotto il nome di *Masǧid al-ǧumʿah*.

[23] Antica città nell'attuale Persia, ad est di Teheran. Cf. Yāqūt, *Muʿǧam* (1990), vol. III, pp. 132-137.

[24] Antico ed esteso distretto ricco di villaggi e palmeti posto tra al-Baṣrah e Wāsiṭ con capoluogo l'omonima città. In uno dei suoi tanti villaggi era custodita la tomba del profeta ʿUzayr, ricordato in un solo passo del Corano, e precisamente in *Cor* IX,30, dove è detto: «I Giudei han detto: "ʿUzayr è il figlio di Dio" e han detto i Cristiani: "Il Cristo è il figlio di Dio!" Questo dicono con la loro bocca imitando il dire di coloro che prima di loro repugnarono alla Fede. Dio li maledica! In quale grave errore son caduti!». Da notare che sotto il nome ʿUzayr è molto probabilmente da vedere qui Esdra. A tal proposito cf. Bausani, *Il Corano* (1978), p. 560, nota 30. È interessante notare ancora che Yāqūt, *Muʿǧam* (1990), vol. V, p. 280, parlando del sito in questione da lui personalmente visitato, precisa che al servizio della tomba son preposti i Giudei e che il luogo è oggetto di pellegrinaggio e di sosta per farvi voti.

[25] Città edificata sulle rovine dell'antica Emesa, nella Siria Apamene, presso il fiume Oronte, già sede di principi arabi. La città antica fu patria di Giulia Domna, moglie di Settimio Severo, di Mamea, di

Qinnasrīn[26], Ḥalab[27], Manbiǧ, Apamea[28], Anṭākiyah[29], Ḥarrān, al-Ruhā[30], al-Raqqah[31], Ra's ʿAyn[32], Naṣībīn[33], al-Mawṣil[34], Baġdād e al-Rayy. I suoi confini terminano alla sua estremità superiore orientale, come una sola linea che si spinge fino alla regione dell'Occidente. Principia dal paese della Spagna[35] toccando la metà del paese dell'Africa sul lato nord, la Sicilia, il paese di Ifrātī tra quelli delle coste[36], il territorio di Atene e di Efeso, tra quelli greci, con Cipro e l'Asia Minore.

Le dieci arti

19 Questo clima costituisce il centro della terra e, per tal ragione, è superiore a tutti gli altri climi per indole ed equilibrio di caratteri. È per tal motivo che i suoi abi-

Elagabalo e di Severo Alessandro. Fu conquistata dagli arabi nel 636 A.D. e più tardi invasa dai mongoli, nel 1260. Nel testo la renderemo con Emesa.

26 Antica città della Siria settentrionale, a sud ovest di Aleppo, occupata dalle schiere musulmane al comando di ʿUbayd Allāh Ibn al-Ǧarrāḥ nel 637 d. C. Cf. Yāqūt, *Muʿǧam* (1990), vol. IV, pp. 457-459. Il suo nome, in armeno, significa «nido d'aquile». Era capitale dell'antico *ǧund* omonimo.

27 Già Beroer al tempo dei Seleuci, è città della Siria nordoccidentale, non distante dal confine con la Turchia, capoluogo del distretto omonimo. Caduta nel 637 A.D. sotto il dominio islamico, fu munita di una delle più celebri cittadelle o fortezze del tempo, di una bella moschea nota sotto il nome di Moschea del Gelso e nel 715 di un'altra sontuosa moschea meglio conosciuta come la Grande Moschea. Nel testo la renderemo con Aleppo.

28 Antica città della Siria sul fiume Oronte, chiamata dapprima Farnàce, poi Pella ed infine Apamèa da Selecuco I Nicatore in onore della moglie Apama. Yāqūt, *Muʿǧam* (1990), vol. I, p. 269, la descrive come città ben fortificata lungo il litorale siriano, fondata da Seleuco nell'anno sesto dopo la morte di Alessandro.

29 Città della Turchia non distante dal confine siriano, situata sulla riva sinistra del fiume Oronte, fu fondata da Seleuco I Nicatore in onore del padre Antioco. Nel 64 a.C. passò sotto i Romani e qui i credenti in Cristo ricevettero, come attestano *At* 11,26, il nome di cristiani. Celebre per le predicazioni degli apostoli Pietro, Paolo e Barnaba nonché per le vicende legate al martire Ignazio e al grande teologo s. Giovanni Crisostomo, fu dichiarata sede patriarcale nel 325. Saccheggiata dai Persiani di Cosroe nel 540 e riedificata da Giustiniano, cadde poi in mano agli arabi nel 637 e solo nel 970 fu ripresa dai Bizantini. Nel testo la renderemo con Antiochia.

30 Antica città dell'Osroene, nella Mesopotamia settentrionale, tra Mossul e la Siria, identificata con l'odierna città turca di Urfa, fu fondata da Seleuco I Nicatore dandole il nome di Edessa. Cadde nelle mani degli arabi nel 638. Nel testo la renderemo con Edessa.

31 Capoluogo del Diyār Muḍar, in Mesopotamia, sull'Eufrate, occupato dalle schiere musulmane di ʿIyāḍ Ibn Ġanm nel 639. Cf. Yāqūt, *Muʿǧam* (1990), vol. III, pp. 67-68.

32 Detta pure Ra's al-ʿAyn, grande e celebre città della Mesopotamia, situata tra Ḥarrān, Nisibi e Dunaysir, ricca di sorgenti d'acqua. Cf. Yāqūt, *Muʿǧam* (1990), vol. III, pp. 15-16.

33 Popolosa città della Mesopotamia, posta sulla via carovaniera che portava da Mossul in Siria, nota per i suoi giardini. Cf. Yāqūt, *Muʿǧam* (1990), vol. V, pp. 233-234. Nel testo la renderemo con Nisibi.

34 Città dell'Iràq, capoluogo della provincia di Ninive, posta sulla riva destra del Tigri, a nord ovest di Baġdād, campo fortificato arabo fondato all'epoca della conquista musulmana della Mesopotamia nel 641, divenne il centro amministrativo dell'Alta Mesopotamia detta in arabo al-Ǧazīrah. Cf. Yāqūt, *Muʿǧam* (1990), vol. V, pp. 258-260. Nel testo la renderemo con Mossul.

35 Il termine arabo è الاشفان.

36 Una differente versione propone qui Laodicea, *al-Lāḏiqiyyah*, ossia Laodicèa al Mare, antica città della Siria settentrionale fondata da Seleuco I Nicatore in onore della propria madre Laodice. Nel testo la renderemo con Latakia.

tanti sono sapienti, filosofi, eruditi, astronomi, scrittori, medici e profondi scrutatori delle cose concernenti l'essenza, la natura e la sostanza degli esseri. I libri scritti su di essi stanno a dimostrare che hanno in sé riunite le meraviglie e le dieci scienze, ossia 1) l'Astronomia o il movimento delle stelle; 2) l'Astrologia, ovvero le massime e le sentenze che per essa e su di essa circolano; 3) la Geometria, vale a dire la misurazione geodetica, l'ingegneria, le operazioni di livellazione e le distanze indeterminate; 4) l'aritmetica o i libri dei numeri; 5) la Musica, vale a dire la composizione e la elaborazione delle melodie; 6) la medicina[37], ossia l'arte di come preparare e somministrare i medicamenti; 7) la *sūmiyā*[38], o la scienza dell'alchimia; 8) la Meccanica, ovvero i libri sulle macchine; 9) l'Ermeneutica[39], da cui derivano i libri sui talismani e altre cose a questi simili; 10) le Categorie, vale a dire i trattati sugli ambiti della logica che costituiscono l'arte di rendere accessibili e comprensibili le verità distinguendole da ciò che è altro da esse.

20 I sapienti e i filosofi tra gli abitanti di questo clima sono superiori e più numerosi che quelli del terzo. Si distinguono, infatti, per la finezza di spirito e la sottilità di conoscenze favorite dall'equilibrio della loro indole.

21 Quanto alla sua longitudine e latitudine, sono come le abbiamo già descritte.

Quinto clima

22 Il quinto clima è quello riferito all'Ellesponto[40]. Vi si trovano Costantinopoli, ʿAmmūriyyah, Rūmiyyah, la Spagna[41], il territorio dell'Africa e di Barqah[42].

23 Gli abitanti hanno incarnato biondo rossastro, sono passionali, oltremodo lubrici, eccessivamente sdegnosi e irascibili. Proprio come il loro antenato Esaù[43]. Sono meno sapienti e meno filosofi degli abitanti del quarto clima. Sono ruvidi e illetterati, ma hanno notevole predisposizione alla cultura e apprendono in men che non si dica. Ciononostante gli abitanti del quarto clima hanno spirito più fine e più chiara intelligenza di quelli di questo clima.

24 Quanto alla sua longitudine e latitudine, sono come le abbiamo già descritte.

[37] Il termine arabo ايطريقي è l'arabizzazione del greco *iatriké*.

[38] Dal greco *semeìa*.

[39] Il testo arabo ha qui والارحيني e nella variante si propone di leggere, forse, الارميني interpretandolo come derivazione dal greco ἑρμηνεία, ovvero *interpretatio rerum occultarum*.

[40] Nel testo abbiamo بفلس بنطس.

[41] Il termine è qui quello classico ai tempi in cui l'Autore scriveva, ossia al-Andalus, contrariamente a quanto già indicato in precedenza, al n. 18 (pag. 62), dove il termine è invece al-Išfān o, come in altri manoscritti, al-Isqān.

[42] Così suggerisce Cheikho, ma in Vasiliev, *Kitab* (1910), p. 613, troviamo «e il paese della Tracia».

[43] Nel testo العيس.

Sesto clima

25 Il sesto clima è quello riferito a *Māsūnūṭūmiyus*[44], abitanti del mare.

26 Gli abitanti del *Burǧān* sono slavi e salii. In verità ad abitare in una regione di questo clima ci sono altre comunità di donne con le quali non abita, però, alcun uomo. Sono dette, in greco, amazzoni[45], ovvero quelle che si recidono sempre il seno destro cauterizzandolo poi con fuoco per impedire che si sviluppi, in modo da essere pronte a guerreggiare e a combattere. Sono chiamate anche *ḥurūriyāt*[46]. Questo perché Samīris combatteva contro di esse uccidendone tutti i figli maschi. Per tal motivo erano costrette a non allevare i maschi ma solo le femmine. Una sola volta l'anno uscivano e varcavano i confini del loro territorio per portarsi nel paese del Burǧān, dove gli uomini giacevano con esse e ne rimanevano incinte, per poi far ritorno alle loro abitazioni. Sono tuttora in assetto di guerra e di combattimento. Nessun sapiente nutre dubbi su questo fatto né nega o contesta la verità di quanto abbiamo di esse raccontato e descritto[47].

27 Gli abitanti di questo clima amano guerreggiare e versare sangue senza pietà alcuna, ed è per questo che gli slavi[48] muovono contro di essi per combatterli. Sono un popolo che non ha alcuna conoscenza dei libri concernenti le belle lettere e le scienze.

28 Quanto alla sua longitudine e latitudine, sono come le abbiamo già descritte.

Settimo clima

29 Il settimo clima da noi conosciuto è quello riferito a Bāris Ṯāris.

30 È il clima abitato dal popolo detto, in greco, dei *Numidis*, ossia dei sonnolenti, genti deboli, inattivi e poco intraprendenti a causa del rigore eccessivo del freddo, trovandosi essi nelle vicinanze della regione del Settentrione e dei luoghi incolti e inabitati, dove la costellazione dell'Orsa ruota costantemente proprio sulle loro teste. Gli animali e le bestie del loro paese sono di piccole dimensioni, le mucche e i montoni non hanno corna a causa del troppo freddo che vi fa e non è dato reperire, nel loro paese, alcun

44 Così nel testo, anche se in precedenza scritto sotto la forma ماسونطرميس. In Vasiliev troviamo invece la forma *Māsūbūṭūmiyus*. Vasiliev, *Kitab* (1910), p. 614 ha invece: «Il sesto clima corrisponde alla Mesopotamia isola del mare».

45 Nel testo si ha la forma اموزتياس. La parola deriva dal greco *àmazos* che vuol dire propriamente «col seno reciso».

46 La difformità del come è riportata questa voce nei differenti manoscritti non ne favorisce la comprensione.

47 Sulle Amazzoni e quel che di esse è qui raccontato, vedi pure Michele il Siro, *Chronique* (1899), vol. I, pp. 22-23. La leggenda vuol che dalle rive del Termodonte le Amazzoni, provenienti dal Caucaso o dalla Scizia, si siano spinte intorno alla palude Meotica, altri vogliono che abitassero nelle vicinanze del Ponto Eusino, altri in Cappadocia, taluni in Albania e altri persino in Africa. Alla guida di Pentesilea, uccisa poi da Achille, Omero le fa combattere nella guerra di Troia contro i Greci. Furono osteggiate strenuamente da Bellerofonte, da Teseo e da Eracle, che le annientò quasi completamente. I greci le facevano discendere da Ares e dalla ninfa Armonia.

48 In verità, almeno stando all'arabo, la voce verbale *ṣaqlaba* o, più frequentemente, *saqlaba* non è legata tanto al versar sangue quanto all'essere castrato o rendere eunuco. Cf. Dozy, *Supplément* (1968), vol. I, pp. 663-664.

rettile. Non sono capaci e non possono costruirsi delle case, ma si approntano delle abitazioni mettendo insieme pezzi di legno, che poi spalmano di catrame, sistemandole su dei carri trainati da tori: qua dentro essi abitano e sono giorno e notte in cammino ovunque trovano nel loro paese ciò di cui sostentarsi e prati per i loro armenti. Sono perennemente infelici a causa delle cattive condizioni della loro deplorevole vita. Si dice che quando sono colpiti da gravi malattie, fanno stendere i loro malati su un carro, li spogliano dei loro indumenti maschili, li coprono con vesti da donna e così guariscono.

31 Quanto alla longitudine e alla latitudine di questo clima, sono come le abbiamo già descritte per tutt'e sette i climi.

Prove di quanto detto sui sette climi

32 L'indicazione che abbiamo fornito sui sette climi è fondata su una prova evidente per chi tale la troverà, alla luce della descrizione che ne abbiamo fornito sulla pianta e sulla carta da noi tracciata, dove questi sette climi sono rappresentati[49]. Osserva ora ed esamina attentamente questa carta e questa pianta su cui sono tracciati i sette climi: vedi quanti concetti questa pianta ti mostra; come essa ti indica e spiega il corso del sole per le quattro regioni del mondo sin dall'inizio del suo corso e della sua rotazione da est ad ovest; come ti fa conoscere la sua rotazione per i dodici segni dello Zodiaco, in tutti i mesi dell'anno; come il sole si alza nei segni dello Zodiaco del nord e come scende in quelli dello Zodiaco del sud. La pianta ti indica il passaggio del sole durante la notte nelle regioni inferiori e situate in basso; ti indica quanti climi il sole è distante allorquando si trova nel segno del Cancro, nei giorni di *ḥazīran* /=giugno/, lasciandosi dietro un clima e mezzo a sud di sé, e quando il sole entra nel segno del Capricorno, nei giorni di *kānūn al-awwal* /=dicembre/.

33 A questo punto apparirà chiaro e noto sulla pianta che il sole, entrando per il suddetto segno, priva /della sua luce/ tutt'e sette i climi.

Conclusione sui sette climi

34 Abbiamo così descritto i climi delle tribù dei discendenti di Noè dopo la divisione delle lingue su per la faccia della terra. Tutta la longitudine di questo clima va da ovest ad est, la sua latitudine, invece, va da sud a nord. Quanto a ciò che rimane oltre i precisi sessantatrè gradi di latitudine, ovvero ciò che è chiamato la parte sovrastante il settimo clima, qui il giorno, alzandosi a nord, continua oltre la terra abitata per ben ventuno ore e ventidue minuti fino a quando termina verso le ventiquattro ore. In tal maniera la luce del giorno non cessa mai di splendere, e tale resta fino a che non arriva al paese delle tenebre, dove la notte dura sei mesi e sei mesi dura il giorno.

[49] Interessante questa indicazione! Vuol dire che nel testo stilato dall'autore era compresa una carta o pianta per accompagnare il lettore nella descrizione di quanto ha precedentemente illustrato a proposito dei sette climi.

Dei mari, golfi e isole

Il mare dell'India

35 Hanno altresì calcolato il mar dell'India e si è detto ch'esso si estende in lunghezza da ovest a est, ossia dalle estremità dell'India fino alle estremità dell'Abissinia. Ha una lunghezza di ottomila miglia e una larghezza di duemilasettecento miglia fino là dove oltrepassa l'isola in cui la notte è uguale al giorno[50]; l'altra sua estremità è di millenovecento miglia.

Golfi del mar dell'India

36 Questo mare ha un solo golfo in terra d'Abissinia che si estende fino alla regione dei Berberi, per cui è detto golfo Berbero, lungo cinquecento miglia e largo, nel suo punto estremo, cento. Ha un altro golfo, presso Aylah, lungo millequattrocento miglia e largo, dove inizia, settecento miglia mentre là dove esso finisce, ossia nel suo punto estremo più vicino a quello che è chiamato Mar Rosso, ha una lunghezza di duecento miglia. Questo mare ha un altro golfo che si spinge fin verso la Persia, detto golfo Persico, che ha una lunghezza di millequattrocento miglia e una larghezza, là dove inizia, di cinquecento miglia mentre il suo punto estremo è di centocinquanta miglia.

37 Tra questi due golfi si trovano il territorio del Ḥiǧāz e dello Yemen. La distanza tra il golfo di Aylah[51] e quello Persico è di millecinquecento miglia. Da questo mare si forma ancora un altro golfo che si estende fino alle estremità del territorio dell'India, detto golfo Verde, lungo millecinquecento miglia.

Isole del mar dell'India

38 In detto mare ci sono, tra abitate e inabitate, milletrecentosettanta isole. Di fronte al territorio dell'India, a est, c'è un'isola detta Taprobane[52], contornata da tremila isole, sulle quali si trovano alte montagne e parecchi fiumi da cui si estrae il giacinto rosso e azzurro. Intorno a quest'isola ci sono /altre/ novanta isole abitate dove è dato trovare parecchie città.

39 Quanto al mare Verde, più che della sua prossimità alla regione dell'Occidente e del Settentrione, dalle estremità del territorio dell'Abissinia fino alla Bretagna[53], altro non si sa. È un mare in cui le navi non fanno rotta. Delle sue isole, sei sono situate

[50] Allusione a Sarandīb o Ceylon.

[51] Aylah, ossia Elat, è la cittadina israeliana situata sull'attuale golfo di ʿAqabah, sul Mar Rosso, che prende tale nome dalla parte giordana della stessa città, già antico porto e centro commerciale.

[52] Fu questo il nome che gli antichi greci diedero a Ceylon, abitata dai singalesi, da essi ritenuta un fiorente emporio commerciale. È l'attuale Sri Lanka, stato insulare dell'oceano Indiano, separato dall'India a O dal golfo di Mannar e a N dallo stretto di Palk. Nel testo arabo abbiamo la forma طبرياني.

[53] Nel testo arabo troviamo la forma برطونية.

dirimpetto al paese dell'Abissinia, chiamate le Isole Eterne[54], e un'altra, chiamata ʿAdīrah[55], si trova invece dirimpetto alla Spagna, presso lo stretto che si protrae dal mar Rosso, largo quattro miglia e situato tra la Spagna e Tangeri[56], detto lo stretto di Ceuta[57], fino al mare dei *Rūm*[58]. Nella parte settentrionale di questo mare si trovano dodici isole, dette le isole della Bretagna[59]. Poi questo mare si allontana dalle contrade abitate e nessuno sa come è fatto.

40 Il mare dei *Rūm* e dell'Egitto, a sua volta, si estende dallo stretto che va dal mare Verde, verso est, fino a Tiro[60] e Sidone[61], ed è lungo cinquemila miglia e largo quasi ottocento. Vi è uno stretto di mare che si protrae ad ovest fino nelle prossimità di Roma, la cui lunghezza è di cinquecento miglia, chiamato mare Adriatico[62] e un altro stretto di mare che si protrae da dirimpetto al paese dei Berberi, lungo duecento miglia. In questo mare ci sono centosessantadue isole abitate, tra le quali quindici abbastanza grosse, con fiumi[63] per una circonferenza di duecento miglia; la Sardegna, con una circonferenza di trecento miglia; la Sicilia, con una circonferenza di cinquecento miglia; Creta, con una circonferenza di trecento miglia e Cipro, con una circonferenza di trecentocinquanta miglia.

41 Il mare del Ponto si estende da Laodicea[64] fino oltre Costantinopoli, ha una lunghezza di milletrecento miglia e una larghezza di trecento miglia. Riceve il fiume

54 Il testo arabo sembra avere qui una forma corrotta, in quanto recita *al-ǧazīrah al-ḫālidāt*, ossia un sostantivo al singolare e un aggettivo al plurale. Le Canarie?

55 Cadice? O forse ʿAduwah, come suggerisce Cheikho.

56 Città del Marocco, capoluogo della provincia omonima, affacciata sullo sbocco sudoccidentale dello stretto di Gibilterra, che qui Agapio chiama lo stretto di Ceuta.

57 Il termine arabo è Sibṭā o Sibtah, calcato sul latino Septem Fratres, nome che le diedero i romani per indicarne le alture circostanti. È situata sulla sponda opposta a quella della Spagna su cui sorse poi Gibilterra.

58 Allude al mar Mediterraneo, chiamato in seguito *baḥr al-Rūm wa-Miṣr*. Nel testo lo renderemo con mare Mediterraneo quando non è accompagnato dal secondo termine.

59 Ricorre anche qui il termine برطونية.

60 Antica città fenicia sulla costa del Libano meridionale, detta in arabo Ṣūr dall'antica radice fenicia che vuol dire «roccia», attivo centro commerciale, già nota per i rapporti del suo re Hiram con il re David ma soprattutto con Salomone, fu continua tappa delle pellegrinazioni di Cristo durante la sua missione salvifica. Occupata dagli arabi nel 638 d.C., è oggi modesta cittadina posta ai confini con Israele.

61 Anch'essa antica città della Fenicia, tanto da darne il nome agli abitanti conosciuti anche sotto il nome di Sidonii, è oggi conosciuta con il nome arabo di Ṣaydā. La Bibbia ricorda il suo regno e di essa parlano altresì le antiche cronache assire e persiane. Fu conquistata dagli arabi nel 637 d.C. e come Tiro è oggi modesta cittadina del Libano meridionale ai confini con Israele, ma ricca di testimonianze delle passate glorie.

62 Il terrmine arabo è qui هدريس.

63 Dalla lettura del testo di Ibn Ḫurdaḏbih Vasiliev, *Kitab* (1910), p. 619 ritiene che si possa leggere Yābis, per Ibiza, mentre per conto suo suggerisce di leggere Qirnus, per Corsica. Il termine che compare tanto in Ceikho quanto in Vasiliev è *anhār*, ovvero fiumi! Si tenga pure presente che delle quindici, ne vengono ricordate solo cinque. Il testo che traduciamo è vistosamente ingarbugliato.

64 Ovvero Laodicea al Lico, antica città della Frigia, fondata da Antioco II in onore della moglie Laodice sul luogo dell'antica Diospolis, presso l'odierna città turca di Denizli.

detto Ṭānāfis[65] che scorre a nord fuoriuscendo dal lago detto Mārāṭīs[66]. È un grande mare, ma lo chiamano lago. È lungo, da oriente ad occidente, trecento miglia ed ha una larghezza di cento miglia. A Costantinopoli da questo mare si forma uno stretto che scorre come un fiume, gettandosi poi nel mare Mediterraneo[67]. La sua lunghezza è, a Costantinopoli, di tre miglia. È sulla sua riva che fu costruita Costantinopoli.

42 Il mar di Georgia o il mar *al-Bāb*[68] ha una lunghezza, da est a ovest, di ottocento miglia e una larghezza di seicento. Ci sono pure due isole, situate dirimpetto alla Georgia, in tempi addietro popolate.

43 Quanto sin qui descritto è la topografia della terra abitata e la situazione dei mari del globo a noi noti.

Altra divisione della terra e diversi fenomeni

La terra divisa in tre parti

44 Pure la terra è stata divisa in parti. La prima è quella compresa tra il mar Verde, a nord, e lo stretto che si di parte dal Ponto[69] fino al grande Mare nonché quella che è compresa tra il lago di Mayotis[70] fino al mar del Ponto[71]. I confini di detta regione sono, a ovest e a nord, il mar Verde; a sud, il mare dei *Rūm* e dell'Egitto; ad est, lo stretto, il fiume Tanais[72] e il lago di Mayotis[73]. Questa terra ha l'aspetto di una penisola ed è chiamata Europa[74].

45 La seconda parte si estende, a sud, dal mare fino al mare d'Abissinia. I suoi confini sono, a ovest, il mar Verde; a nord, il mare dei *Rūm* e dell'Egitto; a est, al-ʿArīš[75] e, a sud, l'estremità dell'Abissinia. Questa parte è chiamata Libia.

46 Con la terza parte intendiamo quanto resta del territorio abitato della terra fino all'estremo Oriente. I suo confini sono, a ovest, il fiume Tanais[76], al-ʿArīš e Aylah; a sud, /il mar del/ l'India e lo Yemen; a est, si protende sino alle estremità del territorio abitato della Cina. Questa parte è chiamata l'Asia Maggiore.

47 Queste tre parti comprendono i sette climi e tutti i paesi abitati con le loro città.

[65] Attuale Don. In Vasiliev troviamo la forma Ṭānāyis.

[66] In Vasiliev troviamo invece la forma Māwātis.

[67] Letteralmente: mar dell'Egitto.

[68] Denominazione per il Mar Caspio.

[69] Nel testo فنطس.

[70] Nel testo ماواس.

[71] Nel testo اقنظس.

[72] Qui il testo ha invece طاليس.

[73] Qui il testo ha invece ماواطن.

[74] Nel testo اوراقي.

[75] Antica Rhinocura e capitale del Sinai, posta al confine tra le province dell'Egitto e della Siria, al-ʿArīš significherebbe «capanna» e vorrebbe ricordare, secondo la tradizione, il riparo che vi trovò Giacobbe nel mentre si dirigeva in Egitto. Cf. Yāqūt, *Muʿǧam* (1990), vol. IV, p. 128.

[76] Nel testo بطامس.

Lunghezza della terra

48 Quanto alla terra, stando alla descrizione che ne abbiamo testé offerto, ha una lunghezza che si estende da est ad ovest e una larghezza che va da sud a nord, a partire dalla semicirconferenza della terra, là dove la notte e il giorno, l'estate e l'inverno sono uguali, fino alla regione del nord, dove i giorni e le notti sono di dodici ore, senza né aumentare né diminuire.

Ascesa e calata del sole

49 La notte e il giorno sono uguali quando il sole entra nella testa dell'Ariete e della Bilancia; poi, dal momento che il sole entra nel segno dell'Ariete fino a quando entra nel segno del Cancro, il giorno prende ad aumentare e la notte a diminuire, poiché il sole sale verso nord di ventitré gradi e di cinquantuno minuti; in seguito il sole, dal momento in cui entra nella testa del Cancro fino quello in cui entra nel primo minuto della Bilancia, cala a nord di ventitré gradi e cinquantuno minuti. Così il giorno comincia ad aumentare e la notte a diminuire fino a quando il sole entra nella Bilancia, e allora la notte e il giorno diventano uguali. Poi il sole cala verso sud, dalla testa della Bilancia fino a quella del Capricorno: sono i gradi di cui abbiamo parlato, ventitré gradi e cinquantuno minuti. In questo frangente è il giorno che comincia a diminuire e la notte ad aumentare fino a quando il sole arriva nel primo minuto del Capricorno. Poi il sole da scendere passa a salire e sale da sud verso l'equatore, dalla testa del Capricorno fino a quella dell'Ariete. A questo punto il giorno comincia ad aumentare e la notte a diminuire e, come abbiamo già detto, il sole s'inclina, nel suo ascendere e calare, di ventitré gradi e cinquantuno minuti, perché il sole attraversa il centro dello Zodiaco, a destra e a sinistra, in ogni sua parte.

Parti della terra abitate o deserte

50 Il sole, la luna, gli astri e i cinque pianeti si muovono da occidente ad oriente in senso contrario alla rotazione della sfera che gira, infatti, da oriente ad occidente. Il sole si muove tanto al di sotto della terra quanto al di sopra di essa. Al di sopra della terra, come pure sotto di essa, ci sono perpetuamente i segni dello Zodiaco. Quando sorge l'uno, sparisce l'altro. Quanto al resto della terra, non sappiamo se sia abitato o se sia deserto. Comprende gli undici dodicesimi del globo. Una sola parte su dodici è quindi abitata, con mari e deserti.

51 A chi amasse investigare e rendersi conto di come stanno le cose e chiedesse dicendo: «Ma in queste undici parti ci sono piante, animali e mari come qui da noi, in questa nostra sola parte?», noi risponderemo: «Quanto a ciò che della terra era abitato prima di noi, l'abbiamo già ammesso, e comunque non trascendeva ciò di cui abbiamo parlato; per quanto riguarda ciò che sta oltre, nessuno vi si è mai addentrato e nessuno è da esso venuto in mezzo a noi». Le opinioni e le idee dei sapienti sono unanimi riguardo a ciò che nessuna persona intelligente disconoscerebbe, ovverosia che il sole, la luna e gli astri si muovono qui da noi e che questo movimento dà luogo

all'estate, all'inverno, alla primavera, all'autunno e a cose che ognuno sa.

52 Se il sole si dovesse alzare su ogni luogo della sfera terrestre, della luna e delle stelle come avviene da noi, ci sarebbero necessariamente piante, animali, mari e monti, come da noi, e verrebbe del pari a cadere l'opinione di cui sopra. Al di là dei monti dei sette climi, infatti, si muoverebbero il sole, la luna e gli astri, come abbiamo detto, e sarebbe pure necessario che la terra, così come abbiamo descritto, fosse abitata a partire dall'equatore, vale a dire dalla metà della sfera terrestre, a nord, e dall'altra metà della medesima, vale a dire a partire dall'equatore, a sud. Come ci dovrebbe pure essere un clima intorno agli altri sette climi che si trovano nella parte nord.

Altra divisione della terra

53 Oltre alla divisione che abbiamo appena illustrato, gli antichi avevano diviso la terra, con i suoi paesi e città, in dodici parti, attribuendo ciascuna parte all'uno o all'altro dei dodici segni dello Zodiaco, affinché detti paesi e città conoscessero quale rapporto hanno con tali segni dello Zodiaco e con gli astri ad essi assegnati, al fine di conoscere grazie a ciò /il tempo del/ l'abbondanza e della carestia incombenti sui loro paesi nel tempo calcolato sulle ricorrenze degli anni e dei segni dello Zodiaco, che dominano ogni anno, nonché degli astri. In tal modo ci si forma un'idea della regione e del paese su cui domina un preciso segno, nella misura delle conoscenze dei sapienti riguardo a ciò che avviene in conformità con le nature e le sostanze della sfera celeste e di ciò che essa contiene.

Segni dello zodiaco di paesi e città

Ariete

54 I paesi/posti sotto il segno/dell'Ariete sono Fāris[77], Adarbayǧān[78], Bretagna, Sicilia, Girmāniyah[79], Palestina e una parte di al-Balqā'[80].

[77] Territorio dell'attuale Iran o antica Persia. Su Fāris vedi Yāqūt, *Muʿǧam* (1990), vol. IV, pp. 256-258.

[78] L'Azerbaigian, regione dell'Asia occidentale e già provincia dell'impero persiano achemenide, dopo la conquista di Alessandro Magno (330 a.C.) divenne stato indipendente sotto il satrapo Atropate, ma fu poi riconquistato sotto la dinastia sasanide. Fu proclamato Repubblica Socialista Sovietica dell'URSS nella sua parte settentrionale, ma appartiene all'Iran nella sua parte meridionale. Il toponimo sarà da qui in poi reso con Azerbaigian.

[79] Un riferimento a questa città è dato trovarlo in Idrīsī, *Opus* (1972), p. 794, dove la descrive, parlando delle città della sezione quarta del quinto clima, come città illustre del paese della Romania, situata in una leggera depressione, ricca di vigneti, piantagioni e risorse naturali.

[80] Cf. Yāqūt, *Muʿǧam* (1990), vol. I, pp. 579-580, che ne parla come di distretto facente parte della provincia di Damasco, situato lungo la via che dalla Siria menava a Wādī al-Qurà, con capoluogo ʿAmmān, celebre per il grano di sua produzione e altresì noto per essere il villaggio di quei giganti di cui si fa parola in sura V, 22. Vedi pure al-Idrīsī, *Opus* (1972), pp. 355, 363, 377.

Toro

55 I paesi /posti sotto il segno/ del Toro sono tutte le città di Māh[81], Iṣfahān, le piccole isole del mar Mediterraneo, Cipro e l'Asia Minore.

Gemelli

56 I paesi /posti sotto il segno/ dei Gemelli sono il Gīlān[82], il Daylam[83], la Georgia, il Ṭabaristān[84], la Grande Armenia, Merv[85], Tripoli[86], Marāqiyah[87] e Miṣr[88].

Cancro

57 I paesi /posti sotto il segno/ del Cancro sono il territorio dei Berberi, la Ifrīqiyyah[89], la Bitinia[90], che si trova in territorio bizantino, la Frigia, Lādiqiyyah[91] e la Lidia.

Leone

58 I paesi /posti sotto il segno/ del Leone sono il paese dei Turchi, Abrašahr[92]

81 Difficile identificarlo nella sua formulazione, ma è probabile che qui si voglia alludere a tutte quelle grosse città rinomate per la loro *qaṣbah*, per cui Yāqūt, ad esempio, parla di Māh al-Baṣrah, Māh Bahraḏān, Māh Dīnār, ecc., come si può vedere in Yāqūt, *Mu'ǧam* (1990), vol. V, pp. 57-59.

82 Nome dato ad un insieme di contrade situate oltre il paese del Ṭabarisṭān, territorio paludoso posto tra Qazwīn e il mar dei Khazari, di difficile accesso a causa dei monti, precipizi e folti alberi e acque. Per questo toponimo vedi Yāqūt, *Mu'ǧam* (1990), vol. II, pp. 233-234 e al-Idrīsī, *Opus* (1982), p. 5.

83 Regione del quarto clima di cui Yāqūt, *Mu'ǧam* (1990), vol. II, p. 614 fornisce esclusivamente l'estensione e la posizione.

84 Parlando di questa regione Yāqūt, *Mu'ǧam* (1990), vol. IV, pp. 14-18 dice che il suo è un nome composto di Ṭabar e Isṭān e che al suo tempo era altresì detto Māzandarān, pur non trovando traccia di questo nome nei libri antichi. Lo descrive come una regione vicina a Gīlān, Daylamān, al-Rayy, al paese di Daylam e al-Gīl, con alte montagne, ricca di frutti e di acque.

85 Yāqūt, *Mu'ǧam* (1990), vol. V, pp. 132-136 ne dà un'accurata descrizione e comincia con il chiamarla Marw al-Šāhiǧān per sottolineare che intende parlare della più grande e più celebre città del Ḫurāsān. Tra le altre cose fa notare che fu il Profeta stesso a dire ch'essa era stata costruita da Alessandro. Vedi a tal proposito 11,33 (p. 179).

86 Il termine arabo Aṭrābulus indica tanto la città di Tripoli del Libano quanto la Tripoli di Libia detta anche Tripoli d'Occidente. Nel testo arabo, tuttavia, la forma sotto cui questa città è presentata figura come ابطانلس.

87 La prima cittadina, al dire di Yāqūt, nella quale ci si imbatteva viaggiando da Alessandria in Ifrīqiyyah, subito dopo il quale veniva Lūbiyah, che lo stesso Yāqūt colloca tra Alessandria e Barqah. Per i due toponimi, ossia Marāqiyah e Lūbiyah, cf. Yāqūt, *Mu'ǧam* (1990), vol. V, p. 110 e p. 29.

88 Nome sotto il quale era conosciuto il Cairo Vecchio, detto anche Fusṭāṭ Miṣr, per distinguerlo dal Cairo Nuovo o al-Qāhirah.

89 Nome solitamente dato dagli arabi ai tenitori orientali dei berberi, denominando invece Maġrib quelli occidentali, pur se i geografi arabi divergon tra loro nel definirne i confini.

90 La forma araba è qui ثنيوبية.

91 Il Vasiliev si chiede se si allude qui a Licaonia o alla Licia. Potrebbe trattarsi di Laodicea.

92 Il testo arabo propone, qui, Abrānšhr, mentre lo stesso toponimo è menzionato da Yāqūt sotto la forma Abrašahur, ma nello stesso testo è dato poi leggere Abrašahr, che starebbe per Nìsābūr. Cf. Yāqūt, *Mu'ǧam* (1990), vol. VI, pp. 86-87.

Antiochia, *Ḥlyqyh*, *ʿbwlyh*, il territorio di Emesa, Damasco e il territorio coltivato che circonda al-Kūfah[93].

Vergine

59 I paesi /posti sotto il segno/ della Vergine sono Corinto, il territorio di Babele, di Mossul e di al-Ǧazīrah[94], il paese dei Greci e di Cartagine[95].

Bilancia

60 I paesi /posti sotto il segno/ della Bilancia sono il territorio di Buḫārā[96], il Ṭaḫāristān[97], il Qašmīr[98], il Tibet[99], *Šwk*, *ʿwsbys*[100], una parte del paese dell'Abissinia detta Trogloditica[101], *Ṭnqwā*, il Sigistān[102] e il Karmān[103].

Scorpione

61 I paesi /posti sotto il segno/ dello Scorpione sono il territorio del Ḥiǧāz, Āmid[104],

[93] Celeberrima città dell'Iraq, sull'Eufrate, fondata da Saʿd Ibn Abī Waqqāṣ, dopo la battaglia di al-Qādisiyyah (636) , fu eletta a capitale dalla dinastia ʿabbāside (749) prima che venisse scelta Baġdād. Cf. Yāqūt, *Muʿǧam* (1990), vol. IV, pp. 557-561. Nel testo la renderemo con Kūfah. L'espressione araba Sawād al-Kūfah ha sapore di precisazione geografica e ripropone qui una denominazione non peregrina concernente altre località dette in breve al-Sawàd. A tal proposito si potrebbe vedere Yāqūt, *Muʿǧam* (1990), vol. III, pp. 309-313.

[94] Regione della Mesopotamia in senso stretto, chiamata così perché situata tra il Tigri e l'Eufrate, come fa notare Yāqūt, comprendente il Diyār Muḍar e il Diyār Bakr. Cf. Yāqūt, *Muʿǧam* (1990), vol. II, pp. 156-158. Nel testo l'espressione arḍ al-Ǧazirah è ripetuto subito dopo la menzione del paese o territorio di Cartagine. Si tratta di una inutile ripetizione o si vuole alludere, nell'uno o nell'altro caso, alla Ǧazīrah egiziana?

[95] Il termine arabo è qui اقراطية.

[96] Tra le maggiori e più rinomate città della Transoxiana, antica, ricca di giardini e di svariati frutti. Cf. Yāqūt, *Muʿǧam* (1990), vol. I, pp. 419-423, già prospera al tempo dei Samanidi e dei Selgiukidi, è, oggi, città-capoluogo dell'omonima provincia in Uzbekistan. È nota per la lavorazione delle pelli e della seta.

[97] Tanto Yāqūt, *Muʿǧam* (1990), vol. IV, p. 26, che lo pronuncia anche Ṭaḫayristān, quanto al-Idrīsī, *Opus* (1982), pp. 195, 483 hanno la forma Ṭaḫāristan, per indicare una estesa provincia comprendente parecchi centri abitati, diviso in Alto e Basso Ṭaḫāristān, il primo ad est di Balḫ e ad ovest del fiume Ǧayḥūn, il secondo anch'esso ad ovest dello stesso fiume.

[98] Regione dell'Asia centromeridionale, tra gli stati dell'Unione Indiana e del Pakistan, è noto per le catene del Karakorum e dell'Himalaia. Il termine arabo è qui قمسين.

[99] Il termine arabo è qui تبت.

[100] È forse Efeso?

[101] Nel testo arabo troviamo a tal proposito la forma طراغلون.

[102] Paese tra l'Iràn e l'Afghanistan, ai tempi di Yāqūt grande distretto ed estesa provincia con città capitale Zaranǧ, con terreno sabbioso e salino, con perenni venti. Cf. Yāqūt, *Muʿǧam* (1990), vol. III, pp. 214-217.

[103] Forma più corretta di Kirmān, territorio situato nel quarto clima, famosa e popolosa grande provincia situata tra Fāris, Makrān, Sigistān e Ḫurāsān, ricco di palmeti, greggi, attività agricole e di allevamento di bestiame, seconda solo a Bassòra per la qualità e dolcezza dei suoi datteri. Cf. Yāqūt, *Muǧam* (1990), vol. IV, pp. 515-518.

[104] Nome della più grande città del Ṭabaristān valloso, posta nel quarto clima, centro di lavorazione

Tangeri, *Ḫṭūlyah*, la Nubia, al-Samawāh con al-*Zhr*, la Siria e la Cappadocia.

Sagittario

62 I paesi /posti sotto il segno/ del Sagittario sono il territorio di *F l ā ṭ y q ā*, dell'Andalusia[105] e degli Slavi.

Capricorno

63 I paesi /posti sotto il segno/ del Capricorno sono il paese dell'India, di Susa[106], di Makrān[107], di Harāh[108], della Tracia[109], della Macedonia e dell'Illiria[110].

Acquario

64 I paesi /posti sotto il segno/ dell'Acquario sono la Sarmazia[111], il fiume Balḫ[112],

di tappeti e stuoie, città natale del grande storico ed esegeta musulmano al-Ṭabarī. Vasiliev, *Kitab* (1910), p. 626 ha qui «Amoul» perché legge وامل.

105 Il termine è qui al-Andalus, ma dato il tenore della descrizione non siamo del tutto certi se Agapio intenda qui tutta la Spagna di allora o la sola regione dell'Andalusia. Vedi 3,18 (p. 62).

106 Detta in arabo al-Sūs, già antica città dell'Elam, attuale Khuzistan nell'Iran suboccidentale, fu città florida di cui restano oggi quattro colline di rovine, tra le quali l'acropoli, segno del decadimento iniziato all'indomani della morte di Alessandro. Ma il nome al-Sūs indicava anche tutta la regione, conosciuta sotto il nome di Susiana.

107 Con una notizia piuttosto approssimativa, Yāqūt lo presenta come una località del paese degli arabi, alla luce di quanto da lui stesso trovato in una poesia di Ibn Turayf. Cf. Yāqūt, *Muʿǧam* (1990), vol. V, p. 209.

108 Attuale Herat, città situata a nord-ovest dell'Afghanistan sul confine con l'Iran, nella valle del fiume Hari Rud e grosso centro di tappa carovaniera nell'antichità, legata da una strada alla capitale Kabul, è oggi fiorente per il commercio delle pelli, della lana, dei tappeti, frutta secca e acqua di rose. Fu occupata dagli arabi nel 651 e possiede una grande moschea costruita da un principe timuride sulla fine del XV secolo. Purtroppo Herat non conserva oggi vestigia del suo glorioso passato preislamico e greco-bizantino. Si vedono solo alcuni minareti e qualche mausoleo, come quello di Ǧawhar Shad, nuora di Tamerlano. Degno di visita è il suo museo per i rari e preziosi reperti archeologici che custodisce. Per altre notizie cf. Yāqūt, *Muʿǧam* (1990), vol. V, pp. 456-457. La rendermo con Herat.

109 Anche questa volta il termine arabo è براقية.

110 Il termine arabo è qui ابلولس.

111 Antica regione fra il Danubio e il Don, come la ricordavano i romani, era sede dei sarmati, tribù nomade di stirpe iranica, che Erodoto chiama anche sauromati, imparentati con gli sciti, divenuti clienti dei romani dopo una serie di guerre.

112 Balḫ era antica città del Ḫurāsān, fondata, come alcuni ritenevano, da Alessandro Magno. Già capitale politica della regione, divenne poi centro culturale e religioso del regno del Ṭaḫāristān. Fu occupata, nel 653 d.C., dopo strenuo assedio, dalle schiere musulmane al comando di al-Aḥnaf Ibn Qays. Dopo aver asserito che nahr al-Balḫ è nome dato al fiume Ǧayḥūn, Yāqūt precisa che tra i due corsi d'acqua ci sono circa dieci parasanghe. Vedi Yāqūt, *Muʿǧam* (1990), vol. I, p. 568.

la Sogdiana[113], Farġānah[114], al-Šāš[115], al-Balqā' e *Arlynah* dell'Abissinia[116].

Pesci

65 I paesi /posti sotto il segno/ dei Pesci sono Babilonia, la Paflagonia[117], Smūnīṭis, Ḫurramah[118] e Nīqūdūliyah.

66 Abbiamo in tal modo illustrato lo stato dei sette climi della terra e delle loro parti abitate. Abbiamo altresì dato notizie delle condizioni in cui versano i loro abitanti e della loro ripartizione, non omettendo, infine, di descrivere la terra incolta e inabitata alla luce di quanto abbiamo personalmente trovato scritto nei libri degli antichi sapienti. Riprendiamo perciò ora il filo della storia al fine di dar compiutezza alla narrazione delle vicende del mondo.

113 Antica regione posta tra i fiumi Oxus e Iassarte, corrispondente agli odierni Uzbekistan e Tadzikistan, all'estremità orientale del mondo iranico, aveva una sua lingua meglio conosciuta come il sogdiano, lingua medioiranica orientale, scomparso all'indomani delle espansioni araba e mongola. Il termine arabo è qui الصفر.

114 Riscontrabile altresì sotto la forma al-Farġānah, è Stato dell'attuale Turkistan russo.

115 Sotto questo nome Yāqūt ci presenta due toponimi, uno relativo ad un piccolo villaggio nei pressi di al-Rayy e un secondo che è situato al di là del fiume Oxus e del fiume Ǧayḥūn, limitrofo con il paese dei Turchi, con abitanti seguaci della dottrina *šāfiʿita*, con capoluogo Bunkaṯ. Cf. Yāqūt, *Muʿǧam* (1990), vol. III, pp. 349-351. Al-Idrīsī, *Opus* (1982), parla a più riprese di questo paese, come in pp. 353, 466, 503-507, 517, 695, 700-704, 708-710, 841-842, 923.

116 In Vasiliev, *Kitab* (1910), p. 627 troviamo invece «al-Azāniyah al centro dell'Abissinia».

117 Antica regione dell'Asia Minore settentrionale con delimitazione geografica assai incerta, compresa tra il fiume Partenio a ovest e la foce del fiume Halys a est e fra il Mar Nero e l'altopiano centrale. I suoi abitanti erano di origine anatolica.

118 Provincia della Persia, nelle vicinanze di Iṣṭaḫr. Yāqūt, *Muʿǧam* (1990), vol. II, p. 414; al-Idrīsī, *Opus* (1982), pp. 418, 426, 427, 431. Per questo toponimo il testo arabo ha la forma حرمة.

Capitolo 4

Formazioni di gruppi e tribù

Origine dell'adorazione degli idoli

1 È scritto che allorquando le lingue delle tribù dei discendenti di Sem, Cam e Yafet, figli di Noè, si erano ormai divise per tutti i climi sulla faccia della terra, occupando le regioni da essi poi abitate, per cui ciascuna lingua da essi parlata e ogni nazione e popolo ebbero per loro propria dimora un paese e una regione di un clima della terra, come di fatto abbiamo descritto sopra, i popoli cominciarono a farsi guerra, gli uni contro gli altri. Ciascuna tribù e ciascun popolo si scelsero dei capi d'armata perché ne guidassero le schiere e, alla loro testa, muovessero con esse alla guerra.

2 È stato tramandato che da lì ad un certo tempo, riuscendo i sopraddetti comandanti, belligeranti e capi d'armata vittoriosi e trionfatori a tutto vantaggio dei loro uomini, della loro nazione e popolo, la plebaglia da essi amministrata li eleggeva a loro signori a causa della vittoria riportata ed erigevano ai loro comandanti, noti e celebri per le loro imprese, guerre e successi, degli idoli in loro nome e ad essi somiglianti, affinché detti idoli permanessero a memoria di colui che, procurandogli vittoria, tornava vincitore in mezzo a loro.

3 In seguito, per il lungo passar del tempo, dei secoli e dei giorni, cominciarono a tributare loro segni di adorazione in due maniere: primo, offrendo ad essi dei sacrifici, come segno di onore nei loro riguardi e in ricordo delle vittorie da essi riportate e, secondo, recandosi in visita a detti idoli, per implorarne il soccorso in caso di calamità e quando, seminando vendetta, disastri e ferite, minacciosi incombevano i nemici.

4 Fu per questa ragione che, nel prosieguo del tempo, dei giorni e dei secoli e per tutto il tempo ch'essi vissero, furono introdotte l'adorazione dei feticci e la venerazione degli idoli, al punto che, a quanto sta scritto, dei demoni parlavano agli uomini dall'interno di questi idoli.

Dal diluvio alla nascita di Arġū, figlio di Fālīġ

5 Il totale degli anni trascorsi dall'anno in cui avvenne il diluvio fino al giorno della nascita di Arġū, figlio di Fāliġ, ai cui giorni ebbe luogo la divisione delle lingue, fu di seicentosettant'anni. Da Adamo e dal cominciamento del mondo fino a detto anno, erano trascorsi duemilanovecentoventisei anni. Ne illustriamo qui di seguito il calcolo. Sem generò Arfaḫšad due anni dopo il diluvio. Gli anni di Arfaḫšad, dal giorno della sua nascita fino al dì in cui gli fu generato Qīnān, suo figlio, furono centotrentacinque; dal

giorno della nascita di Qīnān fino al dì in cui gli fu generato Mātūšāliḫ[1], suo figlio, furono centotrentanove; dal giorno della nascita di Mātūšāliḫ fino al dì in cui gli fu generato ʿĀbir, suo figlio, furono centotrenta; dal giorno della nascita di ʿĀbir fino al dì in cui gli fu generato Fāliġ, suo figlio, furono centotrentaquattro; dal giorno della nascita di Fāliġ fino al dì in cui gli fu generato Arġū, suo figlio, furono centotrentadue. Il che fa in tutto seicentosettant'anni. Se a ciò aggiungiamo gli anni che vanno da Adamo fino all'anno del diluvio, che furono in effetti duemiladuecentocinquantasei anni, si avrà un totale di duemilanovecentoventisei anni. Tale computo è fatto alla luce della versione dei Settanta traduttori, che tradussero la Tōrāh e tutti i libri dei Profeti in modo conforme a verità.

6 Nella Tōrāh che i Giudei usano ancora oggi, a causa della riduzione e dell'alterazione che hanno fatto ad essa subire, e nella Tōrāh siriaca che ne è copia, troviamo scritto che Sem generò Arfaḫšad due anni dopo il diluvio e che dal giorno della nascita di Arfaḫšad fino al dì in cui gli fu generato Mātūšāliḫ, trascorsero trentacinque anni. Tuttavia essi omettono di menzionare Qīnān, suo figlio, e, avendo in tal modo soppresso nella Tōrāh tanto il suo nome quanto gli anni da lui vissuti, scrissero 'Mātūšāliḫ figlio di suo figlio'.

7 Dal giorno della nascita di Mātūšāliḫ fino al dì in cui gli fu generato ʿĀbir, trascorsero trent'anni; dal giorno della nascita di ʿĀbir fino al dì in cui gli fu generato Fāliġ, trentaquattro anni; dalla nascita di Fāliġ fino al dì in cui gli fu generato Arġū, trent'anni. Il che fa in tutto centotrentuno anni. Stando quindi alla Tōrāh ridotta e alterata, da Adamo fino al diluvio erano trascorsi duemilaseicentocinquantasei anni e dal diluvio fino alla nascita di Arġū, figlio di Fāliġ, al tempo del quale le lingue si divisero, erano passati centotrentuno anni.

8 Da Adamo e da quando ebbe cominciamento il mondo fino a quest'anno, sarebbero così trascorsi, alla luce di quanto avevano ridotto i Giudei, duemilasettecentottantasette anni, dando in tal modo luogo ad una riduzione, fino a questo anno, di millecentotrentanove anni.

9 A cagione della confusione e della divisione delle lingue, Fāliġ ricevette questo suo nome. La traduzione del suo nome in ebraico e in siriaco significa, appunto, *muqassim*, /= colui che divide/.

10 Dal giorno della sua nascita fino al dì in cui gli fu generato Šārūġ, Arġū visse centotrentadue anni e ne visse altri duecentosessantasette dopo la nascita di Šārūġ. Visse perciò in tutto trecentotrentanove anni, morendo esattamente settantasette anni dopo la nascita di Nāḥūr. Quanto alla Tōrāh ridotta, vi è scritto che Arġū era vissuto trentadue anni quando gli fu generato Šārūġ, ne visse altri trecentosessantasette dopo la nascita di quest'ultimo e morì trentotto anni dopo la nascita di Giacobbe. La sua nascita (sic!) avvenne prima della morte di ʿĀbir, suo nonno, esattamente a settantaquattro anni dalla nascita di Arġū[2].

[1] Nel testo curato da Vasiliev troviamo invece «dal giorno in cui gli fu generato Šāliḥ, suo figlio». Cf. Vasiliev, *Kitab* (1910), p. 629.

[2] In Vasiliev, *Kitab* (1910), p. 630 abbiamo una diversa lettura e puntuazione del testo, in quanto vi

Terzo millennio della cronologia del mondo

11 Si compiva così il terzo millennio della cronologia del mondo, stando alla traduzione dei Settanta, giacché abbiamo già spiegato e indicato più sopra che gli anni a partire da Adamo e dal cominciamento del mondo fino all'anno della nascita di Arġū, figlio di Fāliġ, furono duemilanovecentoventisei. Ora, se aggiungiamo a ciò settantaquattro anni dalla nascita di Arġū abbiamo per intero il terzo millennio.

Racconti di diverse storie

Storia di Nimrod figlio di Kanʿān, figlio di Ḥām, figlio di Nūḥ, /meglio conosciuto come il Re gigante/[3]

12 È scritto che nell'anno 84 dopo la nascita di Arġū, dieci anni dopo il terzo millennio, comparve il primo re che dominò su tutta la terra, a Bābil. Era Nimrūd[4], figlio di Canaan, figlio di Cam, il re gigante. Regnò sessantanove anni. La sua corona non fu forgiata in oro[5]. Nimrod fece costruire tre città, vale a dire Arāḥ, Wāḥā e Kīlā[6], ossia Edessa, Nisibi e Seleucia. Arġū aveva cento e uno anni quando gli egizi, secondi ai babilonesi, si diedero un re il cui nome era Manufis[7], il quale regnò su di essi sessantotto anni; lo chiamavano Miṣr/aym/, dal nome di Miṣr/aym/, loro padre. Fu comunque a ragione che, dal nome di Miṣr/aym/, il paese fu poi chiamato Miṣr[8].

Storia della discendenza di Qaḥṭān che nel libro della Tōrāh è chiamato 'bryṭān[9]

13 È scritto che in questi tempi fecero la loro comparsa i *banū* Yuqṭān[10], che è lo stesso che Qaḥṭān. Erano tre capi ed erano giganti. Il primo si chiamava Sabā, il secondo

leggiamo: «La sua morte ebbe luogo prima del suo avo Haber. 74 anni dopo la nascita di Arʿū si compì il terzo millennio della cronologia del mondo...».

[3] In Vasiliev, *Kitab* (1910), p. 631 è riportato con la variante «figlio di Lamik il gigante».

[4] D'ora in avanti lo renderemo con Nimrod.

[5] In Vasiliev, *Kitab* (1910), p. 631 troviamo invece: «La sua corona fu tessuta, non era in oro».

[6] Queste tre città sono riportate in *Gn* 10,10 sotto i nomi Erech, Accad e Chalne. Cf. *La sacra Bibbia* (1961), vol. I, p. 44, nota 10, in cui si identifica la seconda città qui nominata da Agapio con l'attuale Warka, posta a sud-est delle rovine di Babilonia, mentre si dà per non identificata la terza città. Michele il Siro, *Chronique* (1899), vol. I, p. 20 ha invece Arak, Or e Kala, vale a dire Edessa, Nisibi e Seleucia. La seconda di queste tre città compare in Vasiliev, *Kitab* (1910), p. 631 sotto la forma Wāǧā. Cheikho ritiene che Nimrod abbia, stando al testo, fondato cinque città e non tre, ma sembra incorra in errore per il fatto che lega «ossia» alla sola città di Kīlā.

[7] Identificabile con Menes o Mene, capostipite della prima dinastia tinita (3100 ca. a. C.), dopo aver riunito l'Alto e il Basso Egitto. La sua capitale era This o Thinis nell'Alto Egitto. Per il re di cui sopra Michele il Siro, *Chronique* (1899), vol. I, p. 20 ha la forma Panufis.

[8] Nome arabo dato all'Egitto, che sta tanto per l'intero territorio quanto per designare il Cairo Vecchio ai primi tempi della conquista musulmana e tutta la città del Cairo oggigiorno.

[9] Così pure in Vasiliev, *Kitab* (1910), p. 632. Forma corrotta di Yuqṭān.

[10] Nel testo *Naqṭān*. In *Nr* 10,25 è presentato come fratello di Peleg, Fāliġ fin qui nel testo.

Ūfīr e il terzo Ḥawīlā[11]. I *banū* Qaḥṭān cominciarono a muover guerra contro le nazioni e i popoli con ogni sorta d'armi e strumenti, furono essi i primi, infatti, a far uso di macchine da guerra e a conoscerle. La prima conoscenza che ne ebbero e il modo di forgiarle lo mutuarono dalle bestie feroci.

14 Quanto alla lancia, la forgiarono ispirandosi all'animale detto in greco *monokeraton*, ossia la bestia che i persiani chiamano e conoscono come *karkand* /=rinoceronte/, meglio conosciuto tra gli arabi sotto il nome di *karkadann*, perché ha un solo corno impiantato nel bel mezzo della testa a forma di lancia, con il quale colpisce ogni altra bestia e animale. Quanto alla spada, la forgiarono ispirandosi al cinghiale che, quando colpisce un albero con i denti lo trancia e lo taglia in due. Quanto allo strale, lo forgiarono ispirandosi alla bestia che si trascina ed è chiamata il grande riccio che, drizzato che ha un aculeo, lo lancia cogliendo in pieno il bersaglio. Lo chiamano anche *duldul*. Quanto allo scudo, lo forgiarono ispirandosi alla tartaruga marina, il cui dorso si presentava come di una straordinaria grandezza. Fu in tal maniera ch'essi inventarono per imitazione ogni sorta d'armi, come abbiamo testé descritto.

15 La terra e i paesi che ciascuno dei suddetti tre capi ebbe in eredità, furono i paesi orientali nella regione della Cina e delle vicine contrade, ovvero i paesi ricchi di oro puro, giacinti, smeraldi, perle e tutti i grandi fusti che emanano fragranze, quali l'aloe, il sandalo e altri, di cui parla la Scrittura[12].

Tentativi di porre fine alle guerre

16 Mosè[13] il sapiente ha scritto, nel suo *Libro sulle nazioni*, che i popoli, stremati dall'arduo sforzo con cui facevano fronte agli attacchi che i discendenti di Qaḥṭān sferravano contro di essi e dal fragore che teneva dietro al loro guerreggiare e combattere con ogni tipo d'armi ch'essi invece ignoravano, consentirono a che scegliessero per sé i climi che preferivano, purché desistessero dal combatterli. Scelsero perciò questi paesi, paesi di cui tutti hanno bisogno, non potendo fare a meno di ciò che vi si trova e che posseggono coloro che lo governano, mentre essi stessi non abbisognano di niente di ciò che si trova in altri paesi.

Precisazioni sulla figura di Šārūġ

17 Šārūġ era vissuto duecento anni fino al dì in cui gli fu generato Nāḥūr[14]. Visse in tutto trecentotrent'anni e morì quarantasei anni dopo la nascita di Abramo.

[11] Per i figli di Yoktan, cf. *La sacra Bibbia* (1961), vol. I, p. 46, note 26-30. Tra essi figurano appunto Saba, Ofir e Havila. Quest'ultimo è nel testo *Ǧawīlā*.

[12] Allusione a *Gn* 10,26-32.

[13] In Vasiliev, *Kitab* (1910), p. 633 leggiamo invece *Mūsūs*. Michele il Siro, *Chronique* (1899), vol. I, p. 20, descrive questi fatti senza citare una precisa fonte, ma citando, a proposito della corona di Nimrod, la Cronaca di Menandro e il secondo libro di Asaf.

[14] In Vasiliev, *Kitab* (1910), p. 634, leggiamo invece: «Šārūġ era vissuto centotrent'anni fino al dì in cui gli fu generato Nāḥūr e ne visse altri duecento dopo la nascita di quest'ultimo».

18 Stando a quanto è scritto nella Tōrāh che i Giudei usano ancora oggi, in conseguenza della riduzione e dell'alterazione ch'essi vi hanno apportato, Šārūġ era vissuto trent'anni fino al dì in cui gli fu generato Nāḥūr e altri trecento dopo la nascita di quest'ultimo, morendo giusto sessantun anni dopo la nascita di Giacobbe. La sua morte avvenne quindi diciassette anni prima della morte di Arġū, suo padre.

Secondo re di Babele

19 Nell'anno ventuno della nascita di Šārūġ ascese al trono di Babele un re chiamato Qamīrus[15]. Il suo regno durò ottantacinque anni. Fu in questo tempo che sorse la *munīṭa,* vale a dire la zecca in cui venivano battuti *dīnār* e *dirham*, e sempre in questo tempo si affermò l'arte di forgiare monili in argento e in oro ad opera di Ofir[16]. In questo tempo si distinse Anūriyūs, artigiano del ferro e del rame.

20 Nel suo quarantaseiesimo anno di regno Qamīrus, re di Babele, costruì alcune città, la prima delle quali fu la grande Susa. In questo tempo Camīrus mosse guerra ai Caldei, facendone grande strage, come è scritto nei libri e nelle storie attribuite a Zādhašt[17], il mago.

Terzo re di Babele

21 Nell'anno centosei di Šārūġ regnò a Babele un terzo re, chiamato Sumīrus. Regnò settantadue anni. Fu il primo che cominciò a disporre di approntare le misure, le bilance e i pesi[18].

Nascita di Abramo

Diretti antenati di Abramo

22 Nāḥūr era vissuto settantanove anni quando gli fu generato Tārāḥ, padre di Abramo, e ne visse altri centoventidue dopo la nascita di quest'ultimo. Visse in tutto duecentouno anni. Morì esattamente quarantasette anni dopo la nascita di Abramo. Stando alla Tōrāh dei Giudei, Nāḥūr visse, fino al dì in cui gli fu generato Tārāḥ ventinove anni, e ne visse altri centosettantadue dopo la nascita di quest'ultimo. Morì esattamente ventidue anni dopo la nascita di Isacco, figlio di Abramo. La sua morte avvenne prima di quella di suo padre e di suo nonno.

[15] Il nome di questo sovrano è presentato sotto differenti forme, ossia Qamīrus, Camīrus e Cambīrus. Michele il Siro, *Chronique* (1899), vol. I, p. 23 ha Qambîros, fondatore della città di Susa.

[16] Cf. Michele il Siro, *Chronique* (1899), vol. I, p. 23.

[17] Il nome di questo personaggio è invece il mago Zamardos in Michele il Siro, *Chronique* (1899), vol. I, pp. 23, 24, 30. La forma corretta in nota al testo arabo è Zarādhašt̠.

[18] Su questo re si sofferma più a lungo Michele il Siro, *Chronique* (1899), vol. I, p. 24. Ma il nome potrebbe essere letto anche Sumayrus e in tal caso si avrebbe un'allusione alla dinastia sumera.

Uccisione di Samīrus

23 In questo tempo Qurūnus[19], re dei Parti, mosse guerra a Samīrus, lo combatté, lo uccise, gli strappò le protuberanze frontali cavandogliele di sotto la pelle della testa in una con i capelli, intrecciò il tutto in quattro trecce e se ne fece una corona, ricevendo, per tal motivo, l'appellativo di *Diokratis*, vale a dire il bicornuto, *ḏū al-qarnayn*. Non è però da confondere con Alessandro *Ḏū al-qarnayn*. Alessandro, infatti, fu chiamato *Ḏū al-qarnayn* unicamente a motivo del fatto che irruppe e giunse in Oriente e in Occidente.

Il re Anṭūṭīs

24 In questo tempo regnò sull'Egitto, per trentadue anni, un re di nome Anṭūṭīs[20]. Fu il primo a inventare i trattati[21], le scienze, l'astronomia e l'aritmetica attingendo ai libri dei Caldei e delle popolazioni d'Oriente e introducendoli così anche in Egitto. Apprese la magia e l'arte di esorcizzare.

25 In questo tempo furono edificate Sodoma[22] e Gomorra e fu altresì costruita Babylon[23], nei pressi del fiume Nilo.

26 Nell'anno settanta di Nāḥūr fu costruita Damasco[24].

La Tōrāh dei Giudei e la genealogia di Abramo

27 Tārāḥ era vissuto settantacinque anni quando gli fu generato Abramo e ne visse altri centotrenta dopo la nascita di quest'ultimo. La sua vita fu di duecentocinque anni. Morì giusto cinquantacinque anni dopo la nascita di Isacco. Così è del pari scritto nella Tōrāh alterata e ridotta dei Giudei. Alterazione e riduzione che si arrestano agli anni della cronologia del mondo immediatamente prossimi alla nascita di Abramo, un fatto, questo,

[19] In Vasiliev, *Kitab* (1910), p. 635 abbiamo la forma كسرونس e in Michele il Siro, *Chronique* (1899), vol. I, p. 24 troviamo invece la sua traslitterazione in *Kisârônos*.

[20] Michele il Siro, *Chronique* (1899), vol. I, p. 26, attribuisce trentadue anni di regno al faraone Aphintos, presentandolo come il sesto re dell'Egitto, a cui attribuisce inoltre la costruzione di Apânṭos, chiamata poi Babylon, e l'adozione della dottrina dei Caldei. In effetti la costruzione di Sodoma e di Gomorra è da lui attribuita al cananeo Armonio durante il regno di Nacor, quinto faraone sull'Egitto, succeduto a Faraone, figlio di Sānūs, che regnò trentacinque anni.

[21] Preferiamo tradurre così il termine *al-kutub* di questo passo, soprattutto per rispettare una differenza intrinseca di significato che non avrebbe, se tradotto con «libri», rispetto allo stesso termine che compare più avanti nel testo per indicare le codificazioni scritte ad uso dei Caldei.

[22] Antica città della Palestina meridionale, faceva parte, insieme con Gomorra, della Pentapoli, di cui era molto probabilmente anche la capitale. Fu resa celebre dalle vicende legate alla storia di Lot e alla vittoria di Abramo sugli abitanti della Pentapoli. Entrambe le città furono poi distrutte da una pioggia di fuoco e zolfo, come narrato in *Gn* 13,13.

[23] Allusione alla città-fortezza bizantina situata non lontano dall'attuale Cairo che fu poi conquistata dalle schiere musulmane al comando di ʿAmr Ibn al-ʿĀṣ, nel 641 d.C. Sulle rovine di detta località, chiamata oggi Qaṣr al-Šamaʿ, sorse il campo militare arabo da cui derivò in seguito il nome al-Fusṭāṭ per indicare il Cairo Vecchio. Nel medievo era altresì chiamata Babilonia d'Egitto. Nel testo il termine arabo è *Bābilūniyah*.

[24] Michele il Siro, *Chronique* (1899), vol. I, p. 25, dice che fu costruita vent'anni prima della nascita di Abramo.

dovuto tanto alla distanza del periodo di tempo quanto a ciò che la maggior parte della gente ignorava. I sacerdoti e i capi dei Giudei, infatti, decurtarono questi anni al tempo del Messia, all'indomani della sua ascensione al cielo.

28 In tale frangente, in effetti, i due gran sacerdoti dei Giudei, Anna e Caifa, divisarono di sbugiardare la missione del Messia e di mostrare pubblicamente la fallacia del tempo della sua venuta. Questo perché li aveva empiti di terrore il fatto che un gran numero di capi tra i loro dignitari e notabili aveva riconosciuto la veracità del Messia e l'autenticità dei miracoli da lui operati in mezzo ad essi nel momento in cui erano stati spettatori della sua resurrezione, come è scritto nel Vangelo, nella quale i cristiani credono fermamente. Li controbatterono e grande fu la disputa che si accese tra l'una e l'altra parte.

29 I gran sacerdoti Anna e Caifa, avanzarono delle argomentazioni contro di essi, sostenendo che quel tale non era il Messia, di cui avevano vaticinato i profeti, giacché costui sarebbe venuto alla fine dei tempi e allo spirare dei secoli. «E però», obiettavano, «siamo nel bel mezzo del tempo del mondo», e così dicendo voltarono le spalle, allontanandosi. Ora, avendo i due il controllo sulle credenze in cui erano conservati i libri sacri, si adoprarono nel decurtare gli anni che seguirono la creazione di Adamo e il cominciamento del mondo fino al tempo di Tāriḫ[25] e al dì della nascita di Abramo. Profittando della distanza dei tempi in questione e dell'ignoranza della maggior parte della gente, come abbiamo avuto modo di descrivere, essi decurtarono la cronologia del mondo, a cominciare da Adamo fino al tempo di Abramo, di ben milletrecentottantanove anni.

30 Dopo aver sistemato in gran segreto e in modo acconcio la cosa, la spiattellarono sotto gli occhi dei loro compagni e di tutte quelle persone che li assecondavano nelle loro smanie di uccidere il Messia. Ne fecero più copie, mettendole al sicuro in casa di gente di loro fiducia, perché ne diffondessero la lettura e alienassero dai loro avversari gli animi della gente. Tennero perciò nascosta ai capi dei loro compagni la versione della Tōrāh operata dai Settanta traduttori, in una con i libri dei Profeti, ch'essi avevano tradotto per il re Tolomeo Filadelfo nella città di Alessandria, apportando a più non posso, nei libri dei Profeti, mutamenti e alterazioni nei vaticini concernenti il Messia.

31 E però sappiamo che le cose che riguardano Cristo, nostro Signore, nelle Scritture tradotte dai Settanta, sono al contrario consone a verità e a chiarezza. Essi, del resto, perpetrarono questo atto di falsificazione all'indomani della resurrezione di Cristo, mentre la versione dei Settanta traduttori era stata portata a termine circa trecento anni prima della venuta di Cristo stesso.

32 Racconteremo ora la storia di Tolomeo Filadelfo e della cura ch'egli pose affinché le Scritture fossero tradotte. La esporremo qui di seguito, in modo chiaro, senza lasciare adito a dubbi, dall'inizio alla fine, a Dio piacendo. L'inizio di questa storia risale all'epoca di Tolomeo e di Alessandro *Ḏū al-qarnayn*, il più grande re mai esistito. È dentro questa storia che avremo modo di illustrare, a Dio piacendo, l'alterazione e la riduzione di anni che i Giudei apportarono al testo sacro.

[25] Così qui e in appresso nel testo.

Capitolo 5

Manipolazione della Tōrāh

Perché se ne parla qui

1 Il suo impero fu spartito tra i suoi quattro servitori[1]. Uno di essi fu Tolomeo Filadelfo, re di Alessandria, a proposito del quale ci è già occorso di dire che i Settanta sapienti scelti tra i Giudei, tradussero per lui la Tōrāh e tutti i libri dei Profeti dall'ebraico in greco.

2 Non si deve credere che questa storia sia stata anticipata e inserita in questo contesto fuori tempo. Si è al contrario reso necessario anticiparla per il fatto che la riduzione degli anni decurtati e la loro alterazione hanno a che vedere proprio con il tempo di Tāriḥ e il giorno della nascita di Abramo. Abbiamo perciò ritenuto necessario spiegare e indicare il motivo e la ragione che indussero Tolomeo Filadelfo a darsi pensiero e a bramare di far tradurre le Scritture, mostrare a coloro che sono ansiosi di apprendere, in maniera consona a verità, il motivo e la ragione per cui i gran sacerdoti dei Giudei, Anna e Caifa, osarono e ardirono perpetrare siffatta alterazione e riduzione, e, ancora, per spiegare ai dotati di intelletto e a coloro che sono ansiosi di apprendere e di investigare come furono essi smascherati e come gli stessi passi da loro alterati e ridotti sono di ciò testimoni, se attentamente studiati e fatti oggetto di indagine.

Vicende di Dario

3 È scritto che uno dei grandi personaggi della Persia, chiamato Dario[2], combatté contro *Ḏū al-qarnayn*, che allora regnava sull'Egitto già da sei anni, ma Alessandro lo sconfisse, lo vinse, l'uccise e si impadronì della più florida parte del suo impero. Di poi radunò le schiere e i soldati, li dispose in truppe e mosse alla loro testa contro i paesi vicini e le remote contrade, per muovere guerra ai loro re e impadronirsi dei loro regni, spingendosi sino alla volta del Sind, di cui si impadronì. Da qui fece poi i preparativi per invadere l'India e la Cina.

[1] Allusione a *1Mac* 1,7-9, dove è chiaramente detto che a spartirsi il regno furono i suoi ufficiali. Il termine arabo *ʿabīd*, diverso da *ḍubbāṭ* che invece compare nelle moderne traduzioni del testo sacro, non sembra riconducibile ad una vera e propria carica o grado militare, ma connota una forte carica di sottomissione e venerazione più consona ai sentimenti che detti personaggi dovevano sentire nei confronti dello straordinario genio militare di Alessandro. In Vasiliev, *Kitab* (1910), p. 639 si aggiunge: «che costituivano la sua guardia del corpo. La sacra Scrittura li chiama servitori».

[2] Ossia Dario III Codomano (336-330 a.C.). Non si capisce se si allude alla battaglia di Isso o di Gaugamela, vinte entrambe da Alessandro, ma risparmiando sempre Dario che venne poi ucciso da Besso, satrapo della Battriana che tentò di succedergli con il nome di Artaserse IV nel 330 a.C.

4 In precedenza, però, aveva spartito il suo impero tra quattro delle sue guardie del corpo, come ho detto[3] per l'innanzi. Riprese poi a combattere contro i re delle nazioni, fino a quando morì. Avendo i suoi governatori[4] appreso la notizia della sua morte, si impadronirono, uno ad uno, del paese sul quale egli l'aveva preposto come suo luogotenente.

Spartizione del regno di Alessandro

I luogotenenti di Alessandro

5 Dei suoi governatori Tolomeo, figlio di Arīb[5], regnò sull'Egitto quarant'anni; Filippo regnò sulla Macedonia[6]; Antigono[7] e Demetrio[8] regnarono sulla Siria e sul paese dell'Asia; Seleuco[9] regnò sui paesi d'Oriente.

6 Nel tredicesimo anno del regno di Tolomeo, figlio di Lago, Seleuco marciò contro l'Egitto. Aveva già conquistato la Siria. Demetrio marciò alla volta dell'Asia e, dopo averlo vinto e ucciso, si impadronì della Siria e di Babele, dove regnò trentadue anni. Gli piacque istituire in memoria di Alessandro un qualcosa grazie a cui fosse ricordato dopo la sua morte, come segno di riconoscenza per le attenzioni di cui lo aveva fatto oggetto.

7 Egli, allora, stabilì che si computassero gli anni in suo nome fissandone l'inizio a partire dal giorno in cui aveva conquistato la Siria, vale a dire dall'anno 13 del regno di Tolomeo. Da Adamo a detto anno, ossia al primo anno del regno di *Ḏū al-qarnayn*, gli anni della storia del mondo erano stati cinquemilacentonovantasette, come più avanti spiegheremo, se Dio Altissimo vorrà.

[3] Improvviso cambiamento di stile. Altrove ha sempre usato la prima persona plurale!

[4] Qui il termine arabo è *wulātuhu* e non più *ʿabīduhu*.

[5] Ossia Lago. *Arīb* è scrittura errata per *Arnab*, che vuol dire «coniglio». Cf. Eutichio, *Gli Annali* (1987), p. 144, nota 62. D'ora in poi lo tradurremo con Lago.

[6] Filippo III Arrideo, fratellastro di Alessandro e il futuro Alessandro IV, figlio di Alessandro e di Rossane. Seleuco regnò sulla Siria e Babilonia; Lisimaco sulla Tracia; Tolomeo sull'Egitto; Antigono Manoftalmo sulla Licia, Frigia e Panfilia. Furono tutti chiamati Diàdochi, vale a dire «successori». L'era di Alessandro segna così lo spartiacque tra l'età classica e quella ellenistica nella storia della cultura. Il testo arabo ha *Flyqūs*.

[7] In Vasiliev, *Kitab* (1910), p. 640 troviamo la forma *Anṭīġūnūs*, mentre nel testo che traduciamo compare la forma *'yẓīġūryūs*. Tale termine dovrebbe comunque riferirsi a quanto viene detto di Filippo, perché il verbo della proposizione successiva è al singolare ed è introdotto dalla congiunzione «e». Il testo andrebbe quindi meglio tradotto con «Filippo regnò sulla Macedonia e..., Demetrio sulla Siria e il territorio dell'Asia e Seleuco regnò sui paesi d'Oriente».

[8] Ossia Demetrio I Poliorcete, figlio del diadoco Antigono I Monoftalmo, re di Macedonia dal 293 al 297 a.C., succedendo al padre Antigono, del quale cercò di realizzare il sogno di riunificare gli stati sorti dallo smembramento dell'impero di Alessandro.

[9] Seleuco assunse il titolo di re con l'appellativo di Nicatore nel 305 a.C., dando così inizio alla dinastia dei Seleucidi di Babilonia e di Siria. I nomi che individuano questo monarca sono oltremodo alterati nel testo arabo.

Regno di Tolomeo Filadelfo

8 In questo tempo regnò Tolomeo /Filadelfo/[10]. Regnò sull'Egitto trentotto anni. Affrancò dalla cattività centotrentamila persone appartenenti ai diversi popoli che costituivano il suo regno, tra cui trentamila Giudei.

Tolomeo e i settanta

Personalità di Tolomeo

9 Un primo cenno della sua vita nelle Scritture è dato là dove è scritto che ci fu un grande re straniero di nome Tolomeo Filadelfo, vale a dire colui del quale si dice che fu uguale ad Alessandro in potenza e di lui più grande in scienza, sapienza e filosofia. A null'altro che alla filosofia dedicò egli, infatti, ogni sua cura e diletto, nonché alla lettura delle Scritture, a tutte le scienze di allora e alla conoscenza dei loro misteri. Si adoprò a collezionarle da tutti i paesi vicini e dalle lontane contrade, al punto da avere di tutte profonda conoscenza. Alludiamo alle scienze di cui abbiamo già parlato, ossia l'astronomia, l'astrologia, la geometria, l'aritmetica e altre, come da noi menzionato.

10 Nella sua storia è scritto che riunì tutte queste scienze e fece costruire per esse la *bayt al-ḥikmah*, o accademia, le coltivò e di ciascuna carpì le cause e i misteri. /È altresì scritto/ che questo re Tolomeo pensò in seguito a come raccoglierle perché si serbasse di lui piacevole memoria dopo la sua morte. Riunì perciò gli stranieri di tutti i popoli che erano stati fatti prigionieri durante il suo regno, li censì, constatò che erano ben centotrentamila, tra cui trentamila Giudei, e propose loro di rimandarli nei rispettivi luoghi d'origine. Ne trassero motivo di giubilo, ne gioirono sommamente e grande fu la loro soddisfazione, innalzarono preci per lui e gli esternarono la loro gratitudine.

Cause per cui i Settanta tradussero il Vecchio Testamento

11 Ma Tolomeo disse loro: «Vi accordo questo favore, e però ho da chiedervi una cosa che certamente farete perché la vostra gratitudine sia piena». «Qual è questa cosa, oh re?», gli domandarono ed egli rispose loro: «Ho bisogno che mi mandiate, per il tramite dei miei messaggeri che partiranno con voi, i libri sapienziali dei vostri paesi». Glielo accordarono volentieri e giurarono di tener fede alla promessa.

12 I Giudei, a loro volta, dissero: «Laggiù, oh re, abbiamo dei libri in ebraico, rari, che nessun /altro/ popolo possiede. Sono libri rivelati, fatti scendere dal cielo sui profeti, concernenti le norme, le leggi, i comandamenti, l'ordine e il divieto, ciò che è e ciò che verrà in futuro».

13 Queste loro parole lo sorpresero, gli piacque la descrizione che ne avevano fatto, accordò loro di buon animo e largamente le provviste per il cammino e di cui vivere, sufficienti per giungere ai loro paesi. Quindi diede disposizione di lasciarli andare alle loro case, nei loro luoghi di origine e di congiungersi ai loro governanti e capi. Mandò

[10] Tolomeo II Filadelfo fu re dell'Egitto dal 246 al 221 a.C.

con loro doni e vesti e fece scrivere per loro delle lettere riguardo alla bisogna. Soddisfatti per quanto avevano saputo, non appena ebbero notizia della loro venuta, i loro correligionari uscirono ad essi incontro, movendo alla volta delle estreme frontiere del loro territorio.

14 Letto che ebbero le missive del re, s'apprestarono a dar soddisfazione alla di lui bisogna, raccolsero per lui i libri della Tōrāh e i libri dei Profeti e in una con essi gli mandarono, per il tramite dei messaggeri, una lettera in ebraico scritta con lettere d'oro. Nel contempo risposero anche, per iscritto, alla di lui lettera.

15 Non appena si vide sotto gli occhi i libri stilati in ebraico, il re rimase sconcertato, perché non ci capiva un bel niente. Mandò perciò i suoi messaggeri, ancora una volta, dal loro capo[11], latori di una sua lettera in cui l'informava di questo suo sconcerto, chiedendo di inviare da lui delle persone scelte tra i dotti e i giurisperiti della popolazione, perché gli traducessero quei libri nella sua lingua, promettendo loro magnifici doni. Allorquando giunse la sua lettera e l'ebbero letta, scelsero prontamente delle persone per mandarle da lui e ottenere, così, quanto aveva loro promesso.

Dissensi su chi scegliere e mandare a corte

16 Ma a tal proposito nacquero in mezzo a loro discordia e disputa. Alla fine convennero di mandare sei individui per ciascuna loro tribù, in numero, quindi, di settantadue. Costoro si portarono quindi dal re. Arrivati che furono, li accolse benevolmente, fu con loro largamente ospitale e li divise in due gruppi di trentasei. Essendo però di diverso avviso le loro tribù, prepose a ciascun gruppo un uomo che impedisse loro di incontrarsi, si occupasse del loro benessere e, a traduzione ultimata delle Scritture, le passasse da un gruppo all'altro, fino a che non fossero stati interamente tradotti la Tōrāh /e/ tutti i libri dei Profeti.

17 Ebbe così tra le mani trentasei copie in greco, che fece distribuire in tutti i paesi del suo impero, inviandone un certo numero a Roma, a Efeso e ai territori di Bisanzio. Durante tutto il loro soggiorno, grazie alla loro frequentazione, apprese a scrivere in ebraico, divenendo più abile di essi nella lettura dei loro libri.

18 Terminato che ebbero il loro compito, li colmò di doni e di provvigioni per il viaggio, li rimandò tra i loro correligionari e in una con essi mandò pure i suoi messaggeri latori di doni per i loro governanti e di vesti per il loro capo Eleazaro, sommo sacerdote, e i loro correligionari. Scrisse altresì una lettera in cui li encomiava per l'opera compiuta.

19 I saggi commentatori gli chiesero di avere una di quelle copie per trarne vanto agli occhi dei loro correligionari. Gliela accordò e fu, ciò, provvidenziale disposizione di Dio, il quale, nella sua prescienza, già sapeva quanto di iniquo Anna e Caifa, loro gran sacerdoti e capi, nonché i loro adepti avrebbero perpetrato contro il Messia al momento della sua manifestazione e della sua venuta e quanta parte avrebbero avuto nella sua morte,

[11] Questo singolare si concilia male con i pronomi espressi al plurale.

secondo quel che è scritto nel Vangelo dei cristiani. Divenuta poi di pubblico dominio la resurrezione di Cristo, molti di loro si unirono a lui, confidarono sulla bontà e misericordia che aveva mostrato nei loro confronti resuscitando i morti, mondando i lebbrosi e operando miracoli capaci di sbalordire gli spiriti, di confondere le menti, di tramortire l'intelligenza e di infondere vita all'ignoto, inverando quanto era stato detto a tal riguardo nei libri dei Profeti.

I Giudei divulgano le alterazioni da essi introdotte nelle Scritture

20 Essi, allora, si rivoltarono contro i gran sacerdoti per quel che concerneva Cristo, li intimorirono minacciandoli di morte e li attaccarono. In siffatto frangente i gran sacerdoti cambiarono strategia pur di sfuggire alle loro mani e si diedero ad escogitare disparati argomenti probativi sulla questione del Messia onde mettere al sicuro, in tal modo, le loro vite.

21 Essendo essi i depositari delle Scritture, si dedicarono, come abbiamo detto per l'innanzi, alla lettura della Tōrāh con un preciso proposito, osservarono come gli avvenimenti descritti fossero ben lontani dal loro tempo e quanto vicini fossero invece al tempo di Adamo. Volendo così perseguire quanto la maggior parte della gente ignorava per essere di gran lunga lontana dai loro tempi, decurtarono il periodo intercorrente tra gli anni di Adamo e della sua discendenza fino al giorno della nascita di Abramo /di milletrecentoottantanove anni/. Ottennero ciò accorciando d'un determinato numero di anni, esattamente cento, la vita di ciascun patriarca anteriore alla nascita dei loro figli, facendoli slittare agli anni da essi stessi vissuti in seguito alla nascita dei loro figli, che però non vengono computati e contati in relazione alle epoche e allo spazio del tempo.

22 Così, essendosi imbattuti in Qīnān, figlio di Arfaḫšad, figlio di Sem, figlio di Noè, tagliarono fuori dalla Tōrāh tanto il suo nome quanto i suoi anni. Che i suoi anni furono tagliati fuori dai loro contesti appare chiaro agli occhi di chi voglia con discernimento considerarli ed esaminare la questione alla luce del libro della Tōrāh. Detto contesto, di fatto, gli sarà chiaro indice di ciò ch'essi hanno alterato e ridotto.

23 Dopo aver fatto ciò e avendolo acconciamente sistemato, in gran segreto, invitarono taluni di coloro che si erano rivoltati contro di essi a causa del loro modo di agire nei riguardi del Messia, addussero delle prove asserendo che il suo tempo non era ancora venuto e che la sua manifestazione non ci sarebbe stata che alla fine dei tempi. «Siamo ancora nel bel mezzo del periodo riferito agli anni del mondo!», dissero. Quindi aggiunsero: «Dirima ogni contrasto sorto tra noi e voi questa Tōrāh», e così dicendo fecero portare il libro della Tōrāh, che però avevano alterato tagliando fuori gli anni di cui sopra. In tal modo li indussero al dubbio e li distolsero da quanto si accingevano a fare nei loro confronti.

24 Fecero di fatto riscrivere la Tōrāh in diverse copie e le fecero recapitare, in gran segreto, a persone di loro fiducia, sparse qua e là nel paese e per le vicine province, perché ne diffondessero la lettura e sostenessero le loro argomentazioni fon-

date sull'alterazione e sulla riduzione. Sarebbe, questa, la stessa Tōrāh che oggidì è tra le mani di quei cristiani che usano leggerla in siriaco.

Costantino e i libri sacri

L'imperatore Costantino smaschera i contraffattori

25 La vera Tōrāh, però, quella tradotta dai Settanta, non sarebbe stata loro manifesta se non al tempo in cui regnò Costantino, figlio di Elena, il credente, il cui regno principiò nel trecentocinque dopo la venuta di Cristo. Egli, infatti, essendo andato a Gerusalemme, domandò che gli fossero portate le reliquie di Cristo e i libri dei Profeti per prenderli seco e trarne giovamento. /I Giudei/ gli consegnarono perciò le Scritture. Ora, tra quanto consegnarono c'era altresì il libro della Tōrāh ch'era stata alterata.

26 Prima ancora che ciò accadesse, non c'era stato tra loro alcun contrasto causato da qualcuno che, tra loro, temeva che la verità sul Messia e su ciò che gli era capitato venisse allo scoperto. Costoro, tuttavia, intrigarono al cospetto dell'imperatore Costantino e lo misero al corrente dell'alterazione subita dalla Tōrāh che i Giudei gli avevano consegnato, della perfidia con cui avevano agito nei suoi confronti a tal riguardo, informandolo, altresì, che la copia approntata dai Settanta traduttori era stata nascosta e che ce n'era una ad essa uguale nella città di Alessandria, a Roma e nelle città situate tra queste due.

27 Mandò quindi alcuni suoi messaggeri dai gran sacerdoti dei Giudei per metterli al corrente di quanto gli era stato esposto. Però lo negarono e spergiurarono quanto diceva di sapere. /L'imperatore/ comandò perciò di carcerarli e mandò suoi messaggeri ad Alessandria, a Roma e in altre città con l'incarico di portargli quella copia. La cosa fu riferita ai gran sacerdoti in prigione, i quali, temendo per la loro vita, fecero capitare, in segreto, quella copia tra le mani di alcuni loro empi vegliardi, scongiurandoli di mostrarla all'imperatore Costantino dopo averne ottenuto, grazie a tale gesto, la garanzia sulle loro vite. Così fecero e dopo qualche giorno gli consegnarono la copia.

28 L'imperatore diede quindi disposizione di fare uscire di prigione i gran sacerdoti. Gli furono in seguito rimesse le copie custodite ad Alessandria, a Roma e in altre città, le confrontò e le trovò d'una identica fattura e linguaggio. Si fece poi portare la Tōrāh ch'era stata alterata, constatò in modo chiaro ed evidente ch'essa era stata di fatto alterata /nelle successioni di/ uomo dopo uomo e dei loro anni, cento dopo cento, spostati dai loro primi anni computati per la cronologia del mondo ai loro ultimi anni che non vengono invece computati prima della nascita dei loro figli, ma che sono invece computati dopo la loro nascita.

29 La ragione che spinse Costantino a chiedere i libri della Tōrāh e dei Profeti, fu che per l'innanzi aveva loro domandato cosa è dato trovare nel libro di Daniele riguardo a come descrive e qualifica il tempo della manifestazione e dell'uccisione del Messia al compimento delle sette settimane e delle sessantadue settimane, dopo i settant'anni durante i quali i figli di Israele erano rimasti nel paese di Babele; riguardo all'allocuzione

rivolta dall'arcangelo Gabriele al profeta Daniele a tal proposito e a come gliela illustra; riguardo all'ordine che gli impartì di intendere bene cosa intendeva dire al momento di ascoltarne le parole e all'esposizione che gli faceva della manifestazione e uccisione del Messia al termine di quelle settimane; riguardo al termine che l'arcangelo Gabriele aveva fissato al profeta Daniele nel discorso che gli tenne, riguardo alla partenza dei figli di Israele da Babele e alla ricostruzione di Gerusalemme.

30 L'imperatore aveva appena intuito il tentativo di imbastir menzogna dei Giudei ricorrendo all'argomentazione che i loro antichi re erano /tutti/ chiamati unti, quando disse: «Ditemi, allora, chi di loro fu chiamato l'Unto e fece la sua apparizione dopo che i figli di Israele si dipartirono da Babele quando le predette settimane giunsero a compimento?» Non seppero rispondergli, confusi e interdetti quali erano. Poi gli dissero: «Il Messia verrà alla fine dei tempi e delle epoche. Perciò lo aspettiamo ancora. Siamo, infatti, a metà tempo». Disse perciò loro: «E quale sarebbe rispetto a detto tempo il vostro oggi?» «Il tempo complessivo è di settemil'anni e noi siamo ancora alla soglia dei quattromila».

L'imperatore convoca i vescovi

31 L'imperatore, vedendoli temerariamente abbarbicati nel mentire, li tacciò di menzogna e seduta stante mandò dei messaggeri ai vescovi per informarli di quanto era accaduto, dell'interesse che aveva trovato nella profezia del profeta Daniele riguardo al Messia e della debolezza argomentativa che aveva constatato nei Giudei riguardo a tali cose. Domandò perciò ai vescovi di esporgli in maniera chiara degli argomenti a tal proposito. I vescovi gli chiesero di rimandare il discorso al momento dell'udienza ad essi riservata, ma /l'imperatore/, sorpreso da queste loro parole e spinto dal desiderio di sapere e di conoscere, accordò subito loro udienza, per il piacere di vederli disputare con i Giudei su questo argomento. Ordinando dunque a tutti di parlare, li mise al corrente di quanto i Giudei avevano detto.

32 Avendo costoro confermato ciò, i vescovi replicarono: «La devianza dei Giudei dal dire la verità a proposito del Messia, o imperatore, data da tempi antichi, l'hanno ereditata dai loro antenati. Il loro rifiuto di credere a quanto gli pertiene trova radice nella paura di perdere la loro religione e nell'imporre ciò che è proprio di gente adusa alla perfidia e alla prevaricazione. L'argomentazione da essi arbitrariamente sostenuta riguardo al periodo degli anni dopo Adamo, è fedele /al testo/ solo in apparenza. Tu stesso l'hai esaminato a fondo e ne hai conosciuto le verità ch'esso racchiude. Per parte nostra ti abbiamo fornito le due copie, ti abbiamo chiarito ogni cosa in esse contenuta, illustrandoti la traduzione dei Settanta sapienti che avevano tradotto la Tōrāh per il re Tolomeo Filadelfo circa trecento anni prima della venuta di Cristo nostro Signore e del tempo della sua manifestazione.

33 La copia della Tōrāh che oggigiorno si trova tra le mani dei Giudei è riprodotta su quella che Anna e Caifa, loro gran sacerdoti, hanno alterato al tempo del Messia, e dalla quale hanno omesso gli anni che è loro piaciuto sottrarre. Abbiamo, inoltre, un

ulteriore argomento di per sé chiaro su cui fondare una prova e una dimostrazione, pur se ciò richiederebbe lungo tempo. Ma se l'imperatore vorrà concederlo, potremmo dettagliatamente illustrarlo e spiegare la somma degli anni secondo le settimane del profeta Daniele fino al momento dell'uccisione[12] del Messia, epoca per epoca, re per re».

I vescovi illustrano la profezia di Daniele

34 L'imperatore disse quindi loro: «Procedete, dunque». E i vescovi risposero: «Il profeta di Dio profetizzò la distruzione di Gerusalemme, l'abbattimento delle sue mura, la cattività della sua popolazione a Babilonia e che avrebbero colà soggiornato per settant'anni. Quando, di fatto, il re Buḫtanaṣṣar regnò su Babilonia, attaccò Gerusalemme e ne condusse in cattività una gran parte della popolazione. C'era, tra essi, il profeta Daniele. Buḫtanaṣṣar nel frattempo continuò ad assalirla per i venti anni successivi al suo primo assalto e nella sua ultima invasione ne demolì le mura, ne incendiò il tempio, soggiogò il popolo tutto e devastò la regione. Il profeta Daniele ricordò, a distanza di cinquant'anni, la parola di Dio che il profeta Geremia aveva annunciato durante il loro soggiorno a Babele. Gli fu chiaro che detto tempo fosse già alle porte. Egli allora si concentrò nella preghiera a Dio e incessantemente alzò preci tra suppliche, digiuni e lacrime, con umiltà e compunzione.

35 Nel libro del profeta Daniele è scritto ch'egli confessò al cospetto del suo Signore le malefatte dei suoi correligionari, enumerò i loro peccati, implorando su di essi il di lui perdono e misericordia. Digiunò, perciò, ventuno giorni, senza toccar pane e bere acqua e senza mai coricarsi. Nelle sue preghiere ricordò la promessa che Dio aveva fatto ai figli di Israele di rivelare ai suoi profeti la venuta del Messia al fine di rinsaldare le loro intenzioni e di attrarli al bene. Pregò Dio di far loro vedere realizzata questa sua speranza e il tempo in cui sarebbe avvenuto il loro ritorno a Gerusalemme.

36 Iddio esaudì le sue preghiere in virtù della sua buona fede, della dirittura del suo cuore e della purezza delle sue intenzioni nelle preci che a lui innalzava. Dio gli manifestò quanto aveva chiesto, giacché il Vero con verità fluisce e il suo inverarsi brilla. Grazie alla fedeltà di Daniele, esaudì la sua prece e secondo verità rimosse il velo da ciò che era stato celato ai suoi occhi e ch'egli non aveva conosciuto.

37 Dio inviò da lui l'arcangelo Gabriele e gli disse: «La visione e la parola dei profeti sul Messia, il Santo dei Santi, si compiranno di certo. Conosci e comprendi la parola che ti è proferita, o Daniele; che la mia parola ti sia svelata, o uomo di desiderio: "Voi ritornerete e ricostruirete Gerusalemme". Quanto al re Messia, fino al tempo della sua venuta e della sua uccisione passeranno sette settimane e sessantadue settimane. Di poi, sarà messo a morte e la città santa sarà distrutta»[13].

38 Così cominciò l'angelo Gabriele. Poi disse a Daniele: «La visione e la parola dei profeti si compiranno, intendo dire il ritorno dei figli di Israele, tra settant'anni, confor-

12 Preferiamo leggere قتل come in Vasiliev, *Kitab* (1910), p. 651 piuttosto che قبل come qui nel testo.

13 Cf. *Dn* 9.

memente alla parola del profeta Geremia[14]. Dopo il loro ritorno, Gerusalemme sarà riedificata e le settimane del Messia saranno computate dall'indomani della sua restaurazione fino alla sua uccisione».

39 Per attestare la veridicità e la verità della sua parola, Dio trattò i figli di Israele così come l'angelo Gabriele aveva detto e come la deportazione dei figli di Israele a Babilonia era durata venti anni ed era avvenuta a più riprese, così pure il loro ritorno durò venti anni ed avvenne a più riprese. Gli anni del loro complessivo soggiorno a Babele furono settanta e in tal modo la corrispondenza fu perfetta, conformemente alla parola del profeta. Di fatto, la prima ondata di deportati arrivò a Babele nel secondo anno del regno di Buḫtanaṣṣar e vi restò il resto del suo regno fino alla fine della sua vita, vale a dire per un periodo di quarantatre anni, poi altri cinque anni sotto i sovrani della sua casata e, dopo di loro, ventidue anni sotto la dominazione di Ciro il Persiano; in tutto, quindi, settant'anni, conformemente alla parola del profeta.

40 La seconda ondata di deportati[15] arrivò a Babele nel ventiduesimo anno del regno di Buḫtanaṣṣar, vi restò i ventidue[16] anni del resto del suo regno, altri cinque sotto il regno dei suoi successori, dopo di ciò altri trentuno anni sotto Ciro il Persiano, otto sotto il re Cambise[17], uno sotto il Magio e due sotto Dario, figlio di Istaspe; in tutto, quindi, settant'anni, come aveva detto il profeta Geremia: E presero a ricostruire Gerusalemme conformemente alla parola dell'angelo Gabriele al profeta Daniele, e però non terminarono nel tempo che si erano prefisso[18].

41 Le azioni degli uomini, infatti, in rapporto alla loro volontà, sono tali che talora la precedono, talvolta la susseguono e talvolta ancora ne sono impedite e bloccate in forza di circostanze accidentali. Gli atti degli uomini differiscono da quelli di Dio, i cui termini sono fissi e il cui tempo è determinato, come aveva, appunto, fissato ai figli di Israele un soggiorno a Babele di settant'anni, il tempo della venuta del Messia e il momento della sua morte in un numero determinato di anni.

42 Infatti, gli atti di Dio, nella sua prescienza, sono nascosti agli uomini fino a quando egli non determina di manifestarli ai suoi servitori. Quanto di essi può loro giovare Egli lo rivela ai suoi profeti perché ne annuncino la buona novella e stimolino gli uomini a perseverare nelle opere buone. Se poi cominciano a minacciare e ad annunciare un castigo che sta per abbattersi su di essi come punizione dei loro peccati, i profeti l'annunciano e ne fissano i tempi come avvertimento, per indurli, cioè, ad ubbidire a Dio, per

[14] Cf. *Ger* 25,11; 29,10.

[15] Preferiamo seguire qui il testo di Vasiliev, *Kitab* (1910), p. 654, dove ricorre il termine سبى piuttosto che il testo da noi tradotto che ha invece سنين.

[16] Vasiliev, *Kitab* (1910), p. 654 porta invece «ventitrè».

[17] Qui il termine è لفيسوس.

[18] Vasiliev, *Kitab* (1910), p. 654 traduce invece, con diversa punteggiatura: «Il ritorno si compì, come aveva predetto il profeta Geremia, al termine di settant'anni. Presero a ricostruire Gerusalemme, conformemente alla parola dell'angelo Gabriele al profeta Daniele. Ma non finirono nel tempo che si erano prefisso...». Vedi nota 14.

stimolarli a pentirsi, per atterrirli per il tramite di segni terribili apparsi in cielo e per far sì che desiderino su di sé la misericordia e la benevolenza del loro Signore.

43 Nei tempi in cui tardano a fare ciò, Iddio, sia Egli benedetto, concede ad essi la possibilità di convertirsi e di pentirsi, come già fece nei giorni del diluvio e della dispersione delle lingue fino ai giorni di Sodoma e di Gomorra, di Ninive e in altri tempi. Quanto al tempo di cui stiamo parlando, l'angelo Gabriele lo determinò ancora una volta nella delucidazione che ne dava al profeta Daniele perché comprendesse. Gli disse infatti: «Dapprima ci sarà il ritorno, poi la ricostruzione»; poi, dopo aver detto ciò, determinò le settimane del Messia a partire da quel momento. Ora, il ritorno dalla deportazione dei figli di Israele a Gerusalemme ebbe luogo due anni dopo l'avvento al trono del re Dario, figlio del re Istaspe[19].

44 E fu proprio in questo tempo ch'essi misero mano alla ricostruzione della città e allora smisero di attendervi quando fu il tempo del re Artaserse Longimano. È scritto infatti nel libro di Esdra[20] che il re Artaserse inviò, dopo aver regnato già venti anni, Neemia, suo coppiere, perché vigilasse sulla costruzione di Gerusalemme. Neemia trovò che l'avevano terminata già cinque anni prima. Ma trovò anche che erano intenti a ricostruire il Tempio nell'anno 46 dopo la cattività, come i sapienti Giudei dissero al Messia: «Questo tempio fu costruito, completato e terminato in quarantasei anni e tu asserisci di rimetterlo su in tre giorni»[21].

45 Non c'è nessuno che penserà che i Giudei siano stati costretti a ricostruire il Tempio senza interruzione per quarantasei anni; invece, come abbiamo già detto, la sua costruzione fu del tutto terminata nell'anno 46 dopo la cattività di Babele. Neemia si portò al cospetto del re e lo informò del fatto. Le settimane del Messia vengono quindi computate a partire da subito dopo la fine della costruzione della città, conformemente alla parola dell'angelo Gabriele: «Prima il ritorno, poi la ricostruzione». Inoltre è necessario contare le settimane a partire dai restanti venticinque anni prima della fine del regno del re Artaserse e da dopo la fine della costruzione sino alla morte del Messia. Si avrà così un totale di 483 anni, il che fa sette settimane e sessantadue settimane di sette /anni/, come abbiamo dettagliatamente illustrato nel nostro libro, re dopo re, con gli anni del regno di ciascuno.

46 È altresì scritto che la dignità dei gran sacerdoti dei figli di Israele fu abolita al tempo del re Erode, sotto il cui regno si manifestò il Messia. Si realizzò così la profezia di Giacobbe, padre dei Patriarchi, e di Mosè che avevano detto: «Non tramonterà una tribù di Giuda né la guida a capo di essa, vale a dire i profeti, fino a quando verrà colui che dovrà essere il suo re e le genti porranno speranza in lui»[22].

[19] Ossia Dario I Istaspe (autunno 522-486 a.C.).

[20] Cf. *2Esd* 11.

[21] Cf. *Mt* 26,61; specialmente *Gv* 2,19.

[22] Cf. *Gn* 49,10. La traduzione corrente di questo passo è data come «Lo scettro regale non sarà tolto a Giuda né il legislatore di tra le sue mani...». Vedi anche Vasiliev, *Kitab* (1910), p. 657.

47 Abbiamo detto che le sette settimane e le sessantadue settimane fanno 483 anni, perché le moltiplichiamo per sette. Abbiamo così nei dettagli gli anni delle settimane del Messia, ossia i 483 anni conformemente a quanto l'angelo Gabriele disse al profeta Daniele e secondo i nomi dei re e la somma dei loro anni, re dopo re, come qui di seguito.

Successioni di diversi re

Sui re di Persia

48 Artaserse Longimano regnò 41 anni[23] e Artaserse ii 5 anni[24]. Dopo di lui regnò, un anno, Sogdiano[25]. Dario Noto regnò 19 anni[26]. Dopo di lui regnò Artaserse, /suo figlio/, 40 anni[27]. Regnò poi Artaserse Ochos per 25 anni[28]. Quindi regnò Fāris, figlio di Ochos, 4 anni[29]. Dario, figlio di Arsis, regnò 6 anni[30]. Il totale degli anni /di regno/ dei re d'oriente fu così di 141.

49 Dopo di ciò, il computo deve essere spinto fino agli anni dei Tolomei, /ossia/ agli anni dei re d'occidente. La lista dei Tolomei coronati di successo è quella che qui di seguito offriamo.

Sui re d'Egitto

50 Tolomeo d'Alessandria regnò 12 anni; Tolomeo Logos[31], vale a dire «il logico», 40 anni; Tolomeo Filadelfo[32], vale a dire «colui che ama suo fratello», per il quale fu-

[23] Figlio di Serse I, della dinastia achemenide, Artaserse il Longimano cominciò a regnare nel 465 a.C. Nel 424 a. C. gli successe il figlio Dario II.

[24] Di un Artaserse II successo ad Artaserse I il Longimano non si hanno tracce in altri documenti. Sappiamo di certo che il suo successore fu il suo figlio illegittimo Dario II, che regnò dal 424 a.C fino al 404 a.C.

[25] Secidiano o Sogdiano, fratellastro di Dario II, fu da quest'ultimo ucciso.

[26] Dario II Noto cominciò a regnare, come già detto, nel 424 a.C., alla morte del padre Artaserse I. Nel testo è chiamato Dario, figlio di Yūš. I nomi sono oltremodo alterati e li renderemo perciò nella forma più comune a noi giunta.

[27] Dal lungo periodo di regno qui indicato, dovrebbe trattarsi di Artaserse II Mnemone, figlio di Dario II, della dinastia achemenide, che nel 401 sconfisse il fratello Ciro nella battaglia di Cunassa. Regnò dal 404 al 358 a.C.

[28] Artaserse III Ochos cominciò a regnare nel 359. Nel 336 fu posto sul trono Dario III dal potente eunuco Bagoa.

[29] Meglio sarebbe Arsis re di Persia, della dinastia achemenide, che regnò dal novembre 338 al giugno 336 a.C. Figlio minore di Artaserse III Ochos e di Atossa, fu messo sul trono dall'eunuco Bagoa dopo aver costui fatto uccidere il di lui padre e tutti gli altri suoi fratelli. Fu a sua volta vittima di Bagoa, che mise poi sul trono Dario III, figlio di Arsis.

[30] Dario III regnò di fatto dal 336 al 330 a.C.

[31] Sorprende grandemente questa lettura di Agapio. Il comandante di Alessandro, che fu poi l'iniziatore della famiglia dei Tolomei o dei Lagidi, fu in effetti Lagos e non Logos.

[32] Dovrebbe trattarsi di Tolomeo II Filadelfo, nato a Coo nel 308 e morto nel 246 a.C., figlio di Tolomeo I e di Berenice I, re d'Egitto dal 285 al 246 a.C. Tra l'altro si unì, seguendo un uso comune agli egizi, alla sorella Arsinoe II, già moglie del fratellastro Tolomeo Carauno.

rono tradotti i Libri Sacri dai Settanta commentatori, regnò 38 anni; Tolomeo *'wġlṭs*[33], vale a dire il «benefattore»[34], 24 anni; Tolomeo Filopatore[35], vale a dire «colui che ama suo padre», 17 anni; Tolomeo Epifane[36], vale a dire «il nobile», 24 anni; Tolomeo Filometore[37], vale a dire «colui che ama sua madre», 25 anni; un altro Tolomeo *'ġāds*[38], vale a dire «il benefattore», 19 anni; Tolomeo Sotere[39], vale a dire «il salvatore», 12 anni; Tolomeo Alessandro II[40], 10 anni; Tolomeo Filippo, vale a dire «colui che ama i cavalli», 8 anni; Tolomeo Dionisio, vale a dire «il nobile», 30 anni; Cleopatra, vale a dire «roccia gloriosa», 15 anni.

Sui re dei Giudei

51 Erode, re dei Giudei, regnò 35 anni.

52 Ora gli anni di Gesù Cristo furono 33 e quindi gli anni dei re d'Occidente ammontano a 342, per cui il totale degli anni dei re d'oriente e d'occidente sarebbe di 483.

Ancora su Costantino e le Sacre Scritture

53 A causa di ciò e della /sua/ discrepanza con i dati delle Sacre Scritture, l'imperatore Costantino si fece portare i libri della Tōrāh, li fece esaminare in una con i libri dei Profeti e chiese altresì di portargli le reliquie di Cristo. Prima di siffatto frangente non c'era nessuno, tra i cristiani, ad eccezione di pochi dotati di scienza, che fosse a conoscenza di queste cose e segreti e di cosa i Giudei avessero perpetrato, alterando e riducendo. Il popolo, d'altra parte, non conosceva se non la Tōrāh alterata ed è per questo che ancora oggi le genti cristiane, tanto in oriente quanto in occidente, ignorano il perché della discrepanza che c'è tra la Tōrāh greca, tradotta dai Settanta, e la Tōrāh

[33] Vale a dire Tolomeo III Evergete, figlio di Tolomeo II e si Arsinoe I, che fu re d'Egitto dal 246 al 221 a.C. Nel testo curato da Vasiliev abbiamo invece *'rġts*.

[34] Tolomeo III e sua moglie Berenice II di Cirene furono di fatto chiamati «gli dei benefattori» per la prosperità e lo splendore che l'Egitto conobbe ai loro tempi, tanto da vedere in essi l'incarnazione del dio.

[35] Tolomeo IV Filopatore, figlio di Tolomeo III e di Berenice II, fu re d'Egitto dal 221 al 204 a.C.

[36] Ossia Tolomeo V Epifane, figlio di Tolomeo IV e di Arsinoe III. Salito al trono sin da bambino, governò l'Egitto dal 204 al 180 a.C.

[37] Tolomeo VI Filometore, figlio di Tolomeo V e della principessa seleucide Cleopatra I, che Tolomeo V aveva sposato nel 194 a.C. per cercare di placare i conflitti tra l'Egitto e la Siria di Antioco III.

[38] Trattasi di Tolomeo VIII Evergete II Fiscone, figlio minore di Tolomeo V e di Cleopatra I, fratello di Tolomeo VI. Regnò sull'Egitto dal 144 al 116 a.C. Benché travolto da beghe interne e durissime lotte dinastiche, nel 118 emanò un editto di pace concedendo una amnistia generale, il che dovette valergli il titolo di benefattore con cui viene anch'egli presentato dalla storia egiziana. Vasiliev, *Kitab* (1910), p. 658 ha invece la forma *'rġts*.

[39] Tolomeo IX Sotere il Latiro, figlio maggiore di Tolomeo VIII e di Cleopatra III, salì al trono nel 116 a.C. ma fu allontanato dall'Egitto, riparando a Cipro, nel 107 a.C. in seguito al colpo di stato che la madre Cleopatra III consumò a vantaggio del figlio minore Tolomeo Alessandro. Nell'88, in seguito alla cacciata di costui dall'Egitto e alla morte della madre, avvenuta nel 101, salì una seconda volta sul trono d'Egitto e lo resse sino all'80 a.C. ca.

[40] Tolomeo X Alessandro II, figlio minore di Tolomeo VIII e di Cleopatra III, fu associato al trono nel 110 e regnò sull'Egitto fino all'88 a.C., anno in cui Tolomeo Sotere si riappropriò del regno.

siriaca, che è copia di quella ebraica già alterata e ridotta e che tutti i cristiani leggono nelle loro chiese.

54 All'inizio abbiamo detto che l'alterazione e la riduzione hanno a che vedere con la nascita di Abramo, figlio di Tāriḥ, per cui la somma di quanto fu ridotto rispetto agli anni del mondo a partire da Adamo e l'inizio del mondo fino a che Abramo fu generato a Tāriḥ, è di 1389 anni[41].

55 Oggigiorno la Tōrāh alterata e tutti i libri dei Profeti che i cristiani posseggono su copie siriache, sono diffusi in tutte le regioni della terra, da oriente a occidente, e per la sopraddetta ragione non sono in grado di spiegarli e di valutarli per quel che sono. Però tutti i dotti e i sapienti nonché coloro che vollero tradurre i libri dei Profeti commentandoli e traducendoli da una lingua in un'altra, oppure illustrarne i significati e interpretarne il contenuto, non ne tradussero alcunché o ne fecero l'esegesi partendo dal testo siriaco che è in discrepanza con la traduzione dei Settanta, che i Giudei avevano alterato e mutato dopo la resurrezione di Cristo.

Fine della storia di Abramo

Si riprende con il racconto sull'epoca di Abramo

56 Ora che abbiamo spiegato e illustrato la storia concernente l'interpretazione e la traduzione dei Settanta, la premura dell'imperatore Costantino e la sua ricerca della causa della discrepanza che aveva riscontrato /nei/ Libri sacri, riprendiamo quanto eravamo in procinto di illustrare a proposito del tempo di Abramo, che è per l'appunto l'argomento sul quale ci eravamo arrestati prima di addentrarci nella storia di cui sopra.

57 Ai tempi di Abramo *Ḥiṣrūn*[42], fratello di Tāriḥ, mosse guerra a *Ksrūyš*[43], re di Babele, combatté contro di lui e lo uccise perché voleva deportare la popolazione e mettere al sacco il paese in cui egli viveva.

58 In questo tempo l'impero passò da Babele, i cui re erano chiamati babilonesi, nelle mani degli Assiri che regnavano sui territori di Mossul, di Ninive e delle sue province. Il primo a regnare su di essi fu Būliṣ, che regnò 72 anni fondando parecchie città[44].

[41] Vasiliev, *Kitab* (1910), p. 659 traduce invece «2389 anni», indotto in errore da un accusativo indeterminato ch'egli legge come duale. Avrebbe dovuto scoraggiarlo il fatto che il termine «mille» è qui seguito da un altro numerale introdotto dalla congiunzione e, quindi, non in istato costrutto. Michele il Siro, *Chronique* (1899), vol. I, p. 26 dice invece che nel computo di questi anni la Pešiṭṭa presenta 1384 anni meno rispetto alla traduzione dei Settanta.

[42] Michele il Siro, *Chronique* (1899), vol. I, p. 25 lo chiama Çaḥaron. In Vasiliev, *Kitab* (1910), p. 660 abbiamo invece la forma *Hḍrwn* che traduce con Khoudroun.

[43] Michele il Siro, *Chronique* (1899), vol. I, p. 25 lo chiama Kisârônos. Più oltre, p. 28, è invece chiamato Kisrânos, successore di Samîros, re di Babilonia per 43 anni.

[44] Michele il Siro, *Chronique* (1899), p. 25 ha invece 62 anni. Si tratta del re Belo, capostipite degli Assiri, che secondo Michele il Siro, *Chronique* (1899), vol. I, p. 28, venne dopo il periodo di regno di Arpâkîd, che regnò sui Babilonesi 18 anni e un periodo di interregno di 7 anni.

59 Abramo era vissuto 100 anni quando gli fu generato Isacco da Sara; 16 anni prima di Isacco, gli era stato generato Ismaele da Hāǧar[45]. Abbiamo cominciato con Isacco semplicemente perché gli anni della storia del mondo sono computati a partire da lui.

60 Dopo la morte di Sara, Abramo generò da Qinṭūr[46] un gran numero di figli giganti, che sono poi quelli chiamati i figli di Qādir e i cui figli sono a loro volta chiamati, a causa di Ismaele, *Mṣr* /=Muḍar?/[47].

61 Dopo la nascita di Isacco, Abramo visse 75 anni. Visse in tutto 175 anni e morì esattamente 40 anni dopo la nascita di Giacobbe[48].

62 In questo tempo morì il re *Nwās*[49]. Regnò, dopo di lui, il figlio Nīnūs, il quale costruì la città di Ninive così chiamata dal suo nome.

63 Il quinto anno dopo la nascita di Abramo, fu edificata Gerusalemme ad opera del re Melkizidūq[50].

64 Il primo re a regnare sui Sicioniti fu Aġilāwus. Regnò su di essi 53 anni[51].

65 Nell'anno 71 dopo la nascita di Abramo iniziarono le ben note guerre e conflitti tra il re Kildulla'umir e i cinque re che erano nelle parti di Sodoma e di Gomorra[52]. Durarono 14 anni, esattamente fino al decimo anno dell'uscita di Abramo dal paese di Ūr dei Caldei, che era il paese di Canaan, figlio di Cam, figlio di Noè.

66 In questo tempo fu costruita la città di Hebron[53], che è al-Lāǧǧūn dei Cananei[54].

45 La renderemo da qui in poi con Agar.

46 È la Chetura di *Gn* 25,1. Michele il Siro, *Chronique* (1899), vol. I, p. 35 dice che Abramo prese Céthura all'età di 142 anni.

47 Verosimile allusione a *Gn* 20, al popolo numeroso sul quale regnava Abimelek, amico di famiglia di Isacco con il quale si era incontrato pure Abramo, come racconta Michele il Siro, *Chronique* (1899), vol. I, p. 35, mettendo in risalto che la Scrittura lo chiama re di Gadar.

48 Michele il Siro, *Chronique* (1899), vol. I, p. 35 dice invece che quando egli morì, Giacobbe contava 15 anni.

49 Michele il Siro, *Chronique* (1899), vol. I, p. 26, asserisce che a Belos successe il figlio Ninus che regnò 52 anni ed ebbe come moglie la regina Šamîram. Fu di fatto Ninus che fondò una città da lui chiamata Ninus e Ninive dai Giudei. Lo stesso Michele il Siro, *Chronique* (1899), vol. I, p. 101 lo identifica poi con Bel, dio dei Babilonesi.

50 Michele il Siro, *Chronique* (1899), vol. I, p. 26 precisa che il cananeo Melkizdek la chiamò Oreb.

51 Michele il Siro, *Chronique* (1899), vol. I, p. 33 ha invece che Egialeo regnò per 13 anni e dopo di lui Europos per 45 anni.

52 Cf. *Gn* 14, dove si parla di Chedorlahomer re dell'Elam che insieme con altri re fa guerra ad altri re, tra cui quelli di Sodoma e di Gomorra.

53 Nel testo il toponimo è reso con جيرون Per Hebron è anche Michele il Siro, *Chronique* (1899), vol. I, p. 34.

54 Il toponimo al-Laǧǧūn ricorre in Yāqūt, *Mu'ǧam* (1990), vol. V, p. 15. Vi si venerava una pietra tonda, posta al centro della cittadina, sopra la quale sorgeva la moschea di Abramo e dalla quale scaturiva una sorgente ricca d'acqua grazie ad un prodigio ivi operato da Abramo stesso, cui gli abitanti del luogo avevano chiesto di andarsene perché altrimenti non ci sarebbe stata acqua sufficiente né per lui e i suoi armenti né per la gente del luogo. Il nome del luogo corrisponde all'antica Legio. Ma il ricordo di un pozzo che ha per protagonista Abramo è piuttosto in *Gn* 21,25-31 e il luogo è Bersabea.

67 Nell'anno 75 dopo la nascita di Abramo, Dio gli parlò nel paese di Ūr dei Caldei dicendogli: «Alzati, lascia la casa di tuo padre e il luogo che ti ha visto nascere e va nella terra che ti aspetta e che Dio ha promesso di far divenire tua, del tuo seme e della tua posterità»[55]. Fu così che Dio concluse il patto e l'alleanza con Abramo, per lui e per la sua posterità, dando loro in eredità la terra ad essi promessa. È a partire da questo preciso momento che vanno computati quei 430 anni che Dio assegnò ai figli di Israele per la loro schiavitù in terra d'Egitto. Altri sapienti dicono che essi vanno computati a partire dal momento in cui Abramo fece il sacrificio di una capra, d'un piccione e di una tortorella[56]. Abbiamo tuttavia fatto delle ricerche a tal proposito, ma non abbiamo trovato nulla.

68 Il totale degli anni da Adamo e dall'inizio della cronologia del mondo fino a questo anno è di 3417, perché gli anni che vanno dal diluvio ad esso sono 1161.

69 Nell'anno 77 della sua vita, Abramo andò in Egitto a causa della carestia e della siccità che imperversavano nel paese della Siria. Aveva 85 anni quando Agar l'egiziana si portò da lui e gli fu generato, grazie a lei, Ismaele. Per tale motivo i suoi discendenti furono chiamati figli di Agar e furono altresì chiamati Arabi a causa del sangue di Ismaele che si mischiò con quello della tribù dei Ğurhum per essersi egli maritato con delle donne di questa tribù e perché egli stesso parlava arabo. Furono denominati Ismaeliti da Ismaele, loro padre.

70 Ismaele aveva 137 anni quando gli furono generati dalle donne arabe dodici principi che sono nominati e menzionati nel libro della Tōrāh[57], vale a dire le sottotribù di Qays discendenti di Ismaele. La sua morte avvenne esattamente 63 anni dopo la nascita di Giacobbe.

71 In questo tempo Lot fu fatto prigioniero dal re Kildulla'umir. In questo stesso tempo la regina *Šmrīn* /=Semiramide/ regnò a Babele 42 anni[58], impossessandosi delle regioni dell'Asia e di parecchie città della Siria; ricostruì poi Babele e fece elevare delle colline artificiali[59] e un gran numero di monumenti che le vengono attribuiti.

72 Abramo aveva raggiunto i 90 anni[60] quando Dio gli ordinò di circoncidersi. A 100 anni compiuti, Sara gli generò Isacco.

73 All'età di 60 anni Isacco generò i gemelli Esaù, che era peloso, e Giacobbe, vale a dire Israele, da Rebecca, figlia di Batuwā'il[61], parente di Abramo, appartenente ad una famiglia di Ḥarrān.

[55] Cf. *Gn* 12.

[56] Cf. *Gn* 15,9.

[57] Cf. *Gn* 25,12-17.

[58] Michele il Siro, *Chronique* (1899), vol. I, p. 33 ha invece «46 anni». Si tratta della regina Šamîram o Semiramide, detta anche Agosa, figlia di Belos. Michele il Siro, *Chronique* (1899), p. 45.

[59] Perché ci si potesse difendere contro un altro diluvio. Cf. Michele il Siro, *Chronique* (1899), vol. I, pp. 33-34.

[60] Michele il Siro, *Chronique* (1899), p. 34 troviamo invece «99 anni».

[61] È il Batuele di cui in *Gn* 24, padre di Rebecca.

74 Fino al compimento del trentunesimo anno dopo la nascita di Levi, figlio di Giacobbe, la vita di Isacco era stata di 180 anni.

75 In questo tempo la regina *Šmrīn* /= Semiramide/ fece erigere un maestoso tempio in una città, presso la riva dell'Eufrate, in onore dell'idolo Qiyūs. Dopo aver preposto al servizio di Qiyūs settanta sacrificanti, diede alla città il nome di Gerapoli, che significa la città dei sacrificanti, che è poi l'antica città di Manbiğ.

76 Isacco aveva raggiunto l'età di 16 anni quando Dio disse ad Abramo: «Alzati, prendi con te Isacco, il tuo figlio unigenito, che tu ami, deponilo sull'altare e offrilo in olocausto a Dio, Signore tuo, sulla montagna degli Amorrei»[62].

77 Più tardi, precisamente 1030 anni dopo la nascita di Abramo, Salomone, figlio di David, costruì il tempio a Dio su questa montagna, luogo dell'olocausto di Abramo e del sacrificio di Isacco.

78 Disponiamo di Libri che raccontano e indicano che fu su questa montagna, nel luogo dell'altare eretto da Abramo, che fu seppellito e inumato Adamo. Si racconta che il corpo di Adamo si trovava con Noè dentro l'arca e che quando il diluvio cessò e uscirono dall'arca, Noè seppellì Adamo su quel monte e che Dio fece camminare Abramo fino a quando gli mostrò il luogo dov'era la tomba di Adamo. Abramo offrì Isacco a Dio, eresse l'altare sulla tomba di Adamo e là Isacco si pose coricato, lungo l'altare che aveva eretto sulla tomba di Adamo e lo offrì a Dio come vittima immolata. Ma Dio lo riscattò in cambio dell'agnello, per la certezza e la conoscenza della sincerità dell'intenzione di Abramo e della fiducia che quest'ultimo riponeva in Dio come capace di poter restituire la vita al figlio, dopo averlo immolato.

79 È scritto che nel momento in cui Isacco stava per essere immolato e Abramo aveva alzato il coltello, schiere di angeli battevano le mani e Dio annunciava nel cielo l'olocausto che Abramo si apprestava ad offrirgli, per poi dirgli: «Allontana la tua mano dal giovanetto; ora so che ami Dio, il tuo Signore, con tutto il tuo cuore»[63].

Prima costruzione di Gerusalemme

80 È scritto che dopo che Noè uscì dall'arca e prima che Abramo si installasse nella terra promessa del paese della Siria, il sommo sacerdote Malkīṣādāq costruì sulla tomba di Adamo, nostro padre, la città di Gerusalemme. Fu Dio stesso a fargli conoscere e a mostrargli il luogo in cui si trovava la tomba di Adamo e là egli offriva le offerte del pane e del vino per la tomba di Adamo sopra la tomba di Adamo. I Giudei ritengono, stando al loro libro ch'essi chiamano *Mišnah*[64], quanto segue: «Abbiamo sentito dire di ʿAqībā e dei suoi adepti ch'essi pretendono che Malšīsaḏāq altri non sia che Sem, figlio di Noè, e che Giosuè, figlio di Nūn, l'avrebbe ucciso con i trentuno re che massacrò». Ma non tutti i sapienti e i dotati di conoscenze di tra i Giudei condivi-

[62] Cf. *Gn* 22,1-2.

[63] Cf. *Gn* 22,11-18, dove però a parlare con Abramo è l'angelo e non Dio.

[64] Illeggibile nel testo che traduciamo. Seguiamo la lettura di Vasiliev, *Kitab* (1910), p. 665.

dono con essi una simile balordaggine ed errore.

81 I cristiani, a loro volta, trovano nei misteri dei loro Libri che la croce sulla quale nostro Signore Gesù Cristo fu crocifisso sarebbe stata issata al centro della tomba di Adamo, precisamente nella gola di Adamo, là essa fu piantata con Cristo su di essa crocifisso. Per tal ragione quel luogo fu chiamato *al-tarfqah*[65] e di poi detto anche il Golgota.

82 Nell'anno 19 dalla nascita di Isacco, Abramo venne a sapere che suo fratello Nāḥūr, figlio di Tāriḥ, aveva avuto /molti/ figli. Dalla discendenza di Nāḥūr nacque poi Arām, figlio di Fayū'īl, dal cui nome derivarono gli Aramei, vale a dire coloro che abitavano la regione della Mesopotamia in quel di Ḥarrān e le sue province fino alla regione di Mossul. Abbiamo trovato dei libri che menzionano e danno notizie di un altro Arām, discendente di Sem, che abitò ad oriente della Susiana, di fronte ad ʿAylam e Asūrā, fratello di ʿAylam, dai quali provengono gli Elamiti, gli Assiri e le loro tribù. Le frontiere di Arām vanno dal paese natale di Sem fino al paese di Mīsān ed è per tal motivo che le genti di questo paese e di ciò che era al di là di esso presero il nome da Arām, loro padre, della discendenza di Sem, figlio di Noè[66].

83 Nell'anno 37 dalla nascita di Isacco[67], morì Sara, all'età di 127 anni, avendo generato Isacco ad Abramo a 90 anni.

84 Nell'anno 44 dalla sua nascita[68], Isacco sposò Rebecca, figlia di *Bywānīl* /=Betuel/, cugino di suo padre Abramo. In questo tempo il re Abīmālik[69] strinse un patto di amicizia con Isacco. Il suo regno era situato a *Hdrn* /=Ǧadar[70]/, nel territorio del Giordano. In questo tempo cominciò il dominio dei Filistei, vale a dire gli abitanti della Palestina: la loro razza sta all'origine del loro paese.

85 Giacobbe aveva 89 anni[71] quando gli fu generato Levi. La vita di Giacobbe fu di 147 anni.

86 Nell'anno 20 dalla nascita di Giacobbe, Esaù, suo fratello, sposò le figlie di Kanʿān[72], figlio di Cam, figlio di Noè. Una di esse era Giuditta, figlia di Beeri, l'Hitti-

[65] Nelle note al testo arabo in Agapio, Cheikho, CSCO 65, (p. 55) suggerisce di leggere *al-Qarqfah*, ma è voce coniata sul verbo *qarqafa* che vuol dire tubar di colombe o anche lungo sbotto di riso o anche tremare, mentre al passivo potrebbe anche significare «aver tanto freddo da tremare e digrignare i denti». Invero nel *Vangelo di Bartolomeo* si fa dire all'apostolo così: «E quando si fece buio, io guardai e ti vidi sparire dalla croce. Udii solo, improvvisamente, una voce nelle parti inferiori della terra, una grande lamentazione e un digrignare di denti». Cf. L. Moraldi, *Apocrifi del Nuovo Testamento*, Torino: Utet, 1971, pp. 759-760. Per i significati di *qarqafa* cf. A. De B. Kazimirski, *Dictionnaire arabe-français*, Beirut: Librairie du Liban, s.d., vol. II, p. 723. Per particolari sulla storia del Golgota, suggeriamo B. Bagatti - E. Testa, *Il Golgota e la Croce*, Gerusalemme: Franciscan Printing Press, 1978.

[66] Cf. Michele il Siro, *Chronique* (1899), vol. I, p. 34.

[67] Michele il Siro, *Chronique* (1899), vol. I, p. 35 dice invece che ciò avveniva nell'anno 34 di Isacco.

[68] Michele il Siro, *Chronique* (1899), vol. I, p. 35 dice invece che ciò avveniva nell'anno 38 di Isacco.

[69] D'ora in poi lo renderemo con Abimelek.

[70] Meglio Ǧarar, in quel di Gaza. Cf. *Gn* 20 e 26.

[71] Michele il Siro, *Chronique* (1899), vol. I, p. 36 ha invece «82 anni».

[72] D'ora in poi lo renderemo con Canaan.

ta, e l'altra Tasemat, figlia di Ilūrā /=Elon/ l'Hittita[73]. Quando Esaù vide che esse non erano gradite a suo padre Isacco, sposò Basemat, figlia di Ismaele[74].

A proposito di Giobbe il Giusto

87 Nelle Sacre Scritture si menziona, si indica e si dà notizia che sia esistito Giobbe il Giusto. È altresì scritto che sia stato Mosè, il profeta, a scrivere il celebre libro attribuito a Giobbe il Giusto. In questo libro, vale a dire nel libro di Giobbe il Giusto, si trovano 1548 versetti[75]. Nella genealogia delle tribù e dei popoli Giobbe è chiamato Yūbāb, figlio di Zeraḫ[76]. Giobbe visse 210 anni, 70 prima dell'afflizione e 140 dopo. Tra i figli di Sem, figlio di Noè, è dato trovare un altro Yūbāb ritenuto da certuni come lo stesso Giobbe, perché lo ritenevano anteriore ad Abramo. E capita così che si finisca con il dire cose contraddittorie a tal proposito[77].

88 In questo tempo Ḥamūr, fratello di Sigīm /=Sichem[78]/, costruì una grande città cui diede il nome di Sichem dal nome del fratello. Qualche tempo dopo i due figli di Giacobbe, Simeone e Levi, la devastarono e vi massacrarono tremila uomini, per farsi vendetta sulla popolazione della loro sorella chiamata Dina[79].

89 Quando Giacobbe ebbe raggiunto l'età di 77 anni e Isacco, suo padre, quella di 137 anni, quest'ultimo lo benedisse e recitò in suo favore le preghiere e le benedizioni che sono riportate nella Tōrāh[80]; quindi lo inviò ad Ḥarrān, dallo zio Lābān[81], perché temeva che Esaù lo uccidesse. Giacobbe partì tenendo un bastone in mano ed essendo arrivato a Betel[82] pregò, poggiò la testa su una pietra e si addormentò.

90 Nella notte vide gli angeli del Signore salire e scendere lungo una scala la cui cima toccava il cielo e i cui piedi affondavano nella terra. Durante tutta questa notte, fino a che non sorse l'aurora, l'angelo lottò con lui. Allora Dio si manifestò a Giacobbe e gli disse: «Giacobbe, non ti lascerò andar via fino a quando non mi dirai il tuo

[73] Cf. *Gn* 26,34. Meglio Basemat, come continueremo a dire in seguito.

[74] In realtà, proprio perché conscio di aver trasgredito all'uso endogamico, Esaù sposa non Basemat ma Makhelet figlia di Ismaele, come è narrato in *Gn* 28,9.

[75] Preferiamo la lettura di Vasiliev, *Kitab* (1910), p. 663, a quella del testo che traduciamo dove al posto del termine *ayah* compare il termine *sanah*.

[76] Cf. *Gn* 36,33-34.

[77] Anche in questo caso abbiamo preferito la lettura di Vasiliev che è molto più coerente rispetto al testo intraducibile che ci offre il curatore dell'edizione araba oggetto di questa nostra traduzione.

[78] Il testo sacro afferma che Khamor era padre di Sichem. Cf. *Gn* 34,2. Il nome della città sarà d'ora in avanti reso con Sichem.

[79] Cf. *Gn* 34 dove si narra di Dina rapita e violentata da Sichem. Il testo sacro non fa cenno al numero degli uomini massacrati.

[80] Cf. *Gn* 27.

[81] D'ora in poi lo renderemo con Labano.

[82] Piccolo centro a circa 17 km a nord di Gerusalemme, detto anche Bētīn, è stato il primo santuario della Palestina ricco di ricordi biblici. Corrisponde alla città Cananea di Luz o Luza. Per le ricche notizie concernenti il sito, cf. P.B. Meistermann, *Guida di Terra Santa*, Firenze: Alfani e Venturi Editori, 1925, pp. 480-482.

nome»[83]. Quando fece giorno, Giacobbe esclamò: «Questo luogo è la finestra del cielo e la dimora di Dio»[84], e così dicendo fece voto di consacrare a Dio la decima di ciò che Dio gli avrebbe accordato durante la sua assenza nell'attesa di costruire in quel luogo una dimora /degna/ di Dio. Giacobbe attraversò quindi l'Eufrate con il suo bastone e arrivò ad Ḥarrān.

91 Nell'anno 84 della sua vita, Giacobbe sposò Lia, figlia di Labano, suo zio, ed ebbe da lei Rūbīl[85] e Simeone. All'età di 89 anni generò altresì Levi, sul nome del quale fu regolata la cronologia del mondo. Poi, dopo Levi, generò Giuda, dopo di questi Issacar e dopo costui Zabulon.

92 Giacobbe sposò Rachele, sorella di Lia, e generò da lei Giuseppe e Beniamino. Generò pure da Bilhā, la schiava che Rachele aveva dato a Giacobbe, Ğād e Āšīr[86] e da Zilfà, la schiava che Lia aveva dato a Giacobbe, generò Dān e Neftālī[87]. Furono costoro i capostipiti delle dodici tribù dei figli di Israele.

93 Nell'anno 97 dopo la propria nascita, Giacobbe lasciò Ḥarrān e salì da suo padre Isacco, scortato da dodici guerrieri. Inaspettato e incalcolabile era altresì il numero dei suoi greggi e delle asine, buoi e mucche, schiavi e utensili che possedeva.

Giuseppe in Egitto

94 Dopo che Giacobbe si fu installato nella terra promessa del paese della Siria, Giuseppe fu venduto dai suoi fratelli. Aveva 17 anni quando fu portato in Egitto, dove trascorse 10 anni come schiavo e 3 in prigione. Era ormai adulto e aveva 30 anni quando il Faraone, re dell'Egitto, vide in sogno sette vacche e sette spighe. Giuseppe fu tratto fuori dalla prigione, gli furono tagliati i capelli e fu poi presentato al cospetto del Faraone. Aveva, /come già detto/, 30 anni. Il Faraone gli riferì quanto aveva sognato e visto e tutto si avverò così come Giuseppe gliene espose l'interpretazione. Il Faraone gli conferì autorità sul paese dell'Egitto.

95 Nell'anno 39 dalla nascita di Giuseppe, Giacobbe, suo padre, arrivò in Egitto accompagnato da tutti i suoi figli e i figli dei suoi figli. Era il secondo anno di carestia e di siccità che imperversavano in Siria. I figli di Israele restarono in Egitto, come schiavi, per 215 anni. Il numero dei figli di Israele che arrivarono con Giacobbe in Egitto fu di 70 uomini. A costoro vanno aggiunti Giuseppe, i suoi due figli, Efraim e Manasse e i due figli di questi ultimi, che fanno in tutto 5[88].

96 Quando Giacobbe si presentò al cospetto del Faraone 7 anni dopo la morte di Isacco, suo padre, aveva 127 anni[89]. Il numero dei figli di Israele al momento di uscire

[83] Il testo sacro recita differentemente. Cf. *Gn* 28,10-18.

[84] Cf. *Gn* 28,16-17.

[85] Così nel testo. D'ora in avanti lo indicheremo con Ruben.

[86] Cf. *Gn* 30,4-7 ma i figli di Bilha sono qui Dan e Neftali.

[87] Cf. *Gn* 30,9-13 dove Zilpa partorisce a Giacobbe Gad e Asher.

[88] Cf. *Gn* 48.

[89] Michele il Siro, *Chronique* (1899), vol. I, p. 36 dice invece che aveva 130 anni.

dall'Egitto, fu di 603500 uomini capaci di portare le armi. Allorché Mosè li ebbe contati e separati, non registrò e contò coloro che avevano meno di 22 anni e coloro che avevano superato i 50 anni. Costoro, come pure le donne, non furono inseriti nel computo.

Morte di Giacobbe

97 Dopo esser vissuto 20 anni in Egitto, Giacobbe morì, esattamente 13 anni dopo la nascita di Qāhat. Levi, infatti, era vissuto 45 anni[90] quando gli fu generato Qāhat al quale, dopo aver vissuto 60 anni, fu generato poi ʿImrān.

Su alcuni faraoni

98 In questo periodo il Faraone, signore di Giuseppe, morì. Dopo di lui regnò sull'Egitto, per 25 anni, Atūsiyūs[91]. Nell'anno 38 dalla nascita di Qāhat, regnò in Egitto, per 13 anni, Kiṯrūn[92].

99 Si racconta che in questo tempo Zeus, il cui nome è tradotto con *al-Muštarī* /= Giove/, conobbe Niobe[93] e generò da essa Apis, che fu più tardi chiamato Serapis, lo stesso che cominciò a combattere contro le virago, meglio conosciute come le Amazzoni che solevano uccidere i maschi tra i loro figli. Zeus regnò sulle zone costiere del paese di Creta. Il nome «Zeus» sta a significare «una lunga vita». Si dice, infatti, che sia vissuto mille anni[94].

100 In questo tempo fu costruita la città di Eleusina.

101 Nell'anno 51 dalla nascita di Qāhat, figlio di Levi, regnò sull'Egitto Amiyūqīnūs /=Amenofis/, chiamato anche Faraone. Aveva regnato 21 anni quando cominciò a perseguitare i figli di Israele[95].

102 ʿImrān era vissuto 70 anni quando gli fu generato Mosè, il profeta, e ne visse altri 67 dopo la nascita di quest'ultimo, morendo 13 anni prima dell'uscita dei figli di Israele dall'Egitto.

103 Nell'anno 6 dalla nascita di ʿImrān morì Giuseppe, all'età di 110 anni, dopo aver raccomandato ai figli di Israele di prendere con loro le sue ossa allorquando Dio si sarebbe ricordato di loro e li avrebbe tratti fuori dalla terra d'Egitto.

[90] Michele il Siro, *Chronique* (1899), vol. I, p. 37 ha invece «47 anni».

[91] Non è improbabile che si voglia qui alludere al regno di Amesse, sorella di Amenofis. Michele il Siro, *Chronique* (1899), vol. I, p. 37 ha una vistosa lacuna e riprende a parlare dei re d'Egitto con il quarto re pastore, Apophos. Vasiliev, *Kitab* (1910), p. 671, ha il nome Amūsiyūs.

[92] In Vasiliev, *Kitab* (1910), p. 671 il nome è Kibrūn.

[93] Niobe, figlia di Foraneo, primo re del Peloponneso.

[94] Michele il Siro, *Chronique* (1899), vol. I, p. 36, parlando di Io, figlia di Inaco, primo re di Tebe e di Argo, dice che gli egiziani le cambiarono il nome in Isis e che Apis, chiamato anche da alcuni Serapis, fu il primo ad essere invocato come dio in Egitto. I nomi sono nel testo alquanto corrotti. Vedi pure p. 49 della stessa fonte. Per i suoi legami con Creta, vedi p. 35 dove si racconta ch'egli sia stato nascosto e nutrito, per proteggerlo dal padre Cronos, dal primo re dell'isola.

[95] Michele il Siro, *Chronique* (1899), vol. I, p. 39 ricorda che il faraone che cominciò a opprimere gli Ebrei, costringendoli a fabbricare e a cuocere mattoni, fu Amenophtès.

104 Sta scritto che in questo tempo ebbe luogo un diluvio ai giorni di Aġūs[96].

105 Nell'anno 12 /dalla nascita di ʿImrān/ regnò in Egitto, per 12 anni...[97]

106 Nell'anno 24 dalla nascita di ʿImrān regnò pure *Bblyūs*[98] per un periodo di 18 anni.

107 Nell'anno 68 dalla nascita di ʿImrān regnò sull'Egitto, per un periodo di 43 anni, Iṣfānīs, che diede ordine di strangolare ogni /primogenito/ maschio dei figli di Israele e di annegarli nel fiume Nilo[99].

[96] Michele il Siro, *Chronique* (1899), vol. I, p. 37 ha invece «Ogygès».

[97] Nel testo curato da Vasiliev, troviamo il nome Mensis. Michele il Siro, *Chronique* (1899), vol. I, p. 38 ha invece una narrazione più completa e dice: «Nell'anno 12 di Amram cominciò a regnare in Egitto Maphros. Regnò 12 anni e dopo di lui regnò, per 24 anni, Mipharmunis».

[98] Vasiliev, *Kitab* (1910), p. 672 lo confonde con Balaios che in Michele il Siro, *Chronique* (1899), vol. I, p. 39 è detto re degli Assiri. In considerazione del fatto che nell'anno 12 di ʿImrān cominciò a regnare per 12 anni il faraone Maphros, è del tutto verosimile che a succedergli nell'anno 24 di ʿImrān possa essere qui considerato colui che Michele il Siro, *Chronique* (1899), vol. I, p. 38 chiama Mipharmunis e che egli fa regnare per 24 anni. Il faraone che regnò invece 18 anni è Tymochamu o Tutmosis, che però cominciò a regnare nell'anno 50 di ʿImrān.

[99] Michele il Siro, *Chronique* (1899), vol. I, p. 38 precisa che il faraone che diede ordine di annegare i figli degli Ebrei nel Nilo fu Amenophtès, che regnò appunto 43 anni, come è detto nel testo che traduciamo. Comunque sembra che la valutazione più accreditata sia oggigiorno quella che vede in Ramses II (ca. 1301-1234 a.C.) il faraone della oppressione e in Mernepta (ca. 1234-1222 a.C.) il faraone dell'esodo contrariamente ad una precedente congettura che vedeva in Tutmosi III (ca. 1490-1436 a.C.) il faraone della oppressione e in Amenofi II (ca. 1435-1421 a.C.) il faraone dell'esodo.

Capitolo 6

Storia di Mosè

Nascita di Mosè

1 Quando fu generato Mosè a suo padre ʿImrān, che nel giorno in cui nacque Mosè aveva 70 anni, i suoi genitori lo abbandonarono sul fiume Nilo, dopo averlo fatto sistemare in un cesto. Aveva allora solo tre mesi ed era bello e grazioso.

2 In questo frangente, Maria[1], figlia del Faraone, uscì dirigendosi al fiume Nilo, dove trovò Mosè. Vedendo che era circonciso, si rese conto che apparteneva ai figli di Israele. Ma Maria lo raccolse, lo allevò, lo istruì e gli insegnò tutte le scienze degli egiziani, i loro costumi e la loro filosofia. I suoi mentori furono *Nys* e *Nysrs*[2]. Mosè acquistò grande prestigio in Egitto e divenne potente.

3 Nell'anno 28 dalla nascita del profeta Mosè, il Faraone costruì Hermopolis, la città situata presso il fiume Nilo che si chiamava altresì al-Faramā[3].

Guerre tra gli etiopi e gli egiziani

4 In questo tempo gli etiopi combatterono contro gli egiziani, devastando parecchie province dell'Egitto. Il re Kīfer[4] cominciò allora, insieme con tutti i suoi uomini, notabili e parenti, ad odiare Mosè, e tuttavia né lui né costoro poterono conseguire quel che avrebbero voluto fare a Mosè. Macchinarono allora di comprometterne la dignità e la posizione autoritaria dicendogli: «Hai grandi obbligazioni nei riguardi del re. Ebbene, gli etiopi scorazzano con le loro navi lungo il Nilo grazie alla crescita delle sue acque, facendo scorrerie in terra d'Egitto. Hanno già devastato parecchie province riducendone in schiavitù le popolazioni ed è quindi necessario che tu soccorra il regno, perché sei stato messo a capo di esso e glielo devi quindi come un suo diritto su di te. Il re, tutti i suoi generali e la sua corte sono dell'avviso che tu attacchi gli etiopi. Si dice che tutte le campagne e i deserti situati tra l'Etiopia e l'Egitto non sono abitati e che

[1] Michele il Siro, *Chronique* (1899), vol. I, p. 39 precisa che così la chiamavano gli Ebrei, mentre il suo nome era Thermothisa, vale a dire Ragusa. Più oltre è chiamata anche Maris.

[2] Michele il Siro, *Chronique* (1899), vol. I, p. 39 dice che ad insegnargli le scienze furono Jannès e Yambrès, stando a quanto afferma Artemonios, conosciuto anche sotto il nome di Artakanos.

[3] È l'antica Pelusium, a est di Tinnīs, tra al-ʿArīš e Fusṭāṭ, città della frontiera orientale dell'Egitto. Fu occupata intorno al 640 d.C. da ʿAmr Ibn al-ʿĀṣ. Accanto alla dizione *al-Faramā*, più corrente, è dato trovare *Faramā* o anche *al-Faramāʾ*. Cf. Yāqūt, *Muʿǧam* (1990), vol. IV, p. 290.

[4] Michele il Siro, *Chronique* (1899), vol. I, pp. 39-40 lo chiama Kanphara.

sono una terra infestata da una smisurata quantità di serpenti e di vipere che impediscono di attraversarla».

5 Avendo Mosè subodorato la macchinazione che ordivano contro di lui, ordinò di scegliere tra i figli di Israele 10000 cavalieri e di sceglierne altrettanti tra gli egiziani; diede quindi ordine di preparargli un incalcolabile numero di grosse gru, di quelle dette *al-qaʿāqiʿ*, sistemandole in gabbie intrecciate di maniera che le loro teste fuoriuscissero dalle gabbie stesse[5].

6 Mosè partì all'attacco con i suoi uomini e comandava di dar da mangiare a quelle gru all'inizio del giorno. Quando poi faceva notte ed egli faceva accampare i suoi combattenti, ordinava di distribuire per tutto l'accampamento le gabbie nelle quali si trovavano le gru, le quali, a causa della lancinante fame, schiamazzavano l'intera notte. In tal modo le vipere e i serpenti si nascondevano sotto terra per paura, giacché /è risaputo che/ le serpi sono un gradito boccone per le gru. Non cessò di far così fino a quando giunse a *Mwrh* /Meroe/, città dell'Etiopia[6].

Mosè in terra etiope

7 Non appena lo videro e posero gli occhi sulle sue truppe, gli abitanti del luogo ne furono grandemente sorpresi e terrorizzati e impressionati a dismisura. Si meravigliarono di come quei combattenti e quelle schiere avessero potuto giungere fino a loro per quelle lande deserte.

8 Dio ispirò allora nel cuore della figlia del re degli etiopi e le fece sapere con certezza che Mosè si sarebbe impadronito della città e dei suoi abitanti e che Dio, sia Egli benedetto, gli avrebbe dato autorità su di essi. Ella mandò perciò a dire a Mosè che era disposta a sposarlo e a mostrargli un luogo, da dove avrebbe potuto espugnare la città, e le scorciatoie per i sobborghi.

9 Mosè le accordò quanto chiedeva e Dio gli diede la vittoria sulla città e sui suoi abitanti, sposando poi la figlia del re dell'Etiopia. Per questo nella Scrittura è detto che Maryam, sorella di Mosè e di Aronne, parlando di Mosè ne diceva male asserendo che aveva sposato una donna cushita, vale a dire della gente d'Etiopia[7]. Dio si incollerì con Maryam ed ella fu coperta di scabbia e di lebbra, al punto che i figli di Israele la bandirono dal loro consesso[8]. Ma Mosè, profeta di Dio, ne ebbe compassione e pregò Dio per lei. E Dio disse a Mosè: «Se suo padre le avesse sputato in faccia, non resterebbe svergognata per dieci giorni?»[9].

[5] Cf. G. Flavio, *Antichità Giudaiche*, II, 10, 2.

[6] Michele il Siro, *Chronique* (1899), vol. I, p. 39 parla di una città dell'Egitto di nome Myra o Maru dove fu seppellita la regina che lo aveva preso dalle acque e cresciuto a corte. In verità la città di Meroe è qui propriamente il centro dell'Alta Nubia sul Nilo, seconda capitale del regno etiopico dal 300 a.C. Corrispondeva ad una parte del moderno Sudan e le sue regine portavano il nome di Candace.

[7] Cf. *Gn* 12,1.

[8] Cf. *Gn* 12,10.15.

[9] Cf. *Gn* 12,13-14. Il testo sacro parla però di «sette» giorni e non dieci, come in Agapio.

Mosè torna in Egitto

10 Dopo aver conquistato la città, Mosè si trattenne su terra etiope, con i suoi combattenti, schiere e soldati, fino al tempo dell'inondazione del Nilo. Allora, profittando della crescita del Nilo e dell'acqua alta fece imbarcare i suoi soldati e combattenti sulle barche e riprese la via dell'Egitto, dove si presentò al re carico di ingente bottino. In quel frattempo il re e tutti i suoi notabili, cortigiani e ministri nonché tutta la popolazione dell'Egitto temettero Mosè. Il re concepì addirittura il disegno di ucciderlo, essendo venuta a mancare Maria, che aveva cresciuto Mosè.

11 Nell'anno 37 dalla nascita di Mosè, nacque Yašūʿ, figlio di Nūn[10].

12 Nell'anno 41 dalla nascita di Mosè, salì sul trono d'Egitto il Faraone che 40 anni dopo, secondo le Scritture, fu sommerso nel mare insieme con le truppe e i carri[11]. Alla luce di quanto è scritto, Mosè uccise, all'età di 40 anni, un egiziano che aveva tutta l'intenzione di accopparlo, scappando nel paese di Madian dove trovò riparo in casa di Reuel[12], chiamato anche Jetro[13] e Šuʿayb[14]. Mosè sposò Siffora, figlia di Šuʿayb ed ebbe da lei due figli: Ḥiršūn[15] e Eleazaro.

13 Nell'anno 42 dalla nascita di Mosè, nacque Kālib[16], figlio di Yefunna[17].

Atlante

14 In questo tempo comparve e si rese noto Atlante, figlio di Prometeo, che insegnò la magia[18]. Si racconta che la sua magia raggiungesse persino la sfera celeste e che per tale ragione egli abbia conosciuto tutti i sensi dei misteri dell'universo ch'essa conteneva. Per tal motivo danno il suo nome alla montagna che si eleva al di sopra delle nuvole.

[10] Si tratta di Giosuè, ed è con questo nome che lo renderemo d'ora in avanti.

[11] In Michele il Siro, *Chronique* (1899), vol. I, pp. 39-40 questo re è chiamato Phosinos, dopo il quale cominciò a regnare Oros, stando allo storico Andronico. Per altri dettagli, vedi pp. 41-43 della medesima fonte.

[12] Cf. *Es* 2,18. Il testo arabo ha la forma *'rġwā'īl*.

[13] Cf. *Es* 3,1.

[14] Così è chiamato nella tradizione islamica che si basa su *Cor* VII,85.88.90.92; XI,84.87.91.94; XXVI,177; XXIX,36.

[15] Meglio Girson, come in *Es* 2,22.

[16] Cf. *Num* 13,6.

[17] Il testo arabo ha la forma *Ywfyā*. Ma molto stranamente la nota 5 al testo arabo recita in modo errato: «Vocatur in Exodo (II:22) Gersam». Anche in considerazione di come ricorre in seguito nel testo, d'ora in avanti lo renderemo con Yūfannā nonostante che la forma Yefunna sia più vicina a come tale nome è reso in traduzione nella Sacra Bibbia.

[18] Michele il Siro, *Chronique* (1899), vol. I, p. 40 afferma invece che Prometeo insegnava agli uomini la saggezza, istruendoli sul come passare dalla ignoranza alla conoscenza. Allusione alla sua arte magica è racchiusa nella notizia secondo la quale egli era capace di dare forma a degli uomini. Ma di Atlante, fratello di Prometeo, si parla espressamente a p. 38, dove si afferma ch'egli era versato nella scienza dell'astrologia e che per la sua conoscenza degli astri portava il cielo. La leggenda voleva che Atlante fosse nato dal titano Giapeto e dalla ninfa Climene e che conoscesse tutto ciò che era celato negli abissi del mare. Fu considerato l'inventore della sfera.

Dalle conoscenze e dai libri suoi, il filosofo Eratostene[19] tracciò i piani della sfera con tutte le sue specie e d'ognuna di queste le sue costellazioni e limiti. È lo stesso libro che fu tradotto dal greco in arabo da al-Ẓāhir Ibn al-Ḥusayn, detto *Ḏū al-yamīnayn*, con le sue carte, tutti i suoi piani e ogni sorta di sensi in esso contenuti. È un libro meraviglioso e chi volesse lo troverebbe.

15 In questo tempo si rese celebre il re Sūros che regnò su Damasco. Il paese di al-Šām fu chiamato *Sūriyyah* /= Siria/ dal suo nome, proprio perché coniato sul nome Sūros[20].

16 Nell'anno 80 dalla nascita di Mosè[21] e al tempo in cui Giosuè, figlio di Nūn, aveva 39 anni, Dio si manifestò a Mosè sul monte Sinai e gli mostrò i miracoli che compì con il bastone e la sua mano divenuta bianca e altre cose che Dio operò /davanti a lui/[22].

17 In seguito Dio gli ordinò di recarsi in Egitto per operare miracoli e segni celesti e per fare uscire da esso i figli di Israele. In questo anno Mosè fece uscire i figli di Israele dall'Egitto. Colpì il mare con il suo bastone e fece passare i figli di Israele attraverso le onde del mare. Passati che furono, colpì ancora una volta il mare con il suo bastone e Dio fece annegare il Faraone con tutte le sue schiere[23]. Si compì così la parola che Dio aveva detto ad Abramo, che la sua posterità avrebbe soggiornato nella terra della schiavitù, in un paese lontano, per 430 anni[24].

Il culto degli idoli in Egitto

Propagazione degli idoli in Egitto

18 Si racconta che tutti gli egiziani che non erano usciti con il Faraone e che erano restati in Egitto, dopo aver appreso la notizia che il Faraone e i suoi soldati erano annegati in mare, si proposero, ciascuno per sé, di adorare ciò che avevano per le mani, frutto del loro lavoro e operosità. Ognuno fece dunque un feticcio e un idolo ad immagine di quell'oggetto e lo adorò, come fosse stato esso a salvarlo dall'annegamento.

19 Per questa ragione, crebbero ovunque in Egitto il culto degli idoli e l'adorazione dei simulacri e dopo lungo tempo i diavoli parlarono ad essi dall'interno di siffatti simulacri[25].

[19] Nel testo troviamo *Arṭs*.

[20] Michele il Siro, *Chronique* (1899), vol. I, p. 39 lo chiama invece Syros, da cui prese il nome la Siria, fratello di Cilicos, da cui prese il nome la Cilicia.

[21] Michele il Siro, *Chronique* (1899), vol. I, p. 41 ha invece «nell'anno 78» e omette il collegamento con l'età di Giosuè.

[22] Allusione a *Es* 4,1-9.

[23] In Michele il Siro, *Chronique* (1899), vol. I, pp. 42-43 troviamo scritto che il faraone si chiamava Phosinos, detto poi Egitto, e non Chenchrès, come invece sostiene Eusebio.

[24] Cf. *Gn* 15,13. Su tale profezia vedi anche Michele il Siro, *Chronique* (1899), vol. I, p. 43.

[25] Cf. Michele il Siro, *Chronique* (1899), vol. I, pp. 42-43.

20 In questo anno, ossia nell'anno 81[26] dalla nascita di Mosè, dopo che i figli di Israele erano usciti dall'Egitto, gli Amaleciti mossero ad essi guerra, ma Dio, per mano di Mosè, ne fece perire un gran numero. L'ostilità tra gli Amaleciti e i figli di Israele si protrasse fino al tempo dell'amalecita Hāmān, ministro del re Artaserse. Ne racconteremo la storia a tempo debito, a Dio piacendo.

21 Nel terzo mese di quest'anno, Mosè salì sul monte di Dio, vale a dire sul monte Sinai, e ricevette da Dio la conoscenza delle cose. Dio gli accordò la sapienza, la profezia e la scienza, perché potesse parlare dell'origine del mondo e spiegare l'universo, giacché gli insegnò e spiegò che l'universo è stato creato e ha avuto un cominciamento.

22 Si dice che nei tempi e secoli che furono sin dalle origini del mondo, non ci siano mai stati tanti sostenitori dell'origine temporale del mondo come ai tempi in cui Mosè, il profeta di Dio, compose la Tōrāh, nella quale tratta, appunto, dell'origine del mondo perché la gente condividesse la credenza nella temporalità di esso. Molti dei figli di Israele aderirono fermamente a siffatta credenza e professarono tale dottrina, sì da farne la loro credenza e fede. Mosè parlò altresì del Tabernacolo. A partire da questo anno, Mosè prepose al servizio del Tabernacolo le persone più anziane di tra i figli di Israele, scelte tra le dodici tribù, perché ne fossero i custodi[27].

Riepilogo degli anni da Adamo a Mosè

23 Tutti gli anni a partire da Adamo e dal cominciamento del mondo fino a quando Mosè salì sul monte di Dio, ossia sul monte Sinai, dove ricevette le tavole di pietra, vale a dire fino all'anno 81 dalla nascita di Mosè, assommano a 3847. In verità a ciò noi miravamo all'inizio di questo nostro discorrere e del nostro libro, enucleandone e spiegandone il calcolo in quanto abbiamo descritto per l'innanzi. I Giudei celebrarono la prima Pasqua in Egitto la domenica del nono ciclo e non celebrarono più alcuna Pasqua per tutti i quarant'anni che trascorsero nel deserto. Poi Mosè li governò, dopo quest'anno, per ben 39 anni e morì all'età di 120 anni. Perciò gli anni da Adamo e dal cominciamento del mondo fino all'anno della morte di Mosè furono 3886. Gli anni successivi a questo tempo, per la storia del mondo, vengono computati, come abbiamo spiegato, alla luce degli anni di governo dei Giudici sui figli di Israele. Ne diamo qui di seguito la prova.

24 Il totale degli anni da Adamo fino al diluvio era stato di 2256 anni; da dopo il diluvio fino a quando nacque Arġū figlio di Fāliġ, al tempo del quale le lingue si divisero[28], passarono 670 anni e quindi da dopo Adamo fino a quest'anno ne erano trascorsi 2926 anni. Dal giorno della nascita di Arġū fino al giorno della nascita di Abramo, intercorsero

[26] Michele il Siro, *Chronique* (1899), vol. I, p. 44 ha invece «nell'anno 80 di Mosè».

[27] Per il primo discorso sulla Dimora del tempo o Tabernacolo, cf. *Es* 26.

[28] In *Gn* 10,25 leggiamo però «A Eber nacquero due figli: uno ebbe nome Peleg, perché ai suoi tempi fu divisa la terra...». Qui Agapio sembra confondere Peleg con Babele. Cf. *Gn* 11,9. Ma una variante dice chiaramente «si dispersero».

416 anni e quindi dal diluvio fino a quest'anno erano trascorsi 1076 anni. Da Adamo fino a quest'anno erano perciò trascorsi 3342. Dal giorno della nascita di Mosè fino all'uscita dei figli di Israele dall'Egitto, cioè fino all'anno in cui Mosè salì sul monte di Dio, ossia sul Monte Sinai, dove ricevette le tavole da Dio, intercorsero 81 anni e quindi dal diluvio fino a quest'anno erano trascorsi 1591 anni. Da Adamo fino a quest'anno erano dunque trascorsi 3847 anni, come abbiamo di fatto detto più sopra. In seguito Mosè governò sui figli di Israele, per il seguito della sua vita e fino al giorno della sua morte, 39 anni, il che fa sì che gli anni a partire da Adamo e dal cominciamento del mondo fino all'anno della morte di Mosè furono in tutto 3886.

25 I Giudei celebrarono la /nuova/ prima Pasqua 40 anni dopo, ai tempi di Giosuè, figlio di Nūn, vicino Gerico, nel decimo ciclo.

Governo di Giosuè e dei Giudici

26 Dopo Mosè, governò Giosuè, figlio di Nūn, 27 anni. Dopo di lui si susseguirono i governatori e i Giudici: governarono i figli di Israele esattamente per 506 anni[29]. Dopo la fine del loro governo la cronologia della storia del mondo viene computata alla luce degli anni dei loro re. Detta cronologia prende l'avvio dall'anno in cui salì al trono Šāwūl[30], figlio di Qīs, della tribù di Beniamino[31]. Fu egli il primo re a regnare sui figli di Israele.

27 Gli anni che vanno da Adamo e dal cominciamento del mondo fino al giorno in cui salì al trono Saul, assommano a 4391.

28 La vita di Mosè fu di 120 anni, 40 li passò in Egitto, altri 40 presso Jetro nel paese di Madian e gli ultimi 40 nel deserto.

29 Mosè scrisse cinque libri, come abbiamo già detto, nei quali sono contenuti 17 041 versetti.

Storia dell'arte dell'alchimia, della lavorazione del giacinto e di altre pietre preziose

Il Tabernacolo

30 È scritto che Dio impartì saggezza a Baselā'īl[32] e gli insegnò la maniera di erigere il Tabernacolo, ma gli insegnò altresì l'arte e la scienza di lavorare le pietre preziose e di eliminare da esse ogni scoria superflua e impura. Si consacrò all'opera e l'abbellì grazie alla sua maestria. Fu il primo a creare un'opera d'arte.

31 In questo anno Mosè mandò i perlustratori nel territorio di Canaan, vale a dire nel paese della Palestina, del Giordano e delle regioni limitrofe per raccogliere

29 In Vasiliev, *Kitab* (1910), p. 681, si dice invece che li governarono 556 anni.

30 Primo re dei figli di Israele. D'ora in avanti lo renderemo sempre con Saul.

31 Cf. *1Sam* 9,1.

32 Cf. *Es* 31,2-11; *1Cron* 2,20. Nel testo arabo si ha la forma corrotta *Yṣyāl*.

informazioni sul paese e sulla popolazione. Giosuè, figlio di Nūn, e Kālib, figlio di Yūfannā[33], recisero un grappolo d'uva che entrambi portarono a spalla su un pezzo di legno[34].

32 In questo tempo Giosuè, figlio di Nūn, aveva 45 anni mentre Kālib, figlio di Yūfannā, ne aveva 42.

33 Ad anno terminato, Bāliq, re dei Madianiti, inviò dei messi da Balaam, indovino ed esperto di divinazione, per dirgli di recarsi al suo cospetto e maledirgli i figli di Israele[35].

34 Nell'anno 84 della vita di Mosè, Aronne, suo fratello, fu fatto gran sacerdote. Dio votò alla morte i suoi due figli perché avevano offerto in sacrificio un fuoco irrituale[36]. Eleazaro, figlio di Aronne, della tribù di Levi, alla quale appartenevano i Leviti, sposò una figlia di ʿAmīnāḏāb, della tribù di Giuda[37]. Fu il primo caso di commistione e di legami di parentela di una tribù con un'altra, giacché la legge non consentiva di sposare se non uno della propria tribù.

35 Ad Eleazaro fu da lei generato Finḥās di cui è scritto che, travolto dalla gelosia per Dio, si era incollerito per l'onta a Lui arrecata e aveva colpito di lancia due adulteri, lasciandone penzolare i corpi all'aria[38].

Morte di Aronne e di Mosè

36 Nell'anno 118 dalla nascita di Mosè, morì Aronne, suo fratello. Ebbe per successore Eleazaro, suo figlio. Mosè morì due anni dopo Aronne, all'età di 120 anni. Dopo la morte di Mosè assunse il governo /dei figli di Israele/ Giosuè, figlio di Nūn, suo servitore, all'età di 83 anni. Cominciò ad esercitare il suo governo sui figli di Israele al posto di Mosè due anni dopo Aronne.

37 Giosuè, figlio di Nūn, fece entrare i figli di Israele nella terra promessa di Canaan, terra che Dio aveva promesso di dare alla posterità di Abramo. Dopo aver governato durante 27 anni, Giosuè, figlio di Nūn, morì, all'età di 110 anni[39].

38 Nel primo anno di governo da parte di Giosuè, figlio di Nūn, gli Amaleciti gli fecero guerra, ma Dio gli fece riportare vittoria su di essi, ed egli li debellò, ne sterminò un gran numero, lasciandone sopravvivere uno sparuto gruppo, e non cessò di inseguirli fino all'ora nona del giorno. Per tema di non realizzare quanto si era prefisso

33 Cf. *Num* 13,6. Il testo arabo ha *Ywfyā* ma se si suppone un'errata lettura della *yā'* al posto della *nūn*, vien fuori proprio Yūfannā.

34 La notizia è diversamente riferita in *Num* 13,23.

35 In *Num* 22,4 è invece detto che era re di Moab, pur se più avanti si fa cenno agli anziani di Moab e di Madian. Cf. *Num* 22,7.

36 Cf. *Lev* 10,1-2.

37 In *Es* 6,25 è detto che «Eleazaro, figlio di Aronne, sposò una delle figlie di Putiel ed essa gli generò Pinkhas». Figlia di ʿAmīnāḏāb era invece Elisabet, moglie di Aronne, come in *Es* 6,23.

38 Cf. *Num* 25.

39 Per le questioni legate agli anni di cui qui nel testo cf. Michele il Siro, *Chronique* (1899), vol. I, p. 46.

a loro riguardo, scongiurò il sole e la luna dicendo: «Tu, o sole, fermati su Gabaon, e tu, o luna, sul campo di Ayalon»[40]. Il sole restò così immobile per sei ore fino a quando egli si fu vendicato dei suoi nemici.

Spiegazione del fenomeno

39 Che il sole si sia fermato nel luogo in cui era, non sta a significare, come credono coloro che non sono avvezzi ad esaminare e conoscere a fondo i tesori e i misteri delle Scritture, che il sole e la luna si siano arrestati da soli, mentre la sfera continuava a muoversi. Lo si spiega alla luce del fatto che se, come certuni credono, il sole si fosse fermato e la luna avesse invece continuato nel suo moto si sarebbe verificato, in tal caso, un sovvertimento quanto alle epoche e alle quattro stagioni, perché avendo la sfera celeste traversato in sei ore tre segni dello Zodiaco, si sarebbe avuta l'estate al posto della primavera, l'autunno al posto dell'estate, l'inverno al posto dell'autunno e la primavera al posto dell'inverno. Tuttavia i libri dei sapienti indicano che la sfera celeste si fermò insieme con tutte le sue stelle e tutti i suoi astri, senza sovvertimento alcuno quanto alle stagioni.

Si riprende con la storia

40 Da Adamo a Giosuè, figlio di Nūn, ci furono 27 generazioni fino alla morte di Mosè[41].

41 Nell'anno 10 del suo governo, Giosuè, figlio di Nūn, divise tra le tribù di Israele la terra che Dio aveva loro dato in eredità, escludendo la tribù di Levi, vale a dire dei Leviti, alla quale non diede terra alcuna, come Dio gli aveva prescritto, sottolineando che il Signore era la loro parte e loro eredità. Ma il Signore ordinò che tutt'e undici le tribù dessero ogni anno a quella di Levi la decima del loro raccolto.

Il primo carro

42 In questo tempo il greco *Ṭrwlwbḥūs*[42] costruì il primo carro aggiogato a quattro cavalli e simile ad un trono mobile di nove *miqdār*[43]. Sul carro sedevano dieci persone e camminava su ruote, trainato da quei quattro cavalli. Il re vi sedeva insieme con i cortigiani a lui cari e il carro lo menava dov'egli gradiva. Si dice che non esista più, giacché nessuno è più in grado di farne uno /come esso/. Altri, invece, dicono che i Greci continuano a farlo ancora oggi.

[40] Cf. *Gs* 10,10-13. Il testo sacro parla di Amorrei piuttosto che di Amaleciti.

[41] Vedi pure Michele il Siro, *Chronique* (1899), vol. I, p. 46.

[42] Allusione ad Erittonio, re degli Ateniesi che fece approntare la prima quadriga, forse già in uso tra i Barbari. Cf. Michele il Siro, *Chronique* (1899), vol. I, p. 44. Vasiliev, *Kitab* (1910), p. 685 ha la forma *Ṭrwḥtnūs*. Figlio di Dardano e di Ariste, Erittonio, conosciuto anche come re di Creta, era ritenuto il più ricco degli uomini del suo tempo.

[43] In questo caso il termine sembra alludere ad una unità di misura o di peso, ma non trova riscontri oggettivi in altre fonti.

43 In questo anno i figli di Lot, gli Ammoniti e i Moabiti fecero la guerra e combatterono i Cananei, ma questi ultimi ne uccisero cinquemila e lo stesso Giosuè, figlio di Nūn, ne sterminò sette tribù e trentuno re. Dopo Giosuè, figlio di Nūn, capo dei figli di Israele fu Kūšān, il dissimulatore, che li governò 8 anni[44].

44 In questo tempo furono celebri, nella città di Cnosso, i Cureti[45] e i Coribanti[46], che furono i primi ad inventare la musica, la danza, il canto e le diverse forme di intrattenimento con l'uso di disparate specie di armi.

45 Poi, per 40 anni, governò i figli di Israele ʿUṯnā'il, figlio di Kānaz[47].

46 Nel primo anno del suo governo, regnò sulla città di Atene, per 49 anni, Cecropo[48]. Nel poema di Omero è scritto che furono proprio Cecropo e i suoi successori, che condividevano le stesse credenze religiose, a diffondere queste perverse cose e abominevoli storie radicate tra i Greci. Sono così /de/scritte nel poema di Omero.

47 In questo anno ʿUṯnā'il uccise Kūšān, il dissimulatore, re di Aram[49], liberando da lui i figli di Israele[50].

Un altro diluvio

48 In questo tempo ci fu un altro diluvio ai giorni di Deucalione la cui narrazione e storia ci è stata data, qualche tempo dopo, negli scritti di Platone, che era il maestro di Aristotele[51].

49 In questo tempo si fa menzione di Zeus che, a quanto si narra, era re di Creta, paese marittimo. La sua vita fu di 107 anni. Aveva perpetrato ogni sorta di abominazione e si era insozzato in ogni sorta di perversione in voga tra i Greci.

[44] Cf. *Gdc* 3,7-8.

[45] I Cureti, cretesi figli di Rea, formavano la guardia del corpo del re sacro. Avevano l'incombenza di tenere lontani gli spiriti maligni durante le cerimonie rituali e lo facevano danzando e battendo le armi una contro l'altra. In altre fonti si legge che venivano chiamati con tale nome i sacerdoti di Cibele nell'isola di Creta o anche i sacerdoti di Zeus.

[46] Erano considerati i figli di Apollo e della musa Talia e usavano intrecciare danze durante la festa del solstizio d'inverno. Erano i sacerdoti frigi di Cibele, celebri per le loro orge celebrate a suon di timpani e tra balli sfrenati.

[47] Cf. *Gdc* 3,9-11. Michele il Siro, *Chronique* (1899), vol. I, p. 46 riporta diversi pareri sugli anni di governo di Otoniel. Il testo che traduciamo presenta il padre di Otoniel sotto il nome Fātin, ma corregge in nota riportando il testo biblico *Gdc* 3,7.

[48] L'antica cronologia greca fa risalire il suo regno al 1581 a.C. su Atene, nell'Attica. Michele il Siro, *Chronique* (1899), vol. I, pp. 40-41 asserisce che Cecropo cominciò a regnare sull'Attica quando Mosè aveva 35 anni. Ma riporta anche la testimonianza di Andronico secondo la quale cominciò a regnare nel primo anno del governo di Otoniel. Sarebbe stato lui a proclamare dio Zeus.

[49] Oppure re di Edom, come nel testo ebraico.

[50] Cf. *Gdc* 3,9.

[51] Cf. *Timeo* 22. Di questo diluvio si parla altresì in Michele il Siro, *Chronique* (1899), vol. I, p. 47. Deucalione era figlio di Prometeo e di Climene e sposo di Pirra. La leggenda narra che, avendo Zeus provocato un diluvio per annientare il genere umano, il pio Deucalione costruì un'arca, dietro suggerimento del padre, con cui salvare se stesso e la moglie Pirra. Quel diluvio durò nove giorni e gli unici superstiti furono appunto Deucalione e la moglie.

50 In questo tempo Io, chiamata poi Isis a causa delle sue dissolutezze, si portò in terra d'Egitto[52].

Si ritorna alla storia dei figli di Israele

51 Governarono poi i figli di Israele, dopo averli vinti, i Moabiti, della discendenza di Lot, per 14 anni.

52 In questo tempo fu costruita la città di Qūrīṯūs, meglio conosciuta sotto il nome di Corinto[53]. In questo tempo i Corinti lavorarono il rame, su cui non si posano né mosche né insetti[54].

53 Verso la fine del regno dei Moabiti, regnò su Atene, dopo Cecropo, Cronos, il cui nome vuol dire Saturno. Regnò 9 anni.

54 In questo anno fu tenuta, nella città di Atene, l'assemblea *Aryūs Bāġūs* /= Areopago/, il cui significato è assemblea dei giudici e dei saggi.

55 Si racconta che in questo tempo Dionisio, figlio di Deucalione, cominciò a piantare la vigna e a pressare il vino, e che la gente cominciò a berne. Ma siffatto racconto non collima con quanto altri raccontano nella loro ignoranza, asserendo che i primi ad avere insegnato a bere del vino e a dare indicazioni a tal proposito sarebbero stati i diavoli. Di fatto troviamo nelle sacre Scritture che, ancor prima di questi tempi, Noè aveva già piantato una vigna, pressato il vino e ne aveva bevuto[55].

56 Ehud, figlio di Ḥārā, governò i figli di Israele 80 anni[56]. Fu lui ad uccidere Eglon, il re dei Moabiti, della discendenza di Lot. Lo uccise così: si legò alla coscia un pugnale a due tagli, si presentò al cospetto di Eglon e gli disse: «Ho per te un segreto e te lo voglio confidare». Eglon ordinò a tutti i suoi uomini di uscire e restò solo con lui. Ehud, allora, estrasse il pugnale dalla coscia, glielo conficcò nel ventre fino a farne uscire gli intestini, lo uccise ed uscì. Governò i figli di Israele e sbaragliò i Moabiti.

57 Nell'anno 25 del governo di Ehud si compì il quarto millennio degli anni della storia del mondo. Siffatta cosa ci è chiara, giacché abbiamo già esposto e indicato senza lasciar dubbi che la durata degli anni da Adamo e dal cominciamento del mondo fino all'anno della morte di Mosè, profeta di Dio, fu di 3886 anni. Se aggiungiamo a questi il giorno della morte di Mosè, gli anni di governo di Giosuè,

[52] Vedi pure Michele il Siro, *Chronique* (1899), vol. I, pp. 36, 38. Ma a p. 45 dice pure: «Risalgono a questo tempo le cose che si raccontano di Demetra, che è Iside, e di Danae dalla quale nacque Perseo».

[53] Secondo la leggenda Corinto fu costruita da Sisifo dandole il nome di Efira, sviluppandovi il commercio e la navigazione. Michele il Siro, *Chronique* (1899), vol. I, p. 49 parla della costruzione di Corinto dopo aver menzionato gli anni di governo dei moabiti Eglon e Ehud.

[54] Ci sorprende la traduzione di Vasiliev, *Kitab* (1910), p. 687 che traduce «che né quadrupedi né rettili attaccavano».

[55] Cf. *Gn* 9,20-21.

[56] Michele il Siro, *Chronique* (1899), vol. I, p. 49 afferma che questi 80 anni sono comprensivi dei 18 in cui regnò Eglon e dei 62 di governo effettivo di Ehud. I nomi Ahūz Ibn Ḥāzā vanno qui letti Ehud figlio di Ghera. Cf. *Gdc* 3.

figlio di Nūn, sui figli di Israele che furono 27; gli 8 di Kūšān, il dissimulatore; i 40 di ʿUṯnāʾil; i 14 dei Moabiti, della discendenza di Lot, venuti dopo ʿUṯnāʾil; se poi vi aggiungiamo i 25 anni di governo di Ehud che, come abbiamo detto, li governò durante 80 anni, otteniamo un numero di 114; se poi aggiungiamo questa cifra agli anni trascorsi dopo Adamo fino al giorno della morte di Mosè, vale a dire 3886, avremo allora la cifra di 4000 anni della cronologia del mondo, coincidente per l'appunto con l'inizio del venticinquesimo anno di governo di Ehud sui figli di Israele, di cui abbiamo già parlato poc'anzi.

Altri eventi

58 In questo tempo fu costruita ad opera di Nicomede la città di Nicomedia, ossia Costantinopoli. Tuttavia, di lì a poco, questa città sprofondò e fu in seguito ricostruita dal re Būzas che la chiamò, dal suo nome, Būzantiyyah /=Bisanzio/. Molto tempo dopo salì sul trono Costantino, figlio di Elena. L'allargò, l'ingrandì e la chiamò, dal suo nome, al-Qusṭanṭīniyyah /=Costantinopoli/[57].

59 In questo tempo Posidone sposò Lisianassa e generò da lei *Ḏū qnṭis* e *Qqlūnis* /Busiride/[58]. Qualche tempo dopo Busiride si impossessò dei paesi situati lungo il fiume Nilo e scannava i forestieri di tra coloro che passavano e attraversavano di là, facendone banchetto.

Si torna alla storia dei figli di Israele

60 Poi, dopo Ehud, governò sui figli di Israele /Šamgar/, per un periodo di 22 anni.

61 In questo tempo si rese celebre Frisso[59]. Si racconta che grazie alla sua agilità e velocità volasse come un uccello e che né i più lesti destrieri né le gazzelle lo raggiungessero.

[57] Collocandone la fondazione ai tempi del re Manasse, Michele il Siro, *Chronique* (1899), vol. I, p. 88 afferma: «In questi tempi Bizanzio fu per la prima volta fondata ad opera di Byzos. 970 anni dopo, essa fu restaurata e ingrandita per volere di Costantino che la chiamò Costantinopoli». La costruzione di Bisanzio è tradizionalmente fatta risalire a coloni megaresi nel 660 a.C. sulla costa europea del Bosforo.

[58] In Michele il Siro, *Chronique* (1899), vol. I, p. 45 troviamo invece che Posidone sposò Libia, figlia di Epapho, da cui ebbe Busiride o Busìri, che dette il nome all'omonima città. Era un orribile gigante che sgozzava i malcapitati viandanti e li offriva come vittime a Zeus. Fu ucciso da Eracle con un colpo di clava dopo essere stato da lui incatenato. Un'altra tradizione dice che Busiride nacque invece da Posidone e Anippe, una ninfa figlia del Nilo. Per il primo nome non abbiamo trovato alcun riscontro nella mitologia greca, dalla quale risulta che Posidone ebbe da Lisianassa un solo figlio, ma molti altri da numerose altre mogli. Da Libia ebbe Agenore e Belo, da Anfitride ebbe invece Tritone e Rode e la ninfa Toose gli diede Forco e il ciclope Polifemo. Anche Michele il Siro menziona soltanto Busiride.

[59] Frisso, figlio di Atamante e di Nefele, accusato ingiustamente dalla matrigna Ino, era stato destinato ad essere sacrificato perché la terra riprendesse a dare frutti. Ma tanto lui quanto la sorella Elle furono rapiti in volo dalla madre Nefele che, perché potessero fuggire e scampare alla morte, diede loro un ariete dal vello di fulgidissimo oro che li portò verso la Colchide. Fu proprio durante tale volo che Elle, precipitata in mare, diede il nome all'Ellesponto. Il nome di questo personaggio è oltremodo corrotto. Nel testo riscontriamo la forma *Frwnūsyūs* mentre in Vasiliev, *Kitab* (1910), p. 690 abbiamo *Frwqūsūs*. Per la sorte di Frisso e della sorella Elle, vedi pure Michele il Siro, *Chronique* (1899), vol. I, p. 47.

62 Governò poi i figli di Israele Bārac, della tribù di Neftali, per 40 anni. Fece guerra a Sisara e lo sbaragliò insieme con tutte le sue truppe e cinquecento carri ferrati che aveva portato con sé[60].

Altri eventi

63 In questo tempo Acheo costruì una città e le diede il suo nome.

64 In questo tempo visse Sibilla, esperta di divinazione e profetessa, che grazie alla sua divinazione preavvertiva le menti della gente[61].

65 In questo tempo si racconta /che/ dietro preghiera e supplica rivolta agli dei da *Ṣlūnūs*, Zeus fu provocato da *Bwrws* e giacque con la di lui madre, una schiava della famiglia di *'dyqnṭūs*[62], nei pressi della riva del lago di Tritone, e costei gli generò Afrodite, la cui interpretazione è «la bellezza», ossia Venere[63].

66 In questo tempo si resero celebri il mago Melampo[64], Tantalo[65] e Tizio[66], che grazie alla loro arte divinatoria svelavano gli arcani in modo tale da riscuotere l'ammirazione della gente.

67 Si racconta che Zeus giacque altresì con Leto, dalla quale generò Apollo ed Ercole[67].

[60] Cf. *Gdc* 4,12-16. Qui i carri sono novecento.

[61] Una sola Sibilla al tempo di Platone e di Eraclito, erano già dodici al tempo di Varrone e venti in seguito. Era una creatura leggendaria, tra l'umano e il divino, che dispensava ad ogni suo passaggio oracoli, profezie e rivelazioni. Solitamente sacerdotesse, le sibille erano associate ad una caverna, una fonte o una sorgente. Dovrebbe qui trattarsi della Sibilla delfica, portata in seguito a Cuma da coloni greci e da Cuma a Roma dove, al tempo di Augusto, si conservano i celebri *Libri Sibillini* nel tempio di Apollo, sul colle Palatino. Le dieci Sibille più celebri sono state la Persica, la Libica, la Delfica, la Samia, l'Eritrea, l'Ellespontica, la Frigia, la Cumana, la Cumea e l'Albunea o Tiburtina.

[62] Nonostante la indecifrabilità delle forme dei nomi, ci sembra si faccia qui allusione a Dione che ebbe Afrodite da Zeus.

[63] In verità la leggenda vuole che presso la riva del lago Tritone fu Giove stesso a mettere al mondo Atena dopo aver giaciuto con la titanessa Meti che poi ingoiò perché, già come su padre Crono, temeva anch'egli di essere spodestato. Michele il Siro, *Chronique* (1899), vol. I, p. 37 accenna come Minerva o Atena fosse celebre presso il lago Tritone. Il lago Tritone è altresì messo in relazione con Ercole che, unendosi a Tethonis, generò da lei Achille detto Philidos /=Pelide/. Vedi Michele il Siro, *Chronique* (1899), vol. I, p. 52.

[64] Michele il Siro, *Chronique* (1899), vol. I, p. 47. Figlio di Amitaone e di Eidomene, Melampo fu famoso poeta e conoscitore delle erbe medicinali.

[65] In Michele il Siro, *Chronique* (1899), vol. I, p. 49 è invece re dei Frigi. Ricco re della Lidia, era figlio di Zeus e della ninfa oceanina Pluto o, come altri ritengono, Tmolo. Fu lui che fece a pezzi il figlio Pelope per offrirlo agli dei suoi conviviali onde metterli alla prova e fu sempre lui che rubò il nettare degli dei per distribuirlo ai mortali. Fu perciò condannato a patire sete e fame, appeso ad un albero da frutto sporgente con i rami su una palude, sì che protendendo la mano per coglierne i frutti il vento ne allontanava i rami, accostando le labbra all'acqua la palude si ritirava.

[66] Nella mitologia greca si ricorda il gigante Tizio che tentò di violentare Latona e fu ucciso con un nugolo di frecce da Apollo e Artemide. Ma sorge il dubbio che qui Agapio confonda il luogo in cui Femonoè dava oracoli a Pizio predicendo l'avvenire in versi esametri, con un vero e proprio personaggio. Cf. Michele il Siro, *Chronique* (1899), vol. I, p. 49.

[67] La leggenda vuole che generasse da Leto o Latona Apollo e Artemide, mentre Ercole o Eracle era figlio di Giove e di Alcmena moglie di Anfitrione.

68 In questo tempo regnarono i re le cui storie sono reperibili nei libri dei poemi di Omero[68].

Si torna alla storia dei figli di Israele: gesta di Gedeone

69 Dopo Bārac governarono sui figli di Israele i Madianiti, che erano arabi, per il periodo di 7 anni, devastando tutti i loro territori[69].

70 In questo tempo si rese celebre la maga Femonoè: prediceva il futuro in versi esametri e impressionava grandemente gli spiriti della gente[70].

71 In questo tempo Gedeone, figlio di Joas, vide l'angelo del Signore che lo incoraggiava a liberare i figli di Israele. Egli allora si levò e governò i figli di Israele per 40 anni[71].

72 In questo tempo Perseo si recò nel paese della Persia e tagliò la testa alla Gorgone[72], l'adultera, la quale aveva, per la sua bellezza e grazia, colpito tutti coloro che la fissavano in maniera tale da sembrare delle pietre, come ci racconta il filosofo Didimo nei suoi libri[73].

Altri eventi

73 Gedeone governava i figli di Israele da 31 anni quando si resero celebri e si fecero conoscere le figlie che erano state generate a Elios da Clizia. I nomi delle sue sette figlie erano Circe[74], Mizqā, Hirqā, Zirqā, Qirdā, Medea[75] e Sibūqiyā[76]. Erano tutte maghe. Si racconta che ciascuna vedeva il proprio volto in quello di ciascuna di esse

[68] Siamo circa negli anni 740-730 a.C.

[69] Cf. *Gdc* 6,1-6. Vedi anche Michele il Siro, *Chronique* (1899), vol. I, p. 51.

[70] Cf. Michele il Siro, *Chronique* (1899), vol. I, p. 49.

[71] Cf. *Gdc* 6,11-40; 8,28. Michele il Siro, *Chronique* (1899), vol. I, p. 51 sostiene che tale numero è comprensivo dei 33 anni di governo effettivo di Gedeone e dei 7 anni di dominio dei Madianiti.

[72] Di tre gorgoni parla la mitologia, ossia di Steno, di Euriale e di Medusa, figlie di Forco e di Ceto. Erano mostri orribili, dallo sguardo che impietriva, con serpenti per capelli, artigli di leone per unghie e ali d'oro sul dorso. Non mancavano tradizioni che le descrivevano invece come tre bellissime sorelle che stupivano e lasciavano di sasso coloro che le guardavano.

[73] Si tratta di Didimo d'Alessandria, grammatico greco, che contribuì a trasmettere, con i suoi studi filologici, l'eredità dei filologi alessandrini. Purtroppo dei suoi scritti su Omero, Esiodo, Pindaro, Bacchilide e su altri autori greci non ci sono rimasti che frammenti. Vedi Michele il Siro, *Chronique* (1899), vol. I, pp. 49-50.

[74] La maga Circe era figlia di Elios e della ninfa oceanina Perseide. Nell'antica storia degli Argonauti si parla del suo incontro con la nipote Medea, figlia di suo fratello Eete re della Colchide. Abitava nell'isola di Eea ed era esperta nelle arti magiche e negli incantesimi.

[75] Medea era considerata una discendente di Elios.

[76] Potrebbe allude a Pasifae, moglie di Minosse, re di Creta. In Vasiliev, *Kitab* (1915), p. 10 tali nomi compaiono sotto forme diverse e si tenta una possibile identificazione almeno per qualcuna di esse. Narrano le leggende che Elios, costituito da Giove dio di Rodi nel cui onore gli abitanti dell'isola eressero il celebre colosso, si unì in matrimonio con la ninfa Rosa da cui ebbe diversi figli, e con molte altre ninfe, dalle quali ebbe altri numerosi figli. Si narra pure che Climene, ninfa oceanina, fu amata anche da Elios con il quale generò Fetonte e le Eliadi che furono poi trasformate in pioppi alla morte di quest'ultimo. I nomi di queste figlie di Elios sono qui oltremodo alterati e molto distanti da quelli con i quali vengono comunemente chiamate le eliadi Lampezia, Faetusa e Lampetusa.

a causa della bellezza dei loro colori e che quando una di esse si muoveva in un luogo oscuro questo ne veniva illuminato.

74 In questo tempo furono costruite le città di Cirene e di Mileto[77].

75 In questo tempo regnò Fasūniyūs[78] Apollo. Si racconta che suonasse la citara[79]. Fu lui a fare un liuto di pietra. Le bestie selvagge e le fiere gli si facevano d'intorno, per udirne la voce, senza molestarsi a vicenda, a causa della sorprendente grazia della sua voce, del suo suonare e del suo cantare. Si racconta persino che a volte, cantando egli, le bestie selvagge e le fiere si addormentassero.

Si torna alla storia dei figli di Israele: Gedeone e Abimelek

76 È scritto che Gedeone, avendo messo su un'armata di trentamila[80] uomini, uscì con loro contro i Madianiti. Ma Dio, non volendo che la vittoria fosse ascritta al gran numero di truppe, gli ordinò di prendere con lui trecento uomini[81]. Gedeone liberò così i figli di Israele dai Madianiti.

77 Dopo Gedeone governò sui figli di Israele suo figlio Abimelek, per un periodo di 3 anni. Divenuto re, uccise settanta suoi fratelli per parte di suo padre Gedeone[82]. Uscito che fu contro un villaggio chiamato Nīṣ[83], una donna gli gettò sulla testa, dall'alto della cittadella, il frammento di una macina e lo uccise[84]. Fu così che Dio lo ricambiò e lo rimunerò, punendolo senza indugio per la sua cattiva condotta e per il male che aveva fatto ai suoi fratelli.

78 Dopo di lui governò sui figli di Israele il cugino Tūlaġ, per 22 anni[85].

Altri eventi

79 In questo tempo fu rapita Kora, figlia di Zeus[86].

[77] Cirene venne fondata sulla costa libica nel 650 o 632 a.C. ad opera di coloni provenienti da Platea e da Thera guidati dall'ecista Batto. Mileto doveva già essere fondata prima del 646 perché i coloni di questa città fondarono proprio in questo anno Olbia, sul fiume Boristhene, oggi Dneper, lungo la costa settentrionale del Ponto Eusino. In Michele il Siro, *Chronique* (1899), vol. I, p. 49 si parla della fondazione della città di Corinto, ma non si fa menzione di Mileto. Il nome proposto nel testo che traduciamo, come pure quello che compare nell'edizione di Vasiliev, *Kitab* (1915), p.10 non sono del tutto chiari.

[78] Non siamo riusciti ad identificare tale nome o epiteto. La mitologia ci ha comunque trasmesso circa 150 soprannomi di Apollo, dei quali il più vicino alla forma che compare nel testo sembra essere Amazonio.

[79] In Michele il Siro, *Chronique* (1899), vol. I, p. 51 si dice che regnava a Tebe Amphione, di cui si raccontava che smuovesse le pietre al suono della sua citara.

[80] Dal contesto di *Gdc* 7,3 gli uomini di cui disponeva Gedeone risultano trentaduemila.

[81] Cf. *Gdc* 7,4-6.

[82] Cf. *Gdc* 9,3-5.

[83] Così nel testo. In *Gdc* 9,50 è invece chiamata Tābāṣ.

[84] Cf. *Gdc* 9,50-54. Abbiamo preferito la lettura di Vasiliev a quella del testo che traduciamo perché oltremodo indecifrabile.

[85] Cf. *Gdc* 10,1-2 dove è detto che fu giudice per ventitrè anni.

[86] Kora, ovvero *la fanciulla*, era il nome con il quale gli abitanti della Sicilia chiamavano Persefone,

80 In questo tempo il pastore Marsia rubò dei flauti e osò sfidare Apollo. Fecero entrambi un patto e una scommessa, ma essendo Marsia stato vinto, fu sospeso ad un albero, come era stato convenuto tra i due[87].

81 Nell'anno 21 del governo di Ṯūlaġ, fu costruita la città di Tarso ad opera del re Persèo[88].

82 In questo tempo Apollo sposò una donna e generò da lei Asclepio[89]. Dionisio si impadronì dell'India, governò sulla popolazione e vi fondò la città di Yūsā sulla riva del fiume Indo[90].

Si torna alla storia dei figli di Israele

83 In questo tempo governò sui figli di Israele, dopo Tūlaġ, Tānīr[91] di Galaad. Governò 22 anni. Ebbe trenta figli che montavano con lui su trenta puledri[92].

84 In questo tempo fu costruita, sulla riva del mare, la città di Qūzīqū, vale a dire Cizico, della quale abbiamo già detto che vi fu costruito il tempio noto come una delle sette meraviglie[93].

85 Poi, dopo Yair, i figli di Israele furono sottomessi agli Ammoniti, discendenti di Lot, per un periodo di 18 anni[94].

86 In questo tempo si rese celebre Lino, maestro di Ercole, il primo grande re che fece innalzare nel mare, come abbiamo già detto, tre statue meravigliose per mettere in guardia i naviganti contro il naufragio, che costituivano anch'esse una delle sette meraviglie di cui abbiamo già discorso all'inizio del nostro libro[95].

figlia di Demetra, identificata poi dai Romani con Proserpina. Con lo stesso appellativo era invocata nei *Misteri Eleusini*. Mentre insieme con le Ninfe Persefone raccoglieva fiori per farne corone e ghirlande, fu in effetti rapita da Ades, il Signore delle Ombre, che la portò nel suo palazzo sul suo cocchio dorato. Vedi pure Michele il Siro, *Chronique* (1899), vol. I, p. 52.

[87] La gara tra il satiro Marsia, seguace della dea Cibele, e Apollo vide la vittoria di quest'ultimo che, dopo aver scorticato vivo il satiro, ne appese la pelle a un pino o a un platano, come vuole una diversa tradizione. Figlio di Olimpio e di Oeagro, Marsia era un satiro della Frigia che fu celebre suonatore di flauto. Della scommessa lanciata ad Apollo parla Apollodoro nella sua *Biblioteca*, I, e della sua pelle appesa ad un pino Luciano nei suoi *Dialoghi*, LXXIX.

[88] Narrano che fu fondata da Teseo figlio di Danae, in Cilicia, forse nel 613 a.C. Vedi pure PG XCII, col.153 e Michele il Siro, *Chronique* (1899), vol. I, p. 52.

[89] Asclepio oppure Esculapio, dio greco della medicina, era ritenuto figlio di Apollo e della ninfa Coronide da Esiodo e Pindaro. La tradizione vuole che abbia appreso l'arte medica dal centauro Chirone. Il suo culto era praticato in modo particolare a Epidauro, a Coo e, in epoca imperiale, a Pergamo.

[90] Vasiliev, *Kitab* (1915), p.11 ha la forma Nūsā.

[91] Così nel testo. Lo renderemo con Yair. Michele il Siro, *Chronique* (1899), vol. I, p. 53 dice che governò il popolo 23 anni.

[92] Cf. *Gdc* 10,3-5.

[93] La città di Cizico, sulla costa asiatica della Propontide, attuale Mar di Marmara, fu fondata nel 679 a.C. da coloni greci. Vedi 1,5.

[94] Cf. *Gdc* 10,7-8.

[95] In effetti Lino, figlio del dio del fiume Ismenio, introdusse Ercole allo studio della letteratura ma fu poi da quest'ultimo ucciso in un impeto di collera per essere stato da lui fustigato.

87 Nel primo anno dalla vittoria degli Ammoniti, fu costruita la città di Tiro[96].

88 Siccome gli Ammoniti avevano ridotto allo stremo i figli di Israele, gli abitanti di Galaad si recarono da Jefte, quindici anni dopo averlo scacciato e allontanato da loro, lo supplicarono, lo riportarono con sé e lo fecero loro capo[97]. Egli infatti governò i figli di Israele 6 anni. S'impegnò con Dio dietro voto, patto e alleanza di offrirgli in olocausto, al suo ritorno dalla battaglia, chi sarebbe uscito per primo dalla sua casa incontro a lui, se Dio gli avesse accordato la vittoria[98]. E quando uscì in battaglia, sgominò i suoi nemici e prese la via del ritorno, ad uscirgli incontro fu la sua unica figlia e perciò la immolò e la offrì a Dio in olocausto, conforme al voto che aveva fatto[99].

89 In seguito governò i figli di Israele Amṣar[100], ritenuto originario di Betlemme. Governò 7 anni. Ebbe trenta figli e trenta figlie. Sposò i suoi trenta figli e fece venire di fuori, in un solo giorno, trenta nuore; di poi maritò le sue trenta figlie e in un solo giorno si fece trenta generi.

90 Governò poi sui figli di Israele, per 10 anni, Elon, della tribù di Zabulon[101].

91 In questo tempo si rese celebre la maga Medea. Con i suoi sortilegi fece bruciare Qārūn /=Crèone/ e ʿAlūqā /=Glauce/. In un eccesso di collera, uccise tutti i suoi figli[102].

92 Governò poi sui figli di Israele, per un periodo di 8 anni, Labdūn, vale a dire ʿAbdūn. Ebbe quaranta figli e trenta nipoti che montavano con lui su settanta asini[103].

93 In questo tempo il re Ercole cadde gravemente malato. Si gettò nel fuoco e morì, all'età di 52 anni.

94 In questo tempo Apollo si invaghì e si perse d'amore per Dafne al punto da uscir di senno e divenire folle[104].

96 Allude a qualche sua ricostruzione, essendo Tiro, città-stato, già stata costruita sin dal 2440.

97 Cf. *Gdc* 11,1-7.

98 Cf. *Gdc* 11,29-31.

99 Cf. *Gdc* 11,34-40.

100 Così nel testo. Si tratta comunque di Ibṣān di cui in *Gdc* 12,8. In Vasiliev, *Kitab* (1915), p.13 troviamo la forma Abīṣan. Lo renderemo con Ibsan.

101 Cf. *Gdc* 12,11-12.

102 Cf. Michele il Siro, *Chronique* (1899), vol. I, p. 54. Per quanto concerne i primi due personaggi, ossia Creonte re di Corinto e sua figlia Glauce, andata sposa a Giasone nonostante il di lui giuramento di restare fedele a Medea, morirono bruciati dalle fiamme che si erano sprigionate da una corona d'oro e da un lungo manto bianco che Medea aveva mandato in dono a Glauce per mezzo di due dei suoi numerosi figli. La leggenda vuole che da Giasone ebbe sette maschi e sette femmine, che poi sacrificò perché Era li rendesse immortali dietro sua promessa, per avere Medea rifiutato le avances di Zeus.

103 Cf. *Gdc* 12,13-15.

104 Dafne, ninfa dei monti, sacerdotessa della madre terra e figlia del fiume Peneo, in Tessaglia, fu invano amata da Apollo. La Madre terra la mutò in alloro e Apollo si consolò della sua perdita intrecciando una corona con le sue foglie. Molto probabilmente l'accenno alla pazzia d'amore che fa perdere il senno è qui da attribuirsi a quanto fece Leucippo, figlio di Enomao che, pur di unirsi a lei, si travestì da fanciulla e fu poi fatto a pezzi dalle Ninfe.

95 I figli di Israele peccarono e le loro colpe divennero enormi, perciò Dio li abbandonò nelle mani dei Filistei, vale a dire degli abitanti della Palestina, per 41 anni[105].

96 Poi, dopo i Filistei, governò sui figli di Israele Sansone, consacrato a Dio dai propri genitori. Era della tribù di Dan, e li governò 20 anni[106].

97 Nell'anno 3 del suo governo, cominciò la guerra contro i Filistei.

98 Nell'anno 5 del suo governo, ebbe luogo la storia di Rut la Moabita, vale a dire discendente della tribù di Moab. Booz la sposò e generò da lei Obed, nonno del profeta David[107]. La storia di Rut contiene 246 versetti. Il suo libro è talmente bello da essere stato tradotto dal greco in arabo[108].

Altri eventi

99 Nell'anno 8 del governo di Sansone, Alessandro Paride, figlio di Priamo, re di Ilio, prese con sé delle offerte e andò a sacrificarle al dio Apollo, nel paese dell'Ellade, all'età di 33 anni, perché diceva che era stato il dio che aveva predetto al padre che avrebbe avuto un figlio. Partito ed entrato che fu al cospetto del re di Sparta, chiamato Menelao, vide colà Elena, la cui grazia e bellezza lo lasciarono di stucco, sì da desiderarla ardentemente. Essendosi poi il marito della donna intrattenuto in un paese in cui era andato e trovandosi lontano da lui, Paride rapì la giovane donna e la portò a Troia, nel paese della Frigia, nel palazzo di suo padre, senza aver presentato le offerte. Menelao tornò e, messo al corrente di quanto era accaduto, inviò i suoi messaggeri chiamando in aiuto venti re con le loro flotte, per un totale di 2250 navi.

100 Si imbarcarono quindi e combatterono contro Priamo e contro il figlio che aveva rapito la bella Elena. Ripresero Elena e si impadronirono di tutto il paese che aveva mosso loro guerra durante dieci anni, fino all'anno 18 del governo di Sansone[109].

101 In questo tempo fu distrutta la città di Ilio, descritta nel libro e nelle epiche di Omero[110].

102 Nell'anno 19 del governo di Sansone, morì Zeus, re di Creta. Fu seppellito ad Aqrāṭà[111], che è poi la fascia costiera[112]. Era vissuto 780 anni. A causa della sua longevità fu chiamato Zeus, mentre prima si chiamava Dios[113].

105 Cf. *Gdc* 13,1, dove è però detto che Jahve li consegnò nelle mani dei Filistei per quarant'anni.

106 *Gdc* 16,31.

107 Cf. *Rt* 4,13-17.

108 Notizia interessantissima! Per quanto concerne il numero dei versetti cf. Michele il Siro, *Chronique* (1899), vol. I, p. 64, dove però precisa che intende indicare il numero delle parole!

109 Per alcuni di questi dettagli cf. pure Michele il Siro, *Chronique* (1899), vol. I, p. 57.

110 Cf. Malala, *Chronographia*, 93-94; Eusebio, *Chronicon*, II, 52 e Michele il Siro, *Chronique* (1899), vol. I, p. 57.

111 Ovvero Creta. Cf. Michele il Siro, *Chronique* (1899), vol. I, p. 57.

112 Michele il Siro, *Chronique* (1899), vol. I, p. 57 non si puntualizza che fosse re di Creta, ma si dice semplicemente che fu seppellito a Creta, senza nemmeno indicare la zona costiera.

113 Quasi alla lettera in Michele il Siro, *Chronique* (1899), vol. I, p. 57.

Si torna alla storia dei figli di Israele

103 In questo tempo, dopo aver ucciso un gran numero di Filistei, Sansone fu consegnato nelle loro mani ed essi lo accecarono grazie all'intraprendenza di una delle loro donne di cui egli si era invaghito. Questa amica non smise di ricorrere a stratagemmi contro di lui finché le fece sapere che la sua forza risiedeva nei suoi capelli. Mentre dormiva nella camera di questa donna, ella gli recise i capelli consacrati a Dio, la sua forza scomparve, ella lo incatenò e chiamò i Filistei perché lo raggiungessero. Dopo Sansone, i figli di Israele rimasero 12 anni senza chi li governasse.

104 Il libro di Giosuè, figlio di Nūn, primo libro dei Giudici, contiene 1953 versetti, mentre il secondo libro ne contiene 2880[114].

[114] Michele il Siro, *Chronique* (1899), vol. I, p. 64 indica che il libro di Giosuè è composto di 1953 parole, mentre quello propriamente detto dei Giudici ne ha 2084. La divisione dei due libri è propria di Agapio.

Capitolo 7

Il periodo dei re: da Saul a Giosafat

Ultimi Giudici

1 In seguito sorse il sacerdote ʿĀlī[1]. Governò i figli di Israele 40 anni[2]. Nei giorni in cui venne fatto loro capo aveva 38 anni.

2 Nell'anno 18 del governo del sacerdote Eli nacque il profeta Samuele, consacrato a Dio dai suoi genitori.

3 Nell'anno 20 del governo del sacerdote Eli, Anna, madre di Samuele, lo presentò e lo votò al Signore all'età di due anni. Dimorò con il sacerdote Eli nel tempio per tutto il restante periodo in cui governò il popolo, senza mai lasciarlo.

4 Alla morte di Eli, gli successe il profeta Samuele, che governò i figli di Israele per 20 anni[3]. Il giorno in cui morì Eli ed egli governò al suo posto, aveva 22 anni. Fu l'anno in cui i Filistei si impadronirono dell'Arca del Signore, ma non potendo essi tollerare il dolore che li affliggeva alla schiena, la restituirono accompagnandola nello stesso tempo con delle offerte in suo onore.

5 Samuele aveva governato i figli di Israele già 20 anni quando costoro gli chiesero di nominare e costituire su di essi un re. Gli chiedevano, in effetti, di liberarli del governo che il Signore esercitava su di essi per mezzo dei Giudici e dei governatori e per tal ragione Samuele diede loro come re Saul, figlio di Qīs[4].

Preludio alla monarchia

6 Il numero degli anni a partire dal governo di Giosuè, figlio di Nūn, e dopo i Giudici che lo avevano seguito fino al giorno in cui Saul, figlio di Qīs, cominciò a regnare, fu di 505, e da Adamo fino a quest'anno fu di 4391. Ciò si spiega alla luce di quanto abbiamo esposto precedentemente. Abbiamo di fatto detto che da Adamo al diluvio erano trascorsi 2256 anni; dal diluvio fino alla nascita di ʿArġū, 670 anni; da Adamo fino all'anno della nascita di ʿArġū, 2926 anni; dalla nascita di ʿArġū fino a quella di Abramo, 416 anni; da Adamo fino a questo anno, 3342; dalla nascita di Abramo fino a quella di Mosè, 424

[1] Ossia il sacerdote Eli. D'ora in avanti lo renderemo con Eli.

[2] Cf. *1Sam* 4,18. Michele il Siro, *Chronique* (1899), vol. I, p. 58 puntualizza che governò 20 anni stando ai Settanta e 40 stando alla Bibbia ebraica.

[3] Cf. *1Sam* 7,6. In 7,15 è detto che fu giudice per tutto il tempo della sua vita.

[4] Cf. *1Sam* 8,5; 10,21.

anni; da Adamo fino alla nascita di Mosè, 3766 anni; dall'anno della nascita di Mosè fino all'anno dell'uscita dei figli di Israele dall'Egitto e della salita di Mosè sul monte del Signore, ossia sul Sinai, 81 anni; da Adamo fino a quest'anno, 3847 anni.

7 Poi, dopo aver portato fuori i figli di Israele dall'Egitto e aver preso la via del deserto, Mosè li governò 39 anni. Da Adamo e dal cominciamento del mondo fino all'anno della morte di Mosè trascorsero 3886 anni. Ora, se aggiungiamo il totale degli anni dei Giudici che governarono i figli di Israele, ossia 505 anni, gli anni della storia del mondo, da Adamo e dal cominciamento dell'universo, saranno giustamente 4391 anni. Ciò sino a questo libro che è chiamato il libro dei Giudici.

8 Avendo Saul, figlio di Qīs, della tribù di Beniamino, regnato ed esercitato la sua autorità sui figli di Israele per 40 anni, si sono computati gli anni a partire dall'inizio del suo regno che sono stati a loro volta aggiunti agli anni della storia del mondo che, come abbiamo detto, sono 4391 fino al cominciamento del regno di Saul. Dopo di ciò si aggiungano gli anni dei loro re, uno dopo l'altro, fino al momento in cui il re Nabucodonosor li ridusse in cattività.

9 Poi, dopo il periodo dei re e dopo la cattività ad opera di Nabucodonosor, si computano, aggiungendoli all'era del mondo, il totale degli anni dei re di Persia e dell'Oriente, uno dopo l'altro, fino alla fine dell'epoca di questi ultimi. Il totale del calcolo porta al primo anno dei re Tolomei che erano re dell'Occidente e il primo dei quali fu Tolomeo Alessandro ossia *Ḏū al-qarnayn*.

10 Esporremo ciò notizia per notizia e scriveremo l'insieme delle storie, eventi, fatti e meraviglie che hanno avuto luogo in detti secoli e tempi; di poi, riprenderemo ad esporre gli anni a partire dal primo anno in cui regnò Alessandro *Ḏū al-qarnayn* fino a questi nostri tempi e giorno, dando notizia di quanto è in essi accaduto. Questo ti illustreremo e mostreremo, se Dio, sia Egli esaltato, vorrà.

Storia del profeta Samuele, ultimo governatore e ultimo giudice dei figli di Israele e storia di Saul, figlio di Qīs, primo re dei figli di Israele

Il popolo chiede un re

11 È scritto che il profeta Samuele governò i figli di Israele 20 anni[5]. Questi ultimi, come abbiamo detto all'inizio, non obbedivano né a Samuele né al loro Signore. Presero perciò a chiedere al profeta di essere liberati dal governo dei giudici, scongiurandolo di pregare il Signore affinché, come già presso tutti gli altri popoli, venisse costituito per loro un re, dando così segno di tenere a vile il culto del Signore e il governo ch'egli esercitava su di essi per il tramite del suo profeta Samuele e di cercare /unicamente/ il soddisfacimento dei loro piaceri.

[5] In *1Sam* 7,6 è chiaramente detto: «A Mizpa Samuele fu Giudice dei figli di Israele», ma in nessun passo biblico si precisa che lo fu per venti anni. Infatti nel versetto 15 è detto: «Samuele fu Giudice di Israele per tutto il tempo della sua vita».

12 Samuele li consigliava, li esortava, li metteva in guardia, annunciava ad essi quale sarebbe stata la condotta dei re nei loro riguardi e come avrebbero ridotto le loro figlie a tessitrici, ricamatrici, fornaie e cuoche asservendole a sé. Li metteva in guardia con la speranza di piegarli, ma non lo ascoltarono, non furono distolti dal loro proposito, anzi arrivarono persino ad accusare di menzogna i figli di Samuele e a dire falsità sul loro conto[6]. Poi dissero a Samuele: «Quanto a te, chiediamo che cessi ogni tua autorità su di noi»[7].

13 Davanti alla loro temerarietà e insistenza e prendendo atto della loro impudenza, domandò al Signore licenza di dare loro un re. Il Signore gli ordinò di congedarsi, di ungere per loro Saul, figlio di Qīs, della tribù di Beniamino, e di farlo regnare su di essi per vendicarsi di loro.

14 Ciò ebbe luogo 545 anni dopo l'uscita dei figli di Israele dall'Egitto, un lasso di tempo che abbraccia tutto il periodo degli anni in cui il Signore li aveva governati per mano di quei Giudici di cui si è parlato.

Re e Profeti

15 Dopo Saul, regnò il profeta David e, dopo di lui, suo figlio Salomone. A Salomone successe suo figlio e si andò così di figlio in figlio fino all'ultimo loro re e fino a quando Nabucodonosor li portò con sé prigionieri a Babilonia.

16 Durante il lungo periodo dei loro regni, vissero i profeti Elia, Abdia, Elièzer, Michea, Giuda (?) e Osea[8].

17 Dopo l'elevazione al cielo del profeta Elia, il suo posto fu preso dal discepolo Eliseo.

18 Al tempo del re Ozia, i profeti Isaia, Gioele e Zaccaria, figlio di Barachia, enunciarono profezie concernenti il Messia.

19 I Giudei lapidarono Zaccaria, figlio di Barachia nel tempio, perché li aveva riprovati per le abominazioni che facevano. L'uccisero tra il tempio e l'altare[9]. Il Signore, irritato contro di essi, li mise sotto il giogo di Salmanassar che ridusse in cattività dieci delle loro tribù, quelle, cioè, che i Giudei ritengono trovarsi al di là del fiume *Sbt*[10].

20 La /sacra/ Scrittura afferma che Saul, figlio di Qīs, regnò sui figli di Israele 40 anni. Fu appunto questo uno dei /tanti/ castighi che Iddio inflisse ad essi per vendicarsi di loro.

[6] Per la mala condotta dei due figli di Samuele, cf. *1Sam* 8,1-5.

[7] Cf. *1Sam* 8,19.

[8] Questa, come le seguenti, sembra un'inserzione fuori luogo. In realtà più tardi Michele il Siro, *Chronique* (1899), vol. I, p. 68 ha questa seguenza: Elia, Abdia, Abiu, Ouziel e Michea, indicando come falsi profeti Sedecia, Eleazaro e altri. Ma siamo al tempo di Achab!

[9] In verità *2Cron* 24,20-21 parla di Zaccaria, figlio di Jioiada, che fu lapidato nell'atrio del tempio di Jahve. L'episodio è poi riportato in *Mt* 23,35 dove si puntualizza che Zaccaria, figlio di Barachia, fu assassinato tra il santuario e l'altare.

[10] Per queste notizie cf. *2Re* 17,3-6, dove l'indicazione del fiume, Cabor, non è di immediata compatibilità con le lettere del toponimo che compare nel testo arabo.

Ancora sul regno di Saul

21 Nell'anno 3 del suo regno, Saul mosse guerra agli Amaleciti e li sbaragliò[11].

22 Nell'anno 10 del suo regno, nacque David figlio di Jesse, da sua madre Naḥaš[12]. Apparteneva alla tribù di Giuda.

23 In questo tempo cominciarono a regnare i re dei Lacedemoni e dei Corinzi e fu costruita la città di Nileo[13].

24 Nell'anno 23 del regno di Saul, il profeta David fu unto re dal profeta Samuele, che aveva allora 65 anni, mentre David ne aveva 13.

25 Nell'anno 28 del regno di Saul, David, allora giovane di 18 anni, uccise il gigante Golia[14].

26 Nell'anno 33 ci fu un andirivieni di profeti a Tābūt, in quel della città di al-Rāmah, dove il re Saul profetizzò in una con essi[15].

27 Nell'anno 35 del regno di Saul, morì il profeta Samuele[16].

David è fatto re di tutto Israele

28 Nell'anno 30 dalla nascita di David, diciassette anni dopo la sua unzione e cinque anni dopo la morte di Samuele, Saul morì in un combattimento contro i Filistei, ossia gli abitanti della Palestina. La tribù di Giuda si riunì e ad Hebron elesse David a suo re[17]. Egli fu in seguito unto nuovamente re e regnò su tutte le tribù dei figli di Israele. Regnò in Gerusalemme per 33 anni e, in tutto, 40 anni[18].

29 Il libro intero di Samuele contiene 3436 versetti mentre il libro di David, ossia il Salterio, ne contiene 4830[19].

30 Nell'anno 10 del suo regno, David radunò tutti i figli di Israele e fece portare l'Arca del Signore dalla casa di Amminadab dentro la Tenda ch'egli aveva eretto e che era stata fatta per essa[20].

[11] Cf. *1Sam* 15,7-9. L'indicazione del terzo anno di regno di Saul sembra rispondere al vero in quanto ciò che è raccontato all'inizio del cap. 13 porta l'indicazione che gli avvenimenti si svolgano nel secondo anno di regno di Saul. Cf. *La sacra Bibbia* (1961), vol. I, p. 620, nota 1.

[12] Sotto questo nome ci è presentata la madre di Shobi che insieme con altri si reca da David portando con sé suppellettili e di che far mangiare ai suoi uomini. Cf. *2Sam* 17,27-29.

[13] In Michele il Siro, *Chronique* (1899), vol. I, p. 59 si hanno differenti dettagli! Sull'estinzione dei re dei Lacedemoni vedi la medesima fonte, p. 79.

[14] Cf. Michele il Siro, *Chronique* (1899), vol. I, p. 59.

[15] Cf. *1Sam* 19,18-24. La città di cui si parla nel contesto è Nāyūt, volgarmente Naiot, presso al-Rāmah.

[16] Cf. *1Sam* 25,1. Doveva essere quasi novantenne.

[17] Cf. *2Sam* 5,1-3.

[18] Cf. *2Sam* 5,4. Allusione ai 7 anni di regno in Ebron e ai 33 in Gerusalemme. Vedi pure Michele il Siro, *Chronique* (1899), vol. I, p. 59.

[19] Michele il Siro, *Chronique* (1899), vol. I, p. 64 conferma il dato relativo al libro di David ma quantizza in 3431 parole i due libri di Samuele.

[20] Cf. Cf. *2Sam* 6,1-18. Michele il Siro, *Chronique* (1899), vol. I, p. 59.

31 In questo tempo profetarono i profeti Gad, Natan e Asaf[21]. Natan è colui che si portò al cospetto di David per dirgli che non avrebbe giammai costruito il tempio del Signore, ma che l'avrebbe invece costruito il figlio Salomone[22]. Fu pure lui a fare una reprimenda a David a causa della moglie di Uria[23]. Si trovava nella città di Gabaon quando questo profeta vi morì ed ivi fu sepolto. Asaf fu invece tra coloro che David scelse perché lodassero Dio davanti all'Arca del Signore[24]. A Gad Dio ordinò di riferire a David di muoversi e di erigere un altare al Signore nell'aia di Ornan[25].

32 È stato detto che David unì alla dignità di profeta e di re quella di sacerdote. Non c'è bisogno di apportare una qualche prova sul fatto che sia stato re e profeta, essendo ciò evidente e manifesto e cosa a tutti nota. Ci resta però da esaminare e indicare che è stato anche sacerdote. Diciamo perciò che Gesù Cristo ha attestato tale fatto nel Vangelo dicendo: «Mangiò i pani della Proposizione che non mangiano se non i sacerdoti soltanto e di cui nessun altro ha autorità di cibarsi se non loro»[26]. Inoltre, David indossava in ogni circostanza le vesti sacerdotali.

33 Tra gli uomini celebri di questo tempo si distinse il sacerdote Ebiatar[27].

34 In questo anno, ossia nel 10 anno del suo regno, David fece rimuovere l'Arca del Signore e la fece collocare nel Tabernacolo, vale a dire nel padiglione che aveva fatto erigere per accoglierla. Sistemò davanti all'Arca del Signore, nel Tabernacolo, delle persone per salmodiare, lodare e glorificare Dio, intendo dire Asaf e i suoi compagni.

35 Data a questo tempo la consuetudine di fare la preghiera all'ora terza, sesta e nona, senza contare le preghiere del mattino, della sera, dell'alba e della mezzanotte, che costituiscono insieme le sette preghiere del giorno e della notte. Si dice pure che l'uso di fare queste preghiere risalga al tempo di Iḫnūḫ, figlio di Šīt, figlio d'Adamo, in quanto Iḫnūḫ fu il primo che cominciò a nominare e ad invocare il nome del Signore, mentre il nome che conoscevano Adamo e Šīt era «Dio». Iḫnūḫ invece lo chiamava «Signore» e «Dio». Diceva infatti: «*Allāhumma*! Mio Signore e mio Dio!». Fu proprio il primo a conoscere il nome «Signore».

36 Nell'anno 16 del regno di David, morì Nāḥāš, re dei figli di Ammon[28]. David mandò perciò suo figlio Ḥamnūn[29] per confortare gli Ammoniti. Giunto che fu da loro, vennero a diverbio ed egli, accusandoli di imbastire menzogne, si congedò.

[21] Vedi pure Michele il Siro, *Chronique* (1899), vol. I, p. 60.

[22] Cf. *2Sam* 7,12-13.

[23] Cf. *2Sam* 12. Vedi pure i particolari riportati nella descrizione di Michele il Siro, *Chronique* (1899), vol. I, p. 60.

[24] Cf. *1Cron* 15,19; 16,5-7,37.

[25] Cf. *2Sam* 24,11-25. Si tratta dell'aia di Arauna o Ornan il Gebuseo.

[26] Cf. *Mt* 12,3-4. Vedi pure Michele il Siro, *Chronique* (1899), vol. I, p. 60.

[27] Sulla figura di questo personaggio biblico cf. *1Sam* 22,20-23; *2Sam* 15,24-36; *1Re* 2,26-27.

[28] Cf. *2Sam* 10,1-2.

[29] Si tratta di Amnon, figlio di David, che si innamorò poi della sorella Tamar, la violentò e la scacciò, attirandosi l'ira e la vendetta di Assalonne. Cf. *2Sam* 13. D'ora in avanti lo renderemo con Amnon.

37 Nell'anno 18 del regno di David, Amnon si rivoltò contro David, suo padre[30], assoldando i re di Ḥarrān, di Nisibi e di Aram per mille *kikar*[31] d'argento, e si intenda per *kikar* una borsa piena di monete d'argento. Con loro egli mosse alla testa di un ingente esercito che contava 32 000 uomini per fare la guerra a David[32]. Marciarono contro di essi Yuāb, figlio di Ṣarūyā[33] e suo fratello Abisai, entrambi figli della sorella di David e comandanti delle schiere di David. Ingaggiarono battaglia contro Khanun e le sue truppe, li misero in fuga, li sterminarono e si impadronirono di Rabbah, città degli Ammoniti[34].

38 In questo tempo, David fece uccidere Uria l'Hittita e prese per sé la sua donna[35].

Altre notizie

39 In questo tempo furono costruite in Asia le città di Magnesia e di Mūrīnà[36].

40 Nell'anno 30 del suo regno, David fece guerra ai Filistei. In questa sua battaglia contro di essi, uccise quattro giganti di Ǧāt, sradicando così la razza dei giganti[37].

41 In questo tempo visse il poeta greco Omero[38].

Morte di David

42 Nell'anno 39 del suo regno, David divise le famiglie dei Leviti, tribù dei sacerdoti, designando 288 di loro perché lodassero, glorificassero e salmodiassero al cospetto dell'Arca del Signore: li divise in ventiquattro classi comprendenti ciascuna dodici sacerdoti con il compito di salmodiare in una delle ventiquattro ore del giorno e della notte, a turno, senza interruzione. Istituì così le famiglie dei sacerdoti, l'una in successione all'altra[39].

43 Dopo aver regnato 40 anni, David morì, all'età di 70 anni.

44 Durante la vita di David, i Giudei ricevettero una parte della *Mishna*, ossia il

[30] In realtà non si tratta di Amnon, ma di Khanun, figlio di Nāḥāš, re dei figli di Ammon, di cui in *2Sam* 10,1-2.

[31] Ossia talenti.

[32] Cf. *2Sam* 10,6. Il testo dice: «I figli di Ammon si accorsero di essersi inimicato David e mandarono ad assoldare ventimila fanti di Aram-Bet-Rekhob e di Aram-Zoba, mille uomini del re di Maacha e dodicimila uomini di Ishtob».

[33] Così in nota. Cf. *2Sam* 8,16. In seguito la renderemo con Zeruia.

[34] Cf. *2Sam* 11,1.

[35] Vedi pure Michele il Siro, *Chronique* (1899), vol. I, p. 61.

[36] Nell'anno 28 del regno di David, Michele il Siro, *Chronique* (1899), vol. I, p. 61 ricorda la fondazione delle città di Efeso e di Samo.

[37] Cf. *2Sam* 21,15-22. Il testo ha qui *Ḥāb* ma abbiamo preferito quanto indicato in nota.

[38] Vedi pure Michele il Siro, *Chronique* (1899), vol. I, p. 62, dove tale asserzione è attribuita ad alcuni tra i tanti.

[39] Cf. *1Cron* 23. Per la tribù dei sacerdoti divisa in ventiquattro classi, cf. *1Cron* 24. Vedi pure Michele il Siro, *Chronique* (1899), vol. I, p. 60.

libro di Šimaʿṯā[40] composto dai libri di Anania e di altri nonché da una serie di sorprendenti idiozie che non devono e non è bene che vengano riscritte in questo nostro libro perché se ne senta ancora parlare. Contengono, in verità, altre idiozie alle quali gli insensati e i loro più eminenti sapienti si tengono aggrappati sino a questi nostri giorni, per non parlare di altri che amano e bramano ascoltarle.

Regno di Salomone

45 Dopo di lui sorse Salomone, suo figlio, che regnò su figli di Israele per 40 anni, come dicono le Scritture[41].

46 Nell'anno 1 del suo regno, scacciò e mandò in esilio il sacerdote Ebiatar e il proprio fratello Adonia[42], e fece uccidere Joab, figlio di Zeruia[43].

47 Nell'anno 4 del suo regno, mise mano alla costruzione di un tempio per il Signore Dio sul monte degli Amorrei, ossia sul monte di Gerusalemme[44]. La somma degli anni a partire da Adamo e dalla creazione sino a quest'anno era di 4175[45].

48 Nell'anno 11 del suo regno, Salomone portò a termine la costruzione del Tempio del Signore. Aveva cominciato a costruirlo nell'anno 4 del suo regno, all'inizio del mese di maggio[46], sull'aia che David aveva comprato da Ornan il Gebuseo, sul monte degli Amorrei. Costruì quindi il Tempio in sette anni, avendone terminato la costruzione nell'anno 11 del suo regno, il 2 del mese di novembre. Si racconta che Dio ispirò a David l'idea di comprare quell'aia e di ordinare al figlio Salomone di costruirvi il Tempio del Signore. Era, di fatto, il posto in cui, come abbiamo già detto, Abramo aveva offerto in olocausto al Signore suo figlio Isacco. Le caratteristiche di questo luogo le abbiamo già illustrate ed esposte.

49 Al posto del sacerdote Ebiatar, che Salomone aveva fatto rimuovere, fu designato come sacerdote Ṣidiqiyā /=Sadoq/. Si ritiene che sia stato l'ottavo dopo Aronne. Come capo delle schiere, invece, fu designato, al posto di Joab figlio di Zeruia, Benaya figlio di Yoyada[47].

50 Si resero celebri, in questo tempo, Esiodo ed Omero, poeti dei Greci[48].

51 Nell'anno 24 del suo regno, Salomone distrusse Antiochia e costruì Tadmor che era una landa desolata e deserta[49].

40 Cf. Al-Masʿūdī, *Kitāb al-tanbīh*, pp. 112-113; PO VII, 599.

41 Cf. *1Re* 11,42.

42 Cf. *1Re* 2,21-27.

43 Cf. *1Re* 2,28-34.

44 Allusione al monte Moria. Cf. *2Cron* 3,1-2.

45 In Michele il Siro, *Chronique* (1899), vol. I, p. 61 troviamo invece 4168.

46 In *2Cron* 3,2 è detto «nel secondo mese del quarto anno del regno». Così pure in *1Re* 6,1 è detto che cominciò a costruirlo nel mese di Ziv, che è il secondo mese, corrispondente all'arabo *ayyār*.

47 Cf. *1Re* 2,35.

48 Vedi pure Michele il Siro, *Chronique* (1899), vol. I, p. 62.

49 Tadmor è il nome arabo dell'antica Palmira, città e oasi nel deserto siriano, tappa obbligata lungo

52 Nell'anno 29 del regno di Salomone profetò il profeta Aḫiyā il Silonita[50].

53 È scritto che Salomone, nell'anno 34 del suo regno, eresse sulla montagna che sta di fronte a Gerusalemme, un altare a Kamūš, dio dei Moabiti, e un altro a Malkūm, dio degli Ammoniti, obbedendo, in tal modo, ad alcune delle sue donne che lo avevano reso empio e fuorviato[51].

54 In questo tempo Geroboamo, figlio di Nābāṭ, riparò in Egitto alla corte del re Šīšāq, dove si intrattenne fino alla morte di Salomone[52] e all'ascesa al trono del di lui figlio Roboamo[53].

Libri attribuiti a Salomone

55 Il libro dei Proverbi di Salomone contiene 1762 versetti, mentre quello della grande Sapienza ne contiene 1550 e 427 sono invece i versetti del libro dell'*Ecclesiaste*, che è da intendersi come il sermone che Salomone rivolse ai figli di Israele allorquando regnava su di essi e li radunò per parlare loro. Il libro del Cantico dei Cantici contiene, a sua volta, 256 versetti[54].

I regni di Roboamo e di Geroboamo

56 Roboamo, figlio di Salomone, era nato da una donna ammonita di nome Naʿamā'[55], un anno prima che Salomone cominciasse a regnare. Roboamo, figlio di Salomone, regnò 17 anni e ne visse 58.

57 Nell'anno 1 del suo regno, i figli di Israele si rivoltarono contro di lui per non aver egli accolto il consiglio degli Anziani che gli consigliavano di agire con rettitudine, di mostrarsi amabile nei confronti dei figli di Israele e per essersi anzi mostrato ancor più

la strada che univa l'Eufrate al Mediterraneo, situata all'incrocio delle vie che attraversano il deserto siriano. Devastata da Antonio nel 41 a.C., ricevette il titolo di città libera da Adriano nel 129 con il nome di Hadriana Palmyra. Con la regina Zenobia e il di lei figlio Vaballato, Palmira estese il suo dominio sulla Mesopotamia, sulla Siria, sulla Palestina e sull'Egitto, ma la sua effimera signorìa decadde con la sconfitta che Vaballato subì ad opera dell'imperatore Aureliano nel 272. Celebri sono tuttora i suoi scavi e monumenti, il suo pantheon e la civiltà di cultura e lingua aramaica con forti influssi ellenistici di cui è stata portatrice. Vedi pure Michele il Siro, *Chronique* (1899), vol. I, p. 62.

[50] Cf. *1Re* 11,29. Il testo che traduciamo ha malamente Malachia e ciò giustifica anche le riserve del curatore sul fatto che Malachia profetizza molto dopo gli eventi qui narrati! La forma Aḫiyā è riportata correttamente in Vasiliev, *Kitab* (1915), p. 28.

[51] Cf. *1Re* 11,7-14. In Michele il Siro, *Chronique* (1899), vol. I, p. 62 si precisa che li fece innalzare sullo stesso luogo in cui era stato eretto l'altare in onore di Afrodite, dea dei Greci.

[52] Sorprende come Agapio non indichi espressamente come e quando Salomone morì!

[53] Cf. *1Re* 11,40; 12,1-2.

[54] In Michele il Siro, *Chronique* (1899), vol. I, p. 64 si parla di parole e si specifica che il libro di Mosè ne contiene 14100; il libro di Giosuè 1953; il libro di Rut 246; quello dei Giudici 2084; quello di Samuele 3431; quello di David 4830; i Proverbi di Salomone 1762; il libro della Grande Sapienza 551; quello dell'Ecclesiaste 427 e il Cantico dei Cantici 496. Per quanto concerne quest'ultimo libro, il nostro testo lo indica anche sotto la forma aramaica *šīr šīrīn* a cui fa seguire, per esprimerlo meglio, la forma araba *tasbiḥat al-tasbīḥāt*.

[55] Cf. *1Re* 14,21; 11,29-32.

duro di suo padre nei loro riguardi[56]. Quindi si radunarono e lapidarono /Adoniram/[57], preposto alla riscossione delle imposte[58]. Il regno fu diviso in due, conformemente alle parole del profeta Malāḫiyā[59].

58 Geroboamo, figlio di Nābāṭ, che era fuggito in Egitto, regnò 22 anni su dieci tribù, mentre Roboamo regnò sulla sola tribù di Giuda.

59 Geroboamo /ri/costruì la città di Sichem, sulla montagna di Efraim[60].

60 Nell'anno 2 del suo regno, Geroboamo fece costruire due vitelli d'oro e li fece innalzare perché i figli di Israele li adorassero.

61 Nell'anno 5 del regno di Roboamo, Šīšāk, re dell'Egitto, salì a Gerusalemme e portò via con sé tutte le porte di oro che Salomone aveva fatto approntare nel Tempio. Roboamo le fece sostituire con altre di bronzo[61].

Altri re di Giuda e di Israele

62 Dopo la morte di Roboamo, regnò suo figlio Ābiyyā[62], per 3 anni.

63 Nell'anno 1 del suo regno radunò le schiere in numero di quattrocentomila per muovere guerra a Geroboamo e alle tribù dei figli di Israele. Ma anche Geroboamo raccolse le sue schiere in numero di ottocentomila cavalieri e l'un contro l'altro combatterono finché Geroboamo fu sconfitto e messo in fuga e cinquecentomila guerrieri israeliti caddero sul campo[63].

64 In questo tempo Abia prese quattordici mogli e generò sedici figli e sedici figlie[64].

65 Alla sua morte, regnò il figlio Asā[65], 41 anni. Visse 60 anni.

66 Nell'anno 3 del suo regno regnò 2 anni sui figli di Israele, dopo Geroboamo, Nādāb[66].

[56] Cf. *1Re* 12,6-7.

[57] In Vasiliev, *Kitab* (1915), p. 30 è indicato come Adoram. Nel testo che traduciamo è del tutto assente, il che induce il curatore a supporre che il verbo *wa-rağamū* è forse da leggersi *wa-zdaḥamū* che non è conforme al dettato biblico.

[58] Cf. *1Re* 4,6 e 5,28 in cui si dice che Adoniram era addetto ai lavori servili e presiedeva alla leva. Che fosse preposto ai lavori servili è ribadito altresì in *1Re* 12,18.

[59] Cf. *1Re* 12,15. Il testo che traduciamo insiste con Malachia e indica in nota che è da intendersi per Semeia di cui in *1Re* 12,22. Ma il contesto è più favorevole a 12,15 in cui si allude al compimento della profezia di Achia. Sulla profezia di Achia vedi anche Michele il Siro, *Chronique* (1899), vol. I, p. 63.

[60] Cf. *1Re* 12,25. Vedi pure Michele il Siro, *Chronique* (1899), vol. I, p. 63.

[61] Cf. *1Re* 14,25-27 dove però non si parla di porte bensì di scudi. Così pure in *2Cron* 12,9-10. Per «porte» è anche Michele il Siro, *Chronique* (1899), vol. I, p. 64.

[62] Lo renderemo sempre con Abia.

[63] Cf. *2Cron* 13,3-18. Vdi pure Michele il Siro, *Chronique* (1899), vol. I, p. 65.

[64] *2Cron* 13,21 dove però si dice che generò «ventidue figli» e non sedici o ventisei come nel testo arabo e in Vasiliev, *Kitab* (1915), p. 31. In Michele il Siro, *Chronique* (1899), vol. I, p. 65 si dice che aveva avuto ventiquattro figli.

[65] D'ora in avanti lo renderemo con Asa.

[66] In *1Re* 15,25 si dice che divenne re di Israele il secondo anno di Asa, re di Giuda. D'ora in avanti lo renderemo con Nadab.

67 Nell'anno 5 del regno di Asa, si rese celebre il veggente *Āḥyhlāğ*[67].

68 Poi regnò sulle dieci tribù dei figli di Israele Baʿašā[68], per 24 anni.

69 Nell'anno 10 del suo regno, Asa fece raccogliere gli idoli e i simulacri e li votò al fuoco; bandì da ogni parte del proprio regno le prostitute e allontanò sua madre, usa qual era a celebrare feste in onore degli dei di perdizione[69].

70 Nell'anno 29 del regno di Asa, regnò sui figli di Israele Ālā, figlio di Baaša, per 2 anni[70].

71 Poi /Zi/mrī, suo servitore, lo uccise e regnò per 7 giorni. Di poi il regno dei figli di Israele delle dieci tribù si divise: parte di esse si schierarono sotto gli stendardi di Tibnī[71] ed altre sotto quelli di ʿAmrī[72]. Ma le truppe di Amri erano oltremodo numerose, Tibni ne fu atterrito, al punto da ammalarsi e morire, ed Amri salì al trono.

72 Amri continuò a regnare sulle tribù 6 anni.

73 In questo tempo Amri acquistò il monte Šamarīn da Šamīr che ne era il proprietario e su questa montagna costruì una città che chiamò Šamarīn, dal nome del monte[73]. Essa divenne la sede dei re delle dieci tribù dei figli di Israele, mentre quella dei re della tribù di Giuda si trovava in Gerusalemme.

74 Amri regnò altri 6 anni nella città regale che aveva costruito.

La storia di Zaraḥ, re dell'India

75 Nell'anno 30 del regno di Asa, re della tribù di Giuda, Zaraḥ, re dell'India, fece una spedizione contro Gerusalemme, per terra e per mare, alla testa di un milione e centomila uomini, accampandosi e cingendola d'assedio[74].

[67] Il nome di questo personaggio è illeggibile ma viene chiaramente identificato come un *kāhin* che vuol dire sì «sacerdote», ma anche «indovino, veggente», qualità riscontrabile nel personaggio biblico di cui in *2Cron* 16,7. Vasiliev, *Kitab* (1915), p. 31 nonostante la forma illeggibile traduce: «Nell'anno 5 del regno di Asa si rese celebre il gran sacerdote Abimelek». A tal proposito in Michele il Siro, *Chronique* (1899), vol. I, p. 64 è riportata una testimonianza fatta risalire ad Eusebio secondo la quale il gran sacerdote Abimelek fioriva al tempo di Geroboamo, figlio di Nabat.

[68] D'ora in avanti lo renderemo con Baaša.

[69] Cf. *1Re* 15,9-13; *2Cron* 14,1-5. In Michele il Siro, *Chronique* (1899), vol. I, p. 66 questi eventi sono collocati nell'anno 15 del regno di Asa e si dice che sua madre celebrava feste in onore di Astarte di cui il re fece poi bruciare l'idolo.

[70] D'ora in avanti lo renderemo con Ela. In *1Re* 16,8 è detto che Ela divenne re di Israele «l'anno ventiseiesimo di Asa re di Giuda».

[71] Così in nota, ma nel testo si ha Yanbī. Lo renderemo con Tibni. Vedi *1Re* 16,21.

[72] D'ora in avanti lo renderemo con Amri.

[73] Purtroppo i toponimi sono sempre opinabili in queste fonti manoscritte! Qui si parla chiaramente della città di Samaria, costruita sul monte Someron acquistato da Shemer per due talenti d'argento, come ricorre in *1Re* 16,24. D'ora in avanti la chiameremo sempre Samaria. Per queste notizie cf. anche Michele il Siro, *Chronique* (1899), vol. I, p. 67, dove si puntualizza che la città fu dapprima chiamata Samaria, poi Sebastia e infine Naplusa.

[74] Su questa guerra e gli incoraggiamenti dati poi ad Asa dal profeta Azaria cf. *2Cron* 14 e 15. In realtà a muovere guerra ad Asa re di Giuda fu il re cuscita Zaraḥ alla testa dei Libici, come compare anche in Michele il Siro, *Chronique* (1899), vol. I, p. 66.

76 Il re Asa elevò allora suppliche al Signore...[75], dismise le vesti regali, indossò il cilicio, si prosternò umilmente sulla cenere e pregò Dio, invocando da lui aiuto e assistenza contro Zaraḥ, re dell'India, e contro le sue truppe. Dio, che è potente e grande, esaudì le sue preghiere, lo chiamò, gli ordinò di radunare le sue schiere e di muovere alla loro testa contro Zaraḥ, per mostrargli la sua potenza. Dio tuttavia gli ordinò di non prendere tra i suoi gente capace di brandire spada e di scoccare frecce.

77 Quando, alla testa delle sue schiere, si mise in marcia e i suoi uomini ingaggiarono battaglia con quelli di Zaraḥ, le truppe e le schiere di Zaraḥ tesero le corde dei loro archi provocando un suono simile al ronzio di alveari di api.

78 Lanciarono quindi le loro frecce ma arrivate che furono al bersaglio, Dio deviò il corso di ciascuna di esse mandandola a conficcarsi nel palmo della mano d'ogni arciere. Feriti dalle loro stesse frecce, se ne dolsero molto e, informando il re Zaraḥ di quanto era avvenuto, si sentirono dire: «È un sortilegio che i figli di Israele hanno appreso stando in Egitto».

79 I soldati sguainarono allora le loro spade e cominciarono ad uccidersi gli uni gli altri. Dio, infatti, aveva conferito agli uni agli occhi degli altri le parvenze dei figli di Israele. Così si sterminarono a vicenda. Coloro che sfuggirono alla morte, annegarono in mare e tre giorni dopo il mare li rigettò sulla riva.

80 Dio ordinò al re Asa di muovere verso il mare in una con le sue schiere per impadronirsi delle loro spoglie.

81 Nessuno si meravigli se ho parlato /di questo episodio/ dicendo che Dio impose delle disposizioni al re Asa: chiunque sia dotato d'intelletto, infatti, sa bene che la vittoria e il trionfo dipendono da Dio.

82 La storia della spedizione di Zaraḥ contro Gerusalemme e la ragione che lo spinse a muovere guerra ai figli di Israele, sarebbero troppo lunghe a raccontarsi.

Ritorno ai regni di Israele e di Giuda

83 Dopo il re Asa, regnò in Gerusalemme, sulla tribù di Giuda, suo figlio Yūšāfāṭ, per 25 anni[76].

84 Nell'anno 2 del suo regno, regnò sulle dieci tribù dei figli di Israele, in Samaria, al posto di Amri, suo figlio Āḫāb[77]. Aveva appena cominciato a regnare quando sposò una donna, di nome Gezabel, figlia di Ituba'āl, re di Sidone.

85 /Ri/costruì la già esecrata città di Gerico che Giosuè, figlio di Nūn, aveva votato all'anatema quando se ne era impadronito al tempo dell'uscita dei figli di Israele dall'Egitto. Giosuè aveva maledetto altresì chi l'avrebbe /ri/costruita. Gerico fu /ri/costruita 700 anni dopo la sua distruzione[78].

[75] Seguono due parole indecifrabili.

[76] Cf. *2Cron* 20,31. D'ora in avanti lo renderemo con Giosafat.

[77] D'ora in avanti lo renderemo con Achab.

[78] Così pure In Michele il Siro, *Chronique* (1899), vol. I, p. 68. In verità *1Re* 16,34 attribuisce la ricostruzione della città a Khiel da Bethel. Per le disposizioni di Giosuè, cf. *Gs* 6.

86 Profetizzava, in questo tempo, il profeta Elia, della famiglia di Aronne. Abitava in una città di Galaad[79]. Il giorno in cui nacque, suo padre lo vide in sogno salire al cielo avvolto da fiamme di fuoco[80].

87 Profetizzava altresì il profeta Abdia, della tribù di Efraim, vale a dire colui che aveva nascosto cento profeti per paura che il re Achab li uccidesse[81].

88 Profetizzava altresì il profeta Michea, che aveva annunciato al re Achab la vittoria che avrebbe riportato sui suoi nemici[82].

89 Profetizzavano pure i profeti caldei, tra i quali Sedecia, figlio di una cananea[83], ed Elièzer, con quattrocento profeti che profetizzavano nella città della regina Gezabel contro i di lei capricci e passioni[84].

90 Nell'anno 8 del regno di Giosafat, re della tribù di Giuda, Achab fece costruire un tempio e degli altari per gli idoli e i simulacri nella città di Samaria.

91 Nell'anno 12 del suo regno, Giosafat mosse guerra al re di al-Rāmah chiamato Ibn-Hadad[85] e ad altri trentadue re che erano con lui. Li sgominò e ne uccise settemila uomini[86].

92 Tra coloro che profetarono in questo tempo sono annoverati Ḥurā'īl[87] ed Elièzer[88].

93 Nell'anno 24 del regno di Giosafat, re della tribù di Giuda, regnò 2 anni sulle dieci tribù dei figli di Israele Aḥāz /= Ochozia), figlio di Achab[89].

[79] Tishbe era il nome del villaggio, in Transgiordania, da identificare forse con l'attuale el-Istib, a 26 km a nord del fiume Yabbūk. Quanto è di lui detto subito dopo lo si può riscontrare In Michele il Siro, *Chronique* (1899), vol. I, p. 68 con delle varianti.

[80] Notizie a queste simili in Michele il Siro, *Chronique* (1899), vol. I, p. 68.

[81] Cf. *1Re* 18,13. Sempre attingendo ad Epifanio, anche qui Michele il Siro, *Chronique* (1899), vol. I, p. 69 riporta dettagli conformi alla descrizione di Agapio.

[82] Cf. *1Re* 22,15.

[83] Cf. *1Re* 22,11.

[84] In Michele il Siro, *Chronique* (1899), vol. I, p. 68 sono presentati come «falsi profeti».

[85] Allusione all'arameo Ben-Hadad o Bar-Hadad. Sulle sue imprese belliche vedi pure Michele il Siro, *Chronique* (1899), vol. I, p. 70.

[86] Cf. *1Re* 20,1-20. Il testo è poco chiaro e intraducibile così com'è. Ci siamo perciò attenuti alla lettura di Vasiliev, *Kitab* (1915), p. 35.

[87] È forse da identificare con Jakhaziel di cui in *2Cron* 20,14. In Michele il Siro, *Chronique* (1899), vol. I, p. 68 è chiamato ʿUziel.

[88] Cf. Michele il Siro, *Chronique* (1899), vol. I, p. 68. Dovrebbe trattarsi dello stesso Elièzer di cui in *2Cron* 20,37 che profetò contro Giosafat per essersi unito all'empio Acazia.

[89] Cf. *1Re* 22,40.

Capitolo 8

Il periodo dei re: da Giosafat ad Amasia

Regno di Yoram

1 Giosafat morì a 60 anni compiuti. Dopo di lui regnò sulla tribù di Giuda, a Gerusalemme, per 8 anni, suo figlio Yūrām[1], il quale visse 40 anni[2].

2 In questo tempo il profeta Elia fu rapito al cielo[3].

3 Il giorno in cui divenne re della tribù di Giuda, /Yoram/ sposò Atalia, sorella di Achab, re delle tribù dei figli di Israele[4].

4 In questo tempo Yoram fece uccidere tutti i suoi fratelli, figli di Giosafat[5]. Dopo di ciò si ammalò, gli uscirono le viscere dal ventre fino a che questo si svuotò e morì.

5 Regnò poi, sulla tribù di Giuda, Uḥuziyā, figlio di Yoram, per un solo anno[6]. Visse 23 anni.

6 In questo anno morì Gezabel. Aveva regnato 36 anni, 15 dei quali dopo la morte del marito[7].

Regno di Atalia

7 È scritto che dopo la morte di Okhozia, figlio di Atalia, sorella di Achab[8], Atalia insorse contro tutta la stirpe regale della tribù di Giuda e la fece sterminare, ma ne scampò uno, ossia *ʾnūš*, figlio di Okhozia, che sua zia Yahūšaʿ aveva nascosto insieme con la sua nutrice[9]. Atalia si era comportata così allo scopo di annientare innanzitutto il regno della tribù di Giuda e di formarne, così, uno solo annettendo al suo e a quello del fratello Achab il regno delle dieci tribù dei figli di Israele. Intendeva inoltre sottrarre lo scettro alla tribù di Giuda da cui era scritto che sarebbe venuto fuori il Messia, quasi a volere, di

[1] D'ora in avanti lo renderemo con Yoram.

[2] Cf. *2Cron* 21,20.

[3] In Michele il Siro, *Chronique* (1899), vol. I, p. 69 si precisa che ciò avvenne nell'anno 4 del regno di Yoram.

[4] Cf. *2Re* 8,18 dove si dice però che sua moglie era una figlia di Achab.

[5] Cf. *2Cron* 21,4.

[6] Si tratta di Okhozia, figlio minore di Yoram e di Atalia, divenuto re all'età di ventidue anni. Cf. *2Cron* 22,1-2. D'ora in avanti lo chiameremo Okhozia.

[7] Cf. Michele il Siro, *Chronique* (1899), vol. I, p. 70, dove si afferma che regnò non 36 ma 35 anni.

[8] Piuttosto figlia ma non sorella.

[9] Cf. *2Re* 11,1-3. I nomi sono qui troppo corrotti. Trattasi di Yoas e di sua zia Ioseba.

sua propria iniziativa, impedire la venuta del Messia, travolta com'era da quanto Satana le aveva seminato in cuore per rendere vane le rivelazioni fatte da Dio ai profeti riguardo alla venuta del Messia. Fu per questo ch'egli fece di Atalia un suo strumento e prese dimora in lei.

Regno di Yoas

8 Nell'anno 7 del regno di Atalia, il sacerdote Yūnādā'[10] radunò tutta la tribù di Giuda e proclamarono re Yoas, figlio di Acazia[11]. Aveva allora 7 anni. Regnò sulla tribù di Giuda 40 anni. Visse in tutto 47 anni.

9 In questo tempo si rese celebre Licurgo, che svolse opera di legislatore[12].

10 In questo tempo profetarono Eliseo e Zaccaria, figlio del sacerdote Yoiada[13].

11 Yoas, re di Giuda, ordinò di mettere a morte il profeta Zaccaria, figlio del sacerdote Yoiada che venne di fatto ucciso nell'atrio del tempio del Signore[14]. Yoas fece altresì sterminare tutti i figli di Yoiada, attirandosi addosso la collera di Dio[15].

12 Nell'anno 25 del regno di Yoas, figlio di Okhozia, morì il sacerdote Yoiada.

13 In questo anno regnò sulle dieci tribù dei figli di Israele, per il periodo di 17 anni Yūhāḥāz, figlio di Yehū[16].

14 Nell'anno 30 del regno di Yoas, re della tribù di Giuda, morì il profeta Eliseo[17]. Era vissuto 50 anni in seguito all'elevazione al cielo di Elia e 67 da quando era stato unto.

Regno di Amasia

15 Yoas, re della tribù di Giuda, fu ucciso dai suoi servitori e morì di mala morte.

16 Dopo di lui regnò suo figlio Amūṣiyā[18] 29 anni. Visse in tutto 54 anni[19].

17 Nell'anno 2 del suo regno, regnò sulle dieci tribù dei figli di Israele un re, anch'egli di nome Yoas. Era originario di quelle dieci tribù e però non era /lo stesso/

[10] Meglio leggere Yūyādā', ad indicare il sacerdote Yoiada.

[11] Cf. *2Cron* 23.

[12] Notizia riportata anche In Michele il Siro, *Chronique* (1899), vol. I, pp. 70-71.

[13] Cf. *2Cron* 24,20.

[14] Cf. *2Cron* 24,21-22. Per la sua morte vedi anche Michele il Siro, *Chronique* (1899), vol. I, p. 70.

[15] Notizia assente nel testo sacro. *2Cron* 24,22 accenna solo al fatto che fece uccidere il figlio del sacerdote e che costui, morendo, esclamò: «Jahve veda e ne chieda conto!».

[16] Cf. *2Re* 13,1. Il testo sacro afferma che cominciò a regnare nell'anno ventitreesimo di Yoas figlio di Acazia, re di Giuda. D'ora in avanti li renderemo con Yoacaz e Yehu.

[17] Cf. *2Re* 13,14-20. In Michele il Siro, *Chronique* (1899), vol. I, p. 74 la sua morte è collocata nell'anno 37 di Yuwāš, benché a p. 71 si dica che avvenne nell'anno 36 dello stesso re. Gli altri confronti corrispondono a quanto qui detto da Agapio.

[18] D'ora in avanti lo rendermo con Amasia.

[19] In Michele il Siro, *Chronique* (1899), vol. I, p. 71 gli anni di regno di Amasia e quelli vissuti corrispondono a quanto qui riportato da Agapio.

Yoas che aveva regnato sulla tribù di Giuda. Regnò sulle dieci tribù 16 anni[20].

18 Nell'anno 13 del regno di Amasia, re della tribù di Giuda, Yoas, re delle /dieci/ tribù dei figli di Israele, lo attaccò e, facendo issare delle baliste contro Gerusalemme, ne abbatté il muro di cinta per una lunghezza di quattrocento cubiti, entrò nella città e portò via tutti i vestimenti custoditi nel tempio del Signore, i vasi sacri, i tesori reali e fece ritorno in Samaria, capitale del suo regno[21].

19 In questo tempo vaticinarono il profeta Osea, della tribù di Issacar, e il profeta Amos, originario di Teqoa[22], che fu ucciso per ordine di Amasia[23].

20 In questo tempo vaticinò il profeta Yūnān, vale a dire Giona, figlio del profeta /A/mittai[24]. Vaticinò contro la città di Ninive e i suoi abitanti. Si racconta che Giona fosse il figlio della vedova che il profeta Elia aveva resuscitato da morte[25].

21 Nell'anno 18 del regno di Amasia, re della tribù di Giuda, regnò 41 anni sulle dieci tribù dei figli di Israele Geroboamo II[26].

22 Allo scoccare dei 29 anni di regno da parte di Amasia sulla tribù di Giuda, i suoi servitori lo uccisero e morì così di una mala morte[27].

23 Dopo di lui regnò su di essi il figlio Ozia per 52 anni. Visse in tutto 68 anni[28].

Considerazione di Agapio

24 I libri dei Re, alla luce dei quali scriviamo e raccontiamo la storia dei re, indicano che Ozia era figlio di Amasia, che Amasia era figlio di Yoas, che Yoas era figlio di Okhozia e che Okhozia era figlio di Yoram. Nessun uomo di scienza ha mai avanzato dei dubbi a tal riguardo. Ma tre di questi re non sono menzionati nella genealogia di Cristo così come è contenuta nel Vangelo dell'evangelista Matteo, su di lui la pace, il quale dice, in effetti, che Yoram generò Ozia, tralasciando di menzionare gli altri tre re, vale a dire Amasia, Yoas e Okhozia padre di Yoas, nell'illustrare la genealogia di Cristo.

[20] Si tratta di Yoas, figlio di Yoakhaz che regnò su Israele a Samaria. Cf. *2Re* 13,10-13.

[21] Cf. *2Re* 14,13-14. Vedi pure *2Cron* 25,23-24.

[22] Già città cananea conquistata da Giosuè, acquisì una certa importanza sotto il regno di Geroboamo che la fortificò. La sua fama è tuttavia legata al fatto di aver dato i natali al profeta Amos che vi ebbe pure sepoltura. Fu nei suoi paraggi che san Caritone si scelse una grotta dove menare vita anacoretica e fu proprio a Tecoa che il monaco Romano, abbandonato il monastero di san Passarione a Gerusalemme, fondò una laura. Il sito è oggi indicato come *Khirbet Thecoa*.

[23] Per la morte di Amos si ha qualche dettaglio anche in Michele il Siro, *Chronique* (1899), vol. I, p. 75 dove però si dice che fu ucciso per iniziativa del figlio di Amasia.

[24] Cf. *2Re* 14,25. La sua storia è raccontata anche In Michele il Siro, *Chronique* (1899), vol. I, pp. 75-76.

[25] Cf. *1Re* 17,17-24.

[26] Cf. *2Re* 14,23. In Michele il Siro, *Chronique* (1899), vol. I, p. 74 è detto che regnò 40 anni.

[27] L'uccisione di Amasia da parte dei suoi servitori è descritta altresì in Michele il Siro, *Chronique* (1899), vol. I, p. 75.

[28] In *2Re* 15,1 è chiamato Azaria. Il racconto di Agapio segue piuttosto *2Cron* 26, 1-4. Azaria è pure chiamato in Michele il Siro, *Chronique* (1899), vol. I, p. 76.

Storie sorprendenti dei re Amasia, di suo figlio Azaria[29] e di Ochozia figlio di Yoram[30], re della tribù di Giuda da cui discendeva Cristo, nostro Signore

Genealogia di Cristo

25 Racconteremo, ora, e indicheremo il motivo per il quale l'evangelista Matteo tralascia di fare menzione di questi re nel delineare la genealogia di Cristo nel /suo/ Vangelo e li salta a piè pari da Yoram ad Ozia. Di fatto così è scritto all'inizio del Vangelo di Matteo: «Storia della nascita di Gesù Cristo, figlio di David, figlio di Abramo...» e poi continua: «Abramo generò Isacco, Isacco generò Giacobbe, Giacobbe generò Giuda e i suoi fratelli, Giuda generò Faris e Zaraḥ da Tamar, Faris generò Esron, Esron generò Aram, Aram generò Aminadab, Aminadab generò Naasson, Naasson generò Salmon, Salmon generò Booz da Rahab, Booz generò Obed da Rut, Obed generò Jesse, Jesse generò il re David. David generò Salomone dalla moglie di Uria, Salomone generò Roboamo, Roboamo generò Abia, Abia generò Asa, Asa generò Yosafat, Yosafat generò Yoram, Yoram generò Ozia»[31].

26 Così procedendo, Matteo delinea la genealogia di Cristo fino a Giuseppe, sposo di Maria, tralasciando di menzionare e di inserire nella linea genealogica, come abbiamo già detto, i re da Yoram ad Ozia, vale a dire tre re dai quali Cristo analogamente discende, che sono Amasia, Ozia[32] e Yoas.

Considerazioni sulla genealogia di Cristo

27 I sapienti e gli uomini di scienza cristiani dicono che Yoram fece una cosa che provocò l'ira di Dio, ossia che sposò Atalia, sorella di Achab[33], re delle tribù dei figli di Israele, quello stesso Achab che aveva sposato la regina Gezabel, assassina di profeti. Dio si adirò contro Yoram per aver egli sposato la sorella del marito della regina Gezabel e per aver ella massacrato i profeti ed eretto templi agli idoli e altari ai simulacri. Fu a causa sua che il re Achab aveva fatto ciò di cui si è appena parlato.

28 E ancora, così dice di lui la Scrittura: «Dopo la morte di Okhozia, re della tribù di Giuda, Yoas, figlio di Okhozia, restò solo grazie alla zia Yoseba che lo aveva nascosto insieme con la sua nutrice»[34]. Fu per questo che Dio si adirò contro Yoram, come abbiamo detto, per aver egli sposato Atalia, sorella di Achab, la donna che avrebbe voluto annientare il regno di Yoram e quello della tribù di Giuda in una con la sua posterità, dalla quale Cristo ha la sua origine. Quella donna, cioè, che avrebbe voluto estirpare la discendenza della tribù di Giuda e il suo regno al fine di farne un regno tutto suo e del fratello Achab

29 Nel testo abbiamo invece «Yoas». In verità il figlio di Amasia si chiamava Azaria o, anche, Ozia.

30 Nel testo abbiamo invece «figlio di Yoas».

31 Cf. *Mt* 1,1-8.

32 Si tratta di un chiaro refuso perché il personaggio in oggetto è in verità Ochozia padre di Yoas. In effetti i tre re dovrebbero essere, nell'ordine, Ochozia, Yoas e Amasia, come in *1Cron* 3,11-12.

33 Atalia era in verità figlia di Achab. Vedi 8,7 (p. 133).

34 Cf. *2Re* 11,2 e *2Cron* 22,10-12.

e, possibilmente, annientare la discendenza di Giuda da cui sarebbe disceso il Messia, per riunire in uno solo i due regni, vale a dire quello della tribù di Giuda e quello delle dieci tribù dei figli di Israele.

29 Atalia, sorella di Achab, marito di Gezabel, mise altresì a morte tutti i figli del sacerdote Yoiada[35].

30 In seguito, Yoram, non pago di aver sposato Atalia, sorella di Achab, attirò su di sé l'ira di Dio una seconda volta per aver fatto massacrare tutti i suoi fratelli, figli di suo padre Yosafat. Perciò Dio fece scendere su di lui la sua vendetta ed egli si ammalò, gli uscirono le viscere dal ventre sino a svuotarsi e morì di mala morte[36].

31 Poi suo figlio Yoas non appena salì al trono fece uccidere il profeta Zaccaria nell'atrio del tempio del Signore e fece altresì sterminare tutti i figli del sacerdote Yoiada, per cui Dio lo abbandonò nelle mani dei suoi servitori che lo uccisero ed egli morì così di mala morte.

32 Salito che fu sul trono della tribù di Giuda suo figlio Amasia, costui fece uccidere, sul finire del suo regno, il profeta Amos. Dio, allora, lo abbandonò nelle mani dei suoi servitori, lo uccisero e morì così di mala morte.

33 Fu a causa della comune mostruosità di siffatti eventi che l'evangelista Matteo escluse dal proprio Vangelo la menzione di questi tre re nell'atto di stilare la genealogia di Cristo, essendosi distinti per le loro /male/ azioni. La più orribile di queste storie è quella di Atalia che aveva fatto pensiero di sterminare la tribù di Giuda, perché Satana, che aveva preso dimora dentro di lei, l'aveva persuasa di ostacolare la venuta del Messia. Questo te l'abbiamo già spiegato ma ora te lo illustriamo perché tu possa comprenderlo.

34 Interroga, e che Dio ti assista, chi vuoi tra gli uomini di scienza, i sapienti e coloro che hanno profonda conoscenza delle cose sulla storia di questi tre re dai quali discende Cristo. Per parte mia te l'ho esposta e spiegata /e devo dire che/ è uno dei misteri del Vangelo insieme ad altri di incalcolabile numero!

Regno di Ozia

35 Abbiamo detto che Ozia, figlio di Amasia, regnò sulla tribù di Giuda 52 anni e che visse in tutto 68 anni[37].

36 È scritto che nell'anno 6 del suo regno, tramontò la dinastia dei re degli Assiri, ossia dei re di Mossul, e che il loro regno soggiacque al potere dei Medi, nella provincia di Babilonia. Il primo dei re che regnò su di essi fu Fūl, figlio di Sā[38]. Regnò su di loro 35 anni.

[35] Cf. *2Cron* 24,15-22.

[36] Cf. *2Cron* 21,18-20.

[37] Michele il Siro, *Chronique* (1899), vol. I, p. 76 lo chiama, indicando queste cifre, Azaria, figlio di Amasia.

[38] In *2Re* 15,19 è chiamato Pul, re di Assiria. Non sarebbe altro che il nome babilonese assunto da Tiglat-Pileser III (745-727). In Michele il Siro, *Chronique* (1899), vol. I, pp. 78-79 si dice che Ful, re degli Assiri e dei Caldei mosse guerra contro Samaria al tempo di Menahem, re di Israele.

37 In questo tempo ebbe luogo la penitenza degli abitanti della città di Ninive.

38 In questo tempo vaticinarono i profeti Osea, Amos, Giona figlio di /A/mittai e Isaia, che si trovava a Gerusalemme, dove fu tagliato in due con una sega e messo a morte per ordine di Manasse e quindi seppellito nel cimitero di Šīlūḫā[39].

39 Dopo aver profetato per 35 anni, fu privato del dono della profezia per un periodo di 28 anni, ovvero durante tutto il regno dei quattro re in mezzo ai quali aveva operato[40]. Visse in tutto 113 anni.

Sul profeta Isaia

40 La causa per la quale il profeta Isaia fu privato del dono della profezia per un periodo di 28 anni è da cercarsi nel fatto che Ozia, re della tribù di Giuda, pur non essendo sacerdote, ardì entrare /nel Tempio/ per offrire incensi a Dio. Il profeta Isaia, pervaso da timore nei confronti del re, non lo mise in guardia né lo rimproverò né lo riprese per la sfrontatezza e la temerarietà che aveva mostrato e fu perciò privato del dono della profezia per 28 anni, fino alla morte di Ozia, il cui corpo si era coperto interamente di lebbra e di rogna e la pelle era divenuta bianca come la neve: il tutto era avvenuto come in un batter di ciglio[41].

41 Dopo la morte di Ozia, regnò sulla tribù di Giuda, per 17 anni, suo figlio Yūṯam[42]. Dio ispirò allora il profeta Isaia ed egli prese a vaticinare una seconda volta per 61 anni.

42 Così è scritto nella sua profezia contenuta nella Scrittura: «L'anno in cui morì il re Ozia, io vidi il Signore assiso nel Tempio su di un trono alto ed elevato. Disposti in linea davanti a Lui c'erano i Serafini, ognuno aveva sei ali, con due si coprivano la faccia, con due si coprivano i piedi e con due volavano gli uni incontro agli altri gridando: 'Santo, Santo, Santo è il Signore degli eserciti della cui lode e gloria sono pieni il cielo e la terra'»[43].

43 Il libro del profeta Isaia contiene 3926 versetti[44].

Regni effimeri ed eventi vari

44 Nell'anno 29 del regno di Ozia, re della tribù di Giuda, regnò sulle dieci tribù dei figli di Israele Zaccaria, per 6 mesi[45].

[39] Ovvero nel cimitero di Siloe, sotto il terebinto di Rogel, presso la fonte. Vedi pure Michele il Siro, *Chronique* (1899), vol. I, p. 87.

[40] Questi quattro re furono Ozia, Yotan, Akhaz ed Ezechia. Secondo una tradizione ebraica, sarebbe stato martirizzato sotto il regno di Manasse con il supplizio della sega, come è altresì alluso in *Eb* 13,37. Vedi pure Michele il Siro, *Chronique* (1899), vol. I, pp. 78-88.

[41] Cf. *2Cron* 26,16-21. Qui Agapio elabora il testo sacro a modo suo. Vedi pure Michele il Siro, *Chronique* (1899), vol. I, pp. 77-78.

[42] D'ora in avanti lo chiameremo Yotam, anche quando nel testo la forma araba è Yuwāṯam.

[43] Cf. *Is* 6,1-3.

[44] Michele il Siro, *Chronique* (1899), vol. I, p. 78 dirà invece che «le parole del suo libro sono in numero di 3196».

[45] Cf. *2Re* 15,8.

45 Dopo di lui regnò per 30 giorni Šāllūm, figlio di *Byšwā* e poi per 10 anni regnò sulle medesime Menaḥīm, figlio di Ḥari[46].

46 In questo tempo regnò il primo re dei Macedoni, ossia dei Greci. Si chiamava *'frwnš*[47].

47 Porfirio, commentatore degli scritti di Aristotele, già diacono di una chiesa della città di Tiro, si muoveva impettito davanti ai diaconi suoi pari e perciò un giorno costoro lo assalirono nei pressi dell'altare e gli inflissero una gragnola di dolorose botte. Si chiamò così fuori dalla chiesa, abbandonò la fede cristiana, rinnegò Cristo, apostatò e refutò il Vangelo. Il suddetto Porfirio pretende che il filosofo Omero, autore del libro dei poemi dei Greci ai loro tempi, abbia raccontato le loro guerre[48].

48 In questo tempo vissero Zaccaria, figlio di Barachia, e il gran sacerdote dei figli di Israele Adonia. È scritto che i Giudei lapidarono Zaccaria, figlio di Barachia, /nel tempio, dove morì/[49].

49 In questo tempo visse pure Licurgo, legislatore dei Greci[50].

50 Nell'anno 23 del regno di Ozia, re delle tribù di Giuda, Fūl, re di Babilonia, fece una spedizione contro Samaria, città del regno delle dieci tribù dei figli di Israele, la espugnò e se ne impadronì. Il re di Samaria gli consegnò allora mille *kikar* d'argento, ossia mille borse di monete d'argento[51], e Fūl ritornò in Oriente[52].

51 In questo tempo si rese celebre Fidone d'Argo, che fabbricò le misure e i pesi[53].

52 Nell'anno 40 del regno di Ozia, re della tribù di Giuda, regnò sulle /dieci/ tribù dei figli di Israele, per 4 anni, Fiḥayā, figlio di Menachem[54].

53 Il re Tiglat-Pileser regnò a Babilonia e a Ninive 35 anni[55].

[46] Si tratta piuttosto dei re Sallum figlio di Yabes e di Menachem figlio di Gadi, come in *2Re* 15,13-14. D'ora in avanti è così che li chiameremo.

[47] Allusione a Koinos o Ceno, secondo re dei Macedoni, come ricorre altresì in Michele il Siro, *Chronique* (1899), vol. I, p. 78 nel cui ottavo anno di regno ebbe inizio l'impero dei Lidi. Lo ricorda pure a p. 79 e dice che l'inizio del suo regno coincise con il 41° anno di regno di Ozia. Avrebbe regnato sui Macedoni per 12 anni. Vasiliev, *Kitab* (1915), p. 45 legge «Qaranos».

[48] Sorprendente digressione per dire che probabilmente fu questo il periodo in cui visse Omero, come del resto ricorre in Michele il Siro, *Chronique* (1899), vol. I, p. 68.

[49] Vedi pure Michele il Siro, *Chronique* (1899), vol. I, p. 74. In verità in *Is* 8,2 si parla di un sacerdote a nome Uria e di Zaccaria, figlio di Jebarachia. Dello stesso Uria parla *2Re* 16,10-16 mentre di Zaccaria, figlio di Barachia, fa parola *Mt* 23,35. L'aggiunta è nel testo curato da Vasiliev, *Kitab* (1915), p. 45.

[50] Molto probabilmente questa espressione sta ad indicare il successivo sviluppo della legislazione di Licurgo che ebbe luogo a Sparta intorno al 700 a.C., ossia nella XX Olimpiade. L'opera di sistemazione dell'intera legislazione attribuita allo spartano Licurgo viene però tradizionalmente ambientata intorno all'850 a.C.

[51] Michele il Siro, *Chronique* (1899), vol. I, p. 79 ha «mille talenti d'argento».

[52] Cf. *2Re* 15,19-20.

[53] Legislatore e re di Argo, Fidone introdusse effettivamente una scala di pesi e misure con una prima monetazione nel 680 a.C. o, come ritengono altri, nel 650 a.C. Il testo ha la forma قيدر.

[54] In *2Re* 15,23 si dice che Pekakhia regnò 2 anni.

[55] Vedi pure Michele il Siro, *Chronique* (1899), vol. I, pp. 79-80.

54 In questo tempo regnò Azdašīr I[56], la dinastia dei re di Corinto cessò e il primo re dei Greci regnò nella città di Atene o di Cecropo, per un periodo di 23 anni[57].

55 Nell'anno 5 del regno di Ozia, si cominciarono a contare gli anni bisestili, uno ogni quattro anni.

Storia dei Verdi e degli Azzurri

56 Da quest'epoca scoppiò il conflitto tra i Prasini e i Veneti, ovvero tra i sostenitori del verde e quelli dell'azzurro[58]. Il colore non fu che un pretesto di cui i re si servirono per fare scoppiare la guerra tra i due partiti. Nella mischia caddero più o meno, come troviamo scritto nei libri, cinquecentomila uomini. I re facevano ricorso a questo espediente perché non si moltiplicassero e gli si rivoltassero contro. La loro storia è coinvolgente. Se sei pronto ad ascoltarla, porgi orecchio. Abbiamo udito e trovato che vescovi di quel tempo antico e trascorso avevano per la maggior parte condiviso ciò e vi si erano attenuti. Ho addirittura udito uno di essi dire: «Se il gregge di un antistite vive in pace e prosperità, l'antistite sarà un infelice e continuerà ad esserlo fino al giorno in cui il gregge sarà afflitto». Personalmente penso che la maggior parte di essi si sia attenuta a siffatto principio al punto da dividere il loro gregge in due partiti.

Prima Olimpiade ed altri eventi

57 Dagli anni di Adamo e del cominciamento del creato fino all'anno della prima Olimpiade erano trascorsi nel mondo 4.725 anni; dal diluvio fino a questo stesso anno ne erano trascorsi 2.469; dall'uscita dei figli di Israele dall'Egitto fino a questo stesso anno ne erano trascorsi 878 e dal regno di Saul, primo tra i re a regnare sui figli di Israele, ne erano trascorsi 334[59].

58 Nell'anno 50 del regno di Ozia, re della tribù di Giuda, cominciò a regnare sulle dieci tribù dei figli di Israele *Wmḥ*, figlio di Rūmaliyyā[60]. Regnò 20 anni.

59 Ai suoi tempi Tiglat-Pileser, re di Babilonia, fece una spedizione e mosse guerra

[56] Ci sembra di poterlo identificare in quel primo re dei Lidi di cui in Michele il Siro, *Chronique* (1899), vol. I, pp. 78, 80, di nome Ardiso, che cominciò a regnare nell'anno 48 del regno di Ozia per un periodo di 36 anni.

[57] Michele il Siro, *Chronique* (1899), vol. I, p. 41 indicherà che Cecropo fu in effetti il primo re degli Ateniesi, ma questo indicherebbe che Agapio farebbe qui un grande passo indietro. A p. 79 riporta un passo di Andronico in cui Cecropo è indicato come primo re di Atene.

[58] In Michele il Siro, *Chronique* (1899), vol. I, pp. 83-85, i nomi dei due partiti sono presentati sotto la stessa forma, il primo ad indicare la permanenza dell'erba sulla faccia della terra e, quindi, il colore verde e il secondo derivante da una provincia dell'impero romano che si chiama Venezia con metropoli Aquileia, da cui deriverebbe il colore blu o azzurro. Il testo che traduciamo ha *al-Baṭinī* al posto di *al-Baniṭī*. Vedi Vasiliev, *Kitab* (1915), p. 47.

[59] In Michele il Siro, *Chronique* (1899), vol. I, p. 79 le corrispondenze hanno una diversa quantificazione, vale a dire 4732 da Adamo, 2756 dopo il diluvio, 340 dopo il regno di Saul, primo re degli Ebrei. La prima Olimpiade è fatta qui cominciare nel secondo anno del governo di Eschilo, figlio di Agamestore, principe degli Ateniesi.

[60] Si tratta invero di Pekach, figlio di Romelia, come in *2Re* 15, 27. Qui Ozia è chiamato Azaria.

ai figli di Israele portandone un gran numero prigionieri a Babilonia[61].

60 Quando Ozia morì, dopo aver regnato in tutto 52 anni, cominciò a regnare, al suo posto, sulla tribù di Giuda, il figlio Yotam. Regnò 16 anni. Visse in tutto 41 anni[62].

61 In questo tempo vaticinarono i profeti Gioele, della tribù di Ruben e Michea, della tribù di Efraim[63].

62 In questo tempo fu costruita la città di Rodi, vale a dire l'isola del mare di cui fa menzione Tolomeo nel suo *Kitāb al-qānūn* dicendo ch'essa si trova in mezzo al quarto clima. La città continuò a prosperare per 1405 anni. Poi gli Arabi l'abbatterono e ne portarono la popolazione in cattività[64].

Regno di Achaz

63 Quando Yotam morì, cominciò a regnare, dopo di lui e al posto suo, il figlio Achaz[65]. Regnò 16 anni. Visse in tutto 36 anni. Si rivoltò contro il suo Signore, si prostrò dinanzi agli dei delle genti e adorò i loro idoli e simulacri. Dio suscitò allora contro di lui Razin, re della Siria[66], e Pekach, figlio di Romelia, i quali massacrarono centoventimila combattenti della tribù di Giuda e ne fecero prigionieri un gran numero.

64 Achaz, re della tribù di Giuda, mandò doni a Tiglat-Pileser, re di Babilonia, chiedendogli di venire in suo aiuto e soccorso. Costui mosse in suo aiuto e, non appena fu arrivato a Damasco, mosse guerra a Razin, re della Siria, nella regione di al-Šām, lo sbaragliò, lo uccise e menò seco in cattività un gran numero d'abitanti del suo regno[67].

65 Nell'anno 2 del regno di Achaz[68], cominciò a regnare sulle dieci tribù dei figli di Israele Osea, figlio di Ela. Regnò 9 anni. L'anno dopo chiamò in suo soccorso /A/drammelech, il Cuscita, re dell'Egitto[69].

[61] Cf. *2Re* 15,29. In Michele il Siro, *Chronique* (1899), vol. I, p. 80 l'evento è collocato subito dopo la menzione del 48° anno di regno di Ozia.

[62] Cf. *2Re* 15,32-34. Si tenga presente che Ozia è chiamato Azaria anche in *2Re* 15,1. Vedi 17 e le diverse indicazioni degli anni.

[63] Michele il Siro, *Chronique* (1899), vol. I, p. 81 ricorda anche Giona, Isaia e Osea.

[64] In realtà nel 408 a.C. i piccoli centri dell'isola decretarono la fondazione di una capitale. Ma siamo ben lontani con gli anni! Michele il Siro, *Chronique* (1899), vol. I, p. 81 ricorda che l'isola *Aradus*, ossia *Rouad*, durò 1460 anni, fino a quando fu distrutta dagli arabi.

[65] D'ora in avanti lo chiameremo Achaz.

[66] Meglio Razin, re di Siria, di cui in *2Re* 16 e *2Cron* 28. D'ora in avanti lo chiameremo Razin.

[67] Cf. *2Re* 16,7-9.

[68] In *2Re* 17,1 è scritto: «L'anno decimosecondo di Achaz re di Giuda...».

[69] In verità di Adrammelech si parla come divinità di Sefarvaim insieme con Anammelech, in *2Re* 17,31. Sono due divinità in onore delle quali quelli di Sefarvei bruciavano i loro figli nel fuoco. Il faraone cui fa ricorso Osea è invece Siba, come in *2Re* 17,4. Michele il Siro, *Chronique* (1899), vol. I, p. 83 dice che Osea si rivoltò contro Salmanassar e mandò a chiamare in suo soccorso Adramelek il Cuscita che abitava in Egitto.

66 In questo tempo si rese celebre il filosofo Talete, caposcuola dei Fisici[70].

67 Nell'anno 8 del regno di Achaz, cominciò a regnare Salmanassar. Regnò 14 anni[71].

Storia di Remo e Romolo

I due gemelli

68 In questo anno cominciarono a regnare sui *rūm*, vale a dire i Franchi e non i Greci[72], i primi /due/ re che regnarono sui Romani-Franchi, vale a dire Rūmānāwus con Rūmālāwus, nati da una λύκαινα, la bestia selvatica, sì, che è poi la lupa[73].

69 Così sono di fatto essi raffigurati e scolpiti a Roma sino ai giorni nostri.

70 Quanto ai sapienti raccontano che il loro nonno /A/mūliyūs[74], ritenendo ch'essi fossero nati da adulterio, diede ordine di gettarli nella selva seduta stante. E di fatto vi furono gettati. Il nome della loro madre era Elena, una sacerdotessa che prediceva il futuro presso il tempio di Ares, ossia Marte[75]. Il loro nonno riteneva che un cavaliere romano-franco avesse con lei fornicato, mentre i sapienti e i poeti romani raccontano che

[70] Apprezzato filosofo presocratico, Talete (Mileto 624 ca. - m. 545 a.C. ca.) pose come principio delle cose una realtà fisica, ossia l'acqua. Meritò di essere annoverato tra i «sette sapienti» e partecipò alla guerra che le colonie dell'Asia Minore, al comando di Creso, intrapresero contro Ciro. In Michele il Siro, *Chronique* (1899), vol. I, p. 89 si afferma che fiorì al tempo di Amon re di Giuda e lo definisce il primo fisico o naturalista. Grazie a questa sua precisazione abbiamo preferito adottare la lettura di Vasiliev, *Kitab* (1915), p. 49 piuttosto che attenerci al testo che traduciamo, che letteralmente recita «il compositore di mosaici»! L'espressione *ṣāniʿ al-fīsīqā* potrebbe a parer nostro tradursi semplicemente con «il Fisico», o «dedito alla fisica». La traduzione proposta è più simbolica.

[71] Il termine arabo è qui illeggibile. Dovrebbe trattarsi di Salmanassar V (727-722), figlio e successore di Tiglat-Pileser III (745-727 a.C.), che si proclamò re di Babilonia assumendo il nome di Ululai. Michele il Siro, *Chronique* (1899), vol. I, p. 83 fornisce gli stessi dettagli quanto agli anni di regno.

[72] La puntualizzazione di Agapio tende a distinguere i veri e originari *rūm* d'Occidente dai successivi *rūm* d'Oriente che sarebbero stati i bizantini. Il termine *al-Yūnāniyyūn* starebbe invece ad esprimere in senso stretto i veri e propri Greci.

[73] La forma araba proposta nel testo è لعفينا. Ad una prima lettura i nomi sembrano qui invertiti rispetto al tradizionale modo di presentare i due gemelli dei quali uno solo, vale a dire Romolo, sarebbe stato fondatore e re di Roma. In effetti c'è in seguito un passo da cui sembra evincersi chiaramente che Rūmānāwus sta per Romolo e Rūmālāwus per Remo, perché subito dopo l'uccisione di Remo da parte di Romolo, si riprende a parlare di quest'ultimo con il nome Rūmānāwus. D'ora in avanti li chiameremo Romolo e Remo. Non bisogna comunque trascurare che l'annalista C. Alimento lega la fondazione di Roma all'anno 729 a.C., che ben si allinea con gli anni di inizio del regno di Salmanassar V. Per una particolare descrizione delle cose qui narrate, cf. anche Michele il Siro, *Chronique* (1899), vol. I, pp. 80-85.

[74] Fratello di Numitore, il deposto re di Alba Longa e padre di Rea Silvia, Amulio si rivoltò contro il fratello e lo depose, usurpandone il trono e costringendo Rea Silvia a farsi vestale presso il tempio di Marte dal quale la leggenda vuole che abbia avuto i gemelli Romolo e Remo. D'ora in avanti lo chiameremo Amulio.

[75] Michele il Siro, *Chronique* (1899), vol. I, p. 80 la chiama invece Ilia, figlia di Nemetore, fratello di Amulio che, dopo aver ucciso Nemetore, prende con la violenza Ilia e i due gemelli ch'ella aveva avuto da Marte. Secondo una diversa tradizione, puntualizza sempre Michele il Siro, Aremulo, nonno dei gemelli, pensando che la donna avesse concepito per adulterio, fece gettare i gemelli nel fiume.

fu Ares a metterla incinta ed ebbe da lei Romolo e Remo. Come pure raccontano che, una volta gettati nella selva, furono trovati da una donna che pascolava il suo gregge la quale, mossa a compassione, li raccolse e li nutrì con il suo latte. Nella lingua della gente di quel paese coloro che pascolano il gregge sono soliti essere chiamati *līqūniyūs*, che in lingua greca significa «lupo». Analogamente il termine *līqūniyūs*, usato per dire «pastore»[76] nella lingua dei Franchi è da interpretare allegoricamente in greco come «lupo», per il fatto che /i pastori/ pascolano sempre nei deserti e in luoghi selvaggi vivendo alla stregua delle belve e delle bestie.

71 Un qualche sapiente ha lasciato detto che il marito di Elena entrò da lei e con lei passò la notte. Restò incinta dei due quella stessa notte, durante la quale il suo sposo venne a morire, lasciandola incinta. Quando poi partorì, il loro nonno Amulio pensò ch'erano nati da adulterio e ordinò quindi di gettarli nella selva tra le belve.

72 Non è certo contestabile che Elena li abbia concepiti in una stessa notte. Sappiamo, infatti, che Tamar concepì da Giuda nel momento stesso in cui costui dormì con lei all'incrocio delle strade e che ella generò da lui Fāriṣ e Zāraḫ[77]. Come pure non troviamo sorprendente che il marito di Elena sia morto quella stessa notte.

Rivalità tra i due fratelli

73 Avendo già regnato insieme 10 anni, come abbiamo già detto, finirono con il diventare nemici e combattere l'uno contro l'altro, sì che vennero alle mani e, dopo averlo aggredito, Romolo uccise Remo, suo fratello, regnando così da solo[78].

74 Dopo la morte di Remo, la città di Roma fu funestata per un anno intero da continue scosse telluriche mentre i suoi abitanti non cessavano di farsi guerra e di uccidersi a vicenda. Romolo, allora, levò supplice la voce a Dio scongiurandolo di far cessare quelle scosse telluriche. Dio gli si mostrò quindi in sogno dicendogli: «Siffatte scosse telluriche non verranno meno nella città sulla quale tu regni se non il giorno in cui farai sedere con te tuo fratello sul trono regale; solo a questa condizione la città cesserà di essere funestata da guerre e da scosse telluriche e la popolazione sarà al sicuro da ogni castigo».

75 Romolo fece fare allora una statua d'oro ad immagine del fratello e la pose accanto a sé sul trono, e ogni volta che dava ordini o divieti parlava al plurale dicendo: «Noi ordiniamo, vietiamo e facciamo» e cose simili, esprimendosi sempre in nome suo e in nome del fratello[79].

76 È per tal ragione che i re dei Romani si attengono a siffatta norma di parlare a nome di due persone tutte le volte in cui ordinano o vietano, e di enfatizzare espressioni

[76] Di fatto la leggenda vuole che i due gemelli furono trovati e allevati dal pastore reale Faustolo e da sua moglie Acca Larenzia.

[77] Cf. *Gn* 38,6-30.

[78] I nomi dei due fratelli compaiono qui invertiti dando da intendere che Remo uccide Romolo. Ma si tratta di un errore o di un refuso dell'amanuense.

[79] Il passaggio è quasi alla lettera in Michele il Siro, *Chronique* (1899), vol. I, p. 81.

come «noi ordiniamo», «noi facciamo divieto», «noi facciamo», e cose simili[80].

77 Non appena Romolo ebbe collocato la statua del fratello accanto a sé sul trono, cessarono le scosse telluriche in città e la gente smise di farsi guerra.

Festività istituite da Romolo

78 Dopo aver costruito le sette mura della città di Roma e dopo aver finemente disposto e ornato i suoi fori, Romolo fece una grande festa e chiamò *Mars* quel mese, che è poi la nuova luna di *Nīsān*, che corrisponde sempre al mese di *Aḏār* /=marzo/ durante il quale ha luogo l'equinozio[81]. Questo mese si chiamava dapprima *Frīmāwus* /=Primus/, la cui traduzione è mese di Ares, ossia di Marte. Marte sta a significare, nella lingua franca, la bellezza dei fiori, perché in questo mese la terra fa mostra della propria bellezza e si arricchisce di una moltitudine di smaglianti fiori. I Romani celebrano questa festa istituita da Romolo dai tempi di allora ad oggi e la chiamano le Calende di Marzo. Durante questa festa, che somiglia alla festa del *Nūrūz* presso le popolazioni d'Oriente[82], presentano doni al loro re e se ne fanno scambio.

79 In seguito, oltre a questa, organizzò un'altra grande festa durante la quale fece distribuire ai Romani abbondanti privilegi e costituì per essi i *Qāḍiyan*[83], cioè i prefetti[84].

80 Da questo tempo i re presero l'abitudine di seminare tra i sudditi divisione, guerra e discordia al fine di distrarli da quanto essi stessi facevano, impegnandoli in guerre civili e lasciando che si annientassero a vicenda.

81 Romolo costruì un circo, ossia un meraviglioso teatro nella città di Roma, per dissipare l'opposizione, il malcontento e il rancore che serpeggiavano tra gli abitanti della città di Roma che si erano rivoltati contro di lui per aver ucciso suo fratello[85].

[80] Vedi pure Michele il Siro, *Chronique* (1899), vol. I, pp. 80-81.

[81] Michele il Siro, *Chronique* (1899), vol. I, p. 83 dice ch'egli chiamò Mars, che vuol dire *Ares*, il mese che prima si chiamava Primus. Ma Agapio è più ricco di particolari in quel che segue.

[82] Allusione alla celebre festa del *nūrūz* o capodanno che i Persiani celebrano con l'inizio della primavera.

[83] Questa lettura di Cheikho è del tutto intraducibile. Potrebbe qui alludere alle feste dette *Brumalia* che Romolo istituì in inverno per placare l'insurrezione dei Romani contro di lui, stabilendo che ciascun re dopo di lui avrebbe dovuto celebrarle convocando i senatori e approntando per essi un festino. Il termine che ricorre in Vasiliev, *Kitab* (1915), p. 53 è *Fāṭiyā* e cerca di interpretarlo alla luce del greco ὕπατοι, traducendolo con «consoli» seguito da punto di domanda. Sulle *Brumalia* vedi pure Michele il Siro, *Chronique* (1899), vol. I, p. 84. Una vicenda legata direttamente all'istituzione dei consoli Caio Giulio Cesare e Marco Antonio ricorrerà più avanti, quando si parlerà delle vicende di Erode il Grande. Qui il termine che compare nel testo è *hnfāṭy* e pure Cheikho lo interpreta alla luce del greco Ὕπατοι.

[84] Parlando di queste diverse iniziative di Romolo, Michele il Siro, *Chronique* (1899), vol. I, p. 83 insiste sull'istituzione dei *pallia* per stornare da sé moti di ribellione e di insurrezione da parte della popolazione.

[85] In realtà l'accusa di fratricidio fu poi più tardi sfruttata dalla politica dei repubblicani contro le ambizioni monarchiche e assolutistiche di alcuni grandi personaggi romani, quali Cesare e lo stesso Augusto che miravano a regimi personali a tutto discapito di una vera e propria democrazia. Michele il Siro, *Chronique* (1899), vol. I, p. 83.

82 Romolo fece una festa in onore del sole e assimilò i quattro elementi ad un carro tirato da quattro cavalli perché su di esso si guerreggiasse e si combattesse. Conferì a questi quattro elementi dei nomi, per cui chiamò la terra *Frāsīnūs*, ossia il verde, a causa delle erbe che la coprono; chiamò il mare *Bynṭūn* /=Venetus/, che è il colore del cielo, a causa dell'acqua simile al color del cielo; fece rosso /=*rufus*/ il color del fuoco e bianco il color dell'aria /=*alba*/. Queste quattro cose sono a tutt'oggi presenti nella città di Roma.

83 Gli abitanti della città si divisero in due partiti e da allora guerre e combattimenti imperversano a tutt'oggi. È un espediente escogitato dai re perché i loro sudditi si annientassero tra loro e non ne avessero fastidi, inclini come erano a schierarsi per una delle due parti e per la più forte[86].

84 Nell'anno 17 dalla fondazione di Roma, il re contò e censì gli abitanti il cui numero fu di novecentocinquantamila uomini /senza contare le donne/. Otto anni dopo li censì per la seconda volta, e il loro numero fu di sette milioni di uomini /senza contare le donne/[87].

85 Anche Enomao, re di *Fārs*, aveva istituito e celebrato una festa in onore del sole il 25 del mese di *aḏār* /=marzo/, organizzando un combattimento e una battaglia per terra e per mare dove asserviva al sole i suddetti quattro elementi, vale a dire il fuoco, l'aria, l'acqua e la terra[88].

Salmanassar e Sennacherib in Samaria e a Gerusalemme

Si riprende con le vicende dei re di Giuda e di Israele

86 Nell'anno 9 del regno di Osea, re delle dieci tribù dei figli di Israele, che era l'anno 8 del regno di Achaz, re della tribù di Giuda e l'anno 1 del regno di Salmanassar, re di Babilonia, quest'ultimo attaccò la città di Samaria, sede dei re delle dieci tribù dei figli di Israele, si accampò davanti ad essa e, dopo averla assediata per tre anni, se ne impadronì, portando seco in cattività a Babilonia gli abitanti delle dieci tribù dei figli di Israele[89].

[86] Michele il Siro, *Chronique* (1899), vol. I, pp. 83-84.

[87] Per i dati relativi a questi censimenti, Agapio attinge a piene mani da opere allora in circolazione, tra cui Malala, *Chronographia* (1831), pp. 171-180; il *Chronicon Pasch.*, coll. 289-300, in Migne XCII, e lo *Pseudo-Dioclis Fragmentum*, ed. I. Guidi in *Corpus scr.christ.orient. Scriptores Syri. Versio, Chronica Minora*, III, Parisiis 1903, pp. 288/291. Vedi pure Michele il Siro, *Chronique* (1899), vol. I, pp. 79-85.

[88] Cf. Malala, *Chronographia* (1831), p. 173; *Chronicon Pasch.* col. 292 in Migne XCII; Michele il Siro, *Chronique* (1899), vol. I, p. 84 parla di un re greco Enomao, che istituì una festa del genere ma senza accennare ai quattro elementi. Di un Enomao, re di Pisa, nell'Elide, si narra che istituì una gara impegnandosi a dare in isposa la propria figlia Ippodamia a colui che lo avrebbe vinto nella corsa delle quadrighe. Così narra Igino nelle *Favole*, LXXXIV.

[89] Si tratta di Salmanassar V (727-722), figlio di Tiglat-Pileser III (745-727). Cf. *2Re* 17,5-6. Michele il Siro, *Chronique* (1899), vol. I, pp. 83-84 dice invece che questi eventi ebbero luogo sì nel 9° anno di Osea, ma nell'11° di Achaz e nel 3° di Salmanassar.

87 In seguito Salmanassar, re di Babilonia, mandò un gran numero di abitanti di Mossul e di altre città a controllare il paese in cui erano vissuti i figli di Israele /da lui deportati a Babilonia/. Furono chiamati Samaritani, che in lingua ebraica vuol dire guardiani e custodi. Ma i leoni e le bestie feroci li attaccavano e li uccidevano. Il fatto fu riferito a Salmanassar, il quale esclamò: «Forse questo è capitato perché la gente che ho colà inviato ignora le norme del dio di quel paese». Ordinò perciò di mandarvi un certo numero di sacerdoti israeliti perché insegnassero loro il solo libro della Tōrāh. Le bestie feroci si tennero così alla larga da essi. Fu per questa ragione che i Samaritani non accolsero dai Profeti altro che il solo libro della Tōrāh e si ritengono gli autentici Israeliti. Ma in ciò si sbagliano, perché non sono altro che i discendenti di quelle genti venute dall'Oriente[90].

88 Dopo la morte di Achaz, re della tribù di Giuda, cominciò a regnare suo figlio Ezechia. Regnò 29 anni e ne visse in tutto 54.

89 Nell'anno 6 del regno di Ezechia, salì sul trono di Babilonia Sennacherib. Regnò 9 anni[91].

90 In questo tempo fece una spedizione contro Gerusalemme e aveva con sé, come segretario, Buḫtanaṣṣar. Ma Dio, esaudendo le preci e le suppliche che il re Ezechia gli aveva rivolto, fece perire centottantacinquemila suoi soldati e guerrieri. La sua storia è scritta nel libro dei Re dei figli di Israele[92].

91 Nell'anno 15 del regno di Ezechia, cominciò a regnare Mard̲ūḫ̮-Baladān. Regnò 48 anni[93].

[90] Cf. *2Re* 17,24-41. Il testo biblico parla di un solo sacerdote, che si stabilì a Bethel. Cf. anche Michele il Siro, *Chronique* (1899), vol. I, pp. 85-86.

[91] Sennacherib fu re degli Assiri dal 705 al 681 a.C. Nel 701, dopo aver soffocato una rivolta interna, mosse contro l'Occidente per riaffermare la sua autorità sull'Egitto e sui regni minori di Israele e di Giuda. Cf. *2Re* 18 e19.

[92] Cf. *2Re* 19,35-37.

[93] Conosciuto anche come Merodakh-Baladan occupò il trono di Babilonia dal 721 al 710 una prima volta, e una seconda dal 703 al 702 a.C. Non si capisce chiaramente perché mai Agapio lo fa regnare 48 anni. Michele il Siro, *Chronique* (1899), vol. I, p. 86 asserisce che nell'anno 15 del regno di Ezechia cominciò a regnare Asarhaddon, figlio di Sennacherib e che il suo regno durò 3 anni. D'ora in avanti lo chiameremo Merodakh-Baladan.

Capitolo 9

Storia del re Ezechia

Condotta di Ezechia

1 È scritto che il re Ezechia compiacque Dio in tutte le sue azioni: annientò gli idoli e soppresse l'adorazione dei simulacri di mezzo al suo popolo, purificò il Tempio del Signore da ogni sorta di sozzura e di impurità, lo santificò e pose sacerdoti al suo servizio, proprio così come aveva fatto il profeta David.

2 Al suo tempo vissero i profeti Isaia[1] e Michea[2]. Isaia vaticinò la venuta del Messia. Ma c'era anche il profeta Osea che, durante tutta la sua vita, esortava i figli di Israele, li distoglieva dal culto dei simulacri e dall'adorazione degli idoli, arrivando ad imporsi di pregare e supplicare il suo Signore perché allontanasse Sennacherib dal suo popolo. Dio esaudì le sue preci e smontò la collera di Sennacherib, re di Babilonia.

3 Dio volle che il profeta Osea conoscesse la durezza di cuore dei figli di Israele e le trame che ordivano contro di lui. Dio disse perciò ad Osea: «Va', prendi in moglie una donna ripudiata che si prostituisce pubblicamente e un'altra donna che commette adulterio in segreto»[3]. Il profeta Osea rimase sconcertato alle parole che Iddio gli aveva rivolto e ne fu preoccupato tanto da demoralizzarsi. E però Iddio volle fargli conoscere la sua scarsa pazienza nei confronti di quella che il suo Signore aveva invece per i figli di Israele. In poche parole, il profeta Osea ben sapeva che un buon numero di essi adoravano gli idoli e i simulacri in segreto ed altri pubblicamente. Per questo Dio gli ordinò di sposare una donna ripudiata che si prostituiva pubblicamente e poi un'altra che fornicava in segreto, per ottenere dal profeta che non importunasse più il suo Signore a causa loro.

4 È scritto che il re Ezechia[4] s'impose di conservarsi vergine, rinunciando a contrarre matrimonio, perché si era ricordato della promessa e del giuramento che Dio aveva fatto al profeta David, vale a dire che il suo seme e la sua posterità si sarebbero per sempre assisi sul suo trono, fino alla fine dei tempi[5]. Il re Ezechia pensò tra sé dicendo: «La benedizione che Dio ha dato a David e la promessa che gli ha fatto, quella

[1] Cf. *2Re* 19 e 20.

[2] Cf. *Mi* 1,1.

[3] Cf. *Os* 1,2; 3,1.

[4] In Vasiliev, *Kitab* (1915), p. 59 troviamo invece erroneamente scritto: «Il profeta Ezechia s'immaginava...».

[5] Cf. *2Sam* 7,11-13.

cioè che il suo seme e la sua posterità siederanno per sempre sul suo trono fino alla fine dei tempi, è una benedizione perfetta da parte di Dio che non ritirerà giammai quanto egli promette ed elargisce con munificenza. Ma giacché i miei padri e i miei avi si sposavano e mettevano al mondo dei figli, la benedizione passava dall'uno all'altro, di padre in figlio, che ereditava così il trono del profeta David». Egli, però, decise di regnare vergine e di non sposarsi, sì da regnare e sedere sul trono del profeta David per sempre, fino alla fine dei tempi. Non aveva proprio capito che bisognava interpretare diversamente da come aveva pensato e immaginato tra sé e sé la parola che Iddio aveva rivolto al profeta David.

5 Era in siffatto stato d'animo quando Dio mandò da lui il profeta Isaia dicendogli: «Vai e dì al re Ezechia di fare testamento a favore dei suoi, poiché morirà e non vivrà più»[6], intendendo dire, con ciò: «Le genti muoiono e rivivranno il giorno della Resurrezione, lui, invece, morirà e non rivivrà più, perché ha pensato tra sé e sé di sopravvivere fino alla fine dei tempi».

6 Nel momento in cui il profeta Isaia gli parlò e gli riferì la parola del Signore, il re Ezechia si ammalò[7]. Steso sul letto, pianse a dirotto e affranto dal dolore. Sputava contro il muro e diceva: «Ohibò, che immonda la polvere dalla quale ho tratto origine, e nonostante ciò credevo di vivere fino alla fine dei tempi!». Poi ricordò a Dio le sue azioni e quanto aveva fatto per compiacere il suo Signore. Dio accolse la sua preghiera e mandò da lui ancora una volta il profeta Isaia dicendogli: «Vai dal re Ezechia e digli: 'Il Signore ha aumentato la tua vita di quindici anni. E questo è per te un segno: vuoi che il sole avanzi o retroceda di quindici gradi sulla meridiana di tuo padre Achaz?'». Il re Ezechia disse allora tra sé e sé: «Non ci sarebbe di che stupirsi se il sole avanza, giacché questa è la via del suo corso e il tragitto /che segue/ nel suo moto. Retroceda piuttosto di quindici gradi!». Disse dunque al profeta Isaia: «Chiedo che il sole retroceda di quindici gradi». Ora il sole, che in quell'attimo si trovava nel mezzo del cielo, a mezzogiorno, nel momento in cui, alla fine in punto della sesta ora, si accinge a discendere, tornò da metà cielo volgendo ad oriente, quasi fosse sul punto di sorgere nell'ora della preghiera mattutina[8].

7 Non riesco a capire bene cosa progettasse in sé il re Ezechia nel chiedere che il sole retrocedesse, non lo capisco per due motivi: primo, perché non è la via del suo moto e nemmeno il corso del suo tragitto; secondo, perché spesso le genti, nei loro lavori, occupazioni e conversazioni, trascorrono più ore della loro giornata senza rendersene conto. Ma se il sole, già trovandosi in mezzo al cielo, alla fine della sesta ora, quando la gente sente il bisogno di mangiare e gli operai, i manovali e altri di riposare, dovesse tornare

[6] Cf. *2Re* 20,1.

[7] Nel testo biblico Ezechia si ammala mortalmente ancor prima che il profeta Isaia si rechi da lui per annunciargli la parola del Signore. Cf. *2Re* 20,1.

[8] Le considerazioni di Agapio, come quelle che seguono, partono da *2Re* 20,4-11, dove si parla di «dieci gradi» e non di «quindici» come in Agapio. Breve cenno al fenomeno è riscontrabile anche in Michele il Siro, *Chronique* (1899), vol. I, p. 87.

indietro e, dall'ora sesta in cui è, posizionarsi, al momento del suo sorgere, nell'ora delle preghiera mattutina, allora tutto il genere umano dovrebbe venire a conoscenza di una cosa del genere e constatarla. Le stesse bestie dovrebbero averne percezione, per non parlar degli uomini.

8 Nessuno deve, del resto, immaginare che il sole sia tornato dal grado che occupava stando in mezzo al cielo a quello in cui sorge senza che ci sia stato un tornare indietro dell'intera sfera celeste. Noi diciamo, infatti, che l'intera sfera celeste retrocesse, tornò con tutte le sue stelle e astri, pur restando immobili le stelle, e tornò da metà cielo volgendo ad oriente. Diciamo ancora che se il sole tornò dal grado che occupava stando in mezzo al cielo a quello in cui sorge, tornarono indietro altresì i tre segni dello Zodiaco e cambiarono i tempi e le quattro stagioni, per cui se era primavera, cambiò in estate; se era estate, cambiò in autunno; se era autunno, cambiò in inverno; se era inverno, cambiò in primavera, avendo così un rimestamento di tempi e di stagioni.

9 È necessario che tu, possa Iddio assisterti, conservi e salvaguardi bene queste cose che fanno parte delle profondità della scienza e dei misteriosi tesori della sapienza. Di ciò tu avrai evidenza quando t'appresterai a interrogare su questo punto gli uomini di scienza e coloro che si immergono nella lettura dei libri e in tutte le branche della scienza e della letteratura. Allora ti accorgerai se c'è almeno uno tra loro che conosca simili misteri e ti rallegrerai di possedere questi tesori nascosti della scienza che nessuno, all'infuori di te, conosce, né i filosofi, né i patriarchi, né i vescovi, né altri.

10 È scritto che Mardukh-Baladan, re di Babilonia, mandò doni, regali e offerte al re Ezechia quando ebbe costatato che il sole era tornato dal centro del cielo verso l'oriente[9]. I Magi, infatti, adorano il sole, il fuoco, l'acqua e ogni corpo luminoso. Così il re Mardukh, avendo visto che il sole era ritornato /al punto in cui sorge/, abbordò i suoi uomini dicendo: «Vedo che il nostro dio è stato volto in fuga; deve esserci un altro dio più potente di lui che l'ha urtato, respinto e messo in fuga»[10]. Esaminò a fondo la questione e quando seppe ciò che era capitato al re Ezechia e ricordò la profezia del mago Balaam che aveva detto: «Un astro sorge da Giacobbe, un capo si leva da Israele»[11], fu colto da terrore ed ebbe paura del re Ezechia. Per questo gli mandò regali e doni, come testimonianza della sua venerazione, per guadagnarne i favori perché lo temeva.

11 Vedendo gli ambasciatori del re Mardukh presentarsi al suo cospetto latori di offerte e di doni, il re Ezechia si inorgoglì e fece portar tutto il vasellame ed ogni altra cosa meravigliosa che aveva in casa per mostrarla loro[12]. Allora Dio si adirò contro di lui e gli

[9] Cf. *2Re* 20,12. Il testo biblico, però, lega questo gesto del re di Babilonia al fatto d'aver saputo che il re Ezechia si era ammalato.

[10] Sorprendente è la valutazione che Michele il Siro, *Chronique* (1899), vol. I, p. 87 dà di questo fenomeno con le parole: «Nostro Signore fu proclamato Dio a Babilonia e gli venne eretta una statua nella quale faceva retrocedere il sole».

[11] Cf. *Num* 24,17.

[12] Cf. *2Re* 20,13.

disse: «Tutto ciò che hai mostrato e di cui ti sei inorgoglito, sarà saccheggiato e portato nelle regioni dell'oriente; alcuni del tuo seme e della tua discendenza saranno ivi portati in cattività»[13].

12 Nel frattempo il re Ezechia si sposò e gli fu generato Manasse. Raggiunto che ebbe l'età di 13 anni, Manasse cominciò a regnare dopo la morte del padre Ezechia. Regnò 55 anni e ne visse in tutto 68[14].

Regno di Manasse e altri avvenimenti

13 In questo tempo cominciò a regnare nella città di Roma /Numa/ Pompilio[15]. Regnò 43 anni. Fu lui che aggiunse ai mesi dei Romani gennaio e febbraio[16]. Fino ad allora, infatti, i Romani non conoscevano che dieci mesi, comprendilo bene, ed ogni mese era composto di 36 giorni. Costruì ed eresse nella città di Roma il Campidoglio, la prima delle sette meraviglie, ampliandone la sala e le stanze, perché troppo anguste[17].

14 Nell'anno 18 del suo regno, Manasse fu portato in cattività come punizione per la sua eccessiva ingiustizia, della sua empietà, della sua opposizione al Signore e della restaurazione del culto degli idoli e dei simulacri. Restò prigioniero a Babilonia 39 anni[18]. Egli alzò al Signore preghiere e suppliche, ritornò nel suo regno, facendo abbattere l'idolo a quattro facce che aveva fatto fare e collocare nel tempio del Signore[19]: lo fece portare fuori dal tempio e lo bruciò. La preghiera di Manasse è toccante per la tristezza che la pervade e l'umile supplica che il re rivolge al suo Signore. Si trova scritta nei libri dei cristiani e dei Giudei[20].

15 Nell'anno 39 del regno di Manasse, cominciò a regnare Sennacherib il Giovane[21]. Regnò 31 anni.

16 Nell'anno 52 del regno di Manasse, re della tribù di Giuda, fu /ri/costruita Būzanṭiyyah /=Bisanzio/ ad opera del re Būzus, che prima di allora era chiamata Nico-

[13] Cf. *2Re* 20,17-18.

[14] Cf. *2Re* 21,1. Il testo sacro dice che quando cominciò a regnare aveva dodici anni. Michele il Siro, *Chronique* (1899), vol. I, p. 87 dice che visse 67 anni.

[15] Sabino fu secondo re di Roma dal 715 al 673 a.C., secondo la tradizione. È tra l'altro ritenuto il promotore del calendario luni-solare con l'indicazione delle più importanti feste religiose. Il nome è nel testo del tutto illeggibile.

[16] Nel testo i due mesi sono indicati con la terminologia araba *kānūn al-āḫar* /=gennaio/ e *šubāṭ* /=febbraio/.

[17] Cf. Michele il Siro, *Chronique* (1899), vol. I, p. 86.

[18] Cf. *2Cron* 33,11.

[19] Cf. *2Cron* 33,7.15.

[20] Allusione al testo apocrifo *Oratio Manasse* dell'Antico Testamento di cui è testimonianza in Michele il Siro, *Chronique* (1899), vol. I, p. 87. Prende lo spunto da *2Cron* 33,12-13.

[21] Dovrebbe trattarsi del successore di Sargon II, ossia di quel Sennacherib che cominciò a regnare nel 705 e che nel 682 a.C. venne ucciso dai figli o da uno di essi. Michele il Siro, *Chronique* (1899), vol. I, p. 88 afferma che cominciò a regnare nell'anno 36 di Manasse.

media ed era in seguito sprofondata. Novecentosettant'anni dopo la fondazione della città di Bisanzio ad opera del re Būzus, l'imperatore Costantino il Grande, figlio di Elena, la restaurò, la ingrandì e vi costruì palazzi, teatri e mura di cinta dandole, dal suo, il nome di Costantinopoli[22].

Altri re e altri avvenimenti

17 Morto che fu Manasse, cominciò a regnare, dopo di lui, il figlio /Amon/. Regnò 12 anni e ne visse in tutto 24[23].

18 In questo tempo si rese celebre il saggio al-Qūmūn, che gli Arabi chiamano Luqmān[24].

19 Nell'anno 5 del regno di Amon, nacque suo figlio Yūšiyyā[25].

20 In questo tempo si avverò, esattamente trecentoquarantotto anni dopo, la profezia vaticinata per l'altare[26].

21 Quando morì Amon, cominciò a regnare al posto suo il figlio Giosia, Regnò 31 anni[27].

22 In questo anno cominciò a regnare a Babilonia al-Maǧūs[28]. Regnò 33 anni.

23 Nell'anno 6 del regno di Giosia vaticinò il profeta Sofonia, figlio di Kūšī, della tribù di Simeone.

24 In questo tempo visse il sacerdote Ḫilqiyyā, padre del profeta Geremia[29].

25 /Nell'anno 13 del regno di Giosia, cominciò a vaticinare il profeta Geremia/[30].

26 Nell'anno 31 del regno di Giosia, salì sul trono dell'Egitto il faraone Nechao

[22] Michele il Siro, *Chronique* (1899), vol. I, p. 88 sembra collocarne la costruzione dopo o durante il 54° anno del regno di Manasse, ad opera di Byzos e afferma che dopo 970 anni Costantino la restaurò e ingrandì chiamandola Costantinopoli.

[23] Cf. *2Cron* 33,21. Però nel testo biblico è scritto che «aveva ventidue anni e regnò due anni». Così pure in *2Re* 21,19.

[24] Cf. *Cor* XXXI,12-13. Su questa figura leggendaria e il ciclo a lui dedicato, cf. Bausani, *Il Corano* (1978), p. 621. Michele il Siro, *Chronique* (1899), vol. I, p. 92 lo chiama Alcman, ma in nota si ha anche la forma Laqamenon in un'altra *lectio*. Ma siamo durante il regno di Yoakim. Potrebbe essere ancora un'eco della leggenda del sapiente arameo Aḥīqar di cui R. Contini - C. Grottanelli (a c.), *Il saggio Ahiqar*, Brescia: Paideia, 2005, pp. 227-252?

[25] Si tenga sempre presente che nel testo biblico è detto che Amon regnò due anni. Michele il Siro, *Chronique* (1899), vol. I, p. 89 fa presente che regnò 12 anni secondo i Settanta e 2 secondo il testo ebraico, annotando che Anniano è del parere di quest'ultimo. D'ora in avanti lo chiameremo Giosia.

[26] Allusione a *1Re*,13,2.

[27] Cf. *2Re* 22,1.

[28] Molto probabilmente è da identificare con Ciassare. Michele il Siro, *Chronique* (1899), vol. I, p. 90, dice che nell'anno 14 del regno di Giosia cominciò a regnare Ciassare, re dei Medi, il cui regno durò 32 anni.

[29] Cf. *2Cron* 34 e 35.

[30] Cf. *Ger* 1,1-2. Omesso nel testo curato da Cheikho, qui lacunoso, è invece presente in Vasiliev, *Kitab* (1915), p. 65.

/=lo Zoppo/[31]. Regnò 6 anni e uccise Giosia[32].

27 Dopo Giosia cominciò a regnare suo figlio Yuwāḥāz[33]. Regnò 3 mesi. Poi il Faraone, re dell'Egitto, tornò, uccise anche Yoakhaz e costituì re al posto suo il fratello Yuwāqīm[34], soprannominato Eliakim[35]. Yoakim regnò 12 anni e ne visse in tutto 18[36].

Regno di Nabucodonosor

28 Nell'anno 3 del regno di Yoakim, cominciò a regnare a Babilonia Nabucodonosor. Regnò 45 anni[37].

29 Nell'anno 1 del suo regno, fece una spedizione contro Gerusalemme prendendo prigionieri una parte dei suoi abitanti e portando via tutti gli utensili e il vasellame del tempio, secondo la parola che Dio aveva detto al re Ezechia, allorquando costui si era inorgoglito dei suoi tesori nell'atto di mostrarli agli ambasciatori del re Mardukh[38]. Tra questi primi prigionieri che Nabucodonosor portò con sé in questo anno, c'era Daniele con i suoi compagni Anania, Azaria e Misael. Nabucodonosor li fece gettare in una fornace ardente, ma essi rimasero illesi e le loro vesti non furono intrise di fumo[39].

30 Nell'anno 5 del regno di Yoakim, Nabucodonosor uccise il faraone Nechao, re dell'Egitto, dopo il quale cominciò a regnare Psammetico[40]. Regnò 17 anni.

31 In questo tempo il Faraone devastò la città di Manbiğ, situata lungo l'Eufrate. Quando fu ricostruita venne chiamata Hierapolis, vale a dire la città dei sacerdoti[41].

32 Nell'anno 8 del regno di Yoakim, corrispondente all'anno 5 del regno di Nabucodonosor, quest'ultimo fece una seconda spedizione contro Gerusalemme imponendo

[31] Figlio di Psammetico I, regnò dal 609 al 594 e gli succedette Psammetico II (594-588). Celebre è la sua sconfitta a Karkemish ad opera di Nabucodonosor.

[32] Per la morte di Giosia in seguito alla battaglia di Meghiddo contro le schiere del faraone Nechao, cf. *2Re* 23,29-30 e *2Cron* 35,20-24. Vedi pure Michele il Siro, *Chronique* (1899), vol. I, p. 91.

[33] D'ora in poi lo chiameremoYoakhaz.

[34] D'ora in poi lo chiameremo Yoakim.

[35] Cf. *2Cron* 36,2-4. Ma dal testo biblico non risulta che Nechao abbia ucciso Yoakhaz, anzi è detto che lo condusse con sé in Egitto. Inoltre è messo in rilievo che il Faraone facendo regnare Eliakim gli cambiò il nome in Yoakim.

[36] Purtroppo in questi passaggi Agapio si concede più di uno svarione rispetto al testo biblico, dove leggiamo che «quando divenne re , Yoakim aveva 25 anni e regnò 11 anni a Gerusalemme». Cf. *2Cron* 36,5. Ma forse non segue direttamente il testo biblico. Michele il Siro, *Chronique* (1899), vol. I, p. 91 dice che Nechao portò con sé prigioniero il re Yoakhaz.

[37] Si tratta di Nabucodonosor , re dei Caldei o dell'impero neo-babilonese, che regnò dal 605 o 604 al 561/562 a.C. Michele il Siro, *Chronique* (1899), vol. I, p. 92 dice che regnò 40 anni.

[38] Allude alla profezia che Isaia vaticinò riguardo al re Ezechia in *2Re* 20,16-19.

[39] Questa prima conquista di Gerusalemme avvenne nel 605 a.C. Il riferimento biblico a Daniele e ai suoi compagni tra i deportati è in *Dn* 1,1-6.

[40] La forma araba *Smyzs* è palesemente corrotta. Si tratta di Psammetico II (594-588).

[41] Per questa città detta comunemente Gerapoli, vedi pure Michele il Siro, *Chronique* (1899), vol. I, p. 93.

un tributo alla popolazione[42], ma Yoakim conservò ben salda la sua carica di re.

33 Nell'anno 8 del regno di Nabucodonosor, Yoakim morì e dopo di lui cominciò a regnare, al posto suo, il figlio Yoakin, che nel Vangelo è chiamato Yeconia[43]. Regnò 3 mesi. Dopo essersi allontanato dall'obbedienza che doveva al suo Signore, il re Nabucodonosor lo attaccò e lo portò prigioniero a Babilonia, dove restò in prigione trentasette anni[44], fino al tempo in cui Iwīl-Mardukh[45] successe a Nabucodonosor. Evilmerodakh fece uscire di prigione Yeconia, lo fece sedere insieme con lui alla sua tavola e continuò a mangiare insieme con lui. Il figlio di Yeconia sposò Susanna, figlia del sacerdote Ḫilqiyyā e sorella del profeta Geremia.

34 Quando Yoakin fu deportato /a Babilonia/ Nabucodonosor fece re al posto suo lo zio Sedecia cui mutò il nome in Mattania[46]. Ma è chiamato anche Yeconia[47]. Regnò 11 anni e ne visse in tutto 32[48].

35 In questo anno il profeta Geremia fu portato prigioniero a Babilonia insieme con gli altri prigionieri israeliti[49].

36 Nell'anno 5 del regno di Sedecia, corrispondente all'anno 9 del regno di Nabucodonosor, cominciò a vaticinare il profeta Ezechiele.

37 Nello stesso anno, Astiage cominciò a regnare sul paese dei Persi. Regnò 38 anni[50].

38 Il profeta Geremia, avendo contezza, grazie alle sue profezie, che il Tempio sarebbe stato bruciato e che il popolo dei figli di Israele sarebbe stato condotto in cattività, prese il Tabernacolo in una con l'Arca dell'Alleanza che Mosè aveva innalzato nel deserto, e li ascose in una grotta di cui nessuno, fino ad oggi, conosce il luogo[51].

[42] Probabile confusione con quanto era avvenuto ad opera del faraone Nechao che, dopo aver fatto prigioniero il re Yoakhaz a Ribla, «impose al paese un tributo di cento talenti d'argento e dieci talenti d'oro». Cf. *2Re* 23,33 e *2Cron* 36,3. Allude forse alla seconda rivolta di Yoakim nei confronti di Nabucodonosor ad appena tre anni dalla prima deportazione. Fu infatti nel 601 a.C. che il re dei Caldei sguinzagliò contro il territorio di Yoakim «bande di Caldei, di Aram, di Moab e dei figli di Ammon».

[43] Cf. *Mt* 1,11.

[44] Cf. *2Re* 24,10-15.

[45] Ossia Evil-Merodakh o, meglio, Amel-Mardukh che regnò dal 562 al 560 a.C. Cf. *2Re* 25,27-30. D'ora in poi lo chiameremo Evilmerodakh.

[46] In *2Re* 24,16. In verità si chiamava Mattania e Nabucodonosor gli mutò tale nome in Sedecia. In *2Cron* 36,10 è scritto: «...il re Nabucodonosor...fece regnare su Giuda e su Gerusalemme Sedecia suo fratello». Ma qui il termine «fratello» va preso nel senso largo di parente. Cf. *La sacra Bibbia* (1961), vol. I, 972, nota 10.

[47] Ma poco prima ha già detto che ad essere chiamato così, nel Vangelo di Matteo, è il re Yoakin. Vedi 9,33.

[48] Cf. *2Re* 24,18 e *2Cron* 35,11.

[49] Il profeta Geremia fu invero lapidato a Tafnis, in Egitto, e ivi seppellito nella tomba del Faraone, come riporta Michele il Siro, *Chronique* (1899), vol. I, pp. 89-90.

[50] Figlio di Ciassare re dei Medi, a cui successe nel 584 a.C., Astiage, re dei Medi, fu sconfitto da Ciro II il Grande nel 550, nella battaglia di Pasargade. Michele il Siro, *Chronique* (1899), vol. I, p. 96 dice che ciò avveniva nell' anno 4 del regno di Sedecia.

[51] Michele il Siro, *Chronique* (1899), vol. I, p. 97 racconta infatti che Geremia, venuto a conoscen-

39 In questo tempo cominciò a regnare in Egitto Apries. Regnò 25 anni[52].

40 Nell'anno 9 del regno di Sedecia, il dieci del decimo mese, Nabucodonosor intraprese la sua quarta campagna /contro Gerusalemme/ e la cinse d'assedio fino all'anno 11 del regno di Sedecia, re dei Giudei[53].

41 In questo anno, che corrisponde poi all'anno 21 del regno di Nabucodonosor, costui si impadronì di Gerusalemme e votò al fuoco il Tempio[54].

42 Dal tempo in cui Salomone, figlio di David, l'aveva costruito fino al giorno in cui esso fu votato al fuoco, il Tempio era rimasto in piedi 434 anni[55]. Fino a detta data si contano in tutto ventidue re della tribù di Giuda, i quali regnarono per un totale di 518 anni e 6 mesi.

Quarta serie di re: dai re d'Israele ai re dei caldei

Preambolo sui Caldei

43 I Caldei sono una nazione che ha sempre dominato e goduto di acume. Raccontano i rapsodi che da essi provenivano i superbi re e i giganti tra i quali emerse Nimrod, figlio di Kanaan, della discendenza di Ham, che fece costruire la torre /di Babele/ e dal quale discendeva lo stesso Nabucodonosor, colui cioè che invase /il paese de/ i figli di Israele, sterminò un gran numero di loro, portò seco i superstiti in cattività, invase l'Egitto e lo conquistò[56]. I Caldei continuarono a dominare in Babilonia fino a quando non si imposero ad essi i Persiani, i quali li sopraffecero e ne annientarono una grande moltitudine. Svanite sono le loro notizie e cancellate le loro tracce. /Oggi/ i Caldei si occupano delle osservazioni che Tolomeo Claudio inserì nel

za del fatto che il Tempio era stato votato al fuoco, nascose in una grotta il Tabernacolo dell'Alleanza e l'Arca.

[52] Allusione ad Apries come è conosciuto nella tradizione greca, che è poi il faraone Khofra, della XXI dinastia, di cui in *Ger* 44,30, che detenne il regno sull'Egitto dal 589 al 569 a.C. Successe a Psammetico II nel 589. Michele il Siro, *Chronique* (1899), vol. I, p. 96 lo chiama Vaphrès e fissa l'inizio del suo regno all'anno 11 del regno di Sedecia.

[53] Cf. *2Re* 25,1, dove però è detto che la tenne sotto assedio fino all'anno undecimo del regno di Sedecia. Siamo nel 15 gennaio del 588 a.C. quando comincia l'assedio di Gerusalemme, una delle poche roccheforti rimaste ancora intatte, come è detto in *Ger* 34,7. Dalla stessa fonte, *Ger* 37,3-10, si evince che l'assedio riprese poi più violento fino al 19 luglio del 586 a.C.

[54] In *2Re* 25,8-9 leggiamo però che nell'anno decimonono del regno di Nabucodonosor, re di Babilonia, giunse a Gerusalemme Nabuzardan, capo della guardia del corpo, che incendiò il tempio di Jahve e la reggia.

[55] Michele il Siro, *Chronique* (1899), vol. I, p. 97 ha invece 441 anni. Parlando poi subito dopo dei re dice che essi furono 23 e che regnarono in tutto 525 anni.

[56] Ancora più dedito a siffatte reminiscenze è Michele il Siro, *Chronique* (1899), vol. I, p. 78, dove si fanno discendere dalla loro schiatta Ful, Tiglat-Pileser, Salmanassar e Sennacherib. Il loro dominio, cominciato subito dopo la morte dell'assiro Sardanapalo, terminò la stessa notte in cui Dario il Medo e il Persiano uccideva Baltassar, figlio di Nabucodonosor. Vedi pure Michele il Siro, *Chronique* (1899), vol. I, pp. 99, 101.

suo *Megistos* attingendole da loro[57].

44 Allorquando i figli di Israele furono portati in cattività a Babilonia, Nabuzardan fece prendere il gran sacerdote Sofonia con altri capi e notabili del popolo nonché Sedecia, re della tribù di Giuda, e li portò a Babilonia, dove li fece uccidere e dove fece cavare gli occhi a Sedecia e sgozzare i suoi figli[58]. A Babilonia lo condannò a far girare la macina d'un mulino[59]. Aveva allora 32 anni.

45 Dopo la sua morte, ne gettarono il cadavere dietro il muro di cinta e si compì in tal modo la profezia che il Signore aveva fatto su di lui per bocca del profeta Geremia: «Se Chonia..., ecc»[60].

46 Quanto ai Giudei che erano rimasti a Gerusalemme, presero il profeta Geremia e scesero da Apries, re dell'Egitto. Là essi uccisero il profeta Geremia che morì e fu sepolto. Aveva profetato 38 anni. Il suo libro contiene 4252 versetti. Il libro dei Re ne contiene invece 1113 e il libro dei Paralipomeni 3503[61].

47 I Giudei che si trovavano in cattività aggredirono altresì il profeta Ezechiele e lo uccisero. Fu sepolto colà, nella tomba di Sem, figlio di Noè. Aveva profetato 28 anni. Il suo libro contiene 4376 versetti[62].

48 Di lì a poco Nabucodonosor fece un'incursione contro la città di Tiro, dando ordine ai suoi soldati di gettare pietre in mare perché potessero così farsene un passaggio fino alla città. Nel veder ciò, gli abitanti di Tiro gettarono a mare tutto ciò che avevano e presero la fuga con le loro navi[63]. Nabucodonosor catturò Ḥīram, re di Tiro, e se ne partì con lui. Ḥīram visse 50 anni, ossia tutto il tempo in cui avevano

[57] Di questo libro di Tolomeo Claudio di Alessandria, astronomo, dà un cenno anche Michele il Siro, *Chronique* (1899), vol. I, p. 116, presentandolo come un'opera sulla scienza dell'astronomia.

[58] Vedi pure Michele il Siro, *Chronique* (1899), vol. I, p. 96.

[59] Cf. *2Re* 25,6-21. Ma il testo biblico dice chiaramente che Sedecia fu condotto al cospetto del re Nabucodonosor a Ribla, dove il re fece sgozzare tutti i suoi figli e ordinò che gli fossero cavati gli occhi e che venisse portato a Babilonia. Gli altri notabili ed esponenti israeliti, tra cui il gran sacerdote Seraia e Sofonia, sacerdote in seconda, furono anch'essi portati da Nabuzardan al cospetto di Nabucodonosor a Ribla, dove per ordine dello stesso re furono messi a morte. In realtà Nabuzardan era arrivato a Gerusalemme il 15 agosto del 586 a.C. con l'incarico di bruciare il Tempio e abbattere gli edifici importanti della citta. Cf. *Ger* 52,12-23 e *2Cron* 36,18-21. Nel testo biblico manca il particolare secondo cui il re Sedecia fu condannato a trascinare una macina da mulino. Vedi a tal proposito pure Michele il Siro, *Chronique* (1899), vol. I, pp. 94-95.

[60] Cf. *Ger* 22,24-28 a cui si aggiunge un particolare riguardante invece Yoakim, figlio di Giosia come in *Ger* 22,19. Il testo arabo presenta una espressione intraducibile nella sua intierezza.

[61] Sotto questo termine erano altresì conosciuti i due libri delle *Cronache* nella tradizione greca che li presentava come *Libro primo-secondo dei Paralipomeni a proposito dei re* (o regni) *di Giuda*. Cf. *La sacra Bibbia* (1961), vol. I, 859. Per quanto concerne i dati relativi ai versetti che detti libri contengono Michele il Siro, *Chronique* (1899), vol. I, p. 99, asserisce che il libro di Geremia ne conterrebbe 4252, il libro dei Re 6043 e quello delle Cronache 3053.

[62] Michele il Siro, *Chronique* (1899), vol. I, p. 95 presenta la stessa cifra e a p. 94, riportando le parole di Epifanio, dice ch'egli morì nel paese dei Caldei, ucciso dietro istigazione di colui che era stato costituito capo del popolo di Israele, e sepolto insieme con Sem e Arfaxad, antenati di Abramo.

[63] Vedi pure Michele il Siro, *Chronique* (1899), vol. I, p. 99.

regnato i ventuno re della tribù di Giuda[64].

49 La terra d'Egitto passò nelle mani delle truppe di Nabucodonosor subito dopo il loro ripiegamento dalla città di Tiro. Nabucodonosor regnò altri 24 anni dopo la distruzione di Gerusalemme e l'incendio del Tempio. È a partire dall'anno 22 del suo regno che si cominciano a computare i 70 anni della cattività dei figli di Israele a Babilonia.

50 Nell'anno 37 del regno di Nabucodonosor, corrispondente all'anno 13 della cattività, Nabucodonosor fece fare quella enorme statua d'oro che s'alzava di sessanta cubiti al cielo[65]. Fu a causa di questo idolo che si resero celebri Anania, Azaria e Misael che, gettati in una fornace ardente, ne uscirono sani e salvi perché Iddio, sia Egli esaltato, li aveva salvaguardati dalle fiamme[66].

51 Da questo tempo si rese celebre tra i Greci *Aesopus*, ossia Esopo il favolista[67].

Successori di Nabucodonosor

52 Dopo la morte di Nabucodonosor cominciò a regnare suo figlio Evilmerodakh[68]. Regnò un anno[69].

53 Nell'anno 5 della cattività, regnò Baltassar, durante il cui primo anno di regno il profeta Daniele vide in sogno le /quattro/ bestie emergere dal mare[70].

54 Nell'anno 2 del suo regno, Baltassar diede un festino e nel mentre se ne stava sdraiato sopra un posto elevato, si fece portare i vasi sacri che erano stati asportati dal tempio del Signore e da essi bevve. Aveva appena bevuto da questi vasi, quando apparve una mano sulla parete di fronte che scriveva la sventura che lo avrebbe colpito e il castigo che si sarebbe abbattuto su di lui. Ecco ciò che vi era scritto: «Colui che

[64] Particolare presente in Giuseppe Flavio, *Contra Apionem*, I, 21 e Michele il Siro, *Chronique* (1899), vol. I, p. 99. Non è sicuramente Ḥīram il Grande. In effetti Nabucodonosor iniziò l'assedio di Tiro nel 587 a.C. e la conquistò nel 573 a.C. Il testo che traduciamo è del tutto farraginoso e non si presta a nessuna plausibile traduzione nonostante i suggerimenti che Cheikho dà qua e là in nota. Quello curato da Vasiliev, *Kitab* (1915), p. 70 è più chiaro.

[65] Vedi pure Michele il Siro, *Chronique* (1899), vol. I, p. 99.

[66] Per la statua d'oro alta sessanta cubiti cf. *Dn* 3,1. Per i tre giovani, chiamati altresì Sidrach, Misach e Abdenego, cf. *Dn* 3,12-97.

[67] I nomi relativi al personaggio sono alquanto storpiati in arabo dove ci sono presentati come *Ywsyfws* e *Ywsfās*. Vedi pure Michele il Siro, *Chronique* (1899), vol. I, p. 100.

[68] Dall'interpretazione che Cheikho da qui del testo proponendo la lettura *ibnuhu al-awwal* si dovrebbe tradurre «il suo primogenito», ma Vasiliev, *Kitab* (1915), p. 71 ha invece اول مردوخ che sta appunto a significare Evilmerodakh.

[69] Evilmerodakh successe a Nabucodonosor nel 562 a.C. Regnò 3 o forse un solo anno, come sostiene pure Michele il Siro, *Chronique* (1899), vol. I, p. 100.

[70] Cf. *Dn* 7,1-8. Baltasar successe a Nabonedo I re di Babilonia nel 550 a.C., dopo essersi costui ritirato nel santuario di Sīn-Nanna a Teima, lasciandogli la reggenza del regno. Nabonedo divenne però re solo nel 533 a.C., ma fu presto sconfitto e ucciso da Ciro II. Per quanto concerne Baltasar Michele il Siro, *Chronique* (1899), vol. I, p. 100 asserisce, meglio, che cominciò a regnare dopo Evilmerodakh ma dopo l'anno 25 della cattività, essendo Nabucodonosor morto proprio in detto anno!

conta i capelli della testa ha contato e giudicato il suo regno e ne ha lacerato il velo»[71]. In questa stessa notte irruppe nel suo palazzo Dario il Medo e il Persiano, lo uccise e annetté a quello dei Medi e dei Persi il di lui regno, giacché, per la mia vita, faceva parte anch'egli dell'una e dell'altra casata[72].

55 Nell'anno 28 della cattività, cominciò a regnare Dario, figlio di *'ḥštrāš* /=Assuero/[73].

56 Nell'anno 1 del suo regno, il profeta Daniele alzò una supplica a Dio perché s'avvedeva che gli anni si avvicinavano e che i settant'anni che Dio aveva fissato per la loro schiavitù in Babilonia stavano terminando. Erano cominciati, in effetti, nell'anno 13 del regno di Giosia, tempo in cui il profeta Geremia faceva le sue apparizioni in veste di profeta. Avendo esaudito la preghiera e le suppliche di Daniele, il Signore mandò da lui l'arcangelo Gabriele per annunciargli ciò che concerneva le settimane, la distruzione di Gerusalemme e i re che regnarono durante questo periodo e di cui si fa menzione nel libro del profeta Daniele[74].

57 In questo tempo Daniele fu gettato nella fossa dei leoni.

Regno di Ciro il Persiano

58 Ciro il Persiano si sollevò e uccise Astiage, re dei Medi, e Dario, re dei Babilonesi[75].

59 Nell'anno 31 della cattività dei figli di Israele, istituì il regno dei Persiani. Regnò 30 anni.

60 Nell'anno 1 del suo regno[76], diede disposizione di rimettere in libertà cinquantamila prigionieri israeliti, li affrancò e li inviò a Gerusalemme. Sin da allora ordinò loro di ricostruire il tempio del Signore, ma ne furono impediti dalle genti che li circondavano, fino alla fine dell'anno 6 del regno di Dario, figlio di Istaspe, corrispondente all'anno 46 della loro cattività, come è scritto nel Vangelo di Giovanni[77]. Nessuno ritenga, quindi, che i Giudei ci misero quarantasei anni nel ricostruire il Tempio![78]

61 Nell'anno 2 del regno di Dario, il profeta Daniele fu gettato una seconda volta

[71] Cf. *Dn* 5,25-28, pur se le divergenze tra il testo biblico e quello di Agapio permangono evidenti!

[72] Testo arabo alquanto corrotto! Dario I il Medo, in realtà, fu colui che nel 521 a.C. sconfisse e catturò Nidintubel che si era autoproclamato figlio di Nabonedo con il nome presunto di Nabucodonosor III.

[73] Cf. Michele il Siro, *Chronique* (1899), vol. I, p. 105 che ha Dario, ossia Assuero. Ma è da identificare forse con Dario I d'Istaspe (522-485 a.C.), come suggerito in *La sacra Bibbia* (1961), vol. II, 1082, nota 1. Ad ogni buon conto il nome arabo Aḥšīrāš presente in Vasiliev, *Kitab* (1915), p. 72 riflette molto da vicino il persiano Akhshyarshu detto in ebraico Akhashuerosh, ossia Assuero, che poi è il Serse I (485-465 a.C.) del libro di Ester. Cf. *La sacra Bibbia* (1961), vol. I, 1085.

[74] Cf. *Dn* 8,17-27 e 9,21-27.

[75] La ribellione di Ciro contro Astiage ebbe luogo nel 553 a.C. e lo sconfisse nella battaglia di Pasargade nel 550 a.C. Nel 533 sconfisse e uccise Nabonedo, re dei Babilonesi, non Dario!

[76] Ossia nel 538.

[77] Cf. *Gv* 2,20. Vedi pure Michele il Siro, *Chronique* (1899), vol. I, p. 102.

[78] Cf. Michele il Siro, *Chronique* (1899), vol. I, p. 101.

nella fossa dei leoni per avere smascherato e disonorato pubblicamente i sacerdoti dell'idolo nel loro tempio e per aver smascherato e reso di pubblico dominio i loro artifici. Daniele uccise il Dragone[79].

62 Nell'anno 3 del regno di Dario[80], il profeta Daniele digiunò tre settimane, ossia ventuno giorni. Cominciò a digiunare il 4 del primo mese *nīsān*. Allora Dio mandò da lui l'arcangelo Gabriele. Daniele si era già infiacchito e, affranto dalla paura, cadde.

63 In questo anno morì il profeta Daniele. I figli di Israele erano ancora in cattività. Fu sepolto a Babilonia[81]. Daniele apparteneva alla tribù di Giuda. Il suo libro contiene 1550 versetti[82].

64 In questo tempo vaticinò il profeta Habacuc, della tribù di Simeone. Fu colui che l'angelo afferrò per i capelli quando, in groppa ad un asino, portava il cibo ai mietitori. L'angelo del Signore lo portò dalla terra di Gerusalemme fino a Babilonia, dal profeta Daniele che si trovava nella fossa, con il cibo che portava con sé e da cui gli diede di che mangiare mentre era ancora caldo. Poi l'angelo del Signore lo riportò nella terra di Gerusalemme[83].

65 In questo tempo vaticinarono il profeta Aggeo, della tribù di Levi[84], e il profeta Zaccaria, figlio di Barachia[85].

66 In questo tempo visse Aziraduhšt /=Zoroastro/ il Magio, autore della dottrina dei Magi, che consisteva nell'adorazione dell'acqua, del fuoco e degli elementi con altre pratiche vergognose che non è conveniente ricordare in questo libro[86].

67 In questo tempo comparve la dottrina di Pitagora e si resero celebri Simonide e Anacreonte, inventori dei liuti e delle cetre[87].

[79] L'episodio che vede Daniele gettato per la seconda volta nella fossa dei leoni è legato all'iniziativa che presero i ministri e i satrapi di Dario, come è detto in *Dn* 6, ma l'episodio qui riportato, che vede come protagonisti i sacerdoti degli idoli, è da rapportare piuttosto a *Dn* 14, dove si parla del serpente Bel che Daniele uccide dopo aver sbugiardato i sacerdoti al cospetto del re. Cf. pure Michele il Siro, *Chronique* (1899), vol. I, p. 101.

[80] Il testo biblico *Dn* 10,1 ha invece: «Nel terzo anno di Ciro, re dei Persiani...». Ed è il testo in cui si parla delle tre settimane di giorni in cui Daniele stette in lutto senza mangiare cibi prelibati e senza che carne e vino entrassero nella sua bocca. Per queste datazioni è altresì utile tener presente che «il primo anno di Ciro non è il 558, inizio del regno sui Persiani, ma il 538, anno della conquista di Babilonia. l'A. non esclude con questa precisazione che Daniele sia vissuto anche dopo il primo anno del regno di Ciro». Cf. *La sacra Bibbia* (1961), vol. II, p. 1062, nota 21. Non bisogna nemmeno trascurare che i rabbini, sulla base di *Esd* 6,14, deducono che Dario il Persiano fu anche chiamato Ciro.

[81] Michele il Siro, *Chronique* (1899), vol. I, p. 102 dice che fu seppellito in un villaggio di Susa.

[82] Per quel che Epifanio dice sul profeta Daniele, cf. Michele il Siro, *Chronique* (1899), vol. I, pp. 96-97.

[83] Cf. *Dn* 14,33-39.

[84] Cf. *Ag* 1,1. Sembra comunque che di stirpe sacerdotale fosse il profeta Zaccaria.

[85] Cf. *Zc* 1,1. Il ricordo di entrambi ricorre in *Esd* 5,1.

[86] Zaratustra iniziò la sua predicazione nel 588 a.C. circa, con la protezione di un Istaspe, forse il padre di Dario I.

[87] Allude a Simonide di Coo (m. 468 a.C.), uno dei grandi lirici greci, perfezionatore del carme corale meglio conosciuto come *epinicio* con cui si celebravano i vincitori olimpici o di altri agoni. Nell'anno

68 Nell'anno 10 di Ciro il Persiano, si compirono i settant'anni della prima cattività, che aveva avuto inizio nell'anno 3 del regno di Yoakim[88].

Dopo la morte di Ciro

69 Dopo la morte di Ciro cominciò a regnare Cambise o, come dicono gli Ebrei, Nabucodonosor II. Regnò 8 anni[89].

70 In questo tempo si rese celebre Giuditta che, ricorrendo ad uno stratagemma, uccise Oloferne, re di Babilonia[90]. Il libro di Giuditta contiene 2268 versetti[91].

71 Con i figli di Israele c'era il sacerdote Giosuè, figlio di Yozadak[92] e a Gerusalemme Ilyāqīm[93].

72 Nell'anno 6 del suo regno, Cambise invase l'Egitto, se ne impadronì e uccise Maqnūsiyūs[94], re dell'Egitto. Dopo detto evento, il regno dell'Egitto cessò di esistere fino all'anno 15 del regno di Dario[95].

530 a.C. si colloca altresì la prima attività poetica di Anacreonte ad Abdera e a Samo. Nei suoi frammenti si rispecchia la generale opinione che sia stato lui ad inventare il liuto e la cetra, ma in realtà tanto l'uno quanto l'altra già dovevano accompagnare la declamazione dei suoi versi! Cf. Michele il Siro, *Chronique* (1899), vol. I, p. 105, che però non allude affatto ad Anacreonte.

88 Michele il Siro, *Chronique* (1899), vol. I, pp. 103-104 assegna questo compimento all'anno 2 del regno di Dario, figlio di Istaspe.

89 Vedi Michele il Siro, *Chronique* (1899), vol. I, pp. 102-103. Dovrebbe trattarsi di Cambise II, re di Persia, che cominciò a regnare nel 530 a.C. e che nel 522 a.C. sottomise l'Egitto sconfiggendo a Pelusio il faraone Psammetico III. Infatti a Ciro I il Grande, figlio di Cambise I re di Persia e ucciso nella battaglia contro i Massageti nel 530 a.C., successe il figlio Cambise II, incoronato solennemente re di Persia nel 529 a.C. Dopo aver sconfitto Psammetico III nella battaglia di Pelusio si impadronì dell'Egitto, dando così inizio alla dinastia XXVII detta persiana. Quindi conquistò Apro. La sua autorità venne ugualmente riconosciuta dal re di Cirene Arcesilao III nel 525 a.C. Morì nel 522 a.C. di ritorno dall'Egitto.

90 Oloferne era in verità il comandante in capo dell'esercito che Nabucodonosor inviò contro le popolazioni dell'Occidente che non lo avevano sostenuto nella guerra contro Arfaḫšad, re dei Medi. Per l'uccisione di Oloferne ad opera dell'eroina Giuditta, cf. *Gdt* 12-13.

91 Vedi pure Michele il Siro, *Chronique* (1899), vol. I, p. 103, dove però si dice che il libro di Giuditta contiene «1268 parole». Lo stesso numero ricorre in Vasiliev, *Kitab* (1915), p. 75.

92 Per questo Giosuè, figlio di Yozadak e nipote del gran sacerdote Seraia ucciso a Ribla da Nabucodonosor, cf. *Esd* 2,2; 3,2.

93 Cf. Michele il Siro, *Chronique* (1899), vol. I, p. 105.

94 In verità Cambise II, figlio di Ciro II e di Cassandone, divenuto re nel 529 dopo la morte di Ciro nella battaglia contro i massageti, intraprese una campagna contro l'Egitto che poi conquistò nel 525. Il testo potrebbe qui alludere ad Amasi, faraone d'Egitto della XXVI dinastia saitica, che regnò dal 568 al 526 a.C.

95 Nel 525 a.C. il re di Persia Cambise riportò una vittoria, a Pelusio, su Psammetico III, ultimo re della XXVI dinastia, facendo dell'Egitto una satrapia del suo impero, amministrato da un satrapo che risiedeva a Menfi. Non riusciamo a definire dal testo se il Dario in questione è Dario III oppure qualche altro Dario, come Dario I, per esempio, che ebbe molto a cuore le sorti dell'Egitto dove costruì templi e un canale navigabile che univa il Nilo al Mar Rosso. Sembra comunque che ogni tentativo di insurrezione al potere centrale persiano sia sempre stato soffocato sul nascere, eccetto quello sostenuto da Amirteo (402 a.C.), fondatore ed unico rappresentante della XXVIII dinastia. Ma nel 343 a.C. si ebbe una seconda dominazione persiana con Artaserse III che sconfisse, sempre a Pelusio, il faraone Nectanebo II, soggiogando così nuovamente l'Egitto, che fu ancora una volta ridotto a satrapia persiana.

73 In questo tempo *Qsmūs* tagliò la pietra che parlava pensando ch'essa contenesse i misteri della magia[96].

74 Dopo Cambise, cominciò a regnare il Mago[97]. Regnò 3 anni e 7 mesi.

75 Dopo di lui cominciò a regnare Dario, figlio di Istaspe. Regnò 36 anni[98].

76 Nell'anno 2 del suo regno, si compirono i settant'anni[99].

77 Nell'anno 6 del suo regno, il tre del mese di *adār* /=marzo/ fu portata a termine la costruzione del Tempio del Signore[100].

/78 In questo tempo visse il filosofo Democrito/[101].

Dopo la morte di Dario

/79 Dopo la morte di Dario, cominciò a regnare suo figlio Serse, ossia Aḫšīrāš /=Assuero/. Regnò 26 anni/[102].

[96] Sulla pietra parlante, ossia il colosso di Memnone fatto erigere dal faraone Amenofi III e tagliato a pezzi dal re Cambise perché credeva che celasse dentro di sé artifici magici, cf. Michele il Siro, *Chronique* (1899), vol. I, p. 42. La notizia qui riportata è di fatto oggetto di una delle tante leggende che circolavano sul conto del bellissimo Memnone, figlio di Eos e di Titone, ucciso in battaglia da Achille, al quale era stato dedicato un tempio a Tebe. Una delle due statue giganti, dette appunto «colossi», gravemente danneggiata da un terremoto, si diceva che cominciò ad emettere suoni ad ogni sorgere del sole.

[97] Dovrebbe qui alludere a Gaumata il Mago che, spacciatosi per Smerdi (Bardiya), fratello di Cambise II, fu ucciso per ordine del re stesso da Dario I (522-486 a.C.), figlio di Istaspe, di un ramo cadetto degli Achemenidi.

[98] Si tratta di Dario I Istaspe che cominciò a regnare nel 522 a.C., ponendo fine al breve interregno successivo alla morte di Cambise II.

[99] Vedi pure Michele il Siro, *Chronique* (1899), vol. I, pp. 103-104. Il testo che traduciamo presenta qui una vistosa interpolazione di cui non ricorre traccia né nel testo curato da Vasiliev né all'interno della narrazione degli eventi fatta più tardi da Michele il Siro. In realtà il figlio di Hormizd di cui si fa qui parola altri non è che Sapore II, di cui Michele il Siro, *Chronique* (1899), vol. I, p. 239 dice che cominciò a regnare nell'anno 2 di Costantino. Menzione particolare, con elementi presenti nel testo, la riscontriamo in Eutichio, *Gli Annali* (1987), p. 181, dove è detto: «Nel quinto anno del regno di Aureliano Cesare, morì Hormizd, figlio di Narsi, re dei Persiani, senza lasciare un figlio che ne prendesse il posto. Ma c'era, incinta, una delle sue donne cui il popolo chiese: 'Sai dirci se porti un maschio o una femmina?'. 'Sento', rispose la donna, 'che il feto si muove verso destra nonostante la leggerezza del peso. È, questo, un segno che sarà maschio'. Grande fu la loro gioia e posero la corona sul grembo di quella donna. Difatti ella partorì un maschio cui fu posto nome Sābūr, ed è colui che fu poi soprannominato *Ḏu al-aktāf*, /ossia Slussatore di spalle/, perché ogni qual volta vinceva un re gli faceva disgiungere le scapole…». Si tratta, quindi, di Sapore II (309-379) che nelle sue guerre implacabili contro le popolazioni arabe aveva l'abitudine di far trapassare l'articolazione scapolare dei prigionieri di guerra. Cf. a tal proposito A. Christensen, *L'Iran sous les Sassanides*, ed. Otto Zeller, Osnabrück 1971, p. 235, nota 2. Per la figura di questo monarca vedi pure Ṭabarī, *Annales* (1965), vol. I, pp. 836-846.

[100] Vedi pure Michele il Siro, *Chronique* (1899), vol. I, p. 104.

[101] Questa notizia è assente nel testo che traduciamo. Vedi pure Michele il Siro, *Chronique* (1899), vol. I, p. 106. Democrito nacque in verità ad Abdera nel 460 a.C. circa. Fu uno dei più insigni rappresentanti della scuola atomistica fondata da Leucippo. La sua è una cosmologia atomistica e materialistica.

[102] Questa notizia è assente nel testo che traduciamo. Serse I, figlio del Gran re di Persia Dario I, della dinastia degli Achemenidi, cominciò a regnare dal 486/485 a.C. fino al 465 a.C. ed è da identificare con l'Assuero di cui nel libro di Ester. Nel 484 a.C. stipulò un'alleanza con i Cartaginesi e nel 481 a.C. radunò a Sardi le sue schiere per una spedizione contro la Grecia dove, dopo la resistenza di Leonida alle

80 In questo tempo si rese celebre il pittore Zeusis[103].

81 In questo tempo vissero la giudea Ester e Mardocheo, nipote del profeta Geremia, figlio del sacerdote Barachia[104] e zio di Ester[105]. Erano entrambi prigionieri a Babilonia.

82 In questo tempo vaticinò il profeta Malachia, uno dei dodici profeti /minori/. Profetizzava nel paese di Giuda. Dopo la morte di Malachia, non sorse più alcun profeta noto tra i figli di Israele[106]. Il libro dei Dodici Profeti /Minori/ contiene in tutto 3643 versetti. Il libro di Ester ne contiene 654.

83 Nell'anno 11 del suo regno, Serse si impadronì della città di Atene e di altre numerose città[107].

84 Dopo di lui cominciò a regnare suo figlio. Regnò 2 anni e mezzo[108].

85 Dopo di costui, cominciò a regnare Artaserse Longimano, chiamato anche Ariyūḫ[109]. Regnò 41 anni[110].

86 In questo tempo una pietra cadde dal cielo nei fiumi di Arʿaš. Il nome della pietra era Afsīs[111].

Termopili, venne sconfitto nella battaglia di Salamina nel 480 a.C. Venne assassinato in una congiura consumata nel 464 a.C. e gli successe il figlio Artaserse I Longimano, anch'egli della dinastia degli Achemenidi. Vedi pure Michele il Siro, *Chronique* (1899), vol. I, p. 105 dove è chiamato Serse o Assuero, ma lo fa regnare 21 anni. Michele il Siro, *Chronique* (1899), vol. I, p. 110 fa comunque notare che questo re è chiamato Artaserse nella versione dei Settanta e Assuero nel testo in lingua ebraica.

[103] Vedi pure Michele il Siro, *Chronique* (1899), vol. I, p. 105, dove abbiamo la forma Xeusis, mentre nel nostro testo si ha la forma *Dūḥūsīn*, e in Vasiliev, *Kitab* (1915), p. 76 troviamo la forma *Ḏūḥūsīn*. Zeusi, pittore greco della seconda metà del sec. V a. C., fu attivo in Magna Grecia, a Efeso, in Macedonia e ad Atene.

[104] Geremia era figlio del sacerdote Helkia. Di Mardocheo nipote di Geremia non si ha traccia nel libro di Ester. La stessa Ester, figlia di uno zio di Mardocheo, era stata cresciuta da quest'ultimo come una figlia. Cf. *Est* 2,5-7.

[105] Questi dati non collimano con quanto di lui detto in *Est* 2,5. Considerazioni sulla effettiva loro presenza in cattività e, quindi, sulla loro realtà storica, vedi pure Michele il Siro, *Chronique* (1899), vol. I, pp. 105-106.

[106] Riportato sulle parole di Epifanio anche in Michele il Siro, *Chronique* (1899), vol. I, p. 102.

[107] Vedi pure Michele il Siro, *Chronique* (1899), vol. I, p. 105.

[108] In Michele il Siro, *Chronique* (1899), vol. I, p. 106 si dice che dopo di lui regnò Artabano per 7 mesi.

[109] Michele il Siro, *Chronique* (1899), vol. I, p. 107, si dice che era soprannominato *Arovik*. Ma si veda *Dn* 2,14 e *Giuditta* 1,6, dove è chiamato Arioch.

[110] Si tratta di Artaserse I Longimano, figlio minore di Serse I, della dinastia achemenide. Regnò dal 465 al 424 a.C., e quindi subito dopo la morte di Serse I. Purtroppo non riusciamo ad individuare il figlio di Serse che avrebbe regnato due anni e mezzo prima che salisse sul trono Artaserse: Arsete? Ad ogni modo Artaserse nel 462 a.C. represse la ribellione del fratellastro Istaspe, satrapo della Battriana e lo uccise. Nel 458 a.C. autorizzò un successivo ritorno di Ebrei a Gerusalemme sotto la guida di Esdra. Questo evento è da altri fatto risalire ad Artaserse II nel 398 a.C. Fu con lui che ebbe luogo la seconda dominazione persiana sull'Egitto grazie alla vittoria riportata sulle schiere del libico Inaro appoggiato dagli Ateniesi venuti in suo soccorso (454 a.C.). Cinque anni dopo stipulava con Atene un patto di non belligeranza conosciuto sotto il nome di pace di Callia. Morì nel 424 a.C. Gli succedette il figlio Dario II.

[111] Dal confronto tra il testo, qui oltremodo corrotto, e una notizia che compare in Michele il Siro, *Chronique* (1899), vol. I, p. 109, ci sembra che si voglia qui alludere alla pietra che cadde sul tempio di

87 Nell'anno 7 del suo regno, il re Artaserse ordinò allo scriba Esdra di salire nel paese di Giuda e ricostruire il sacro tempio del Signore. Era allora gran sacerdote Giosuè, figlio di Yozadak. Questo Dio mostrò e rivelò a Esdra. Esdra mise per iscritto tutta la Tōrāh e i Profeti, a memoria, perché l'aveva assimilata parola per parola. Si mise perfino a descrivere e a raccontare dettagliatamente come il popolo era partito salendo da Babilonia. Esdra fu il quattordicesimo gran sacerdote dopo Aronne ed il suo libro contiene 2808 versetti.

Quinta serie di re: dai re caldei ai re persiani

Preambolo sui Persiani

88 I Persiani sono un popolo di elevata nobiltà e di superba potenza. Sono la nazione più centrale quanto a territorio e la più nobile quanto a clima, la meglio governata quanto a re che la mantengono unita e difendono gli oppressi dall'oppressore. Pongono notevole cura nella farmacopea e posseggono antiche osservazioni /a tal riguardo/. Un dotto persiano ha così lasciato detto: «Colui che regnò dopo il diluvio fu *Kyūmrt*, della discendenza di Sem, figlio di Noè. Una volta sceso nella terra di Persia si approntò i necessari strumenti per sistemare le strade, scavare canali d'acqua, scannare gli animali di cui nutrirsi e ammazzare le fiere. Il regno restò appannaggio della sua discendenza fino a quando regnò Dario, figlio di Dario che, assalito da Alessandro, fu da costui ucciso»[112].

89 In seguito regnarono gli iskani, il primo dei quali fu Aškī, dopo il quale regnò suo figlio Ašk, ossia il primo che si fregiò del titolo di Šāh[113]. Continuarono a detenere il regno fino a quando non fece capolino il regno dei sasanidi, il cui primo re fu Azdašīr Bābak figlio di Sāsān, della discendenza di Kaštāsab[114]. Ottima fu la di lui condotta e dispiegò giustizia e di erede in erede si protrasse il suo regno fino a quando regnò Yazdagird figlio di Šahriyār, figlio di Qabād, figlio di Fīrūz, figlio di Hurmiz[115], figlio di Kisrà[116] Anūširwān, meglio conosciuto come il Giusto, ultimo re dei Persiani. Quando regnò

Hiera, presentato sotto il nome *al-anhār*, ad Argo, bruciandolo. Lo fa supporre soprattutto la presenza del toponimo *Arʿuš* che potrebbe essere una errata lettura per *Arġus*.

112 Dario III, re di Persia (336-330 a.C.), fu in verità l'ultimo re achemenide. Dopo le sconfitte subite a Granico (334), a Isso (333) e ad Arbela o Gaugamela (331) fu assassinato durante una cospirazione che faceva capo a Besso, satrapo della Battriana.

113 Gli Arsacidi, discendenti di Arsace, metà del sec. III a.C., tribù transcaspiane dei Parti succedute ai Seleucidi intorno al 250 a.C., divennero ben presto una grande potenza.

114 I Sasanidi si imposero con Ardashīr I che nel 224 a.C. sconfisse il partico Artabano V e videro tramontare la loro dinastia con Yazdagird III ucciso nel 651 d.C., dopo la rovinosa sconfitta subita ad opera degli Arabi nella battaglia di Nehavend. Azdashīr I si fece incoronare solennemente Re dei Re, ovvero Shāhānshāh, della Persia, nel 226 a.C. Michele il Siro, *Chronique* (1899), vol. I, p. 188 ha «Ardashīr, figlio di Pābaq» e Eutichio, *Gli Annali* (1987), p. 173, «Azdashīr, figlio di Tābak, figlio di Shāhān».

115 D'ora in avanti lo chiameremo Hormizd.

116 D'ora in avanti lo chiameremo Cosroe.

costui, infatti, la popolazione gli si rivoltò, la situazione si fece critica, predominò l'islām ed egli fu ucciso in guerra.

90 In questo tempo visse il saggio Empedocle, originario della Sicilia. Si recò a vedere e ad esaminare un fuoco che scaturiva e si sprigionava da una grotta. Non riuscendo a carpire il mistero di siffatto evento, si gettò nella grotta, dimenticando fuori i suoi calzari. Fu così smascherato e si capì che non possedeva affatto le qualità che i suoi seguaci gli attribuivano[117].

91 In questo tempo si resero celebri Democrito[118] e Ippocrate[119], che erano medici, nonché Zenone[120] e Eraclito[121].

92 In questo tempo i Romani inviarono dei messaggeri nella città di Atene, dove copiarono e trascrissero, alla luce delle loro leggi, le Dodici Tavole[122].

Neemia e Gerusalemme

93 Nell'anno 20 del suo regno, Artaserse inviò Neemia, suo coppiere, a ricostruire Gerusalemme. Neemia si trattenne a Gerusalemme. Qui egli rimase fino alla fine dell'anno 25 del regno di Artaserse[123]. Ministro del re Artaserse era allora Hāmān l'Amalecita[124] che ben ricordava la vecchia inimicizia e le guerre che c'erano state tra i figli di Israele e gli Amaleciti. Ne aveva conservato memoria con un certo rancore nei loro confronti e chiedeva insistentemente al re di sterminare il popolo israelita e di liberare il regno di ogni loro presenza.

94 In questo anno fu terminata la ricostruzione di Gerusalemme, con i suoi fori, palazzi e cittadelle. Ciò avveniva sotto il pontificato del gran sacerdote Yoiada, figlio di Eliseo[125].

117 Empedocle nacque intorno al 492 a.C. Per quanto qui raccontato cf. anche Michele il Siro, *Chronique* (1899), vol. I, p. 106, che però parla di un Empedocle che si getta nel fuoco al fine di dimostrare di essere un dio, ma venne inghiottito dalle fiamme e di lui non vennero fuori altro che i calzari.

118 Allusione a Democede di Cnido, fondatore della prima scuola medica di cui si abbia menzione? Ma anche Michele il Siro, *Chronique* (1899), vol. I, p. 106 lo presenta come Democrito insieme ad Ippocrate.

119 Nacque forse nel 460 a.C. Fu il fondatore della scuola medica di Cos, la più importante del suo tempo. Insegnò medicina ad Atene.

120 Zenone di Elea, principale discepolo di Parmenide, venne ucciso durante una rivolta contro il tiranno di Elea.

121 Michele il Siro, *Chronique* (1899), vol. I, p. 106.

122 Michele il Siro, *Chronique* (1899), vol. I, 106 dice «XII libri, mentre altri asseriscono XII Tavole».

123 Cf. *Ne* 2,1-8. Michele il Siro, *Chronique* (1899), vol. I, p. 108, parlando di Neemia come l'eunuco del re, precisa che si trattenne a Gerusalemme dodici anni, ossia fino all'anno 32 del regno di Artaserse, che è poi l'anno in cui fu terminata la costruzione della città.

124 Acerrimo nemico di Neemia dedito alla ricostruzione di Gerusalemme è invece Sanballat il Khoronita, come si legge in *Ne* 2,10-19; 6,1. Ma è in *Est* 1r che si comincia a parlare di un alto funzionario di nome Aman, nemico di Mardocheo e di tutti i Giudei. Vedi pure *Est* 3. D'ora in poi lo chiameremo Aman.

125 Il padre di Yoyada è, nel testo biblico, Eliashib, anch'egli gran sacerdote, come risulta da *Ne* 13,28. Michele il Siro, *Chronique* (1899), vol. I, p. 108 dice che fu compiuta nell'anno 34 del regno di Artaserse.

95 Allorquando Neemia salì a Gerusalemme, i Giudei non avevano affatto del fuoco sacro e non osavano offrire sacrifici a Dio con fuoco profano. Di fatto, al momento in cui furono portati prigionieri a Babilonia, avevano preso con sé il fuoco sacro dall'altare del Signore e l'avevano gettato in un pozzo che si trovava in uno dei villaggi appartenenti alla città di Apamea. Aṣhīn (?) era il nome del villaggio[126].

96 Il coppiere Neemia ordinò di portargli un po' di limo e argilla di quel pozzo – erano ormai trascorsi settantaquattro anni dal giorno in cui vi era stato gettato dentro il fuoco /sacro/ –, posò tanto il limo quanto l'argilla sulla legna /che doveva ardere/ sull'altare e questa prese fuoco[127].

97 In questo tempo nacque Platone mentre nella città di Atene si rese celebre il sofista Socrate. Poiché costui usava maniere leggere con i giovanetti, gli fecero bere del *qūnītūn* e morì[128]. Ma lasciò a capo della sua scuola Platone che divulgò le sue azioni e insegnamenti sconci e vergognosi[129].

98 In questo tempo Aman, ministro del re /Artaserse/, si adoprò con ogni sorta di iniziativa e di inventiva per brigare ai danni del popolo israelita onde annientarlo ed estirparlo dalla faccia della terra. Allora tanto Ester quanto Mardocheo si coprirono di sacco[130] e innalzarono a Dio le loro preci e suppliche[131]. Dio fece ricadere sulla testa di Aman l'Amalecita ogni sua macchinazione. Il re Artaserse, infatti, lo votò alla morte facendolo appendere ad un palo[132].

[126] Michele il Siro, *Chronique* (1899), vol. I, p. 109 parla di questo stesso evento ma non fa cenno al villaggio.

[127] Cf. Michele il Siro, *Chronique* (1899), vol. I, p. 109. Tutto però si sviluppa intorno al passo biblico *2Mac* 1,19-23.

[128] Così suggerisce di leggere Cheikho, pensando al greco ἀκόνιτον, mentre Vasiliev, *Kitab* (1915), p. 80 suggerisce di leggerlo κώνειον. È la ben nota cicuta, potente veleno, di cui nelle fonti greche. Cf. pure Michele il Siro, *Chronique* (1899), vol. I, p. 108.

[129] Cf. Michele il Siro, *Chronique* (1899), vol. I, p. 108, dove non si hanno tuttavia riferimenti ben chiari.

[130] Secondo il testo biblico fu solo Mardocheo a coprirsi di sacco (*Est* 4,1) mentre Ester solo dopo tante insistenze «dopo essersi tolte le splendide vesti, indossò vesti di cordoglio e di lutto» (*Est* 4,17k).

[131] Per le stupende preghiere di Mardocheo e di Ester, cf. *Est* 4,17b-17z.

[132] Per il modo in cui tutto si ritorce contro Aman fino a restarne schiacciato, cf. *Est* 7.

Capitolo 10

Storia di Ester, nipote di Mardocheo, nipote del profeta Geremia e dell'amalecita Aman, ministro del re Artaserse

Festino di Artaserse

1 È scritto che il re Artaserse fece imbandire un gran festino dove riunì ogni sorta di delizie, convocando i cortigiani, i parenti e i suoi generali. Capo dei suoi ministri e suo intendente era allora Aman l'Amalecita[1]. In questo giorno e durante tale festino, il re non si privò di nulla tra quanto di delizioso e di piacevole gli veniva offerto e, pensando tra sé e sé, si disse che non gli restava altro piacere da soddisfare che quello di dare disposizione alla regina Vasti[2] di prepararsi a dovere e di farsi a lui dappresso, per versare da bere a lui e poi ai suoi uomini.

2 Mandò quindi a dirle di abbigliarsi e di farsi bella e di portarsi al banchetto suo e dei suoi conviviali. Ma la regina gli rispose nella maniera più sconcia e tagliente ed egli ne concepì tanto risentimento da dimenticare i piaceri assaporati in questo giorno e in tutti gli anni del suo regno. Nel vederlo così risentito e rattristato, i suoi uomini e i suoi conviviali si congedarono. Si racconta che il re diede ordine di cacciare la regina Vasti dal suo regno e di procurargli e scegliere per lui mille donne tra tutte quelle del suo regno.

3 Il re aveva sotto il proprio scettro, nel suo impero, ventisette città[3]. Inviò dunque i suoi messaggeri perché scegliessero per lui le donne più possibilmente in vista per bellezza, grazia e intelligenza. Tra quelle che scelsero, figurava la giudea Ester. In seguito il re ordinò di scegliere tra le mille le cento donne più belle, più graziose e più intelligenti. Tra le cento che scelsero, figurava anche Ester. Poi il re ordinò di scegliere tra le cento le dieci più perfette quando a bellezza, grazia e intelligenza. Tra le dieci che scelsero, figurava ancora una volta Ester. Dopo di ciò il re ordinò di scegliere tra le dieci tre donne. Tra

[1] In *Est* 3,1 è infatti scritto: «Dopo questi avvenimenti, il re Assuero elevò di grado Aman, figlio di Amdata, l'Agaghita: lo innalzò e pose il trono di lui al disopra di tutti i capi che erano con lui». Viene individuato come amalecita perché il re Agag, vinto da Saul, era proprio un amalecita, come è dato vedere in *1Sam* 15,8-9.

[2] Sotto questo nome compare la moglie di Artaserse in *Est* 1,9 e nella narrazione successiva che descrive tanto il banchetto del re quanto l'atteggiamento della regina Vasti nei confronti delle sue pretese. Cf. *Est* 1,1-22 e 2,1-4. Il termine arabo è qui Waštī.

[3] Dettaglio irrisorio per un tale impero, ma Vasiliev, *Kitab* (1915), p. 81 sopperisce con il testo da lui edito dove si ha invece «centoventisette città».

le tre che furono scelte, figurava anche questa volta Ester. Alla fine ordinò di scegliere tra le tre la migliore e perfetta quanto a bellezza, grazia e intelligenza. Tra le tre fu allora scelta Ester, nipote di Mardocheo. Nessuna tra le donne, infatti, la superava quanto a bellezza, grazia e intelligenza.

4 Il re ordinò dunque a Ester di farsi bella, di prepararsi in trenta giorni e di entrare poi al suo cospetto. Dal giorno in cui ella entrò al cospetto del re e divenne regina al posto di Vasti, Mardocheo restò alla porta del re senza mai lasciarla[4].

5 Estremamente afflitto e preoccupato a causa di ciò, Aman si industriò con artifizi, denigrazioni e sospetti davanti al re Artaserse[5] dicendogli: «Nel tuo regno, o re, c'è un popolo, o meglio uno sparuto gruppetto del popolo israelita...»[6], e tanto insisté con il re fino a comprare la testa di tutti gli Israeliti presenti nelle città del suo regno in cambio di una determinata somma che gli aveva offerto[7]. Tra lui e il re fu così stilato l'editto definendone le clausole in un tempo determinato e per un definito periodo. Il re dispose di mandarlo a tutti i suoi governatori in tutte le città del regno, dando loro l'ordine di uccidere, non appena ricevuto il rescritto, gli Israeliti colà residenti allo spirare del tempo e del periodo fissati[8].

6 Aman fece preparare un palo alto centoventi cubiti per appendervi Mardocheo e lo nascose in casa sua[9].

7 Nel frattempo due eunuchi di origine turca, destinati in modo particolare alla guardia del corpo del re, uno dei quali si chiamava Biʿṯān e l'altro Iṯnāḫ, ordirono una cospirazione e risolvettero di uccidere il re in quella stessa notte. Mardocheo, zio della regina Ester, venne a conoscenza del fatto e se ne procurò delle prove evidenti,essendo egli assiduo e sempre appostato alla porta /del palazzo /del re. Ne fece rapporto al re fornendogli le prove della loro cospirazione. Al cader della notte, il re li fece sorvegliare. Ignoravano che il re fosse al corrente di quanto stavano tramando. Li fece perciò prendere nel momento stesso in cui vide con i propri occhi le prove che gli erano state fornite. Confessarono il loro misfatto e il re ordinò di metterli a morte[10].

8 Quanto al rapporto che Mardocheo fece al re, fu scritto nel libro degli atti dei Re, nella sezione riguardante i libri delle Vite. Qui è infatti scritto che il re, durante una notte passata nell'insonnia senza trovare modo di dormire, ordinò di leggergli

[4] Cf. *Est* 2,19.

[5] Ci sembra che Agapio confonda i passaggi del testo biblico. L'allusione diretta sembra essere qui a *Est* 2,21-23, dove due eunuchi attentano alla vita del re ma vengono scoperti da Mardocheo che non abbandona la porta del re.

[6] Allusione monca e incompleta a *Est* 3,8.

[7] Cf. *Est* 3,9.

[8] Cf. *Est* 3,12-15.

[9] Per questo palo che nel testo biblico ha un'altezza di cinquanta cubiti, ossia di circa venticinque metri, già di per sé eccessiva e sbalorditiva, cf. *Est* 5,14 e 7,9-10.

[10] Libero adattamento di *Est* 2,21-23. Ma il fatto era anteriore alla designazione di Aman come capo dei ministri del re e suo intendente.

gli atti dei Re contenuti nelle Vite. Il segretario continuò a leggerglieli fino a che giunse alla storia di Mardocheo e del suo rapporto. Allora il re disse al segretario: «Quale ricompensa abbiamo noi dato a quest'uomo?». «Il re non lo ha affatto ricompensato», fu la risposta. Egli ordinò dunque di ricordargli la faccenda a giorno fatto, perché desse disposizione di ricompensarlo. In quel momento il sonno lo sopraffece e si addormentò[11].

9 Quando fece giorno, entrò da lui il ministro Aman – era lui il primo ad avere accesso al suo cospetto – ed il re gli domandò: «Quale dovrebbe essere, secondo te, la degna ricompensa di un uomo che il re desidera esaltare e onorare?». «Nessuno più di me potrebbe esserne particolarmente indicato», disse Aman tra sé e sé e perciò gli rispose: «La sua ricompensa, o re, sarebbe quella di portarlo sul carro reale e di porgli sul capo la corona del regno. Chi poi terrà la briglia del suo cavallo, dopo essersi rimboccato le maniche, lo condurrà in giro per le vie della città gridando: "Questa è la ricompensa di un uomo che il re intende esaltare e onorare"».

10 Il re allora gli disse: «Muoviti dunque immediatamente, fai montare Mardocheo sul carro reale, mettigli sulla testa la corona regale e un cartiglio[12] al collo, prendi la briglia del suo cavallo e fai per lui ciò che hai detto!»[13].

11 Aman uscì dal palazzo del re e fece per Mardocheo ciò che il re gli aveva comandato. Rientrato poi che fu a casa, triste e desolato, la moglie gli chiese: «Quali nuove? Perché ti vedo triste?». Ed egli le raccontò l'accaduto. «Di quale popolo e nazione è quest'uomo?», domandò la donna, ed egli rispose: «È un israelita!». La donna allora ricordò che dai tempi antichi Dio aveva accordato il suo soccorso ai figli di Israele contro gli Amaleciti e perciò disse ad Aman: «Giacché quest'uomo appartiene al popolo dei figli di Israele e tu hai cominciato a decadere e ad umiliarti di fronte a lui, accetta pure le umiliazioni che ti sono capitate»[14].

12 Mardocheo ricordò poi che il termine fissato tra il re ed Aman si avvicinava, in forza di ciò con cui aveva comprato il popolo israelita per sterminarlo. Mandò allora a dire alla regina Ester di parlare al re, inviandole tale messaggio altre volte ancora[15].

13 La legge dei re persiani voleva che chiunque si presentasse davanti al re senza essere chiamato, avesse la testa mozzata dai portatori di spada, a meno che il re non toccasse con il proprio scettro colui che gli stava davanti. Era, questo, un segno e un salvacondotto che mettevano al riparo dall'uccisione. Ora la regina Ester, ricordandosi di questa legge dei re, temeva per la sua vita. Suo zio Mardocheo, però, insisteva

[11] Anche qui libero adattamento di *Est* 6,1-11, dove si dice, tra l'altro: «Il re si fece portare il libro dei ricordi, le cronache, affinché fosse letto alla presenza del re».

[12] L'indicazione che dà Cheikho in nota suggerendo di leggere والزير è di poco conforto e forse non pertinente: lo avrebbe mandato in giro con una giara al collo! Ci siamo perciò attenuti alla forma والزبر di Vasiliev, *Kitab* (1915), p. 85.

[13] Cf. *Est* 6,4-10.

[14] Cf. *Est* 6,12-13.

[15] Cf. *Est* 4,1-8.

nel chiederle ciò, ma vedendola tergiversare, le mandò a dire: «Se non dai la tua vita per la salvezza del popolo del Signore, ossia per i figli di Israele, il Signore che è il loro Dio verrà con benignità a salvarli. Del resto tu sei tra coloro che sono stati venduti dal re, tra coloro che Aman deve far morire. Non pensare perciò che potrai cavartela»[16].

14 La regina Ester fece allora chiedere a suo zio Mardocheo di digiunare, di pregare e di ordinare a tutte le vergini dei figli di Israele di digiunare insieme con lei, per tre giorni e tre notti. La regina Ester digiunò e pregò tre giorni e tre notti, poi indossò il cilicio, si prosternò sulla cenere e pregò, invocò e supplicò Dio di salvare lei dal re e il suo popolo dal male che Aman intendeva infliggere loro[17].

15 Il quarto giorno, terminato che ebbe di digiunare, rivestì gli abiti regali e si presentò al cospetto del re, mentre costui era assiso sul trono. Era una delle donne più belle e più aggraziate. I portatori di spada si precipitarono ad ucciderla, ma il re gettò il suo scettro, segno della regalità[18].

16 Quindi fece per precipitarsi verso di lei, ma era già caduta a terra priva di sensi, e così, abbandonato il trono, la prese, strinse la sua testa contro il petto e cominciò a carezzarla sulle guance, poi, accostandola a sé, la fece sedere sul trono accanto a lui. «Chiedi pure al re ciò che ti aggrada», le disse, ed ella, di rimando: «Chiedo al re di venire a pranzo da me domani insieme con il suo ministro Aman». Il re acconsentì e l'indomani pranzò da lei accompagnato dal ministro Aman. Terminato che fu il pranzo, il re disse ad Ester: «Chiedi pure ciò che desideri». «Chiedo che il re pranzi anche domani presso di me in una con il suo ministro Aman», gli rispose Ester. Il re accettò e l'indomani tanto lui quanto il ministro Aman pranzarono ancora una volta da lei. Ma nel cuore del re si era già fatto strada un senso di disaffezione e di gelosia nei riguardi di Aman, suo ministro e, terminato che fu il pranzo, chiese ad Ester: «Chiedi ciò che desideri», e la regina Ester rispose: «Quale desiderio potrebbe esprimere colei che è sul punto di essere messa a morte e di perdere la vita, colei il cui popolo sta per essere sterminato?». Con somma tristezza e cruccio il re le chiese: «Chi avrebbe fatto una cosa simile?», ed ella gli rispose: «Colui che è invidioso di te a causa mia e che non vuole che tu abbia una donna come me. È costui, il tuo ministro, Aman»[19].

17 Per la tristezza e il cruccio il ventre del re fu talmente sconvolto che dovette alzarsi e ritirarsi. Rientrato che fu dal bagno, vide Aman nell'atto di supplicare la regina Ester e baciarle la punta dei piedi. Così lo sorprese uscendo dal bagno e, travolto dalla gelosia, gli disse: «E che, vorresti pure disonorarci?». Dio aveva ascoltato la preghiera

[16] Cf. *Est* 4,11-14.

[17] Cf. *Est* 4,15-17 e 17k-17z.

[18] Cf. *Est* 5,1-2. Sono assenti i particolari di Ester che sviene e degli ufficiali che si precipitano ad ucciderla. Il testo biblico inizia: «Il terzo giorno, Ester indossò le vesti regali...».

[19] Per i due banchetti offerti da Ester al re e al suo ministro, cf. *Est* 5,7. Aman, invece, viene smascherato dalla regina in *Est* 7,3-6.

di Mardocheo, aveva gradito il suo digiuno, come gradito aveva anche la preghiera della regina Ester e di tutte le donne israelite. Il re ordinò poi che il ministro Aman fosse appeso. Qualcuno riferì al re che Aman aveva fatto preparare per Mardocheo un palo alto centoventi cubiti per appendervelo sopra. Ordinò perciò di appendere Aman a quel palo. Fu così che Dio salvò gli Israeliti e li mise al sicuro dalla perfidia di Aman l'Amalecita[20].

Ritorno alla storia

18 Dopo Artaserse Longimano, cominciò a regnare Artaserse II. Regnò 2 anni[21].

19 Dopo di lui cominciò a regnare Sogdiano. Regnò un anno[22].

20 Dopo questo re, cominciò a regnare Dario Noto[23]. Regnò 19 anni.

21 In questo tempo visse Euclide, inventore della geometria.

22 Nell'anno 5 del regno di Dario, gli abitanti dell'Egitto si ribellarono contro i Persiani e, dopo essere stati sotto il loro giogo per centoventiquattro anni, si diedero un re[24].

23 In questo tempo si sprigionò un fuoco dal monte Etna che bruciò parecchie contrade[25].

24 In questo tempo furono fatte conoscere ai Greci ventiquattro lettere. Prima di allora ce n'erano sedici. Cadmo e Agenore, infatti, erano giunti nella città di Atene provenienti dall'Egitto, portandovi i sedici caratteri con i quali i Greci cominciarono a scrivere, vale a dire Α Β Γ Δ Ε Ι Κ Λ Ν Π Ρ Σ Τ Υ Φ Ω. Sono i cosiddetti caratteri fenici. In seguito Palamede /figlio di Nauplio/, originario della città di Argo[26], inventò altri quattro caratteri, vale a dire Ζ Θ Η Χ. Infine Simonide inventò altri quattro caratteri, ossia Μ Ξ Ο Ψ. Si racconta che i primi ad inventare l'alfabeto siano stati gli Egizi, seguiti a ruota dai Fenici, presso i quali erano in uso le lettere che vi furono portate

[20] Cf. *Est* 7,7-10.

[21] Ad Artaserse I Longimano successe in realtà il figlio illegittimo Dario II (424-404 a.C.), che salì al trono dopo un'aspra lotta dinastica. In verità dopo Artaserse I Longimano, morto nel 424 a.C., ci fu un brevissimo regno del figlio Serse II, ucciso dal fratello Sogdiano. È a questo Serse II che qui si allude. E tuttavia Michele il Siro, *Chronique* (1899), vol. I, p. 109 parla di un Artaserse che regnò 2 mesi. Anche qui Serse e Artaserse sono lo stesso nome.

[22] Michele il Siro, *Chronique* (1899), vol. I, p. 109 dice che regnò 7 mesi.

[23] Dario II, detto anche Noto o Ochos, della dinastia degli Achemenidi, fu re di Persia dal 424 a.C. al 404 a.C.

[24] In realtà è nel 404 a.C che in Egitto Amirteo tenta, profittando delle difficoltà sorte per la successione al trono dei re di Persia, di dar vita ad una nuova dinastia, la XXVIII, proclamandosi faraone. Michele il Siro, *Chronique* (1899), vol. I, p. 109, fa risalire questo evento all'anno 15 del regno di Dario Noto e afferma ch'essa fu capeggiata da un certo Dionisio, mentre in nota si mette in rilievo che il testo greco è per Amirteo.

[25] Vedi pure Michele il Siro, *Chronique* (1899), vol. I, p. 108.

[26] Palamede figlio di Nauplio re dell'isola di Eubea fu poi fatto uccidere da Ulisse per averne sventato l'astuzia quando, non volendo partecipare alla guerra, si finse pazzo. Vedi Virgilio, *Eneide*, II, 137-155.

dapprima da Cadmo, poi dai Greci [27].

25 In questo tempo i Greci misero a morte Socrate. Gli somministrarono un veleno e morì. Dopo di lui si resero celebri i suoi discepoli, Platone ed Epicuro che insegnarono diverse dottrine[28].

26 Nell'anno 15 del regno di Artaserse, Africano invase il paese di Cartagine e se ne impadronì. Come conseguenza di tale evento, quel paese fu chiamato Africa, dal nome di Africano[29].

27 Dopo tale evento regnò Artaserse II, per 27 anni[30].

28 In questo anno venne contata e censita la popolazione di Roma. Tale censimento durò tre anni ma fu poi interrotto a causa della stanchezza accumulata nel farlo[31].

29 In questo tempo *Fsṭū*, re dell'Egitto, fuggì in Etiopia perché gli era stato mostrato dagli esperti di divinazione che numerose schiere sarebbero piombate su di lui. Alcuni sostengono che fosse il padre di Alessandro[32].

30 Il regno degli Egizi rimase senza sovrano per 42 anni, fino al tempo di Tolomeo, uno dei diadochi di Alessandro, figlio di Filippo[33].

31 Nell'anno 4 del regno di Artaserse, Aristotele frequentava, all'età di 17 anni, la scuola di Platone[34].

32 In questo tempo cominciò a regnare in Macedonia Filippo, padre di Alessandro. La madre, invece, si chiamava Olimpia[35].

[27] Su Cadmo e Agenore vedi pure Michele il Siro, *Chronique* (1899), vol. I, pp. 108-109 che accenna pure ai quattro altri caratteri introdotti da Simonide. Vedi pure *Chr. Pasch.* in Migne vol. XCII, col. 412.

[28] Ripropone notizie già date. Vedi pure Michele il Siro, *Chronique* (1899), vol. I, pp. 108 e 110, specialmente sulle strane dottrine o insegnamenti di Platone, alle quali aderirono Epicuro ed altri meritandosi l'epiteto di «platonici».

[29] Allusione a Scipione detto l'Africano, distruttore di Cartagine. Cf. Michele il Siro, *Chronique* (1899), vol. I, p. 111.

[30] Artaserse II, detto Mnèmone, della dinastia degli Achemenidi, successe al Gran re Dario II nel 404 a.C. e regnò fino al 358 a.C., anno in cui morì e gli successe il figlio Artaserse III detto Ocho, anch'egli della dinastia degli Achemenidi. Cf. Michele il Siro, *Chronique* (1899), vol. I, p. 112 che parla di un Ocho come Artaserse II.

[31] Michele il Siro, *Chronique* (1899), vol. I, p. 112 non ha questi particolari ma dice che gli abitanti recensiti ammontarono a 175 000.

[32] Dovrebbe trattarsi di Nectanebo II, ultimo faraone, che nel 343 a.C. fu sconfitto a Pelusio da Artaserse III ritirandosi poi in Alto Egitto dove rimase fino al 341 a.C. Iniziava così, come abbiamo detto in precedenza, la seconda dominazione persiana. Per quanto nel testo di Agapio cf. Michele il Siro, *Chronique* (1899), vol. I, p. 112, dove si parla di un Nectanebo o di un Necotanebone fuggito in Etiopia e considerato da alcuni il padre di Alessandro.

[33] Allusione a Tolomeo Lago che alla morte di Alessandro (323 a.C.) governò l'Egitto come satrapo e dal 304 come vero e proprio sovrano dopo avere assunto l'epiteto di Sotere. Cominciava così la dinastia tolemaica che sarebbe durata fino al 30 a.C. con la morte di Cleopatra. Michele il Siro, *Chronique* (1899), vol. I, p. 112 lo chiama Domizio Tolomeo.

[34] Cf. anche Michele il Siro, *Chronique* (1899), vol. I, p. 112.

[35] La forma araba, molto corrotta, è più vicina al greco Olimpiade, la principessa epirota alla quale Alessandro rimase sempre molto legato, come è del resto testimoniato nell'abbondante letteratura sorta sulla sua figura in ambienti orientali. Vedi pure Michele il Siro, *Chronique* (1899), vol. I, p. 112.

33 Nell'anno 13 del regno di Artaserse nacque Alessandro, figlio di Filippo, e morì Platone[36].

34 In questo tempo Manasse, figlio di Ezechia e re della tribù di Giuda, costruì un tempio sul monte Garizim, ad imitazione di quello che si trovava a Gerusalemme[37].

35 Poi cominciò a regnare Dario, figlio di Aršaḫ[38]. Regnò 6 anni.

36 Michele il Siro, *Chronique* (1899), vol. I, p. 112, dice che Platone morì all'età di 82 anni e che ebbe per successore Speusippo.

37 Michele il Siro, *Chronique* (1899), vol. I, p. 112 dove si parla di Manasse, fratello di Jaddus, gran sacerdote dei Giudei. Per questa sua costruzione del tempio sul monte Garizim, vedi pure Michele il Siro, *Chronique* (1899), vol. I, pp. 107, 112.

38 Dovrebbe essere Dario III Codomano, figlio di Arsace, ultimo re achemenide, nato nel 380 ca., che fu re di Persia dal 336/335 al 330 a.C. Fu ucciso ad Ecatompilo da Besso, satrapo della Battriana, dopo essere già stato sconfitto a Isso nel 333 a.C. e ad Arbela nel 330 a.C. dal Macedone. Michele il Siro, *Chronique* (1899), vol. I, p. 112 lo chiama Dario figlio di Aršam, soprannominato Arsace. Era stato preceduto nel regno da Arsete, figlio di Ocho, che aveva regnato 4 anni. Vasiliev, *Kitab* (1915), p. 92 traduce senza esitazione «Dario figlio di Arsace», ma nelle varianti non fa risultare la forma che compare in Cheikho.

Capitolo 11

Imprese di Alessandro

Spedizione di Alessandro contro l'India

1 Nell'anno 1 del regno di Dario, figlio di Arsace, cominciò a regnare Alessandro, figlio di Filippo il Macedone[1]. Regnò dapprima sull'Ellade 12 anni, dall'età di 20 anni, e visse in tutto 32 anni. Sottomise numerosi paesi e, dopo aver sterminato trentacinque re, si impadronì dei loro territori. Le sue schiere erano composte di centoventimila uomini. Era alto tre cubiti[2].

2 Fu lui ad innalzare una barriera per trattenere Gog e Magog[3], per poi radunare e unire le truppe e marciare alla loro testa contro altri paesi, per muovere guerra ai re di ogni angolo del mondo allora conosciuto e impadronirsi dei loro territori. Si spinse così fino alla contrada del Sind e la sottomise; di là si preparò ad invadere l'India, dove mandò una parte delle sue truppe al comando di uno dei suoi luogotenenti di nome Seleuco per esortare gl'indiani a sottomettersi a lui. Seleuco aveva l'ordine di ottenere la loro sottomissione per via di capitolazione o di combatterli, in caso avessero opposto resistenza.

3 Arrivato alla frontiera dell'India sul principio della stagione invernale, Seleuco scrisse agli abitanti dell'India informandoli di ciò che Alessandro aveva disposto nei loro riguardi. Consegnò la lettera a tre notabili del suo esercito. La lettura della lettera suscitò negli abitanti dell'India spavento e sbigottimento, e tuttavia risposero negativamente alle proposte di Seleuco, dicendogli chiaramente che non era assolutamente in grado di fronteggiare i loro soldati, e trattennero i suoi inviati fino a che non misero in perfetto assetto le loro schiere. Presi poi con sé gli inviati, si misero con essi in marcia in un assetto di cui nessuno aveva mai visto l'eguale.

4 Avevano con sé innumerevoli elefanti dall'alto dei quali combattere e irruppero contro Seleuco, che nel frattempo non si era mosso dall'accampamento, tardando così ad approntare le sue truppe. Uscì comunque contro di essi e le due parti si scontrarono, ma

[1] Filippo il Macedone aveva regnato dal 359 al 336 a.C. e Alessandro cominciò a regnare nell'anno 1 del regno d Dario III.

[2] Notizie riportate alla lettera in Michele il Siro, *Chronique* (1899), vol. I, p. 113.

[3] Per notizie concernenti la barriera o la muraglia di Gog e Magog: vedi *Cor* XVIII,94 «Gli dissero: 'O Uomo dalle Due Corna, Gog e Magog corrompono la nostra terra. Sei disposto ad accettare un nostro tributo a patto che tu costruisca fra noi e loro una barriera?'». Vedi comunque tutta la narrazione compresa tra i versetti 92-99.

la cavalleria di Seleuco, atterrita dagli elefanti, si disperse e ripiegò sull'accampamento.

5 Seleuco scrisse allora ad Alessandro per metterlo al corrente della situazione sua e di quella della popolazione dell'India, descrivendo i loro elefanti e come avevano messo in fuga la cavalleria e per chiedergli se fosse o meno dell'opinione di ingaggiare nuovamente battaglia.

6 Dopo di aver letto la lettera di Seleuco, Alessandro convocò i suoi filosofi, li mise al corrente del contenuto della lettera e chiese a ciascuno di quale avviso fosse a tal riguardo. Furono unanimi nel dire che bisognava astenersi dal fare loro guerra fino a quando non fosse passato l'inverno, per poi intraprenderla lui stesso. Alessandro scrisse perciò a Seleuco, capo del suo esercito, ordinandogli di trattenersi là dove era, dietro concessione del sovrano dell'India, per tutto il resto dell'inverno.

7 Avendo Seleuco fatto sapere agli abitanti dell'India tale sua intenzione, costoro, desiderosi di far ritorno alle loro dimore, smobilitarono.

Alessandro e il re dell'India

8 Nei giorni successivi Alessandro s'adoprò nel fare i dovuti preparativi e per approntare macchine belliche. Fece perciò radunare gli operai che erano capaci di lavorare il rame e ordinò loro di preparare quaranta elefanti di rame con la pancia vuota, in tutto simili agli elefanti dell'India, e di imbottirli /di carbone/. Le zampe di questi elefanti di rame erano smontabili e montabili ed erano provviste, alle estremità, di ruote su cui avanzare. Alessandro designò delle guardie perché impedissero a chiunque di avvicinarsi ad essi e di osservarli dietro un qualsiasi pretesto. Aveva infatti i suoi motivi per tenerli nascosti agli occhi della gente. Diede disposizione alle guardie di succedersi senza sosta in questo loro compito e agli operai di fare i piedi degli elefanti solidi e di praticare delle fessure sui loro dorsi per introdurre attraverso di esse il fuoco nelle cavità.

9 Vedendo gli Indiani come per sì lungo tempo si disinteressasse di loro, cullarono la speranza di guadagnarsi la sua amicizia. Cominciarono perciò a scrivergli senza far trapelare nulla della loro apprensione e, constatando che aveva dei filosofi al suo seguito, intrapresero delle discussioni. Il re dell'India gli offrì meravigliosi doni ed essi gli risposero mandandogli un magnifico presente. /Il re dell'India/ scrisse poi una lettera nella quale tesseva le lodi dei filosofi indiani che erano alla sua corte. Alessandro ordinò perciò ai suoi filosofi di rispondergli. Ci fu così una fitta corrispondenza tra di loro e non tardarono ad affiorare divergenze d'opinioni su alcuni loro filosofi. Perfino i due re si scrissero per dar luogo ad una seduta comune tra questi filosofi. Parlavano, nelle loro lettere, di ciò che era oggetto di disputa tra Socrate, come abbiamo già spiegato, Ippocrate, Democrito, Aristotele e i filosofi loro seguaci. L'incontro tra i filosofi fu stabilito per un giorno di cui fissarono l'ora, al fine di spiegare ciò su cui avevano disputato /per iscritto/. Per questo proposito si sarebbero riuniti[4].

[4] Il testo che traduciamo è non poche volte lacunoso o dubbio. Non abbiamo potuto fare a meno di confrontarlo con l'edizione di Vasiliev, *Kitab* (1915), pp. 95-96 e conciliare le diverse interpretazioni.

10 Il testo della lettera che il re dell'India inviò ad Alessandro a tal proposito lo esponiamo qui di seguito.

Lettera del re dell'India ad Alessandro

11 «Al superbo tra i re, Alessandro, da parte del re dell'India e di tutti i suoi sudditi, salute! Possa la fortuna, o re, circonfonderti e perfetta sia la tua saggezza. La tua salute duri per sempre genuina ed elevato sia il tuo rango. Che la filosofia fiorisca alla tua corte e il popolo sia a te sottomesso. Ti si schiuda ciò che le avversità[5] nascondono e ti sia nascosto ciò che le avversità schiudono. Possano per la tua mano scorrere le cose desiderabili di questo mondo e vadano in pezzi, lontano da te, i rovesci di fortuna. Possa tu essere al riparo dalle sorprese del male e la fortificazione del tuo regno sia ben predisposta. Possano grazie a te mirare sempre più in alto le speranze della gente e ti contorni il fior fiore della gioventù. La tua vita si rafforzi in virtù della quiete dell'anima finché ci sarà vita e della pienezza dell'intelligenza fino alla fine di questa vita terrena. Possa tu vivere a lungo in piena salute e con la potenza delle tue truppe fino alle frontiere del tuo impero, parlando con la chiarezza della saggezza e traendo gioia da questo mondo con tutte le sue cose desiderabili; affermando il tuo potere grazie alla pienezza della tua potenza e ai tuoi uomini pronti ad agire. Possa tu conoscere il successo per la rettitudine di ciò che concepisci e aver padronanza sulle cure per quanto avrai imparato governando. Sii tu al riparo dai rovesci di fortuna! Insieme con i nostri sudditi ti auguriamo queste cose, prevenendoti con i nostri saluti in virtù dell'alta opinione che abbiamo di te. Dicono che la terra ti abbia dato il potere sulle sue contrade, che tutto il popolo ti obbedisce, che il tuo potere è superiore a quello dei re della terra tuoi coevi, che quanto hai conseguito ti rende leggera l'invidia dei tuoi nemici, che il tuo potere non può essere scalfito, che tu regni sulla popolazione dei quattro re e che così sarà fino alla fine dei secoli. [Dicono che regnerai] alla stregua di un re che già si erse tra i Persiani e possente come Nimrod, figlio di Canaan, in mezzo a tutti gli altri re, al punto che il tuo regno brillerà dello splendore dei re come brilla il lampo. Le fondamenta del tuo regno saranno solide come le montagne, i suoi olocausti bruceranno come il fuoco, la sua forza sarà solida come il ferro [e vivrai] in mezzo agli altri re, fino alla fine dei secoli, come i quattro elementi: l'acqua, il fuoco, la terra e l'aria».

12 Questa fu la sua lettera. Alessandro ordinò allora ai suoi filosofi di rispondere e contestarono parte della suddetta allocuzione del sovrano, ragion per cui egli si rattristò in mezzo a loro a tal proposito per diversa conformazione umorale. Questa fu infatti la risposta di Alessandro.

Lettera di Alessandro al re dell'India

13 «Da parte del sovrano del regno del tempo, del grande re della terra e sostegno del mondo, Alessandro, al re dell'India. Ti è stato dato l'oro puro dello splen-

[5] Preferiamo qui il termine *balā'* al termine *bilād*.

dore, vai adorno del favore concesso ai re e hai raggiunto il massimo grado di virtù, tanto da essere celebre per la grandezza della tua potenza. Possa posarsi su di te una mano che ti protegga e che il tuo regno sia durevole. Possa tu assoggettare a te la terra intera, fare il vuoto intorno a te dei re passati e ricevere il regno che resta fino alla fine dei secoli!».

14 Occupati come erano nello scriversi e nell'astenersi dal far guerra, i due re non disdegnarono di far ricorso a espedienti, l'uno nei confronti dell'altro, cautelandosi, tenendosi sulle sue e vigilando sullo stato dei propri affari.

Il re dell'India scrive al re della Cina

15 Il re dell'India mandò una missiva al re della Cina per informarlo che Alessandro l'aveva attaccato e descrivergli quello che c'era stato tra loro. Gli preannunciò che si sarebbe recato da lui e lo mise in guardia contro una sua invasione all'indomani della vittoria che avrebbe riportato su di lui. Gli domandò perciò soccorso, assistenza e appoggio, sperando così di avere potenza e forza per neutralizzare la forza della potenza di Alessandro, vincerne la resistenza, indurlo a lasciare il suo paese e ad allontanarsi, solo che fossero d'accordo e si intendessero.

16 Avendo il re della Cina letto la sua lettera e resosi conto della fondatezza di quanto gli esponeva e gli chiedeva di fare, gli inviò una risposta affermativa, carezzando dentro di sé la speranza di trarre da ciò profitto. Riconobbe, quindi, la fondatezza di quanto gli esponeva e gli fece sapere che avrebbe immantinente proceduto a fare i dovuti preparativi, di essere disponibile ad agire sotto ogni forma e a ricorrere, a tal fine, a tutto il suo potere, raccomandandogli di informarlo al momento in cui avrebbe avuto bisogno del suo aiuto.

Alessandro in India

17 Alessandro venne a sapere quanto era intercorso tra i due re a preparativi già fatti e dopo aver terminato i suoi lavori. Diede perciò disposizione di partire e di lì a pochi giorni si mise in marcia alla testa delle sue truppe, finché arrivò e si accampò nel campo di Seleuco, suo luogotenente. Scrisse quindi al re dell'India per avvertirlo e invitarlo a fare atto di sottomissione: in caso contrario, gli avrebbe mosso guerra. Come latori di questa sua lettera, fece preparare alcuni messi, ai quali si unì egli stesso, in segreto, intenzionato a vedere con i propri occhi un luogo da scegliere per combatterli e scontrarsi con essi passando attraverso il paese, nonché per conoscere la loro posizione e rendersi conto della loro situazione.

18 Il re dell'India li accolse benevolmente e li colmò di favori. Ma li congedò troppo in fretta, contrariamente a quel che Alessandro sperava in cuor suo. A costui il re fece sapere, nella risposta che gli mandava, che non avrebbe aspettato che si recasse /personalmente/ da lui ma che /egli stesso/ si sarebbe fatto vedere con le sue truppe.

19 Nel frattempo, il re dell'India scrisse al re della Cina mettendolo al corrente delle intenzioni di Alessandro. Lo sollecitava, quindi, a venire il più presto possibile in suo aiu-

to, cosa per la quale gli aveva in effetti scritto. Alessandro aveva scelto per il suo esercito un luogo ritenuto da lui conveniente, situato a trenta parasanghe dalla residenza del re dell'India. Appena arrivato tra i suoi soldati, diede disposizione di muoversi immediatamente con gran quantità di provvigioni e di viveri, si accampò nel luogo in precedenza scelto e sollecitò il re dell'India ad avanzare, nonostante aspettasse ancora i soccorsi del re della Cina.

20 Informato del fatto, il re dell'India scrisse ad Alessandro una lettera minacciosa e intimidatoria. Poi marciò alla testa delle sue truppe e si accampò alla distanza di un miglio dalle truppe di Alessandro. L'accampamento da lui scelto era situato più in basso rispetto a quello di Alessandro, che era invece posto su di un'altura.

Battaglia tra Alessandro e il re dell'India

21 Alessandro fece sapere al re che l'avrebbe attaccato l'indomani mattina. Fece perciò approntare gli elefanti di bronzo, li imbottì di carbone e, nella notte, vi fece appiccare il fuoco. Non era ancora giorno che s'erano riscaldati sino a divenire incandescenti. Nessuno poteva avvicinarsi al loro fuoco tanto intenso e ardente ne era il calore. Albeggiava ed era già giorno. Il re dell'India s'era levato presto in una con le sue truppe e fu sorpreso dallo schiamazzo. Si portò d'un subito verso l'accampamento di Alessandro, alla testa delle sue truppe, accompagnato da numerosi elefanti montati da guerrieri. Ma non appena questi suoi elefanti si avvicinarono e videro quelli di Alessandro, li attaccarono. Coloro che li montavano, infatti, li avevano scambiati per elefanti del Sind, che non erano addestrati al combattimento, e li attaccarono imprudentemente. Alessandro diede quindi ordine di spingere i suoi elefanti di dietro, puntandoli contro il nemico, dapprima movendosi e poi correndo sulle ruote, grazie all'altezza e alla pendenza[6] del luogo.

22 Gli elefanti del re dell'India non tardarono ad avventarsi contro di essi, come usavano durante i combattimenti, colpendoli con le loro proboscidi che però presero fuoco ed essi si diedero così alla fuga senza guardarsi indietro e senza che i loro conducenti potessero in alcun modo trattenerli. In preda ai lancinanti dolori delle bruciature, stritolavano cavalieri e fanti indiani che trovavano sulla loro strada, seminando panico tra gl'indiani. Il re dell'India e i suoi presero allora la fuga, mentre le truppe di Alessandro si misero sulle loro tracce per ogni valle e altura, massacrandoli in gran numero e provocando ovunque alte grida.

23 In questo frangente, allarmate ed estenuate, arrivarono presso il re dell'India le truppe mandate in aiuto dal re della Cina. Le loro bestie da soma erano state strangolate[7]. Si trattennero quindi nell'accampamento degl'indiani, senza potersi muovere e

[6] In questo contesto il termine نصبة non darebbe luogo ad un significato diverso da quello espresso da اشراف e ci è sembrato perciò più conveniente adottare la variante di Vasiliev che recita انحدار .

[7] Pensiamo vada meglio la lettura di Vasiliev, *Kitab* (1915), p. 102, che recita: «Le loro bestie da soma avevano le zampe piagate per il lungo camminare». Anche perché non si capirebbe in che modo si possano strangolare le bestie da soma!

senza risorse. Alessandro, il quale era all'oscuro di siffatta loro situazione, immaginò, dopo aver visto il loro accampamento, che stessero ordendo una trappola[8].

Alessandro convoca i suoi filosofi

24 Alessandro convocò quindi i suoi filosofi e disse loro: «Potete vedere con i vostri occhi con quanta velocità sono arrivati i loro rinforzi e in quale stato di spossatezza[9] siamo invece noi. Vedete pure che abbiamo meno risorse di loro. Ieri, sul cader della notte, abbiamo assistito al loro massacro, li abbiamo annientati, eppure appena fatto giorno le loro truppe sono divenute più numerose di quanto fossero per l'innanzi. Cosa ne pensate e cosa vi pare della nostra situazione e posizione?» Mentre erano intenti a riflettere sulla domanda, il più anziano dei loro filosofi disse: «Non vedo altro scontro o giorno in cui uscire a combattere contro di essi se non martedì» Queste cose le diceva il mercoledì, sette giorni prima del martedì /indicato/.

Il re dell'India raduna i suoi astrologi

25 Il re dell'India era grandemente preoccupato per la loro resistenza a causa dello stato di estrema difficoltà dei cinesi e della spossatezza delle loro bestie da soma. Ciò lo indusse a convocare i suoi astrologi, i quali esaminarono la stessa questione già affrontata da Alessandro sull'opportunità di sospendere la guerra e la domanda da lui avanzata di esaminare cosa fosse meglio e più utile di essa. La loro lettera e la loro domanda collimavano con il desiderio che Alessandro aveva di una sospensione della guerra e con quanto egli stesso aveva visto e constatato con i suoi stessi occhi relativamente alla situazione nella quale versavano. Convocò quindi i suoi filosofi e disse loro: «Andate tra le gente, ascoltatela, discutete con essa, cercate di conoscerne le intenzioni, sì che possiamo poi agire come ci parrà meglio».

26 Eseguirono l'ordine ricevuto e fecero poi ritorno dopo averli ascoltati e invitati a recarsi da Alessandro. Con loro si accompagnarono altresì i filosofi indiani, per ascoltare la risposta di Alessandro a tal riguardo. A tale uopo Alessandro aveva preparato alcuni suoi notabili e cavalieri e aveva dato loro disposizione di incontrare gl'indiani suggerendo loro quale piano seguire e quali parole usare. L'incontro ebbe luogo su siffatte premesse. Fecero presente, infatti, che stavano passando un brutto momento a causa di quanto Alessandro aveva fatto, della sua venuta tra di loro e per essersi egli intromesso negli affari del loro regno; che le due parti erano manifestamente in errore e che manifesta era altresì la loro perdizione nel massacrarsi gli uni gli altri a causa di quei due re. Avevano fatto così come Alessandro aveva ordinato loro di fare, fornendo ad essi la sua riposta.

27 Udito che ebbero queste loro parole, gli indiani convennero e dissero: «Siamo

[8] Qui la lettura di Vasiliev è molto più convincente.

[9] Preferiamo la lettura di Vasiliev, *Kitab* (1915), p. 103, a quella di Cheikho che ha درب al posto di ذوب. Anche per quel che viene dopo, in questo numero, ci atteniamo più a Vasiliev che a Cheikho.

dello stesso avviso». Ma altri /greci/ dissero: «Il vostro re è gigante grazie alla sua forza fisica e al suo valore. Il nostro, invece, è corto e gracile e non è un eroe. Se siete del nostro stesso avviso e desiderio, esortate il vostro re a battersi da solo con il nostro e noi faremo la stessa cosa con il nostro. La vittoria arriderà inevitabilmente a uno dei due e tanto noi quanto voi avremo così requie da questa guerra e calamità».

28 Gli indiani condivisero questa loro proposta. Erano certi che la vittoria sarebbe stata del loro sovrano se si fossero battuti. Ciò che aveva spinto Alessandro a tanta impresa e audacia era la sua convinzione che sarebbe morto soltanto dopo il suo ritorno e arrivo a Rūmiyah. A tal riguardo non aveva interpellato nessuno. Aveva contato solo su se stesso.

29 Gli indiani insistettero tanto con il loro re che costui acconsentì a battersi con Alessandro e pose come condizione che il regno sarebbe appartenuto al vincitore. Si scambiarono delle missive a tal proposito, dettarono reciproche garanzie e, di comune accordo, rimandarono l'incontro al settimo giorno che figurava, come da essi calcolato, essere il martedì successivo.

Alessandro uccide il re dell'India

30 Alessandro ordinò ai suoi uomini di preparargli, e così fecero, una lancia corta, di quelle ch'egli maneggiava con destrezza e con le quali giammai mancava qualcosa da vicino. Quindi uscì con le sue truppe e pure l'altro arrivò con il suo esercito sì che le due parti si schierarono entrambe in perfetto ordine. I due re uscirono dai ranghi. Alessandro, che parlava spesso in indiano, disse al re dell'India: «Sei un gigante, io invece sono corto e gracile e tuttavia tu mi temi e la mia posizione ti spaventa. Hai di fatto chiesto soccorso ad altri contro di me». Irritato da queste parole, il re dell'India replicò: «Di chi avrei bisogno di implorare il soccorso contro di te?» Alessandro ribatté: «Del cavaliere che ti è alle spalle!». Il re dell'India s'era girato per vedere chi aveva alle spalle, quando Alessandro lo colpì con la sua lancia, senza mancare il bersaglio, colpendolo mortalmente alla nuca nel momento in cui girava la testa. Stramazzò morto dal cavallo. I suoi uomini ne raccolsero il corpo e le due parti si ritirarono nei rispettivi accampamenti.

Alessandro parla agli indiani

31 Alessandro allora mandò a dire agli indiani di recarsi da lui e tenne loro un discorso dicendo: «Non ho intenzione né di trattenermi nel vostro paese né di appropriarmi dei vostri beni[10]. Non vi chiedo altro che sottomissione. Se mi porterete ogni anno, come in questo giorno, un sacco di terra del vostro paese, lo riterrò come un segno della vostra sottomissione. Andate, dunque, sceglietevi un re e fate che regni su di voi».

32 Alessandro si congedò poi da essi. Le sue parole li rallegrarono e ne gioirono.

[10] Qui Cheikho omette qualcosa, perché stando alla lettera bisognerebbe tradurre, contrariamente a quanto indicato dalle altre varianti, «Ogni mia cura è di accaparrarmi i vostri beni».

Fecero quindi ritorno in mezzo ai loro compagni e il popolo tutto si rallegrò a causa di quanto avevano riferito. In seguito portarono ad Alessandro dei doni, ammassarono per lui le cose più rare del paese, gli mandarono sontuosi cortei e lo colmarono di presenti. Gli indicarono in qual luogo del loro paese se ne stavano accampati i cinesi, chiedendogli di trattarli alla stessa maniera con cui aveva trattato loro. Gli chiesero, inoltre, di dare ad essi subito un re ed egli acconsentì e diede ad essi come re colui che avevano scelto in mezzo a loro.

33 Poi Alessandro si dipartì da loro, percorse il paese intorno e dietro a loro, fino[11] a impossessarsi dei sette climi, giungendo alla montagna di Qāf[12] al sorgere del sole. Regnò sull'oriente e sull'occidente, uccise trentacinque re. Si fece costruire dodici città, di cui due nella terra del Ḫurāsān, ossia Herat e Merv; una nel Saʿīd[13], ossia Samarcanda, e Alessandria. Dicono che abbia costruito anche la barriera di Gog e Magog[14] con pietre di ferro e di bronzo su cui fece appiccare il fuoco sì che divennero un solo blocco roccioso lungo dodici cubiti e largo otto[15]. Un gruppo di persone restò fuori la barriera ed egli li lasciò là fuori. Per tale ragione furono chiamati Turchi[16].

34 Dopo aver terminato di costruire la barriera, venne al luogo della grande barriera, ossia al luogo meglio conosciuto come la Porta delle Porte[17], all'entrata dei territori del Qafǧāq /Caucaso?/. Arrivò al posto delle fondamenta e le prolungò lungo i monti fino a congiungerlo con il mare dei *Rūm*. I re di Persia non smisero mai di cercare queste fondamenta, le cercarono sobbarcandosi a gravi disagi nei territori dei Turchi e dei Chazari, tra i paesi dell'Iraq e di al-Ǧabal[18], dell'Azerbaigian, dell'Irān e dell'Armenia, fino a quando le trovò Yazdagird figlio di Bahrām Ǧūr, figlio di Yazdagird figlio di Šābūr. Costui ne /ri/prese la costruzione intenzionato a finirla, ma non la completò. Dopo di lui se ne occuparono i re di Persia ma destino volle che non fosse terminata se

[11] Tutto quanto compreso da qui fino al nr. 35 è assente in Vasiliev.

[12] Di questa montagna si ritiene parli il Corano in sura L, detta appunto *sūrat Qāf* e della quale si ha una fugace notizia in Yāqūt, *Muʿǧam* (1990), vol. IV, p. 338 dove si dice ch'essa è una montagna di verde crisolito che circonda la terra e da cui prende colore il cielo.

[13] In nota suggerisce di leggere *al-Ṣuġd*. Infatti Yāqūt, *Muʿǧam* (1990), vol. III, p. 464 parlando del Ṣuġd precisa che il suo capoluogo è proprio Samarcanda.

[14] Vedi nr. 2 di questo capitolo.

[15] Michele il Siro, *Chronique* (1899), vol. I, p. 113 parla di una porta di ferro delle stesse dimensioni qui descritte che Alessandro fece costruire per impedire agli Unni di uscire. Per una muraglia di ferro è invece sura XVIII, 96.

[16] Gioco di parole sul verbo *taraka* = lasciare e il termine *turk*= turchi.

[17] Detta anche più semplicemente al-Bāb, stava a designare un passo e una fortezza posti all'estremità orientale del Caucaso. Dietro influsso turco fu altresì denominata Porta di Ferro, dal persiano Darband. Yāqūt, *Muʿǧam* (1990), vol. I, pp. 360-364, ne parla come di una grande città, più estesa di Ardabīl, situata sul mare di Ṭabaristān, ossia il Mar dei Chazari, ricca di seminagioni ma con scarsi frutti. La descrizione di Yāqūt contiene quanto è detto qui di seguito nel testo. Per questo toponimo vedi anche EI, vol. I, pp. 858-859.

[18] Yāqūt, *Muʿǧam* (1990), vol. II, p. 120 lo indica come denominazione per un insieme di province dette *al-Gibāl* e volgarmente dette *al-ʿIrāq*.

non quando Dio provvide a ciò per mano di Cosroe Anūširwān. Costui ne eseguì la costruzione, la collegò con le cime, quindi la prolungò fino al mare, ostruendola di sopra con le porte di ferro. La costruì in un solo anno e pose a guardia di essa cento uomini[19].

35 Quando Alessandro ebbe soggiogato tutti i regni e i climi, si umiliarono davanti a lui i re e gli fecero atto di sottomissione, il suo esercito contava seicentomila cavalieri, costruì ponti, scavò canali d'acqua e divisò di fare ritorno a Babilonia, per scoprirne le novità, lo travolse il decreto da cui nessun uomo può scampare. Gli fu di fatto propinato del veleno.

Morte di Alessandro

Alessandro si ammala

36 Partito poi alla volta di Babilonia, durante la marcia attraverso il deserto Alessandro avvertì debolezza e una certa indisposizione a causa del calore del sole. Scese perciò da cavallo. I suoi uomini gli facevano ombra con gli scudi ricoperti d'oro. Ma non provò miglioria alcuna. Sul finir della giornata, ordinò loro di portarlo, deviando dal cammino, nel villaggio a lui più vicino. Fecero come aveva ordinato loro di fare e trascorse ivi la notte. All'alba del giorno, il male si aggravò. Egli allora chiese il nome del villaggio e, sentendosi dire che si chiamava Rūmiyat al-Madāyn, perse ogni speranza, persuaso com'era che la morte lo avrebbe ghermito a Rūmiyah, in una dimora d'oro.

37 Ormai sfibrato, cominciò a parlare e a dettare il proprio testamento. Non aveva eredi e per tal motivo fece testamento a favore di Seleuco, suo luogotenente, che designò come suo successore a Babilonia.

Alessandro muore

38 La morte colpì Alessandro in quel luogo. Aveva vissuto quaggiù 32 anni in tutto, dopo aver regnato 12 anni[20]. Si racconta che uno dei suoi servitori[21] gli propinò del veleno, procurandogli così la morte, in quello stesso luogo e che Tolomeo, che regnò dopo di lui, portò il suo corpo ad Alessandria, dove lo seppellì[22].

[19] Cheikho fa qui seguire una lunga glossa presa da un altro codice che egli classifica come B. Non abbiamo ritenuto opportuno tradurlo perché non è parte integrale dell'originale. Detta sezione copre parte della pagina 119 fino a una parte della pagina 121. Il testo aggiunto ai margini inizia dicendo che a voler descrivere la vita di Alessandro occorrerebbero numerosi tomi. Passa poi a esporre quali consigli Aristotele diede ad Alessandro per combattere Dario, quali talismani gli approntò a tal riguardo e quali raccomandazioni gli impartì per un loro efficace uso.

[20] Michele il Siro, *Chronique* (1899), vol. I, p. 113 precisa che morì a Babilonia dopo aver regnato 12 anni e 7 mesi.

[21] Con questo termine il testo biblico designa gli ufficiali di Alessandro. Cf. *1Mac* 1,6.

[22] Cf. anche Michele il Siro, *Chronique* (1899), vol. I, p. 115.

Capitolo 12

Antiochi e Tolomei

Antioco il Grande

1 Avendo appreso la notizia della sua morte, i suoi servitori presero possesso, ciascuno, della contrada sulla quale li aveva designati quali suoi luogotenenti. C'erano, tra essi, Tolomeo, figlio di Lago[1], che regnò sull'Egitto per 40 anni; Filippo[2], che regnò sulla Macedonia e su Antigonia[3]; Demetrio[4], che regnò sulla Siria e l'Asia; Seleuco[5], che marciò contro l'Egitto nell'anno 13 di Tolomeo, figlio di Lago, e che conquistò la Siria e uccise Demetrio, dopo averlo inseguito fino in Asia. Divenne così sovrano assoluto dell'Asia, della Siria e di Babilonia dove regnò 32 anni.

2 In questo tempo Antioco fondò Antiochia[6], dandole il suo nome.

3 In questo tempo Seleuco costruì Apamea, Aleppo, Qinnasrīn, Edessa, Seleucia e Latakia[7].

[1] Si tratta di Tolomeo I Sotere che fu re d'Egitto dal 304 al 283 a.C., figlio di Lago, comandante di Alessandro Magno, capostipite della dinastia dei Lagidi, sovrani dell'Egitto per circa tre secoli. Il testo arabo presenta qui la forma *Ibn Adīb* che va meglio letta *Ibn al-Arnab*, vale a dire «figlio di Lago», dove l'ultimo nome sta per «coniglio».

[2] Dovrebbe trattarsi di Filippo Arideo che regnò sulla Macedonia per 7 anni. Cf. pure Michele il Siro, *Chronique* (1899), vol. I, p. 115. Antigonia sarebbe la città che Antigone costruì sul fiume Oronte e che fu poi da Seleuco ampliata e chiamata Antiochia.

[3] Probabile refuso con allusione ad Antigono che si dichiarò re in Asia intorno al 306, insieme con altri generali di Alessandro, tra i quali Tolomeo in Egitto, Lisimaco in Tracia, Seleuco in Babilonia e Cassandro in Macedonia.

[4] Trattasi di Demetrio I Poliorcete, re di Macedonia (293-287 a.C.), la cui figlia Stratonice divenne poi sposa di Seleuco I Nicatore, che tolse nonostante ciò la Cilicia e la Caria a Demetrio, reo di aver infranto un patto, sconfitto definitivamente nel 285/286 e tenuto prigioniero fino alla morte nel 283 a.C.

[5] Allude a Seleuco I Nicatore, re di Siria (305/304-281 a.C.), fondatore della dinastia seleucide, figlio di Antioco.

[6] La città di Antiochia fu invero fondata nel 301 a.C. da Seleuco I Nicatore di Siria che la dedicò al padre Antioco. Antioco III vi fondò poi la terza grande biblioteca dell'antichità, dopo Alessandria e Pergamo.

[7] Da come ne parla sembra che Antioco e Seleuco siano due persone diverse. Si tratta invece della stessa persona alla quale anche Michele il Siro, *Chronique* (1899), vol. I, p. 116, attribuisce la costruzione di Antiochia, di Seleucia, di Laodicea, di Apamea, di Bèroe o Aleppo, di Pella e di Germanicia ossia Marʿaš. Dall'anno della costruzione di Antiochia si comincia a computare il tempo secondo l'èra de Greci. Michele il Siro, *Chronique* (1899), vol. I, p. 116 specifica che è secondo questo computo che vengono datati gli eventi legati ai Maccabei, che è lo stesso computo seguito dagli Edesseni e che è lo stesso computo adottato nelle chiese e nei libri dei correligionari di Agapio, che poi altro non è che l'èra di Alessandro,

4 Era allora gran sacerdote dei Giudei il celebre Simeone, figlio di Jeconia, che ebbe per successore il fratello Eleazaro[8].

5 Nell'anno 9 del regno di Tolomeo, i Giudei furono governati da Antioco il Grande[9]: era di fatto venuto nel paese di Giuda e li aveva ridotti in schiavitù.

Tolomeo Epifane

6 Nell'anno 11, Tolomeo Epifane[10] attaccò e si impadronì delle città della Siria[11] e dei grossi centri della Giudea, dove aveva mandato Scopa, comandante delle sue schiere[12]. Antioco il Grande gli mosse incontro nell'anno 11 del regno di Tolomeo. Antioco fece poi guerra ai Romani[13], ma lo vinsero e ciò fece sì ch'egli mandasse come ostaggio, nella città di Roma[14], suo figlio Antioco Epifane[15], impegnandosi a versare ai Romani, ogni anno, mille talenti d'argento[16].

7 Nell'anno 13 del suo regno, Tolomeo stipulò un trattato di pace con Antioco[17]

che viene fatta partire con il primo anno del regno di Seleuco. Yāqūt, *Mu'ǧam* (1990), vol. I, p. 269 dice che sei anni dopo la morte di Alessandro, Seleuco fondò le città di Latakia, di Seleucia, di Apamea e di Bārawwā, ossia Aleppo.

8 Simeone figlio di Mattatia. Michele il Siro, *Chronique* (1899), vol. I, p. 121 parla piuttosto di Onia, figlio di Simeone il Giusto, ma i dati sono in contraddizione con il testo di Agapio che indica in Eleazaro il fratello di Simeone, quindi entrambi figli di Mattatia.

9 Michele il Siro, *Chronique* (1899), vol. I, p. 122 colloca questo evento nell'anno 17 del regno di Tolomeo Filopatore. Antioco III il Grande, re di Siria (223-182 a.C.), successe al fratello Seleuco. Nel 221-215 costruì un impero che nelle sue aspirazioni avrebbe dovuto rinnovare quello di Alessandro Magno. Fu in tale periodo che si impadronì della Palestina sottraendola, insieme con la Celesiria e la Fenicia, all'Egitto. Fu poi sconfitto da Tolomeo IV Filopatore nella battaglia di Rafia del 217 a.C. Nel 216 a.C., con la morte di Acheo, annette i territori seleucidi dell'Asia Minore. Nel 206 a.C. sconfina in India e sottomette il re Saubhāgasena. Nel 203 a.C. avvia una campagna contro l'Egitto e stringe un'alleanza con Filippo V di Macedonia. Nel 201-200 a.C. occupa la città di Gaza, al confine con il territorio del Sinai e sottrae la Palestina all'Egitto sconfiggendo nella battaglia di Panion il comandante Scopa, comandante greco di Tolomeo V Epifane. Nel 197 a.C. occupa la Tracia e le città costiere sotto il dominio dei Lagidi, ma nel 190 a.C. subisce la sconfitta di Magnesia e di lì a due anni stipula la pace con i Romani cedendo i territori occupati. Venne ucciso nel 187 a.C. in Siria e gli successe il figlio Seleuco IV Filopatore.

10 Tolomeo V Epifane, re d'Egitto (204-180 a.C.), figlio di Tolomeo IV e di Arsinoe III.

11 In effetti Antioco III di Siria invase nuovamente la Celesiria fino a conquistarla definitivamente nella battaglia di Panion (200 ca.).

12 Insieme con Sosibio e Agatocle, Tlepolemo e Aristomene, figurò tra i diversi tutori che si succedettero alla corte del Tolomeo che era salito al trono in tenera età. Di Scopa parla pure Michele il Siro, *Chronique* (1899), vol. I, p. 122.

13 Allusione alla guerra siriaca del 191-188 a.C. durante la quale Antioco fu dapprima sconfitto alle Termopili (191) e poi definitivamente a Magnesia (189) dai fratelli Lucio e Publio Cornelio Scipione, subendo l'anno dopo l'onerosa pace di Apamea.

14 Ciò avveniva nel 190 a.C., dopo la battaglia di Magnesia.

15 Antioco IV Epifane, re di Siria (175-164 a.C.), succedette al fratello Seleuco IV e recuperò la Fenicia e la Palestina, ma il suo tentativo di ellenizzare gli ebrei trovò la fiera opposizione dei Maccabei.

16 Michele il Siro, *Chronique* (1899), vol. I, p. 122, parla di mille talenti d'oro.

17 Abbiamo preferito tradurre alla luce del testo di Vasiliev, *Kitab* (1915), p. 110 perché la forma pre-

e gli diede in isposa la figlia Cleopatra[18], ottenendo da lui come dote il paese di Siria e la Fenicia[19].

Antioco Eupatore

8 Nell'anno 17 di Tolomeo, Antioco il Grande fu ucciso nel paese dei Persiani, vale a dire in Persia, nel tempio del /loro/ dio[20], dove lo lapidarono. Dopo di lui regnò suo figlio, per 12 anni[21].

9 In questo tempo Simone, soprannominato Simeone, implorò aiuto da Apollonio, capo delle truppe di stanza in Fenicia, promettendo di dargli molto oro. Allorché Seleuco udì, grazie a quanto gli aveva fatto sapere Apollonio, capo delle sue truppe, che nel Tempio di Gerusalemme c'era molto oro, mandò le sue schiere, ma Dio fece scendere su di lui la sua vendetta e fu ucciso[22].

Tolomeo Filometore

10 Nell'anno 131 dei Greci, salì sul trono Tolomeo Filometore[23]. Regnò 35 anni.

sente nel testo che traduciamo non ha senso alcuno nel contesto. Cheikho presenta infatti il verbo *sa'ala* e Vasiliev il verbo *sālama*. Anche in Michele il Siro, *Chronique* (1899), vol. I, p. 123 si parla esplicitamente di un trattato di pace stipulato tra Tolomeo e Antioco.

[18] Il matrimonio fra Tolomeo e la principessa seleucide Cleopatra fu in effetti celebrato intorno al 194 a.C. con l'intento di placare i dissidi tra i due grandi regni d'Egitto e della Siria.

[19] Michele il Siro, *Chronique* (1899), vol. I, p. 123 aggiunge: la Samaria e la Giudea.

[20] Anche in *2Mac* 1 la leggenda della morte di Antioco IV in Persia, prima lapidato e poi fatto a pezzi nel tempio della dea Nanea o Nanai, si inserisce nella lunga serie di leggende che avvolsero sin dai primi tempi la figura di questo grande monarca. Non è improbabile che il termine «Persia» stia qui per ogni regione che si trovava a nord-est della Siria, come è evidenziato nella narrazione delle gesta di Giuda il Maccabeo. Cf. *2Mac* 1,13-16. Di fatto Antioco III il Grande fu ucciso in Siria, in una congiura ordita dagli abitanti di Elimaide per avere requisito il tesoro del tempio di detta città. Vedi anche Michele il Siro, *Chronique* (1899), vol. I, p. 123.

[21] Per tali notizie, cf. Michele il Siro, *Chronique* (1899), vol. I, p. 123, dove ricorda che essa avvenne, per lapidazione, nel tempio della dea Nanai. In *1Mac* 6,14-17 si dice che il re Antioco morì in Persia l'anno 149 a.C., dopo aver affidato il figlio Antioco alle cure di Filippo da lui costituito tutore e reggente del piccolo, ma Lisia, già caduto in discredito, assunse nuovamente la direzione degli affari e dichiarò re il piccolo Antioco con il nome di Eupatore. Successore di Antioco III il Grande fu Seleuco IV Filopatore. Gli successe nel 187 a.C. Nel 175 a.C. inviò a Roma come ostaggio il figlio Demetrio. Fu ucciso nello stesso anno in una congiura ordita dal ministro Eliodoro. Gli successe Antioco IV Epifane.

[22] L'allusione è al capo delle schiere Eliodoro, come è pure riportato in Michele il Siro, *Chronique* (1899), vol. I, pp. 123-125. Cf. anche *Chron. Pasch,* Migne, t. XCII, col. 436-437. La narrazione biblica, invece, è di tutt'altro tenore, come è dato leggere in *1Mac* 6,1-13. Nel 165 a.C. Giuda Maccabeo, dopo aver inflitto una dura sconfitta ad Apollonio, comandante dell'esercito siro a Gerusalemme, ed averlo ucciso, sconfisse a Bethoron anche il comandante seleucide Serone.

[23] Tolomeo VI Filometore, re d'Egitto (180-145 a.C.), salì al trono ancora bambino. La reggenza passò nelle mani della madre Cleopatra I, che sarebbe poi morta nel 176, ma il vero e proprio regno era invece esercitato dai tutori Lenneo ed Eleo. Nel 168 a.C. i Romani si intromisero nelle vicende interne e assegnarono a Tolomeo VI il governo dell'Egitto, mentre a Tolomeo VII fu riconosciuta la sovranità sulla Cirenaica e su Cipro. Tolomeo VI nel 145 a.C. diede il suo appoggio a Demetrio II Nicanore contro l'usurpatore Alessandro Bala. Morì nel 145 a.C.

11 In questo tempo si rese celebre Aristobulo, il quale tradusse in greco la Tōrāh per il re Filometore[24].

Antioco IV Epifane

12 Nell'anno 6 di Tolomeo, corrispondente all'anno 137 dei Greci[25], nell'indizione in cui cominciò a regnare Antioco[26], figlio di Antioco /Epifane/, ovvero colui che era stato ostaggio nella città di Roma[27], si mise in marcia per combattere contro Tolomeo[28], re d'Egitto[29]. Ostacolato dai Romani, fece ritorno nel paese dei Giudei, dove conferì la veste di sommo sacerdote a Simone[30], fratello di Onia[31], figlio di Jeconia, per poi togliergliela e conferirla a Onia, soprannominato Menelao[32]. Questo

[24] Cf. *Chron. Pasch,* PG vol. XCII, col. 437 e Michele il Siro, *Chronique* (1899), vol. I, p. 127, dove si precisa che tradusse la Legge e scrisse in greco per Tolomeo la storia dei libri di Mosè. Di Aristobulo, precettore di Tolomeo, Eusebio narra che dedicò a Tolomeo VI Filometore un'opera esegetica sul Pentateuco. Si tratta sicuramente del filosofo peripatetico che cercò di dar corpo ad una sintesi tra il complesso sistema mosaico e le grandi linee del pensiero di Aristotele e della sua scuola. Si veda Eusebio, *Historia Ecclesiastica,* VII, 32,16 dove è espressamente ricordato che «Aristobulo il Grande è incluso tra coloro che tradussero le Scritture sacre e divine degli ebrei per Tolomeo Filadelfo e per suo padre e che dedicò anche libri esegetici della legge di Mosè a questi stessi re». Vedi nota 129 della citazione dove si fa giustamente notare che Aristobulo era contemporaneo di Filometore.

[25] Cf. *1Mac* 1,10.

[26] Allusione ad Antioco IV Epifane. Fratello di Seleuco IV Filopatore, Antioco IV Epifane cominciò a regnare nel 175 a.C. Come primo suo atto, depose il sommo sacerdote Onia III, imponendo Giasone. Nel 172 a.C. impose a Gerusalemme la costruzione di un edificio di tipo greco e ne cambiò il nome in quello di Antiochia. Nel 170 a.C. invase l'Egitto, occupò il Delta e Menfi, ma trovò una forte resistenza ad Alessandria. Nel frangente gli Alessandrini proclamarono faraone Tolomeo VIII, Evergete II, fratello minore di Tolomeo VI. Nel 169 a.C. requisì i tesori del tempio di Gerusalemme, ma un anno dopo è fermato dai Romani che lo costringono, dopo aver occupato Rodi, ad abbandonare l'Egitto. Nel 167 a.C. profana il tempio di Gerusalemme e prende così piede la resistenza nazionalista e anti-ellenista con a capo Mattatia e i suoi cinque figli Giuda Maccabeo, Gionata, Giovanni, Simone ed Eleazaro. Morì nel 163 a.C. Gli successe il figlio Antioco V Eupatore, sotto la tutela del ministro Lisia.

[27] Propone alla lettera l'espressione in *1Mac* 1,10.

[28] Allusione a Tolomeo VI Filometore.

[29] Si tratterebbe della prima spedizione contro l'Egitto (primavera del 169 a.C.).

[30] Si tratta invece di Giasone, fratello di Onia, che brigò con ogni mezzo per accedere alla carica di sommo sacerdote al tempo di Antioco IV Epifane. Cf. *2Mac* 4,7. Fu a sua volta scalzato da Menelao, fratello di Simone. Detto Simone era originario della tribù di Bilga, ed era sovrintendente del tempio e accanito oppositore del sommo sacerdote Onia per la maniera con cui amministrava la città. Per tal motivo aveva spesso brigato contro Onia suggerendo perfino ad Apollonio, governatore della Celesiria e della Fenicia, che nel Tempio si teneva celato molto oro e preziosi tesori. Per requisire tale tesoro il re inviò poi a Gerusalemme il ministro Eliodoro. Il termine arabo usato qui per «veste» è *kattūnah*. Che si tratti di Giasone è corroborato altresì dalla testimonianza di Michele il Siro, *Chronique* (1899), vol. I, p. 124.

[31] È l'integerrimo sommo sacerdote Onia III, figlio di Simone II, mai menzionato nel primo libro dei Maccabei, ma centrale nel secondo. Aveva assunto la carica di sommo sacerdote nel 198 a.C.

[32] In *2Mac* 4,23-29 in cui si parla invece di Menelao come fratello di Simone, che si accaparra la carica di sommo sacerdote dietro il pagamento di una ingente somma. Cf. *2Mac* 4,23-25.

conflitto sorto tra loro, fu causa di mali e di afflizioni per i Giudei[33].

Antioco VI Epifane

13 Nell'anno 14 del regno di Tolomeo, corrispondente al 145 dei Greci, nella seconda indizione, salì sul trono Antioco Epifane[34]. Regnò 8 anni[35]. Costui mandò un suo comandante alla testa di un ingente esercito contro Gerusalemme, di cui si impadronì il 25 di *kānūn al-awwal* /= dicembre/ grazie ad uno stratagemma[36], entrò nella parte interna del Tempio e la contaminò, costruendo sull'altare del Tempio l'abominio della desolazione, di cui parla il profeta Daniele[37]. Era una statua di Zeus Olimpio. Ma ne eresse pure una seconda, a Zeus Xenios /=Ospitale/, sul monte Garizim, per poi far bruciare i Libri della Legge e opprimere tutti gli Israeliti finché non avessero camminato sulle orme dei gentili e aderito alla loro aberrazione[38].

Gesta dei Maccabei

Mattatia e i suoi figli

14 Ma Mattatia, figlio di Giovanni, figlio del sacerdote Simone, della famiglia di Yūnāḏāb[39], che allora abitava nel villaggio di Mūdaʿīm[40], si ribellò. Aveva cinque figli: Giovanni detto Gaddi[41], Simone detto Tassi[42], Giuda detto Maccabeo, Eleazaro

[33] Cf. Michele il Siro, *Chronique* (1899), vol. I, p. 124. Sui mali che si abbatterono sull'intera Giudea cf. *2Mac* 4 e 5. Vedi anche *2Mac* 6,3.

[34] Antioco VI Epifane Dioniso, ossia Teodoro, figlio di Bala, che nel 145 a.C. riuscì a sottoporre a sé parte della Siria con l'appoggio di Trifone? Sembra essere invero lo stesso Antioco Epifane di cui sopra! Nel 142 a.C. venne ucciso da Trifone che ne usurpò la corona.

[35] Il testo biblico continua ad attribuire questi avvenimenti allo stesso Antioco che nel 143 attacca e sconfigge Tolomeo VI Filometore, senza alludere minimamente ad un altro Antioco, come fa invece Agapio. Non si tratta di Antioco VI Epifane Dioniso che regnò solo dal 145 al 142 a.C.

[36] Cf. *1Mac* 1,30 dove si puntualizza che il misarca Apollonio si presentò ai Giudei pronunciando parole di inganno. Lo stesso evento è menzionato in *2Mac* 5,24-26.

[37] Cf. *1Mac* 1,54 che fa da eco a *Dn* 11,31; 12,11. L'evento è però attribuito allo stesso re Antioco con leggera difformità a proposito della data. Ma è molto probabile che qui Agapio fonda in uno due episodi, il secondo dei quali concerne l'invio a Gerusalemme di «un vecchio ateniese per costringere i Giudei a profanare il tempio di Gerusalemme e a dedicarlo a Giove Olimpio». Cf. *2Mac* 6,1-2.

[38] Cf. *2Mac* 6,1-2. Vedi pure Michele il Siro, *Chronique* (1899), vol. I, p. 125.

[39] Il testo biblico *1Mac* 1 identifica la sua famiglia sotto il nome di Joarib, menzionata altresì in *1Cron* 24,7. Michele il Siro, *Chronique* (1899), vol. I, p. 128, riferisce pure una fonte in cui Mattatia risulta figlio di Asmoneo.

[40] Abbandonando Gerusalemme, Mattatia scelse come sua nuova residenza il villaggio di Modin, situato ad una trentina di km a nord-ovest di Gerusalemme.

[41] Il testo arabo ha *ḫfs*. Michele il Siro, *Chronique* (1899), vol. I, p. 124 ha Gadai.

[42] Il testo biblico lo soprannomina *Tassi*. Michele il Siro, *Chronique* (1899), vol. I, p. 124 ha Tarsai.

detto Ḥawarān[43] e Gionata detto Affus[44]. Pervasi dallo zelo e dall'ardore di difendere la Legge del Signore, si vestirono di sacchi e si afflissero grandemente. Quando capitò ad uno di essi[45] di passare accanto a quell'abominio e fu preso perché offrisse ad esso sacrifici, scorse un giudeo che s'era già avanzato per sacrificare sull'ara dell'abominio. Montò in collera e, travolto dallo zelo, lo afferrò e lo trucidò, uccidendo poi anche quel comandante che li costringeva a sacrificare; dopo di che abbatté quell'abominio e fuggì sui monti insieme con coloro che ardevano di zelo per la Legge[46].

Martirio di Eleazaro

15 Fu poi catturato un vecchio di nome Eleazaro, capo dei dottori della Legge. Dopo crudeli supplizi, morì, ma non sacrificò affatto, scegliendo di osservare la Legge[47].

Martirio di Ašmūnīṯ e dei suoi sette figli

16 Presero pure una donna, di nome Ašmūnīṯ[48], con i suoi sette figli e, dopo averla portata al cospetto del re Antioco, infersero supplizi diversi a ciascuno di essi. Al primo, infatti, tagliarono tutte le estremità delle membra e lo gettarono in una padella[49]; al secondo strapparono la pelle del cranio e al terzo mozzarono la lingua. Quanto al quarto, rivolgendosi al re, così disse: «Per me la morte è un bene, a causa della speranza della resurrezione»[50]. Dopo la morte di questi sette fratelli, morì la loro madre Ašmūnīṯ.

17 Furono seppelliti a Gerusalemme. Poi, dopo la venuta del Salvatore, i cristiani traslarono i loro corpi nella città di Antiochia, edificando sopra di essi una superba chiesa[51]. Sempre in loro onore si tiene, ogni anno, una grande fiera ed ogni anno si celebra per essi una magnifica festa. I loro corpi furono successivamente traslati in

[43] Il testo biblico lo soprannomina *Avaran* o Auaran. Michele il Siro, *Chronique* (1899), vol. I, p. 124 ha Hauran.

[44] Cf., per questo e per gli altri soprannomi, *1Mac* 2,2-4. Michele il Siro, *Chronique* (1899), vol. I, p. 124 ha Niphos. Omettiamo di trascrivere i nomi arabi perché sono del tutto corrotti.

[45] In Michele il Siro, *Chronique* (1899), vol. I, p. 124 protagonisti di questo eccesso di zelo sono tutti i membri della famiglia di Mattatia, per poi dire che fu proprio Mattatia a trovar riparo nella montagna. Cf. *1Mac* 2,15-28. Tutta la narrazione ha continui riferimenti al testo sacro.

[46] Cf. *2Mac* 2,14-28.

[47] Cf. *2Mac* 6,18-31.

[48] Michele il Siro, *Chronique* (1899), vol. I, p. 125 la chiama Šamūnī.

[49] Tale è il senso del termine arabo *ṭyǧn*. Per l'identificazione degli strumenti della pena, cf. *La sacra Bibbia* (1961), vol. I, 1190, nota 1-6.

[50] Fin qui Agapio ha sotto gli occhi *2Mac* 7,1-14, ma omette i supplizi inferti agli altri membri della famiglia.

[51] Michele il Siro, *Chronique* (1899), vol. I, p. 126, sposa la tesi di coloro che sostenevano che la loro tomba fosse a Gerusalemme, luogo del loro martirio e che forse solo più tardi le loro ossa furono portate ad Antiochia. Vasiliev, *Kitab* (1915), p. 113, traduce chiaramente «ad Antiochia» senza indicare alcuna variante.

Valachia, dove sono a tutt'oggi[52].

18 In questo tempo i Giudei permisero di trasgredire il sabato per combattere chi avesse voluto attaccarli in quel giorno[53].

Morte di Mattatia e altri avvenimenti

19 Nell'anno 148 dei Greci e 17 del regno di Tolomeo, morì Mattatia. Dopo di lui divenne governatore dei Giudei, per 3 anni, il figlio Giuda Maccabeo. Fu forte e lottò per la causa del popolo di Israele[54].

20 Nello stesso anno, Giuda purificò il Tempio dagli abomini e dalle iniquità che lo insozzavano[55].

Antioco V Eupatore contro Gerusalemme

21 Nell'anno 149 dei Greci, corrispondente all'anno 18 del regno di Tolomeo, tra atroci e amari tormenti morì, nel paese dei Persiani, Antioco Epifane[56]. Dopo di lui regnò, per 2 anni, Antioco[57].

22 L'anno seguente Antioco inviò un ingente esercito di centoventimila uomini a Gerusalemme accompagnati da un gruppo di Giudei[58]. Eleazaro, detto Ḥawarān, notò un grosso elefante e, credendo che su di esso vi fosse seduto il re, si cacciò sotto l'elefante e gli trapassò il ventre con la spada. Il ventre dell'elefante scoppiò e, stramazzando, l'elefante cadde sopra Eleazaro, che morì sul colpo[59].

23 Dopo aver smesso di combattere, raccolsero i cadaveri e li seppellirono a Gerusalemme. Raccogliendoli, trovarono tra le vesti di un tale una parte dell'oro di quegli idoli d'abominio[60]. Giuda Maccabeo inviò allora /tremila dracme ai sacerdoti di Ge-

[52] L'episodio dei sette fratelli, celebrati come martiri dalla Chiesa, subì altresì un rifacimento ad opera di un autore ignoto nell'apocrifo *4Mac* 8,1-18,24. Le due recensioni, ossia quella pubblicata da Vasiliev e quella curata da Cheikho sono qui molto divergenti quanto ad impostazione e a particolari.

[53] Qui Cheikho inserisce una parte del testo che in Vasiliev è logica continuazione della storia dei sette fratelli. Tale testo recita: «Abbiamo raccontato in questo frangente /la loro storia e i loro supplizi/ e si invochi il loro aiuto, poiché sono stati i primi martiri a testimoniare la loro sottomissione a nostro Signore Gesù Cristo».

[54] Ripropone quanto alluso in *1Mac* 3,3 dove Giuda è presentato come un gigante che aumenta la gloria del suo popolo. Notare che, sempre secondo il testo biblico, Mattatia morì nell'anno 146. Cf. *1Mac* 2,70.

[55] Così pure in *2Mac* 10,1-4.

[56] Di tale malattia che condusse alla morte Antioco IV Epifane, parla diffusamente *2Mac* 9,5-28. Vedi pure *1Mac* 6,8-13.

[57] Si tratta di Antioco V Eupatore, forse già associato al regno del padre nel 173, ma riconosciuto e dichiarato successore di Antioco IV da Lisia, sotto la cui tutela cominciò a regnare giovanissimo, nel 163. Vedi pure *1Mac* 6,17. Vedi pure Michele il Siro, *Chronique* (1899), vol. I, p. 125.

[58] In *1Mac* 6,30 si precisa che erano centomila fanti, ventimila cavalieri e trentadue elefanti. A capo di questo esercito c'era Gorgia.

[59] Cf. *1Mac* 6,43-46. Siamo durante la seconda spedizione di Lisia, avvenuta nel 162 a.C.

[60] Vaga allusione a *2Mac* 12,39-40 in cui è detto: «Gli uomini di Giuda trovarono sotto la tunica di ogni morto oggetti sacri agli idoli di Jamnia, che la legge interdice ai Giudei». Ma l'episodio in sé è anteriore alla seconda spedizione di Lisia e riguarda il periodo in cui i Giudei combatterono contro Gorgia,

rusalemme/, pregandoli di offrire un sacrificio in suffragio delle anime di coloro che erano morti e di compiere azioni buone per essi, a causa della speranza della resurrezione dei morti[61].

24 In questo tempo i Romani e i Giudei stipularono un trattato di amicizia reciproca[62].

Demetrio Sotere e Giuda Maccabeo

25 Nell'anno 151 dei Greci Demetrio Sotere[63] figlio di Seleuco raggiunse /la Siria/, dopo aver lasciato Roma, e salì sul trono dei suoi antenati, regnando per il periodo di 12 anni. Per lui, furono uccisi Antioco e Lisia, suo confidente[64].

26 In questo tempo, dopo l'uccisione del sommo sacerdote Menelao, divenne sommo sacerdote l'empio Alcimo[65], che non era nemmeno un giudeo. Ma esercitò la carica di sommo sacerdote per simonia. Davanti a siffatto spettacolo, Onia, figlio di Onia, fuggì in Egitto, dove costruì una città e un tempio ad imitazione di quello di Gerusalemme[66]. Ma Dio colpì l'empio Alcimo e lo votò alla morte[67].

27 Al suo posto, elessero sommo sacerdote Giuda Maccabeo e, dopo la morte di costui, suo fratello Gionata che fu insieme governatore del popolo e sommo sacerdote[68]. Combatté contro Bacchide, comandante di Demetrio /I Sotere/, e lo vinse[69].

stratega dell'Idumea. Vedi pure Michele il Siro, *Chronique* (1899), vol. I, p. 125.

[61] Anche questo episodio è inserito in *2Mac* 12,43-46. Qui però si parla di «quasi duemila dracme» e non di «tremila». Vedi pure Michele il Siro, *Chronique* (1899), vol. I, p. 125.

[62] Per i particolari di questa iniziativa Cf. *1Mac* 8,17-23.

[63] Ossia Demetrio I Sotere, re di Siria, già inviato come ostaggio a Roma dal padre Seleuco IV Filopatore nel 175 a.C. Tornato che fu in Siria eliminò Antioco V Eupatore insieme con il suo tutore Lisia e divenne re nel 161 a.C. Ma nel 150 a.C. venne anch'egli eliminato e il suo regno usurpato da Alessandro Bala.

[64] In *2Mac* 14,1-2 si dice che Demetrio, figlio di Seleuco, dopo aver occupato Tripoli, fece mettere a morte Antioco e il suo tutore Lisia per mano di alcuni suoi ufficiali. Siamo intorno al 161 a.C. Cf. pure *1Mac* 7,1-4. Vedi pure Michele il Siro, *Chronique* (1899), vol. I, p. 129. Il testo curato da Cheikho è qui oltremodo corrotto. Teniamo conto della lettura di Vasiliev.

[65] Alcimo, creato sommo sacerdote nel 162 a.C., era della fazione ellenizzante. Traduciamo con «empio» il termine arabo *munāfiq* che di per sé ha una forte connotazione di ipocrisia o atteggiamento di chi si mostra pio e religioso per puro tornaconto personale.

[66] La tradizione vuole che costruisse nei pressi di Heliopolis una città che fu poi chiamata Città di Onia, dentro la quale edificò un tempio ad imitazione di quello di Gerusalemme. Vedi pure Michele il Siro, *Chronique* (1899), vol. I, p. 129.

[67] Cf. pure Michele il Siro, *Chronique* (1899), vol. I, p. 129.

[68] La sua designazione a sommo sacerdote è illustrata in *1Mac* 10,20 e avvenne dietro iniziativa di Alessandro Bala, divenuto re a Tolemaide nel 152 a.C., grazie al sostegno di Attalo II re di Pergamo e di Tolomeo VI d'Egitto. Giuda Maccabeo cadde in battaglia contro Bacchide nel 160 a.C. e la guida della ribellione passò così nelle mani del fratello Gionata. Per la doppia carica, vedi pure Michele il Siro, *Chronique* (1899), vol. I, p. 130.

[69] Per la vittoria finale contro Bacchide, cf. *1Mac* 9,68-69. Vedi pure Michele il Siro, *Chronique* (1899), vol. I, p. 129.

28 Nell'anno 160 dei Greci, Demetrio partì alla volta dell'Egitto e se ne impadronì. Il re d'Egitto[70] gli diede allora in moglie la propria figlia Cleopatra[71]. Altri dicono ch'ella fosse la figlia maggiore di Tolomeo Evergete. Anastasio, vescovo di Roma, dice a tal proposito che in lei si compì la parola del profeta Daniele che aveva detto: «La figlia della città del sud sarà data al nord»[72]. Teodoreto, vescovo di Cirro, dice: «In colei che Tolomeo Epifane diede in moglie ad Antioco il Grande, si compirono queste cose»[73].

Tolomeo Evergete e Giovanni Maccabeo

29 Nell'anno 165 dell'era di Alessandro, salì sul trono Tolomeo Evergete[74]. Regnò 29 anni.

30 In questo tempo, Gionata /figlio di Mattatia/ divenne sommo sacerdote e governatore dei Giudei[75].

31 Nell'anno 167 dei Greci, corrispondente all'anno 3 di Tolomeo, Demetrio, figlio di Demetrio, detto Sidete, fu ucciso, dopo aver regnato 3 anni[76].

32 Nell'anno 170 venne ucciso il sommo sacerdote Gionata per la perfidia di Trifone, capo delle truppe di Demetrio[77]. Gli successe il fratello Simone, per 3 anni[78].

33 In questo tempo, Tolomeo diede la propria figlia in isposa a Demetrio e, con lei, il regno di Alessandria[79].

70 Ossia Tolomeo VI Filometore.

71 Le nozze vennero celebrate con grande sfarzo nel 150 a.C., a Tolemaide. Cf. pure *1Mac* 10,57-58.

72 Cf. *Dn* 11,20.

73 Cf. Teodoreto Di Cirro, *Explanatio ad Danielem*, cap. XI, 6 in Migne, PG vol. LXXXI, coll. 1505-1508. A proposito di queste diverse posizioni, cf. pure Michele il Siro, *Chronique* (1899), vol. I, pp. 129-130.

74 Ossia Tolomeo VIII Evergete II detto Fiscone, re d'Egitto (145-116), figlio minore di Tolomeo V e di Cleopatra I, fratello di Tolomeo VI, già eletto re di Alessandria nel 169, soppresse il nipote Tolomeo VII Eupatore o Neos Filopatore.

75 Cf. *1Mac* 9,30-31. Il testo di Vasiliev ha «Giovanni».

76 È il Demetrio II detto Nicanore che nel 147 a.C. si presenta in Siria con un ingente esercito affidato del comandante Lastene, di cui in *1Mac* 10,67; 11,19. Nel 145 a.C. Demetrio II Nicanore, dopo aver combattuto contro Alessandro Bala con l'appoggio di Tolomeo VI, lo sconfisse a Enoparo e riusciva così ad ottenere il regno. Nel 142 a.C. stipulò un trattato con Simone, sommo sacerdote succeduto al fratello Gionata che era stato proditoriamente ucciso dietro istigazione di Trifone, e riconobbe l'indipendenza del regno di Giuda. Nel 140 a.C. cadde prigioniero di Mitridate I nel tentativo di opporsi ai Parti. Recuperò il regno nel 129 a.C. in seguito alla guerra che Antioco VII Sidete aveva condotto contro i Parti. Morì nel 125 a.C., a Tiro.

77 Cf. *1Mac* 13,23. Vedi pure Michele il Siro, *Chronique* (1899), vol. I, p. 131.

78 Michele il Siro, *Chronique* (1899), vol. I, p. 131 gli attribuisce 8 anni di pontificato.

79 Cf. *Chron.Pasch.*, in Migne, vol. XCII, coll. 444. Vedi pure Michele il Siro, *Chronique* (1899), vol. I, p. 131.

Demetrio Sidete e Simone Maccabeo

34 Nell'anno 174 dei Greci Antioco[80], fratello di Demetrio, detto Sidete, salì sul trono di Siria e regnò 9 anni.

35 In questo tempo, Simone inviò al re di Roma delle tavole d'oro e stipulò con lui un trattato di amicizia su una tavola di bronzo[81].

36 In questo tempo il sommo sacerdote Simone mandò suo figlio Giovanni contro Cendebeo[82] comandante in capo delle truppe di Antioco. Dopo averlo sconfitto e distrutto le sue truppe, Giovanni liberò il popolo dalla schiavitù che durava da 28 anni. Li liberò, ancora, dal tributo che versavano. Per la mia vita, è ben certo che dal tempo in cui regnò Seleuco Nicatore e da quando si iniziò a contare gli anni con l'era greca, i Giudei hanno sempre pagato il tributo ai re di Siria.

37 In questo anno ebbe termine la seconda storia dei Maccabei[83].

Gli Ircani

Giovanni Ircano

38 Nell'anno 177 dei Greci, corrispondente all'anno 21 di Tolomeo, fu ucciso, nel mese di *šubāṭ* /=febbraio/, Simone figlio di Onia. Gli successe il figlio Giovanni[84], ma Tolomeo lo fece uccidere. Era, questo Giovanni, colui che soprannominarono Ircano. Fu sommo sacerdote 28 anni[85].

39 /Da questo tempo cominciano a datare i governatori di Edessa. Assolsero alle loro funzioni fino al tempo degli altri re discendenti dalla famiglia di al-Abgar, re di Edessa[86].

[80] Potrebbe trattarsi di Antioco VII, figlio di Demetrio I e fratello di Demetrio II, come è dato leggere in *1Mac* 15,1. L'epiteto «Sidete» gli deriva dal fatto di essere nato a Side, città della Panfilia, mentre sulle monete troviamo l'epiteto Evergete, ossia benefattore. Altri ritengono che si tratti di Antioco VIII Gripo o Filometore, sostenuto dalla madre Cleopatra Tea contro il fratello Seleuco V ch'ella stessa fece poi uccidere. Cominciò a regnare nel 125 a.C. Dopo avere eliminato il pretendente Alessandro Zabina, fece avvelenare la madre Cleopatra Tea. Morì in guerra nel 96 a.C. e gli successe Antioco IX Ciziceno.

[81] Cf. *1Mac* 14,16-18. Agapio fonde insieme tale citazione e il versetto 24 dello stesso capitolo, invertendo le iniziative. Vedi pure Michele il Siro, *Chronique* (1899), vol. I, p. 126.

[82] In *1Mac* 16,2-3 è detto che mandò contro di lui i due figli Giuda e Giovanni. Vedi pure Michele il Siro, *Chronique* (1899), vol. I, p. 126. Per Cendebeo vedi pure *1Mac* 15,38.

[83] Espressione per alludere al termine del secondo libro dei Maccabei.

[84] Simone era figlio di Mattatia, non di Onia. Per la notizia concernente la successione vedi pure Michele il Siro, *Chronique* (1899), vol. I, p. 126.

[85] Un'allusione ai tentativi di Tolomeo, figlio di Abubo, per mettere a morte anche Giovanni è dato riscontrarla in *1Mac* 16,21-22. Di tale Tolomeo, genero di Simone e stratega della pianura di Gerico, si trova cenno in *1Mac* 16,11-12. Nel 135 a.C. Giovanni Ircano, figlio di Simone, si era opposto alla restaurazione del potere degli Antiochi ribellandosi contro Antioco VII Sidete e rinnovando il trattato di pace con i Romani. Nel 132 a.C. la Giudea riottenne poi la sua autonomia grazie ad un trattato ch'egli stipulò con lo stesso Antioco VII Sidete. Morì nel 104 a.C. e gli successe Giuda Aristobulo. Per il soprannome «Ircano» vedi Michele il Siro, *Chronique* (1899), vol. I, p. 127.

[86] Vedi pure Michele il Siro, *Chronique* (1899), vol. I, pp. 120, 126.

Antioco VIII assedia Gerusalemme

40 Nell'anno 182 dei Greci, corrispondente all'anno 17 di Tolomeo, Arsace il Parto[87] fece uccidere Antioco Sidete[88]. Gli successe Demetrio, figlio di Demetrio, per 4 anni. Dopo di lui regnò 12 anni /Antioco/ *'grbyūs*[89].

41 Nel frattempo Antioco venne ad assediare Gerusalemme, mettendo grandemente alle strette i suoi abitanti. Constatando la loro /inutile/resistenza, Giovanni Ircano aprì la tomba del profeta David, che fu il più ricco di tutti i re, e ne tirò fuori tremila talenti d'oro[90], dandone trecento ad Antioco, che si allontanò così da Gerusalemme.

42 In questo tempo Giovanni devastò la città di Samaria, di poi la ricostruì dandole il nome di Sebaste[91].

43 Sostiene lo storico[92] che Tolomeo morì esattamente nell'anno 5396 del mondo. Da questo anno, ossia dal 186 dei Greci, durante il quale Antioco era divenuto re ed aveva posto l'assedio a Gerusalemme, ha inizio il computo della dinastia dei re di Tiro[93].

Tolomeo Sotere

44 Nell'anno 194 salì sul trono Tolomeo Sotere[94]. Regnò 17 anni.

[87] Arsace I fu in effetti il fondatore della dinastia arsacide dopo aver strappato la satrapia di Partia ai Seleucidi. Finì nel 224 d.C. con l'uccisione di Artabano V ad opera di Ardashir I. Nel 142 a.C. Mitridate I, re dei Parti, aveva in effetti sfruttato le contese dei Seleucidi a suo favore occupando la Media e penetrando in Mesopotamia fino all'Eufrate, occupando poi Seleucia sul Tigri e Babilonia. Signore di sì vasti territori si era arrogato il titolo di Re dei re, relegando i Seleucidi all'esclusivo dominio sulla Siria. Nel frattempo erano subentrati in Mesopotamia gli arsacidi. In effetti Agapio si collega ad una data di molto anteriore, vale a dire all'anno 248 a.C. quando Arsace I, fondatore della dinastia autonoma degli arsacidi, si proclamò indipendente dai Seleucidi. Dal capostipite Arsace, tutti i successivi sovrani dei Parti continuarono a fregiarsi dell'appellativo di Arsace. Antioco VII Sidete cadde per mano di Fraate II, re dei Parti, nel 129 a.C. Il regno fu in seguito recuperato da Demetrio II Nicanore dopo essere stato rimesso in libertà. Per Arsace il Parto vedi pure Michele il Siro, *Chronique* (1899), vol. I, pp. 119, 121 e 132 dove dice che Arsace il Parto uccise Antioco.

[88] Il testo tra parentesi è assente nella edizione di Cheikho. Potrebbe trattarsi di una omissione. Lo riteniamo alla luce del fatto che da attento studioso come spessissimo dimostra, lo stesso Cheikho non poteva ammettere che Demetrio, figlio di Demetrio, potesse succedere a Giovanni Ircano!

[89] Si tratta di Antioco VIII Gripo a lungo in conflitto con Antioco Ciziceno. Cf. Michele il Siro, *Chronique* (1899), vol. I, pp. 132-133.

[90] Il testo ha qui tanto il termine *kikar* quanto un altro di origine siriana, vale a dire *dā'irah*. Per questa notizia vedi pure Michele il Siro, *Chronique* (1899), vol. I, p. 127.

[91] Attuale Sebastiya, villaggio musulmano sopra la stessa collina ove sorgeva un tempo la città di Samaria. Giovanni Ircano la distrusse nel 108 a.C. Il nome le deriva dal fatto che, abbellita con sontuosi edifici in stile romano e circondata da mura, venne dal re Erode chiamata Sebaste in onore dell'imperatore Augusto. Cf. Michele il Siro, *Chronique* (1899), vol. I, p. 137.

[92] Uno dei tanti anonimi di cui si servì Agapio per la sua storia!

[93] Così pure Michele il Siro, *Chronique* (1899), vol. I, p. 127.

[94] Tolomeo VIII o IX Sotere II il Làtiro, re d'Egitto (116-107; 88-80 a.C.), fortemente osteggiato dalla madre Cleopatra III che voleva invece come re il figlio minore Tolomeo IX o X Alessandro. Difatti nel 107 a.C. lasciò il regno a costui e si ritirò a Cipro. Ma ritornò nell'88 a.C. in seguito all'uccisione di Tolomeo IX o X Alessandro durante una sommossa ad Alessandria. Nell'anno 85 a.C., dopo la sua seconda ascesa al trono, si associò al potere la figlia Cleopatra Berenice e, per domare una insurrezione di

45 Nel frattempo Ircano[95], governatore dei Giudei, uscì in guerra con Antioco e uccise Indate, comandante dell'esercito del re dei Parti[96].

Antioco Ciziceno e Aristobulo

46 Nell'anno 198 salì sul trono di Siria Antioco Ciziceno. Regnò 18 anni[97].

47 In questo tempo ci furono panico e scosse telluriche nella città di Rodi, dove crollò il Colosso[98].

48 Nell'anno 205 /dei Greci/ morì Giovanni Ircano. Gli successe, per 1 anno, il figlio Aristobulo[99]. Fu sommo sacerdote e fu altresì il primo re dei Giudei dopo i 484 anni da quando il Tempio era stato dato alle fiamme e il loro regno abbattuto[100]. Aristobulo aveva un fratello di nome Giovanni o Alessandro e /un altro di nome/ Antigone che proditoriamente e per gelosia uccise. Nello stesso luogo in cui aveva versato il sangue del fratello, fu versato anche il suo. Il loro padre Giovanni[101] aveva predetto invero ch'essi non sarebbero stati affatto buoni a governare. Il loro padre, che parlava sotto l'ispirazione di Dio, fu in effetti veridico[102].

49 Nell'anno 207 /dei Greci/, dopo la morte di Aristobulo, regnò, per 27 anni, Gio-

indigeni, distrusse Tebe, antica capitale dei Faraoni. Nell'anno 80 a.C. gli successe il figlio Tolomeo X o XI Alessandro II con l'appoggio del dittatore romano Silla. Michele il Siro, *Chronique* (1899), vol. I, p. 127, dice che Tolomeo Sotere cominciò a regnare nel 196.

95 Si ha la vaga impressione che si voglia qui parlare di Ircano II che in alcune loro scorrerie per la Palestina i Parti portarono con sé prigioniero a Babilonia, succedendogli come etnarca e sommo sacerdote Antigono II Mattatia, figlio di Aristobulo II. Ma siamo nel 110 a.C.!

96 Cf. G. Flavio, *Antichità Giudaiche*, XIII, 251. Così pure Michele il Siro, *Chronique* (1899), vol. I, p. 127.

97 Così pure Michele il Siro, *Chronique* (1899), vol. I, p. 127. Antioco IX Ciziceno iniziò, nel 115 a.C., una guerra di successione decennale contro il fratellastro Antioco VIII Gripo. Rimase unico re nel 96 a.C., dopo avere sconfitto e ucciso il fratellastro, ma nel 95 a.C. venne a sua volta ucciso da Seleuco VI Epifane Nicatore e dagli altri suoi fratelli figli di Antioco VII Gripo. Alla morte di Seleuco VI Epifane durante una sommossa capeggiata da Antioco X Eusebe, figlio del Ciziceno, salì sul trono il fratello Demetrio III Filopatore Eucario. Cheikho introduce a questo una narrazione relativa ai Giudei, a Dioscoride e alla regina Cleopatra, precisando che però è ai margini del manoscritto. Come per altri brani di questa natura, non la inseriamo nella traduzione perché non è parte genuina del manoscritto. Il testo omesso è comunque parte della pagina 128 e parte della pagina 129.

98 Vedi pure Michele il Siro, *Chronique* (1899), vol. I, pp. 122, 132. Sono notizie che suggeriscono una certa cautela!

99 Giuda Aristobulo successe a Giovanni nel 104 a. C. e nel 103 a.C. gli successe Alessandro Janneo che assunse per primo il titolo di re. Michele il Siro, *Chronique* (1899), vol. I, p. 127 dice che a Giovanni Ircano successe Aristobulo, figlio di Gionata.

100 Vedi pure Michele il Siro, *Chronique* (1899), vol. I, p. 130.

101 In verità il nome del padre era Gionata.

102 Cf. anche Michele il Siro, *Chronique* (1899), vol. I, pp. 127-128, 132, dove afferma che Aristobulo fu ucciso da Antigone (sic!).

vanni-Alessandro[103]. Governò il popolo di Israele con durezza, severità e rudezza[104].

Tolomeo Alessandro

50 In questo tempo Tolomeo Sotere fu cacciato dalla madre, la regina Cleopatra[105], e fu così privato del regno. Gli successe, per 10 anni, Tolomeo Alessandro.

51 Nell'anno 211 dei Greci ha inizio il computo degli Ascaloniti, dall'anno 208 dei Greci[106].

52 Nell'anno 216 dei Greci, corrispondente all'anno 5 del regno di Tolomeo /Sotere II/, Epifanio, capo delle truppe, uccise Antioco Ciziceno, dopo aver fatto un falò dei regali da lui ricevuti. Dopo di lui regnò sulla Siria, per 2 anni, Filippo[107].

53 Dopo di ciò, nell'anno 217 /dei Greci/ il regno della Siria cessò di esistere[108].

54 Nell'anno 222 dell'era dei Greci, Tolomeo, che visse ancora 8 anni, salì nuovamente sul trono[109].

55 Al suo tempo fu fatto il censimento degli abitanti di Roma. Ne furono contati quattrocentosettantamila e trecento[110].

[103] Vedi pure Michele il Siro, *Chronique* (1899), vol. I, p. 128. Si tratta di Giovanni-Alessandro Ircano II che nel 67 a.C., alla morte della madre Salomè Alessandra, si contese la successione con il fratello Aristobulo. Nel 63 a.C. Gneo Pompeo Magno risolse la contesa a favore di Ircano II come etnarca e sommo sacerdote di uno Stato sotto la protezione di Roma. Nel 47 a.C. Giulio Cesare confermò i privilegi concessi a Giovanni Ircano in ricompensa dell'aiuto prestatogli contro gli Alessandrini. Nel 40 a.C. fu portato prigioniero a Babilonia.

[104] Vedi pure Michele il Siro, *Chronique* (1899), vol. I, p. 128.

[105] Cleopatra III cacciò il figlio Tolomeo Sotere nel 108 a.C., in seguito ad un colpo di stato, con l'intenzione di sostiuirlo, come in effetti avvenne, con il fratello Tolomeo Alessandro già associato al trono nel 110 a.C. Tolomeo Sotere riparò a Cipro e poi in Siria, dalla quale fece ritorno all'indomani della morte della madre Cleopatra, avvenuta nel 101 e dopo che il fratello fu cacciato da Alessandria.

[106] Cf. Michele il Siro, *Chronique* (1899), vol. I, p. 128. Le due indicazioni di data costituiscono forse una doppia informazione di Agapio che poi non fa la scelta opportuna. Nel testo citato da Michele il Siro si dice che il computo degli Ascaloniti inizia nel 208 dei Greci, che è appunto una delle due notizie presenti nel testo di Agapio.

[107] Nell'88 a.C. Filippo I Filadelfo e il fratello di Antioco XII Diòniso si contendono il trono alla morte di Demetrio III Filopatore Eucario contro le legittime aspirazioni di Antioco X Eusebe figlio del Ciziceno. Nell'84 a.C. Antioco XII Diòniso cadde in battaglia contro i Nabatei e Filippo restò unico contendente contro Antioco X Eusebe che però lo eliminò un anno dopo, restando unico re della Siria nell'83 a.C. Per poco, tuttavia, poiché nello stesso anno morì combattendo contro Tigrane, re dell'Armenia, che si era proclamato re della Siria. Michele il Siro, *Chronique* (1899), vol. I, p. 129 dice invece che fu Alessandro a fare bruciare vivo Ciziceno, regnando dopo di lui 1 anno. Dopo di lui regnò Filippo per 2 anni, ma fu poi cacciato per aver contribuito pure lui a far bruciare Ciziceno.

[108] Michele il Siro, *Chronique* (1899), vol. I, p. 134 precisa che era durato 216 anni e che tramontò con l'uccisione di Seleuco da parte di Antioco Ciziceno.

[109] Michele il Siro, *Chronique* (1899), vol. I, p. 134 riporta una notizia in base alla quale Tolomeo Fiscone già esiliato dalla madre e rifugiatosi a Cipro, torna in Egitto, attacca e detronizza il fratello Alessandro, regnando al posto suo su tutto l'Egitto.

[110] Michele il Siro, *Chronique* (1899), vol. I, p. 134 dice invece che ne furono censiti 463 000. A p. 30 si registra un censimento di 322 000 persone sempre a Roma.

56 Tolomeo, che si trovava anch'egli colà, fu bruciato dai Traci[111].

57 Nell'anno 230 /dei Greci/ salì sul trono dell'Egitto Tolomeo Dionisio. Regnò 30 anni.

Tolomeo Dionisio e Alessandra

58 Nell'anno 5 del regno di Tolomeo Dionisio, corrispondente al 234 dei Greci, morì Giovanni Alessandro[112]. Gli successe Alessandra, soprannominata Salina[113] /=Salomè/, che governò 9 anni. Osservava scrupolosamente i precetti della Legge e puniva coloro che li trasgredivano. In seguito nominò sommo sacerdote suo figlio Ircano. Una volta investito di detta carica, scoppiarono contese tra i Giudei. Dopo molti torbidi, si addivenne a che dei due figli /di Alessandra/ Ircano sarebbe stato sommo sacerdote e Aristobulo re[114].

Settima serie di re: dai re pagani greci ai re dei franchi, ossia i romani

Considerazioni sui Romani

59 Il loro territorio è limitrofo con quello dei Greci, ma la loro lingua è diversa. Quella greca, infatti, è l'attico, mentre quella dei Romani è il latino. I confini del loro territorio sono, a sud fino al mare Mediterraneo che si protende in lunghezza da est ad ovest, le terre comprese tra Tangeri fino alla Siria; a nord alcuni regni delle popolazioni settentrionali, tra cui i Russi e altri; a est vanno verso il paese dei Greci e a ovest sono la parte estrema dell'Andalusia, il mare occidentale, meglio conosciuto come oceano. Questo ne circonda tre parti, vale a dire a est il paese degli Alani[115], al centro la Francia e poi l'estremo lembo che è l'Andalusia.

60 Il pilastro di questo regno intero fu sempre la città di Roma, fino a quando non sorse il re Costantino il Grande e fondò Costantinopoli, che scelse come sua residenza. Da allora divenne essa il pilastro del regno dei Romani ivi presenti[116].

[111] Notizia sorprendente per la sua collocazione nella trama narrativa degli eventi in quanto riferita subito dopo un censimento, per cui non si riesce a comprendere l'inciso «che si trovava anch'egli colà», e alquanto infondata dal punto di vista storico. Dovrebbe alludere all'uccisione di Tolomeo Alessandro, cacciato dagli Alessandrini. Cf. V. Bouché-Leclerq, *Histoire des Lagides*, vol. II, pp. 119-120.

[112] Ulteriore richiamo ad Ircano II figlio di Alessandra Salomè. Vedi nr. 49. Cf. pure Michele il Siro, *Chronique* (1899), vol. I, p. 130.

[113] Questo nome è omesso nel testo!

[114] Vedi pure il già citato Michele il Siro, *Chronique* (1899), vol. I, p. 130. Ci siamo discostati dal testo di Cheikho che letteralmente recita: «Ircano sarebbe stato fatto sommo sacerdote al posto suo. In questo tempo terminò il regno dei Tolomei».

[115] Popolazione nomade di origine sarmatica. Combattuti da Vespasiano e Adriano e più tardi sottomessi dagli unni, si unirono con i vandali raggiungendo la Spagna dove furono poi annientati da Vallia re dei visigoti nel 418. Dei superstiti, alcuni seguirono i vandali in Africa e altri penetrarono in Italia.

[116] Il contenuto di 59 e 60 è del tutto assente in Vasiliev.

I Romani, Giovanni Ircano e Antipatro

61 Nell'anno 14 di Tolomeo, corrispondente all'anno 243 dei Greci, cominciò a governare Ircano. Governò 33 anni come sommo sacerdote[117].

62 In questo tempo i Romani devastarono Antiochia, città della Siria, sottomisero ancora una volta i Giudei e imposero loro il tributo[118]. Assoggettarono, pure, molte città. Poi diedero ai Giudei dei procuratori. Antipatro fu il nome del primo[119]. Costui, che apparteneva ai Gentili, era figlio di un egemone di nome Erode[120]. Gli Idumei, vale a dire i figli di Edom, discendenti di Lot, avevano attaccato, durante una delle loro scorrerie, un tempio di Apollo situato accanto alle mura della città di Ascalona, traendo prigioniero Antipatro[121]. Non avendo suo padre di che riscattarlo, Antipatro, suo figlio, restò in mano loro e partì con essi.

63 Avendo ritrovato la libertà, il giovane /Antipatro/ ebbe in moglie la figlia di Areta, re degli Arabi, chiamato Ariṭāh[122]. Cipride era invece il nome della ragazza[123]. Antipatro divenne in seguito amico di Ircano, sommo sacerdote dei Giudei, si batté con tenacia in suo favore e lo sostenne nei contrasti sorti tra lui e il fratello.

64 Poi si recò, per parte di Ircano, da Pompeo, comandante dei Romani. In tal modo divenne altresì amico dei Romani, che ebbero a ben volerlo e lo fecero, in nome loro, procuratore dei Giudei.

65 Dalla giudea Cipride Antipatro aveva avuto quattro figli: Giuseppe, Ferora[124], Fasael e Erode e una figlia, di nome Salomè. Di lì a poco tempo Fasael e Giuseppe furono fatti procuratori dei Giudei. Antipatro, loro padre, morì avvelenato da uno dei suoi coppieri. Suo figlio Erode si recò allora a Roma, da cui fece ritorno dopo aver ricevuto l'autorità regale sui Giudei. Era, costui, lo stesso Erode[125] che viveva ai tempi

[117] Questi eventi sono riportati quasi alla lettera in Michele il Siro, *Chronique* (1899), vol. I, pp. 130-131. Si tratta qui di Ircano II.

[118] Sui Giudei che divengono tributari di Roma al tempo del gran sacerdote Ircano, cf. anche Michele il Siro, *Chronique* (1899), vol. I, pp. 131, 133.

[119] Queste notizie, già presenti in Africano, sono riportate altresì da Eusebio, *Storia Ecclesiastica*, I, 1-3. Antipatro fu il padre di Erode il Grande. Per la storia di Antipatro e di Erode vedi pure Michele il Siro, *Chronique* (1899), vol. I, pp. 135-136.

[120] Erode padre di Antipatro, padre di Erode il Grande la cui madre era appunto Cipride. Cf. Michele il Siro, *Chronique* (1899), vol. I, p. 133, specialmente 135-136. A p. 135 si dice che era figlio di un sacerdote.

[121] Fu infatti annoverato tra i *ierodului* o schiavi sacri. Su costoro cf. P. Debord, *Aspects sociaux et economiques de la vie religieuse dans l'Anatolie greco-romaine*, Leiden 1982 in EPRO (Études preliminaires aux Religions Orientales dans l'Empire Romaine), p. 28.

[122] Si tratta di Areta II, re degli arabi.

[123] Così pure in Michele il Siro, *Chronique* (1899), vol. I, p. 135.

[124] Michele il Siro, *Chronique* (1899), vol. I, p. 136 ha invece Nafura.

[125] Ossia il futuro Erode il Grande, ascalonita, che fece la sua comparsa nel 40 a.C. alla morte di Ircano II, al quale successe come etnarca e sommo sacerdote Antigono II Mattatia, figlio di Aristobulo II. In tale frangente Erode avanzò le sue pretese al trono appellandosi al senato romano. Forte del sostegno di Roma e dell'appoggio di Marco Antonio, eliminò Antigono II e si arrogò il trono, pur essendo di schiatta idumea. Nel 30 a.C. consolidò la propria posizione grazie ai favori di Ottaviano da lui incontrato a Rodi.

di Cristo, nostro Signore e nostro Salvatore. Ma parleremo tra poco tanto di lui quanto dei suoi figli.

66 Nell'anno 259 dei Greci, corrispondente all'anno 30 del regno di Tolomeo, cominciarono a svolgere le loro funzioni i cosiddetti *consoli*: si chiamavano Caio Giulio e Marco Antonio[126].

Cleopatra

67 In questo stesso anno, dopo la morte di Tolomeo[127], regnò in Egitto Cleopatra[128], per 22 anni.

68 Nell'anno 2 del regno di Cleopatra, fu ucciso in combattimento Pompeo, comandante delle truppe romane[129].

Tramonto delle gesta dei Maccabei

69 Finirono qui le imprese dei Maccabei. I Giudei stipularono un trattato con i Romani e si riconobbero come loro sudditi. Il primo libro dei Maccabei contiene 2766 versetti, mentre il secondo ne ha 5600[130].

70 Da quando i Maccabei cominciarono con le loro imprese, vale a dire dal 93 dell'era dei Greci, fino al termine della loro storia, erano trascorsi 168 anni[131].

71 Nell'anno 5 del regno di Cleopatra, corrispondente all'anno 264 dell'era dei Greci, ha inizio il computo degli Antiocheni[132]. Detto anno cominciò il lunedì successivo all'anno bisestile.

Nel 19 a.C. iniziò la costruzione del Tempio di Gerusalemme e nel 10 terminò la costruzione di Cesarea Marittima. Morì a Gerusalemme nel 4 a.C.

126 Nel 44 a.C. sono insieme consoli Caio Giulio Cesare e Marco Antonio. In Michele il Siro, *Chronique* (1899), vol. I, p. 131, troviamo scritto: Marco Antonino.

127 Tolomeo XIII Filopatore Filadelfo, re d'Egitto (51-47 a.C.), figlio di Tolomeo Aulete XII, fratello di Cleopatra VII, che associò al regno nel 51. Sostenitore della guerra alessandrina contro Cesare, fu sgominato e morì annegando nel Nilo.

128 Cleopatra VII, ultima regina d'Egitto (51-30 a.C.), sorella e sposa di Tolomeo XIII, amante di Cesare, di nuovo sposa al fratello Tolomeo XIV, ancora una volta amante di un altro romano, Antonio, si uccideva ad Alessandria nel 30 a.C., dopo la sconfitta di Azio e il suicidio di Antonio. Moriva così la triste «regina dei re» e, con lei, la dinastia dei Tolomei. Per le notizie qui riportate cf. anche Michele il Siro, *Chronique* (1899), vol. I, p. 131.

129 Dopo la sconfitta subita a Farsalo nel 48 a.C. Pompeo trovò la morte in Egitto per opera di Tolomeo XII o XIII.

130 Michele il Siro, *Chronique* (1899), vol. I, p. 132, dice invece che il primo conteneva 2366 parole, il secondo 5000, mettendo in risalto come fu, questo, il tempo in cui l'epopea dei Maccabei si chiuse in modo definitivo.

131 Qui il testo ha ridondanza e ripetizione di cifre su cui siamo intervenuti alla luce di quanto compare nel testo curato da Vasiliev.

132 In nota Cheikho suggerisce di leggere quel che sembra alludere direttamente agli Antiochi o Antiocheni come se stesse per «epatte», con chiara allusione al calendario giuliano. Ma tanto Michele il Siro, *Chronique* (1899), vol. I, p. 132 quanto il testo curato da Vasiliev sono per la prima lettura.

72 Da Adamo al suddetto anno erano trascorsi 5461 anni[133].

Caio Giulio Cesare

73 In questo stesso anno sembrò buono ai Romani convocare il senato[134], che contava trecentoventi membri e il cui consesso era detto βουλή.

74 Crearono imperatore uno di quei consoli[135] di cui abbiamo parlato, ossia Caio Giulio. Regnò 4 anni. Costui era anche detto Cesare, in latino, perché, pur essendo la madre già morta, egli ancora si agitava nel di lei seno, e perciò la aprirono e lo tirarono fuori[136]. Crebbe quindi, raggiunse la maggiore età, regnò a Roma, sui Romani. Si vantava su ogni altro re, diceva di non essere nato com'erano nati loro e di non essere venuto alla luce così come era stato di essi, lasciando intendere di non essere uscito, come avrebbero potuto pensare, da vulva umana.

75 Il mese quintilio, ossia il mese di *ysr*[137], vale a dire *tammūz*, fu da allora chiamato pure luglio, perché fu in questo mese che l'imperatore Giulio cominciò a regnare[138].

76 Nell'anno 268 dei Greci, dopo la morte di Giulio, cominciò a regnare Cesare Augusto. Regnò 56 anni e 6 giorni[139].

A proposito del mese di febbraio

77 A proposito dei due giorni che mancano al mese di *šubāṭ* /= febbraio/, è scritto che al tempo di /Manlio/ Capitolino[140], comandante delle schiere romane, ci fu un'incursione di masnadieri ch'egli fronteggiò e sgominò. Ma un comandante romano, di nome *Frwryūs*[141], unitamente ad altri uomini depravati, dopo essersi opposti a Capitolino, lo privarono del potere che esercitava sui Romani. I cavalieri nemici, dopo aver udito e appreso che Capitolino era stato deposto, si precipitarono nottetempo e si impadronirono di Roma. I comandanti si diedero alla fuga in una con Febbraio e trovarono rifugio sul Campidoglio, tempio degli idoli. Di poi mandarono a dire a Capitolino: «Ti abbiamo recato offesa e abbiamo agito male nei tuoi confronti. Ra-

133 Del tutto corrispondente a quanto dirà Michele il Siro, *Chronique* (1899), vol. I, p. 132.

134 Il termine arabo, sebbene alterato, è costruito sul greco σύγκλητος = senato. Vedi Vasiliev, *Kitab* (1915), p. 124.

135 Anche qui ricorre il termine greco in lettere arabe *hyfāṭy*.

136 Cf. pure Michele il Siro, *Chronique* (1899), vol. I, p. 133.

137 Per questo nome in Vasiliev troviamo la forma *msr*, il che gli fa supporre, cosa molto probabile, che sia un'allusione al mese *misrà*, che è il dodicesimo mese del calendario copto.

138 Cf. Michele il Siro, *Chronique* (1899), vol. I, p. 133. Riportando una testimonianza di Andronico lo fa regnare 5 anni.

139 Michele il Siro, *Chronique* (1899), vol. I, p. 134, ha invece 56 anni e 6 mesi.

140 Il tribuno militare Manlio Capitolino fu nel 384 a.C. accusato di aspirare al regno e fu perciò condannato ad essere precipitato dalla rupe Tarpea.

141 Così la forma araba, chiaramente denotativa di Februarius=Febbraio. Nel testo lo renderemo con Febbraio.

duna, tuttavia, i Romani perché possano riprendersi il Campidoglio. Liberaci, e noi ti faremo re».

78 /Capitolino/ radunò le schiere romane e attaccò, durante la notte, la città di Roma, lungo i tre lati, chiuse al centro i guerrieri /nemici/ e li massacrò, uccidendo altresì il capo del loro esercito, e regnò così sui Romani.

79 Febbraio, che voleva consegnare la città al nemico, fu preso e, avvolto in un sacco, fu fatto salire su un asino e percosso da una gragnola di colpi di bastone e di verga alle parole: «*Aġnā Frwryā*», che vuol dire «Esci fuori, *Šubāṭ* /=Febbraio/!»[142]. Alla fine fu gettato in mare. Il re ordinò che quel mese prendesse il nome di Febbraio perché ogni anno la sua triste memoria fosse oggetto di spregio.

80 Quanto ai due giorni nei quali era avvenuto l'inatteso assalto della spedizione nemica, che aveva mosso contro Roma, furono tagliati fuori, perché detto avvenimento era avvenuto il 28 del mese. Di questi due giorni, però, uno venne aggiunto al mese di *tammūz* /=luglio/, mentre l'altro venne aggiunto al mese di *kānūn al-āḫar* /=gennaio/, in modo che ciascuno di essi ebbe trentuno giorni.

81 Di lì a qualche tempo, regnò sui Romani un altro re che ebbe a dire: «Non è bene che il mese di *šubāṭ*, vale a dire febbraio, sia nel mezzo dell'anno». E così lo tirò fuori e lo collocò alla fine dell'anno, prima del mese di marzo, ossia *aḏār*. Fu lo stesso re che chiamò uno dei mesi *Yulius* /=giugno/ dal suo nome e un altro *Augustus* /=agosto/ dal nome di suo zio[143].

82 Fu per questa ragione che *šubāṭ* /=febbraio/ ha due giorni in meno. Da questo tempo, i Romani non hanno smesso di trarre cattivi auspici dal mese di *šubāṭ* e credono che in esso appaia il Maligno e vengano fuori gli spiriti cattivi[144].

[142] In Michele il Siro, *Chronique* (1899), vol. I, p. 143, troviamo invece *agbê Frurié*, ossia «Sorgi, Febbraio!». Vedi pure Vasiliev, *Kitab* (1915), p. 126.

[143] Nel 14 a.C. fu dato il nome *agosto* al mese sestile. Per tutta la narrazione di cui sopra, a partire da Manlio Capitolino fin qui, vedi Michele il Siro, *Chronique* (1899), vol. I, pp. 141-143.

[144] Cheikho ha qui *al-riyāḥ al-šarqiyyah* mentre Vasiliev, *Kitab* (1915), p. 126, *al-riyāḥ al-sū*. Traduciamo alla luce del testo curato da Vasiliev.

Capitolo 13

Erode e i romani

Abolizione del sacerdozio

1 Nell'anno 8 del regno di Augusto Cesare, corrispondente all'anno 275 dell'era dei Greci, nella 146ª Olimpiade[1], furono aboliti il regno e il sacerdozio dei Giudei[2].

2 Cominciò allora a regnare sui Giudei Erode, figlio di Antipatro, il quale, come abbiamo già detto, proveniva di tra i gentili. Regnò 37 anni.

3 Quanto ad Ircano, sommo sacerdote dei Giudei, fu portato prigioniero nel paese dei Parti. Al suo ritorno, Erode lo fece uccidere insieme con il figlio Gionata, dando così compimento alla parola di Giacobbe, re dei patriarchi, che aveva detto: «Non sarà tolto /lo scettro/ da Giuda, né il bastone di comando tra i suoi piedi, finché non verrà colui al quale appartiene il regno e che i popoli attendono»[3].

4 In verità fu proprio in questo tempo, di lì a poco, che ebbe luogo la comparsa di Cristo. E si compì egualmente la profezia di Daniele che l'arcangelo Gabriele gli aveva rivelato a proposito delle sette e sessantadue settimane[4] che, sommate, fanno 483[5] anni e che trovarono compimento in questo tempo, essendo coincisa la prima con il sesto anno del regno di Dario figlio di Istaspe, durante il quale fu terminata la costruzione del Tempio del Signore, nella 65ª Olimpiade. Da allora e fino a quando cominciò a regnare Erode, tutti i governatori dei Giudei erano stati chiamati *messia*[6], vale a dire sacerdoti. Di poi cessarono di esistere tanto il sacerdozio quanto la funzione di governatore di cui usavano insignire persone scelte di mezzo a loro.

[1] La 146ª Olimpiade iniziò in Grecia il 196 a.C.

[2] Cf. Eusebio, *Storia Ecclesiastica*, I, 6, 8-9. In Michele il Siro, *Chronique* (1899), vol. I, p. 134, colloca l'evento nell'anno 10 del regno di Augusto, nella 186ª Olimpiade.

[3] Cf. *Gn* 49,10. A proposito di questa profezia vedi Eusebio, *Storia Ecclesiastica*, I, 6, 1. Per Erode e Ircano, vedi anche Michele il Siro, *Chronique* (1899), vol. I, p. 134.

[4] Cf. Eusebio, *Storia Ecclesiastica*, I, 6, 11. Vedi pure Michele il Siro, *Chronique* (1899), vol. I, p. 136.

[5] Cf. pure Michele il Siro, *Chronique* (1899), vol. I, p. 136.

[6] Il termine arabo è qui *masīḥiyyūn*, che letteralmente significa «unti» e la susseguente puntualizzazione, *kahnah*, sta a corroborare il momento dell' unzione grazie alla quale si diviene sacerdoti di Dio.

Erode contro i Giudei

5 Dopo aver ricevuto il regno dai Romani ed essersi impiantato nel paese dei Giudei, i sudditi scatenarono contro Erode una forte resistenza ed egli diede perciò inizio ad una implacabile guerra, abbatté le mura di Gerusalemme e, dopo avervi massacrato un gran numero di Giudei, mise le mani sui paramenti sacerdotali di cui poteva andar vestito unicamente il sommo sacerdote. Erode li fece portare a corte, li fece sigillare e non permise a nessuno di essere sommo sacerdote per più di un anno[7]. Di lì a poco, nominò sommo sacerdote Aristobulo figlio di Ircano, fratello di sua moglie. Poi lo fece uccidere, sostituendolo con Ḥananiel[8].

Augusto contro Antonio e Cleopatra

6 Nell'anno 14 del regno di Augusto Cesare, corrispondente all'anno 7 del regno di Erode, l'imperatore Augusto marciò contro Antonio[9], comandante delle sue truppe, che era insorto contro di lui e subiva il fascino di Cleopatra, regina d'Egitto. Augusto sostenne contro i due una guerra senza quartiere, li vinse, catturò i due figli di Cleopatra, Sole e Luna, e li votò alla morte. Si narra che i suddetti due figli, non potendo sfuggire ad Augusto, si siano uccisi con le loro stesse mani. Il regno d'Egitto cessò allora di esistere e subentrò sotto il dominio dei Romani[10].

7 In questo tempo ebbe luogo, nella città di Roma, un censimento dal cui computo risultò che gli abitanti erano in numero di quattro milioni centosessantaquattromila[11].

8 Nell'anno 18 del suo regno, Augusto inviò in Armenia Tiberio, comandante dei Romani, che sottomise altresì i Parti e impose il testatico agli abitanti di Sūs[12].

[7] In Eusebio, *Storia Ecclesiastica*, I, 6, 10 si afferma: «Lo stesso storico /=Giuseppe Flavio/ dice che, per primo, Erode chiuse col suo sigillo la sacra veste dei sommi sacerdoti, cui impedì di tenerla presso di loro». La testimonianza di G. Flavio è in *Antichità Giudaiche*, XVIII, 92-93. Su come Erode sceglieva i sommi sacerdoti di anno in anno, vedi pure Michele il Siro, *Chronique* (1899), vol. I, p. 137.

[8] Cf. pure Michele il Siro, *Chronique* (1899), vol. I, pp. 134-135.

[9] Nel testo arabo si ha Antioco. Allude alla battaglia di Anzio del 31 a.C., dove Ottaviano ottenne la sesta acclamazione a Imperatore. Siamo nella 187ª Olimpiade iniziata nel 32 a.C. Michele il Siro, *Chronique* (1899), vol. I, p. 135, sembra collocare tale evento nell'anno 3 del regno di Erode.

[10] Nel 30 a.C. Ottaviano fece mettere a morte anche Tolomeo XIV o XV Cesarione, figlio di Cleopatra e di Caio Giulio Cesare. Si tratta della battaglia finale che Augusto sostenne contro Antonio e Cleopatra, come in Michele il Siro, *Chronique* (1899), vol. I, p. 136, dopo la quale l'imperatore fece mettere a morte anche i due figli di Cleopatra Šemša e Sahra, ossia Elio e Selene. Michele il Siro puntualizza che tramontava così tanto l'impero dei Tolomei quanto la regalità dei Greci Lagidi che avevano regnato su Meṣrin, ossia l'Egitto.

[11] Sembra possa corrispondere al censimento che descrive Michele il Siro, *Chronique* (1899), vol. I, p. 141, da cui risultò un numero di 4 500 597 di abitanti. Ma siamo al tempo dell'imperatore Tiberio! Non ci sembra possa trattarsi del censimento di cui a p. 134 perché il numero degli abitanti censiti è di molto inferiore, ossia 463 000. Ma confrontando il termine *ṭmys* del testo arabo con il termine ἀϱίθμεσις che compare in Michele il Siro, *Chronique* (1899), vol. I, p. 141, nota 12 dovremmo dedurre che si tratta della stessa notizia pur se c'è variazione di numero. Vedi pure p. 136, nota 6 del testo arabo.

[12] Nel 20 a.C. Tiberio Claudio Nerone, figliastro di Augusto, venne mandato a ritirare le insegne romane cadute nella mani dei Parti di Fraate IV portate via a Crasso nella battaglia di Carre. In Armenia i

9 In questo tempo i Romani presero a chiamare bisestile il giorno che ricorreva ogni quattro anni, vale a dire *idus* πρὸ ἓξ καλανδῶν Μαρτιῶν. I Greci, invece, lo chiamavano βισεξτον[13].

Erode costruttore di città

10 Nell'anno 28 del regno di Augusto, Erode costruì città, innalzò mura e molte fortezze. Costruì, tra le altre, una città e per mostrare d'averla eretta in onore di Cesare, la chiamò Cesarea, mentre prima era detta «torre di Stratone»[14].

11 In questo tempo si rese celebre *Sbsṭyūs*, filosofo pitagorico[15].

12 Giuda il Galileo e Sadoc, originari della città di Gamala, impostori quali erano si rivoltarono e dissero: «Non è lecito, per la nostra vita, pagare l'imposta di capitazione e che facciamo signori su di noi persone mortali»[16].

Nascita di Cristo a Betlemme

Quando nacque Cristo

13 Nell'anno 42 del regno di Augusto Cesare, corrispondente all'anno 35 del regno di Erode, all'anno 46 degli Antiocheni e all'anno 309 dei Greci, nella prima indizione coincidente con il secondo anno della 194ª Olimpiade[17], πρὸ ὀκτὼ καλανδῶν Ἰανουάριων, ossia il venticinque del mese di *kānūn al-awwal* /=dicembre/, nacque il nostro Signore e Salvatore Gesù Cristo, a Betlemme, dalla stirpe di Giuda.

Romani favorirono la salita al trono di Tigrane III, filoromano, dopo l'uccisione del re Artasse. Vedi anche Michele il Siro, *Chronique* (1899), vol. I, p. 137, dove però non si fa menzione alcuna del tributo di cui si parla nel testo curato da Cheikho che è del tutto diverso, tuttavia, da quanto troviamo in Vasiliev che traduce «e restituì la libertà agli abitanti di Samo». Cf. Vasiliev, *Kitab* (1915), p. 130.

[13] Come riscontro non del tutto identico, cf. Michele il Siro, *Chronique* (1899), vol. I, p. 137. Allusione alle Idi delle calende di Marzo.

[14] Cf. Michele il Siro, *Chronique Chronique* (1899), vol. I, p. 137.

[15] Non siamo riusciti a trovare soddisfacenti riscontri per poterlo identificare. Di un filosofo Sesto si hanno tracce in Michele il Siro, *Chronique* (1899), vol. I, p. 175, ma siamo al tempo di Adriano. In tempi più vicini ad Augusto troviamo un certo Sition, filosofo alessandrino, di cui fa parola anche Michele il Siro, *Chronique* (1899), vol. I, p. 141, ma siamo al tempo di Tiberio. Vasiliev lo identifica con Sesto.

[16] Eusebio, *Storia Ecclesiastica*, I, 5, 2-6 a commento di *At* 5,37 sulla ribellione di Giuda il Galileo scoppiata nell'anno 42° dell'insediamento di Augusto, ossia nei giorni del censimento sotto il governatore Quirino di cui parla in esteso anche G. Flavio in *Antichità Giudaiche*, XVII, 13,5; XVIII, 1, 1-2; 2, 1; XX, 5, 2 e in *Guerra giudaica*, II, 433; VII, 253, riporta le parole di quest'ultimo in *Antichità Giudaiche*, XVIII, 4: «Giuda, detto Galaunite, dalla città di Gamala, da cui proveniva, e il fariseo Sadoc che egli aveva conquistato alla sua causa, spinsero il popolo alla rivolta, esortandolo alla difesa della libertà, perché dicevano, il censimento non portava altro se non la schiavitù». In *Guerra giudaica*, II, 118 dice ancora: «Allora un uomo di Galilea, di nome Giuda, incitò gli abitanti alla rivolta, rinfacciando loro di volersi sottomettere al pagamento del tributo ai Romani e di voler servire, dopo Dio, padroni mortali». Vedi pure Michele il Siro, *Chronique* (1899), vol. I, p. 138.

[17] Nel 4 a.C. si ebbe invero la 194ª Olimpiade. Erode il Grande morì il 4 a.C. Con la strage degli Innocenti Gesù doveva avere già due anni e, di conseguenza, la sua nascita va collocata sei anni prima della datazione attualmente in corso.

14 Da Adamo a questo anno erano trascorsi in tutto 5566 anni. L'inizio di questo anno coincise con un lunedì. Secondo il calcolo dei Greci, fu il dodicesimo giorno della luna, mentre secondo quello romano fu il sedicesimo giorno. L'anno precedente, nel quale Cristo fu concepito, ovvero il 25 del mese di *aḏār* /marzo/, era iniziato con una domenica. Stando al calcolo lunare dei Greci, fu il primo giorno dell'anno, ma secondo il calcolo dei Romani fu invece il quinto giorno. In questo anno la luna fu intercalare.

15 In questo anno precedente alla nascita di Cristo, Quirino presidente del senato[18], consesso che governava l'impero, fu mandato a censire la popolazione della Giudea sottoposta alla tassa di capitazione. In effetti era console e faceva parte di coloro che si adunavano in senato[19].

16 Ora, giacché ciascuno veniva scritto nella propria città di provenienza, anche Giuseppe, sposo di Maria, salì a farsi scrivere a Betlemme, sua città /natale/. In questa circostanza nacque Cristo.

Longino il saggio

17 Il saggio Longino, romano d'origine, parla di questo evento nella terza parte del suo libro[20], là dove, trattando della guerra e della vittoria dei Romani su Antiochia, città della Siria, scrive a Cesare: «Alcuni persiani[21], provenienti dall'Oriente, sono venuti nei territori del tuo regno ed hanno offerto dei doni al pargoletto nato qui a Betlemme. Chi egli sia e figlio di chi, non l'abbiamo ancora sentito dire». Augusto inviò allora a Longino la seguente lettera: «Erode, satrapo della regione da noi posto colà a governatore dei Giudei, sarà lui che ci scriverà e ci metterà al corrente di ogni cosa»[22].

I Magi

18 Quanto al re di Persia, che aveva mandato i Magi, si chiamava *Frlsūn*[23].

19 Nell'anno 44 di Augusto, i Magi vennero al cospetto di Cristo che, a dire di qualcuno, contava allora già due anni. Cirillo e Africano, tuttavia, raccontano con altri che Cristo aveva sette giorni quando arrivarono i Magi. Questa opinione sembra più verosimile, dato che nelle immagini e nelle effigie di molte chiese abbiamo trovato i Magi e i pastori rappresentati accanto a Cristo e a sua madre Maria. Abbiamo altresì mostrato che Cristo nacque nell'anno 35 del regno di Erode e che quest'ultimo regnò 37 anni. Se

18 Michele il Siro, *Chronique* (1899), vol. I, p. 137, ha «il legato Cirino fu mandato dal Senato dei Romani...».

19 Anche qui la terminologia ricorda le disposizioni di Romolo, con la probabile forma *hfāṭs*.

20 Michele il Siro, *Chronique* (1899), vol. I, p. 138, ha «nel suo III libro della guerra dei Romani e dei loro alleati contro gli Antiochi di Siria». Vasiliev dice che Longino era greco, ma lo stesso Michele il Siro precisa che era di Roma.

21 Il singolare *insān* qui nel testo mal si concilia con i verbi al plurale che seguono! Meglio il termine *unās* presente nel testo curato da Vasiliev.

22 Vedi pure Michele il Siro, *Chronique* (1899), vol. I, pp. 138-139.

23 Probabile alterazione per Pir-Šābūr. Cf. Michele il Siro, *Chronique* (1899), vol. I, p. 142. Per questo re in Vasiliev, *Kitab* (1915), p. 132, troviamo la forma *Pharansoun*.

Cristo avesse avuto allora due anni, Erode sarebbe stato già morto. Inoltre il Vangelo narra che Giuseppe fuggì con Cristo in Egitto dove soggiornò due anni, fino alla morte di Erode e all'ascesa al trono del figlio Archelao, suo successore[24].

20 Avendo constato che i Magi non erano stati fedeli alla parola data, il re Erode mandò ad uccidere tutti i bimbi di Betlemme e della zona circostante che avessero due anni o meno, secondo fatti di cui si era accuratamente informato dai Magi[25].

21 Quando la casta Maria generò Gesù nostro Salvatore, aveva tredici anni. Morì all'età di 51 anni, cinque anni dopo l'ascensione di Cristo.

22 Nell'anno 307 dei Greci, corrispondente al 24 del mese di *aylūl* /=settembre/, fu concepito Giovanni, figlio di Zaccaria. Nacque il 24 del mese di *ḥazīrān* /=giugno/, nell'anno 308 dei Greci.

23 Maria ricevette l'annuncio della buona novella il 25 del mese di *aḏār* /=marzo/, sei mesi dopo che Giovanni era stato concepito[26].

24 Dopo nove mesi esatti, nell'anno 309 dei Greci, il 25 *kānūn al-awwal* /=dicembre/, nacque Cristo, a Betlemme. Qui fu anche circonciso all'età di otto giorni[27]. Allo scadere dei quaranta giorni in punto, salirono con lui al Tempio, dove il vecchio Simeone lo prese tra le braccia[28]. Da qui Giuseppe fuggì con lui in Egitto.

Gesù in Egitto

25 Abbiamo di già raccontato che al momento della morte di Erode, Cristo aveva due anni; abbiamo altresì illustrato che Cristo nacque nell'anno 35 del regno di Erode, il quale regnò 37 anni. Se dunque al momento della venuta dei Magi Cristo avesse avuto due anni, Erode sarebbe stato già morto. Si dice che nell'anno in cui vide i Magi, Cristo scese in Egitto, dove rimase due anni e che poi Giuseppe, avendo saputo della morte di Erode, salì dall'Egitto che Cristo aveva già quattro anni. È, questa, l'opinione di non poca gente. Ma la verità è che Cristo scese in Egitto all'età di quaranta giorni. Ora abbiamo già mostrato, di fatto, che Erode morì due anni dopo la nascita di Cristo. Il che prova che egli restò in Egitto solo gli ultimi due anni della vita di Erode. Di fatto l'Evangelo dice: «Giuseppe, avendo udito che Erode era morto, lasciò l'Egitto e andò a Nazaret, dove Cristo veniva cresciuto»[29].

[24] Cf. *Mt* 2,14-23. Archelao, pur essendo stato designato dal padre re della Giudea, Idumea e Samaria, si vide conferire da Augusto unicamente il titolo di etnarca. Dopo dieci anni di regno, fu deposto ed esiliato.

[25] Cf. *Mt* 2,16.

[26] Cf. *Lc* 1,26-27. Vedi pure Michele il Siro, *Chronique* (1899), vol. I, p. 138.

[27] Vedi pure Michele il Siro, *Chronique* (1899), vol. I, p. 138.

[28] Cf. *Lc* 2,25-35. Ma l'episodio della fuga subito dopo questi eventi non è affatto menzionato in Luca.

[29] La citazione non è tanto fedele. *Mt* 2,19-23, infatti, distingue tra quanto l'angelo dice a Giuseppe circa la morte di «quelli che attentavano alla vita del bambino» e quanto Giuseppe venne a sapere di Archelao, per paura del quale decise di puntare su Nazaret. Il particolare del bambino che cresceva a Nazaret è invece dato trovarlo in *Lc* 2,40. Per i diversi spostamenti di Gesù con Giuseppe e Maria, vedi pure Michele il Siro, *Chronique* (1899), vol. I, p. 138.

26 Il Vangelo dice che i Magi vennero a Gerusalemme e si informarono della nascita di Cristo; che i dotti di tra i Giudei informarono Erode, allorché li interrogò sullo stesso soggetto, che Cristo doveva nascere a Betlemme; che Erode licenziò i Magi perché raccogliessero notizie su Cristo. Lo stesso Vangelo dice che i Magi fecero ritorno nel loro paese per un'altra via e non ritornarono più da Erode[30]. Ciò dimostra che i Magi non videro Gesù a Gerusalemme. Affermiamo, quindi, che Cristo nacque nell'anno 35 del regno di Erode, due anni prima che il suo regno finisse; che lo stesso anno in cui Cristo nacque, Giuseppe e sua madre Maria lo presero e andarono giù in Egitto, dove restarono due anni fino alla morte di Erode; che Erode, dopo aver vissuto 70 anni e regnato per 37, morì nell'anno 44 del regno di Augusto Cesare, corrispondente all'anno 311 dei Greci.

[27 È, questa, una delle prove che Cristo dimorò in Egitto due anni e che là lo portò seco Giuseppe, subito dopo averlo preso tra le braccia il vecchio Simeone il quale, ispirato dallo Spirito Santo, aveva detto che non avrebbe assaporato la morte se non dopo aver visto coi suoi occhi il Cristo Signore. Di fatto egli prese tra le braccia, nel tempio, Cristo e pregò il Signore di lasciarlo morire, dicendo: «Adesso, Signore, congeda il tuo servo in pace, poiché i miei occhi hanno visto la tua salvezza, che tu hai preparato a vantaggio di tutti i popoli, luce per illuminare le genti e gloria del tuo popolo Israele»[31].

28 Ci sono altri particolari di cui il Vangelo non parla. Simeone, infatti, stando in piedi e con Cristo in braccio, rese lo spirito. Le persone che videro siffatto prodigio, ossia Simeone morto con Cristo tra le braccia, raccontarono ciò di cui erano stati spettatori.

Quando i Magi videro Cristo

29 La notizia giunse ad Erode dopo la partenza dei Magi da Betlemme. Se Cristo avesse avuto due anni prima della fuga in Egitto, Erode sarebbe stato già morto e non avrebbe, quindi, potuto dire ai Magi: «Andate e informatevi accuratamente del bambino e, quando l'avrete trovato, ritornate da me e fatemelo sapere, affinché anch'io venga ad adorarlo»[32].

30 Stando così le cose, la tesi di coloro che credono che i Magi videro Cristo a Gerusalemme è destituita di fondamento. Il Vangelo non aveva bisogno di raccontare gli eventi di cui abbiamo parlato. Da queste considerazioni ed altre ad esse simili, risulta che i Magi e i pastori sono venuti al tempo della nascita di Cristo, come i nostri antenati lo hanno rappresentato nelle chiese[33]].

[30] Cf. *Mt* 2,1-12.

[31] Cf. *Lc* 2,25-32.

[32] *Mt* 2,7-8.

[33] Sui Magi e tutto ciò che ad essi concerne in questa trattazione, vedi pure Michele il Siro, *Chronique* (1899), vol. I, pp. 140-141. Quanto compare tra parentesi a partire dal n. 27 al 30 è riportato solo da Vasiliev. Lo abbiamo incluso nella traduzione pur essendo, in buona parte, una diversa recensione di quanto già abbondantemente illustrato in precedenza. Tanto per avere un'ulteriore conferma della complessità del testo in sé!

Fine di Erode

Morte di Erode

31 Erode morì tra amari e insopportabili dolori. Si racconta che uccise dapprima la moglie, dopo una discussione che aveva avuto con lei nel letto in cui dormivano, alla fine della quale, tra le incessanti grida dell'uno e dell'altra, la donna lo apostrofò in maniera sì virulenta ch'egli, fuor di testa, scattò su, afferrò il cuscino e, posandolo sulla faccia della donna, ci stette seduto sopra fino a quando morì. Uccise in seguito sua figlia e parecchi suoi parenti, in preda ad un violento attacco di pazzia. Le sue viscere si coprirono di ulcere che gli procuravano lancinanti dolori, aveva i piedi tumefatti a causa della gotta, il pube e i testicoli si decomposero e formicolavano di vermi, terribili e persistenti ulcere pervadevano il suo corpo.

32 Affranto da dolore e sofferenza, Erode prese un coltello e una mela e cominciò a tagliarla, aspettando che coloro che gli stavano intorno si distraessero un istante per darsi una pugnalata e conficcarsi il coltello nel cuore. Ma fiutando le sue intenzioni, non glielo permisero. Egli disse pure alla sorella Salomè e al di lei marito: «So bene che i Giudei faranno una grande festa per la mia morte e se ne rallegreranno molto. E però fate prendere tutti quelli che sono qui riuniti, gettateli in carcere e uccideteli, perché quando i Giudei si riuniranno mi piangano, volenti o nolenti»[34].

33 Così morì Erode tra atroci sofferenze e fu così che Dio lo punì per vendicare la strage degli innocenti ch'egli ordinò spinto da cattiveria e inimicizia contro Dio, possente e grande.

34 Abbiamo scritto di ciò alla luce di quanto dicono i saggi che vissero a quel tempo. Altri dicono, tuttavia, che l'afflizione di cui sopra lo colpì prima ch'egli desse luogo alla strage degli innocenti, ancor prima delle sue azioni inique e temerarie contro Dio.

Mogli e figli di Erode

35 Erode ebbe nove donne e /otto/ figli: da Doris, aveva avuto Antipatro, colui che mise a morte i suoi fratelli e fu poi ucciso da suo padre; da Maria, figlia del gran sacerdote Ircano, che Erode stesso aveva fatto mettere a morte, ebbe Aristobulo e Alessandro, che persero la vita a causa degli intrighi del loro fratello Antipatro, e un altro Erode, chiamato Antipa, il quale sposò Erodiade, moglie di suo fratello, e fece uccidere Giovanni il Battista[35], poiché costui lo rimbrottava e biasimava per aver sposato la moglie di suo fratello. Erodiade lo prese in odio e non smetteva di aggrapparsi a qualsiasi appiglio per farlo morire.

[34] Vedi pure Michele il Siro, *Chronique* (1899), vol. I, p. 139.

[35] Questi dettagli compaiono quasi alla lettera in Michele il Siro, *Chronique* (1899), vol. I, p. 140. Da qui il testo di Agapio si sofferma sull'episodio della decapitazione di Giovanni il Battista per poi riprendere più avanti con le mogli e i figli di Erode.

36 In occasione del suo genetliaco, avendo Erode fatto preparare un festino per tutti i grandi della sua corte, Erodiade mandò sua figlia[36] che ballò davanti al re Erode. Tanto il re quanto tutti i convitati restarono incantati dal modo in cui aveva ballato. Aveva comunque già convenuto con lei di chiedergli la morte di Giovanni, promettendole che le avrebbe dato la sua testa su un piatto[37]. Erode giurò quindi di darle tutto ciò che avrebbe chiesto, foss'anche stato la metà del suo regno. Allorché Erodiade gli ebbe chiesto la testa di Giovanni, egli mandò nella prigione uno dei suoi carnefici che mozzò la testa a Giovanni il Battista e gliela portò. Erode, a sua volta, la consegnò alla giovane, costei la prese e la portò alla madre.

37 Dalla samaritana Malcatè, Erode ebbe Archelao, che regnò dopo di lui; dalla gerosolimitana Cleopatra ebbe un altro Erode che condusse vita come uno del popolo[38] e Filippo, a cui il fratello portò via la moglie facendolo uccidere; da Pallas /ebbe/ Fasael. / Suoi nipoti furono/ Aristobulo fratello di Alessandro, Erode che fu re di Calcis e Agrippa[39], soprannominato Erode[40]. Costui fece uccidere di spada Giacomo, fratello di Cristo nostro Signore[41], fu poi consumato dai vermi e fu lo stesso che usurpò e si impossessò del regno portandolo via al nonno Erode. I figli di detto Erode furono Agrippa[42], che gli successe, Berenice e Drusilla[43]. Quest'ultima sposò il procuratore Felice di cui si parla nella *Praxis*[44].

Eventi vari

38 Facciamo ora un salto all'indietro per dire che quando Erode morì a causa dei castighi che si erano abbattuti su di lui, come abbiamo avuto modo di descrivere, nell'anno 45 del regno di Cesare Augusto, corrispondente all'anno 312 dei Greci, gli

[36] Ci sta molto male un pronome duale. Meglio il femminile singolare perché Salomè era sì figlia di Erodiade ma non dello stesso Erode!

[37] Del tutto nuovo questo dettaglio che fa di Erode l'artefice della trama contro il Battista!

[38] Michele il Siro, *Chronique* (1899), vol. I, p. 140 gli affibbia l'epiteto «il semplice» e in nota si dice che si tratta probabilmente di Erode Filippo, figlio di Mariamne, figlia di Simone. L'epiteto starebbe a denotare la sua totale privazione di ogni eredità.

[39] Si tratta di M. Giulio Erode Agrippa I, figlio di Aristobulo e nipote di Erode il Grande, creato re dell'ex-tetrarchia di Filippo e di Lisania nel 37 dall'imperatore Caligola. Nel 39 ottenne la tetrarchia di Filippo e nel 41, grazie all'imperatore Claudio, ebbe anche la Giudea e la Samaria. Morì il 6 agosto 44.

[40] Sembra che in Michele il Siro, *Chronique* (1899), vol. I, p. 140 si ricostruisca il testo asserendo che i suoi nipoti, figli di Aristobulo, fratello di Alessandro, siano stati Erode, che fu re di Calcis e Agrippa soprannominato Erode. Ma nei testi arabi il numerale è sicuramente «tre» e non due, come qui.

[41] Michele il Siro, *Chronique* (1899), vol. I, p. 140, riporta anch'egli che Agrippa, soprannominato Erode, fece uccidere Giacomo. Ma in *At* 12,2 leggiamo che fece decapitare Giacomo il maggiore, fratello di Giovanni e non Giacomo il fratello del Signore!

[42] Ossia Agrippa II, nato nel 27 ma asceso al trono di suo zio Erode Calcidico soltanto nel 49 per opera di Claudio. Capitale del suo regno fu Cesarea di Filippo. Sostenitore della causa romana, morì nel 92, senza lasciar figli.

[43] Altri gli attribuiscono tre figlie, ossia Berenice, Mariamne e Drusilla, moglie di Felice.

[44] Cf. *At* 24,24. Per la lunga lista dei figli di Erode e dei suoi nipoti, cf. Michele il Siro, *Chronique* (1899), vol. I, p. 140.

successe il figlio Archelao[45].

39 In questo stesso tempo, Augusto nominò Erode, chiamato Agrippa e fratello di Archelao, tetrarca dei Giudei. Nominò, ancora, Felice[46] governatore della Traconitide e Lisania governatore di Abilene[47].

40 In questo tempo fu fatto un censimento[48] nella città di Roma. Contati che furono, si constatò che i suoi abitanti erano 4.000.101[49].

41 In questo tempo Archelao, per diverse ragioni e a causa delle malefatte commesse, fu mandato in esilio a Vienna, città della Gallia[50]. Dopo di lui regnò sui Giudei, per 28 anni, Erode il Tetrarca[51].

42 Nel 54° anno di regno, all'età di 75 anni, morì Cesare Augusto. Dopo di lui regnò, per 23 anni, Tiberio Cesare. Visse in tutto 78 anni[52].

43 In questo tempo ci furono molto panico e parecchi terremoti durante i quali crollarono tredici città[53].

Regno di Tiberio

44 Nell'anno 7 del regno di Tiberio, il tetrarca Filippo costruì una città che chiamò Cesarea di Filippo. A sua volta Erode costruì Tiberiade, chiamandola così dal nome di Tiberio Cesare.

45 Nell'anno 14 del regno di Tiberio Cesare[54], vale a dire nell'anno 357 dei Greci,

45 Nel 4 a.C., alla morte di Erode il Grande, Augusto gli affidò la Giudea, la Samaria e l'Idumea con il titolo di etnarca e non di re. A Erode Antipa venne data la Galilea in una con la Perea e a Erode Filippo furono assegnate la Gaulanitide, la Batanea, l'Auranitide e la Traconitide. Archelao regnò 9 anni ed ebbe per successore Erode il Tetrarca.

46 Marco Antonio Felice era fratello di Pallante, il favorito di Claudio. Favorito dal pontifice Jonathan, successe al procuratore Ventidio Cumano. Rivestì la carica dal 53 al 59. Morì ucciso per ordine di Nerone nel 63.

47 Cf. *Lc* 3,1.

48 Qui il termine è ancora una volta *ṭmss*.

49 Michele il Siro, *Chronique* (1899), vol. I, p. 141 riporta un censimento fatto a Roma in cui furono censiti 4 500 597 abitanti.

50 A Vienna, città della Gallia, andò invece, insieme con sua moglie Erodiade, e vi morì Erode il Giovane o Antipa. Cf. Eusebio, *Storia Ecclesiastica*, I, 11, 3. Vedi pure G. Flavio, *Guerra giudaica*, II, 183 che però indica come luogo dell'esilio la Spagna, mentre in *Antichità Giudaiche*, XVIII, 252 indica Lione. Parlando di Archelao, Eusebio dice semplicemente che fu spodestato dopo dieci anni di regno, senza aggiungere altro. Cf. Eusebio, *Storia Ecclesiastica*, I, 9, 1. Vedi pure Michele il Siro, *Chronique* (1899), vol. I, p. 139.

51 Ossia Erode il Giovane, che fece decapitare Giovanni Battista dopo aver sposato Erodiade, moglie del fratello ancora in vita, ripudiando la prima moglie figlia di Areta, re della Perea o, meglio, della Nabatea.

52 Michele il Siro, *Chronique* (1899), vol. I, p. 140.

53 Michele il Siro, *Chronique* (1899), vol. I, I, 140 ne dà addirittura i nomi!

54 Eusebio riporta che Giuseppe Flavio registra questo evento nell'anno 12 del regno di Tiberio. Cf. Eusebio, *Storia Ecclesiastica*, cit., I, 9, 2, 4. Ponzio Pilato fu mandato in Palestina nel 26 dall'imperatore Tiberio e ne fu allontanato nel 36 dal prefetto L. Vitellio governatore della Siria per aver massacrato un gruppo di Samaritani.

Pilato, originario della città di Ponto, nel paese di Eusina, fu mandato da Tiberio Cesare a cacciare i Giudei dalla regione.

Battesimo e predicazione di Cristo

46 L'anno seguente, vale a dire nell'anno 5535 di Adamo e del cominciamento del mondo, corrispondente all'anno 75 degli Antiocheni, alla fine della 201ª Olimpiade, nella 15ª indizione, anno 15 del regno di Tiberio Cesare, all'età di 30 anni, Cristo nostro Signore fu battezzato da Giovanni il Battista, figlio di Zaccaria, nel fiume Giordano, la domenica 6 del mese di *kānūn al-ṯānī* /gennaio/. Cristo era nato un martedì[55].

47 Dopo essere stato battezzato nel Giordano, Cristo nostro Signore si diede ad operare prodigi e miracoli per tre anni e mezzo. Il primo miracolo che nostro Signore Cristo operò, ebbe luogo durante le nozze di Cana di Galilea, quando mutò l'acqua in vino squisito. Di poi proclamò le dieci Beatitudini[56], insegnò ai Discepoli la preghiera[57], guarì i malati, resuscitò i morti, mondò i lebbrosi e fece, nel periodo della sua permanenza in questo mondo, il resto dei miracoli qui non enumerati.

A lui si confà la lode in eterno e nei secoli dei secoli. Amen[58].

[55] Per le corrispondenze di date relative alla vita di Cristo, cf. Michele il Siro, *Chronique* (1899), vol. I, pp. 138-142.

[56] La tradizione parla di otto beatitudini, considerando la nona come una pura e semplice amplificazione dell'ultima. Cf. *Mt* 5,3-11.

[57] Allusione alla preghiera del *Pater Noster*. Cf. *Mt* 6,5-13.

[58] Segue una quasi mezza pagina occupata da notizie su Pilato e l'imperatore Tiberio come compaiono in un testo di seconda mano scritto ai margini del manoscritto. Non essendo parte integrale del libro, ne abbiamo omesso la traduzione. Facciamo altresì notare che nel testo curato da Vasiliev segue tutta una sezione in cui Agapio si sofferma sulla metodologia espositiva da cui si è lasciato illuminare nel descrivere gli eventi narrati. Per il suo interesse la traduciamo qui di seguito. «Grazie all'aiuto e al soccorso di Cristo, le storie, gli eventi e le narrazioni dell'Antico Testamento hanno avuto termine; terminata è altresì la prima parte del libro delle origini del mondo, che narra le storie, i racconti e gli eventi del mondo dei primi secoli, le generazioni passate di generazione in generazione, gli avvenimenti felici e tristi di tutte le epoche, ossia le notizie, i fatti e le descrizioni a iniziare dal cominciamento del mondo e subito dopo Adamo sino alla fine del Vecchio Testamento, fino al compimento di tutti gli annunci che lo riguardano nei Libri dei Profeti e fino al tempo, al mese e al giorno in cui Cristo nostro Signore salì al cielo. Il che avvenne il giovedì 3 *ayyār* /maggio/. Di fatto, la Pasqua era capitata, in questo anno, il sabato 24 *aḏār* /marzo/ e il giorno della resurrezione la domenica 25 dello stesso mese. Da qui cominciamo la seconda parte della Storia del Nuovo Testamento, vale a dire dal tempo dell'Ascensione al cielo di Cristo nostro Signore. Racconteremo ed esporremo tutti gli eventi del Nuovo Testamento, riportando le opinioni contrarie, gli accadimenti e i fatti che ebbero luogo nel mondo intero a partire da questo momento fino ai nostri giorni. Racconteremo, ricorderemo e descriveremo inoltre alcune cose che stanno accadendo e che dovranno accadere. Proseguiremo la nostra narrazione fino alla fine del mondo e alla consumazione dei suoi anni, alla luce di quanto dicono a tal proposito i Profeti e i Libri da Dio rivelati, esponendo, a Dio piacendo, ciò che soddisfi appieno l'intelletto e non configga con i principi della logica».

PARTE SECONDA

CAPITOLO 14

Regno di Cesare Augusto

Abolizione del sacerdozio

1 Giulio Cesare regnò 4 anni e 4 mesi.

2 Augusto Cesare regnò 56 anni e 6 mesi.

3 Nell'anno 8 del suo regno abbatté il regno dei Giudei, che era ad essi appartenuto, facendone una provincia romana. Il loro sacerdozio fu abolito. Erode Antipatro che, come abbiamo già detto, apparteneva alla razza dei gentili, governò su di essi 34 anni, imponendo il testatico e facendo uccidere il gran sacerdote Ircano in una con il figlio Gionata[1].

4 Prima che li governasse Erode, tutti i gran sacerdoti dei Giudei erano chiamati Messia[2]. Ma dal momento in cui Erode regnò su di essi, furono privati tanto della loro profezia quanto della loro regalità. Si compì allora la parola di Giacobbe là dove dice: «Non saranno tolti i re da Giuda né la profezia finché non verrà colui al quale tutto appartiene e che i popoli attendono»[3]. Come pure si compì ciò che dice Daniele, quando gli apparve l'arcangelo Gabriele, a proposito delle sette settimane e delle sessantadue settimane il cui numero è quattrocentottantatré anni che si compirono in quel tempo e il cui primo anno fu il sesto di Dario, figlio di Istaspe, nel quale fu portata a termine la costruzione del tempio del Signore[4].

5 Poco tempo dopo che Erode ricevette dai Romani l'autorità sui Giudei, costoro si rivoltarono contro di lui non lasciandolo governare su di essi. Egli allora abbatté i due muri di Gerusalemme e massacrò un gran numero dei suoi abitanti; si impadronì della veste sacerdotale e non permise a nessuno di essere gran sacerdote per più di un anno. La stessa misura fu adottata da coloro che governarono i Giudei dopo di lui.

[1] Per quanto concerne il sommo sacerdote Ircano, il testo ha la forma هروقيوس ma nulla si sa di un suo figlio di nome Gionata. Per quel che riguarda invece Erode Antipatro facciamo notare che A. Vasiliev, *Kitab* (1915), p. 460, parla di questo Erode come figlio di Antipatro.

[2] Cf. Eusebio, *Storia Ecclesiastica*, vol. I, 2, 57.

[3] Cf. *Gn* 49,10.

[4] Sulla profezia di Daniele cf. *Dn* 9,24-27.

6 In seguito fece venire da Babilonia Hananiel[5] e lo designò loro gran sacerdote per un anno; alla fine di un anno investì come gran sacerdote, sempre per un anno, Aristobulo figlio[6] di Ircano, fratello di sua moglie. Fece poi uccidere Aristobulo figlio di Ircano e dispose che loro gran sacerdote fosse ancora una volta Hananiel.

Notizie varie

7 Nell'anno 14 del regno di Augusto Cesare, ossia nell'anno 4 di Erode, Augusto marciò contro Antonio, suo luogotenente, poiché si era rivoltato, gli aveva resistito, gli aveva rifiutato obbedienza ed era insorto contro il Cesare, essendosi invaghito di Cleopatra, regina d'Egitto. Augusto combatté il popolo d'Egitto, si impadronì dei due figli di Cleopatra che si chiamavano l'uno Sole e l'altra Luna, e li fece sgozzare. Si impadronì altresì di Cleopatra e di Antonio che però si suicidarono durante la notte.

8 A partire da questo giorno, il regno d'Egitto cessò di esistere e cadde sotto il dominio dei Romani.

9 Nell'anno 18 del suo regno, Augusto inviò in Armenia un suo generale[7], il quale la conquistò.

10 In questo giorno i Romani introdussero l'anno bisestile, che ricorre ogni quattro anni, vale a dire: *idus* πρὸ εξ χαλανδῶν Μαρτιῶν[8]. I Greci lo chiamano invece Βίσεξτον[9].

11 Nell'anno 28 del regno di Augusto, Erode costruì una città e la chiamò Cesarea, dal nome di Cesare[10].

12 In questo tempo si resero celebri Sesto, filosofo pitagorico, e Giuda il Galileo[11].

Nascita di Gesù

13 Nell'anno 32 del regno di Erode, corrispondente all'anno 309 dell'era di Alessandro, nacque Nostro Signore Cristo, sia egli glorificato, il mercoledì[12] 25 *kānūn al-awwal* / dicembre/; secondo il calcolo dei Greci, questo giorno fu il dodicesimo giorno della luna. Da Adamo a questa data erano trascorsi 5566 anni[13].

5 Nel testo abbiamo la forma حننيائل . Lo renderemo qui di seguito con Hananiel.

6 Era piuttosto suo fratello!

7 In A. Vasiliev, *Kitab* (1915), p. 461 troviamo invece «Inviò in Armenia Tiberio, suo generale».

8 Ossia il mese di febbraio di 29 giorni. Le relative voci arabe da noi rese in greco sono oltremodo corrotte.

9 Vale a dire «due volte sesto» perché negli anni bisestili si contava due volte il sesto giorno prima delle calende di marzo. Anche qui il testo arabo si presenta oltremodo corrotto.

10 Ossia Cesarea Marittima, da non confondere con Cesarea di Filippo, detta anche Bāniyās.

11 Autore di una sommossa, ne fa parola G. Flavio, *Antichità Giudaiche*, vol. I, 1,6 dove parla anche del gruppo di cui era capo.

12 In margine al manoscritto compare *il martedì*.

13 Si tratta certamente di una svista del curatore del testo arabo in quanto nel testo proposto non si trova il termine sanah dopo il numerale. Meglio la lettura di Vasiliev dove troviamo 5506. Cf. A. Vasiliev, Kitab (1915), p. 462. Vedi per riscontro XV.1.2.10.

14 Prima di questo anno, i Romani avevano inviato il governatore[14] Quirino a censire la popolazione tenuta a versare l'imposta. Ciascuno doveva farsi registrare nella propria città /d'origine/ e perciò Giuseppe, sposo di Maria, salì a farsi registrare e fu allora che Maria partorì.

I Magi

15 Dopo la nascita di nostro Signore Cristo, sia egli glorificato, i Magi vennero dall'oriente con i loro doni, oro, mirra e incenso, e li offrirono a nostro Signore Cristo, sia egli glorificato. Il sapiente greco Longino riferisce di questo avvenimento nella terza parte del suo libro che ha per oggetto le guerre dei Romani contro Antiochia, città della Siria, ossia della regione conosciuta sotto il nome di *al-Šām*, là dove dice a Cesare: «I Persiani d'oriente sono entrati nel tuo impero ed hanno offerto doni al bimbo nato in Palestina; quanto a sapere veramente chi egli sia e di chi sia figlio, non lo abbiamo ancora saputo». Egli scrisse a tal proposito ad Augusto inviandogli una lettera. Augusto, a sua volta, rispose a Longino con una lettera in cui diceva: «Ho letto la tua missiva e ho ben compreso quanto menzioni a proposito del bimbo nato in Palestina in mezzo ai Giudei e dei Magi che sono venuti dall'oriente per offrirgli i loro doni. Dici di non sapere chi egli sia e di chi sia figlio. Hai colto nel vero e hai agito con discernimento[15]. Il nostro governatore in Giudea, Erode, ci farà sicuramente sapere con una sua lettera chi egli è, quale la sua condizione e quale la sua storia...».

16 Augusto, poi, scrisse ad Erode, suo governatore in Giudea, una lettera dal seguente tenore: «Dal re dei re Augusto ad Erode, figlio di Antigono[16], governatore della Giudea, salute! Longino, il sapiente, mi ha scritto dicendo che dalle tue parti è nato un bimbo ai quali i Persiani hanno portato dei doni e dei presenti. Informati con cura tanto di lui quanto dei Magi che sono venuti da lui: quale la causa della loro venuta, chi li ha mandati[17] e quali sono stati i doni che essi hanno offerto. Non nascondermi nulla a tal proposito affinché ne abbia piena contezza, se l'Altissimo Dio vorrà».

17 Erode ebbe un abboccamento con i Magi e disse loro: «Che fate /da queste parti/?» I Magi gli risposero: «Abbiamo avuto un gigante /Nimrod/ che compose dei libri dove vaticinava per noi in questi termini: "Un pargolo nascerà in Palestina tra qualche secolo, sarà grande e l'universo tutto sarà a lui sottomesso. Come segno di ciò troverete, come noi sappiamo che avverrà, una stella di tale e tale aspetto. Cercatela e allorché l'avrete scorta prendete con voi mirra, oro e incenso, andate a trovare il bimbo, offritegli tutto ciò, adoratelo e ritornate. Se non lo farete, una grave sciagura s'abbatterà su di voi". Non abbiamo giammai cessato di custodire tale vaticinio nella nostra memoria,

14 Il testo ha il termine القاضي, usato anche in seguito per designare la carica di Pilato. Vedi 15,4.

15 A. Vasiliev, *Kitab* (1915), p. 463, traduce invece: «Mi informerò della verità e agirò secondo giustizia».

16 A. Vasiliev, *Kitab* (1915), p. 463, ha invece «figlio di Antipatro».

17 Particolare assente in Vasiliev.

noi e i nostri antenati, fino a quando tale stella non ci è apparsa. Poiché vi abbiamo rintracciato i segni che il nostro capo e signore ci aveva descritto, abbiamo obbedito e, preso con noi i doni, siamo venuti a vederlo e ad adorarlo».

18 Erode li rincalzò dicendo: «Avete colto nel giusto. Orsù andate e informatevi accuratamente del bambino e quando lo avrete trovato, fatemelo sapere, affinché anch'io venga ad adorarlo»[18].

19 Si erano appena messi in viaggio, quando i Magi videro una stella che li precedeva e li condusse dentro la grotta dove stava il bambino. Giunta che fu su tale luogo, la stella si arrestò e più non si mosse. Dopo aver visto ciò, i Magi entrarono nella grotta, trovarono il bambino e sua madre, gioirono grandemente e, aperto che ebbero le loro sacche da viaggio, gli offrirono i doni e lo adorarono. In seguito partirono, per un'altra strada, senza fare ritorno al cospetto di Erode.

20 Erode, resosi conto che i Magi non lo avevano tenuto in nessun conto, sbottò in una grande collera e mandò a scannare tutti i bambini di Betlemme dall'età di due anni in giù, poiché il Messia aveva a quel tempo raggiunto l'età di due anni. Ma per ispirazione di Dio Giuseppe e Maria avevano preso il bambino ed erano usciti da Betlemme.

21 Maria, sua madre, aveva tredici anni. Visse in tutto cinquantuno anni e si addormentò in pace sei anni dopo l'Ascensione di nostro Signore Gesù Cristo. Era l'anno 44 del regno di Augusto Cesare.

Lettera di Erode a /Augusto/ Cesare

22 In risposta alla lettera che aveva ricevuto da Cesare, re dei Romani, Erode gli scrisse quanto segue: «A Cesare, re dei Romani, dal suo servitore Erode, salute! Il re dei re mi ha scritto ingiungendomi di informarmi di un bambino, della cui nascita in Giudea egli è stato informato, e dei Magi che gli hanno portato i doni. Ho trattenuto i Magi e li ho costretti a confessare quanto li riguardava. Mi hanno fatto così sapere che nei tempi che furono ebbero un gigante che lasciò loro un testamento nel quale dava loro delle raccomandazioni dicendo: "Da qui a qualche tempo nascerà nel paese di Giuda un bambino a cui apparterrà regnare su tutta la terra. Il segno di ciò sarà che voi vedrete nel cielo una stella, diversa dalle solite stelle", fornendo ad essi i segni che l'avrebbero accompagnata e ordinando loro, non appena avessero visto questa stella e i segni suoi, di prendere seco della mirra, dell'oro e dell'incenso, di recarsi dal bimbo, adorarlo e offrirgli detti doni. Fece altresì sapere loro che se non avessero fatto ciò, sarebbero caduti in una grande disgrazia. I loro antenati, come essi stessi, non hanno mai smesso di indagare ciò, fino a quando la stella è apparsa loro oggi. Così, hanno eseguito ciò che il loro gigante aveva ordinato di fare: hanno preso oro, mirra ed incenso e sono venuti da lui per adorarlo. Ho mandato in una con loro degli emissari affinché s'informassero del luogo in cui si trovava il bambino

[18] Cf. *Mt* 2,8.

e per far tornare da me i Magi perché potessi a mia volta mandarli al cospetto di Cesare, re dei re. Purtroppo hanno dato ai miei inviati del danaro e sono fuggiti. Ho allora mandato a Betlemme i miei uomini a fare strage di tutti i bambini dall'età di due anni in giù, facendo così perire con loro il bambino. Che l'imperatore abbia di ciò contezza. Salute!»

23 Letto che ebbe la lettera di Erode, Augusto Cesare se ne rallegrò grandemente e trovò requie dal dover pensare a lui[19].

Notizie su Elisabetta, Maria e Gesù

24 Elisabetta moglie di Zaccaria, della quale abbiamo già parlato, era rimasta incinta già prima che ciò accadesse e partorì nel mese di *ḥazīrān* /giugno/. L'annunciazione fatta a Maria ebbe luogo il 25 del mese di *aḏār* /marzo/, sei mesi dopo il concepimento di Elisabetta. Maria partorì il mercoledì[20] 25 *kānūn al-awwal* /dicembre/. All'età di otto giorni, /il bambino/ fu portato nella stanza per la circoncisione.

25 Quaranta giorni dopo la sua nascita fu presentato al tempio, dove il vecchio Simeone prese tra le braccia nostro Signore Cristo. Due anni dopo la sua nascita, fu portato in Egitto nella stessa notte in cui i Magi vennero da lui e là egli rimase due anni. Quando poi ebbero notizia che Erode era morto, fece ritorno nella sua città di Nazaret e vi prese dimora. Aveva, allora, quattro anni.

Ancora su Erode

26 Nell'anno 34 del regno di Cesare, dopo aver vissuto nella sua città 70 anni, di cui 34 regnando, morì Erode. Prima di morire uccise sua moglie e i figli. Gli intestini, come pure i piedi, gli si erano gonfiati. I suoi intestini formicolavano di vermi e aveva una respirazione difficoltosa. In preda a siffatta malattia e dolore, con in mano una mela e un coltello con cui la tagliava e mangiava, Erode avrebbe voluto scannarsi con il coltello a causa dell'afflizione e dell'asprezza che lo tormentavano, ma poi, coricatosi su un fianco, gli scoppiò il ventre e morì. Ma aveva già detto a Salomè, sua sorella, e al marito di lei: «Io so che i Giudei faranno una grande festa alla mia morte e molto ne gioiranno. Si prendano, perciò, quelli che tra essi sono qui presenti e vengano uccisi affinché i Giudei, radunandosi, si colpiscano con le loro mani e gemano alla mia morte, loro malgrado». Erode ebbe nove mogli e tredici figli[21].

Altri eventi

27 Dopo la morte di Erode gli successe Archelao, nell'anno 45 del regno di Augusto Cesare, corrispondente all'anno 312 dell'era di Alessandro. Archelao governò i

[19] Cheikho preferisce leggere هَدأَ il termine che A. Vasiliev, *Kitab* (1915), p. 467 legge invece هذا .

[20] In margine al manoscritto compare *il martedì*.

[21] In precedenza Vasiliev ha aggiunto «otto» al termine figli. Cf. A. Vasiliev, *Kitab* (1915), p. 139.

Giudei 9 anni[22]. In seguito Augusto affidò la gestione dei loro affari ad Erode, fratello di Archelao, e nominò Filippo governatore di Filān, Tarāḥūyā e Abilene...[23].

28 In seguito Augusto relegò in esilio *Aṭrūdis*[24] nel paese degli Alani, nell'Armenia interiore, nominando governatore, al posto suo, Erode. Governò 28 anni.

29 Augusto visse 75 anni e morì dopo aver regnato 56 anni e 6 mesi.

[22] Poco prima ha detto «dieci», cifra sulla quale concorda anche Eusebio. Archelao era stato designato come re della Giudea, Idumea e Samaria, e tuttavia Augusto gli attribuì soltanto il titolo di etnarca. Fu deposto dallo stesso imperatore ed esiliato.

[23] Cf. G. Flavio, *Antichità Giudaiche*, XVII, 8, 189. Erode Antipa fu in effetti tetrarca della Perea e della Galilea e venne deposto da Caligola nel 39 d.C., mentre Erode Filippo, figlio di Erode il grande e di Cleopatra, fu tetrarca dell'Iturea, della Galaunite, dell'Araunite, della Traconitide e della Batanea. Governò dal 4 a. C. al 34 d. C.

[24] Allusione all'esilio di Erode Antipa? Cf. G. Flavio, *Antichità Giudaiche*, XVIII.

Capitolo 15

Regno di Tiberio Cesare

Notizie su Cristo

1 Tiberio Cesare regnò 23 anni e visse in tutto 78 anni.

2 Nell'anno 1 del suo regno, ci furono spaventosi terremoti, a causa dei quali parecchie località crollarono e trovarono la morte un gran numero di gente e di animali[1].

3 Nell'anno 7 del suo regno, Erode costruì una città che chiamò Tiberiade[2], in onore dell'imperatore Tiberio.

4 Nell'anno 14 fu mandato tra i Giudei il procuratore Pilato[3].

5 Nell'anno 15 nostro Signore Cristo, sia egli glorificato, venne battezzato per mano di Giovanni, figlio di Zaccaria. Nostro Signore Cristo, sia egli glorificato, aveva 30 anni. Il suo battesimo ebbe luogo il giorno /6 *kānūn al-ṯānī*/[4].

6 /Il primo miracolo fu quello di cambiare/ l'acqua in vino a Cana /di Galilea. Poi ne fece altri/, guarendo i paralitici, aprendo gli occhi ai ciechi, scacciando gli spiriti /impuri/, rimettendo i peccati e operando altri generi di portenti, come è riportato nel santo Vangelo[5].

7 Nell'anno 19 del regno di Tiberio, corrispondente all'anno 342 dell'era di Alessandro, nostro Signore Cristo fu crocifisso[6]{...}.

Morte di Cristo

8 Lo stesso giorno in cui Adamo era stato cacciato dal Paradiso, nostro Signore Cristo

[1] Lo stesso avvenimento di cui parla Michele il Siro che menziona pure i nomi, ma omettendo il particolare delle tredici città crollate. Cf. Michele il Siro, *Chronique* (1899), vol. I, p. 140.

[2] Città posta sulla riva occidentale del lago omonimo, a circa 212 m. sotto il livello del mare, fondata sul sito della biblica città di Rakkat di cui in *Gs* 19,35 da Erode Antipa in onore di Tiberio. Conquistata da Vespasiano, la città divenne centro di raccolta dei Giudei dopo la distruzione di Gerusalemme. Occupata dagli Arabi nel 637, fu riconquistata dai Crociati nel 1099, divenendo capitale del principato della Galilea. Fu ripresa da Saldino (1187). Oggi è fiorente centro balneare grazie anche alle sue Terme.

[3] Meglio nell'anno 12. Il testo ha il termine القاضي, vale a dire giudice, usato anche per designare la carica di Quirino.

[4] Cf. Eusebio, *Storia Ecclesiastica*, vol. I, 10. Vedi anche Michele il Siro, *Chronique* (1899), vol. I, p. 143.

[5] Per la predicazione pubblica e i segni operati da Cristo, cf. Michele il Siro, *Chronique* (1899), vol. I, pp. 143-145.

[6] Cf. Michele il Siro, *Chronique* (1899), vol. I, p. 152.

morì. Fu quindi sepolto, resuscitò di tra i morti e salì al cielo.

9 In questo anno la Pasqua /dei Giudei/ cadde il giovedì 21 *aḏār* /=marzo/, mentre quella dei cristiani ebbe luogo la domenica 24 dello stesso mese. L'Ascensione capitò il giovedì 3 *ayyār* /=maggio/ e la Pentecoste la domenica 13 dello stesso mese[7].

10 Da Adamo a questo evento erano trascorsi 5539 anni, stando a quanto dice *Hrflsfs*. Ma a tal proposito [non c'è unanimità di opinioni] e ciascuno parla [a seconda del limite delle sue conoscenze]. Il primo tra loro, Eusebio, asserisce che da Adamo [fino alla Passione di nostro Signore, sia egli glorificato, siano intercorsi 5.350 anni]. Gli Ebrei dicono che furono invece soltanto 4.000 e i Samaritani 4.305[8].

11 [I filosofi, a loro volta, raccontano nei loro libri che il giorno della passione di Cristo, sia egli glorificato[9],] sotto il regno di Cesare il sole si oscurò e fece notte all'ora nona e apparvero le stelle. Un violento e terribile terremoto ebbe luogo a Nicea e in tutte le città ad essa circostanti e si manifestarono cose al di fuori dell'ordinario[10].

12 Nel v Libro della sua opera sulle guerre e le vite dei re, il filosofo Ursino così dice: «Ci trovammo in una grande afflizione e una profonda angoscia. Il sole si oscurò e la terra tremò. Venimmo a sapere che nel paese degli Ebrei si erano verificate cose straordinarie e terrificanti, la cui causa apprendemmo grazie alle lettere che il governatore Pilato scrisse dalla Palestina a Tiberio Cesare, dove afferma che tutte queste cose sopraggiunsero a motivo della morte di un uomo che i Giudei avevano crocifisso»[11]. Sentendo dire tali cose, Cesare mandò a destituire Pilato, governatore della Giudea, per aver ceduto ai Giudei e, nello stesso tempo, minacciò e intimidì i Giudei che avevano crocifisso Cristo.

13 Nelle sue opere scritte sulla calamità giudaica Giuseppe l'Ebreo così parla di tali cose: «A quel tempo ci fu un uomo saggio chiamato Gesù. Perfetta era la sua condotta e a tutti note erano le sue virtù sì che molta gente e numerosi Giudei e Gentili si fecero suoi discepoli. Tuttavia Pilato lo aveva condannato a morte, morte di croce, ma coloro che erano divenuti suoi discepoli, predicarono la sua dottrina. Affermarono che apparve loro tre giorni dopo la sua crocifissione, vivente. Potrebbe essere lui il Messia dei cui miracoli hanno parlato i Profeti»[12]. Questo è quanto dicono Giuseppe e i suoi correligionari a proposito di Nostro Signore Cristo, sia egli glorificato.

14 Dicono altresì che tutta la vita e la peregrinazione di nostro Signore Cristo, sia egli glorificato, ebbero luogo durante il pontificato di Anna e Caifa. Erano loro, infatti, i gran

[7] Cf. Michele il Siro, *Chronique* (1899), vol. I, p. 145. Il testo curato da Cheikho è alquanto confuso.

[8] A. Vasiliev, *Kitab* (1915), p. 470, traduce invece 4365.

[9] Questa precisazione viene menzionata in A. Vasiliev, *Kitab* (1915), p. 470.

[10] Le cifre corrispondono esattamente con quelle riportate poi da Michele il Siro, *Chronique* (1899), vol. I, p. 142, ma non ci è possibile identificare la precisa fonte di Agapio. La testimonianza addotta sull'oscurità che calò sulla terra è fatta risalire a Flegone, filosofo profano. Cf. pure Michele il Siro, *Chronique* (1899), vol. I, p. 143. Per quanto attiene al testo messo tra [ ] manca nell'edizione di Cheikho ma compare in quella di Vasiliev.

[11] Cf. pure Michele il Siro, *Chronique* (1899), vol. I, p. 144.

[12] Cf. G. Flavio, *Antichità Giudaiche*, XVIII, 2, 116-119. Vedi pure Michele il Siro, *Chronique* (1899), vol. I, pp. 144-145.

sacerdoti di quegli anni, a partire dal pontificato di Anna fino agli inizi del pontificato di Caifa. Quanto al tempo che intercorse tra i due, non fu proprio di quattro anni completi, perché non appena fatto governatore Erode fece bruciare i libri genealogici delle tribù degli Ebrei affinché non si sapesse ch'egli era discendente d'una che godeva poca stima in mezzo a loro. Egli, inoltre, fece portar via la veste sacerdotale, la fece mettere sotto sigillo e non permetteva a nessun gran sacerdote di durare in carica più di un anno. Per tal ragione si ebbero quattro gran sacerdoti dal pontificato di Anna fino a quello di Caifa. Destituito Anna[13], infatti, gli successe Ismaele figlio di Yaḥyà [= Fabi o Fabio]; espletato che ebbe il suo mandato, a costui successe come gran sacerdote, un anno dopo, Eleazaro figlio del sommo sacerdote Anna; quando anche costui ebbe terminato il suo anno, gli successe Simeone figlio di Qamīhūd[14] e costui ebbe come successore {Giuseppe, detto anche} Caifa, al cui tempo e sotto il cui pontificato nostro Signore Cristo, sia egli glorificato, fu crocifisso[15]. Tra Anna e Caifa intercorse quindi un lasso di tempo minore di quattro anni[16].

Il re Abgar di Edessa

15 Eusebio, vescovo di Cesarea, dice: Nell'anno 19 del regno di Tiberio Cesare, corrispondente all'anno 341 dell'era di Alessandro, un anno prima che fosse crocifisso nostro Signore Cristo, sia egli glorificato, Abgar il Nero, re di Edessa, mandò dei messaggeri in una città per sbrigare alcuni suoi affari[17]. Sulla via del ritorno, entrarono in Gerusalemme, dove furono testimoni oculari di alcuni atti ostili dei Giudei contro nostro Signore Cristo, sia egli glorificato, e dei loro preparativi per crocifiggerlo. Il ricordo delle opere compiute da nostro Signore Cristo come pure i miracoli e le guarigioni di malattie incurabili da lui operati, di cui erano stati messi al corrente, si impressero indelebilmente nella loro mente.

16 Giunti che furono ad Edessa, raccontarono al loro sovrano tutto ciò che avevano visto e appreso delle opere di nostro Signore Cristo, sia egli glorificato, della perfida condotta avuta dai Giudei nei suoi riguardi e delle trame da essi ordite contro di lui. Allorché Abgar ebbe udito ciò, fu pieno d'ammirazione e concepì di recarsi personalmente da lui

13 Fu infatti destituito da Valerio Grato, predecessore di Pilato e governatore della Giudea dal 15 al 26 A.D.

14 Ossia Camith. Per questi tre sommi sacerdoti vedi pure Michele il Siro, *Chronique* (1899), vol. I, p. 143, che però si accontenta di citarne i soli nomi senza altri epiteti.

15 Michele il Siro, *Chronique* (1899), vol. I, p. 154, prende le distanze da coloro che confondono questo Giuseppe-Caifa da Giuseppe lo scrittore.

16 Eusebio, *Storia Ecclesiastica*, I, X, 4-7 che cita a sua volta G. Flavio, *Antichità Giudaiche*, XVIII, 2, 34-35. La lettura di Vasiliev non coincide con quella di Cheikho. A. Vasiliev, *Kitab* (1915), p. 473, infatti, traduce: «Tra Anna e Caifa ci fu un lasso di tempo minore di quattro anni, come sostiene Eusebio, vescovo di Cesarea».

17 Tutta la vicenda di Abgar di cui qui nel testo è narrata da Eusebio, *Storia Ecclesiastica*, I, pp. 13, 84-89 con le molte varianti narrative. Si tenga presente che Eusebio traduce direttamente una fonte siriaca. Vedi pure Michele il Siro, *Chronique* (1899), vol. I, pp. 145-147.

per vedere con i propri occhi le sue opere e faccende divine. Ma il timore dei nemici gli impedì di spingersi oltre i confini del suo regno.

Lettere tra Abgar e Gesù

17 Mandò perciò il pittore Hanna[18] latore di una lettera in cui diceva: «Da parte di Abgar il Nero al medico Gesù, che si è manifestato a Gerusalemme. Ho udito parlare di te, della tua arte medica, delle cose che tu operi negli spiriti[19] e che tu guarisci i dolori e le infermità senza medicamenti o rimedi. Grande è stato il mio sbigottimento e immensa la mia gioia. Mi sono detto che dovresti senza dubbio alcuno essere o Dio o il Figlio di Dio Altissimo, giacché sei capace di simili azioni. Ti scongiuro e ti prego di venire qui da me e magari guarire la penosa malattia che mi ha colpito. Ho udito dire che i Giudei vogliono metterti a morte e crocifiggerti. Ho una città piacevole e bella, sufficiente per abitarvi tanto io quanto tu. Là tu godrai tranquillità, buona salute e sicurezza. Se riterrai opportuno esaudire quanto ti sto chiedendo, fallo pure e sappi che facendolo mi riempirai di gioia».

18 Nostro Signore Cristo, sia egli glorificato, gradì la sua lettera, la lesse e gli scrisse: «Sia tu benedetto, perché hai creduto in me prima di vedermi. È scritto di me che coloro che mi vedranno non crederanno[20]. Mi chiedi di venire da te ma è necessario ch'io compia ciò per cui sono stato mandato. Quando l'avrò compiuto e sarò salito al cielo, manderò da te un mio discepolo che guarirà i tuoi dolori e le tue malattie e convertirà coloro che sono con te alla vita eterna».

19 Anania, che era un pittore, dopo aver preso la risposta di nostro Signore Cristo, sia egli glorificato, alla lettera che gli aveva portato, scelse una tavoletta quadrata e vi dipinse sopra con stupendi e bei colori l'immagine di nostro Signore Cristo, sia egli glorificato. Lo fissava e intanto riproduceva la sua immagine su quella tavoletta. Quindi ripartì, portandola con sé, alla volta di Edessa e la consegnò al suo sovrano Abgar il Nero. Abgar l'accettò con grande onore e la sistemò in uno dei suoi forzieri, dove si trova fino ad oggi.

20 Quando nostro Signore Cristo salì al cielo al cospetto del Padre, inviò ad Edessa l'apostolo Tommaso Addeo, uno dei settanta discepoli[21]. Non appena fu ricevuto a corte e il re Abgar il Nero l'ebbe visto, costui si prosternò davanti a lui. Dal suo volto, infatti, emanava una luce celestiale. Di poi l'apostolo Tommaso gli disse: «Se credi in colui che mi ha mandato, troverai ciò di cui hai bisogno e ti sarà dato ciò che hai domandato».

21 Abgar il Nero gli rispose: «Ho già creduto in lui ed è tanta la mia ammirazione e il mio amore per lui che se non fosse per i trattati stipulati tra me e i Romani e l'affida-

[18] Chiara allusione al corriere Anania di cui nelle fonti greche. Qui di seguito lo renderemo con Anania.

[19] A. Vasiliev, *Kitab* (1915), p. 474, ha invece «delle tue conoscenze spirituali».

[20] *Is* 6,9? Cf. anche *Mt* 13,14s; *Mc* 4,12; *Gv* 12,40 e *At* 28,26s.

[21] Tommaso era in verità uno dei Dodici. Si tratta qui invece di Taddeo, mandato da Tommaso in seguito ad un'ispirazione divina, come in *Mt* 10,3. *Mc* 3,18 dice infatti che era uno dei Settanta. Di Taddeo che guarisce Abgar e un suo servitore dalla gotta di cui soffrivano, parla altresì Michele il Siro, *Chronique* (1899), vol. I, p. 147.

mento ch'essi fanno su di essi e ch'io non posso infrangere, sarei già montato a cavallo alla testa di un gran numero dei miei uomini e invaso o sterminato i Giudei che lo hanno crocifisso».

22 Tommaso, allora, gli si avvicinò e lo guarì dalla sua malattia. Laggiù egli operò molti miracoli, tanto che Mūsà[22], re di Aṯūr, sentendo parlare di lui, desiderò vivamente vederlo.

Lettere tra Abgar e Tiberio Cesare

23 Di poi Abgar scrisse a Tiberio Cesare, sovrano dei Romani, una lettera in cui diceva: «Da Abgar, sovrano di Edessa, a Tiberio Cesare, sovrano dei Romani. Sappi, o imperatore, che i Giudei del tuo impero, hanno crocifisso il Messia, benché non l'avesse meritato e non avesse fatto nulla da renderlo necessario. Dopo averlo crocifisso il sole si è oscurato, la terra ha tremato, molti morti sono resuscitati e usciti dalle loro tombe e sono succedute cose fuori dell'ordinario di cui mai era stato visto l'uguale».

24 Come tutta risposta Tiberio Cesare gli scrisse una lettera in cui diceva: «Da Tiberio, sovrano dei Romani, ad Abgar, sovrano di Edessa. Sappi che sono già al corrente di ciò che i Giudei hanno fatto all'uomo di cui tu parli. Avrei voluto rifarmi su di essi, ma non ho potuto a causa delle guerre che mi vedono impegnato. Gli abitanti della Spagna[23] sono insorti e si sono rivoltati contro di me. Son troppo occupato a combattere contro di essi. Ma se solo fossi stato un po' più libero, avrei fatto guastare loro la mia vendetta e avrei inflitto ad essi un castigo esemplare. Quanto a Pilato, ch'io avevo nominato loro governatore, l'ho nel frattempo destituito tra grande umiliazione e sprezzo, per avere ad essi ceduto e agito secondo quanto dicevano, mandando un altro al posto suo»[24].

25 Abgar lesse la lettera, se ne rallegrò e ne fu contento. Di lì a poco, apprese che Cesare aveva fatto mettere a morte i capi dei Giudei e se ne rallegrò molto.

Gli Apostoli

26 Dopo la morte dell'apostolo Tommaso, avvenuta nella metà di *ayyār* /14 maggio/, gli Apostoli lo rimpiazzarono con Addai, proprietario di una seteria[25].

27 Dopo l'ascensione al cielo di nostro Signore Cristo, sia egli glorificato, gli undici Apostoli fecero subentrare Mattia al posto di Giuda Iscariota. Cinquanta giorni dopo la sua

[22] Sarebbe meglio leggere *Narsi*. Cf. G. Phillips, *The doctrine of Addai*, London 1876, p. 35.

[23] Cf. G. Phillips, *The doctrine of Addai*, London 1876, p. 10.

[24] Accenni a questa corrispondenza sono reperibili anche in Michele il Siro, *Chronique* (1899), vol. I, p. 152.

[25] Riteniamo che la stranezza di una simile asserzione possa essere riconducibile al fatto che Tommaso, dopo aver predicato ai Parti e ai Medi, trovò il martirio a Calamina, città dell'India ma il suo corpo venne poi traslato a Emessa, città nella quale svolse il suo apostolato Addai, come troviamo scritto anche in Michele il Siro, *Chronique* (1899), vol. I, p. 147. Ma si potrebbe anche congetturare che ci sia un lapsus di memoria, confondendo Addai con Taddeo detto anche Labbai per la sua saggezza. Per Addai e la sua missione cf. R. Duval, *Histoire d'Édesse*, Parigi 1892, pp. 81-88.

resurrezione e dieci dopo la sua ascensione[26], ricevettero lo Spirito Santo nel Cenacolo. Là essi imposero le mani su Giacomo, figlio di Giuseppe, ch'egli aveva generato da una donna[27], e lo fecero vescovo di Gerusalemme, ch'egli resse per ben 30 anni[28]. Stabilirono, inoltre, i sette diaconi, vale a dire Stefano, che i Giudei lapidarono; Filippo, che predicò agli abitanti di Samaria; Nicanore, Timone, Procoro, Parmenas e Nicola d'Antiochia[29].

28 In questo tempo il principe d'Etiopia, l'eunuco, fu battezzato dall'apostolo Filippo[30].

29 L'apostolo Paolo si convertì nell'anno in cui Stefano fu lapidato, alla fine del regno di Tiberio, e nello stesso tempo fu convertito, nella città di Cesarea, Cornelio, ad opera di Simon Cefa[31].

Nomi dei tredici Apostoli, compreso Mattia, e dei Settanta Discepoli

Loro sedi e tempi della loro morte

30 Simon Cefa, originario di Betsaida, della tribù di Neftali. Andò dapprima ad Antiochia, dove nell'anno 1 del regno di Claudio eresse un altare. Passò quindi a Roma, dove fu vescovo per 25 anni, fino all'anno 13 del regno di Nerone Cesare. Lo fece uccidere Nerone insieme con Paolo. Pietro fu crocifisso con la testa in giù[32].

31 Andrea, suo fratello, andò nel paese degli antropofagi e predicò in mezzo a loro. Di poi andò a Nicea, a Nicomedia e in Acaia che convertì per intero. Fu il primo a reggere Costantinopoli, dove fece dei proseliti che poi battezzò[33].

32 Giacomo figlio di Zebedeo, della tribù di Zabulon, originario di Betsaida, che Erode Agrippa fece mettere a morte[34].

33 Giovanni, suo fratello, andò ad Efeso e nei paesi dell'Asia. Domiziano lo mandò

[26] In A. Vasiliev, *Kitab* (1915), p. 477, troviamo invece «Cinquanta giorni dopo l'Ascensione».

[27] Per dire che non era figlio di Maria per il semplice fatto ch'era chiamato «fratello di Gesù».

[28] Eutichio, *Gli Annali* (1987), p. 158 asserisce che la resse per 28 anni.

[29] Cf. *At* 6,5-6. Michele il Siro, *Chronique* (1899), vol. I, p. 146, ricorda espressamente solo Nicola che rimandò indietro sua moglie per vivere in totale castità, suscitando così la reazione di altri che misero in comune le loro mogli e vennero così chiamati Nicolaiti. Vedi pure p. 171. A p. 155 Parmenas e Timone sono menzionati nella lista dei 70 discepoli. Di questo Nicola parla pure al-Makīn, 188r, ponendolo al quarantaduesimo posto della lista dei 70 discepoli e affermando che aderì alla dottrina di Simon Mago. I nomi di questi diaconi sono oltremodo corrotti nel testo arabo.

[30] Cf. *At* 8,26-40 dove questo eunuco etiope è descritto come *ministro delle finanze di Candace regina d'Etiopia*. Vedi anche Michele il Siro, *Chronique* (1899), vol. I, p. 154.

[31] Per come avvennero in effetti le cose, cf. *At* 7-11.

[32] Per dettagli su ciascun apostolo riteniamo che si possa fare un confronto con quanto dirà più tardi Michele il Siro, *Chronique* (1899), vol. I, pp. 146-147, che include tra i Dodici anche l'apostolo Paolo. I 25 anni a lui attribuiti come vescovo di Roma risalgono ad una leggenda sorta nel III secolo. Fu molto probabilmente giustiziato nella persecuzione del 64, durante il regno di Nerone.

[33] Cheikho ritiene che Agapio faccia qui riferimento alla fonte Doroteo di Tiro.

[34] Cf. *At* 12,2.

in esilio in una isola del mare[35], nell'anno 9 del suo regno. Alla fine del suo regno, però, lo richiamò ad Efeso, dove morì e fu sepolto.

34 Filippo, l'Apostolo, della tribù di Aser, originario di Betsaida, andò a Cartagine e predicò ai suoi abitanti. Di poi andò in Frigia, dove morì e fu sepolto[36].

35 Bartolomeo, della tribù di Issacar, andò nella Grande Armenia, dove fu crocifisso e morì.

36 Tommaso, della tribù di Giuda, andò nel Sind e in India, dove morì. Il suo corpo fu traslato, dopo esser stato imbalsamato, ad Edessa.

37 L'evangelista Matteo, della tribù di Issacar, originario di Nazaret, andò nelle contrade degli antropofagi e predicò in mezzo a loro. Di poi ritornò per predicare agli Ebrei per i quali compose il Vangelo. In seguito andò in India, dove morì e fu sepolto[37].

38 Simone il Cananeo, detto anche il Galileo o lo Zelota, della tribù di Efraim, morì ad Ḥamāh.

39 Giuda, figlio di Giacomo[38], chiamato Taddeo, della tribù di Simeone[39]. Gli fu dato il soprannome di *Labbai* perché era uomo saggio. Morì a Beirut, dove fu sepolto.

40 Giacomo figlio di Alfeo, della tribù di Manasse, fu lapidato a Gerusalemme[40].

41 Giuda, figlio di Simone, l'Iscariota, della tribù di Dan. Non appena si rese conto dell'orrore del tradimento con il quale aveva consegnato ai nemici nostro Signore Cristo, sia egli glorificato, si impiccò e le sue viscere si sparsero per terra[41]. Al posto suo fu scelto Mattia.

42 Mattia era della tribù di Ruben. I Discepoli lo scelsero al posto di Giuda Iscariota[42].

Nomi e lignaggi dei Settanta Discepoli

43 1) Addai di Fāmas[43], fatto uccidere da Severo, figlio di Abǧar; 2) Anania,

[35] Allusione all'isola di Patmos, a circa 70 km da Efeso, dove fu relegato alla fine dell'impero di Domiziano (ca. 95), come attestano Ireneo, *Adv. Haer.* V, 30, 3, s.Vittorino di Pettau, Eusebio e s. Gerolamo.

[36] Michele il Siro, *Chronique* (1899), vol. I, p. 147, dice che fu seppellito in Pisidia.

[37] Michele il Siro, *Chronique* (1899), vol. I, p. 147: è detto che morì a Gabala e venne sepolto ad Antiochia. Il testo presenta una coda informativa in cui Cheikho vede adombrata la notizia secondo la quale sarebbe annegato nel mar del Ponto.

[38] In *At* 1,13 è detto «fratello di Giacono».

[39] Michele il Siro, *Chronique* (1899), vol. I, p. 147, dice che era della tribù di Giuda.

[40] Michele il Siro, *Chronique* (1899), sostiene che morì a Baṭnan di Sarūǧ.

[41] Cf. *At* 1,18.

[42] Per un seconda sezione più ricca di dettagli, concernente gli Apostoli, cf. Michele il Siro, *Chronique* (1899), vol. I, pp. 147-149, dove però non è fatta menzione dell'apostolo Paolo.

[43] Forse è meglio leggere Paneas, come in E. A. W. Budge, *The Book of the Bee*, Oxford: Clarendon Press, 1886, p. 109. In un manoscritto della storia di al-Makīn, conservato al Muski e non ancora catalogato, al foglio 183v, collocandolo in cima alla lista, si dice che predicò nelle città di Edessa, di Nisibi e nel territorio tra i due fiumi /= Mesopotamia/. Fa notare, comunque, che gli storici sono di diverso parere su dove predicò, dove e come morì e per mano di chi. Tra i diversi pareri al-Makīn riporta pure quello che lo vuole ucciso per mano di *Swrs*, figlio del re Abgar. La sezione concernente i 70 discepoli sembra comunque non essere dello stesso al-Makīn, ma si può essere certi, grazie a suoi interventi puntuali e cir-

ucciso a Damasco[44]; 3) Melèa, lapidato ad Alessandria[45]; 4) Cefa, lapidato ad Antiochia[46]; 5) Barnaba, morì nell'isola di Cipro[47]; 6) Sostene, fu gettato in mare[48];

costanziati, che nell'elaborazione della lista a cui facciamo riferimento, egli ebbe sotto gli occhi almeno altre due copie. Questo perché non di rado intercala l'affermazione «Qāla al-Manbiğī» e l'altra che recita: «Ma in un'altra copia è scritto». I confronti o i riferimenti verranno indicati alla luce di questa lista, di quelle che compaiono in Michele il Siro, *Chronique* (1899), vol. I, pp. 149-150, 154-155, su quella stilata in Abū al-Barakāt, *Miṣbāḥ al-ẓulmah fī Īḍāḥ al-ḫidmah*, ed. Maktabat al-Kārūz, Il Cairo 1971 e su quella greca anch'essa presente in questo autore, pp. 97-105. Le discrepanze di informazione sono oltremodo notevoli e non ci sembra questa la sede per analizzarle una ad una. Il lettore potrà personalmente verificarle leggendo il testo e cercando di elaborare, ne limiti del possibile e del verosimile, un suo ulteriore elemento di confronto e di giudizio. In Michele il Siro, *Chronique* (1899), vol. I, pp. 149, 154, figura al numero 1 della lista e si dice che battezzò il re Abgar. Abū Al-Barakāt, *Miṣbāḥ*, 85, lo colloca in cima alla lista, dice che guarì dalla lebbra il re Abgar, che poi battezzò, e che fu ucciso dal figlio di quest'ultimo, di nome سوس. Nella lista greca non è menzionato!

44 Anania il diacono è colui che guarì e battezzò l'apostolo Paolo. Predicò a Damasco, dove fu poi ucciso da Filippo, comandante delle schiere di Areta. Al-Makīn, 183v, lo colloca al numero 2 della lista e dice che fu ucciso da Filippo, comandante delle schiere di انطيوس; In Michele il Siro, *Chronique* (1899), vol. I, pp. 149, 154 figura al numero 4 della lista, ma si dice che fu messo a morte da Balaš, generale di Areta, a Arenael. Abū Al-Barakāt, *Miṣbāḥ*, 85, lo inserisce al numero 2 della lista , dice che predicò a Damasco e ad Arbela e fu ucciso da Filippo, comandante delle schiere di أرطوش. Nella lista greca, è al numero 6.

45 Nel manoscritto di Al-Makīn, 184r, si afferma che al-Manbiğī, ossia Agapio, lo chiama anche Cefa e si aggiunge che predicò nell'isola di Rodi. Figura al numero 3 della lista. Michele il Siro, *Chronique* (1899), vol. I, p. 149, lo fa figurare al numero 6 della lista e afferma che predicò a Emesa, Baalbek, Aristân e Ḥémat e che morì a Šayzar. In Abū Al-Barakāt, *Miṣbāḥ*, 85 è inserito al numero 3 della lista, si dice che Agapio lo chiama *al-Ḍiyā'*, predicò a Rodi e morì annegato. La stessa fonte ricorda che altri ritengono ch'egli sia approdato ad Alessandria, dove fu ordinato vescovo, fu il terzo successore di Marco e morì lapidato. Non è menzionato nella lista greca.

46 A proposito di questo Cefa vedi nota precedente. In Abū al-Barakāt, *Miṣbāḥ* (1971), p. 85 si sostiene che questo discepolo si chiamasse invece Sostene, schiavo di Niceta. Di un Cefa che predicò a Rodi e fu gettato in mare, si parla altresì in Michele il Siro, *Chronique* (1899), vol. I, p. 149, che lo fa figuarare al numero 7 dela lista. Ma è indubbio che deve esserci stata molta confusione nel riportare le notizie concernenti questo discepolo!

47 Michele il Siro, *Chronique* (1899), vol. I, p. 149, collocandolo al numero 10 della lista e al 7 in quella di cui a p. 154, scrive che morì a Samo. Ma anche nel manoscritto di Al-Makīn, 184r, troviamo che predicò ad Antiochia e a Cipro, che il suo nome è Tūmā /Tommaso/ nella fonte al-Manbiğī, è parente di Marco l'Evangelista ed è ricordato da Luca nella sua *Praxis*. In *Atti* 4,36 si dice infatti: «Così Giuseppe, soprannominato dagli apostoli Barnaba, che significa "figlio dell'esortazione", un levita originario di Cipro…». Nel testo di al-Makīn è detto che il suo nome significa «figlio della consolazione». Figura al numero 4 della lista. In Abū al-Barakāt, *Miṣbāḥ* (1971), p. 85, figura al numero 5 della lista, si dice che è chiamato Tūmā in Agapio, è parente dell'evangelista Marco, è chiamato برسياس negli Atti come pure Giusto e Giuseppe e che morì e fu seppellito a Samo, nell'isola di Cipro. Nella lista greca occupa il numero 1, divenne vescovo di Milano, fu lapidato e bruciato dai Greci a Cipro.

48 Di Sostene, discepolo o accompagnatore di Paolo, si trova traccia in *1Cor* 1,1. Alcuni lo identificano con il Sostene di cui in *Atti* 18,17. al-Makīn, 184r, collocandolo al quinto posto della lista, dice che fu gettato in mare per ordine del patrizio Yūnā. In Michele il Siro, *Chronique* (1899), vol. I, p. 149 leggiamo invece che predicò nel Ponto e fu gettato in mare per ordine del prefetto Nono. Qui è collocato all'ottavo posto della lista e lo stesso posto occupa nell'altra lista di cui in Michele il Siro, *Chronique* (1899), vol. I, p. 154. In Abū Al-Barakāt, *Miṣbāḥ*, 85, si dice che era schiavo di Niceta, particolare assente tanto negli Atti quanto nella lettera ai Corinti che egli stesso cita. Qui occupa il quarto posto della lista. Nella lista greca Sostene figura al numero 44 e si dice che fu vescovo di Kolofonis.

7) Criscos, morì di fame /ad Alessandria/, dove fu seppellito[49]; 8) Giuseppe di Arimatea, che si convertì a Cristo e morì nella prigione di Gerusalemme[50]; 9) Nicodemo, il Benaccetto, colui che si convertì a Cristo, dopo essere andato a trovarlo e aver parlato con lui[51]; 10) Natanael, capo degli Scribi[52]; 11) Giusto, di cui fa menzione Paolo[53]; 12) Giuda, fratello di Giacomo, fratello di Cristo[54];

[49] Per questo discepolo al-Makīn, 184r, ha la forma «Friscus», precisando che predicò in Galazia e, secondo altri, anche ad Alessandria, dove morì di fame. Lo colloca al sesto posto della sua lista. In Abū Al-Barakāt, *Miṣbāḥ*, 86, è chiamato «Friscus di al-Ramlah», è collocato al sesto posto della lista e si dice che predicò in Galazia e ad al-Fusṭāṭ, ovvero il Cairo Vecchio. Ma aggiunge anche che secondo altri predicò pure ad Alessandria, dove fu gettato in prigione, morendovi di fame. Nella lista di cui in Michele il Siro, *Chronique* (1899), vol. I, p. 154 è chiamato Ciriaco. In Michele il Siro, *Chronique* (1899), vol. I, p. 149, è chiamato «Qriscos», predicò a Kâlânîa e fu imprigionato ad Alessandria. Occupa qui il nono posto della lista, ma è assente nella lista di cui a p. 154. Nella lista greca è collocato al numero 17, si dice che è menzionato nella seconda lettera a Timoteo, e che divenne vescovo della città di Karšīdūnus, in Gallia. Allusione al Crescente di cui in *2Tim* 4,10?

[50] al-Makīn, 184v, lo colloca nel nono posto della lista, dice che morì in al-Rāmah, suo villaggio natio, dove fu pure seppellito. Non fa menzione del carcere. In Michele il Siro, *Chronique* (1899), vol. I, p. 149, è collocato all'undicesimo posto della lista e gli si dà l'appellativo «il senatore», che sembra conciliarsi anche con la strana forma che ci si presenta in al-Makīn, 184v, e che recita *al-Būlūṭ*, le cui iniziali ricordano il termine *būlā* dallo stesso Agapio coniato sul greco per significare il senato. Nella lista di cui in Michele il Siro, *Chronique* (1899), vol. I, p. 154 occupa invece il decimo posto. al-Makīn, 184v, lo colloca al nono posto della sua lista, gli dà l'appellativo di *al-Bulūṭī*, ossia consigliere, dice che era il proprietario del cenacolo sul Sion e che fu lui, insieme a Nicodemo, a darsi pensiero di Gesù dopo la crocifissione. Abū Al-Barakāt, *Miṣbāḥ*, 86, lo colloca al nono posto della sua lista, gli dà l'appellativo di al-Bulūṭī, che vuol dire consigliere, dice che predicò nella Galilea e nella Decapoli e che morì e fu sepolto nella sua città di origine. Non figura nella lista greca.

[51] L'appellativo *al-maqbūl* che Vasiliev traduce con «le Bienvenu», è in al-Makīn e in Abū al-Barakāt *al-Farīsī*, vale a dire il fariseo. al-Makīn, 184v, lo colloca nell'ottavo posto della sua lista, dice che morì e fu sepolto in Gerusalemme. Stesse notizie, ma con aggiunte soprattutto riguardo alla sua frequentazione degli apostoli, in Abū Al-Barakāt, *Miṣbāḥ*, 86, che lo colloca nell'ottavo posto della sua lista. In Michele il Siro, *Chronique* (1899), vol. I, p. 149, è collocato al dodicesimo posto che è però l'undicesimo nell'altra lista di cui a p. 154. Non figura nella lista greca.

[52] Per questo discepolo Vasiliev rimanda a *Gv* 1,45-51 e 21,2, dove però Natanaele sta per l'apostolo Bartolomeo. Principe degli Scribi è altresì definito da al-Makīn, 184v, che lo identifica tuttavia con il personaggio al quale l'apostolo Filippo parlò del profeta venuto da Nazaret, ecc., e lo fa morire lapidato ad Hebron. Michele il Siro, *Chronique* (1899), vol. I, p. 149 dice che la sua morte, sempre per lapidazione, avvenne nel Hauran, e lo colloca al tredicesimo posto della lista che diventa il dodicesimo nell'altra lista di cui a p. 154. al-Makīn, 184v, lo colloca nel decimo posto della lista mentre Abū al-Barakāt, non lo menziona affatto. Non figura nella lista greca.

[53] Cf. *At* 18,7 e *Col* 4,11. al-Makīn, 185r, lo colloca all'undicesimo posto della lista, dice che predicò a Cesarea e a Tiberiade, fu ucciso e seppellito a Cesarea. Stesse notizie in Michele il Siro, *Chronique* (1899), vol. I, p. 149, che però lo colloca al quattordicesimo posto della lista che tale è anche nell'altra di cui a p. 154. Abū Al-Barakāt, *Miṣbāḥ*, 86, lo colloca all'undicesimo posto della lista, dice che è lo stesso che Paolo menziona nella sua lettera ai Colossesi chiamandolo Gesù, che predicò a Cesarea e Tiberiade e che, secondo alcuni, fu ucciso e seppellito a Cesarea. Non figura nella lista greca.

[54] al-Makīn, 185r, lo colloca al tredicesimo posto della lista, lo ritiene fratello di Giacomo figlio di Giuseppe il Falegname, autore della settima lettera cattolica. Predicò a Adirʿāt e nel Ḥawrān e province, dove fu ucciso dal re locale. In Michele il Siro, *Chronique* (1899), vol. I, p. 149, è collocato nella lista al quindicesimo posto ma al tredicesimo in quella di cui a p. 154, si dice che predicò a Bayṣān e morì a

13) Sila, di cui parla ancora Paolo[55]; 14) Giuda, figlio di Baršabba[56]; 15) Marco, di cui Luca parla nella Praxis insieme a tutti gli altri[57]; 16) Giovanni[58]; 17) Giasone[59];

Ludd, ossia Lidda. Abū Al-Barakāt, *Miṣbāḥ*, 87, lo menziona al tredicesimo posto della lista, aggiunge che predicò anche ad Edessa dove guarì dalla lebbra il re Abgar e morì martire nella città di Adirʿāt.

[55] Cf. *At* 15,22.32.40; 17,5.15. al-Makīn, 185r-185v, lo colloca al numero 16 della lista, dice che predicò dapprima in Sicilia e poi nelle isole d'occidente, e che la sua morte avvenne in Sicilia, dove fu seppellito. Il toponimo è scritto una prima volta صقليه e due righi dopo صقليا. Michele il Siro, *Chronique* (1899), vol. I, p. 149, dopo averlo collocato nel sedicesimo posto della lista, che diventa il quindicesimo in quella di p. 154, afferma che predicò e morì in Galazia. Abū Al-Barakāt, *Miṣbāḥ*, 87, lo menziona al sedicesimo posto e dice che girò molto con l'apostolo Paolo che lo ricorda nelle sue Epistole, mentre gli *Atti* ne fanno menzione in occasione del terremoto durante il quale le porte del carcere si aprirono. Figura al numero 3 della lista greca. Per il summenzionato terremoto cf. *At* 16,25-31.

[56] al-Makīn, 185v, ricordandolo al diciassettesimo posto, dice che predicò in Persia e nel Tabaristan, dove fu segato così come si sega la legna. Michele il Siro, *Chronique* (1899), vol. I, p. 149, al quindicesimo posto della lista, fa parola di un Giuda, fratello di Giacomo, che però predicò a Bayšan e morì a Ludd. Nella seconda lista, al sedicesimo posto, dopo Sila, si parla di un certo Bar-Saba o Barsabba. In realtà di Barsabba, detto anche Giuseppe e soprannominato il Giusto, parlano *At* 1,23 là dove gli apostoli decidono di sostituire Giuda Iscariota e la sorte piuttosto che su costui cade su Mattia. Abū Al-Barakāt, *Miṣbāḥ*, 87, lo chiama Giuda Barsayya, ma potrebbe trattarsi di un refuso, lo colloca al diciassettesimo posto della lista, e aggiunge, confermando le notizie già presenti in al-Makīn, che di lui fanno parola gli *Atti* al numero 218. Un particolare, questo, interessante per come allora si citavano le Scritture prima che si fissasse l'attuale criterio. Nella lista greca figura al numero 34, è chiamato Giuseppe detto Barsabba, e sono riportate le stesse notizie di cui nel citato passo degli *Atti*. Nel testo viene presentato come Ibn Baršayyā.

[57] Cf. *At* 12,25; 15,37-39. al-Makīn, 185v, parlandone al diciottesimo posto nella lista, lo presenta come il primo patriarca della sede di Alessandria ed è quello di cui fornisce più notizie rispetto agli altri. Vedi ff. 185v-186r. Michele il Siro, *Chronique* (1899), vol. I, p. 149, menzionandolo al quarantaquattresimo posto nella lista, che diventa il diciassettesimo in quella di p. 154, dove ne parla come «Giovanni che è Marco», così come in al-Makīn. Abū Al-Barakāt, *Miṣbāḥ*, 87-88 è più di tutti generoso nel fornire diversi particolari sulla sua vita e sulla sua attività. Lo colloca al diciottesimo posto nella lista. Nella lista greca figura al numero 29 sotto il nome Giovanni detto Marco, vescovo del Ponto, di cui parla la *Praxis* al numero 163.

[58] Il testo ci sembra corrotto meno di quanto lascia supporre Vasiliev. Egli traduce «appelé Niger» e si conforta con quanto contenuto nelle liste siriache approntate da Assemani, dove trova scritto «Judas cognomento Niger…». Vedi A. Vasiliev, *Kitab* (1915), p. 480. In al-Makīn, 186r sono citati insieme come ventesimo e ventunesimo Giovanni e Mīsūn. Predicarono a Baalbek, dove consumarono il loro martirio dilaniati dalle fiere ed ivi seppelliti. Nella lista di cui in Michele il Siro, *Chronique* (1899), vol. I, p. 150 al cinquantesimo posto è collocato un certo Giovanni «che fu gettato davanti alle bestie nel teatro di Baalbek». Il testo arabo ha qui يوحنا مسنوب ed è da leggere, molto verosimilmente alla luce di quanto si sarebbe trovato più tardi in al-Makīn che al foglio 186r, al rigo 15 ha يوحنا وميسون. C'è da aggiungere che anche Abū Al-Barakāt, *Miṣbāḥ*, 90, li mette insieme al ventesimo e ventunesimo posto della lista, asserendo che morirono davanti alle fiere nella città di Baalbek, ma per il secondo ci imbattiamo qui nel nome *Mnswb*. Non siamo riusciti a identificarlo nella lista greca. Nel testo che traduciamo compare la forma يوحنا منسوب سحر. In *At* 13,1 troviamo che «ad Antiochia erano profeti e dottori della Chiesa locale Barnaba, Simeone detto il Negro, Lucio di Cirene, Manahén, amico d'infanzia del tetrarca Erode Antipa, e Saulo».

[59] Michele il Siro, *Chronique* (1899), vol. I, p. 150 dice che fu gettato in pasto alle fiere. Questo particolare ci suggerisce di collegarlo al Mīsūn di cui parla al-Makīn. Vedi nota precedente. Tuttavia in Vasiliev è tradotto con Giasone, ma la sua forma اياسون è identica a quella che compare in Abū Al-Barakāt, *Miṣbāḥ*, 90, che, collocandolo al ventiquattresimo posto, precisa che predicò ad Apamea e a Sinzar, dove fu seppellito. In al-Makīn, 186r, è chiamato invece Atanāsū: avrebbe predicato ad Apamea e in un'altra località il cui nome è illeggibile. Non figura nella lista greca.

18) Manael[60]; 19) Erode[61]; 20) Rufo[62]; 21) Alessandro[63]; 22) Simone il Cireneo[64]; 23) Lucio il Cireneo[65]; 24) Cleofa, fratello di Giuseppe, sposo di Maria[66]; 25) Simone, suo figlio, che divenne vescovo e fu crocifisso a

[60] Nella lista di cui in Michele il Siro, *Chronique* (1899), vol. I, p. 154 figura al ventunesimo posto. Dovrebbe essere lo stesso Mīnāyīl, figlio di Demetrio, di cui parla al-Makīn, 186v, dove occupa il venticinquesimo posto della lista, e del quale si dice che morì bruciato. In Michele il Siro, *Chronique* (1899), vol. I, p. 150 al ventesimo posto della lista si parla di un certo Olympas, chiamato anche Manael, che fu bruciato ad Acri. Al-Makīn ha per il toponimo la forma عفرا che compare però sotto la forma Ġanġarā, ossia ʿAkkā, in Abū Al-Barakāt, *Miṣbāḥ*, 90, dove è collocato al venticinquesimo posto sotto il nome Hāmil figlio di دمنزريوس . Scheikho lo identifica con il Manahén collattaneo di Erode di cui in *At* 13,1.

[61] In Al-Makīn, 186v, al ventiduesimo e ventitreesimo posto sono menzionati *Sbḥy* ed Erode, predicatori ad Acri, dove furono uccisi dal governatore del luogo e ivi seppelliti. In Michele il Siro, *Chronique* (1899), vol. I, p. 150 un Erode ucciso ad Acri figura al quarantottesimo posto della lista e al quarantatreesimo della seconda lista di cui a p. 155. In Abū Al-Barakāt, *Miṣbāḥ*, 90, al ventiduesimo e ventitreesimo posto figurano *Sḥy* e Erode e si dice che erano assidui nel predicare ad Acri e nelle zone costiere, dove furono poi uccisi dal governatore del luogo e seppelliti nella stessa città.

[62] Al-Makīn, 186v, lo chiama Rufo il Curvo (?), *al-munḥanī*, dicendo ch'era figlio di Simone il Cireneo e che trovò la morte per essere stato gettato in un pozzo, nella città di *Hrqlūs*. Lo colloca al ventisettesimo posto. In Michele il Siro, *Chronique* (1899), vol. I, p. 150 si menziona, al ventunesimo posto, un Rufo ucciso dai Daylamiti ma si parla pure di un Alessandro, subito dopo di lui nella lista, che fu gettato in una fossa a Heracleopoli. Di questo Alessandro Al-Makīn, 186v, dice ch'era figlio di Simone il Cireneo e fratello d Rufo. Parlando di quest'ultimo sotto il nome di Rūmus, probabile refuso, e collocadolo al ventisettesimo posto, anche Abū Al-Barakāt, *Miṣbāḥ*, 90 asserisce che fu figlio di Simone il Cireneo e predicò nella città di هرفلوس pur esso probabile refuso per هرقاوس delle altre fonti. Anche qui si dice che predicò nel paese dei Daylamiti e fu gettato in un pozzo pieno d'acqua, dove morì. Nella lista greca figura al numero 25, si dice che divenne vescovo di Tebe, abbatté i templi degli dei facendone luoghi di culto per il Dio dei cristiani. Sarebbe lo stesso Rufo menzionato nella lettera ai Romani, ossia in *Rom* 16,13, figlio di Simone il Cireneo e fratello di Alessandro menzionato nella *1Tm* 1,20.

[63] Di questo Alessandro Michele il Siro, *Chronique* (1899), vol. I, p. 150, dice che fu gettato in una fossa a Heracleopoli.Vedi nota precedente. Ma in Al-Makīn, 186v, dove lo troviamo al ventiseiesimo posto della lista, si dice che era figlio di Simone il Cireneo, e che predicò nel paese dei Daylamiti. Abū Al-Barakāt, *Miṣbāḥ*, 90, asserisce di lui le stesse cose che dice subito dopo a proposito di Rufo.

[64] In Michele il Siro, *Chronique* (1899), vol. I, p. 150 si afferma che Simeone il Cireneo, collocato qui al ventitreesimo posto che diviene poi il ventiquattresimo nella lista di cui a p. 154, fu ucciso di spada a Chio. In Al-Makīn, 186v, è ricordato al ventottesimo posto. Dopo averlo descritto come colui che fu costretto a portare la croce di Cristo al ritorno dai campi, si afferma che era padre di Rufo e di Alessandro e che fu ucciso e seppellito nell'isola di *Qlfūs*. Abū Al-Barakāt, *Miṣbāḥ*, 90, lo ricorda al ventottesimo posto, dicendo che predicò nell'isola di *Plfūs*, dove venne ucciso e seppellito.

[65] Di questo Lucio il Cireneo si parla in Michele il Siro, *Chronique* (1899), vol. I, p. 150, dove è collocato al ventiquattresimo posto subito dopo Simone il Cireneo, che diviene il venticinquesimo nella lista di cui a p. 155, precisando che fu tirato da cavalli al punto da avere tutte le membra spezzate. In Al-Makīn, 186v, si ricorda un certo اوليانس che predicò a *Sāmūr* /= Nīsābūr/, dove venne ucciso legato e trascinato alla coda di un cavallo. Qui occupa il ventinovesimo posto della lista. In Abū Al-Barakāt, *Miṣbāḥ*, 90, il suo nome è Būlnās il Cireneo, martirizzato a Nīsābūr. Se ne fa menzione nel ventinovesimo posto della lista. La lista greca menziona un Lucio al numero 67, ricordato nella lettera ai Romani, ossia in *Rom* 16,21, divenuto poi vescovo della città di Latakia, ma non sembra possa trattarsi dello stesso discepolo.

[66] Al-Makīn, 186v-187r, dopo averlo ricordato come fratello di Giuseppe il Falegname, della tribù di Giuda, dopo aver detto che era con l'evangelista Luca il giorno della resurrezione di Cristo quando camminava insieme con essi lungo la via per Emmaus, afferma che predicò a Ludd e in terra di Palestina, fu ucciso e seppellito nella città di Ludd. Lo colloca al trentesimo posto nella lista. In Michele il Siro,

Gerusalemme[67]; 26) Yūsā, figlio di Giuseppe[68]; 27) Giacomo, figlio di Giuseppe[69]; 28) Giacomo il Maggiore[70]; 29) Giuda, detto Simeone[71]; coloro che erano con Cleofa lungo la strada /per Emmaus/, vale a dire 30) Tūrmīs[72] e

Chronique (1899), vol. I, p. 150, figura al venticinquesimo posto, ma al ventiseiesimo in quella di cui a p. 155. Abū Al-Barakāt, *Miṣbāḥ*, 90, gli assegna il trentesimo posto nella lista e ripropone le stesse notizie di cui in al-Makīn. Purtroppo la lista greca, ponendolo al numero 62, lo identifica con Simone e lo chiama Simone figlio di Giuseppe fratello d Giacomo, secondo vescovo di Gerusalemme. Sarebbe vissuto 120 anni e sarebbe stato il compagno di Luca lungo la strada per Emmaus. Soffrì inauditi patimenti al tempo di Domiziano e fu alla fine crocifisso ai tempi di Traiano.

67 Al-Makīn, 187r, afferma che fu vescovo di Gerusalemme dopo Giacomo figlio di Giuseppe il Falegname. All'età di cento anni fu crocifisso dal governatore Inīrūs, انيروس, il 9 *abīb*. Gli assegna il trentunesimo posto nella lista. In Michele il Siro, *Chronique* (1899), vol. I, p. 150, dove è collocato al ventiseiesimo posto nella lista, che è poi il ventisettesimo in quella di cui a p. 155, si afferma che fu ucciso per ordine del chiliarca Ireneo. Abū Al-Barakāt, *Miṣbāḥ*, 91, che gli assegna il trentunesimo posto nella lista, dice che fu vescovo di Gerusalemme dopo lo zio Giacomo, aggiungendo le stesse notizie di cui in al-Makīn, ma scrivendo انرس il nome del governatore.

68 Ricordato in Michele il Siro, *Chronique* (1899), vol. I, p. 150 sotto il nome di Yusai, non ne fanno affatto menzione né al-Makīn né Abū al-Barakāt. Nella lista occupa il ventisettesimo posto, subito dopo Simone figlio di Cleofa ed è chiamato Yôsa nella lista di cui a p. 155, dove occupa il ventottesimo posto. In A. Vasiliev, *Kitab* (1915), p. 481 viene chiamato Yūsiyā.

69 Sicura allusione a Giacomo, fratello di Giuseppe il Falegname, detto il Pio, della tribù di Giuda, primo vescovo della città di Gerusalemme, che governò per trent'anni. Gettato giù dal Tempio dai Giudei, gli fracassò il capo uno di quei facinorosi con una barra di ferro e così morì, il 18 *amšīr*. Sua è la lettera scritta alle Dodici Tribù, ovvero la prima di quelle Cattoliche. Così è descritto in Al-Makīn, 185r, che lo colloca al dodicesimo posto nella lista. In Michele il Siro, *Chronique* (1899), vol. I, p. 154, si menziona un Giacomo solo nella seconda lista, al quinto posto. In Abū Al-Barakāt, *Miṣbāḥ*, 86, inserito al numero 12 della lista, figura Giacomo figlio di Giuseppe il Falegname, detto fratello del Signore nella carne per parte di suo padre, figlio di Salomè, una delle donne che erano ai piedi della croce, figlia di Abǧād, fratello del sacerdote Zaccaria. Fu il primo vescovo di Gerusalemme, dove predicò trent'anni. La madre di Giacomo è piuttosto ricordata tra le pie donne che assistevano alla deposizione e alla preparazione del corpo prima di seppellirlo, come in *Lc* 24,10 in cui si parla di Maria di Giacomo. Vedi pure *Mc* 16,1 dove tuttavia Maria di Giacomo è ben distinta da Salome. In *Mt* 27,55 si dice che c'erano molte donne, tra cui «Maria di Magdala, Maria madre di Giacomo e di Giuseppe, e la madre dei figli di Zebedeo».

70 Al-Makīn, 187r, lo fa predicare nella città di Nicomedia. Non dice che fu ucciso. Lo colloca al trentaduesimo posto della lista. In Michele il Siro, *Chronique* (1899), vol. I, p. 150, si dice che fu messo a morte insieme con suo fratello. È inserito al ventottesimo posto, ma non compare nella lista di cui a pp. 154-155. In Abū Al-Barakāt, *Miṣbāḥ*, 91, è collocato al trentaduesimo posto nella lista e si dice che predicò nella città di سعمودیا (?).

71 Al-Makīn, 187r, dice espressamente che si tratta di Giuda detto Simone. Collocandolo al trentatreesimo posto della lista, dice che predicò in quel di al-Rāmah e nei territori circostanti fino alla sua morte, causata dalle percosse inflittegli dai Giudei del luogo. Aggiunge che alcuni ritengono che sia lo stesso Simeone il Lebbroso ricordato nel santo Vangelo. Vedi pure Michele il Siro, *Chronique* (1899), vol. I, p. 151, dove, inserendolo al numero 58 della lista, ripropone come e da chi fu ucciso. Nella lista di cui a p. 155 è inserito al numero 58. In Abū Al-Barakāt, *Miṣbāḥ*, 91, figura al numero 33 della lista, ma non si dice più di quanto già detto in al-Makīn.

72 Al-Makīn, 187r, ricorda subito dopo il precedente evangelizzatore, inserendolo al numero 34 della lista, un certo يوريليس che predicò nella città di Laodicea o Latakia, i cui abitanti lo uccisero bruciandolo. In Michele il Siro, *Chronique* (1899), vol. I, p. 150, risulta, al numero 29 della lista, un certo Bîṭārsos che fu gettato in una fornace a Laodicea. In Abū Al-Barakāt, *Miṣbāḥ*, 91, inserito al numero 34 della lista, troviamo *Bwrns* del quale si dice che fu martirizzato a Laodicea dove venne bruciato vivo dai pagani.

31) Fāsṭūriyūs[73]; coloro che gli Apostoli ordinarono diaconi e coloro di cui parla Paolo, vale a dire: 32) Andronico[74]; 33) Tito[75]; 34) Erma; 35) Blḥwn[76]; 36) Bṭrnā[77];

[73] Questo discepolo, dal nome فاسطوريوس nel testo e قنطريوس in Al-Makīn, 187r, dove è inserito al numero 35 della lista, evangelizzò in una città del Maġrib, sull'isola di بنوا, dove fu anche seppellito. Ricordato sotto la forma فسطريوس in Abū Al-Barakāt, *Miṣbāḥ*, 91,dove è inserito al numero 35 della lista, si dice che sia morto sull'isola سو, nel Magrib. Non si riesce ad individuarlo in Michele il Siro, *Chronique* (1899), vol. I, p. 150.

[74] In Al-Makīn, 188r, è detto che predicò in Siria e che morì e fu seppellito nella città di Manbiğ. Lo annovera tra i sette che servivano alla mensa ed è inserito al numero 43 della lista. In verità *At* 6,3-5 ci presentano l'apostolo Pietro che suggerisce di affidare ai discepoli il servizio delle mense perché lui e gli apostoli potessero dedicarsi meglio e totalmente al ministero della parola. Furono così scelti Stefano, Filippo, Procuro, Nicanore, Timone, Parmenas e Nicola. Parlando di Andronico, in Michele il Siro, *Chronique* (1899), vol. I, p. 150 leggiamo che predicò in Illiria ed è collocato al numero 31, ma è poi del tutto assente nell'altra lista di cui a pp. 154-155. Abū Al-Barakāt, *Miṣbāḥ*, 92, collocato al numero 43 della lista, si parla di Andronico come vescovo di Sūsās e di uno di quei sette che l'apostolo Paolo ricorda nelle sue Epistole. Cf. *Rom* 16,7. Nella lista greca figura al numero 63, dove si dice che è ricordato nell'epistola ai Romani e che divenne vescovo di Pannotias.

[75] Ricordandolo al quarantacinquesimo posto della sua lista, Al-Makīn, 188v, dice che predicò a Creta, di cui fu anche vescovo, e che ivi morì e fu seppellito. Fu compagno di viaggio di Paolo che gli dedicò una delle sue Epistole. In Michele il Siro, *Chronique* (1899), vol. I, p. 150, è inserito al numero 33 della lista ma al 32 di quella di cui a p. 155. Abū Al-Barakāt, *Miṣbāḥ*, 92, lo assegna al posto 45 della sua lista. Nella lista greca, p. 105, si dice che non faceva parte dei 70 ma dei 120 e dei 3000 di cui si parla negli *Atti*. Vedi a tal proposito *At* 1,15 e 2,41.

[76] Dall'analisi del nome così come offertoci nel testo, si potrebbe risalire a quel discepolo che Al-Makīn, 188v, colloca al quarantaseiesimo posto della sua lista sotto la forma *Māylḥwn*, del quale è detto che predicò nell'isola di ملطية Malta (?), e del quale si dice che fu uno di quelli che attendevano al servizio delle mense. Purtroppo nessuno dei sette nomi di coloro che attendevano al servizio delle mense è compatibile con questo! Ma non è inverosimile che si voglia qui alludere a Flegonte, discepolo che l'apostolo Paolo manda a salutare nella sua lettera ai Romani 16,14. In Michele il Siro, *Chronique* (1899), vol. I, p. 150, non figura nessun nome con questo identificabile. In Abū Al-Barakāt, *Miṣbāḥ*, 92, figura al numero 46 della lista sotto il nome بلمون che evangelizzò a ملطيه spiegata in nota come Melitene, città della Turchia, in Asia Minore. In questo testo manca l'indicazione di «isola» presente invece in al-Makīn. Nella lista greca Flegonte è al numero 12 e ci è presentato sotto la forma فلاغون e come vescovo di Maratona. Anche qui si accenna al fatto che è menzionato nella lettera ai Romani.

[77] Parlando di un altro discepolo che aveva l'incombenza di servire alle mense, Al-Makīn, 188v, menziona un certo Baṭrūn che predicò a Calcedonia, dove morì e fu seppellito. Lo inserisce al numero 47 della lista. In Michele il Siro, *Chronique* (1899), vol. I, p. 150, dopo Tito è menzionato un certo *Jonas* Probus del quale si dice che morì a Calcedonia. Figura al numero 34. Ma indipendentemente da questi probabili intrecci e non condizionati eccessivamente dal particolare di coloro che attendevano al servizio delle mense, è più logico, stando alla forma del nome, identificarlo con Patroba che Paolo manda a salutare nella sua lettera ai Romani 16,14. In Abū Al-Barakāt, *Miṣbāḥ*, 92, figura al numero 47 della lista e si dice che Paolo lo ricorda nella sua lettera ai Romani e che evangelizzò a Calcedonia. Nella lista greca figura al numero 49 sotto la forma بطروباس e si dice che divenne vescovo di Potiolis. Si accenna che si parla di lui nella lettera ai Romani e negli *Atti* (?). A. Vasiliev, *Kitab* (1915), p. 481, ha la forma *Bṭrbā*.

37) Asincrito[78]; Herma, detto il Pastore[79]; le sei persone che erano con Pietro a Cesarea[80], vale a dire: 38) Crescenzo[81]; 39) Milichas[82]; 40) Baṭarīṭūn[83]; 41) Simone[84]; 42) Gaio[85];

[78] In Al-Makīn, 188v, la forma del nome è differente, سوبقطرس. Si dice che predicò nella città di al-Ahwāz, dove morì e fu seppellito. Figura al numero 48 della lista. Al numero 35 della seconda lista riportata in Michele il Siro, *Chronique* (1899), vol. I, p. 155, è chiamato Asinclito. In Abū Al-Barakāt, *Miṣbāḥ*, 92, figura al numero 48 della lista e si dice quanto già detto in al-Makīn, ma il suo nome figura sotto la forma سونفريطوس . In *Rom* 16,14 Paolo raccomanda di salutargli Asincrito. Di Asincrito troviamo traccia al numero 27 della lista greca, sotto il nome اسينكريطس e si racconta di lui che divenne vescovo di Ircania.

[79] In Al-Makīn, 188v, leggiamo che predicò ad Antiochia e a Cesarea, dove morì e fu seppellito. Al-Makīn lo annovera qui tra i sette che attendevano al servizio delle mense. Forse perché tratto in inganno dal fatto che uno di essi era un proselite di Antiochia. Figura al numero 49 della lista. In Michele il Siro, *Chronique* (1899), vol. I, p. 150, si dice semplicemente che morì ad Antiochia. Figura al numero 35 della lista. In Abū Al-Barakāt, *Miṣbāḥ*, 92, figura al numero 49 della lista. Si dice che evangelizzò ad Antiochia e a Cesarea e precisa che mentre alcuni lo chiamano il Pastore, الراعي altri lo chiamano il Predicatore, الداعي. Precisa che Paolo lo ricorda nella sua lettera ai Romani. Questo particolare ci conferma che è certamente lo stesso Erma di cui in *Rom* 16,14, ossia lo stesso Erma di cui al numero 46 della lista greca.

[80] Particolare che si ispira a *At* 11,12 dove è scritto «Vennero con me anche questi sei fratelli ed entrammo in casa di quell'uomo».

[81] Sotto la forma خريسَورس compare nella lista di Al-Makīn, 188v, dove si dice che predicò nelle isole del mare e là egli morì e fu seppellito. Figura al numero 50 della lista. Si dice che faceva parte dei sei che erano con Pietro a Cesarea. In Michele il Siro, *Chronique* (1899), vol. I, p. 155, si parla, al numero 36 della lista, di un certo Qrisis che però morì in località più specificate di quanto non faccia qui al-Makīn, mentre in Abū Al-Barakāt, *Miṣbāḥ*,92 , figura al numero 50 della lista sotto il nome خرمستورس, dicendo che evangelizzò le isole del mare e faceva parte dei sei che erano con Pietro a Cesarea.

[82] Meglio Malcus, come in Al-Makīn, 189r, dove, parlando di un certo مرطيلوس, precisa che è invece chiamato Malkūs da Agapio. Figura al numero 51 della lista. Predicò tra i Berberi e a Creta, dove venne ucciso e seppellito. È annoverato tra i sei che erano con Pietro a Cesarea. In Michele il Siro, *Chronique* (1899), vol. I, p. 151, si fa menzione di un certo Marôtôlos ucciso dai Barbari a Nikṭamotos. Figura al numero 54 della lista, ma al numero 49 di quella di cui a p. 155, dove è però chiamato Martolus. In Abū Al-Barakāt, *Miṣbāḥ*,93 , figura al numero 51 della lista sotto il nome قرطلس e si precisa che Agapio lo chiama invece مركيليس. Riporta anch'egli che evangelizzò nella città dei Berberi e a Creta, dove fu ucciso e seppellito.

[83] È menzionato insieme con il successivo Simone in Al-Makīn, 189r, dove si dice che predicò nella città di Bisanzio, fu ucciso dal governatore Salūlūs e fu con Paolo a Roma. Riporta altresì che fu, sempre con Simone il conciatore, tra i sei che si trovavano con Pietro a Cesarea. I due figurano ai posti 52 e 53 della lista. In Michele il Siro, *Chronique* (1899), vol. I, p. 151, si dice che Yopisṭan e Simone furono uccisi dal prefetto Metellio a Bisanzio. Si noti ancora una volta come difformi siano i nomi da un autore ad un altro! In Abū Al-Barakāt, *Miṣbāḥ*,92 , figurano ai numeri 52 e 53 della lista. Il nome del primo è qui براطون e il nome del governatore o prefetto che li uccise è سلواوس. Nel testo che traduciamo figura in maniera illeggibile.

[84] Ossia Simone il conciatore, di Giaffa, di cui in *At* 9,43.

[85] Ossia Agapo, di cui in *At* 11,28. Riportato sotto la forma غابوس in Al-Makīn, 189r, si dice che predicò ad Antiochia e nei suoi territori, dove morì e fu seppellito. Anche di lui si dice che fu uno dei sei che erano con Pietro a Cesarea. Figura al numero 54 della lista. In Michele il Siro, *Chronique* (1899), vol. I, p. 155, figura al numero 68 della seconda lista, ma è assente nella prima. In Abū Al-Barakāt, *Miṣbāḥ*, 93, figura al numero 54 sotto il nome عانوس e si fa di lui menzione nelle *Storie* al numero 305. Le denominazione per il libro degli Atti sono qui varie, tra cui *al-Qiṣaṣ*, *al-Ibraksīs* e *Kitāb* o *Aḫbār al-Abusṭuliyyīn* che nel testo è mal reso con الابسلطيين. Al numero 28 della lista greca figura in effetti un Gaio per il quale si rimanda alla lettera ai Romani, che divenne poi vescovo di Efeso dopo Timoteo. Ma in questo caso il riferimento sarebbe appunto *Rom* 16,23 e non più *At* 11,28, dove si parla invece di Agapo. Di quest'ultimo la lista greca fa menzione al numero 23 ma la forma del suo nome è qui chiaramente اغابوس e non غايوس e dice espressamente che è menzionato negli *Atti degli apostoli* al n. 305.

43) Apollo[86]; i due che non credettero nella divinità di Cristo e che divennero eretici, vale a dire: 44) Cerinto[87] e 45) Elione, rimpiazzati con: 46) Luca l'Evangelista[88] e 47) Urbano[89]; 48) Isṭīḥūs[90]; 49) Aristobulo[91]; 50) Stefano[92]; 51) Erodione[93]; 52) Marco[94];

[86] Di questo Apollo, anche qui come nel testo sotto la forma افلوس parla altresì Al-Makīn, 189r, conferendogli l'appellativo l'Eunuco e asserendo che predicò a Ğayḥān, per essere poi ucciso a Sīḫār, il cui governatore lo fece bruciare, ossia il governatore di ʿArʿarā. Anche di lui è detto che fu tra i summenzionati sei. Il che ci fa capire che qui è l'ultimo di loro. Figura al numero 55 della lista. In Michele il Siro, *Chronique* (1899), vol. I, p. 155, figura al numero 62, mentre in quella di cui a p. 155 figura al numero 55. In Abū Al-Barakāt, *Miṣbāḥ*,93 , è chiamato أفلوس المحسي , figura al numero 55, è anch'egli uno dei summenzionati sei e si dice che fu ucciso a Siḫār. Ma potrebbe essere anche l'Apelle di cui in *Rom* 16,10.

[87] Tanto questo quanto il nome che segue non compaiono nelle liste che abbiamo potuto consultare!

[88] In Al-Makīn, 186r, figura al posto 17 della lista, gli è attribuito il Vangelo in lingua greca che scrisse venti o ventidue anni dopo l'Ascensione per Teofilo e il libro degli Atti. Fu a lui e a Cleofa che si affiancò Cristo la domenica di resurrezione lungo la strada che da Gerusalemme portava al villaggio di Emmaus. Trovò il martirio a Roma il giorno 22 *bābih*, secondo mese copto. In Michele il Siro, *Chronique* (1899), vol. I, p. 155, figura al numero 43 e al 37 nella lista di cui a p. 155 e si dice che fu messo a morte nella grande città di Tebe. Abū Al-Barakāt, *Miṣbāḥ*,89 , lo fa figurare al numero 19 della lista e riporta più o meno quanto già ricordato da al-Makīn. La lista greca ha un Lūkās al numero 5 ma puntualizza che non si tratta di Luca evangelista. Se ne fa menzione nella lettera a Filemone 1,24.

[89] Nome non rintracciabile in nessuna lista! Di Urbano, collaboratore in Cristo di Paolo, si fa cenno in *Rom* 16,8. Ma nessuna delle fonti finora citate menziona due eretici sostituiti da Luca e da Urbano! Di un Urbano si trova traccia al numero 59 della lista greca, dove si dice che divenne vescovo di Macedonia e predicò in numerose città. Il particolare del riferimento alla lettera dei Romani in cui se ne fa menzione, ci induce a pensare proprio al prezioso collaboratore di Paolo.

[90] In Al-Makīn, 189v, sono menzionati l'uno subito dopo l'altro, nei numeri 57 e 58, Isṭīḫūs e Nūriyūn, dicendo che, dopo essere entrati nella Nubia e nel Sudan, predicarono in detti territori fino alla loro morte. Il nome del primo potrebbe avere una qualche relazione con il nome *Stachys*, cinquantaquattresimo della lista, di cui in Michele il Siro, *Chronique* (1899), vol. I, p. 155. In Abū Al-Barakāt, *Miṣbāḥ*, 93, figurano ai posti 57 e 58 della lista, il secondo sotto il nome Yūriyūn. Le altre notizie collimano con quelle riferite da al-Makīn. Potrebbe forse trattarsi di Stachi che l'apostolo Paolo menziona in *Rom* 16,9.

[91] In Al-Makīn, 189v, è chiamato invece Arisṭānūs ed è elencato insieme ad altri due, ossia Abū Miqnā e Isṭāfānūs. Tutt'e tre predicarono nel paese dei *Rūm* e insieme furono imprigionati a Tarso, morendo in carcere. I loro corpi furono motivo di guarigione per molti infermi. In Michele il Siro, *Chronique* (1899), vol. I, p. 151, ai numeri 59, 60, 61 sono menzionati insieme tre discepoli, ossia Cleofa, Esphana e Sṭēṭios, morti in prigione a Tarso. Abū Al-Barakāt, *Miṣbāḥ*,93 , i nomi, rispettivamente registrati come 59, 60, 61 nella lista, sono dati in maniera difforme, ossia ارسطالوس، ابو مسا، اسطافوس, imprigionati da Antonio e morti in carcere nel paese dei *Rūm*. Nella lista greca figura al numero 42, si dice che è menzionato nella lettera ai Romani e che divenne vescovo di Bretaniyas. La citazione biblica è *At* 16,10.

[92] Vedi nota precedente.

[93] Non abbiamo trovato nessun riscontro per questo personaggio! Forse è da identificare con l'Erodione di cui in *Rom* 16,11. In tal caso è lo stesso discepolo che figura al numero 30 della lista greca.

[94] Ossia Marco l'Evangelista, già chiamato Giovanni, primo patriarca della sede di Alessandria e sue dipendenze, sulla cui figura Al-Makīn si sofferma a lungo nei fogli 185v-186r, facendolo figurare al numero 18 della lista. In Michele il Siro, *Chronique* (1899), vol. I, p. 150 si dice che predicò nella città di Roma e fu messo a morte nel paese di Panôs (?). Qui figura al numero 44 della lista, ma occupa il posto 17 in quella riportata a p.154. Abū Al-Barakāt, *Miṣbāḥ*,87 , lo colloca al numero 18 ed è il personaggio sul quale si sofferma più a lungo.

53) Rufo[95]; 54) Olimpas; 55) Mr…srs[96]; 56) Smʿlw..s[97]; 57) Marūlā[98]; 58) Imeneo[99]; 59) Alessandro; 60) Gennadio[100] 61) ..lāwūn[101] e i falsi apostoli Simone, Krmn e Leone.

[95] Di un Rufo si è già fatta menzione. Si potrebbe tenere in conto Al-Makīn, 189v, dove si parla di un certo لافس non del tutto lontano da *Lāwis*, e sarebbe il discepolo che, dopo aver predicato nei territori interni della Cina, morì e fu seppellito colà. Figura al posto 63 della lista. Questo sembra cozzare con quanto narrato in Michele il Siro, *Chronique* (1899), vol. I, p. 150, dove si dice che Levi predicò a Phainôs e fu ucciso da Chronos e con l'altra lista riportata sempre in Michele il Siro, *Chronique* (1899), vol. I, p. 155 dove Levi ed Efrem sono due distinti discepoli, a ribadire quasi quanto già detto nella prima citazione, dove sono ben distinti tra di loro. Anche Abū Al-Barakāt, *Miṣbāḥ*,93 , sostiene che Rufus ed Efrem sono la stessa persona, che predicò nei territori interni della Cina, dove morì e fu seppellito. Figura al posto 65 della lista.

[96] Forse si tratta dello stesso personaggio che Al-Makīn, 189v, chiama ايسون dicendo che è pure detto مرقسيوس, forma, questa, non molto lontana da quella proposta in A. Vasiliev, *Kitab* (1915), p. 481. Potrebbe essere identificato con il discepolo Laison di cui in Michele il Siro, *Chronique* (1899), vol. I, p. 151, morto in un forno infuocato ad Apamea? Mettendo a confronto i due nomi ايسون e ليسون non sarebbe del tutto inverosimile!

[97] Forse allude a Simone, il figlio della vedova che Gesù resuscitò a Nain, che predicò nei territori di al-Sawād e Ḥawrān insieme con Giuda fratello di Giacomo, figlio di Giuseppe. Qui fu ucciso e sepolto. Così in Al-Makīn, 190r., dove figura al numero 65 della lista. In Michele il Siro, *Chronique* (1899), vol. I, p. 151, si dice che fu ucciso insieme con il discepolo Zaccheo ad Ḥawarin, nel deserto. Sempre in Michele il Siro, *Chronique* (1899), vol. I, 155, è chiamato Zaccaria, figlio della vedova. Abū Al-Barakāt, *Miṣbāḥ*, 93, lo colloca al numero 65 della lista, aggiunge che evangelizzò anche la Bitinia, insieme a Giuda, fratello di Giacobbe, figlio di Giuseppe.

[98] Con lo stesso nome compare anche in Al-Makīn, 190r, dove si dice che era chiamato pure تاوفيا e che predicò, morì e fu sepolto nella città di Nālūs. Figura al numero 67 della lista. Non siamo riusciti ad identificarlo nelle due liste riportate in Michele il Siro. Abū Al-Barakāt, *Miṣbāḥ*,93 , lo colloca al numero 67 della lista, lo chiama Mazūlā detto pure تاوفيا e dice che evangelizzò la città di Yālūs. Sembra potersi connettere con Teofilo di cui in Michele il Siro, *Chronique* (1899), vol. I, p. 151, dove occupa il numero 65 della lista e del quale si dice che morì in pace in Egitto, dove fu seppellito.

[99] Potrebbe corrispondere al personaggio *Hirmānūs* che Al-Makīn, 190r, fa predicare a Qafarbenna, dove morì e fu seppellito. Lo stesso Vasiliev indica una variante molto vicina a questo nome. Cf. A. Vasiliev, *Kitab* (1915), p. 481. Questo stesso discepolo Abū Al-Barakāt, *Miṣbāḥ*,94 , lo colloca al numero 68 della lista, ma dice che evangelizzò in quel di عقونيا dove morì strangolato. Potrebbe essere il Parmenas di cui in Michele il Siro, *Chronique* (1899), vol. I, p. 155, dove occupa il numero 67 della lista. Alessandro e Imeneo sono invero ricordati in appendice alla lista greca come i due di cui si parla nella prima lettera a Timoteo in 1,20 dei quali è detto che hanno fatto naufragio nella fede.

[100] In Al-Makīn, 190r, la forma è chiaramente Qanādiyūs, detto anche Cefa. Occupa il posto 69 della lista, si dice che predicò a Ḥomṣ e a Baalbik e che l'apostolo Paolo disconobbe la rettitudine di alcuni suoi comportamenti e disposizioni. Cf. a tal proposito *Gal* 2,11-16. Vedi pure Michele il Siro, *Chronique* (1899), vol. I, p. 155, dove occupa il numero 69 della lista. Abū Al-Barakāt, *Miṣbāḥ*,93 , lo colloca al numero 69 della lista e riporta quanto già detto in al-Makīn.

[101] In Al-Makīn, 190r, la lista termina con Levi, che predicò nella città di Atene, ovvero la città dei filosofi, dove fu ucciso e seppellito. Anche la lista di Abū Al-Barakāt, *Miṣbāḥ*,93 , termina con Levi, dando le stesse notizie reperibili in al-Makīn, ma indicando in più che l'uccisore del martire fu Kirmūs. Come si può constatare la lista dei 70 discepoli è monca nella recensione del testo che traduciamo. Non pensiamo si possa tenere in conto quanto segue a proposito dei falsi apostoli, perché ciò indica chiaramente una diversa sezione.

Sugli Apostoli

44 Ecco, gli Apostoli si riunirono e stabilirono canoni contro certuni che avevano fatto mostra di sé e avevano disconosciuto quanto essi professavano ai loro giorni. Gli Apostoli erano degli uomini che non trascuravano né di proclamare né di chiamare alla verità, ovunque ciascuno di loro andasse separatamente. Quando poi si radunavano, battezzavano un gran numero di persone nel nome del Padre, del Figlio e dello Spirito Santo, sradicandoli dall'empietà e dall'errore per indurli al vero culto di Dio.

45 Matteo scrisse il Vangelo in ebraico per gli Ebrei; Marco lo scrisse in latino per gli abitanti della grande Roma; Luca lo scrisse in greco per gli abitanti di Alessandria e Giovanni, a sua volta, scrisse il suo in greco per gli abitanti di Efeso. Luca scrisse poi la *Praxis*, vale a dire gli Atti degli Apostoli, e Paolo scrisse quattordici Epistole.

Notizie varie

46 Nell'anno 22 del regno di Tiberio Cesare, Erode Agrippa si portò a Roma per ordire un complotto contro Erode IV /=il Tetrarca/[102]. Vi restò sino al regno di Gaio[103].

47 Tiberio visse in tutto 78 anni.

48 Nell'anno 349 dell'era di Alessandro cominciò a regnare Gaio[104]. Regnò 4 anni.

49 Nell'anno 1 del suo regno, Flacco, prefetto[105] dell'Egitto, fece una spedizione / contro i Giudei/ e li oppresse per ben 7 anni. Riempì le loro sinagoghe di statue e di offerte per gli idoli. Furono allora inviati degli ambasciatori da Gaio affinché fosse messo al corrente della cosa. Figurava, tra loro, Filone, il filosofo ebreo, che compose parecchi trattati sulle calamità che si erano abbattute sui Giudei del suo tempo[106]. Scrisse una satira contro l'imperatore Gaio dove metteva alla berlina l'irrisoria scienza che vantava e il suo atteggiarsi a dio, tessendo invece l'elogio dei Terapeuti che vivevano in Egitto. Interpretò il primo libro della Tōrāh. Racconta che quando si svegliò e si coprì [...]. Compose cinque trattati sulle Leggi, cinque trattati sull'Esodo dei figli di Israele e quattro trattati sulle cose riportate nella Legge. Al tempo di Claudio[107] i suoi trattati venivano letti nelle assemblee dei Romani ed erano altamente apprezzati, tanto da essere inseriti nelle biblio-

[102] Nel testo *al-rāfi'*, mentre in A. Vasiliev, *Kitab* (1915), p. 482 troviamo *al-rābi'*.

[103] Ossia di Caio Caligola. Questo perché intendeva discolparsi dell'accusa di volersi impadronire del regno di Erode Agrippa, accordandosi con il re dei Parti Artabano III. Esiliato, morì l'anno seguente. La Galilea fu così affidata a Erode Agrippa. Cf. anche Michele il Siro, *Chronique* (1899), vol. I, p. 152.

[104] Ossia Gaio Giulio Cesare Germanico detto Caligola, figlio di Germanico e di Agrippina, il quale cominciò a regnare nell'anno 37 fino al 41.

[105] Il testo ha il termine generico *malik*, ossia re. Ma l'Egitto non era più una monarchia bensì uno stato satellite di Roma. Per le notizie qui riportate a proposito del prefetto Flacco cf. G. Flavio, *Antichità Giudaiche*, XVIII, 10.

[106] Cf. G. Flavio, *Antichità Giudaiche*, XVIII, 8, p. 259 e Eusebio, *Storia Ecclesiastica*, vol. II, pp. 17-18.

[107] Il nome che compare nel testo che traduciamo non si legge bene. Seguiamo perciò la lettura di A. Vasiliev, *Kitab* (1915), p. 483.

teche degli imperatori di Roma[108].

50 Nell'anno 1 del regno di Gaio, Erode Agrippa fu creato governatore dei Giudei. Governò 7 anni.

51 In questo anno si suicidò Pilato, ossia il Ponzio Pilato di cui si fa menzione nel Simbolo della fede.

52 Nell'anno 4 del suo regno, Gaio ordinò al prefetto della Siria di innalzare gli idoli nelle sinagoghe dei Giudei e in tutti i templi in cui pregavano. Egli innalzò quindi a Gerusalemme la statua di Zeus che i Romani adoravano e si compì allora la parola del profeta Daniele che dice: «Il segno dell'abominazione è là dove non dovrebbe essere»[109].

53 In questo tempo i Giudei ebbero a sopportare gravi sciagure. Petronio, infatti, governatore della Giudea, aveva intenzione di innalzare gli idoli nelle loro sinagoghe, ma i capi dei Giudei si riunirono e gli chiesero di non farlo, asserendo di essere pronti a morire tutti nel caso avesse persistito in questo suo proposito. Petronio scrisse all'imperatore Gaio avvertendolo che tutte le loro tribù erano pronte a morire e che mai avrebbero violato le leggi dei loro antenati. Gaio mandò una lettera al governatore Petronio, nella quale gli ordinava, con fare minaccioso, di eseguire la sua ordinanza relativa ai Giudei. Petronio li aveva messi alle strette e s'era mostrato altresì rigido con loro, quando ai Giudei giunse da più parti notizia che i servitori di Gaio l'avevano aggredito e ucciso. In quel mentre sopraggiunsero i messaggeri latori delle lettere di minaccia. I Giudei, allora, si scagliarono contro gli idoli e li rimossero dalle loro sinagoghe[110].

[108] Per queste notizie su Filone, cf. Michele il Siro, *Chronique* (1899), vol. I, p. 155.

[109] Di solito l'espressione «e sull'ala dell'orrore del devastatore» di *Dn* 9,27 è interpretata come indicazione di una divinità pagana che, secondo Filone di Byblos, i Greci identificano a Zeus Olimpio. Cf. *La Sacra Bibbia*, ed. Marietti, Casale Monferrato 1960, vol. II, p. 1098, nota 27. La citazione di Agapio sembra alquanto libera o parafrasata. In alcune fonti si asserisce che Caligola ordinò di innalzare una sua statua nel tempio di Gerusalemme, provocando così gravi disordini nelle comunità ebraiche. Cf. anche Michele il Siro, *Chronique* (1899), vol. I, p. 153.

[110] Vedi pure Michele il Siro, *Chronique* (1899), vol. I, p. 153. Per le notizie relative al prefetto Petronio, cf. G. Flavio, *Antichità Giudaiche*, XIX, 6.

Capitolo 16

Regno di Claudio

Avvenimenti al tempo di Claudio

1 Claudio regnò 14 anni[1].

2 Nell'anno 1 del suo regno Agrippa, governatore dei Giudei, fece uccidere Giacomo figlio di Zebedeo[2], e fece mettere in prigione Simon Cefa. Ma poi l'angelo lo liberò[3] ed egli andò ad Antiochia, dove prese a costruire la chiesa meglio conosciuta sotto il nome di Cassiano, nella quale eresse un altare.

3 Nell'anno 3 del regno di Claudio, Simon Cefa mise piede a Roma, ne divenne vescovo e /ne/ resse la chiesa 25 anni.

4 Una dama della famiglia imperiale, di nome Protonice, ma chiamata pure Patrizia, abbracciò la fede cristiana e salì a Gerusalemme dove rinvenne la Croce di nostro Signore Cristo, sia egli glorificato. Essa era nelle mani dei Giudei dopo averla sottratta ai cristiani. Protonice andò quindi da essi, portò via la Croce e la situazione dei cristiani ne uscì rafforzata. Lasciò poi la Croce a Gerusalemme e ripartì[4].

5 Simon Mago, avendo gli Apostoli messo in luce le sue perverse azioni e avendolo smascherato, facendo così conoscere a tutta la popolazione della Samaria la sua impostura, se ne andò a Roma e a Nicea. Ai Giudei diceva di essere Dio Padre, ai Samaritani di essere il Figlio e ai Gentili di essere lo Spirito di Dio. Arrivato che fu a Roma, ricevette buona accoglienza dalla città. Sedotti dai suoi sortilegi e incantesimi, i cittadini gli eressero una statua sulla quale fecero scrivere: «Statua di Simone il Dio santo»[5].

[1] Questa indicazione porterebbe a confondere con quello di Tiberio Claudio il periodo di reggenza di Nerone Lucio Domizio, che più tardi cambiò il suo nome in quello di Claudio Cesare per essere stato designato successore di Tiberio al posto del di lui figlio Britannico, regnando dal 54 al 68 d.C. Ai nr. 25-26 Agapio afferma che Claudio Cesare si ammalò e morì all'età di 65 anni, dopo aver regnato 14 anni e subito dopo asserisce che dopo di lui regnò Nerone, figlio di Claudio, per altri 14 anni. In verità Tiberio Claudio governò per ben ventiquattro anni, ossia dal 14 al 37 d.C. Dal 37 al 41 aveva regnato Caligola, dal 41al 54 Tiberio Claudio Nerone Germanico, che morì vecchio, forse avvelenato da Agrippina. Tutto fa quindi propendere per la identificazione di quest'ultimo in questa indicazione di Agapio.

[2] Cf. *At* 11,28-30. Su questa uccisione vedi pure Eusebio, *Storia Ecclesiastica*, vol. II, 9.

[3] Cf. *At* 12.

[4] Ad attribuire l'invenzione della Croce alla patrizia Protonice, moglie di Claudio, sono i testi apocrifi. Cf. a tal proposito E. Nestle, *De Sancta Cruce*, Berlino 1889 e Michele il Siro, *Chronique* (1899), vol. I, p. 157.

[5] Cf. Eusebio, *Storia Ecclesiastica*, I, 13.

6 Quando nell'anno 3 del regno di Claudio, Simon Cefa arrivò a Roma, si recò all'abitazione in cui dimorava Simon Mago e trovò alla porta un cane accucciato. La notizia dell'arrivo di Simon Cefa a Roma era già giunta anche a Simon Mago. Simon Cefa ordinò al cane di entrare e di annunciargli: «Simon Cefa è alla porta e ti chiama». Il cane entrò e, davanti a tutti i convenuti, disse a Simon Mago: «Simon Cefa, l'ebreo, è alla porta e ti chiama». Avendo visto un cane parlare, la gente della città ne fu sorpresa e Simon Mago disse loro: «Non fatevene maraviglia, ordinerò anch'io a questo cane di parlare». Di fatto, gli ordinò dicendo: «Vai e dì a Simon Cefa che entri». Il cane andò e gli disse: «L'uomo ti dice: "Entra!"», ed egli entrò.

7 Di poi Simon Mago fece portare un toro vivente, si avvicinò al suo orecchio, disse qualcosa e il toro crepò. Tutti gli astanti furono presi da sbigottimento. Erano ancora in preda all'ammirazione, quando Pietro si avvicinò al toro, pregò, lo pestò e il toro si alzò vivo e sano.

8 Di poi Simon Mago s'alzò volando in aria per la potenza dei demoni che erano con lui. Pietro però li scacciò, Simon Mago cadde a terra e si spezzò le membra.

9 In seguito Simon Cefa resuscitò i morti davanti a tutta la popolazione di Roma; di poi guarì i malati e operò miracoli in pubblico. Vedendo ciò, la popolazione di Roma cominciò a dubitare dell'operato di Simon Mago e se ne allontanò. Molti abitanti di Roma furono allora battezzati e credettero in Cristo, Figlio di Dio. Il primo tra essi fu Cipriano, padre del morto che Simon Cefa aveva resuscitato. Si fece battezzare, divenne cristiano, accolse Pietro in casa sua, lo trattò come suo ospite e lo onorò[6].

10 Protonice[7], moglie di Claudio, della quale abbiamo già parlato, credette, fu battezzata e andò in pellegrinaggio a Gerusalemme, dove chiese informazioni sulla croce di nostro Signore Cristo, sia egli glorificato. Si dice che /allora/ fosse vescovo di Gerusalemme Giacomo, fratello di Cristo, e che i Giudei erano al corrente di queste faccende. Ella ordinò quindi ai capi dei Giudei di recarsi al suo cospetto. C'erano, tra di loro, il gran sacerdote Ḥūsās e ʿUdaliyā figlio di Caifa nonché parecchi altri[8].

11 Ella disse loro: «Consegnate al vescovo Giacomo il Calvario, il Sepolcro e le croci sulle quali sono stati crocifissi Cristo e i due ladroni». Dopo aver impartito ad essi questa sua disposizione, si portò al Sepolcro di Cristo, ma mentre vi entrava le cadde di mano la figlia e morì. Ne fu rattristata e afflitta.

12 Un suo servo, però, le disse: «Questa cosa non è fortuita e senza importanza. Per essa, infatti, si manifesterà la potenza di Cristo, Dio nostro Salvatore». Sentendo il servo parlare in questo modo, ella provò un leggero sollievo, condivise le sue parole, chiese di portarle le croci e così fecero. Pose quindi la prima e la seconda croce sopra la figlia, ma non si mosse. Quando però fece mettere su di lei la terza croce, la figlia si

[6] Vedi pure Michele il Siro, *Chronique* (1899), vol. I, p. 157.

[7] Il testo ha *Baṭriqiyah*, come fosse nome proprio. Lo renderemo con Protonice.

[8] In A. Vasiliev, *Kitab* (1915), p. 487, nota 3, questi personaggi sono identificati con Onia, figlio di Anna, e Gedalia, figlio di Caifa, citando V. Phillips, *The doctrine of Addai*, cit., p. 12.

mosse, si rianimò e si drizzò sui piedi. Protonice affidò questa Croce al vescovo Giacomo, fece costruire una chiesa /sul luogo del ritrovamento/, ritornò a Roma e raccontò questa storia a suo marito e a tutti i familiari colà riuniti[9].

13 Da allora l'imperatore Claudio oppresse e perseguitò i Giudei senza tregua, soprattutto dopo che ebbero lapidato il martire Stefano.

Altri eventi

14 Quanto agli altri Apostoli, andarono ad Antiochia dove ammaestrarono molta gente. Fu là che i sostenitori di Cristo furono chiamati cristiani[10].

15 In questo tempo ci fu una grave carestia[11]. I Discepoli fecero incetta di una grande quantità di viveri e li distribuirono ai fedeli, uomini e donne.

16 Agrippa, governatore dei Giudei, morì[12]. Gli successe il figlio Agrippa[13], che regnò 26 anni. Da allora non ci furono più successori al governo, perché Gerusalemme fu distrutta e i suoi abitanti vennero deportati.

17 In questo tempo Erode Agrippa fece censire i Giudei che si trovavano sotto la sua autorità. Li censirono e il loro numero fu di 6.944.000 abitanti.

18 In questo tempo fece la sua comparsa un uomo di nome Cerinto: andava dicendo che il regno di Dio si manifesterà sulla terra, che ivi si mangerà, si berrà e si coabiterà con donne[14].

19 In questo tempo fece altresì la sua comparsa l'Egiziano di cui si fa menzione nella *Praxis*, che sedusse molti e voleva invadere Gerusalemme con la forza[15]. Allora Felice, patrizio romano, marciò contro di lui e massacrò molti di coloro che avevano creduto nella sua dottrina. Aveva luogo, questo, nell'anno 8 del regno di Claudio Cesare[16].

20 In questo tempo i Giudei erano divisi in sette fazioni: la prima era quella degli Scribi, chiamati Scribi e Dottori della Legge; la seconda era quella dei Leviti, che seguivano la tradizione dei sacerdoti; la terza comprendeva i Sadducei, ossia coloro che credevano nella resurrezione e sostenevano che ci sono angeli e spiriti: prendevano

[9] Per questo ampliamento della storia di Protonice, moglie di Claudio, vedi anche Michele il Siro, *Chronique* (1899), vol. I, pp. 157-158.

[10] Cf. *At* 11,26.

[11] Su questa carestia ai tempi di Claudio si veda Eusebio, *Storia Ecclesiastica*, vol. I, 8.

[12] Aveva governato 7 anni, dal 42 al 48 d.C., di cui quattro sotto Gaio Cesare e tre da signore assoluto della Giudea in seguito alla designazione da parte di Claudio.

[13] Ossia Erode Agrippa II (ca 28-100 d. C.) che conservò il titolo regio ma non il regno. Amministrò la Calcide insieme con altri territori ed ebbe la sovrintendenza al tempio di Gerusalemme.

[14] Su Cerinto e la sua eresia cf. Eusebio, *Storia Ecclesiastica*, III, 28 e Michele il Siro, *Chronique* (1899), vol. I, pp. 157, 170-171, 198.

[15] Si tratta di Ben Stadà, che nel 54, spacciandosi per profeta, sedusse molti antiromani e alla guida di quattromila uomini minacciò di smantellare le fortificazioni romane. Cf. *At* 21,38. Su di lui vedi anche Michele il Siro, *Chronique* (1899), vol. I, p. 158.

[16] Per le vicende legate al procuratore Felice, cf. Eusebio, *Storia Ecclesiastica*, vol. II, 21.

nome da un sacerdote chiamato Sadoq, che viveva in mezzo a loro; la quarta era quella dei sostenitori del battesimo, che si purificavano ogni giorno e sostenevano che nessuno vivrà se non si lava con l'acqua tutti i giorni[17]; la quinta era quella dei Nazarei, che non mangiavano nulla di ciò che aveva avuto un'anima e non riconoscevano i Libri di Mosè e dei Profeti: anzi, si erano essi stessi inventato degli strani libri[18]; la sesta era quella dei Giudei che credevano in Dio, osservavano la Legge e riconoscevano i Libri di Mosè e dei Profeti; la settima era quella dei Samaritani che dei Libri sacri non riconoscevano altro che la Torah di Mosè e si attenevano al commento allegorico[19].

Iniziative degli Apostoli

21 Un giorno gli Apostoli si riunirono in Roma e stilarono i canoni concernenti le cose divine che, grazie a Clemente, si trovano oggi a disposizione dei fedeli, e vi fissarono il numero dei libri divini che bisogna accogliere e leggere nelle chiese, prescrivendo, nel contempo, di non accoglierne altri. Tra i libri antichi che bisogna accogliere, designarono quelli che noi chiamiamo comunemente la Torah, vale a dire il Pentateuco di Mosè; il libro di Giosuè figlio di Nūn; il libro dei Giudici; la storia di Rut; la storia di Giuditta; i quattro libri dei Re; i due libri delle Cronache o Paralipomeni[20]; i tre libri dei Maccabei[21]; il libro di Esdra; la storia di Ester; il libro di Giobbe il Giusto; il libro dei Salmi del profeta David; i cinque libri di Salomone figlio di David; i sedici libri dei Profeti; il libro del figlio di Sīrā /=l'Ecclesiastico/. I libri nuovi sono invece costituiti dal Vangelo che si compone di quattro libri; da due Lettere dell'apostolo Pietro; da quattordici Lettere di Paolo; da un libro della *Praxis*; da tre Lettere di Giovanni figlio di Zebedeo; da una lettera di Giacomo figlio di Zebedeo; da una Lettere di Giuda; da due Lettere di Giuda e di Clemente e da otto libri di Clemente. Clemente, inoltre, descrisse altresì in otto libri tutta la storia e gli atti degli Apostoli, ciò che avevano prescritto e ciò che avevano invece vietato. Tutti questi libri gli Apostoli prescrissero di accogliere[22].

22 In questo tempo morì, dopo 2 anni di episcopato, l'apostolo Andrea, vescovo di Bisanzio[23].

17 Allusione, forse, agli Elkesaiti, di cui in Michele il Siro, *Chronique* (1899), vol. I, p. 193, descritti come eretici che sostenevano che non c'è vero peccato di apostasia se non vi concorre il cuore, che possedevano un libro costellato di falsità che procaccia il perdono dei peccati in colui che lo ascolta e che non ammettevano affatto i Libri sacri.

18 Allusione ai Nazorei-Ebioniti, che Michele il Siro, *Chronique* (1899), vol. I, p. 169, descrive come discepoli di Ebione, che in lingua ebraica significa «povero», il quale sosteneva che Cristo è un uomo ordinario, nato dall'unione di Maria con un uomo. Se ne ha ampia descrizione in Eusebio, *Storia Ecclesiastica*, III, 27.

19 G. Flavio, *Antichità Giudaiche*, XVIII, 1, 11-25.

20 Nel testo سفربنيامين.

21 Il testo arabo presenta una forma alquanto strana e corrotta che Cheikho legge *al-qawānīn*.

22 A modo suo ne parla anche Michele il Siro, *Chronique* (1899), vol. I, pp. 159-160.

23 Introduce la lista dei cosiddetti pseudoapostoli di Bisanzio. Cf. Michaelis Le Quien, *Oriens*

23 Dopo di lui fu vescovo di Bizanzio, per 15 anni, Stico[24].

24 Dopo di lui fu vescovo di Bisanzio, per 13 anni, Onesimo[25].

25 In seguito, Claudio Cesare si ammalò e morì. Aveva vissuto in tutto 65 anni, di cui 14 regnando.

26 Dopo di lui regnò Nerone figlio di Claudio[26] per 14 anni.

Christianus, Parigi: Ex Typographia Regia, vol. II, 1740, pp. 10-15. Di tale lista non compare traccia in Eutichio.

[24] Fu il secondo vescovo di Bisanzio, dopo l'apostolo Andrea. Michele il Siro, *Chronique* (1899), vol. I, p. 174 non menziona gli anni del suo periodo di vescovado.

[25] Illeggibile nel testo. Ci atteniamo perciò alla lettura di cui in A. Vasiliev, *Kitab* (1915), p. 491. Michele il Siro, *Chronique* (1899), vol. I, p. 174 dice che fu vescovo di Bisanzio per il periodo di 24 anni.

[26] Nerone era infatti figlio adottivo di Claudio.

Capitolo 17

Regno di Nerone

Notizie varie

1 Nell'anno 2 del regno di Nerone, morì Felice, procuratore della Giudea. Ebbe come successore Festo[1], davanti al quale Paolo battezzava e fu fatto comparire per essere sottoposto a giudizio[2].

2 In questo tempo ci fu a Roma un terribile terremoto e una eclissi di sole. A Gerusalemme e a Cesarea ci fu una rivolta dei Giudei, durante le quale fu ucciso il gran sacerdote Jonathan[3].

3 {Nell'anno 5 del regno di Nerone, morì Festo, governatore della Giudea. Gli successe Albino}[4].

4 Nell'anno 8 del regno di Nerone, i Giudei di Gerusalemme aggredirono Giacomo, fratello di Cristo, e lo uccisero. Era un uomo pio, viveva poveramente e obbediva a Dio. I Giudei lo presero, lo misero sul pinnacolo del tempio e gli dissero: «Dì al popolo di aver rinnegato la fede in Cristo»[5]. E poiché non cedette alla loro richiesta, lo gettarono giù e cadde con la faccia a terra dicendo: «Oh Dio, non punirli per questo peccato, poiché non sanno quello che fanno». Poi lo lapidarono. Uno di loro, follatore di mestiere, prese il legno con cui follava i tessuti e gli assestò un colpo. Morì e fu sepolto nei pressi del tempio. Di poi distrussero la chiesa, si impadronirono della Croce di Cristo e delle due croci dei ladroni e le nascosero in un unico sotterraneo[6].

Ancora sulla Tōrāh

5 In seguito revisionarono la Tōrāh e stralciarono circa duemila anni dagli anni di Adamo, di Noè, di Abramo e di altri, riducendo cento anni dalla nascita di ciascuno di

1 Porcio Festo successe a Felice nel 59 e fu procuratore fino al 62.

2 Cf. *At* 25,26, dove però non compare alcuna menzione di un battesimo amministrato dall'apostolo davanti a Festo. Per l'avvicendamento tra i prefetti della zona, cf. anche Michele il Siro, *Chronique* (1899), vol. I, p. 154.

3 Ultimo figlio di Anna, pontificò dal 36 al 37 e morì nel 58, ucciso durante la sommossa guidata dall'Egiziano di cui in *At* 21,38, per mano dei sicari, fanatici e oltranzisti nemici dei Romani.

4 Lucceio Albino fu procuratore della Giudea dal 62 al 64. Il testo manca in Cheikho.

5 In A. Vasiliev, *Kitab* (1915), p. 492 leggiamo invece: «Di' al popolo: 'Rinnegate la fede in Cristo'».

6 Cf. Eusebio, *Storia Ecclesiastica*, II, 23.

essi alla nascita dei loro figli, in maniera da non stralciare alcunché dal totale della durata della loro vita. In tal modo miravano a dimostrare, contro i cristiani, che il Messia non è ancora venuto. Cambiarono del pari i nomi dei villaggi e dei luoghi che serbavano il ricordo di una qualche azione fatta dal Signore Cristo, come pure il nome del luogo della Croce e di altri. Avveniva, questo, nel tempo in cui Nerone perseguitava con accanimento i cristiani.

Su alcuni Apostoli

6 Dopo l'uccisione di Giacomo, prese il suo posto Simone figlio di Cleofa[7], che era suo cugino. Guidò il popolo 42 anni: 10 prima della distruzione di Gerusalemme e 32 dopo la sua distruzione, fino all'anno 9 del regno di Tiberio Cesare e fino al secondo anno dopo la morte di Giovanni Evangelista[8].

7 Si racconta che Giovanni Evangelista non sia morto ma che, essendo perseguitato dagli abitanti della sua città, salì sulla montagna e si nascose ai loro occhi, senza che nessuno sapesse cosa ne fu di lui[9].

8 Poi Nerone fece decapitare Simon Cefa e Paolo. Quanto a Simon Cefa c'è chi pensa che la sua testa non fu mozzata, ma che gli rasarono la barba e fu crocifisso con il capo all'ingiù. Paolo ebbe tagliata la testa nello stesso tempo in cui Simone, vale a dire Pietro, fu crocifisso con il capo all'ingiù, nell'anno 13 del regno di Nerone.

Altri eventi

9 Nel momento in cui i Giudei uccidevano Giacomo, fratello di Cristo, sia egli glorificato, Albino, prefetto dei Giudei, era assente e si trovava a Roma. Quando, appena rientrato, vide cosa avevano fatto a Giacomo, destituì il /gran/ sacerdote Aniano[10], che aveva allontanato i miscredenti[11], e nominò al posto suo Gesù figlio di Ramai /= Dammaio/[12].

10 Pietro Cefa aveva mandato Marco Evangelista ad Alessandria, designandolo qual suo vescovo. Vi restò 2 anni e morì.

11 Gli successe Anyanūs. Resse la sede 22 anni[13].

[7] Vedi *Lc* 24,18; *Gv* 19,25. Eutichio, *Gli Annali* (1987), pp. 162-163 dice che fu creato vescovo di Gerusalemme nell'anno 4 del regno di Vespasiano e che fu fatto uccidere dall'imperatore Domiziano all'età di centoventi anni.

[8] Cf. Eusebio, *Storia Ecclesiastica*, III, 11.

[9] Eusebio, *Storia Ecclesiastica*, III, 23 e I, 31.

[10] In verità tanto Flavio Giuseppe, *Antichità Giudaiche*, XX, 197, 199-203, quanto Egesippo riportano che Giacomo fu lapidato, insieme con altri cristiani, nel periodo che va dalla morte del procuratore Festo all'arrivo del suo successore Albino (62-64), per opera del pontefice Aniano o Anano, quinto figlio di Anna. Vedi pure Eusebio, *Storia Ecclesiastica*, II, 23.

[11] A. Vasiliev, *Kitab* (1915), p. 493, ha invece «che molto simpatizzava per i Sadducei».

[12] Allusione a Gesù figlio di Anania, di cui in Eusebio, *Storia Ecclesiastica*, III, 7. Vedi anche Michele il Siro, *Chronique* (1899), vol. I, pp. 162-163. A. Vasiliev, *Kitab* (1915), p. 493 ha invece «Danai».

[13] Eutichio, *Gli Annali* (1987), pp. 158-159 lo chiama Anania e dice che «fu il primo ad essere

12 Al tempo di Nerone si resero celebri i filosofi Musonio[14] e Plutarco[15].

13 Poi Nerone fu colpito da follia. La sua ragione si alterò e fece perciò uccidere sua madre, sua zia e molti altri suoi parenti. Fece uccidere anche Pietro e Paolo, crocifiggendoli con la testa all'ingiù, come abbiamo già detto[16]. Avveniva, questo, il giovedì 28 *tammūz* /=luglio/ dell'anno 379 dell'era di Alessandro.

14 A Roma Pietro ebbe come successore Lino, di cui parla Paolo nella sua seconda Lettera a Timoteo[17]. Amministrò il popolo 11 anni[18].

15 Paolo lasciò come suo successore ad Efeso[19] Timoteo e ordinò Tito /vescovo/ di Creta[20]. Luca, che allora era medico ad Antiochia, fu compagno degli Apostoli.

Vespasiano in Palestina

16 In questo anno Nerone Cesare mandò Vespasiano, comandante delle sue truppe, insieme con il figlio Tito, a fare guerra ai Giudei della Palestina che si erano rivoltati e insorti. Egli si mise quindi in marcia alla volta di Gerusalemme, si accampò e l'assediò per lungo tempo. Era sul punto di espugnarla quando apprese la notizia della morte di Nerone che, stolto qual era, si era tolto la vita sopprimendola in un accesso di follia. I Giudei avrebbero voluto combattere contro Vespasiano, ma costui ripiegò su Roma, non prima, comunque, di aver espugnato la città di Elia[21] dove gli era giunta voce che si trovasse Giuseppe, figlio del sacerdote Mattai[22]. Alcuni ritengono che costui altro non sia che lo stesso Caifa, il quale aveva profetato a proposito della morte di Cristo e

fatto patriarca di Alessandria» direttamente dall'apostolo Marco. Anch'egli fissa in 22 anni il periodo del suo episcopato. Michele il Siro, *Chronique* (1899), vol. I, p. 163 afferma che dopo Marco la sede di Alessandria ebbe come vescovo Anniano, che la resse 22 anni.

14 Musonio Rufo, stoico e uno dei maestri di Epitteto. Esiliato nel 65, mentre L. Anneo Seneca e il poeta M. Anneo Lucano, nipote di Seneca, furono costretti al suicidio.

15 Grande storico (46-127 d.C.) svolse la sua attività culturale ad Atene e a Roma. Scrisse opere di commento a Platone, contro gli stoici e contro gli epicurei, opere di etica, psicologia, fisica e religione. Autore della celebre opera *Vite parallele*, ossia biografie comparate di personaggi greci e romani. Dei due, i cui nomi sono alquanto corrotti nel testo, si fa menzione altresì in Michele il Siro, *Chronique* (1899), vol. I, p. 159.

16 La versione precedente non riservava la crocifissione anche a Paolo! Per la pazzia di Nerone e il martirio di Pietro e di Paolo, vedi anche Michele il Siro, *Chronique* (1899), vol. I, pp. 158, 162-163.

17 Cf. *2Tm* 4,21. Fu sant'Ireneo il primo ad identificare con questo Lino il successore di Pietro.

18 S. Lino di Volterra fu vescovo di Roma dal 67 al 23.IX.76.

19 Soggiornò certamente ad Efeso tra il 52 e il 55 e da *1Tm* 1,3 si evince che Paolo gli affidò la direzione della Chiesa di Efeso.

20 Cf. *Tt* 1,5.

21 Ossia Gerusalemme, detta Colonia Aelia Capitolina da Adriano nel 130, in seguito alla sua rifondazione con un tempio dedicato a Giove, che causò una generale mobilitazione dei Giudei anche a ragione delle norme da lui emanate contro la circoncisione. Di una sua celebre biblioteca parla anche Eusebio, *Storia Ecclesiastica*, VI, 20.

22 Vale a dire Giuseppe Flavio, figlio di Mattai, sacerdote di Gerusalemme. Cf. Eusebio, *Storia Ecclesiastica*, III, 9.

sotto il cui pontificato egli fu crocifisso[23]. Conquistato che ebbe la città, fece prigioniero Giuseppe ma non lo votò alla morte, perché gli aveva predetto che da comandante qual era sarebbe divenuto imperatore dopo Nerone[24].

17 Ad Antiochia fu fatto vescovo Evodio[25]. Resse la sede 25 anni.

18 Dopo la sua morte gli successe Ignazio. Il suo episcopato durò 38 anni, fino all'anno 10 del regno di Traiano[26]. Fu divorato dalle fiere, a Roma.

[23] Cf. *Gv* 11,4.

[24] Cf. G. Flavio, *Guerre Giudaiche*, III, 45. Vedi pure Michele il Siro, *Chronique* (1899), vol. I, pp. 160-161.

[25] Michele il Siro, *Chronique* (1899), vol. I, p. 156 precisa che fu lo stesso Pietro a consacrarlo primo vescovo di Antiochia.

[26] Eutichio, *Gli Annali* (1987), p. 160 non menziona il periodo di patriarcato (sic!) di Evodio e, parlando di Ignazio come patriarca di Antiochia, afferma ch'egli ne resse la sede per 32 anni e morì ucciso. Michele il Siro, *Chronique* (1899), vol. I, p. 174 precisa che Ignazio successe ad Evodio come vescovo di Antiochia.

Capitolo 18

Regno di Vespasiano

Distruzione di Gerusalemme

1 Vespasiano regnò 9 anni e mezzo, dall'anno 381 dell'era di Alessandro[1].

2 Nell'anno 1 del suo regno, invase l'Egitto e lo conquistò. Quindi tornò a Roma, via mare.

3 Nell'anno 3 del suo regno, mandò a Gerusalemme suo figlio Tito alla testa di un ingente esercito.

4 Tito si accampò nei pressi della città e la cinse d'assedio, facendovi perire sessantamila uomini e traendone prigionieri più di centomila. Molti morirono di fame. Distrusse Gerusalemme, ne incendiò il Tempio, votò al fuoco i libri dei Giudei e li disperse ai quattro angoli della terra[2].

5 In tal modo furono abolite tutte le Leggi di Israele e si compì la profezia di Giacobbe che dice: «Non sarà tolto lo scettro dalla tribù di Giuda né la profezia dalla sua posterità finché non verrà colui al quale la vittoria appartiene e al quale andrà l'obbedienza dei popoli»[3]. Ma si consideri altresì quanto dice Daniele a Babilonia: «Dopo l'uccisione dell'Unto, Gerusalemme sarà distrutta e tutte le sue Leggi saranno abolite»[4]. Nostro Signore Cristo, sia egli glorificato, così dice a sua volta nel Vangelo: «Verranno giorni in cui i tuoi nemici ti cingeranno d'assedio e i tuoi figli nel tuo seno saranno uccisi e morranno»[5]. E dice ancora: «Ci sarà forte angoscia e una grande calamità sul popolo»[6].

6 Tutto questo si compì 39 anni dopo la sua crocifissione e morte. Il popolo fu ridotto ad una tale miseria che le donne si cibavano dei loro figli[7].

[1] Vespasiano fu infatti imperatore dal 69 al 79 d.C. Michele il Siro, *Chronique* (1899), vol. I, 161 precisa che egli regnò 9 anni, 11 mesi e 22 giorni, dopo essere stato dichiarato *autocrator*, essere andato ad Alessandria e avere sottomesso tutta la contrada dell'Egitto.

[2] La descrizione di Michele il Siro, *Chronique* (1899), vol. I, p. 161 ha cifre diverse per quanto concerne gli uccisi, dicendo di attenersi a quanto è indicato «molto minuziosamente da Giuseppe». Del tutto interessante è anche la narrazione di quanto causò una simile catastrofe. Vedi pp. 163-170.

[3] Cf. *Gn* 49,10.

[4] Libero adattamento di *Dn* 9,26-27.

[5] Cf. *Lc* 14,41.

[6] Libero adattamento di *Mt* 24; *Mc* 13; *Lc* 21,23.

[7] Episodio narrato già in G. Flavio, *Guerre Giudaiche*, VI, 193-213.

7 Si dice che di coloro che a Gerusalemme perirono di spada o morirono di fame durante l'invasione di Vespasiano e l'assedio della città fu fatta una conta, in seguito alla quale il numero dei morti risultò di 1.200.000, mentre i prigionieri furono 110.000. Così racconta Giuseppe /Flavio/[8].

8 Il motivo per cui a Gerusalemme era confluita tanta gente va ricercato nel fatto che quando Vespasiano mandò il figlio Tito a combattere contro i Giudei e fece quel che fece, la gente vi era affluita numerosa da ogni altro paese per la ricorrenza festiva della Pasqua.

9 Da Adamo a quest'anno in cui fu distrutta Gerusalemme nell'anno 50 erano trascorsi 5.570 anni; da Adamo fino a quando fu costruita Gerusalemme nell'anno 50 di Abramo, erano trascorsi 3.396 anni[9]; dalla sua prima costruzione alla sua ultima distruzione, avvenuta al tempo di Vespasiano Cesare, erano trascorsi 1.191 anni[10].

10 Nel suo libro sulla distruzione di Gerusalemme Giuseppe l'Ebreo racconta che prima della distruzione della città apparvero segni e prodigi vari e fuori dell'ordinario, premonitori della sua caduta. Si narra, ad esempio, che fu vista sovrastare la città una lunga stella simile ad una spada di fuoco di intenso brillore. O, ancora, che mentre si celebrava la festa della Pasqua, fu trascinata una giovenca per il sacrificio che sgravò un agnello giusto in mezzo al Tempio. O, ancora, che le porte del Tempio furono trovate aperte senza altra spiegazione giusto a mezzanotte, pur essendo di rame massiccio e che venti uomini messi insieme potevano a stento chiudere e aprire. O, ancora, che durante tutto l'anno, nel Tempio si fecero udire delle voci di diversa provenienza che dicevano: «Andiamocene da qui». Insomma ci furono tante di quelle cose come queste che lasciavano presagire la distruzione di Gerusalemme.

11 Chi volesse sapere quanti uomini vi perirono, potrà rendersene conto consultando diversi libri, uno dei quali riporta che nella festa di Pasqua, che allora cadeva il 12 *nīsān* /=aprile/, i Giudei sacrificarono 240.000 agnelli e che intorno a ciascun agnello si radunavano dieci uomini purificati, senza contare quelli in istato di impurità e i bambini che erano in mezzo a loro[11].

12 Al tempo in cui i Romani conquistavano Gerusalemme, Giuseppe esortava i suoi concittadini, prima che la città fosse saccheggiata, dicendo loro: «Obbedite ai Romani e sottomettetevi ai loro imperatori perché apprezzino i risultati della vostra condotta». Ma lo trattavano con disprezzo e l'insultavano tanto da malmenarlo più d'una volta e prenderlo a sassate.

13 I Romani furono informati del fatto e, dopo averlo tratto prigioniero, lo costrinsero ad attendere alla corte dell'imperatore. Compose venti libri sull'organizzazione

[8] Cf. G. Flavio, *Guerre Giudaiche*, V, 424-438; 512-519, 566; VI 193-213, 420, 435.

[9] In A. Vasiliev, *Kitab* (1915), p. 497 troviamo invece «3376 anni».

[10] Per altri dati da questi differenti cf. Michele il Siro, *Chronique* (1899), vol. I, pp. 161-162.

[11] Cf. Michele il Siro, *Chronique* (1899), vol. I, p. 162 dove è però detto che gli agnelli immolati furono 250.000.

dei Giudei, la loro diaspora, i loro gran sacerdoti, le guerre contro i Romani e la spedizione di questi ultimi contro Gerusalemme.

Notizie varie

14 Agrippa scrisse 62 Lettere nelle quali elogia i libri di Giuseppe /Flavio/ nonché la vastità e la profondità della sua scienza[12]. Dopo la sua morte, i Romani gli eressero, per onorarlo, una statua a Roma.

15 In questo tempo Vespasiano perseguitò i Giudei e diede ordine di sterminare tutti i discendenti di David[13].

16 A Roma ci fu una spaventosa pestilenza.

17 Dopo aver vissuto 70 anni, regnando 10, Vespasiano morì.

18 Nell'anno 389 dell'era di Alessandro[14] cominciò a regnare Tito, figlio di Vespasiano. Regnò 2 anni e 3 mesi.

[12] Su queste lettere, citando Giuseppe Flavio nella sua Autobiografia, così scrive Eusebio: «Il re Agrippa scrisse poi sessantadue lettere, con cui testimonia la veridicità dei fatti da me narrati». Cf. Eusebio, *Storia Ecclesiastica*, III, 10, 11.

[13] Cf. Eusebio, *Storia Ecclesiastica*, III, 11.

[14] Il regno di Tito Flavio Vespasiano coprì in effetti gli anni 79-81 d.C., morendo all'età di quarantadue anni. Eutichio dice che regnò «tre anni e due mesi e mezzo». Cf. Eutichio, *Gli Annali* (1987), p. 162. Michele il Siro, *Chronique* (1899), vol. I, p. 169 afferma che cominciò a regnare nell'anno 395, che dopo 2 anni e 10 mesi il Senato lo proclamò dio e che morì d'improvviso all'età di 45 anni.

Capitolo 19

Regni di Tito e Domiziano

Regno di Tito

1 Nell'anno 2 del regno di Tito, dopo Lino salì sul seggio di Roma un vescovo di nome Anacleto. Resse la sede 12 anni[1].

2 In quest'anno si spaccò una montagna dalla quale fuoriuscì una fiamma di fuoco che bruciò parecchie città e a Roma si verificò un grande incendio[2].

3 All'età di 40 anni[3], Tito si ammalò e morì. Dopo di lui regnò 16 anni Domiziano figlio di Vespasiano a cominciare dall'anno 391 dell'era di Alessandro[4].

Regno di Domiziano

4 Nell'anno 4 del regno di Domiziano, salì sul seggio di Alessandria, dopo Anniano, Avilio[5]. Resse la sede 13 anni.

5 L'imperatore Domiziano costruì un tempio senza nessuna parte in legno[6], diede ordine di espellere dalla città tutti i filosofi e gli astrologi[7] e vietò categoricamente di coltivare la vite in Roma[8].

[1] Anacleto fu vescovo di Roma dal 79 ca al 91 ca. Il testo che traduciamo ha qui due nomi che mal si conciliano con i pontefici in qestione. Per il primo, infatti, viene proposto il nome Yūliyūs e per il secondo Isfīṭūs che Cheikho suggerisce di leggere Sisto.

[2] Michele il Siro, *Chronique* (1899), vol. I, p. 170, la chiama Lesebios, in nota *mons Boebius*.

[3] Meglio quarantadue, essendo egli nato nell'odierna Rieti nel 39 ed essendo morto nell'81 dopo essersi ammalato in Sabina.

[4] Tito Flavio Domiziano, figlio di Vespasiano e fratello di Tito, fu imperatore dall'81 al 96 d.C. Michele il Siro, *Chronique* (1899), vol. I, p. 169, dice invece che cominciò a regnare, per 15 anni e 5 mesi, nell'anno 397.

[5] Nel testo *Milliyūs*. Dovrebbe qui trattarsi dello stesso vescovo di Alessandria che Eutichio, *Gli Annali* (1987), p. 162 chiama Fīlītiyūs, eletto nell'anno 9 del regno di Vespasiano e del quale si dice che resse la sede 13 anni. Michele il Siro, *Chronique* (1899), vol. I, p. 163 ha invece Billus, forma molto più vicina al nome che compare nel testo che traduciamo e che in altre fonti è detto Abilius. Ibidem, nota 12.

[6] Probabile allusione al tempio di Giove Capitolino al cui completamento e restauro egli attese in una con quello dedicato a Castore e Polluce. Vedi pure, a proposito di questo tempio senza legno, Michele il Siro, *Chronique* (1899), vol. I, p. 163, nota 12.

[7] Nella sua accezione di indovino o di colui che predice la sorte dalla posizione degli astri. Fu in effetti sul finire dell'89 che Domiziano li espulse una prima volta per poi ripetere il provvedimento nel 93, soprattutto contro gli stoici e i matematici. Una delle vittime illustri fu Epitteto.

[8] Ciò avveniva nel 92 d.C., nell'ambito di una sua riforma agraria con la quale cercava di favorire la produzione granaria a discapito di quella della vite. Vedi anche Michele il Siro, *Chronique* (1899), vol. I, p. 169.

6 Nell'anno 9 del suo regno, scatenò una violenta persecuzione contro i cristiani e relegò Giovanni l'Evangelista sopra un'isola del mare chiamata *Yāfā*[9].

7 Ireneo, Brezio e Ippolito raccontano che ci furono grandi prodigi che Giovanni annotò nel libro ch'egli compose dopo il Vangelo[10].

8 In questo tempo Dionigi l'Areopagita, discepolo di [...][11] fu fatto vescovo di Atene, città dei filosofi. Scrisse una lettera a Giovanni l'Evangelista nella quale diceva: «L'inquietudine e il tedio non ti colpiranno, poiché il tuo soggiorno costì non durerà a lungo. Cristo, infatti, verrà presto a salvarti. Consiglia dunque alla tua anima di pazientare e loda Cristo!»[12].

9 In questo tempo fu messo a morte un gran numero di cristiani che credevano in Cristo.

10 In questo tempo si rese celebre Apollonio, facitore di talismani. Si contrapponeva ai Compagni di Cristo con le sue opere dichiaratamente contrarie a quelle compiute da Cristo stesso e diceva: «Ah infelice mia sorte per essere stato preceduto dal figlio di Maria!»[13].

11 In questo tempo il filosofo Patrofilo[14] si rivolse al suo maestro Ursino dicendogli: «Ho sentito parlare, Maestro, di quest'uomo nel quale credono tutti i popoli e tutte le nazioni di diverse lingue. Stando a quel che di lui si dice, è stato crocifisso, è morto ed è in seguito resuscitato ed è salito al cielo, come raccontano i suoi Compagni che credono in lui. Vediamo che Teodoro, capo dei sapienti di Atene, con Africano di Alessandria[15], Martino di /Beirut/ e Marco hanno rinunciato ai loro dei per adorarlo e invocarlo. Libe-

[9] Meglio Patmos, a circa settanta km da Efeso, dove era stato di fatto esiliato «a causa della parola di Dio e della testimonianza di Gesù». Cf. *Ap* 1,9, dove è dato trovare una esplicita allusione alla persecuzione scatenata da Domiziano. L'isola è oggi chiamata Patino, nell'arcipelago delle Sporadi. La persecuzione di cui nel testo è quella del 93 d.C. Vedi pure Michele il Siro, *Chronique* (1899), vol. I, p. 173, ma a p. 163 asserisce che fu relegato a Patmos al tempo di Domiziano e che Ireneo e Ippolito di Boṣra attestano che sua fu l'Apocalisse e ch'egli la scrisse al tempo di Domiziano.

[10] Di un Brezio fa menzione Michele il Siro, *Chronique* (1899), vol. I, p. 170, testimone e cronista della persecuzione di Domiziano contro i cristiani. Cf. Eusebio, *Storia Ecclesiastica*, III, 18.

[11] Il nome è del tutto illeggibile tanto in Cheikho quanto in Vasiliev. Sappiamo tuttavia che Dionigi era considerato discepolo di Paolo.

[12] Cf. Migne, PG, III, p. 1120.

[13] Allusione ad Apollonio di Tiana, dove forse nacque, in Cappadocia. Filosofo pitagorico itinerante, viaggiò molto tra Oriente e Occidente. Morì forse sotto Nerva. Cf. Eusebio, *Contro Ierocle*, dove si parla di un eretico, eroe del romanzo del sofista Flavio Filostrato, che dichiarava la superiorità di Apollonio di Tiana nei confronti di Gesù. In *Storia Ecclesiastica,* III, 16, Eusebio parla espressamente della lettera che Clemente scrisse dalla chiesa di Roma a quella di Corinto «dove era sorta una contesa» e di cui «si dava pubblica lettura». La contesa concerneva la destituzione di presbiteri da parte dei fedeli e la loro sottomissione all'autorità del vescovo. Per le notizie riportate sul conto di Apollonio, cf. anche Michele il Siro, *Chronique* (1899), vol. I, p. 171.

[14] Pure Michele il Siro, *Chronique* (1899), vol. I, p. 169, ha Patrofilo, interlocutore di Ursino in quel che subito dopo viene detto, aggiungendo che al sentire tali cose, Domiziano fece cessare la persecuzione. In A. Vasiliev, *Kitab* (1915), p. 501 il suo nome è Patrofilo.

[15] Ossia Africano Giulio d'Alessandria il Cronista. Vedi 25,14 nota 22, pag. 268.

randosi di ogni attaccamento alle cose di questo mondo, non posseggono né ricchezze né beni e sono potenti a parole e nei fatti».

12 Ursino replicò al discepolo: «I popoli tutti divengono suoi discepoli e adorano il Galileo venuto da Nazaret. Si fanno i nomi di eminenti sapienti che, dopo averlo visto, hanno rinnegato i loro dei per adorare lui. Per quanto mi riguarda, diverranno suoi discepoli tutte le genti con la loro posterità. Dici che i suoi discepoli conducono una vita irreprensibile, ma bello è altresì il fatto che non si abbandonano al male che si concilia con il peccato».

13 Nell'anno 12 del regno di Domiziano, divenne vescovo di Roma Clemente. Resse la sede 9 anni[16]. Constaterai che l'apostolo Paolo lo ricorda con le parole: «Clemente e altri cooperatori miei»[17]. Ha comunque scritto molti libri e Lettere, tra cui una ai Corinti a causa delle inimicizie che erano sorte in mezzo a loro. Questa lettera è stata inserita nel *corpus* dei libri /canonici della Chiesa/[18].

14 In questo tempo fu ucciso, sopra il suo tappeto e dentro il suo palazzo, Domiziano Cesare[19].

[16] Clemente I fu vescovo di Roma dal 91 ca al 101 ca. Nel testo si ha erroneamente «nell'anno 12 del regno di Diocleziano».

[17] Cf. *Fil* 4,3.

[18] Cf. Eusebio, *Storia Ecclesiastica*, III, 38.

[19] La congiura era capeggiata dalla moglie Domizia Longina Augusta. Si estingueva così la dinastia dei Flavi. Altri ritengono che fu ucciso per mano di un liberto di Domitilla, moglie esiliata di Flavio Clemente, cugino dell'imperatore, condannato da quest'ultimo nel 95.

Capitolo 20

Regni di Nerva e di Traiano

Regno di Nerone il Piccolo /=Nerva/

1 Nell'anno 407 dell'era di Alessandro regnò per un solo anno Nerone /=Nerva/ il Piccolo[1]. Ordinò di richiamare a Roma tutti coloro che erano stati mandati in esilio. Dopo sei anni di esilio[2], Giovanni l'Evangelista fece ritorno a Efeso.

2 In questo tempo si rese celebre Giusto di Tiberiade, maestro dei Giudei[3].

3 Poi Nerva morì e nell'anno 408 dell'era di Alessandro cominciò a regnare Traiano Cesare. Regnò 19 anni[4].

Regno di Traiano

4 Nell'anno 1 del suo regno, fu fatto vescovo di Alessandria Cerdone. Resse la sede 11 anni[5].

5 Nell'anno 4 del suo regno, fu fatto vescovo di Roma Evaristo[6]. Resse la sede 8 anni.

6 Ad Alasmidis[7], che aveva retto la sede di Bizanzio 17 anni, successe come vescovo Plutarco. Resse la sede 15 anni[8].

[1] Ossia Marco Cocceio Nerva, imperatore romano dal 96 al 98 d.C.

[2] In A. Vasiliev, *Kitab* (1915), p. 502 leggiamo invece «dopo sessanta anni di esilio», citando in nota Michele il Siro, *Chronique* (1899), vol. I, pp. 172, 173.

[3] È autore di una *Guerra giudaica* nella quale accusa Giuseppe Flavio di avere tradito il suo popolo per la sua chiara adesione alla politica romana. A questa accusa Giuseppe rispose con la sua celebre opera *Autobiografia*. Echi di tali vicende sono reperibili in Eusebio, *Storia Ecclesiastica*, III, 10, 8. Vedi pure Michele il Siro, *Chronique* (1899), vol. I, p. 173.

[4] Marco Ulpio Traiano fu imperatore romano dal 98 al 117.

[5] Eutichio, *Gli Annali* (1987), p. 163 menziona un patriarca di Alessandria eletto nell'anno 15, che però andrebbe meglio letto nell'anno 5, del regno di Domiziano di nome Kurdiyūs che corrisponde a Gordio o Cerdone. La notizia di Agapio ricompare con le stesse indicazioni in Michele il Siro, *Chronique* (1899), vol. I, p. 174.

[6] Fu lui che istituì le 7 diaconìe per la città di Roma. Fu papa dal 97 al 105. Altre fonti indicano come periodo della sua reggenza gli anni 100 ca –109 ca. Cf. John N.D. Kelly, *Dizionario illustrato dei Papi,* Piemme, Casale Monferrato 2003, p. 32.

[7] Di un vescovo di Bisanzio che resse la sede 17 anni, Michele il Siro, *Chronique* (1899), vol. I, p. 174, ci dice che si chiamasse Policarpo. Era stato preceduto dal primo vescovo di Bisanzio l'apostolo Andrea, dopo costui Stico, poi Onesimo. I nomi di cui nel testo sono oltremodo corrotti.

[8] Michele il Siro, *Chronique* (1899), vol. I, p. 174, dice che si chiamava Politoro, ma in nota si fa riferimento a Plutarco.

7 Dopo di lui resse la sede Sedemon[9], per 8 anni.

8 Nell'anno 6 del regno di Traiano, fu creato vescovo *mār* Diogene[10]. Resse la sede 14 anni[11].

9 In questo anno morì, ad Efeso, Giovanni l'Evangelista, dopo aver vissuto 71 anni dopo l'Ascensione al cielo di nostro Signore Cristo, sia egli glorificato. Aveva scritto il Vangelo dopo quelli di Matteo, di Marco e di Luca. Dopo averne avuto tra le mani le copie e averle lette, infatti, esclamò: «Quanto bello è ciò che hanno scritto. Però hanno raccontato poco a proposito delle opere che nostro Signore Cristo, sia egli glorificato, ha compiuto prima che Giovanni figlio di Zaccaria venisse messo in prigione». Fu proprio per questa ragione che, dietro insistenza di alcuni, scrisse per loro il Vangelo che parla delle cose che erano avvenute prima che Giovanni il Battista fosse messo in prigione. Egli dice che fu questo il primo miracolo operato da nostro Signore Cristo, sia egli glorificato, e che a questo tempo Giovanni non era stato ancora messo in prigione[12].

10 Nell'anno 9 del regno di Traiano, Simone figlio di Cleofa, vescovo di Gerusalemme, subì il martirio[13]. Aveva 120 anni. Aveva retto la sede episcopale 42 anni, dieci dei quali prima della distruzione di Gerusalemme e trentadue dopo la distruzione. A lui successe Giusto, che resse la sede 5 anni; a costui successe Zaccheo, che resse la sede 2 anni; a costui successe Tobia, che resse la sede 3 anni; a costui successe Beniamino, che resse la sede 1 anno; a costui successe Giovanni, che resse la sede 3 anni e a Giovanni successe Mattai[14], che resse la sede 2 anni.

11 Nell'anno 10 del regno di Traiano, Ignazio, vescovo di Antiochia, subì il martirio a Roma, divorato dalle fiere. /Dopo di lui/ salì sulla sede /episcopale/ di Antiochia Orus, che la resse 18 anni[15].

[9] È detto invece Sédékion in A. Vasiliev, *Kitab* (1915), p. 503. In Michele il Siro, *Chronique* (1899), vol. I, p. 174 compare la forma Çédékiôn e si precisa che resse la sede 8 anni.

[10] Illeggibile nel testo curato da Cheikho.

[11] Michele il Siro, *Chronique* (1899), vol. I, p. 174 riporta che Diogene, settimo vescovo di Bisanzio, ne resse la sede 8 anni.

[12] Cf. *Gv* 3,24. Il richiamo al primo miracolo è chiara allusione al miracolo di Cana di Galilea, di cui in *Gv* 2,1-11 cui fa seguito la segnalazione di altri portenti operati da Gesù prima che Giovanni fosse messo in prigione.

[13] Eventi narrati in Eusebio, *Storia Ecclesiastica*, III, 32. Attenendosi alla lista offerta da Eusebio, *Storia Ecclesiastica*, IV, 5, Michele il Siro, *Chronique* (1899), vol. I, p. 167-168 li cita in questo ordine: Giacomo, fratello di nostro Signore, 4 anni; Giusto, 5 anni; Abai, 2 anni; Tobia, 3 anni; Beniamino, 1 anno; Giovanni, 3 anni; Mattai, 2 anni; Filippo, 4 anni; Seneca, 2 anni; Giusto, 1 anno; Levi, 4 anni; Efraim, 3 anni; Giuseppe, 2 anni; Giuda, 1 anno, di poi sopravvenne la distruzione della città.

[14] Detto anche Matateo o Mattia. Cf. Eutichio, *Gli Annali* (1987), p. 165, dove la lista dei vescovi di Gerusalemme da Giacomo a questo Matateo è oltremodo diversa!

[15] Per le lettere di Ignazio cf. Eusebio, *Storia Ecclesiastica*, III, 36. Il nome del suo successore è qui illeggibile, ma in alcune fonti è ricordato come Orus. Eutichio, *Gli Annali* (1987), p. 162 menziona un patriarca di Antiochia di nome Brūn, eletto nell'anno 6 del regno di Traiano, che resse la sede 20 anni. Il nome andrebbe meglio letto come Īrūn, ossia Erone. Michele il Siro, *Chronique* (1899), vol. I, pp. 176-177, afferma invece che quarto vescovo di Antiochia fu Cornelio, succedendo proprio ad Ignazio, dopo il quale ricorda come quinto vescovo di Antiochia un certo Orus che ne resse la sede 16 anni.

12 Nell'anno 12 del regno di Traiano, salì sulla sede di Roma un vescovo di nome Alessandro. Resse la sede 9 anni[16]. Su quella di Alessandria, invece, salì un uomo chiamato Primo. Resse la sede 12 anni[17].

13 In questo tempo visse a Manbiğ /=Gerapoli/ un eminente maestro, autore di parecchi trattati. Egli, infatti, aveva composto cinque trattati sui Vangeli[18]. In un trattato composto sul vangelo di Giovanni egli racconta quanto segue: «Nel libro di Giovanni l'Evangelista si fa parola di una donna che era adultera. Avendola trascinata al cospetto di nostro Signore Cristo, sia egli glorificato, i Giudei che l'avevano trascinata sin lì si sentirono dire: «Colui che in mezzo a voi è certo di essere immune dal peccato di cui costei è accusata, testimoni contro di lei con le prove che ha!». A queste sue parole, nessuno tra loro rispose, ed essi si allontanarono»[19].

14 Nell'anno 15 del suo regno, Traiano fece espellere da Roma tutti gli stranieri, avendo essi provocato un aumento dei prezzi a discapito della popolazione. Fece cacciare altresì gli stranieri cristiani che vivevano in città, i quali, dopo aver risolto di andarsene, scongiurarono l'imperatore di permettere loro di portar seco le ossa di Pietro e di Paolo, essendo anch'essi stranieri a Roma. Accolse favorevolmente la loro richiesta ed erano sul punto di portar via le ossa quando la terra tremò e sussultò, mentre la città fu interamente sconvolta e avvolta nel buio, sino a quando gli stranieri non furono richiamati e la terra si calmò[20].

15 In questo tempo si rese celebre Menandro il Mago, originario di una città della Samaria, discepolo di Simon Mago[21]. Battezzava la gente e andava dicendo che coloro che avrebbero ricevuto il battesimo per mano sua sarebbero stati migliori degli angeli. Fino a questo tempo la Chiesa di nostro Signore Cristo, sia egli glorificato, era stata immune di scienze impure, incontaminata dalle sozzure, pura della zizzania di Satana e delle farneticazioni delle eresie.

16 In questo tempo comparvero ad Antiochia un certo Saturnino[22] e ad Alessandria Basilide. Saturnino sosteneva che sette angeli, dopo aver fatto comunella, crearono il mondo; che è ad essi che si rivolge Dio quando dice: «Facciamo l'uomo a nostra immagine e somiglianza» e che sono stati essi a dare la Legge. Sosteneva, ancora, che il

[16] Alessandro I fu vescovo di Roma dal 109 ca al 116 ca.

[17] Michele il Siro, *Chronique* (1899), vol. I, p. 175 lo menziona come quarto vescovo di Alessandria la cui sede egli resse per 12 anni.

[18] Cf. Ireneo, *Contra Haereses*, V, 38.

[19] Cf. *Gv* 8,1-9.

[20] Su Traiano che proibì di ricercare i cristiani cf. Eusebio, *Storia Ecclesiastica*, III, 33.

[21] Succeduto a Simon Mago, si proclamò «il Salvatore inviato dall'Alto del cielo per la salvezza degli uomini da eoni invisibili...». Su di lui e le opere scritte contro la sua dottrina cf. Eusebio, *Storia Ecclesiastica*, III, 26.

[22] Su Satornilo o Saturnino d'Antiochia, che operò in Siria, e su Basilide di Alessandria che operò in Egitto, «fondatori di scuole eretiche nemiche a Dio», cf. Eusebio, *Storia Ecclesiastica*, IV, 7. Basilide è altresì autore di un *Vangelo* e di un *Commento* in 24 Libri, di cui siamo a conoscenza grazie ad alcune confutazioni. Vedi pure Michele il Siro, *Chronique* (1899), vol. I, pp. 174. 179-181.

matrimonio è opera di Satana, che i demoni vengono in aiuto ai cattivi e li sostengono nel fare il male e che il Salvatore è venuto per salvare i buoni. Basilide, a sua volta, sosteneva che dobbiamo onorare e venerare il serpente, giacché fu lui ad ordinare ad Eva di giacere con il marito e senza di lui il mondo non sarebbe esistito. /Basilide/ sosteneva ancora che ci sono trecentosessanta cieli, che in ciascun giorno ne appare uno nuovo e propinava altre dicerie da lui inventate. Ma mostruose qual sono, facciamo a meno di parlarne.

17 Comparve in seguito un altro uomo di nome Cerinto[23], originario della città di Corinto, che andava dicendo che il mondo è stato creato dagli angeli e che Cristo è stato il frutto di un rapporto sessuale. Il dotto Ireneo narra che due anni prima della sua morte Giovanni l'Evangelista si ritirò in un bagno ma, avendovi trovato l'eretico Cerinto, ne uscì senza lavarsi e auspicando che tanto lui quanto l'edificio fossero inghiottiti a causa dell'eretico Cerinto[24].

18 Nell'ultimo anno del regno di Traiano, i Giudei dell'Egitto, della Siria, della Palestina e della Mesopotamia Settentrionale si rivoltarono e crearono come loro re un uomo di nome Lucua. Traiano mandò alcune truppe contro di essi, diede loro la caccia dappertutto e ne massacrò parecchie migliaia[25].

19 Poi, all'età di 66 anni, l'imperatore Traiano morì.

[23] Di questo Cerinto ha già parlato. Cf. Eusebio, *Storia Ecclesiastica*, III, 28. Vedi anche quanto ne dice Michele il Siro, *Chronique* (1899), vol. I, pp. 170-171.

[24] Cf. Ireneo, *Contra Haereses*, I, 26; III, 3; Migne, PG, VII, pp. 686, 853.

[25] Ne parlano altresì Eusebio, *Storia Ecclesiastica*, IV, 2 e Dione Cassio, *Storia romana*, LXVIII, 32. Per il ribelle Lucua vedi anche Michele il Siro, *Chronique* (1899), vol. I, p. 172.

Capitolo 21

Regno di Adriano

Successione di vescovi

1 Nell'anno 427 dell'era di Alessandro, cominciò a regnare Adriano. Regnò 21 anni[1].

2 Nell'anno 3 del suo regno, salì sulla sede di Roma un vescovo di nome Sisto. Resse la sede 10 anni[2].

3 Sulla sede di Alessandria salì Giusto. Resse la sede 11 anni[3].

4 Sulla sede di Gerusalemme salì Filippo. Resse la sede 4 anni[4]. Dopo di lui resse la sede Seneca per 2 anni[5]. Dopo di lui resse la sede Giusto per 1 anno[6]. Dopo di lui resse la sede Efraim per 1 anno[7].

5 Sulla sede di Antiochia salì Cornelio. Resse la sede 17 anni[8].

6 Sulla sede di Bisanzio salì Eleuterio. Resse la sede 6 anni. Dopo di lui resse la sede Policarpo per 16 anni[9].

7 Salì poi sulla sede di Roma Telesforo. Resse la sede 11 anni[10].

8 Sulla sede di Alessandria salì Eumenio. Resse la sede 13 anni[11].

[1] Il testo presenta qui delle ridondanze che abbiamo creduto opportuno omettere.

[2] Sisto I fu vescovo di Roma dal 116 ca al 125 ca.

[3] Eutichio, *Gli Annali* (1987), p. 164 afferma che nell'anno 11 del regno di Traiano fu eletto patriarca di Alessandria Giusto, il quale ne resse la sede 10 anni. Michele il Siro, *Chronique* (1899), vol. I, p. 176 lo indica come quinto vescovo di Alessandria, la cui sede egli resse 11 anni.

[4] Eutichio, *Gli Annali* (1987), p. 165 dice che Filippo fu creato vescovo di Gerusalemme nell'anno 15 del regno di Adriano, reggendone la sede per 2 anni.

[5] Eutichio, *Gli Annali* (1987), p. 165 dice invece che la resse per un solo anno.

[6] Eutichio, *Gli Annali* (1987), p. 165 dice invece che la resse per 5 anni.

[7] Qui salta il periodo di Levi, ricordato invece in Eusebio, *Storia Ecclesiastica*, IV, 5,3 come pure in Eutichio, *Gli Annali* (1987), p. 166 dove si afferma che ressde la sede di Gerusalemme per 5 anni. Di Efraim dice invece che resse la sede di Gerusalemme per 2 anni. Per le successioni di questi vescovi sulla sede di Gerusalemme, vedi pure Michele il Siro, *Chronique* (1899), vol. I, p. 167.

[8] Eutichio, *Gli Annali* (1987), p. 165 dice che resse la sede 16 anni. Michele il Siro, *Chronique* (1899), vol. I, p. 176 non menziona gli anni di reggenza di Cornelio e lo indica come successore di Ignazio. Sembra che qui Agapio adotti una seconda recensione.

[9] Michele il Siro, *Chronique* (1899), vol. I, p. 177 indica invece come vescovi di Bisanzio Atenodoro, che ne resse la sede 13 anni e Euzoio che la resse 5 anni.

[10] Telesforo fu vescovo di Roma dal 125 ca al 136 ca.

[11] Il testo ha qui la forma اوميانيوس. Eutichio, *Gli Annali* (1987), p. 165 dice che Eumenio o Eumene la resse 12 anni. Michele il Siro, *Chronique* (1899), vol. I, p. 177 ha per questo vescovo la forma Ammonio, che ne resse la sede 13 anni.

9 Sulla sede di Efeso, dopo Timoteo, salì Onesimo. A costui successe Gaio; a costui Filologo; a costui Lucio; a costui Apollonio e a costui Possidio[12].

Notizie varie

10 Nell'anno 4 del regno di Adriano, fu abolito il regno di Edessa. Il paese fu amministrato da governatori romani.

11 Nella città di Atene Adriano fece costruire una /biblioteca/[13] dentro la quale fece convenire parecchi sapienti apportando loro le leggi di Solone e di Dracone.

12 In questo tempo subirono il martirio Sofia e le sue tre figlie[14].

13 Nell'anno 18 del suo regno, Adriano fu colpito da elefantiasi. Mandò a cercare in tutto il suo impero qualcuno che potesse guarirlo, ma non si trovò nessuno. Si recò allora a cercarlo in Egitto, portando al suo seguito il suocero Aquila, astrologo, mago, divinatore, indovino, uomo pacifico. Andò poi ad Antiochia e, passando per la Siria, si portò a Gerusalemme, 47 anni dopo la sua distruzione. Osservato che ebbe il sito della città e quel che di essa era andato distrutto, non trovò abitato altro luogo se non una chiesa dedicata agli Apostoli. Diede perciò ordine al suocero di ricostruire la città. Aquila, cui era stato affidato tale compito, nel vedere /come stavano le cose/ credette nei miracoli che i Discepoli operavano, desiderò abbracciare la religione cristiana, si fece battezzare e divenne cristiano. Ma nonostante ciò non rinunciò alla magia, all'astrologia e alle sue pratiche superstiziose. I discepoli cercarono più di una volta di dissuaderlo, ma egli non obbedì. Allora lo scomunicarono e lo espulsero dalla Chiesa. Spinto dalla collera, dal furore e dalla vergogna si diede a copiare i libri che avevano composto Bartolomeo e Giuda; /tra/scrisse egli stesso accuratamente dei libri in lingua siriaca ed ebraica e vi introdusse degli errori allo scopo di dimostrare l'inanità della venuta di nostro Signore Cristo, sia egli glorificato. Questi libri da lui composti si trovano ad oggi nelle mani dei Giudei[15].

14 In questo anno si rivoltarono i Giudei di Gerusalemme. Un uomo, soprannominato Barkūbā[16], si fece largo tra loro e se li accattivò dicendo ad essi di essere disceso

[12] Nell'impossibilità di leggere i nomi di cui nel testo, abbiamo preferito riportare qui la lettura che ne fa A. Vasiliev, *Kitab* (1915), p. 507. Vedi pure Michele il Siro, *Chronique* (1899), vol. I, p. 176. Eutichio non presenta alcuna lista dei vescovi di Efeso.

[13] Così in Michele il Siro, *Chronique* (1899), vol. I, p. 176. In effetti nel 126 Adriano fece erigere in Atene un imponente tempio dedicato a Zeus Olimpico e una nuova monumentale biblioteca.

[14] Vedi pure Michele il Siro, *Chronique* (1899), vol. I, p. 176.

[15] Cf. PG, XXVIII, 433-434. Non è improbabile che qui si alluda ad Aquila del Ponto, proselite giudeo, traduttore, di cui in Eusebio, *Storia Ecclesiastica*, V, 8, 1°; VI, 16, 1, 4.

[16] Conosciuto dai suoi ammiratori come Bar-Kokhba, ossia figlio della stella, e dai suoi oppositori come Bar Kozība, vale a dire figlio della menzogna, Shimʿon Bar-Kokhba (m.135) guidò la seconda rivolta giudaica (132-135) contro i Romani al tempo dell'imperatore Adriano. Ritiratosi a Bethar, perì in seguito alla caduta della fortezza. Preziose per la figura di questo eroe sono le lettere di Murabbaʿāt. A tal proposito cf. Y. Yadin, *Bar-Kokhba*, Gerusalemme 1971. Vedi anche Eusebio, *Storia Ecclesiastica*, IV, 6. Eusebio cita Aristone di Pella, antico apologeta cristiano della prima metà del II sec. Sul rivoltoso cf. anche Michele il Siro, *Chronique* (1899), vol. I, p. 176.

dal cielo, come una stella, per liberarli. Molti tra loro lo seguirono e coloro che si erano rifiutati di farlo li combatté e li sterminò. Avutone notizia, Adriano gli mandò contro delle truppe che attaccarono Gerusalemme, annientarono tutti i Giudei e misero la città a ferro e fuoco. In seguito vi fu costruita un'altra città che fu chiamata Elia, in onore dell'imperatore Adriano, dentro la quale furono sistemati degli stranieri. Ai Giudei che erano rimasti e che non erano stati uccisi in combattimento, furono tagliate le orecchie e fu loro proibito in modo assoluto di volgere lo sguardo verso l'abbondanza di beni della loro madrepatria.

15 Sulla sede di Gerusalemme salì un vescovo di nome Marco. Resse la sede 4 anni[17].

16 Adriano si ammalò poi di idropisia e morì. Aveva 65 anni. Dopo la sua morte cominciò a regnare Tito Antonino, soprannominato il Pio. Regnò 22 anni e 3 mesi, a cominciare dall'anno 448 dell'era di Alessandro[18].

[17] Contrariamente ad Agapio, Eutichio, *Gli Annali* (1987), p. 166 registra i due periodi di vescovado su Gerusalemme di Arsenio e di Giuda, predecessori di Marco. Arsenio è in altre fonti indicato come Giuseppe. Cf. Eusebio, *Storia Ecclesiastica*, IV, 5, 3. Tanto Eusebio quanto Eutichio precisano che da Giacomo, primo vescovo di Gerusalemme, a questo Giuda i vescovi erano stati tutti dei circoncisi. Del Marco in questione, Eutichio, *Gli Annali* (1987), p. 166 dice che resse la sede di Gerusalemme per 8 anni e che fu eletto nell'anno 13 del regno di Antonino. Michele il Siro, *Chronique* (1899), vol. I, pp. 176-177, lo indica come il primo dei vescovi eletto tra i Gentili. Non precisa quanti anni resse la sede ma indica che fu il sedicesimo vescovo di Gerusalemme.

[18] Antonino Pio fu imperatore romano dal 138 al 161.

Capitolo 22

Regno di Antonino Pio

Successione di vescovi

1 Nell'anno 1 del regno di Antonino Pio, salì sulla sede di Roma un vescovo chiamato Igino. Resse la sede 4 anni[1]. Dopo di lui resse la sede Pio, per 14 anni[2].

2 Sulla sede di Alessandria salì Marciano. Resse la sede 10 anni[3]. Dopo di lui resse la sede Celadione, per 14 anni[4].

3 Sulla sede di Antiochia salì Ortūs. Resse la sede 16 anni[5]. Dopo di lui resse la sede Teofilo, per 15 anni[6].

4 Sulla sede di Bisanzio salì Atenodoro. Resse la sede 13 anni[7].

5 Sulla sede di Gerusalemme salì, dopo Marco[8], Cassiano, il primo vescovo dei Gentili[9]. Resse la sede 3 anni[10]. Dopo di lui resse la sede Publio, per 4 anni[11]; a costui successe

[1] Igino fu vescovo di Roma dal 138 ca al 142 ca.

[2] Pio I fu vescovo di Roma dal 142 ca al 155 ca.

[3] In Eutichio, *Gli Annali* (1987), p. 165 dice che fu eletto nell'anno 14 del regno di Adriano. Michele il Siro, *Chronique* (1899), vol. I, p. 177 lo indica come il settimo vescovo della sede di Alessandria e gli attribuisce 10 anni di episcopato.

[4] In Eutichio, *Gli Annali* (1987), p. 165 si legge che fu eletto nell'anno 4 del regno di Antonino Pio e che resse la sede 11 anni. In Eutichio compare la forma Kilādiyūs. In realtà Celadione fu patriarca dal 152 al 166. Stesse notizie in Michele il Siro, *Chronique* (1899), vol. I, p. 178.

[5] Eutichio, *Gli Annali* (1987), p. 165 ha invece Aro e afferma che resse la sede di Antiochia 13 anni. Michele il Siro, *Chronique* (1899), vol. I, p. 177 lo chiama Orus e gli attribuisce una reggenza di 16 anni.

[6] Eutichio, *Gli Annali* (1987), p. 166 asserisce che la resse 21 anni. Michele il Siro, *Chronique* (1899), vol. I, p. 181 lo indica come il sesto vescovo della città e gli attribuisce un episcopato di 15 anni. Compose diversi trattati di dottrina ortodossa e scrisse su diversi soggetti.

[7] Stessi dettagli in Michele il Siro, *Chronique* (1899), vol. I, p. 177.

[8] Eusebio, *Storia Ecclesiastica*, IV, 5 non annovera Marco tra i circoncisi, ossia i primi quindici vescovi di Gerusalemme.

[9] Michele il Siro, *Chronique* (1899), vol. I, p. 177 asserisce invece che il primo vescovo scelto tra i Gentili fu Marco, che fu il sedicesimo vescovo di Gerusalemme. Cassiano è indicato come il diciassettesimo vescovo della stessa città, la cui sede resse 3 anni. La successione dei vescovi sulla stessa sede è così da lui indicata: Polio, 3 anni; Massimo, 5 anni; Giulio, 6 anni; Gaio, 2 anni; Simmaco, 4 anni; un altro Gaio, 8 anni; Giulio, 17 anni e Capitone, 15 anni.

[10] Eutichio, *Gli Annali* (1987), p. 165 dice invece che la resse 5 anni.

[11] Eutichio, *Gli Annali* (1987), p. 166 menziona Eusebio, che avrebbe retto la sede di Gerusalemme per 2 anni, ma in nessun'altra lista è dato trovare detto Eusebio tra Marco e Publio. Lo stesso autore dice che Publio resse la sede 5 anni.

Massimo, che resse la sede 5 anni[12]; a costui successe Giulio, che resse la sede 6 anni[13]; a costui successe Gaio, che resse la sede 2 anni[14] e a costui successe Matūsūs[15], che rese la sede 4 anni.

6 Sulla sede di Roma salì inoltre Aniceto. Resse la sede 11 anni[16].

Eresie varie

7 In questo tempo comparvero a Roma un uomo di nome Valentino e un altro a nome Cerdone[17], entrambi maestri di Marcione. Valentino asseriva che il Signore Cristo, sia egli glorificato, era sceso dal cielo portando con sé un corpo e che si era trovato nella Vergine Maria come l'acqua in una grondaia, senza avere assunto nulla da lei. Cerdone, a sua volta, professava che diverse divinità avevano fatto comunella e creato il mondo. Negava pure la resurrezione.

8 In seguito fece la propria comparsa a Roma un uomo di nome Marco che andava asserendo che sin dall'eternità esistevano trecentosessanta dei che, dopo essersi riuniti, avevano creato il mondo, governandolo a turno, in modo che ciascuno di essi, un giorno all'anno, ne detenesse il potere e ne fosse l'unico reggitore. Tra loro alcuni amavano il bene ed altri il male ma se tutt'insieme uniti avevano la facoltà di fare il bene e il male, a loro discrezione. Il capo degli dei aveva mandato il Signore Cristo, sia egli glorificato, che era parte della sua natura, perché esortasse le genti ad adorarlo a ad obbedire a lui solo. E però, avendo gli dei appreso ciò, istigarono contro di lui le genti e queste lo crocifissero[18].

Storia di Marcione

9 Di poi fece la sua comparsa un uomo chiamato Marcione, figlio di un vescovo del Ponto[19]. C'era, colà, una giovanetta oltremodo pia, dedita notte e giorno al servizio della chiesa, ancora vergine. Marcione, però, la sedusse e la corruppe e il

[12] Eutichio, *Gli Annali* (1987), p. 166 dice che resse la sede 4 anni.

[13] Eutichio, *Gli Annali* (1987), p. 167 ha invece che resse la sede 2 anni.

[14] Si tratta di Gaio I. Eutichio, *Gli Annali* (1987), p. 167 afferma che la resse 3 anni. Anche Michele il Siro, *Chronique*, (1899), vol. I, p. 177, è per un episcopato di 2 anni.

[15] Probabile storpiatura del nome Simmacus. In realtà anche in Eutichio, *Gli Annali* (1987), p. 167 si dice che nell'anno 1 del regno di Marco Aurelio fu fatto vescovo di Gerusalemme Simmaco, che ne resse la sede per 2 anni. Subito dopo di lui si ricorda il periodo di Gaio II. Da notare che per Gaio I Eutichio ha il termine *Ġābiyūs* e per Gabio II quello di *Ġābiyānūs*.

[16] Aniceto fu vescovo di Roma dal 155 ca al 166 ca. A. Vasiliev, *Kitab* (1915), p. 510 traduce «10 anni».

[17] Sull'eresia di Valentino e di Cerdone, cf. Eusebio, *Storia Ecclesiastica*, IV, 11.

[18] Cf. Ireneo, *Contra haereses*, I, 13-21; Migne, PG VII, pp. 577-670. Vedi pure Eusebio, *Storia Ecclesiastica*, IV, 11.

[19] Fondatore di un'eresia che vedeva contrapposti il Dio vendicativo degli Ebrei dell'Antico Testamento e il Dio buono e misericordioso del Nuovo manifestatosi in Cristo in un corpo apparente. Adottò, commisurandoli alle sue tesi, il Vangelo di Luca, omettendo i capitoli 1-2, e dieci Lettere di Paolo, escludendo quella agli Ebrei e quelle Pastorali.

padre, venuto a conoscenza dell'accaduto, lo scomunicò e lo bandì dalla Chiesa. Andò quindi a Roma, ma i fedeli di laggiù, sprezzanti, non vollero accoglierlo. Ritornò quindi in Asia e si diede a frequentare un vescovo del luogo di nome Aristino. Marcione faceva pubbliche sortite, raccoglieva proseliti e discuteva di religione. Il vescovo morì che Marcione era assente e quando fu di ritorno gli fu consegnato il testamento che il vescovo Aristino aveva scritto indicandovi le sue disposizioni riguardo a lui. Marcione lo prese e lo lesse ma, non avendovi trovato nulla a lui conveniente, se ne uscì in uno scatto di collera e si diede a corrompere tutta la gente alla quale propinava i suoi insegnamenti a tal fine.

10 Egli sosteneva infatti: «Il Signore Cristo, sia egli glorificato, non è, come vi ho sempre detto fino ad ora, figlio del Creatore, ma è estraneo al Padre. Di fatto, ci sono tre esseri divini: Il Bene, che risiede nelle altezze; il Male che risiede negli inferi e il Giusto, che risiede nel mezzo. Il Dio Giusto formò la materia che era sistemata negli inferi, chiamata l'essere cattivo, vi manifestò i suoi atti e creò il cielo, i quattro elementi, il paradiso e le stelle del cielo; di poi prese del fango dal paradiso, lo plasmò a forma d'uomo, gli insufflò dentro la bocca un alito della propria essenza e sostanza e creò per lui {una donna} simile a lui[20]. Dal sedimento della materia primordiale creò in seguito il tartaro, la terra e quei corpi solidi e inanimati ch'essa contiene e creò pure tutti gli animali della terra, ponendo in essi uno spirito creato. A questo diede egli compimento con Adamo e sua moglie che si moltiplicarono e la loro fu una discendenza numerosa. Allorché la terra si riempì di uomini, diede loro i libri della Tōrāh e tutti gli altri libri antichi che contenevano i suoi comandamenti, i suoi divieti, le sue promesse e le sue minacce.

11 Vedendo in seguito tutte queste cose, il Dio Buono si riebbe dalla propria indifferenza, fu geloso dell'Essere Giusto e creatore e ne fu invidioso. Mandò perciò suo Figlio, che era della sua stessa sostanza ed essenza, in mezzo alle creature del Giusto per richiamarli al culto di suo Padre e riscattarli con il proprio sangue. Percorse e attraversò le sue contrade e però giammai conobbe l'Essere giusto fino a quando non scese sulla terra, ricettacolo della materia primordiale. Vide allora la corruzione delle creature e quanto lontane esse fossero dalla religione e le indusse ad adorare suo Padre. Conosciuto che ebbe tali cose, il Creatore istigò contro di lui i suoi servitori, ma fu il Figlio stesso a conferire ai compagni del Creatore il potere di ucciderlo in modo da riscattarli in virtù della sua potenza e del suo sangue. Poi resuscitò e li convertì al culto del Padre. Una volta abbracciato il culto del Dio Buono, ridussero all'impotenza l'Essere Giusto, il Creatore. Il Dio Buono diede loro dei nuovi libri in contrasto con quelli che il Creatore Giusto aveva dato per l'innanzi con i suoi comandamenti, divieti, promesse e minacce. Derubò del paradiso il Creatore per darlo come dimora a coloro che avrebbero obbedito alle sue prescrizioni, chi invece gli si

[20] Questa interpretazione di Cheikho contrasta con la lettura offerta da A. Vasiliev, *Kitab* (1915), p. 513 che preferisce tradurre «mise in lui un'anima dalla sua sostanza e natura e... come lui».

fosse ribellato lo avrebbe precipitato nell'inferno, dove eterna sarà la sua dimora»[21]. Tra gli evangelisti, accettava unicamente Luca.

12 Avendo Marcione pubblicamente divulgato queste credenze, i vescovi lo esortarono più di una volta a far ritorno alla verità. Ma poiché persisteva nel suo errore, lo scomunicarono e lo espulsero dalla Chiesa.

13 Avveniva, tutto ciò, al tempo di Tito Antonino, nell'anno 1 del suo regno, corrispondente all'anno 449 dell'era di Alessandro.

[21] Michele il Siro, *Chronique* (1899), vol. I, pp. 179-180.

Capitolo 23

Regni di Marco, Antonino e Lucio

Regno di Marco: successione di vescovi

1 Nell'anno 470 dell'era di Alessandro, cominciò a regnare Marco /Aurelio/[1] con i due suoi figli Antonino e Lucio. Regnarono 19 anni.

2 Nell'anno 8 del regno di Marco Aurelio[2], salì sulla sede di Roma il vescovo Sotero. Resse la sede 8 anni[3]. Sulla sede di Alessandria salì invece Agrippino. Resse la sede 12 anni[4]. Gli successe Giuliano, che resse la sede 10 anni[5]. Sulla sede di Antiochia salì Massimo. Resse la sede 18 anni[6]. A Bisanzio salì sulla sede /Protonico/. Resse la sede 10 anni[7]. Gli successe Olimpiano, che resse la sede 12 anni[8]. Sulla sede di Gerusalemme salì Gaio. Resse la sede 3 anni; a costui successe un altro Gaio, che resse la sede 4 anni; a costui successe Simmaco[9], che resse la sede 3 anni[10].

[1] Marco Aurelio Antonino, ossia Marco Annio Vero, nipote di Antonino Pio, fu imperatore romano dal 161 al 180. Nel 177 si associò il figlio Commodo per poter meglio combattere contro i Quadi e i Marcomanni. Ma anche più oltre Agapio continua a parlare di due figli di Marco Aurelio identificandoli in Lucio e Antonino. Nulla di più improbabile ch'egli intenda, per Lucio, quel Lucio Vero che sempre nel 138 Antonino Pio aveva adottato per volontà di Adriano e che lo stesso Marco Aurelio si associò nel 161. Vero morì nel 169, dopo vittoriose battaglie (161-166) contro gli stati vassalli d'Armenia e d'Osroene. In Antonino è invece da identificare il figlio Commodo ch'egli si associò, come detto, nel 177. A meno che non si debba leggere Marco /Aurelio/ Antonino /Vero/ e Lucio /Vero/, suo genero e fratello adottivo.

[2] Questa precisazione è preceduta da una frase monca che recita: «Nell'anno 12 del regno di Marco».

[3] Sotero fu vescovo di Roma dal 166 ca al 174 ca.

[4] Fu infatti patriarca dal 166 al 178. Michele il Siro, *Chronique* (1899), vol. I, p. 182 lo indica come nono vescovo di Alessandria, di cui resse la sede per 12 anni.

[5] Fu patriarca dal 178 al 188. Michele il Siro, *Chronique* (1899), vol. I, p. 184 indica come decimo vescovo di Alessandria Eliano, che ne resse la sede 11 anni.

[6] Il testo è alquanto corrotto e illeggibile. Eutichio, *Gli Annali* (1987), p. 166 dice che Massimo resse la sede per 9 anni, dopo essere stato eletto nell'anno 15 del regno di Marco Aurelio. Michele il Siro, *Chronique* (1899), vol. I, p. 185 dice che il settimo vescovo di Antiochia fu Massimiano, ma non dice per quanti anni ne resse la sede.

[7] Il testo omette qui il nome. Michele il Siro, *Chronique* (1899), vol. I, p. 185 dice che Protonico resse la sede di Bisanzio 18 anni.

[8] I nomi di questi vescovi della sede di Bisanzio li prendiamo direttamente da A. Vasiliev, *Kitab* (1915), p. 515, dato che nel testo che traduciamo sono illeggibili.

[9] Tale nome non compare nel testo. Cf. A. Vasiliev, *Kitab* (1915), p. 515.

[10] Ripropone in parte quanto detto in XXII,1.5.

3 Nell'anno 12 del regno di Marco si rese celebre Dionigi, vescovo di Corinto, che compose parecchi libri[11].

4 Nell'anno 16 del regno di Marco, ci si accanì contro i cristiani con ogni sorta di violenta persecuzione. Molti vescovi subirono il martirio e martirizzato fu altresì il filosofo Giusto, a Roma[12].

Eresie di Taziano, Montano e Florino

5 In questo tempo fece la propria comparsa un uomo di nome Taziano, discepolo di Giusto, il filosofo di cui abbiamo testé detto che subì il martirio. Abbandonato che ebbe il suo maestro, Taziano si allontanò dall'ortodossia e diede corpo ad un mostruoso insieme di eresie. Esistono, così egli sosteneva, numerosi esseri divini e numerosi eoni invisibili. Tutte le cose sono un misto di bene e di male perché tutte vivono a coppie. Perfido qual era alterò l'ordine delle tribù così come fissato, sostenendo che il Signore Cristo, sia egli glorificato, non è [figlio] di [Da]vid. Inventò un altro vangelo[13] diverso da quello {e lo attribuì all'apostolo} Paolo. Sosteneva che dopo la morte si mangia, si beve [e ci si sposa, aggiungendo a queste] aberrazioni numerose altre cose[14].

6 Comparve poi [in Asia un uomo] di nome Montano che pretendeva essere il Paraclito [che] il Signore Cristo, sia egli glorificato, {aveva promesso} di mandare al mondo. Cominciò a radunare intorno a sé dei discepoli, e si diede ad insegnare la dottrina dell'empietà e dell'errore. Fu quindi scomunicato e cacciato dalla Chiesa, e tuttavia si fece dei compagni e dei proseliti che restarono sempre con lui fino al giorno in cui morì[15].

7 In seguito comparve a Roma un altro eretico di nome Florino. Era un prete. Caduto in disgrazia, fu destituito dalla carica di prete, abbandonò la chiesa in preda a collera e si fece dei discepoli. Sosteneva che ci sono tre esseri divini tra loro in armonia, il primo sistemato in alto, il secondo sotto di lui, nel mezzo, e il terzo sotto quest'ultimo, in basso. Ciascuno dei due ultimi onora, rispetta e considera come /a sé/ superiore colui che è sopra di lui. Il dio situato nel mezzo chiama Padre il dio che è sopra di lui e lo stesso dicasi del dio che è in basso, il quale chiama Padre il dio che è sopra di lui, in maniera che ciascuno dei due è come il Figlio nei confronti di chi gli sta sopra. Insieme crearono il mondo, formando e creando innanzitutto una sostanza sottile, di poi crearono l'uomo e gli assegnarono lo spazio che si trovava tra il cielo e la terra ornan-

[11] Cf. Eusebio, *Storia Ecclesiastica*, IV, 23, che elenca così i suoi scritti: Lettera ai Lacedemoni, agli Ateniesi, alla Chiesa di Amostri, alla Chiesa di Gortina, ai fedeli di Cnosso, a Sotero di Roma, ai Nicomedi e, forse, un'altra Lettera a Sotero. Vedi anche Michele il Siro, *Chronique* (1899), vol. I, p. 183, dove è detto che gli sono attribuite delle lettere ai Lacedemoni e agli Ateniesi.

[12] Il filosofo Giusto o Giustino, poi martire, di cui anche in Michele il Siro, *Chronique* (1899), vol. I, p. 183, compose due *Apologie* a favore dei cristiani, numerosi Trattati e una interpretazione dei libri dell'Antico Testamento. Vedi Eusebio, *Storia Ecclesiastica*, IV, 29, dove cita da Ireneo.

[13] Allusione al *Diatessaron*.

[14] Vedi Michele il Siro, *Chronique* (1899), vol. I, pp. 180-181.

[15] Cf. Eusebio, *Storia Ecclesiastica*, V, 16. Vedi pure Michele il Siro, *Chronique* (1899), vol. I, p. 186; vol. II, pp. 269-271.

dolo delle luci e delle faci che in esso si vedono. Fecero poi per lui un paradiso dove piantarono variegate specie di alberi deliziosi e là lo fecero abitare per giorni sin dal principio della sua creazione. Ma un angelo, vedendo ciò, ebbe invidia dell'uomo e, sceso dal cielo senza il permesso di Dio, prese dimora con lui in compagnia di un certo numero dei suoi compagni. Prese così a osteggiare l'uomo con l'intento di cacciarlo dal paradiso e non smise di opporsi e di lottare contro di lui fino a quando non lo cacciò e si impadronì del paradiso.

8 L'uomo si moltiplicò e numerosa divenne la sua discendenza. E però non riguadagnò il paradiso. Vedendo ciò, gli dei mandarono dall'uomo un angelo per esortarlo a tornare al suo pristino stato e riportarlo, insieme con la sua discendenza, nel paradiso. Ma rifiutò di farlo. Gli dei, allora, si irritarono contro l'angelo e i suoi compagni. Ci provò poi, personalmente, il dio situato in basso, il quale, ricorrendo ad uno stratagemma, si trasformò in uomo e si parò davanti a Satana il ribelle e ai suoi compagni, non smettendo di combattere contro di loro fino a che non li ebbe cacciati dal paradiso e rimesso il primo uomo al suo posto. Florino negava la resurrezione dei morti e professò altre cose empie da lui formulate[16].

9 In questo tempo viveva a Manbiğ un uomo saggio, di nome Apollinare. Era il vescovo della città e combatteva contro i sostenitori di dette eresie mettendo in luce la vacuità delle loro dicerie, sulle quali scrisse parecchi libri[17].

Eresia dell'esecrato Bardesane[18]

10 Nell'anno 15 del regno di Sūhuq[19] figlio di Narsete, re dei Persiani, corrispondente all'anno 465 dell'era di Alessandro, un certo numero di abitanti dell'impero cospirò contro il proprio re, con l'intento di ucciderlo. Sūhuq, re dei Persiani, ne fu informato e ordinò di arrestare i cospiratori. Si trovava colà un uomo chiamato Nūḥāmā, che aveva una moglie di nome Lahsum[20]. Avendo saputo quello che il re aveva ordinato a tal proposito – aveva dimora proprio in mezzo a quella gente –, scese insieme con sua moglie dalla città del re e si avviò alla volta di Edessa, dove si stabilirono. Lahsum era allora incinta. Con il passar del tempo Nūḥāmā fu preso dal timore che qualche mercante della Persia, di tanto in tanto di passaggio per Edessa, potesse scoprirlo e farlo arrestare insieme con la moglie. Abbandonò perciò Edessa e prese la via per l'Eufrate. Per sua moglie era già prossimo il tempo di partorire. Di fatto, appena uscito da Edessa ed arrivato che fu ad un fiume situato un po' sopra la città che la gente chiamava Dayṣān, sua moglie Lahsum partorì sulla riva di detto fiume un bimbo che chiamarono Ibn Dayṣān, dal nome di quel

[16] Eusebio, *Storia Ecclesiastica*, V, 15, ma con brevi cenni.

[17] Tra essi *Contro i Greci*, in cinque libri; *Sulla verità*, in due libri e *Contro i Giudei*. Michele il Siro, *Chronique* (1899), vol. I, p. 183.

[18] Nativo di Edessa e discepolo di Valentino, visse nell'età di Caracalla. Scrisse *Contro Marcione*, perduto; *Dialogo delle Leggi e dei Paesi* e *Sul Fato*.

[19] Michele il Siro, *Chronique* (1899), vol. I, p. 183 lo chiama Šahroq.

[20] A. Vasiliev, *Kitab* (1915), p. 518 ha invece «Naḥsiram».

fiume presso il quale ella aveva partorito. Si rifugiarono, lui e la moglie, dentro una grotta che era nelle vicinanze della strada, dove si fissarono e restarono venticinque giorni.

11 In seguito abbandonò questo luogo, traversò l'Eufrate e arrivò a Manbiğ, dove si stabilì. C'era, a Manbiğ, un vecchio sacerdote pagano che non aveva figli. Il sacerdote [prese come amico] Nūḥāmā e familiarizzò con lui. Il bimbo si attaccò al sacerdote e costui lo adottò. Non appena il bimbo cominciò a camminare e divenne grande, iniziò ad apprendere dal sacerdote le dottrine dei pagani e i loro misteri, arrivando così all'età della pubertà. Poi, un giorno, il sacerdote che lo istruiva lo mandò a Edessa perché gli portasse alcuni oggetti e certe cose di cui aveva bisogno per il culto degli dei che adorava. Camminando per le vie di Edessa, passò accanto ad una chiesa costruita dall'apostolo Addai, e udì la voce del vescovo di Edessa che predicava al popolo attingendo dai Libri Sacri. Ibn Dayṣān rifletté in cuor suo e si decise ad apprendere i misteri del cristianesimo. Entrò in mezzo all'assemblea, si mischiò con essa e rese manifesto ciò che lo aveva spronato a farlo. Il vescovo gli illustrò la verità del cristianesimo, lo battezzò, lo fece diacono e lo assegnò al servizio della chiesa.

12 Il giovane lasciò il proprio paese, prese congedo, abbandonò i familiari e sua madre e cominciò a scrivere dei trattati in cui refutava le false opinioni che colà circolavano. Continuò così fino a quando ebbe un abboccamento segreto con certuni pagani che lo corruppero, seminando la loro zizzania nel suo cuore. Si sovvenne, allora, dei misteri del paganesimo che il sacerdote di Manbiğ gli aveva insegnato, apprese la dottrina di Valentino e diede vita ad un'eresia sulla quale non aveva avuto predecessori.

13 Sosteneva, di fatto, che ci sono sette elementi, tre dei quali sono superiori e gli altri quattro inferiori. I tre elementi nobili sono l'Intelletto, la Forza e il Pensiero. Gli altri quattro sono invece il Fuoco, l'Acqua, la Luce e il Vento. Questi sette elementi si uniscono l'un con l'altro e da siffatta unione provengono trecentosessanta mondi. Anche l'uomo è creato da questi sette principi, in quanto la sua anima è formata dai tre /elementi/ nobili e sottili, mentre il suo corpo, stando ad un altro suo libro, potrebbe essere formato dai quattro /elementi/ inferiori. Afferma altresì l'esistenza dei sette e dei dodici/ principi/ dicendo che il cervello dell'uomo viene dal Sole; le sue ossa da Saturno; le sue vene da Mercurio; il suo sangue da Marte; la sua carne da Giove; i suoi capelli da Venere e la sua pelle dalla Luna.

14 Stando a questa dottrina, l'uomo consiste in queste sette cose. Egli dice infatti: «Come la luna cresce e poi diminuisce ogni trenta giorni, così la Madre della vita dismette le sue vesti ogni mese, accede presso il Padre della vita che s'unisce ad essa e partorisce sette figli. In tal maniera i suoi figli sono ottantaquattro all'anno». Ibn Dayṣān negò la resurrezione dei corpi. Sosteneva che il rapporto carnale con le donne è per esse purificazione e attenuazione del denso desiderio che le domina e che esso è comunque un bene.

15 Avveniva, questo, al tempo di Marco e dei suoi due figli Lucio e Antonino.

Capitolo 24

Regni di Commodo, Pertinace, Severo e Caracalla

Successioni di vescovi al tempo di Commodo

1 Nell'anno 489 dell'era di Alessandro, cominciò a regnare Commodo figlio di Antonino[1]. Regnò 13 anni.

2 Nell'anno 1 del suo regno, salì sulla sede di Alessandria un vescovo di nome Giuliano. Resse la sede 10 anni[2]. Dopo di lui resse la sede Demetrio, per 42 anni[3].

3 Nell'anno 10 del regno di Commodo, salì sulla sede di Roma un vescovo di nome Vittore. Resse la sede 10 anni[4]. Sulla sede di Antiochia salì un vescovo di nome Serapione e la resse 21 anni[5]. Sulla sede di Bisanzio salì un vescovo di nome Pertinace, reggendola 18 anni[6]. A Gerusalemme salì sulla sede un vescovo di nome Massimo. La resse 3 anni[7]. Dopo di lui la resse Valente per 4 anni e dopo costui la resse Dulichiano per 4 anni[8].

[1] Ossia Commodo Marco Aurelio Antonino, imperatore romano (180-192), figlio di Marco Aurelio e da lui associato al potere nel 177, morto avvelenato il 31 dicembre 192 dal prefetto del pretorio Emilio Leto e dal funzionario del palazzo Ecletto, forse dietro istigazione della moglie Marcia.

[2] Ne ha già parlato. Si tratta qui di Eliano che resse la sede di Alessandria 11 anni. Cf. anche Michele il Siro, *Chronique* (1899), vol. I, p. 185.

[3] Fu patriarca di Alessandria dal 188 al 230. Eutichio, *Gli Annali* (1987), pp. 159, 166 mette in evidenza che fu il primo patriarca di Alessandria a consacrare vescovi. Michele il Siro, *Chronique* (1899), vol. I, p. 185 lo indica come l'undicesimo vescovo di Alessandria, di cui resse la sede 43 anni.

[4] Vittore fu vescovo di Roma dal 189 al 198. In verità tra Sotero e Vittore altre fonti menzionano il vescovo Eleuterio, che resse la sede dal 174 ca al 189, anno in cui era imperatore Commodo che aveva cominciato a regnare nel 180. Cf. Kelly, *Dizionario*, p. 49.

[5] Eutichio, *Gli Annali* (1987), p. 167 dice che la resse per 10 anni. Michele il Siro, *Chronique* (1899), vol. I, p. 185 lo indica come successore di Massimiano e come ottavo vescovo della sede di Antiochia, che amministrò 21 anni.

[6] Michele il Siro, *Chronique* (1899), vol. I, p. 185 lo chiama Protonico e gli fa reggere la sede di Bisanzio per 18 anni.

[7] Michele il Siro, *Chronique* (1899), vol. I, p. 185 dice che resse la sede di Gerusalemme 4 anni.

[8] Per questi vescovi della sede di Gerusalemme il testo presenta dei nomi illeggibili. Eutichio, *Gli Annali* (1987), pp. 174-175 presenta la seguente successione di vescovi alla sede di Gerusaleme durante i regni di Lucio Settimio Severo e di Caracalla: Capìto, che resse la sede 4 anni; Massimo, che resse la sede 4 anni; Antonino, che resse la sede 5 anni; Valente, che resse la sede 3 e Dulichiano, che resse la sede 4 anni. Michele il Siro, *Chronique* (1899), vol. I, p. 185 ha la seguente successione: Massimo, 4 anni; Antonino, 3 anni e Valente, 4 anni. Ma nella pagina precedente troviamo invece una diversa lista comprendente i vescovi a partire dal ventiseiesimo fino al trentaquattresimo, vale a dire: Massimino, Antonino, Valente, Dulichiano, Narcisso, Dius, Germanion, Gurianos e un altro Narcisso. Di nessuno di essi l'autore ha riscontrato gli anni di episcopato.

Eventi e successione di vescovi al tempo di Severo

4 Alla morte dell'imperatore Commodo, cominciò a regnare Pertinace[9]. Regnò 6 mesi e fu ucciso in una congiura di palazzo.

5 Nell'anno 502 dell'era di Alessandro cominciò a regnare Severo[10]. Regnò 18 anni.

6 Nell'anno 9 del suo regno, salì sulla sede di Roma un vescovo di nome Zefirino[11].

7 Nell'anno 10 del suo regno, fecero la loro comparsa a Roma due uomini chiamati Artemone[12] l'uno e Teodoto[13] l'altro. Affermavano che Cristo è un uomo ordinario, creato e niente affatto Dio, e che lo Spirito Santo è della stessa sostanza ed essenza di Dio e ha creato il Figlio dal nulla.

8 In questo stesso anno Severo scatenò una spaventosa persecuzione contro i cristiani e li forzò ad abbracciare il paganesimo e ad offrire vittime agli idoli.

9 In questo tempo si rese celebre Origene il sapiente, uomo dotto di Alessandria in cui impartiva i suoi insegnamenti. Ebbe parecchi discepoli, tra i quali Gregorio il Taumaturgo, Teodoro vescovo di Tarso, Eraclea[14] che fu poi vescovo di Alessandria ed altri.

10 Nell'anno 13 /del regno di Severo/ scoppiarono dissidi tra i Giudei e i Samaritani, si fecero pertanto guerra e tanto dall'una quanto dall'altra parte ci fu un gran numero di vittime.

Eventi e successioni di vescovi al tempo di Caracalla

11 Nell'anno 520 dell'era di Alessandro cominciò a regnare Antonino[15]. Regnò 7 anni.

12 Nell'anno 1 del suo regno, salì sulla sede di Antiochia un vescovo di nome Asclepiade[16]. Resse la sede 12 anni[17]. A Bisanzio salì sulla sede episcopale un vescovo

[9] Publio Elvio Pertinace fu imperatore nel gennaio-marzo 193, per tre mesi e non, come afferma qui Agapio, per sei mesi.

[10] Ossia Lucio Settimio Severo, che fu imperatore dal 193 al 211.

[11] Il nome è pressoché illeggibile, ma alcuni indizi rimandano proprio a Zefirino, eletto nel 199 e morto nel 217.

[12] Detto pure Artemas, della cui eresia parla Eusebio, *Storia Ecclesiastica*, VII, 30, 16, 17 e V, 28. Il testo ha per questo personaggio il nome Anṭīmūn che ritroviamo come variante di ارطيمون in A. Vasiliev, *Kitab* (1915), p. 522. Vedi pure Michele il Siro, *Chronique* (1899), vol. I, p. 189.

[13] Teodoto di Bisanzio diffuse a Roma il «monarchianismo dinamistico» detto pure «adozionismo», negando la natura divina di Cristo.

[14] Nome illeggibile nel testo che traduciamo.

[15] Marco Aurelio Antonino Caracalla, figlio di Settimio Severo e di Giulia Domna, imperatore dal 211 al 217.

[16] Michele il Siro, *Chronique* (1899), vol. I, p. 189 lo indica come il nono vescovo della sede di Antiochia che amministrò per 9 anni.

[17] Eutichio, *Gli Annali* (1987), p. 174 dice che la resse per 9 anni.

di nome Marco e la resse 13 anni[18]. Sulla sede di Efeso salì Onesimo e la resse 10 anni. A costui successe Lucio e a questi Proclo[19].

13 Narcisso resse la sede di Gerusalemme per poi lasciarla e ritirarsi nel deserto. Gli successe Dio, reggendo la sede 3 anni. A costui successe Germano, che resse la sede 7 anni[20]. Dopo di lui la resse Gordio per 2 anni. Poi, dopo 12 anni, ricomparve Narcisso che fu subito pregato di rioccupare la sua sede, ma rifiutò, non potendo muoversi a causa dell' età avanzata e degli acciacchi. Al suo posto elessero perciò Alessandro[21].

[18] Stessi dettagli in Michele il Siro, *Chronique* (1899), vol. I, p. 189.

[19] I nomi di questi vescovi di Efeso sono qui oltremodo corrotti. In Michele il Siro, *Chronique* (1899), vol. I, p. 189 sono così indicati: Onesimo, successore di Posidio; Alycius (?) e Proclo.

[20] Eutichio, *Gli Annali* (1987), p. 178, dice che resse la sede 4 anni.

[21] Ossia Alessandro martire, che fu patriarca fino all'anno 250. Gli successe Mazabanes, morto poi nel 266. Vedi pure Michele il Siro, *Chronique* (1899), vol. I, p. 190.

Capitolo 25

Regni di diversi imperatori

Regno di Macrino

1 Macrino regnò 1 anno[1].

2 In questo tempo, salì sulla sede di Roma un vescovo di nome Callisto. La resse 5 anni[2].

Regno di Antonino /Elagabalo/

3 Nell'anno 528 dell'era di Alessandro, cominciò a regnare Antonino /Elagabalo/[3]. Regnò 4 anni.

4 Nell'anno 1 del suo regno, fu costruita la città di Nicopoli, in terra di Palestina, che la Sacra Scrittura chiama Emmaus[4].

Regno di Alessandro

5 Nell'anno 532 dell'era di Alessandro cominciò a regnare Alessandro /Severo/ figlio di Mamea[5]. Regnò 13 anni.

6 Nell'anno 1 del suo regno, salì sulla sede di Roma un vescovo di nome Urbano. La

[1] Nel testo abbiamo Marciano, ma si tratta invero di Marco Oppelio Macrino, già prefetto del pretorio al tempo di Caracalla e artefice del complotto in cui lo stesso Caracalla fu ucciso durante la spedizione contro i Parti, a Carre, nella Mesopotamia Settentrionale. Fu imperatore romano dal 217 al 218.

[2] Callisto I fu vescovo di Roma dal 217 al 222.

[3] Sesto Vario Avisto Bassiano, meglio conosciuto come Elagabalo, imperatore romano dal 218 al 222. Presentato come figlio di Caracalla ne prese anche il nome Marco Aurelio Antonino. Cercò di instaurare il culto del dio Baal di Emesa e questo gli inimicò i pretoriani, i quali lo uccisero nel 222, insieme con la madre Giulia Soemiade Bassiana Augusta, proclamando imperatore il suo primo cugino, ossia Alessiano, che prese il nome di Severo Alessandro.

[4] Situato a 32 km da Gerusalemme, ʿAmwāṣ, già celebre per alcune gesta dei Maccabei, ricevette il nome di Nicopolis, la *Vittoriosa*, dall'imperatore Tito nell'anno 70. Fu ritenuta per tutto il periodo bizantino il sito nel quale ebbe luogo la *fractio panis* di cui in *Lc* 24,13, poggiando su Origene che a sua volta dava credito ad affermazioni degli scrittori Eusebio e san Gerolamo. Occupata dagli Arabi nel 637, vi scoppiò la funesta peste del 639 meglio conosciuta come la «peste di ʿAmwāṣ».

[5] Cassio Bassiano Alessiano, detto Marco Aurelio Severo Alessandro, fu imperatore romano dal 222 al 235. Sua madre, Giulia Avita Mamea Augusta, fu uccisa a Magonza, in Germania, insieme con il figlio in una rivolta di soldati guidati dal prefetto delle reclute Massimino nel 235. Terminava, con lui, la dinastia dei secondi Antonini o dei secondi Severi. Vedi Eusebio, *Storia Ecclesiastica*, VI, 21, 3-4.

resse 8 anni[6]. Dopo di lui la resse Ponziano, per 6 anni[7].

7 Nell'anno 8 del suo regno, salì sulla sede di Alessandria, dopo Demetrio, Eracla, reggendola 16 anni[8]. Sulla sede di Antiochia salì Fileto e la resse 9 anni[9]. Dopo di lui la resse Zebina, per 12 anni[10]. Sulla sede di Bisanzio salì Cirilliano, reggendola 15 anni[11].

8 Nell'anno 9 del regno di Alessandro Severo, cominciò a regnare Ardašīr figlio di Bābik, primo re dei Persiani di razza sasanide[12]. Regnò 14 anni, cominciando dall'anno 541 dell'era di Alessandro.

Regno di Massimino

9 Dopo Alessandro Severo regnò Massimino per 3 anni[13]. La popolazione del suo regno insorse contro di lui e lo uccise. Scatenò una persecuzione[14] contro i cristiani e fece mettere a morte i martiri Sergio e Bacco, facendo uccidere altresì una gran moltitudine di /altri/ martiri.

Regno di Gordiano

10 Nell'anno 548 dell'era di Alessandro, cominciò a regnare Gordiano[15]. Regnò 6 anni.

11 Nell'anno 1 del suo regno, salì sulla sede di Roma un vescovo chiamato Antero.

[6] Urbano I resse la sede vescovile di Roma dal 222 al 230.

[7] Ponziano fu vescovo di Roma dal 21 luglio 230 al 28 settembre 235.

[8] Per questo patriarca cf. anche Eutichio, *Gli Annali* (1987), pp. 159, 177 dove dice che resse la sede di Alessandria 13 anni. Vedi pure Michele il Siro, *Chronique* (1899), vol. I, p. 190, dove è indicato come il dodicesimo vescovo di Alessandria, sulla cui sede rimase 16 anni.

[9] Eutichio, *Gli Annali* (1987), p. 174 sostiene che la resse per 13 anni. Michele il Siro, *Chronique* (1899), vol. I, p. 189 dice che il decimo vescovo di Antiochia fu Filippo, ma non indica gli anni del suo episcopato.

[10] Secondo Eutichio, *Gli Annali* (1987), p. 176 Zebenno o Zebina resse la sede di Antiochia per 9 anni. Michele il Siro, *Chronique* (1899), vol. I, p. 189 dice che fu l'undicesimo vescovo di Antiochia, ma non indica gli anni del suo episcopato.

[11] In Michele il Siro, *Chronique* (1899), vol. I, si ha un vuoto tra il vescovo Marco di p. 189 e il vescovo Domiziano di p. 200 che resse la sede 23 anni.

[12] Alla testa di una ribellione contro gli Arsacidi, unifica sotto il suo comando l'intera Perside. Artabano V e Valogese IV, sovrani dei Parti, vengono sconfitti e uccisi. Tramontavano così la dinastia arsacide e il regno dei Parti. Fu il fondatore della dinastia dei Sasanidi, così chiamata da Sasan, avo di Ardašīr, sacerdote di Persepolis. Si deve a lui la codificazione definitiva dell'*Avesta*, contenente la religione di Ahura-Mazdāh o Ormuzd.

[13] Gaio Giulio Vero Massimino detto il Trace, imperatore romano dal 235 al 238.

[14] Ossia la sesta grande persecuzione contro i cristiani dell'anno 235.

[15] Gordiano III, figlio di Gordiano II, fu imperatore dal 238 al 244 e fu ucciso in una sommossa militare a Dura Europas, sull'Eufrate. Qui Agapio omette ogni menzione di Marco Clodio Pupieno Massimo, imperatore romano nel 238, eletto dal senato insieme con Decimo Balbino dopo la morte di Gordiano I e di Gordiano II.

La resse un solo mese[16]. Dopo di lui la resse Fabiano per 14 anni[17]. Sulla sede di Bisanzio salì Costantino e la resse 6 anni.

12 In questo tempo fu celebre, a Cesarea del Ponto[18], Gregorio il Taumaturgo[19].

13 Sulla sede di Antiochia salì un vescovo chiamato Babila[20], che era nemico dichiarato del governatore del tempo, al quale interdisse di entrare nelle chiese e farsi burla di esse. Detto governatore lo fece allora uccidere insieme ad altri tre giovani suoi discepoli[21].

14 In questo tempo si rese celebre Africano, autore di Cronache e compositore di svariati libri sulle epoche e le vite dei re nonché su altri argomenti[22].

Regno di Filippo

15 Nell'anno 554 dell'era di Alessandro cominciò a regnare Filippo[23]. Regnò 7 anni. Professava la dottrina dei cristiani. Volendo fare il suo ingresso in chiesa, il vescovo gli sbarrò la strada dicendogli: «Non puoi entrarvi, fino a quando persisterai nel peccato. Sei un peccatore. Devi confessare i tuoi peccati a Dio in un tempo definito e determinato. Poi potrai entrare in una con i credenti». L'imperatore restò fuori con i penitenti[24].

16 Nell'anno 1 del suo regno, cominciò a regnare in Persia Sapore figlio di Ardašīr[25]. Regnò 31 anni.

17 Nell'anno 3 del regno di Filippo, salì sulla sede di Alessandria un vescovo di nome Dionigi. La resse 18 anni. Era un discepolo di Origene[26].

[16] Antero, nativo della Grecia, resse la sede di Roma dal 21 novembre 235 al 3 gennaio 236.

[17] Fabiano fu vescovo di Roma dal 10 gennaio 236 al 20 gennaio 250.

[18] Ossia Neocesarea. Nel testo: Cesarea di Filippo. Cf. anche Michele il Siro, *Chronique* (1899), vol. I, p. 194.

[19] Gregorio il Taumaturgo (213-275 ca.) nacque a Neocesarea, nel Ponto. Conobbe Origene a Berito, attuale Beirut, dove studiava Diritto.

[20] Eutichio, *Gli Annali* (1987), p. 177 dice che resse la sede 8 anni. Michele il Siro, *Chronique* (1899), vol. I, p. 194 si accontenta di dire che fu il tredicesimo vescovo di Antiochia senza indicare gli anni del suo episcopato.

[21] Eusebio, *Storia Ecclesiastica*, VI, 34 racconta invece che l'imperatore Filippo, volendo partecipare alla veglia pasquale, fu invitato a confessarsi e a mettersi tra le file dei penitenti, pena la non assoluzione dalle accuse che gli venivano mosse. L'imperatore acconsentì.

[22] Giulio Africano, autore di un'opera enciclopedica in ventiquattro Libri dal titolo *Kestoi*, era nativo di Gerusalemme, ma operò molto in Alessandria.

[23] Marco Giulio Filippo, detto l'Arabo, fu imperatore romano dal 244 al 249. Su di lui vedi anche Eusebio, *Storia Ecclesiastica*, VI, 34.

[24] È quanto narrato poc'anzi. Ma Agapio disgiunge i due episodi. Babila morì al tempo di Decio, in carcere, il 24 gennaio 252. Cf. Eusebio, *Storia Ecclesiastica*, VI, 39.

[25] Sapore I successe ad Ardašīr I nel 241 e regnò sui Persiani fino al 272.

[26] Dionigi di Alessandria, discepolo di Origene, diresse la scuola catechetica alessandrina dal 231 al 232. Scrisse diverse Lettere, tra cui le Lettere a Cornelio, a Domizio e Didimo, a Ermamone, a Fabio, ai fratelli di Alessandria, a Germano, a Hierace, a Novato, a Sisto, a Stefano e una Lettera e un trattato dal titolo *Sulle Promesse*. Eutichio, *Gli Annali* (1987), p. 177 dice che resse la sede 17 anni e che prima della sua consacrazione era stato un *kātib*. Vedi pure Michele il Siro, *Chronique* (1899), vol. I, p. 193, dove è

18 In questo anno fecero mostra di sé alcuni eresiarchi che andavano dicendo: «Colui che apostata con la bocca, rifiuta di riconoscere Dio ma tiene celata in cuore la propria fede, non è empio. La fede, infatti, è nel pensiero del cuore e nel desiderio. Lo stesso dicasi dell'empietà». Scrissero a tal proposito un libro nel quale asseriscono che chi lo legge e lo ascolta riceverà il perdono dei suoi peccati. Non riconoscono nessun profeta e nessun apostolo[27].

19 In questo tempo furono fondati i monasteri e le comunità dei monaci. Pullularono nel deserto ad opera del monaco egiziano Antonio e del monaco Paolo. Furono i primi ad istituire l'usanza dell'abito di lana e la vita solitaria nel deserto[28].

Regno di Decio

20 Nell'anno 561 dell'era di Alessandro, cominciò a regnare Decio[29]. Regnò 1 anno e 3 mesi. Cospirò contro la vita dell'imperatore Filippo e lo uccise[30]. Lo uccise a causa della sua adesione al cristianesimo. Decio era nemico dei cristiani e li perseguitò in modo crudele. Molti tra loro soffrirono il martirio. Pure Fabiano, vescovo di Roma, fu messo a morte[31] e gli successe, sulla sede di Roma, Cornelio, reggendola 3 anni[32]. Sulla sede di Antiochia salì, dopo Babila, Flaviano. La resse 15 anni[33]. Fu messo a morte pure Alessandro, vescovo di Gerusalemme[34], e gli successe Mazabanes, che resse la sede 15 anni[35].

21 In questo tempo si mostrò a Roma un prete di nome Novato[36], di idee ereticali.

indicato come il tredicesimo vescovo di Alessandria la cui sede resse per 17 anni. Fu implacabile contro l'eresia e professò una sana dottrina.

[27] Allusione agli elkesaiti, la cui dottrina era alquanto diffusa negli anni 245-250. Per quanto riportato qui in sintesi cf. Eusebio, *Storia Ecclesiastica*, VI, 38. Vedi pure Michele il Siro, *Chronique* (1899), vol. I, p. 193.

[28] Sulla vita di Antonio del Deserto, scritta da Atanasio d'Alessandria, segnaliamo l'ottima edizione a cura di G.J.M. Bartelink, *Vita di Antonio,* Fondazione Lorenzo Valle, ed. Arnoldo Mondadori, Verona 1974. Vedi pure Michele il Siro, *Chronique* (1899), vol. I, p. 194.

[29] Decio Caio Messio Quinto fu imperatore romano dal 249 al 251.

[30] Vinse infatti Filippo presso Verona, nello stesso anno in cui costui gli aveva conferito il comando sulla Mesia e sulla Pannonia.

[31] Fu infatti lasciato morire nel carcere Tullianum nel gennaio 250 e venne sepolto nella cripta papale del cimitero di Callisto.

[32] Cornelio fu vescovo di Roma dal marzo 251 al giugno 253.

[33] Eutichio, *Gli Annali* (1987), p. 178 dice che resse la sede 11 anni. Fabio o Flaviano resse la sede di Antiochia dal 250 al 252/253. Michele il Siro, *Chronique* (1899), vol. I, p. 195 lo indica come Fabio di Antiochia, successore di Babila. Ma a p. 194 dice chiaramente che il quattordicesimo vescovo di Antiochia fu Demetrio e il quindicesimo Paolo di Samosata che fu poi esiliato.

[34] Eutichio, *Gli Annali* (1987), p. 179 colloca la sua morte nell'anno 5 del regno di Valeriano.

[35] Eutichio, *Gli Annali* (1987), p. 180 menziona un vescovo di Gerusalemme di nome Marzābān, successore di Alessandro, e gli fa reggere la sede per 21 anni. Michele il Siro, *Chronique* (1899), vol. I, p. 194 lo indica come il trentasettesimo vescovo di Gerusalemme, ma non precisa gli anni del suo episcopato.

[36] Meglio Novaziano, presbitero della Chiesa di Roma, fondatore della setta dei catari. Fu intransigente con i *lapsi* o i peccatori, sostenendo l'inutilità della penitenza e l'impossibilità del perdono. I nuovi adepti venivano tutti ribattezzati per riacquistare lo stato di purità. Cf. Eusebio, *Storia Ecclesiastica*, VI, 43.

Sosteneva che per coloro che peccano dopo il battesimo non c'è né pentimento né perdono, poiché coloro che sono battezzati debbono somigliare a Cristo, sia egli glorificato, ed essere puri come lui. Fu scomunicato ed espulso dalla Chiesa.

22 Dionigi, vescovo di Alessandria, gli scrisse alcune lettere nelle quali lo metteva in guardia e lo pregava di rinunciare alle sue opinioni personali per far ritorno alla dottrina cattolica. In caso contrario sarebbe stato ritenuto dissidente e cacciato dall'assemblea. Ma non avendo accettato il suo consiglio, si riunirono in concilio sessanta vescovi per occuparsi del suo caso e lo scomunicarono.

23 Al tempo di Decio ebbe luogo la storia dei giovanetti, vale a dire dei Dormienti della caverna[37]. Ecco cosa capitò ad essi. Decio li aveva fatti cercare, ma essi fuggirono riparando in una caverna. L'imperatore, allora, venutone a conoscenza, ordinò di murare l'entrata della caverna e così fu fatto. Dio, però, fece cadere su di essi un sonno che durò fino al giorno del loro risveglio[38].

Regno di Gallo e di Volusiano

24 Nell'anno 562 dell'era di Alessandro, cominciarono a regnare Gallo e Volusiano[39]. Regnarono 2 anni.

25 Nell'anno 1 del loro regno, morì Origene il sapiente.

26 In questo stesso anno salì sulla sede di Roma un vescovo di nome Lucio. La resse 8 mesi[40]. Gli successe Stefano, reggendola 2 anni[41]. Sulla sede di Antiochia salì Demetriano, reggendola 2 anni[42]. Sulla sede di Bisanzio salì un vescovo di nome Tito e la resse 30 anni.

27 In questo tempo comparve in Egitto un uomo di nome Sabellio[43]. Professava che il Padre e il Figlio, sia egli glorificato, sono nomi di una sola essenza e di attributi di cui

[37] L'episodio è narrato altresì nel Corano, sura XVIII. In Giordania, a sud di ʿAmmān, è ancora oggi visitato un luogo detto *al-Kahf* o *maġārat al-Kahf* con i resti di un'antica moschea e il suo *miḥrāb*. Cf. Clermont-Ganneau, *Recueil d'Archéologie Orientale*, tome III, Parigi 1900, pp. 293-303 ; R. Lescot, *Un Santuaire des Dormants en Jordanie*, in *Révue des Études Islamiques*, 36 (1968), fasc. I, pp. 3-9.

[38] Eutichio, *Gli Annali* (1987), p. 179 li chiama Massimiano, Amlico, Diano, Martino, Dionisio, Antonino e Giovanni.

[39] Treboniano Gallo e C. Vibio Afinio Volusiano, associato al trono dal padre, regnarono dal 251, anno della morte di Decio, al 253, anno in cui cominciarono a governare Valeriano e suo figlio Gallieno.

[40] A. Vasiliev, *Kitab* (1915), p. 528 traduce invece «per 8 anni» l'espressione araba ثمنية اشهر. Lucio I fu vescovo di Roma dal 25 giugno 253 al 5 marzo 254.

[41] Stefano I fu vescovo di Roma dal 12 maggio 254 al 2 agosto 257.

[42] Eutichio, *Gli Annali* (1987), p. 179 ha invece «per 8 anni». Michele il Siro, *Chronique* (1899), vol. I, p. 194 lo indica come Demetrio. Vedi nota 33, p. 436.

[43] Sabellio visse a Roma ai tempi dei papi Zefirino e Callisto. A Tolemaide, nella Pentapoli, ossia nella regione libica formata dalle cinque città di Apollonia, Cirene, Arsinoe, Berenice e Tolemaide, il suo monarchianismo modalista contemplava un Padre un Figlio e uno Spirito Santo come altrettante manifestazioni di una Monade indivisibile: Dio-Padre, legislatore nel Vecchio Testamento; Dio-Figlio redentore nel Nuovo Testamento e Dio-Spirito Santo, artefice della santificazione delle anime. Cf. Eusebio, *Storia Ecclesiastica*, VII, 6. In VII, 26 ricorda espressamente una lettera di Dionigi contro Sabellio.

essa s'adorna; che nostro Signore Cristo, sia egli glorificato, si è manifestato nell'Antico Testamento sotto gli attributi del Padre; che ha preso un corpo nel quale si è manifestato al mondo; che ha istituito il Nuovo Testamento nel quale si è presentato come Figlio e parlò agli Apostoli come lo Spirito Santo. E tuttavia si tratta di una sola essenza, di una sola persona e di un solo Dio che viene descritto sotto tre attributi.

28 Dionigi, vescovo di Alessandria, lo refutò e i Padri lo scomunicarono e lo cacciarono dalla Chiesa[44].

[44] Durante il pontificato di Callisto (217-222), insieme con Ippolito, suo acerrimo accusatore. Conosciamo la sua dottrina grazie a Ippolito, Novaziano, Atanasio ed Epifanio.

Capitolo 26

Regni da Valeriano a Diocleziano

Regno di Valeriano e Gallieno

1 Nell'anno 564 dell'era di Alessandro, cominciò a regnare Valeriano con suo figlio Gallieno[1]. Regnò 15 anni. Fu inesorabile con i cristiani e scatenò una grande persecuzione contro di essi, durante la quale trovò il martirio san Cipriano[2].

2 Nell'anno 9 del suo regno, Sapore figlio di Ardašīr, figlio di Bābik, re dei Persiani, fece guerra a Valeriano, lo combatté, lo mise in fuga, lo fece prigioniero e lo portò con sé a Babilonia[3]. Gli successe sul trono il figlio Gallieno[4] che, visto quanto era capitato a Valeriano, fece cessare la persecuzione contro i cristiani, li tranquillizzò e fece ricorso al loro aiuto negli affari dell'impero.

3 In questo tempo salì sulla sede di Roma il vescovo Sisto[5]. La resse 4 anni. Dopo di lui la resse Dionigi, discepolo di Sisto, per 9 anni[6]. Sulla sede di Antiochia salì Paolo di Samosata[7], reggendola 15 anni[8]. Sulla sede di Gerusalemme salì Imeneo,

[1] Nel 253, infatti, Treboniano Gallo venne ucciso a Terni dai suoi legionari che si erano schierati per il nuovo imperatore M. Emilio Emiliano, che però venne subito ucciso dalle sue legioni a Spoleto e venne acclamato come nuovo imperatore P. Licinio Valeriano. Costui si associava al trono il figlio Gallieno dopo aver fatto conferire alla moglie Egnazia il titolo di Augusta.

[2] Nel testo: san Cosma. San Cipriano, vescovo di Cartagine dal 248, fu eminente apologista. Scrisse, tra l'altro, *Ad Donatum*, *Ad Demetrianum*, *De Ecclesiae unitate*, *Quod idola dei non sunt*. Per quanto concerne la persecuzione in oggetto, ritenuta l'ottava grande persecuzione contro i cristiani, nel 257 Valeriano aveva emanato un editto in forza del quale proibiva di frequentare le catacombe, pena la morte. Tra le vittime illustri, oltre a Cipriano (260), il pontefice Sisto II, arrestato e ucciso nell'anno 258.

[3] Nel 256 Valeriano mosse contro Sapore I che aveva occupato Dura Europos e Antiochia due anni dopo aver conquistato Nisibi. Nel 260, a Edessa, sbaragliò Valeriano che, fatto prigioniero, morì nello stesso anno.

[4] Publio Licinio Egnazio Gallieno fu imperatore romano dal 253 al 268.

[5] Sisto II fu vescovo di Roma dall'agosto 257 al 6 agosto 258.

[6] Dionigi fu vescovo di Roma dal 22 luglio 260 al 26 dicembre 268.

[7] Paolo di Samosata fu vescovo di Antiochia sotto Odenato II, re di Palmira. La sua dottrina fu condannata nei sinodi del 264 e del 268 a motivo della sua cristologia, ritenendo egli che Gesù era stato un semplice uomo. Godeva dei favori della regina Zenobia, che fu poi sconfitta da Aureliano nel 272. Per la dottrina di Paolo cf. Eusebio, *Storia Ecclesiastica*, VII, 27-30.

[8] Eutichio, *Gli Annali* (1987), p. 180 dice che la resse 8 anni. Michele il Siro, *Chronique* (1899), vol. I, p. 194 dice che fu il quindicesimo vescovo della sede di Antiochia, ma non menziona gli anni del suo episcopato.

reggendola 15 anni[9].

4 Paolo di Samosata asseriva che Dio, solo e unico, non ha generato né è stato generato[10]; che quando si parla del Padre e del Figlio lo si fa in maniera figurata; che Cristo, sia egli glorificato, non esisteva prima di Maria e ch'egli è un uomo ordinario, non Dio. Parecchi vescovi si riunirono in concilio per esaminare il suo caso e lo scomunicarono. Avveniva, ciò, nell'anno 2 del regno di Gallieno, figlio di Valeriano[11].

5 In questo anno, salì sulla sede di Alessandria Massimo. La resse 18 anni[12].

6 In questo stesso anno si fece conoscere l'eretico Nepote, l'esecrato[13]. Il detto Nepote sosteneva che [...][14]

Regno di Claudio

7 Nell'anno 579 dell'era di Alessandro, cominciò a regnare Claudio[15]. Regnò 1 anno e 9 mesi.

8 Nell'anno 1 del suo regno apparvero in cielo quattro stelle sotto forma di una corona di fuoco.

Regno di Aureliano

9 Nell'anno 508[16] dell'era di Alessandro, cominciò a regnare Aureliano[17]. Regnò 6 anni.

[9] Eutichio, *Gli Annali* (1987), p. 187 menziona un vescovo di Geruslemme sotto il nome di Māmūnis, eletto nell'anno 5 del regno d Diocleziano e che resse la sede di Gerusalemme 13 anni. A costui successe poi Zabdas, che resse la sede 10 anni. Michele il Siro, *Chronique* (1899), vol. I, p. 194 lo indica come il trentottesimo vescovo di Gerusalemme, ma senza accennare agli anni del suo episcopato, facendolo succedere a Mazabanes.

[10] L'espressione è la stessa che ricorre in sura CXII,3.

[11] A. Vasiliev, *Kitab* (1915), p. 530 ha invece: «Nell'anno 2 del regno di Gallieno si convertì Gar...ous».

[12] A. Vasiliev, *Kitab* (1915), p. 530 traduce «per 8 anni» l'espressione araba ثمان عشرة سنة, dando luogo ad un sicuro refuso. Anche Eutichio, *Gli Annali* (1987), p. 179 dice che resse la sede per 18 anni. A Massimo fa succedere Neron e gli fa reggere la sede 19 anni. Eutichio, *Gli Annali* (1987), p. 181. A costui succede Pietro nell'anno 10 di Diocleziano e di Massimiano, reggendo la sede 10 anni. Eutichio, *Gli Annali* (1987), p. 187. Michele il Siro, *Chronique* (1899), vol. I, p. 198 precisa che resse la sede di Alessandria 17 anni.

[13] Nepote, vescovo egiziano ed eretico millenarista, forse nativo di Arsinoe, credeva in un millennio di piaceri e delizie sulla terra, alla luce di quanto detto nell'Apocalisse, scrivendo a tal proposito un'opera dal titolo *Confutazione degli allegoristi*. Contro la sua dottrina di un regno di Cristo sulla terra, scrisse Dionigi. Cf. Eusebio, *Storia Ecclesiastica*, VII, 24-25.

[14] Cheikho fa qui notare che nel manoscritto mancherebbe qualcosa. Michele il Siro, *Chronique* (1899), vol. I, p. 195, afferma ch'egli «diceva che i santi avranno sulla terra mille anni per mangiare e per bere».

[15] Ossia Claudio II il Gotico, nome con cui era conosciuto Marco Aurelio Valerio Claudio, imperatore romano dal 268 al 270, anno in cui morì di peste in Pannonia, a Sirmio, dopo aver battuto i Goti nella Tracia e nella Mesia.

[16] Nel testo abbiamo infatti سنة ثمان وخمس مائة. Meglio A. Vasiliev, *Kitab* (1915), p. 530, che ha invece «Nell'anno 580».

[17] Lucio Domizio Aureliano fu imperatore romano dal 270 al 275.

10 In questo tempo fu scomunicato Paolo di Samosata, contro il quale già per l'innanzi era stato convocato un sinodo, durante il quale aveva fatto mostra di ravvedersi e di far ritorno a Dio. Ma non appena il sinodo si fu sciolto, tornò alla sua vecchia dottrina. Fu questa la ragione per la quale in questo anno /i vescovi/ si riunirono contro di lui e lo scomunicarono. Egli, tuttavia, rifiutò di uscire dalla Chiesa e si appellò all'imperatore. Ma anche i cristiani implorarono il soccorso dell'imperatore Aureliano, che diede ordine di cacciarlo dalla Chiesa. Fu così espulso suo malgrado e rimase in esilio fino alla sua morte[18].

Storia dell'esecrato Mani

11 Il padre di Mani[19] era originario di Susa. Si chiamava Futbū[20] ed era originario di al-Ahwāz. Aveva una moglie di nome Yūsīb[21] che gli diede un figlio ch'egli chiamò Qūrbīqūs. Divenuto grande e raggiunto che ebbe l'età di sette anni, fu menato in cattività e condotto in Egitto dove lo comprò una donna africana di nome Susanna, il cui marito si chiamava Saqūsī[22]. I grandi dell'Egitto lo frequentavano. Le sue erano le idee di Pitagora e di Empedocle. Aveva un discepolo chiamato Bardūrūs già conosciuto sotto il nome di Terbinto[23].

12 Alla morte di Saqūsī il discepolo di cui abbiamo parlato indicandolo con il nome di Bardūrūs, ne sposò la moglie e, messosi in viaggio con lei e il giovanetto ch'ella aveva riscattato, arrivò a Babilonia. Andava dicendo ai Persiani di essere nato da una vergine e di essere stato allevato tra le montagne.

13 Compose quattro libri. Chiamò il primo *Il libro dei misteri*, il secondo *Il Vangelo*, il terzo *Il libro del tesoro* e il quarto *Il libro della disputa*[24]. Continuò ad ingannare la gente con la sua magia, insolenza e perfidia, fino a quando, ammassate ingenti ricchezze, morì di mala morte. Dopo averlo seppellito, la moglie Susanna si dedicò completamente al giovane, mettendogli a disposizione se stessa, il danaro accumulato dal marito testé menzionato e i libri che il suo secondo marito aveva composto. Di poi se lo prese come terzo sposo, intendo alludere al giovane Qūrbīqūs. Il giovane si istruì leggendo quei libri e si dedicò a lungo allo studio delle lettere. In seguito la donna morì e lasciò al giovane le fortune e i libri. Preso con sé tanto il danaro quanto i libri, egli arrivò a Susa, sua città e

[18] Per la condanna di Paolo di Samosata e sui vescovi che lo condannarono vedi anche Michele il Siro, *Chronique* (1899), vol. I, pp. 195-196.

[19] Su di lui si veda la recentissima pubblicazione *Il Manicheismo*, vol. I, a cura di Gherardo Gnoli, Fondazione Lorenzo Valla, ed. Arnoldo Mondadori, Milano 2003. Per uno sprezzante giudizio su Mani (216-276) cf. Eusebio, *Storia Ecclesiastica*, VII, 31.

[20] A. Vasiliev, *Kitab* (1915), p. 531 legge «Futbaq». Michele il Siro, *Chronique* (1899), vol. I, p. 198 ha che suo padre, originario di Lapeṭ, si chiamava Pātīq.

[21] A. Vasiliev, *Kitab* (1915), p. 531 ha invece Yūsīt.

[22] Così in A. Vasiliev, *Kitab* (1915), p. 532. Il nome di cui nel testo tradotto è in effetti illeggibile.

[23] Per diverse denominazioni cf. Michele il Siro, *Chronique* (1899), vol. I, pp. 198-200.

[24] In Michele il Siro, *Chronique* (1899), vol. I, p. 198 troviamo i seguenti titoli: *Mistero*, *Vangelo*, *Tesori*, *Capitoli*.

suo luogo natio, dove si fece chiamare Mani, spacciandosi come autore dei suddetti libri.

14 Faceva professione di cristianesimo e per tal ragione il vescovo di al-Ahwāz lo fece prete. In città cominciò ad insegnare e ad interpretare le Sacre Scritture, disputando con i pagani, i Giudei, i Magi e tutti i sostenitori di dottrine eretiche in contrasto con la fede cristiana. Prese con sé dei discepoli, uno dei quali si chiamava Addai, un altro Būṣà e un terzo Mirādī[25]. Il discepolo Addai lo mandò nello Yemen per invitare le genti ad abbracciare la sua dottrina, mentre mandò Tommaso in India. Mirādī restò con lui, a Susa.

15 Tornati che furono, i due discepoli gli riferirono che le genti non avevano ascoltato la loro parola e non li avevano seguiti. Ne fu oltremodo irritato, abbandonò la dottrina dei cristiani che aveva professato solo in apparenza, e ideò una serie di eresie assurde. Infatti chiamò se stesso il Paraclito che il Signore Cristo, sia egli glorificato, aveva promesso di mandare ai suoi Discepoli. Riunì dodici discepoli, insufflò in essi lo spirito, come aveva fatto con i suoi il Signore Cristo, sia egli glorificato, e partì con loro per sedurre il mondo.

16 Diceva: «Non parlavo sul serio quando asserivo che Dio è un solo dio conosciuto come tre Persone». C'erano altre cose che non cessava di inculcare, come: «Sono sempre esistiti due esseri di cui l'uno è Dio, principio[26] del Bene e miniera della Luce e della Bontà; l'altro è la materia, sostanza del Male e fonte dell'Ignoranza, delle Tenebre e della Corruzione. Dio è sublime, non ha limiti. Quanto alle due sostanze di mezzo, sono limitate, palpabili e corporee. Ci fu un tempo, comunque, in cui la sostanza del Male fu sconvolta e istigò i figli suoi gli uni contro gli altri. Per 'figli suoi' intendo i diavoli, i demoni, il fuoco e l'acqua. Non smisero di farsi guerra gli uni gli altri fino a quando non raggiunsero la sua dimora che è il Bene velandone la Luce. Fino a lui pervennero e si dissero: 'Attacchiamolo. Se è qualcosa di commestibile, lo mangeremo e se è una bevanda, lo berremo'. Risolsero, quindi, di assalirlo.

17 Ma avendo Dio, che è l'Essere Buono, visto tale dissipazione, /prese/una particella di sé e la gettò ad essi[27]. L'Essere Cattivo però ghermì la particella di Dio, la pervase, si confuse e si mischiò con essa, sì che da siffatto miscuglio fu creato il mondo. L'Altissimo Iddio assegnò la sua Diletta al termine del /regno del/ del Male e quando ciò sarà, allora si farà egli restituire la sua particella finita al Male per ricongiungerla poco a poco al suo essere, premurandosi contro il Male in maniera che non possa combattere contro di lui una seconda volta».

18 Negava la resurrezione dei morti e affermava che il Signore Cristo è figlio di Dio, della sua /stessa/ essenza e sostanza, mandato da Dio alle particelle che dalla sua sostan-

[25] Per questi nomi Michele il Siro, *Chronique* (1899), vol. I, p. 199 ha Adaeus ch'egli mandò a predicare nel Beit Aramayē e Thomas ch'egli mandò a predicare in India. A. Vasiliev, *Kitab* (1915), p. 533 ha invece Addai, ch'egli mandò nello Yemen, Tommaso, ch'egli mandò in India, e Hermeas (M.radi) ch'egli trattenne presso di sé a Susa.

[26] Il termine arabo è qui *qunūm* ma riteniamo che debba significare non tanto persona o ipostasi bensì principio o sorgente.

[27] A. Vasiliev, *Kitab* (1915), p. 534, legge meglio il testo e traduce: «Ma avendo Dio, che è il principio del Bene, visto una tale perdita, prese una particella di sé e la gettò ad essi».

za erano passate al Male, per annunciare ad esse che sarebbero state liberate dal potere dell'Essere Cattivo e avrebbero fatto a Lui ritorno insieme con quelle che si trovano nella parte del Male senza saperlo. /Diceva ancora/ che nulla viene a lui attribuito se non come ad un fantasma e che, per conseguenza, non era stato crocifisso per davvero e nemmeno era morto, per cui tanto la sua crocifissione quanto la sua morte non furono che un'apparenza. In poche parole, l'Essere Cattivo sguinzagliò contro di lui i suoi demoni che lo uccisero crocifiggendolo in apparenza, ma senza che ciò avvenisse in realtà. Egli invece si salvò e si ricongiunse con il Tutto divino.

19 Professava, inoltre, la trasmigrazione delle anime e sosteneva di essere l'Apostolo di Cristo, che proveniva dalla pura essenza di Dio e che il corpo nel quale si mostrava non era altro che un fantasma.

20 Sapore figlio di Ardašīr, re dei Persiani, lo fece uccidere ordinando di scuoiarlo, imbottirlo di paglia e di appenderlo ad una croce[28].

21 Nell'anno 6 del regno di Aureliano, cominciò a regnare in Persia Hurmuz[29]. Regnò 1 anno.

22 In questo stesso anno nacque l'imperatore Costantino.

23 In questo tempo si rese celebre, tra i dotti, Eusebio, vescovo di Laodicea[30].

24 In seguito Aureliano concepì di scatenare in tutto il suo impero una persecuzione contro i cristiani, ma mentre accarezzava questo suo disegno cadde un fulmine che lo colpì[31].

Regni di Tacito, Floriano e Probo

25 Tacito regnò 6 mesi e fu ucciso[32]. Floriano regnò 6 anni e fu ucciso a Tarso[33]. Nell'anno 566[34] dell'era di Alessandro, cominciò a regnare Probo[35]. Regnò 7 anni.

26 Nell'anno 1 del suo regno, cominciò a regnare in Persia Wahrawān figlio di

[28] Fu in realtà gettato in carcere da Bahrām I nel 276, dove morì dopo ventisei giorni di prigione.

[29] D'ora in avanti lo renderemo con Hormizd. In realtà nel 276 a Bahrām I, sostenitore della casta sacerdotale zoroastriana dei Magi, succese Bahrām II. Anche Eutichio, *Gli Annali* (1987), p. 178, mantiene questa successione, benché con diversa datazione e faccia morire Mani al tempo di Bahrām II. Bahrām II (276-293) era in effetti figlio di Bahrām I, figlio di Hormizd I. Qui comunque, facendo un salto all'indietro, Agapio allude al regno di Hormizd I (272), successore di Sapore I.

[30] Eusebio, originario di Alessandria, poi vescovo di Laodicea. Di lui così testimonia Eusebio di Cesarea: «Eusebio è colui che Dio fortificò fin dall'inizio e preparò a compiere coraggiosamente i doveri dei confessori che erano in prigione e a praticare non senza rischio la sepoltura dei corpi degli splendidi e beati martiri». Cf. Eusebio, *Storia Ecclesiastica*, VII, 11.

[31] Allusione alla persecuzione dichiarata nel 274, considerata come la nona grande persecuzione che interruppe la tregua dichiarata da Gallieno nel 260.

[32] Marco Claudio Tacito fu imperatore dal 275 al 276, anno in cui venne ucciso.

[33] Floriano fu di fatto imperatore nell'anno 276 e venne subito ucciso dal rivale Probo a Tarso nell'autunno dello stesso anno.

[34] A. Vasiliev, *Kitab* (1915), p. 533, ha invece: «Nell'anno 586 di Alessandro».

[35] Marco Aurelio Probo, successore di Tacito, fu imperatore romano dal 276 al 282.

Vahravān[36]. Regnò 3 anni. Ebbe come successore suo figlio Bahrām, che regnò 17 anni.

27 Nell'anno 4 del regno di Probo, sulla sede di Roma salì, dopo Felice che l'aveva retta 6 anni[37], Eutichiano. La resse 1 anno[38]. A lui successe Caio. Resse la sede 15 anni[39]. Sulla sede di Alessandria salì Teona, reggendola 19 anni[40]. Su quella di Antiochia salì Timeo, reggendola 15 anni[41]. Sulla sede di Bisanzio salì Domiziano e la resse 23 anni[42], mentre su quella di Gerusalemme salì Hermon[43].

28 L'imperatore Probo fu poi ucciso in guerra[44].

Regni di Caro, Carino e Numeriano

29 Dopo di lui cominciò a regnare Caro con i suoi due figli Carino e Numeriano[45]. Regnò 3 anni, a cominciare dall'anno 593 dell'era di Alessandro. Furono uccisi tutt'e tre durante una spedizione.

30 Nell'anno 2 del suo regno, furono messi a morte i martiri Cosma e Damiano[46].

Regno di Diocleziano

31 Nell'anno 596 dell'era di Alessandro, cominciò a regnare Diocleziano[47]. Regnò

[36] Nel 277 a Bahrām I successe in realtà Bahrām II, che però era figlio di Hormizd. Il nome Wahrawān sarà da noi reso con Bahrām.

[37] Felice I fu vescovo di Roma dal 3 gennaio 269 al 30 dicembre 274, ma Agapio non lo ha menzionato affatto. In effetti su papa Felice I si sono fatte parecchie congetture. Cf. Kelly, *Dizionario*, pp. 79-80.

[38] Eutichiano fu vescovo di Roma dal 4 gennaio 275 al 7 dicembre 283. Ci sono dunque vistose discrepanze con il testo proposto da Agapio!

[39] Caio fu vescovo di Roma dal 17 dicembre 283 al 22 aprile 296.

[40] Michele il Siro, *Chronique* (1899), vol. I, p. 199 annota che quindicesimo vescovo della sede di Alessandria fu Teona e che la resse 19 anni, come qui indicato.

[41] In un suo passaggio Michele il Siro lo indica con il nome di Timoteo, dice che successe come diciassettesimo vescovo a Domno, ma non precisa quanti anni resse la sede di Antiochia. Cf. Michele il Siro, *Chronique* (1899), vol. I, p. 198. In questo stesso passo asserisce che il sedicesimo vescovo a succedersi sulla sede di Antiochia, subito dopo Paolo di Samosata, fu Domno, ma non rileva quanti anni l'abbia retta.

[42] Stessi dettagli in Michele il Siro, *Chronique* (1899), vol. I, p. 200, dove si precisa che fu il ventunesimo vescovo della città.

[43] Nel testo questo nome è indicato come هرمانوس. Eutichio, *Gli Annali* (1987), p. 187 ricorda come successore di Imeneo il vescovo Zabdas, dicendo che resse la sede di Gerusalemme per 10 anni e a p. 194 menziona come successore di quest'ultimo un certo Aṣūn che starebbe appunto per Hermon o Hermas. Michele il Siro, *Chronique* (1899), vol. I, p. 204 indica come trentanovesimo vescovo di Gerusalemme Zabdas, al quale successe poi Hermon.

[44] Fu di fatto ucciso a Sirmio, nella Pannonia Inferiore, mentre si accingeva ad una campagna in Persia.

[45] Marco Aurelio Caro fu imperatore dal 282 al 283, nominando cesari i suoi due figli Marco Aurelio Carino, che fu poi imperatore dal 283 al 285, e Marco Aurelio Numeriano, imperatore dal 283 al 284. Marco Aurelio Caro fu ucciso da Apro Diocleziano, prefetto del pretorio, durante la campagna in Persia, dopo avere occupato la città di Ctesifonte. Numeriano fu ucciso a Perinto. Carino morì assassinato per mano di un tribuno.

[46] Vedi pure Michele il Siro, *Chronique* (1899), vol. I, p. 201.

[47] Gaio Valerio Diocleziano fu imperatore romano dal 285 al 305.

20 anni. A partire da quest'anno comincia la datazione di Diocleziano.

32 Nell'anno 1 del suo regno, salì sulla sede di Roma un vescovo di nome Marcellino[48]. Resse la sede 15 anni[49] ed ebbe come successore Eusebio, che la resse 5 anni[50]. Sulla sede di Antiochia salì Cirillo, che la resse 11 anni[51]. Dopo di lui salì sulla sede (di Roma) Martis /Milziade/, che la resse 3 anni[52]. Sulla sede di Alessandria salì Pietro e la resse 11 anni[53]. Dopo di lui salì sulla sede /di Antiochia/ Tyrannos che la resse 10 anni[54]. Sulla sede di Bisanzio salì Probo[55]. A Pietro, vescovo di Alessandria, successe, come è dato trovare nei Dittici, Aršillā[56], che occupò la sede 11 anni[57]. Ad Hermon, che aveva retto la sede di Gerusalemme 24 anni, successe Macario[58], per 8 anni e a costui

[48] Il nome è illeggibile perché sembra mancare di una sua parte iniziale.

[49] Marcellino fu vescovo di Roma dal 30 giugno 296 al 25 ottobre 304. Eutichio, *Gli Annali* (1987), p. 187 lo chiama Eutichiano, *Iftīšiyūs*, e dice che resse la sede 8 anni. Ma Eutichiano di Luni, martire, fu papa dal 4 gennaio 275 al 7 dicembre 283.

[50] Eusebio fu vescovo di Roma dal 18 aprile 310 al 21 ottobre 310. Ma prima di lui c'era stato il vescovo Marcello I, che aveva retto la sede di Roma dal novembre-dicembre 306 al 16 gennaio 308. Il fatto che Agapio attribuisca 5 anni alla reggenza di Eusebio potrebbe dipendere sia dal fatto che forse gli attribuisce anche gli anni di reggenza di Marcello I sia dal fatto che secondo altre fonti lo stesso Eusebio fu forse eletto papa di Roma nel 308 o 309. Più avanti lo confonde addirittura con Silvestro I. Michele il Siro, *Chronique* (1899), vol. I, p. 204 dice che Milziade, succeduto a Marcelliano, fu vescovo di Roma 8 anni!

[51] Eutichio, *Gli Annali* (1987), p. 181, dice che resse la sede per 15 anni. Michele il Siro, *Chronique* (1899), vol. I, p. 199 lo indica come il diciottesimo vescovo della città, ma non precisa gli anni del suo episcopato.

[52] Nel testo abbiamo مرطيس. Grumel, *Cronologie* (1958), p. 446 ha in successione Cirillo I, Tyrannos, Vitale, Filogono, ecc., ma con diverse indicazione sugli effettivi periodi di reggenza di ciascuno. Michele il Siro, *Chronique* (1899), vol. I, p. 204 lo indica come il diciannovesimo vescovo della città, pur senza precisare gli anni del suo episcopato. A. Vasiliev, *Kitab* (1915), p. 537, ha invece: «Son successeur (à Rome) Marthis (Maltiades) eut un pontificat de cinq ans», traducendo male il numerale che anche nel suo testo è qui ثلث. In effetti papa Milziade fu eletto il 2-7- 301 e morì il 2-1-304.

[53] Eutichio, *Gli Annali* (1987), p. 187 asserisce che la resse 10 anni e venne decapitato nell'anno 20 del regno di Diocleziano e di Massimiano. Le stesse indicazioni di Agapio sono riportate in Michele il Siro, *Chronique* (1899), vol. I, p. 202, dove si precisa che fu il sedicesimo vescovo della città e si racconta della sua vita irreprensibile.

[54] La forma sotto cui ci viene presentato questo nome è illeggibile. Vasiliev propone di leggere «Après lui (à Antioche), siégea Tyrannus pendant dix ans», e riteniamo di poterci attenere alla sua supposizione. Cf. A. Vasiliev, *Kitab* (1915), p. 537. Tyrannos fu infatti patriarca di Antiochia, dopo Cirillo I, dal 304 fin verso il 314. Michele il Siro, *Chronique* (1899), vol. I, non fa parola alcuna di Vitale e di Filogono, ma menziona direttamente Eustazio come uno dei più insigni patriarchi presenti alla celebrazione del concilio ecumenico di Nicea. Cf. Michele il Siro, *Chronique* (1899), vol. I, p. 244. Vedi pure p. 263 dove si parla della persecuzione degli Ariani contro il patriarca Eustazio.

[55] Michele il Siro, *Chronique* (1899), vol. I, p. 202, lo indica come il ventunesimo vescovo di Bisanzio e gli attribuisce 11 anni di episcopato.

[56] Così nel testo. Da qui in avanti lo renderemo sempre con Achillas. In Michele il Siro, *Chronique* (1899), vol. I, p. 203 è indicato come il successore di Pietro.

[57] Più avanti dirà che occupò la sede 11 anni. Vedi nr. 37.

[58] Nel testo abbiamo la forma وناارا, che A. Vasiliev, *Kitab* (1915), p. 537 legge, con riserva, *Vitalius*. In Eutichio, *Gli Annali* (1987), p. 194, si dice che successore di Hermon o Hermas fu Macario, che resse la sede di Gerusalemme 19 anni. Michele il Siro, *Chronique* (1899), vol. I, p. 248 lo annovera tra i vescovi che erano presenti al concilio di Nicea.

successe Massimo[59], che resse la sede 9 anni[60].

33 In questo tempo si ebbero quattro imperatori associati, vale a dire Diocleziano; Massimiano, genero di Diocleziano[61]; Massenzio, figlio di Diocleziano[62] e Costanzo[63] /Cloro/. Diocleziano e Massimiano[64] regnarono sull'Oriente, ossia sull'Armenia, l'Egitto, la Siria e la Mesopotamia fino alla Palestina, con unica amministrazione. Quanto a Massenzio, figlio di Diocleziano[65], regnò, solo, a Roma e sui paesi e contrade vicine, mentre Costanzo /Cloro/ regnò su Costantinopoli, vale a dire Bisanzio[66].

34 In questo tempo si rivoltarono gli abitanti dell'Egitto e di Alessandria. Diocleziano mandò contro di essi numerose truppe che li sterminarono[67].

35 Nell'anno 11 del regno di Diocleziano, cominciò a regnare in Persia Narsete. Regnò 7 anni. Gli successe Hormizd, che regnò 5 anni[68].

36 Nell'anno 19 del suo regno, Diocleziano diede ordine di distruggere le chiese dei cristiani. Furono tutte abbattute, da cima a fondo. Si diede poi a perseguitare con violenza i cristiani per ben otto anni, massacrandone un gran numero[69].

37 In questo stesso anno subì il martirio Pietro, vescovo di Alessandria. Fu il primo a smascherare l'eresia di Ario e a scomunicarlo. Fu infatti al suo tempo che Ario si era messo in agitazione, asserendo che il Signore Cristo, sia egli glorificato, altro non è che un puro e semplice uomo e non, quindi, Dio. Pietro morì senza revocargli l'anate-

[59] Il nome è illeggibile. Lo interpretiamo alla luce del fatto che Michele il Siro, *Chronique* (1899), vol. I, p. 264 lo indica come il vescovo di Gerusalemme al quale i pagani cavarono un occhio. In nota si indica che nel manoscritto il nome è Massimiano.

[60] Questi nomi relativi ai vescovi che si successero a Gerusalemme sono presi da A. Vasiliev, *Kitab* (1915), p. 538, essendo essi illeggibili nel testo che traduciamo. In Eutichio, *Gli Annali* (1987), p. 211 si ricorda come successore di Cirillo un certo Eraclio, che fu eletto vescovo di Gerusalemme dalla popolazione insorta contro Cirillo. Si dice che era un ariano e che resse la sede 3 anni fino alla sua morte.

[61] Sappiamo invece che Massimiano fu suocero di Costantino e che genero di Diocleziano fu in realtà Galerio che sposò Valeria, figlia di Diocleziano.

[62] Massenzio Marco Aurelio Valerio era in verità figlio di Massimiano e di Eutropia. Domiziano associò a sé nell'impero d'Oriente Galerio e non Massenzio!

[63] Il testo ha qui قسطنطين che anche in appresso sta ad indicare personaggi tra loro diversi, come Costante, Costanzo e Costantino. Tradurremo perciò, di volta in volta, tenendo conto del reale personaggio storico al quale si fa riferimento.

[64] Leggi Galerio.

[65] Massenzio Marco Aurelio Valerio era in verità figlio di Massimiano e di Eutropia.

[66] Qui Agapio confonde tra loro eventi e circostanze diverse. L'iniziale regime tetrarchico instaurato dall'imperatore Diocleziano contemplava la spartizione del potere tra un augusto ed un cesare monarchi in Oriente e un augusto e un cesare monarchi in Occidente. In Oriente governavano in effetti Diocleziano e Galerio, in Occidente Massimiano e Costanzo. Solo in seguito Massenzio, figlio di Massimiano e di Eutropia, riuscì a farsi acclamare augusto dai pretoriani (306).

[67] Allusione alla rivolta del 289 subito sedata.

[68] Nel 293 al re sasanide Bahrām II succede Bahrām III che fu però costretto a lasciare il trono a Narses o Narsete, figlio di Sapore I. A Narsete succede, nel 302, Hormizd II il cui regno sarà scosso da cruente lotte intestine.

[69] È la dura, implacabile e accanita persecuzione del 303, meglio nota come la decima grande persecuzione.

ma. All'indomani dell'uccisione di Pietro, gli successe Achillas, il quale resse la sede 1 anno[70]. A costui successe il patriarca Alessandro, che resse la sede 23 anni[71].

38 In questo anno ci fu una sì terribile carestia che un moggio di frumento veniva venduto duemilacinquecento *dirham*.

39 In seguito Diocleziano abdicò al regno, si ritirò a vita privata e visse confuso con la gente comune fino al giorno della sua morte[72]. La stessa cosa fece il genero Massimiano. Designarono comunque come loro successori l'uno Severo e l'altro Massimino[73], che perseguitarono i cristiani massacrandone un gran numero. Dopo un anno di regno Severo fu ucciso[74].

[70] Vedi 26,32. Achillas resse la sede dal 311 al 312.

[71] Eutichio, *Gli Annali* (1987), p. 194 asserisce che resse la sede 16 anni. Alessandro fu patriarca di Alessandria dal 312 al 17 aprile del 328.

[72] A. Vasiliev, *Kitab* (1915), p. 539 traduce invece: «Ensuite Dioclétien abdiqua le pouvoir, se retira dans sa maison et resta fou tout le temps jusqu'au moment de sa mort».

[73] Siamo nel 305. I cesari Galerio e Costanzo Cloro assumono il titolo di augusto, mentre vengono nominati cesari Flavio Severo in Occidente (Italia e Africa) e Massimino Daia in Oriente (Siria ed Egitto).

[74] Avvenne nel 307, dopo essersi rifugiato a Ravenna.

Capitolo 27

Regno di Costantino

Successioni di vescovi

1 Nell'anno 627 dell'era di Alessandro, cominciò a regnare Costantino il Grande. Regnò 33 anni[1]. Fu il primo sovrano dei Romani e dei Greci a ricevere il battesimo e a convertirsi al cristianesimo.

2 Nell'anno 3 del suo regno, diede ordine di costruire le mura di Bisanzio, la chiamò Costantinopoli e vi trasferì il suo trono.

3 Sulla sede di Costantinopoli salì un vescovo di nome Metrofane[2]. La resse 13 anni[3] e gli successe Alessandro, per 23 anni[4]. Sulla sede di Antiochia salì per 6 anni Vitale [5]; a costui succese Filogono, per 5 anni[6]. A lui successe, per 8 anni, Eustazio[7] al quale successe, per 1 anno, Paolino[8], dopo il quale vi salì, per 6 anni, Eulalio[9]. Sulla sede di Geru-

[1] Costantino, figlio di Costanzo Cloro e di Elena, fu imperatore romano dal 306 al 337. Michele il Siro, *Chronique* (1899), vol. I, p. 239 precisa che cominciò a regnare da solo nell'anno 623 dei Greci, dopo avere regnato tre anni insieme con il padre.

[2] Metrofane fu vescovo di Costantinopoli dal 306/307 al 4 giugno 314. Le indicazioni dei periodi di reggenza dei vescovi e dei patriarchi di Costantinopoli le indicheremo alla luce dei dati offerti in Grumel, *Cronologie* (1958). Come primo vescovo di Costantinopoli, distinguendolo specificamente da Alessandro di Alessandria, Michele il Siro, *Chronique* (1899), vol. I, p. 261 ricorda quell'Alessandro al quale l'imperatore Costantino diede ordine di accogliere Ario. Non fa parola di nessun vescovo di Costantinopoli di nome Metrofane.

[3] Eutichio, *Gli Annali* (1987), p. 200 afferma che resse la sede 3 anni.

[4] Alessandro fu patriarca di Costantinopoli dal 314 all'agosto 337. Eutichio, *Gli Annali* (1987), p. 200 dice che resse la sede 8 anni. Michele il Siro, *Chronique* (1899), vol. I, p. 271 dice che morì all'età di 98 anni.

[5] L'ultimo patriarca di Antiochia da lui ricordato è stato Tyrannos. Dopo costui venne infatti Vitalio o Vitale che resse la sede di Antiochia dal 314 al 320. Eutichio, *Gli Annali* (1987), p. 189, dice che fu fatto patriarca di Antiochia nel secondo anno del regno di Massimiano e che resse la sede 6 anni. Lo ricorda sotto il nome di Bīṭāliyūs.

[6] Michele il Siro, *Chronique* (1899), vol. I, p. 263 lo chiama invece Eufronio e gli attribuisce un episcopato di 6 anni. Eufronio fu però patriarca di Antiochia dal 332 al 333.

[7] In Grumel, *Cronologie* (1958), p. 446, si dice che fu patriarca dal 320 al 334.

[8] Ossia Paolino II, ivi trasferito da Tiro, che fu patriarca di Antiochia nel 330 per 6 mesi.

[9] Michele il Siro, *Chronique* (1899), vol. I, 263 precisa che Eulalio salì sulla cattedra di Antiochia dopo una *vacatio sedis* di 8 anni. Gli successe, un anno dopo, Eufronio, che resse la sede per 8 anni. Eutichio, *Gli Annali* (1987), p. 194 ha invece la seguente successione: Paolino, che resse la sede 5 anni; Eustazio, che resse la sede 8 anni. In Grumel, *Cronologie* (1958), p. 446 subito dopo Paolino II compare Eulalio che fu patriarca di Antiochia dal 331 al 332.

salemme salì Macario[10]. La resse 24 anni. Dopo di lui la resse, per 15 anni, Massimo[11].

4 In questo tempo *anbā* Pacomio, monaco egiziano, cominciò a fondare le comunità e a costruire i monasteri in terra d'Egitto.

5 Nell'anno 5 del regno di Costantino, cominciò a regnare sui Persiani Sapore figlio di Hormizd[12]. Regnò 70 anni.

6 Nell'anno 7 del suo regno, fu ucciso Massimiano[13].

Guerre di Costantino

7 In questo stesso anno Costantino si preparò a far guerra a Massenzio[14] figlio di Massimiano genero di Diocleziano, perché si era rivoltato, si era impadronito di Roma e dei paesi circonvicini e aveva cominciato a vessare e perseguitare la popolazione[15]. Costantino pensava e diceva tra sé e sé che se Dio l'avesse aiutato in questa battaglia, l'avrebbe adorato. Mentre era così pensoso, alzò gli occhi al cielo in pieno meriggio e vi scorse la forma di una croce luminosa sulla quale era scritto: «In questo segno e in quest'immagine vincerai». Anche tutti coloro che erano con lui furono testimoni di questa visione fuori dell'ordinario. La notte seguente, egli vide il Signore Cristo, sia egli glorificato, che gli disse: «Vai da un orefice e digli che ti faccia un segno ad immagine di quello che hai visto in cielo e in esso vincerai, soggiogherai il tuo nemico e trionferai su tutti coloro che si oppongono a te». Fattosi giorno, fece quanto gli era stato detto. Fu a causa di questo prodigio che gli imperatori romani si facevano precedere dalla croce alla testa delle loro armate e nelle loro guerre.

8 Di poi Costantino marciò su Roma. Massenzio figlio di Massimiano gli uscì incontro, ma fu messo in fuga, cadde in un fiume ed annegò[16]. Aveva regnato in Roma per 12 anni[17]. In questo stesso giorno Costantino conquistò Roma e vi fece il suo ingresso trionfale. I cristiani ivi residenti si erano dati alla fuga, mossi da paura. Il vescovo Eusebio /=Silvestro/[18] aveva fatto la stessa cosa[19].

[10] Eutichio, *Gli Annali* (1987), p. 194 ricorda prima di lui un certo Aṣūn, forse ad indicare Hermon o Hermas che fu vescovo di Gerusalemme sino al 311/313, pur se Eutichio asserisce che ne resse la sede per 9 anni. A costui fa succedere Macario, precisando che resse la sede 19 anni.

[11] Dovrebbe trattarsi di Massimo II, che fu vescovo di Gerusalemme dal 333 al 350/ 351. Eutichio, *Gli Annali* (1987), p. 200 lo chiama Maqsīmīyānūs e dice che resse la sede 23 anni. Per questa successione di vescovi sulla sede di Gerusalemme, vedi 26,32.

[12] Nel 310 a Hormizd II successe infatti Sapore II, che regnò dal 309 0 310 al 379. Michele il Siro, *Chronique* (1899), vol. I, 239 dice che Sapore cominciò a regnare nel 2 anno del regno di Costantino.

[13] Nel 310, infatti, accusato di cospirare contro Costantino, si rifugiò a Marsiglia, ma fu fatto prigioniero e ucciso.

[14] Ci discostiamo dal testo approntato da Cheikho perché oltremodo confuso.

[15] Marco Aurelio Valerio Massenzio fu imperatore romano dal 306 al 312.

[16] Con la battaglia di Ponte Milvio (312) Costantino sconfisse Massenzio che annegò nel fiume durante la ritirata.

[17] A. Vasiliev, *Kitab* (1915), p. 541 ha qui una lacuna.

[18] Lo renderemo sempre con Silvestro.

[19] Allusione a Silvestro I, vescovo di Roma dal 31 gennaio 314 al 31 dicembre 335. Ma Agapio

9 Costantino era sposato ad una figlia di Diocleziano di nome Massima[20].

10 Costantino aveva il corpo coperto di lebbra. Fu per questo che alcuni pagani ebbero accesso al suo cospetto e gli dissero: «Se vuoi, o imperatore, essere mondato della lebbra che ti copre, fai sgozzare i fanciulli che sono in questa città e lavati nel loro sangue». Così ordinò di fare e furono quindi presi i fanciulli per essere sgozzati, ma alti gridi e gemiti si levarono in città, l'imperatore li udì, ebbe pietà di loro e ordinò di lasciarli liberi e di restituirli ai loro genitori.

11 Nel cuore della notte vide in sogno due uomini che gli dicevano: «Se vuoi essere mondato della tua lebbra, manda a cercare il vescovo di Roma, Silvestro, che è in fuga su per le montagne per nascondersi da te, e fa che lo portino al tuo cospetto. Sarà lui a guarirti dalla tua lebbra». Fattosi giorno, mandò a cercare il vescovo, lo trovarono e lo portarono da lui. Entrato che fu alla presenza dell'imperatore, costui gli disse: «Spiegami, o uomo di Dio, chi sono i due uomini pii ch'io ho visto in sogno questa notte». «O imperatore», gli rispose il vescovo, «Coloro che hai visto non sono affatto degli dei, ma uomini come te. Sono Pietro e Paolo, discepoli del Signore Cristo, sia egli glorificato». Così dicendo, il vescovo mandò a prendere le loro immagini in chiesa. Al vederli, l'imperatore esclamò: «Sì, sono davvero costoro quelli che ho visto in sogno». In seguito il vescovo predicò all'imperatore e gli illustrò i principi della fede cristiana. L'imperatore credé e ricevette il battesimo. Nel mentre veniva battezzato, la lebbra sparì, cadendo come squame di pesce.

12 Dopo aver ricevuto il battesimo, diede ordine di riedificare le chiese dei cristiani che erano state demolite in tutto il paese e furono così restaurate, stabilendo per esse buone e favorevoli norme.

Costantino e i Giudei

13 In questo tempo ricevettero il battesimo circa dodicimila tra pagani e Giudei, senza contare le donne e i bambini. Alzarono inni di lode all'Altissimo Iddio e pregarono per l'imperatore e per il vescovo[21].

14 Avveniva, ciò, nell'anno 11 del regno di Costantino, corrispondente all'anno 628 dell'era di Alessandro[22].

15 Vedendo ciò, i Giudei che non avevano ricevuto il battesimo furono travolti da

omette così di menzionare il periodo di pontificato di Milziade, che fu vescovo di Roma dal 2 luglio 331 al 10 gennaio 314.

[20] Nel 307 aveva di fatto sposato Flavia Massima Fausta, ma non figlia di Diocleziano, bensì di Massimiano e, quindi, sorella di Massenzio, facendole conferire il nome di Augusta. In Michele il Siro, *Chronique* (1899), vol. I, p. 240 è detto che sua moglie era figlia di Diocleziano e si chiamava Dioclezia. Ma è quanto già narrato negli *Atti di san Silvestro*, opera sulla vita di san Silvestro di Roma a cui si riconduce la conversione di Costantino al cristianesimo.

[21] Cf. Michele il Siro, *Chronique* (1899), vol. I, pp. 241-242.

[22] Nel 306 Costantino concede la libertà di culto ai cristiani residenti nei territori sotto la sua sovranità. Non è ancora cristiano, ma sincretista, credente in una sorta di unica sovranità solare non in contraddizione con quella cristiana. Però tutto fa pensare che si tratti qui dell'editto del 313.

invidia e dicevano che a guarire l'imperatore dalla sua lebbra non era stato Cristo, bensì il Dio unico che adoravano i Giudei. Detta diceria giunse all'orecchio dell'imperatore che, turbato e spinto dal desiderio di conoscere la verità, fece radunare dodici capi dei Giudei e dodici vescovi, ordinando loro di disputare alla sua presenza. Se ne stette in mezzo a loro ad ascoltarli con passione e a fare da arbitro tra di loro fino a che terminarono di discutere, quindi li lasciò partire ciascuno alla propria dimora, aderendo ancor più saldamente alla fede cristiana[23].

Elena a Gerusalemme

16 Poi si convertì al cristianesimo /pure/ Elena sua madre, ricevette il battesimo e andò in pellegrinaggio a Gerusalemme per implorare la protezione del Signore Cristo, sia egli glorificato. Tanto a Gerusalemme quanto in tutto il paese ella fece costruire chiese in onore dell'Altissimo Iddio, coadiuvata da Macario, vescovo di Gerusalemme. Prese i chiodi con i quali erano state inchiodate le mani e i piedi del Signore Cristo, sia egli glorificato, e li portò a suo figlio Costantino, che li fece fondere per farne un morso per la sua cavalcatura. Prese con sé ugualmente una metà della Croce, come alcuni sostengono, e la portò a Costantinopoli, lasciando l'altra metà dietro a sé ad Apamea. Quella che aveva portato con sé, la fece rivestire di oro e la collocò infissa nella chiesa di Costantinopoli. Ci sono di quelli che ritengono ch'ella non abbia lasciato nulla ad Apamea e che la Croce l'abbia portata tutt'intera a Costantinopoli.

Storia dell'esecrato Ario

17 Al tempo dell'imperatore Costantino viveva ad Alessandria un uomo chiamato Ario. Pietro, vescovo di Alessandria, lo ordinò diacono, ma avendo saputo che Ario si era allontanato dalla verità, lo scomunicò. Pietro fu poi messo a morte e gli successe come vescovo Achillas[24]. Ario fece interporre a proprio favore i buoni uffici di alcune persone, sollecitandone altresì l'intercessione. Achillas gli tolse la scomunica che il martire Pietro aveva pronunciato contro di lui e lo fece prete. Ma di lì a poco manifestò la propria ipocrisia e mise allo scoperto ciò che teneva celato dentro di sé. Ario invidiava Alessandro a causa della sua scienza, della sua profonda cultura e del suo prestigio[25]. Alessandro ordinò un giorno ad Ario di tenere il sermone durante una festa. Salito che fu sul pulpito, cominciò il suo sermone citando il passo in cui Salomone figlio di David dice nel suo Libro: «Il Signore mi creò prima delle sue creature»[26]. Uno degli astanti lo pregò di spiegare il senso di questo passaggio ed Ario rispose: «Si intende con ciò il Signore Cristo, il Figlio,

[23] Nel 315 comminò la pena del rogo a quanti si fossero convertiti al giudaismo, ma nel 330 fu più benevolo con i Giudei, esonerando da oneri personali e pubblici i rappresentanti delle sinagoghe.

[24] Compare sotto il nome di Aršilāwūs in A. Vasiliev, *Kitab* (1915), p. 544.

[25] Nel testo curato da A. Vasiliev, *Kitab* (1915), p. 544, troviamo invece: "In un'altra copia Alessandro ordinò: Alessandro si era sbagliato, perché Achillas, che era succeduto a Pietro... permise un giorno ad Ario di predicare durante una festa". Il testo curato da Vasiliev è qui oltremodo lacunoso.

[26] Cf. *Pro* 8,22.

poiché è stato creato prima di tutte le creature». In seguito, un altro giorno, Ario salì sul pulpito e predicò per la seconda volta, trattando nel suo sermone lo stesso argomento e sostenendo che il Figlio è creato.

18 Da quel giorno ai preti fu proibito di predicare dai pulpiti di Alessandria. Ma poiché il popolo lo lusingò[27] chiedendo la sua propria opinione, espose il suo punto di vista insegnando che per lui il Signore Cristo, sia egli glorificato, è un uomo creato, che il Figlio ha avuto un inizio e ha creato lo Spirito Santo.

19 Venuto a conoscenza di questo aspetto della sua dottrina, Alessandro riunì contro di lui circa cento vescovi dell'Egitto. Costoro scomunicarono lui e tutti coloro che condividevano le sue idee. Di poi il vescovo Alessandro scrisse al patriarca di Costantinopoli per metterlo al corrente del fatto. Ario, per conto suo, scrisse ad Eusebio, vescovo di Nicomedia, pregandolo di aiutarlo e facendogli sapere che parecchi vescovi condividevano la sua dottrina, tra i quali Eusebio vescovo di Cesarea di Palestina; Teodoto vescovo di Laodicea; Paolino vescovo di Tiro; Filosseno, vescovo di Manbiğ; Atanasio, vescovo di Anazarba ed altri[28].

20 In seguito Ario andò nella /Grande/ Roma, si presentò al cospetto dell'imperatore Costantino e, dopo essersi lagnato con lui del modo in cui Alessandro, vescovo d'Alessandria, aveva trattato lui e i suoi compagni, lo avvertì che la sua dottrina era la verità[29].

Concilio di Nicea

21 L'imperatore Costantino scrisse allora ad Alessandro pregandolo di togliere la scomunica ad Ario, ma Alessandro si rifiutò di farlo. L'imperatore desiderò poi conoscere la verità, informarsene e comprenderla. Mandò perciò a tutti i vescovi una lettera dal seguente tenore: «Da parte di Costantino Imperatore ai vescovi e ai monaci che riceveranno questa nostra missiva, salute! Sapete già quanto ho espresso in modo categorico, ovvero che non ho null'altro più a cuore e che null'altro c'è di più bello ai miei occhi all'infuori del timore di Dio e la venerazione che gli è dovuta in una con ciò che a Lui avvicina. Il primo concilio si è già tenuto ad Ancira, città della Galazia[30]. Al momento riteniamo cosa buona che se ne riunisca un altro nella città di Nicea per una serie di ragioni: la prima, la sua ottimale posizione per i vescovi di Antiochia e delle altre città; la seconda, il suo clima dolce e temperato; la terza, il fatto che mi troverei nelle vicinanze del sinodo e assisterei alle sedute che vi si terranno. Vi informo perciò, fratelli miei, e vi

[27] Ci atteniamo al testo di A. Vasiliev, *Kitab* (1915), p. 545, in quanto quello curato da Cheikho presenta qui un verbo di difficile lettura e interpretazione per il quale egli stesso si limita a dire che così compare nel manoscritto.

[28] Michele il Siro, *Chronique* (1899), vol. I, p. 242 identifica quelli che qui Agapio indica con «altri» in Gregorio di Beirut e Ezio di Lidda. Per quanto concerne la città di cui Atanasio era vescovo abbiamo nel testo la forma عين زربة che in Yāqūt, *Muʿğam al-buldān* (1990), vol. IV, p. 201, è data invece come عين زربى.

[29] Per la dottrina di Ario cf. Eusebio, *Storia Ecclesiastica*, X, ma su tutta la questione cf. A. Grillmeier, *Gesù il Cristo nella fede della Chiesa*, Brescia 1982, pp. 387-419.

[30] Allusione al sinodo del 314, tenutosi ad Ancira, ossia l'attuale Ankara.

ordino di essere pronti e decisi a partire alla volta della suddetta città. Ciascuno di voi rifletta su questo mio ordine e lo consideri come un proprio dovere. Siate decisi e solerti a venire, senza lentezza e negligenza. Ciascuno di voi assista a quanto diremo nel concilio di Nicea. Che Dio vi assista e che la sua grazia si compia su di voi. Salute!».

22 Il concilio si riunì in tempi lunghi. Costantino aveva affidato la gestione del concilio e l'accoglienza di coloro che sarebbero venuti uno per uno ad alcuni parenti, perché provvedessero al benessere dei vescovi e dei metropoliti che sarebbero giunti a Nicea, sistemando ciascuno in una dimora a lui confacente a seconda del rango e della dignità, fino a che non fossero convenuti tutti gli altri vescovi di tutti i paesi. E così fecero.

23 Una volta che il concilio si fu riunito al completo, scrissero all'imperatore per informarlo che la riunione era in corso. L'imperatore entrò, si piazzò nel mezzo e assisté a quanto disposero dal principio alla fine. La loro prima seduta ebbe luogo il 9 *ḥazīrān* /=giugno/ dell'anno 636 dell'era di Alessandro, corrispondente all'anno 19 del regno di Costantino.

Nomi di alcuni Padri conciliari

24 I prelati più celebri di questo concilio furono: Vito e Vincenzo, i due preti rappresentanti del vescovo di Roma; Alessandro, vescovo di Alessandria; Macario, vescovo di Gerusalemme; Germano, vescovo di Sāmirah[31]; Eusebio, vescovo di Damasco[32]; Anatolio, vescovo di Emesa; Eustazio, vescovo di Antiochia; Zenobio, vescovo di Seleucia; Giacomo, vescovo di Nisibi accompagnato da sant'Efrem il Dottore[33]; Teodoro, vescovo di Tarso con tutti gli altri.

Risoluzioni del Concilio

25 Scomunicarono Ario e formularono il *Simbolo* che tutti accolsero, dicendo: «Crediamo in un solo Dio, Padre onnipotente, creatore del cielo e della terra e delle cose visibili e invisibili; in un solo Signore, Gesù Cristo, Figlio unigenito di Dio, generato dal Padre prima di tutti i secoli; luce da luce, Dio vero da Dio vero; generato, non creato, consustanziale al Padre, per il quale tutto è stato fatto; che per noi uomini e per la nostra salvezza discese dal cielo, si è incarnato per opera dello Spirito Santo e da Maria vergine,

[31] Ossia Naplusa, l'antica Flavia Neapolis fondata nel 72 da Tito in Samaria, situata nella valle dei celebri monti Hebal e Garizim. Nel 531 i Samaritani si rivoltarono contro i cristiani massacrando il clero in una con il loro vescovo e nel 639 cadde nelle mani degli Arabi. Occupata dai Crociati nel 1110, fu poi ripresa dai musulmani. Ad oggi è una delle più accanite sacche di resistenza della componente palestinese contro l'occupazione del territorio da parte di Israele. Per la notizia qui riportata vedi anche Michele il Siro, *Chronique* (1899), vol. I, p. 248.

[32] Al Concilio furono presenti più di un Eusebio. Le fonti menzionano un Eusebio, vescovo di Cordova e un Eusebio vescovo di Susa o, meglio, di Cesarea. Il vescovo di Damasco era invece, stando a Michele il Siro, *Chronique* (1899), vol. I, p. 249, Magnos. In un passaggio precedente è presentato come Eusebio originario di Roma. Cf. Michele il Siro, *Chronique* (1899), vol. I, p. 244.

[33] Così pure Michele il Siro, *Chronique* (1899), vol. I, p. 246, ma si fa opportunamente rilevare in nota che la presenza di s. Efrem al Concilio è inverosimile.

si è fatto uomo, è stato crocifisso per noi al tempo di Ponzio Pilato, ha sofferto, è morto, è stato sepolto ed il terzo giorno è resuscitato, secondo le Scritture, è salito al cielo e si è assiso alla destra del Padre, e di nuovo verrà nella gloria a giudicare i vivi e i morti e il suo regno non avrà fine. /Crediamo/ nello Spirito Santo, che è Signore e dà la vita e procede dal Padre.

26 Quanto a chi asserisce ch'egli è vissuto ed è morto, che non esisteva prima di essere generato; che è stato fatto dal nulla o da un qualcosa o da una persona o da altra cosa o da un'altra sostanza o da un'altra *ousìa*; ch'egli è cangiante o mutevole o che qualifichi il Figlio di Dio con uno di questi attributi, sia scomunicato, interdetto ed esecrato».

27 Regolarono ugualmente parecchie questioni concernenti il computo della Pasqua che varia e formularono venti canoni. Non pochi vescovi si erano riuniti per l'innanzi ad Ancira di Galazia, dove avevano formulato ventiquattro canoni, ed erano quindi andati a Nicea. In seguito, dopo essersi riuniti ad Ancira e prima di riunirsi a Nicea si riunirono a /Neo/Cesarea, dove formularono venti canoni. In un secondo tempo circa novanta vescovi si riunirono ad Antiochia e formularono venticinque canoni. Di poi si riunirono[34] e formularono venti canoni e poi ancora a Laodicea, dove formularono diciannove canoni[35].

28 Tutte queste cose ebbero luogo al tempo dell'imperatore Costantino e dei membri della sua casata.

Dissensi nel Concilio

29 Allorquando Ario fu scomunicato nel concilio dei Trecentodiciotto vescovi e al momento di metterne per iscritto la scomunica, si constatò che vi erano alcuni vescovi ed altre persone che, condividendo la dottrina di Ario, si rifiutavano di sottoscriverne la scomunica. L'assemblea li esortò a rivedere la loro posizione, alcuni si pentirono e si ricredettero, mentre coloro che rifiutarono di ricredersi furono scomunicati, interdetti e cacciati dalla Chiesa. Tra gli scomunicati e coloro che furono cacciati dalla Chiesa figuravano Eusebio, vescovo di Nicomedia[36]; Teognosto, vescovo di Nicea; Maris, vescovo di Calcedonia e Secondo, vescovo di Tolemaide[37].

30 Poi un vescovo si alzò e consegnò all'imperatore una lettera contenente delle diffamazioni contro alcuni /altri/ vescovi. Letto che ebbe la lettera, l'imperatore diede ordine di bruciarla, dicendo: «Se trovo un sacerdote fatto oggetto di sospetto o di afflizione, lo

[34] Non viene indicata la località!

[35] Per differenti notizie a tal proposito cf. Michele il Siro, *Chronique* (1899), vol. I, p. 265.

[36] Anch'egli, come Ario, discepolo di Luciano d'Antiochia, i cui adepti erano chiamati colluciani-sti. Si prodigò per allontanare dalla propria sede Asclepio di Gaza e fare deporre e condannare all'esilio Eustazio di Antiochia.

[37] Attualmente detta ʿAkko o ʿAkkā, meglio conosciuta come S. Giovanni d'Acri, città costiera di Israele, a nord di Ḥayfā, già appartenuta alla provincia romana di Siria, posta poi sotto il controllo dei Cavalieri di San Giovanni d'Acri nel 1229. È sede della bella ed imponente moschea conosciuta sotto il nome di moschea del pascià Aḥmad al-Ǧazzār (1781). Per i vescovi qui scomunicati vedi pure Michele il Siro, *Chronique* (1899), vol. I, p. 246.

coprirò con le mie vesti /regali/»[38].

31 L'incarico di redigere quanto fu formulato da questi concili fu affidato ad Eusebio, vescovo di Cesarea.

Lettere di Costantino

32 L'imperatore mandò una lettera in tutte le province in cui diceva che tutte le questioni esaminate dal predetto concilio erano da ritenersi completate e terminate con l'aiuto, la forza e la potenza dello Spirito Santo e che la questione della celebrazione della Pasqua era stata convenientemente regolata. Diede disposizioni a tutti i vescovi di essere zelanti per la costruzione delle chiese; ordinò ad Eusebio di mettergli per iscritto i titoli dei libri che si leggevano e diede disposizione di bruciare i libri di Ario.

33 Mandò del pari una lettera a tutti i suoi governatori nella quale diceva: «Da parte dell'imperatore Costantino ai vescovi, ai metropoliti, ai preti, ai governatori e a tutti coloro che riceveranno questa lettera, salute! Il dissoluto Ario si è reso somigliante a Satana, lapidato e maligno, e si è separato dalla fede. Per tal ragione si è messo contro il popolo inventandosi una serie di eresie che non hanno precedenti. Ma il rovescio di fortuna lo ha ghermito e la sventura s'è abbattuta su di lui. Bisogna metterne a fuoco i libri sì che né di lui né delle sue parole resti memoria. Ordino quindi a tutti coloro che ne posseggano alcunché di bruciare e distruggere tutto, altrimenti saranno colpiti dalla stessa sventura che si è abbattuta su Ario e nessuno troverà scampo per se stesso, se l'Altissimo Iddio vorrà».

Altri eventi

34 Dopo siffatte cose, l'imperatore mosse guerra ad alcuni suoi nemici limitrofi, li sbaragliò e ne fece prigionieri un gran numero.

35 Cinque mesi dopo che si era riunito il concilio di Nicea, morì Alessandro, vescovo di Alessandria. Al suo posto resse la sede Atanasio, per 46 anni[39].

36 Eusebio, vescovo di Nicomedia, Theognis, vescovo di Nicea e coloro che condividevano la loro dottrina non rinunciarono alle loro opinioni, insubordinazione ed errore e persistettero vieppiù nella loro empietà, spingendosi persino ad indire un concilio ad Antiochia, dove espulsero Eustazio, vescovo della città, dopo averlo destituito e diffamato. Avevano introdotto infatti presso di lui una donna incinta di un certo orefice, che si mise a urlare e a dire: «Sono incinta di un uomo chiamato Eustazio»[40]. Dopo aver destituito Eustazio, avrebbero voluto rimpiazzarlo con Eusebio, vescovo di Cesarea, ma costui non approvò questa loro iniziativa. La popolazione si divise in più fazioni, l'unità si spezzò e la sede di Antiochia rimase vacante 8 anni[41].

[38] In Michele il Siro, *Chronique* (1899), vol. I, p. 245: "Coprirò con la mia porpora le ignominie dei vescovi e dei sacerdoti".

[39] Atanasio fu patriarca di Alessandria dall'8 giugno 328 al 2 maggio 373.

[40] Per quanto qui esposto da Agapio, cf. anche Michele il Siro, *Chronique* (1899), vol. I, p. 263.

[41] Vedi pure Michele il Siro, *Chronique* (1899), vol. I, p. 263.

37 In seguito, dopo detti avvenimenti, salì sulla sede, per un solo anno, un vescovo di nome Eulalio, al quale successe Eufronio che la resse 6 anni[42]. Dopo aver cacciato Eustazio, la popolazione di Antiochia reclamò Ario, schierandosi in suo favore. Alla corte dell'imperatore i partigiani di Ario avevano uno spione che condivideva la loro stessa dottrina, li aiutava e li proteggeva. Egli scongiurò l'imperatore di scrivere ad Ario e consentirgli di portarsi alla sua presenza. L'imperatore acconsentì e ordinò ad Ario di recarsi da lui. Ricevuto che ebbe la lettera dell'imperatore, Ario si portò da lui accompagnato da un diacono che era stato scomunicato insieme con lui. L'imperatore ingiunse loro di esporgli la loro fede per iscritto su un foglio e di consegnarglielo. Dopo avere accuratamente esaminato quel che aveva scritto, non vi trovò discrepanza alcuna con la verità.

38 L'imperatore scrisse quindi ad Atanasio, vescovo di Alessandria, chiedendogli di accoglierli e di reintegrarli nel loro rango. Atanasio, tuttavia, rifiutò di accoglierli. Nel frattempo i sostenitori di Ario si radunarono e stabilirono di comune accordo di diffamare Atanasio al cospetto dell'imperatore, avanzando contro di lui le più infamanti accuse. Così fecero. Ma c'era, alla corte dell'imperatore, un discepolo di Atanasio che parlò a Costantino della macchinazione ordita da Ario e dai suoi sostenitori, della loro gelosia nei confronti di Atanasio e della falsità delle loro calunnie e accuse. L'imperatore diede allora ordine di allontanare i sostenitori di Ario e scrisse ad Atanasio una missiva nella quale gli ingiungeva di recarsi da lui. Giunto che fu al cospetto dell'imperatore, costui lo interrogò su più di una questione avanzata da Ario e dai suoi sostenitori e diede ad ognuna le dovute delucidazioni. L'imperatore lo reintegrò quindi con i dovuti onori nella posizione di cui godeva.

39 Tutte queste cose ebbero luogo nell'anno 30 del regno di Costantino.

40 Riteniamo cosa buona dare qui la successione ordinata dei re che hanno regnato da Adamo fino a questo tempo, alla luce di quanto è riportato dagli autori di *Cronache* che hanno scritto ed esposto con chiarezza tanto le epoche quanto gli anni. Raccoglieremo notizie su re di differenti nazioni e di diversi popoli per quanto saremo capaci, al fine di mostrare, se Dio Altissimo vorrà, quale differenza c'è tra essi per eccesso o per difetto riguardo agli anni.

[42] Eutichio, *Gli Annali* (1987), p. 210 ha invece la seguente successione: Cipriano, *Qibriyānūs*, che sembra stare per Eufonio, che fu invero patriarca di Antiochia dal 332 al 333; Flacillo, *Blāsiyūs*, patriarca antiocheno dal 333 al 342(?); Stefano I, *Usṭātiyūs*, patriarca di Antiochia dal 342 al 344; Leonzio, *Lāwun*, che fu patriarca della stessa sede dal 344 al 358. Eutichio assegna al primo 2 anni di reggenza; al secondo 4 anni; al terzo 5 anni e al quarto 9 anni, precisando che erano tutti ariani. Per la loro identificazione ci siamo attenuti a Grumel, *Cronologie* (1958), p. 446. Ma per ulteriori dettagli in Agapio, vedi 29,4.

Capitolo 28

Successioni di monarchi da Adamo a Costantino

Cronologia di Africano

1 Nel suo libro composto sulle epoche Africano dice:

2 All'inizio governò il mondo Adamo, per 930 anni. Set, suo figlio, lo governò 128 anni. Dopo di lui lo governò al-Akardūs 920 anni e 9 mesi[1]; dopo di lui lo governò al-ʿAdūs 128 anni e 3 mesi; dopo di lui lo governò Alūrus re dei Medi 98 anni, 9 mesi e 20 giorni; dopo di lui lo governò Ammenon 168 anni e 7 mesi e mezzo; dopo di lui lo governò Ammelāʿadāws 159 anni e 6 mesi[2]; dopo di lui lo governò Dāwnūs 78 anni e 9 mesi e mezzo[3]; dopo di lui lo governò Eudorālichūs 119 anni e 6 mesi e mezzo[4]; di poi Amempsinūs per 98 anni e 9 mesi e mezzo[5]; dopo di lui governò Otiartes 28 anni e 9 mesi e mezzo[6]; dopo di lui governò Xisūthrūs 159 anni e 6 mesi e mezzo[7].

3 La somma degli anni a partire da Adamo fino al diluvio è di 2.242 anni[8]. Ad un calcolo dettagliato mancano 3 mesi e 10 giorni[9]. Tutto ciò collima con quanto si trova nella vera Torah licenziata dai Settanta[10] che la tradussero in maniera corretta per Tolomeo, re d'Egitto[11].

[1] A. Vasiliev, *Kitab* (1915), p. 554 ha invece «e 7 mesi».

[2] Michele il Siro, *Chronique* (1899), vol. I, p. 7 ha «Amégâlaros, anch'egli di Pautibiblon, regnò 177 anni e 195 giorni».

[3] A. Vasiliev, *Kitab* (1915), p. 554 ha invece «98 anni e 7 mesi e mezzo», mentre Michele il Siro, *Chronique* (1899), vol. I, p. 7, ha «98 anni e 230 giorni».

[4] Michele il Siro, *Chronique* (1899), vol. I, p. 7, ha «177 anni e 195 giorni». Anche A. Vasiliev, *Kitab* (1915), p. 554, ha «117 anni e 6 mesi e mezzo».

[5] A. Vasiliev, *Kitab* (1915), p. 554, ha «98 anni e 7 mesi e mezzo», mentre in Michele il Siro, *Chronique* (1899), vol. I, p. 7, troviamo «98 anni e 230 giorni».

[6] Michele il Siro, *Chronique* (1899), vol. I, p. 7, ha invece «78 anni e 330 giorni», mentre in A. Vasiliev, *Kitab* (1915), p. 554, troviamo «28 anni e 7 mesi e mezzo».

[7] A. Vasiliev, *Kitab* (1915), p. 554, ha invece «157 anni e 6 mesi e mezzo». Michele il Siro, *Chronique* (1899), vol. I, p. 8 ha invece «177 anni e 195 giorni».

[8] Vedi pure Michele il Siro, *Chronique* (1899), vol. I, p. 8.

[9] Si tratta di una serie di re caldei. Cf. Michele il Siro, *Chronique* (1899), vol. I, pp. 5-8, 12.

[10] A. Vasiliev, *Kitab* (1915), p. 554 ha nel testo arabo, come del resto anche il testo che traduciamo, الاثنين والسبعين, alla luce del fatto che il sommo sacerdote Eleazaro mandò a Tolomeo II Filadelfo 72 dotti, sei per ognuna delle dodici tribù.

[11] Le considerazioni di Michele il Siro a proposito di questa data sono esposte in maniera diversa e più chiara. Cf. Michele il Siro, *Chronique* (1899), vol. I, p. 8.

4 Dopo il diluvio governò il mondo Noè durante 310 anni; Sem, suo figlio, 130 anni; il camita Arfaḫšad 33 anni; il camita Amaḫrāyūs 21 anni; Aqūmāsṭūs 35 anni[12]; Qūriyūs 30 anni; Nāḫūbūs 33 anni[13]; Nābiyūs 40 anni; Ūsānūs 35 anni[14]; Fisdīrūs 41 anni[15]; Mardūwā...rūs [44] anni[16]; Mardāfūs 40 anni[17]; *Mrd*, suo figlio, 45 anni[18]; Nābiyūs 37 anni[19]; Fādānnūs 40 anni[20]; Samūn Wābūs 28 anni[21]; Balayos l'Assiro 15 anni[22]; Nīnūs 52 anni[23]; Semiramis 42 anni[24]; Niniyas, detto Zamis, 38 anni[25]; Aryūs 30 anni; Arāliyūs 40 anni; Serse 30 anni; Armāniyūs 30 anni[26]; Mālāwus 52 anni[27]; Aṭādāwus 32 anni[28]; Māmiyūtūs 30 anni[29];

5 Māḥālāwus lo governò 28 anni[30]; Fālūḥūs 35 anni[31]; Safārūs 22 anni; Māmiyūlūs 32 anni; Asṭāṭārās 28 anni[32]; Amirnaṭīs 45 anni[33]; Ūḥsūs 25 anni[34]; Balāṭūrīs 30

[12] A. Vasiliev, *Kitab* (1915), p. 555, ha tra parentesi «Chosmasbolus».

[13] A. Vasiliev, *Kitab* (1915), p. 554, ha tra parentesi «Nachoubes».

[14] A. Vasiliev, *Kitab* (1915), p. 554, ha tra parentesi «Oniballus».

[15] A. Vasiliev, *Kitab* (1915), p. 554, ha tra parentesi «Zinzirus».

[16] A. Vasiliev, *Kitab* (1915), p. 554, ha «Mardocentus 44 anni», facendo notare che manca l'indicazione degli anni, come è del resto anche nel testo che traduciamo. La ricostruzione dei nomi fatta da Vasiliev tiene conto della fonte Michele Sincello.

[17] A. Vasiliev, *Kitab* (1915), p. 554, ha tra parentesi «Mardacus».

[18] A. Vasiliev, *Kitab* (1915), p. 554, ha tra parentesi «Sisimordacus».

[19] Il nome è così proposto in A. Vasiliev, *Kitab* (1915), p. 554.

[20] A. Vasiliev, *Kitab* (1915), p. 554, legge «Parannus».

[21] A. Vasiliev, *Kitab* (1915), p. 554, ha tra parentesi «Nabonnabus».

[22] Michele il Siro, *Chronique* (1899), vol. I, p. 25 dice invece che regnò sugli Assiri 62 anni.

[23] Leggiamo così il nome che compare nel testo arabo alla luce di quanto asserito in Michele il Siro, *Chronique* (1899), vol. I, p. 26 dove si dice che a Belos o Balayos successe il figlio Ninus che regnò 52 anni.

[24] Michele il Siro, *Chronique* (1899), vol. I, p. 33 afferma che Samiram o Semiramide, figlia di Belos, cominciò a regnare sugli Assiri dal tempo in cui Abramo si recò in Egitto all'età di 81 anni. Regnò 46 anni.

[25] Michele il Siro, *Chronique* (1899), vol. I, p. 35 dice che Zameios regnava sugli Assiri dal tempo di Abramo.

[26] A. Vasiliev, *Kitab* (1915), p. 554, ha «Armamithris».

[27] Si tratta forse di quel Manchaleus di cui in Michele il Siro, *Chronique* (1899), vol. I, p. 38, al quale viene attribuito un regno di 30 anni? A. Vasiliev, *Kitab* (1915), p. 554, ha tra parentesi «Balaeus».

[28] A. Vasiliev, *Kitab* (1915), p. 554, ha tra parentesi «Sehos».

[29] Per un passo relativo a questa cronologia A. Vasiliev, *Kitab* (1915), p. 555, nota 1 rimanda ad un'opera di Giovanni Sincello che purtroppo non abbiamo avuto modo di consultare. Il testo proposto da Vasiliev continua con altri personaggi. Michele il Siro, *Chronique* (1899), vol. I, p. 39, dice che fu il quindicesimo re degli Assiri e cominciò a regnare nell'anno 1 dalla nascita di Mosè, per 30 anni.

[30] A. Vasiliev, *Kitab* (1915), p. 555, ha tra parentesi «Aschalius».

[31] Tale notizia è assente nel testo curato da Vasiliev.

[32] A. Vasiliev, *Kitab* (1915), p. 555, ha tra parentesi «Sparthaeus».

[33] A. Vasiliev, *Kitab* (1915), p. 555, ha invece «Amyntes». Michele il Siro, *Chronique* (1899), vol. I, p. 44, dice che nell'anno 30 dell'Esodo cominciò a regnare sugli Assiri Amyntios.

[34] A. Vasiliev, *Kitab* (1915), p. 555, ha Ochsous e tra parentesi «Belochus». Michele il Siro, *Chronique* (1899), vol. I, p. 47, dice che Aleppo fu costruita da Bélochos, re dell'Assiria.

anni; Lampridos 32 anni[35]; Sūsārmus 20 anni[36]; Saqādābāwus 40 anni[37]; Saʿrānūs 40 anni[38]; Saʿārnis 30 anni[39]; Māniyās 45 anni[40]; Sūsārfūs 22 anni[41]; Sārāwus 27 anni[42]; Ṭurṭūmāwus 32 anni[43]; Ṭarṭāwus 40 anni[44]; Arabīlūs 42 anni; Kalawus 45 anni; Ubālūs 38 anni[45]; Bābiyūs 37 anni; /?/ 30 anni[46]; Dārfūlūs 40 anni[47]; Awfāmis 38 anni[48]; Lawsānis 45 anni[49]; Perziades 30 anni[50]; Arfāṭūs 21 anni[51];

[35] Più che altrove qui il nome è del tutto illeggibile. Seguiamo la lettura che ne fa Vasiliev. Del resto anche Michele il Siro, *Chronique* (1899), vol. I, p. 47, identifica in Lampridos il ventunesimo re degli Assiri.

[36] Michele il Siro, *Chronique* (1899), vol. I, p. 51, dice che nell'anno 33 di Gedeone regnò sugli Assiri Sosarmos per il periodo di 19 anni.

[37] Michele il Siro, *Chronique* (1899), vol. I, p. 53 dice che nell'anno 14 di Jair cominciò a regnare sugli Assiri Tautamos, detto anche Tautanés. Gli attribuisce un regno di 31 anni. A p. 55 precisa che secondo gli Assiri dopo l'anno 43 del regno di Ninus fino all'anno 25 del regno di Tautanés trascorsero 835 anni. A. Vasiliev, *Kitab* (1915), p. 555, ha invece la forma Saqadataous e, tra parentesi, «Ascadates».

[38] A. Vasiliev, *Kitab* (1915), p. 555, ha invece la forma Safranous e, tra parentesi, «Saqranous».

[39] A. Vasiliev, *Kitab* (1915), p. 556, ha tra parentesi «Lampraïs». Dovrebbe trattarsi di Lampridos, ventunesimo re degli Assiri, di cui fa parola Michele il Siro, *Chronique* (1899), vol. I, p. 47, dove dice che nell'anno 26 di Ahôd cominciò a regnare sugli Assiri Lampridos, il cui regno durò 32 anni.

[40] A. Vasiliev, *Kitab* (1915), p. 556, legge invece «Phaniyas» e ha, tra parentesi, «Paniyas». Michele il Siro, *Chronique* (1899), vol. I, p. 50, dice che nell'anno 28 di Debora cominciò a regnare sugli Assiri Panyas, il cui regno durò 45 anni.

[41] A. Vasiliev, *Kitab* (1915), p. 556, ha «Sousarmous» nel testo tradotto e «Sosarmus» tra parentesi. Abbiamo già fatto notare che Michele il Siro, *Chronique* (1899), vol. I, p. 51, lo fa regnare 19 anni.

[42] A. Vasiliev, *Kitab* (1915), p. 556, legge invece «Snaraous» e, tra parentesi, «Mithraeus». In Michele il Siro, *Chronique* (1899), vol. I, p. 50, si fa notarte che Medea abbandonò Egea ai tempi di Mithra, re degli Assiri. Ma non ci sono indicazioni relative alla successione.

[43] A. Vasiliev, *Kitab* (1915), p. 556, legge invece «Toutoumaous» e ha, tra parentesi, «Teutamos». Non se ne hanno riscontri in Michele il Siro.

[44] A. Vasiliev, *Kitab* (1915), p. 556, legge invece «Teutaeus». Michele il Siro, *Chronique* (1899), vol. I, p. 57, dice che nell'anno 2 di Sansone cominciò a regnare sugli Assiri Teutaeus, che regnò 40 anni.

[45] A. Vasiliev, *Kitab* (1915), p. 556, legge invece «Anabus».

[46] A. Vasiliev, *Kitab* (1915), p. 556, legge invece «Thinaeus».

[47] A. Vasiliev, *Kitab* (1915), p. 556, legge invece «Darqoulous» e ha, tra parentesi, «Dercylus». Michele il Siro, *Chronique* (1899), vol. I, p. 59, menziona che nell'anno 12 di Samuele cominciò a regnare sugli Assiri Dercylus, il cui regno durò 40 anni.

[48] Dovrebbe essere identificato con lo stesso Eupalis che secondo Michele il Siro, *Chronique* (1899), vol. I, p. 62, cominciò a regnare nell'anno 32 di David e il cui regno durò 38 anni.

[49] A. Vasiliev, *Kitab* (1915), p. 556, legge invece «Laosthanis» e ha, tra parentesi, «Laosthenes». Michele il Siro, *Chronique* (1899), vol. I, p. 62, ricorda che nell'anno 10 di Salomone cominciò a regnare sugli Assiri Laosthenes, dicendo che il suo regno durò 15 anni.

[50] Michele il Siro, *Chronique* (1899), vol. I, p. 62, ricorda che nell'anno 15 di Roboamo cominciò a regnare sugli Assiri Pertiades, il cui regno durò 30 anni.

[51] A. Vasiliev, *Kitab* (1915), p. 556, legge invece «Arphiathous» e ha, tra parentesi, «Ophrataeus». Michele il Siro, *Chronique* (1899), vol. I, p. 67, ricorda che nell'anno 25 di Asa cominciò a regnare sugli Assiri Ophrataeus, il cui regno durò 20 anni.

Ufraṭānis 50 anni[52]; Afūʿāsīs 42 anni[53]; Qūnṭūlāwus 20 anni[54]; Arbāqūs 28 anni[55].

6 Mānlāwus 20 anni[56]; Sūsārfūs 30 anni[57]; Arṭāqās 30 anni[58]; Diyāwqīs 54 anni[59]; Frūrāṭis 24 anni[60]; Ciassarre 32 anni[61] e Astiage 28 anni[62].

7 Ciro il Persiano lo governò 32 anni; Cambise 8 anni; Dario 36 anni; Serse 21 anni; Artaserse 41 anni; Dario II 10 anni[63]; Artaserse II 46 anni; Oco 21 anni; Arsete 2 anni[64]; Dario III 6 anni; Alessandro il Macedone 6 anni; Tolomeo, figlio di Lago, 39 anni; Tolomeo soprannominato Filadelfo 38 anni; Tolomeo soprannominato Evergete 25 anni; Tolomeo Filopatore 29 anni; Tolomeo Epifane 24 anni; To-

[52] Michele il Siro, *Chronique* (1899), vol. I, p. 69, ricorda che nell'anno 4 di Giosafat cominciò a regnare sugli Assiri Ophratines, il cui regno durò 50 anni. A. Vasiliev, *Kitab* (1915), p. 556, legge invece «Ephoutaïs» e ha, tra parentesi, «Epheceres».

[53] A. Vasiliev, *Kitab* (1915), p. 556, legge invece "Acraganis". Michele il Siro, *Chronique* (1899), vol. I, p. 71, ricorda che nell'anno 3 di Joas cominciò a regnare sugli Assiri Acrazapinés, per un periodo di 28 anni.

[54] A. Vasiliev, *Kitab* (1915), p. 556, ha, tra parentesi, "Concolerus". Michele il Siro, *Chronique* (1899), vol. I, p. 73, ricorda che nell'anno 15 di Amasia cominciò a regnare sugli Assiri Thonus Concolerus, per un periodo di 20 anni. Sarebbe quel monarca che i Greci ricordano con il nome di Sardanapalo. Con questo monarca Michele il Siro indica la fine dell'impero degli Assiri, precisando che la somma degli anni della dinastia degli Assiri, a partire dal primo anno di regno di Belos, padre di Ninus, fu di ben 1300 anni. Cf. Ibidem, p. 77.

[55] Allusione ad Arbace, primo monarca dei Medi per il periodo di 28 anni. Cf. Michele il Siro, *Chronique* (1899), vol. I, p. 77. A p. 78 precisa che dopo la distruzione dll'impero degli Assiri cominciarono a dominare due dinastie, ossia quella dei Caldei con Pul, Tiglat-Pileser, Salmanassar, Sennacherib e loro successori, e quella che governò gli Assiri di Babilonia, anch'essa di origine caldea, alla quale appartennero, tra gli altri, Nabonassar, Nabopolassar e Nabucodonosor.

[56] A. Vasiliev, *Kitab* (1915), p. 556, legge invece «Mandaous» e ha, tra parentesi, «Mandauces». Sarebbe il Mamycos di cui in Michele il Siro, *Chronique* (1899), vol. I, p. 81, al quale sono però attribuiti 40 anni di regno sui Medi. Cominciò a regnare nell'anno 12 di Yoatam. Nella lista dei re dei Medi gli vengono attribuiti 13 anni di regno. Vedi nota successiva.

[57] A. Vasiliev, *Kitab* (1915), p. 556, legge invece "Sousarmous". Michele il Siro, *Chronique* (1899), vol. I, p. 77, precisa che nell'anno 34 di Ozia cominciò a regnare sui Medi il loro secondo re, ossia Sosarmos, il cui regno durò 30 anni. Da tener presente che la lista dei re dei Medi vede dapprima Sosarmos e poi Mandauces, seguiti a ruota da Dioice, con 14 anni di regno; Qurqaws o Artucas con 13 anni di regno; Praortis con 24 anni di regno; Ciassarre con 32 anni di regno e, ultimo, Astiage con 38 anni di regno. Cf. Michele il Siro, *Chronique* (1899), vol. III, p. 438.

[58] Michele il Siro, *Chronique* (1899), vol. I, p. 87, dice che nell'anno 20 di Ezechia cominciò a regnare sui Medi Qorqos, per un periodo di 13 anni.

[59] Michele il Siro, *Chronique* (1899), vol. I, p. 88, dice che nell'anno 4 di Manasse cominciò a regnare sui Medi Deioces per un periodo di 54 anni.

[60] Michele il Siro, *Chronique* (1899), vol. I, p. 89, dice che nell'anno 3 di Amon cominciò a regnare sui Medi Aphraotinos, per un periodo di 24 anni.

[61] Michele il Siro, *Chronique* (1899), vol. I, p. 90, dice che nell'anno 14 di Giosia cominciò a regnare sui Medi Ciassarre, per un periodo di 32 anni.

[62] Michele il Siro, *Chronique* (1899), vol. I, p. 96, dice che nell'anno 4 di Sedecia cominciò a regnare sui Medi Astiager, per un periodo di 38 anni.

[63] A. Vasiliev, *Kitab* (1915), p. 556, ha invece '19 anni'.

[64] Michele il Siro, *Chronique* (1899), vol. I, p. 112, dice che Arsete, figlio di Oco, regnò sui Persiani 4 anni.

lomeo Filometore 35 anni; Tolomeo Fiscone 16 anni; Tolomeo Evergete II 29 anni; Tolomeo Sotere 9 anni; Tolomeo Alessandro 3 anni; Tolomeo Filadelfo II 8 anni; Tolomeo Dionisio 29 anni; Cleopatra 22 anni.

8 Augusto il Romano lo governò 43 anni; Tiberio 22 anni; Gaio /Caligola/ 4 anni; Claudio 14 anni; Nerone 54 {sic!}[65] anni; Vespasiano 10 anni; Tito 3 anni; Domiziano 15 anni; Nerva 1 anno; Traiano 20 anni; Adriano 21 anni; Tito Antonino 23 anni; Marco /Aurelio/ 19 anni; Commodo 13 anni[66]; Severo 18 anni; Antonino /Caracalla/ 7 anni; [Antonino II /Elagabalo/ 4 anni][67]; Alessandro 13 anni; Massimino 3 anni[68]; Gordiano 6 anni; Filippo 6 anni; Decio 2 anni[69]; Gallo 3 anni[70]; Valeriano, figlio di Sālyānūs[71], 14 anni[72]; Claudio 2 anni[73]; Aureliano 6 anni[74]; Probo 7 anni[75]; Caro 2 anni[76]; Diocleziano 19 anni[77]; Costantino 20 anni. Per un totale di 5.816 anni[78].

Cronologia di Giovanni Crisostomo

9 Nel suo trattato scritto per Acacio, vescovo di Melitene, il Crisostomo dice: «Mi hai chiesto di esporti la cronologia dei re che hanno regnato da Adamo a Costan-

65 Cheikho dice di aver così trovato nel manoscritto. Leggi «14 anni».

66 Salta i sei mesi in cui governò Pertinace.

67 Assente nel testo che traduciamo ma presente in quello curato da Vasiliev. Ad ogni modo salta il periodo di regno di Macrino.

68 Ossia Massimino Gaio Giulio Vero detto il Trace, imperatore romano dal 235 al 238, eletto imperatore a Magonza subito dopo l'uccisione di Severo Alessandro. Nel testo abbiamo il termine مكسميانوس.

69 Michele il Siro, *Chronique* (1899), vol. I, p. 192, dice che Decio uccise Filippo insieme con il figlio e regnò 1 anno. In verità Caio Messo Quinto Decio regnò dal 249 al 251.

70 A. Vasiliev, *Kitab* (1915), p. 557, ha invece «Gallieno». Si tratta in verità di Treboniano Gallo che regnò insieme con C. Vibio Volusiano. Vedi pure Eutichio, *Gli Annali* (1987), p. 179 e Michele il Siro, *Chronique* (1899), vol. I, p. 192, dove dice che dopo Decio regnarono Gallo e Volusiano per 2 anni. Gallieno, del resto, regnò per ben 13 anni, dal 253 al 268.

71 Quest'ultimo nome non compare in A. Vasiliev, *Kitab* (1915), p. 557.

72 Michele il Siro, *Chronique* (1899), vol. I, p. 192, dice che Valeriano cominciò a regnare insieme con Gallieno per 15 anni.

73 Ossia Marco Claudio Tacito, imperatore romano dal 275 al 276. Michele il Siro, *Chronique* (1899), vol. I, p. 197 dice che nell'anno 588 cominciò a regnare Claudio, per il periodo di 1 anno.

74 Michele il Siro, *Chronique* (1899), vol. I, p. 197, asserisce che regnò 5 anni e sei mesi. Lucio Domizio Aureliano fu in effetti imperatore romano dal 270 al 275.

75 Marco Aurelio Probo fu imperatore romano dal 276 al 282. Agapio salta il periodo di Marco Claudio Tacito che fu imperatore romano dal 275 al 276, per 6 mesi, come fa notare anche Michele il Siro, *Chronique* (1899), vol. I, p. 197 e del quale fa parola anche Eutichio, *Gli Annali* (1987), p. 181.

76 Ossia Marco Aurelio Caro, imperatore romano (282-283), che nominò cesari i due figli Carino e Numeriano (283). Fu ucciso da Apro Diocleziano, prefetto del pretorio, mentre stava combattendo con successo in Persia, dove aveva occupato la città di Ctesifonte.

77 Michele il Siro, *Chronique* (1899), vol. I, p. 202 lo fa regnare 20 anni.

78 Per questa Cronologia cf. A. Vasiliev, *Kitab* (1915), p. 558, nota 3. Michele il Siro, *Chronique* (1899), vol. I, p. 239, lo indica come l'anno 5817 dopo Adamo o, come dicono altri, 5813, specificando che fu l'anno in cui Costantino cominciò a regnare da solo, dopo la morte del padre.

tino il Grande, pio imperatore. Te la presento. Adamo aveva, quando nacque Set, 230 anni. Set aveva, quando nacque Anūš, 205 anni; Anūš aveva, quando nacque Qaynān, 290 anni; Qaynān aveva, quando nacque Mahalalayīl, 170 anni; Mahalalayīl aveva, quando nacque Yarid, 165 anni; Yarid aveva, quando nacque Aẖnūẖ, 122 anni; Aẖnūẖ aveva, quando nacque Mātūšāliẖ, 165 anni; Mātūšāliẖ aveva, quando nacque Lamik, 107 anni; Lamik aveva, quando nacque Noè, 188 anni[79]; Noè aveva, quando nacque Sem, 105[80] anni; Sem aveva, quando nacque Arfaẖšad, 160 anni[81]; Arfaẖšad aveva, quando nacque Sāliḥ, 135 anni; Sāliḥ aveva, quando nacque ʿĀbir, 130 anni; ʿĀbir aveva, quando nacque Fāliʿ, 134 anni; Fāliʿ aveva, quando nacque Arʿū, 130 anni; Arʿū aveva, quando nacque Sārūʿ, 132 anni; Sārūʿ aveva, quando nacque Nāḥūr, 130 anni; Nāḥūr aveva, quando nacque Tāriḥ, 79 anni; Tāriḥ aveva, quando nacque Abramo, 70 anni; Abramo aveva, quando nacque Isacco, 100 anni; Isacco aveva, quando nacque Giacobbe, 60 anni; Giacobbe aveva, quando nacque Levi, 86 anni; Levi aveva, quando nacque Qāhat, 46 anni; Qāhat aveva, quando nacque ʿImrān, 60 anni; ʿImrān aveva, quando nacque il profeta Mosè, 73 anni.

10 Il profeta Mosè governò i figli di Israele nel deserto per 40 anni. Giosuè figlio di Nūn governò il popolo 27 anni; Otoniel ed Eglon il Moabita 40 anni; i Moabiti e Ahūr 80 anni; i Cananei, Debora e Baraq 40 anni; i Madianiti e Gedeone 40 anni; Abimelek 3 anni; Tūlaʿ 23 anni; Yāyīr 22 anni; Yefte e gli Ammoniti 6 anni; Ḥisbūn 7 anni; Arzūn[82] 8 anni; i Filistei e Sansone 20 anni; Eli, il sacerdote, 40 anni; Samuele e Saul 40 anni; il profeta David 40 anni; Salomone 40 anni; Roboamo figlio di Salomone 17 anni; Abia 3 anni; Asa 41 anni; Giosafat 25 anni; Yoram 8 anni; Ocozia 1 anno; Atalia 7 anni; Yoas 40 anni; Amasia 29 anni; Azaria, detto Ozia, 52 anni; Yoatam 16 anni; Achaz 16 anni; Ezechia 29 anni; Manasse 55 anni; Amon 12 anni; Yosia 31 anni; Yoachaz 3 mesi; Yoachim 12 anni; Yeconia 3 mesi; Sedecia 11 anni. I figli di Israele dimorarono a Babilonia 70 anni.

11 Dario /governò/ 36 anni; Serse, figlio di Dario, 20 anni; Artabano 7 mesi; Artaserse Longimano 41 anni; Serse II 2 mesi; Sogdiano 7 mesi; Dario l'Elamita[83] 19 anni; Artaserse Mnemone 40 anni; Artaserse Oco 27 anni; Arsete figlio di Oco 4 anni; Dario, figlio di Arsān[84], 6 anni.

12 Alessandro, figlio di Filippo, 6 anni e 7 mesi. Nel suo libro Alessandro[85] racconta che regnò 16 anni. Tolomeo Lago regnò 40 anni; Tolomeo Filadelfo 38 anni;

[79] A. Vasiliev, *Kitab* (1915), p. 558 ha invece «88 anni» nel testo tradotto e «188 anni» nel testo arabo.

[80] Nel testo خمس مائة.

[81] A. Vasiliev, *Kitab* (1915), p. 559 ha invece «102 anni».

[82] In A. Vasiliev, *Kitab* (1915), p. 559 troviamo invece Abdon.

[83] A. Vasiliev, *Kitab* (1915), p. 560, ha invece «figlio di sua madre», espressione con la quale traduce, con uno strano punto di domanda, il testo arabo da lui letto come بن الامه

[84] A. Vasiliev, *Kitab* (1915), p. 560 ha invece «fils de San (Arsam)».

[85] Probabile allusione allo storico Alessandro Polyhistor, di cui fa menzione anche Michele il Siro, *Chronique* (1899), vol. I, pp. 14, 19.

Tolomeo Evergete 26 anni; Tolomeo Filopatore 17 anni; Tolomeo /Epifane/ 26 anni; Tolomeo Filometore, che significa «colui che ama sua madre», 35 anni; Tolomeo Fiscone 27 anni e 2 mesi; Tolomeo Alessandro 10 anni; Tolomeo, cacciato dal regno, 8 anni; Tolomeo 30 anni e Cleopatra 22 anni.

13 Gaio Cesare governò 4 anni e 4 mesi; Augusto Cesare 56 anni e 6 mesi; Tiberio 22 anni e 3 mesi; Gaio 3 anni e 10 mesi; Claudio 13 anni e 3 mesi; Nerone 13 anni e 7 mesi; Vespasiano 9 anni e 11 mesi; Tito 2 anni e 2 mesi; Domiziano 15 anni e 5 mesi; Nerva 1 anno e 4 mesi; Traiano 19 anni e 6 mesi; Adriano 20 anni; Tito Antonino 22 anni e 3 mesi; Marco /Aurelio/ 19 anni; Commodo 13 anni; Pertinace 6 mesi; Severo 18 anni; Antonino Caracalla[86] 7 anni; Macrino 1 anno[87]; Antonino /Elagabalo/ 4 anni; Alessandro, figlio di Mamea, 13 anni; Massimino 3 anni; Gordiano 6 anni; Filippo 7 anni; Decio 1 anno e 3 mesi; Aureliano 5 anni e 3 mesi; Tacito 6 mesi; Probo 6 anni e 4 mesi; Caro e Carino 2 anni; Diocleziano e Massimiano 18 anni; Costantino 20 anni. Per un totale di 5.460 anni»[88].

Cronologia di Yaḥya Ibn ʿAdī

14 Yaḥyà Ibn ʿAdī[89], il Grammatico, nel suo *Kitāb al-tārīḫ* da lui composto nell'eremo /racconta/: «Qusṭanṭūs comincia con il dire "Adamo governò il mondo 230 anni; Set governò il mondo 205 anni..."»[90].

Descrizione di ʿAwḏī e della sua opera

15 Ai giorni di Costantino, nell'anno 30 del suo regno, comparve un uomo chiamato ʿAuḏī di Edessa[91], di origine siriana, arciprete, costantemente assillato dalla brama di essere fatto vescovo. Resosi però conto che mai avrebbe ricoperto tale carica, si scagliò contro la verità e la combatté pur di procacciarsi, in tal modo, una qualche posizione fuori della Chiesa. Divenne così l'ideatore di una grande eresia in contrasto con la fede cristiana, inventandosi delle assurdità senza precedenti. Affermava l'esistenza di più dei, quali il Padre della vita, la Madre della vita, una ridda di Figli e disparati Spiriti. Raccontava che la vita si unì alla Madre della vita e che da tal connubio nacquero più dei. Il Padre della vita creò poi un angelo al quale ordinò, in seguito, di creare tutti gli angeli. Credeva che il Padre della vita avesse un nemico,

[86] Nel testo فوطس.

[87] Nel testo مرقيان.

[88] Il testo che traduciamo è illeggibile, ma è oltremodo agevole scomporre il termine الفواريع in الف واربع come del resto compare in A. Vasiliev, *Kitab* (1915), p. 562.

[89] A. Vasiliev, *Kitab* (1915), p. 562, precisa che questo testo è stato tradotto dal barone Rosen e che l'autore non è qui da confondere con /Yaḥyà/ Ibn Adiya /?/.

[90] Non c'è modo di individuare questo storico e non siamo nemmeno del tutto certi della punteggiatura da noi introdotta per una soddisfacente lettura e comprensione del testo.

[91] Audai, capo degli Audianei, sulla cui vita e dottrina cf. Michele il Siro, *Chronique* (1899), vol. I, pp. 277-278. Si veda pure l'opportuna bibliografia indicata da A. Vasiliev, *Kitab* (1915), p. 562, nota 2.

per cui creò poi Eva alla quale disse: «Concepisci da me prima che il dio che è sotto di me ti renda incinta». Ella concepì di fatto da lui, partorì e la specie che da ella ebbe origine si moltiplicò. /Sosteneva, ancora/ che il corpo è stato tratto dalla materia, mentre l'anima dall' essenza del Padre della vita.

16 Quando il maligno travolto dall'avversione vide il Padre della vita, ebbe invidia di lui e concepì di usurparne il rango. Staccò da lui una particella, la chiamò Cristo e gli creò un corpo. Dopo aver attraversato la regione degli dei, scese /sulla terra/ in maniera tale che nessun dio e spirito se ne accorgesse, per chiamare gli uomini al culto del suo signore. Ma nel mentre predicava ad essi, violò le disposizioni del suo signore. Il Padre della vita si incollerì perciò contro il suo Cristo, lo uccise e lo crocifisse.

17 ʿAwḏī andava altresì dicendo che gli angeli fornicarono con le figlie degli uomini e ne ebbero dei figli e che il male è innato negli uomini; riteneva che il Padre della vita sparirà e si dileguerà e del pari saranno annientati gli dei che sono sotto di lui, come pure non resterà più nulla sia della Madre della vita sia del mondo intero.

18 Non ci è possibile menzionare molte altre cose da lui dette perché renderebbero troppo lungo questo nostro libro. Comunque, non pochi vescovi si riunirono contro di lui, lo scomunicarono e lo cacciarono dalla Chiesa.

Costantino divide il suo impero

19 In seguito l'imperatore Costantino fece riconoscere quali sovrani i suoi tre figli e divise tra loro il suo impero prima di morire. Nominò ognuno di essi cesare, cominciando dal primogenito, che chiamò Costantino[92], dal suo nome, e al quale assegnò l'impero su Costantinopoli e i contigui paesi dell'Occidente; sull'Oriente, la Siria, la Mesopotamia, l'Egitto, l'Armenia e i paesi contigui stabilì l'altro, ossia Costanzo[93], mentre il terzo, vale a dire Costante[94], lo stabilì su Roma e i paesi contigui. Avveniva, questo, nell'anno 30 del suo regno.

[92] Ossia Costantino II, figlio di Costantino il Grande e di Fausta, imperatore romano (337-340) che alla morte del padre ebbe il governo sulla Britannia, Spagna e Gallia, con residenza a Treviri. Fu ucciso in una imboscata presso Aquileia, dopo aver invaso l'Italia per imporre la sua tutela sul fratello minore Costante.

[93] Ossia Costanzo II, figlio di Costantino il Grande e di Fausta, imperatore romano (337-361), al quale fu assegnata la prefettura d'Oriente. Favorevole agli ariani, contrastò con determinazione il vescovo Atanasio e il papa Liberio. Morì di febbri in Cilicia.

[94] Ossia Costante Flavio Giulio, figlio di Costantino il Grande e di Fausta, imperatore romano (337-350), si vide assegnare dal padre nel 335 l'Italia, l'Illirico e l'Africa, per poi avere anche, nel 338 al momento della spartizione dell'impero, Tracia, Macedonia e Acaia. Appoggiò l'ortodossia contro la dottrina di Ario e impose al fratello Costanzo II di richiamare Atanasio e Paolo, vescovi destituiti dagli ariani. Fu ucciso da un sicario dell'usurpatore Magnenzio.

Morte di Costantino

20 Allorché gli si presentò la morte, non essendo presente nessuno dei suoi figli, affidò il testamento nelle mani del vescovo Eusebio, addetto alla persona dell'imperatore, ordinandogli di consegnarlo al figlio Costantino.

21 L'imperatore Costantino morì nell'anno 642 dell'era di Alessandro, la domenica 22 *āb* /=agosto/. Visse in tutto 65 anni, 33 dei quali regnando. Dopo di lui cominciarono a regnare i suoi tre figli. Regnarono 25 anni.

Capitolo 29

Regni di Costantino, Costante e Costanzo

Eventi vari

1 Costanzo si recò poi a Nicomedia, prese il corpo del padre, lo imbalsamò, lo depose in una bara di oro e lo fece traslare a Costantinopoli.

2 In questo anno Sapore, re dei Persiani, si era levato e stava marciando contro Nisibi quand'ebbe notizia della morte di Costantino il Grande. Assediò la città trenta giorni e però, non avendone avuto ragione, fece ritorno nel suo impero[1].

3 In seguito perseguitò duramente i cristiani che erano sotto la sua autorità e persisté in questo suo accanimento fino a quando morì.

4 In questo anno morì Giacomo, vescovo di Nisibi. Gli successe Bābūh, dopo il quale resse la sede Vologese[2]. Sulla sede di Roma salì, dopo Silvestro che l'aveva retta 24 anni, un vescovo di nome Marco che la resse 3 anni[3]. Dopo di lui la resse Giulio per 15 anni[4] e, dopo questi, Liberio per 8 anni[5]. Ad Alessandria reggeva la sede Atanasio, mentre su quella di Antiochia sedette, dopo Atanasio /sic!/, Eufronio per 4 anni[6]. Dopo di lui la resse Stefano 5 anni[7], poi Leonzio 6 anni[8] e poi Lucio 3 anni[9]. Professavano la dottrina di Ario. Di poi resse la sede Melezio per 2 anni[10], dopo di lui Doroteo 1 anno e dopo costui

[1] Michele il Siro, *Chronique* (1899), vol. I, p. 266 dice che l'assediò durante settanta giorni.

[2] Stesse notizie in Michele il Siro, *Chronique* (1899), vol. I, p. 270.

[3] Marco fu vescovo di Roma dal 18 gennaio 336 al 7 ottobre dello stesso anno.

[4] Giulio I fu vescovo di Roma dal 6 febbraio 337 al 12 aprile 352.

[5] Liberio fu eletto papa il 17 maggio 352 e resse la sede di Roma fino al 24 settembre 366.

[6] Eufronio successe in verità a Eulalio e resse la sede dal 332 al 333.

[7] Ossia Stefano I, che ne fu patriarca dal 342 al 344. Agapio salta qui il perido di patriarcato di Eufronio, che fu patriarca di Antiochia dal 332 al 333 e di Flacillo, che resse la sede dal 333 al 342 (?).

[8] Leonzio fu invero patriarca di Antiochia dal 344 al 358.

[9] Di un Lucio patriarca di Antiochia non parlano altre liste. Si tratta qui verosimilmente di Eudossio che resse la sede di Antiochia dal 358 al 359, fu poi deposto, infine si fece eleggere vescovo di Costantinopoli nel 360. Per questi dati cf. Grumel, *Cronologie* (1958), p. 446. Ma sappiamo pure che sulla sede di Antiochia salì, nel 359, un tale di nome Annanio, che però fu subito esiliato. Ad Annanio successe poi Melezio nel 360.

[10] Di un Melezio patriarca di Antiochia Eutichio, *Gli Annali* (1987), p. 211 dice che resse la sede 25 anni e che era un ortodosso. In verità Melezio fu patriarca di Antiochia dal 360 al 381.

Paolo per 6 anni[11]. Di poi, dopo Alessandro, sulla sede di Costantinopoli sedette Paolo, ma fu cacciato[12] e la sede fu occupata, per 5 anni, da Eusebio, vescovo di Nicomedia[13]; dopo di lui la resse l'eretico Maqāris[14], per 5 anni. Sulla sede di Gerusalemme sedette, dopo Massimo, Cirillo. La resse 12 anni e fu cacciato[15].

5 In questo tempo si resero celebri parecchi sapienti cristiani, tra cui Atanasio /d'Alessandria/[16], *mārī* Efrem[17] ed Eusebio di Emesa[18].

6 In questo tempo vissero nella Mesopotamia del Nord uomini grandi, virtuosi, casti e timorati di Dio, tra cui Giuliano il Vegliardo[19], Abramo di Qīdūn ed altri[20].

7 In questo tempo si rese noto il sapiente Persiano che compose numerosi libri e diverse storie[21].

8 All'inizio del suo regno, Costante mandò a cercare il vescovo Atanasio che il padre aveva mandato in esilio, lo richiamò, lo reintegrò nel suo rango e fece stilare per lui un

[11] Michele il Siro, *Chronique* (1899), vol. I, p. 270 ha una diversa successione, ossia gli ariani Eufronio e Placido /Flacillo/ che furono vescovi per 4 anni; Stefano, per 5 anni; Leonzio per 6 anni e Eudossio per 3 anni. Fu poi vescovo di Antiochia Melezio... quindi ritornò Paolo e la resse per 2 anni, poi l'eretico Macedonio, che la resse 5 anni. Stando al testo di Agapio la lacuna colmerebbe i periodi di vescovi succedutisi sulla sede di Antiochia. Doroteo fu comunque patriarca ariano di Antiochia dal 376 al 381 (?); Paolino III, cattolico o ortodosso, lo fu dal 360 al 376.

[12] Eutichio, *Gli Annali* (1987), p. 203 dice che occupava la sede da 4 anni quando l'imperatore Costantino lo destituì. Trattasi in verità del secondo periodo di Paolo I, dal 341 agli inizi del 342. La sua prima reggenza aveva abbracciato il periodo 337-339.

[13] Eusebio fu in effetti patriarca di Costantinopoli dal 339 alla fine del 341. Vedi pure Eutichio, *Gli Annali* (1987), p. 203.

[14] A. Vasiliev, *Kitab* (1915), p. 566 ha invece «Macedonio». Eutichio, *Gli Annali* (1987), p. 203 dice che gli successe Paolo. Macedonio I fu una prima volta patriarca di Costantinopoli dagli inizi del 342 a quelli del 346 e una seconda volta dalla fine del 351 al 27 gennaio 360.

[15] Michele il Siro, *Chronique* (1899), vol. I, p. 270 dice che la resse 2 anni e fu deposto. Eutichio, *Gli Annali* (1987), p. 209 dice che resse la sede 5 anni e fuggì. Cirillo I fu invero patriarca dal 350/351 al 386. Il suo patriarcato fu interrotto a più riprese da intrusi, come Eutichio, Ireneo e Ilario.

[16] Ovvero Atanasio d'Alessandria, patriarca alessandrino dall'8 giugno 328 al 2 maggio 373, autore di una celebre *Vita* di s. Antonio del Deserto.

[17] Nel 350 nella chiesa siriana comincia a sorgere tutta una letteratura cristiana in lingua siriaca, soprattutto nella poesia, con assimilazione di inni gnostici. Per contrastare questa tendenza, Efrem Siro compone per primo una serie di inni, tra cui primeggia quello sul Paradiso.

[18] Vedi pure Michele il Siro, *Chronique* (1899), vol. I, p. 271.

[19] Giuliano Saba, di Apamea di Frigia, sul fiume Meandro. La sua vita è stata pubblicata a cura di Bedjan in *Acta Martirum et Sanctorum,* VI, 380.

[20] Per questi personaggi cf. Michele il Siro, *Chronique* (1899), vol. I, 271. La vita di Abramo Qidunaya è stata pubblicata da T.J. Lamy, *Beati Abrahae Kidunaiae Monachi Liber*, in *Analecta Bollandiana*, X (1891), Parigi-Bruxelles, pp. 5-49 e da P. Bedjan in *Acta Martirum et Sanctorum syriace*, Lipsia: Otto Harrassowitz, 1890-1897, Tomo VI, 465.

[21] Allusione al persiano Afraate, per la cui vita cf. R. Duval, *La littérature syriaque*, 2° éd., pp. 225-229. Michele il Siro, *Chronique* (1899), vol. I, p. 271, gli attribuisce un libro di *Dimostrazioni*, pubblicato poi in siriaco da Wright, *The homilies of Aphraates*, Londra 1869. Per maggiori ragguagli vedi Michele il Siro, *Chronique* (1899), vol. I, p. 271, nota 6.

rescritto di cui nessuno era stato fatto oggetto[22].

9 Nell'anno 3 del regno di questi tre /fratelli/ fu ucciso Costantino il Giovane[23].

Recrudescenze di eresie

10 Avendo visto che Atanasio era stato reintegrato nel suo rango, i partigiani di Ario furono turbati ed esagitati. Il prete addetto alla persona dell'imperatore Costanzo il Grande si mise a far circolare delle insensatezze, asserendo che chi professa che il Figlio è la sostanza del Padre suo diviene causa della sventura, della discordia, della corruzione e dell'insinuazione del dubbio nella gente. Asseriva, ancora, che nulla a tal riguardo è dato trovare nelle Sacre Scritture e che sia conosciuto per via di accertamento. Ad affermarlo, sosteneva egli, sarebbe soltanto Atanasio, vescovo di Alessandria.

11 In seguito Costanzo, figlio di Costantino, imperatore d'Oriente, nutrendo una certa propensione verso i sostenitori della dottrina di Ario, si lasciò sedurre dal loro discorrere e mandò in Egitto degli emissari con il compito di cacciare dalla città il vescovo Atanasio dopo averlo deposto. Avendo avuto sentore della cosa, Atanasio fuggì, andò da Giulio, vescovo di Roma, e lo mise al corrente di tutte queste cose. Giulio, vescovo di Roma, ordinò ai sostenitori della dottrina di Ario di portarsi al suo cospetto per discutere con loro e ammaestrarli. Non lo fecero e nemmeno gli risposero, ma si riunirono ad Antiochia, in numero di Settanta vescovi, e scomunicarono chi avesse sostenuto che il Figlio è della /stessa/ sostanza del Padre, confermando che egli era stato creato prima del mondo e che Dio creò il mondo. Istituirono altresì venticinque canoni.

12 In questo tempo salì sulla sede di Antiochia il vescovo Melezio[24]. Avveniva, ciò, nell'anno 653 dell'era di Alessandro.

13 In seguito gli ariani insediarono sulla cattedra di Alessandria, al posto di Atanasio, Eusebio di Emesa, originario di Edessa. Il popolo però si rifiutò di riconoscerlo, perché condivideva le idee di Sabellio. Rientrò così ad Emesa e al suo posto fecero vescovo l'ariano Gregorio[25]. Essendo morto Alessandro, vescovo di Costantinopoli, ne occupò

[22] Nel 335 Costantino lo aveva esiliato anche dietro pressione della madre Elena e della sorella Costanza, favorevoli agli ariani. Contro Atanasio si era già pronunciato un sinodo a Tiro. Nel 343, infine, Costantino promosse il concilio di Sardica, subito disertato dai Padri orientali favorevoli ad Ario, nel quale si confermò quanto già definito nel concilio di Nicea e si assegnò al pontefice di Roma il potere giudiziario o di appello per giudicare le rivendicazioni di un vescovo deposto in un sinodo. Il che fu decisamente impugnato dagli Orientali che scomunicarono il vescovo di Roma e confermarono la condanna ad Atanasio, vescovo di Alessandria.

[23] Costantino II fu però ucciso nel 340 in un'imboscata presso Aquileia, ad opera di Costante, per aver tentato di invadere l'Italia. Rimasero così Costante in Occidente e Costanzo II in Oriente.

[24] In realtà ha già dato notizia della elezione di Melezio a patriarca di Antiochia! Ma è così anche della successiva notizia relativa all'elezione di Eusebio.

[25] Allusione all'intruso Gregorio che fu patriarca di Alessandria dal 22 marzo 339 o 341 al 26 giugno 344, succeduto a Pisto, ariano, che aveva retto la sede dal 336 al 338. Era un manicheo e resse la sede 12 anni, a parere di Eutichio, *Gli Annali* (1987), p. 211. A tal proposito cf. anche Michele il Siro, *Chronique* (1899), vol. I, p. 270.

il posto, per 2 anni, un uomo chiamato Paolo[26]. Venuto a conoscenza di simile fatto, Costanzo II[27] lo destituì, perché era stato innalzato senza il suo permesso, e mise al suo posto Eusebio, vescovo di Nicomedia[28].

14 Nell'anno 4 del regno di Costanzo II, morì Eusebio, vescovo di Cesarea, al quale successe Acacio, suo discepolo.

15 Nell'anno 5 del suo regno, morì il suo discepolo Eusebio, vescovo di Nicomedia, che era stato creato /patriarca/ di Costantinopoli. Paolo rioccupò così la sua sede[29].

16 In seguito i sostenitori di Ario si riunirono tra loro e fecero vescovo di Costantinopoli un uomo chiamato Macedonio[30]. Tra loro e gli altri dissidenti scoppiò una violenta sedizione, durante la quale caddero uccise, in entrambe le parti, molte persone.

17 Nell'anno 6 del regno di Costanzo II, ci furono ad Antiochia ripetute scosse e terremoti. La terra non cessò di tremare e di smuoversi durante tutto l'anno, pur se ciò continuò senza provocare danni[31].

Intrighi degli ariani

18 Poi i sostenitori di Ario residenti ad Alessandria assalirono Gregorio, vescovo di Alessandria, lo cacciarono e insediarono al suo posto un altro /vescovo/[32]. Costrinsero all'esilio pure Paolo, cacciandolo da Costantinopoli e mettendo un altro al suo posto. Paolo e Atanasio, vescovo di Alessandria, andarono allora da Giulio, vescovo di Roma, e lo misero al corrente della sciagura che si era abbattuta su di loro e della condotta dei sostenitori di Ario. Scrisse per loro delle lettere e li reintegrò nelle loro sedi. Ma

[26] Notizia ancora relativa all'elezione di Paolo I che fu per la prima volta patriarca dal 337 al 339.

[27] La sua denominazione è qui nel testo Costantino il Giovane, del quale però è già stato detto che è morto. Lo renderemo in seguito con Costanzo II.

[28] Eutichio, *Gli Annali* (1987), p. 210, parlando del periodo di Costantino II così dice: «Nel primo anno del suo regno destituì Paolo, patriarca di Costantinopoli, e al suo posto fece patriarca Eusebio. Era un manicheo. Resse la sede per 3 anni e morì. Alla morte di costui il re integrò nella propria sede il patriarca Paolo che aveva destituito. Resse la sede per 3 anni e morì». In realtà Paolo I ascese al soglio patriarcale per ben tre volte: la prima, nel 337 rimanendovi fino al 339; la seconda, verso la fine del 341 sino agli inizi del 342 e la terza dagli inizi del 346 sin verso la fine del 351. Eusebio fu patriarca dal 339 alla fine del 341.

[29] Allusione al secondo periodo di patriarcato di Paolo I. Vedi nota precedente.

[30] Ossia Macedonio I, la cui elezione va collocata tra il secondo e il terzo periodo in cui fu patriarca Paolo I, ossia dagli inizi del 342 agli inizi del 346. Deposto e destituito con Paolo I, rioccupò la sede dalla fine del 351 al 27 gennaio 360. Macedonio fu assertore di una dottrina eretica semiariana, o del macedonismo, che ammetteva l'uguaglianza di sostanza solo tra il Padre e il Figlio, relegando lo Spirito al livello di una creatura del Verbo. Della sua elezione ha già parlato per l'innanzi!

[31] Per notizie su queste scosse telluriche ad Antiocia, cf. Michele il Siro, *Chronique* (1899), vol. I, pp. 270-271.

[32] Eutichio, *Gli Annali* (1987), p. 211 dice che dopo Gregorio rioccupò la sede Atanasio, che però tre anni dopo venne deposto dal generale Saveriano che, ariano qual era, mise al suo posto un vescovo ariano, ossia Giorgio, eletto patriarca nel 365. Ma a p. 213 dice pure che in seguito alla fuga di Atanasio gli abitanti di Alessandria elessero Lucio, che era un ariano. Anche questo Lucio fu patriarca per la prima volta nel dicembre del 365 e per la seconda dal 375 al 30 maggio 378.

avendolo saputo l'imperatore, costui mandò a cacciare Paolo e al suo posto fu messo Macedonio, con la forza e la coercizione. Avuto sentore delle minacce che circolavano sul suo conto, Atanasio prese la fuga e si tenne nascosto per due anni.

19 Gli Orientali, che condividevano la dottrina di Ario, scrissero a Giulio, vescovo di Roma, sommergendolo di ingiurie e di insulti, per aver egli reintegrato nelle loro sedi questi due vescovi esiliati, vale a dire Atanasio, vescovo di Alessandria, e Paolo, vescovo di Costantinopoli[33].

Sinodo di Roma

20 In seguito Giulio, vescovo di Roma, ordinò /loro/ di tenere un sinodo a Roma, dove convennero, in effetti, ben quattrocento vescovi. Ma non appena /i sostenitori di Ario/ vennero a sapere che a Roma c'erano anche Atanasio, vescovo di Alessandria, e Paolo, vescovo di Costantinopoli, si trasferirono in un'altra città, dichiararono il loro dissenso nei confronti del patriarca /di Roma/ e scomunicarono chiunque professasse che il Figlio è della /stessa/ sostanza del Padre. In tal modo i vescovi d'Oriente, che condividevano la dottrina di Ario, ebbero la meglio sui vescovi che sostenevano invece la dottrina opposta, presero in mano la conduzione del sinodo e fecero prevalere la loro tesi che il Figlio è creato dal Padre prima di tutti i secoli. Edotti di simile cosa, però, i vescovi occidentali non si presentarono al sinodo, scomunicarono ed esecrarono i vescovi orientali, si riunirono a loro volta e stabilirono che il Figlio è della /stessa/ sostanza ed essenza del Padre e, comminando la scomunica per chiunque affermasse che il Figlio è stato creato, reintegrarono nei loro ranghi Paolo e Atanasio.

21 In seguito Costante, imperatore di Roma, mandò una lettera al fratello Costanzo per il tramite di un suo patrizio, nella quale lo pregava di accogliere benevolmente Atanasio e Paolo e di reintegrarli nelle loro sedi. In caso contrario gli avrebbe dichiarato guerra. Dopo aver letto la lettera del fratello, Costanzo convocò un certo numero di vescovi e li consultò su quanto il fratello gli aveva scritto a proposito della reintegrazione dei due vescovi sulle loro sedi o della dichiarazione di guerra. Gli consigliarono di reintegrarli sulle sedi da essi già occupate, facendogli sapere che tale soluzione sarebbe stata più vantaggiosa che la guerra e di minor fastidio. Costanzo li accolse, perciò, e diede ordine di reintegrarli sulle loro sedi.

22 Di lì a poco Costanzo chiese ad Atanasio di cedergli una chiesa ad Alessandria, ma Atanasio gli rispose: «Avrei anch'io una cosa da chiederti» e l'imperatore replicò: «Va bene, chiedila». Ed Atanasio: «In ogni città in cui i sostenitori di Ario posseggono chiese, dammene una che appartenga a coloro che condividono la mia dottrina»[34].

33 Allusione agli eventi che seguirono il concilio di Sardica del 343 e alla loro ferma avversione nei confronti di Atanasio e di Paolo.

34 A tal proposito, vedi pure Michele il Siro, *Chronique* (1899), vol. I, pp. 273-274.

Uccisione di Costante

23 Nell'anno 15 del regno dei figli di Costantino, corrispondente all'anno 663 dell'era di Alessandro, fu ucciso Costante, imperatore di Roma[35]. Ecco quale fu la causa della sua uccisione: mosse una campagna contro un nemico che gli si era rivoltato e fu ucciso mentre la portava a termine.

24 Costanzo II proclamò imperatore d'Oriente Gallo, fratello di suo cugino Giuliano, e lo intronizzò al posto di suo fratello Costante, mettendosi in marcia contro il nemico che gli aveva ucciso il fratello[36].

25 Dopo l'uccisione dell'imperatore Costante, sovrano di Roma, i sostenitori di Ario si riunirono e accusarono Atanasio e Paolo all'imperatore Costanzo non appena fu tornato dalla guerra, elargendogli a tal riguardo regali di corruzione. L'imperatore ordinò perciò di mettere a morte Atanasio e di mandare in esilio Paolo. Atanasio, avuto sentore della cosa, fuggì e si nascose, mentre Paolo fu preso e consegnato nelle mani di chi doveva accompagnarlo in esilio nell'Armenia interiore. Arrivati che furono al confine con l'Armenia, il messaggero che era stato mandato con lui perché lo portasse in esilio, lo strangolò. Aveva retto la sede di Costantinopoli 2 anni. Gli successe Macedonio II[37]. Ad Alessandria salì sulla sede Giorgio[38] e ad Antiochia Leonzio[39].

26 Nell'anno 18 del regno di Costanzo, 3 del regno di Gallo[40], si rivoltarono i Giudei della Palestina, assalendo parecchie città dove catturarono e uccisero un gran numero di gente. Costanzo mandò allora contro di essi Gallo, il quale li annientò e

[35] Flavio Giulio Costante, grande difensore dell'ortodossia contro gli ariani, tanto da imporre al fratello Costanzo II il richiamo di Atanasio ad Alessandria, fu ucciso mentre cercava scampo nella regione pirenaica, presso Augustodunum, nel 350, durante la rivolta capeggiata dal *magister militum* Magnenzio. Per cenni a tale evento, cf. Michele il Siro, *Chronique* (1899), vol. I, p. 267.

[36] In effetti Costanzo II nel 350 mosse verso Occidente contro l'usurpatore Magnenzio vincendolo a Mursa. Per quanto concerne la nomina di Gallo, qui nel testo chiamato Gallico, sappiamo che Costanzo II lo fece cesare nel 351 con sede ad Antiochia e lo fece poi processare e decapitare nel 354, creando cesare il cugino Giuliano nel 355 e inviandolo in Gallia. Giuliano usurpò poi il titolo di augusto, nel 360, anno in cui Costanzo trovò la morte combattendo contro l'usurpatore.

[37] Allude forse al secondo periodo in cui fu patriarca Macedonio I, ossia dalla fine del 351 al 27 gennaio 360. Il terzo periodo di Paolo I, della cui morte si fa qui parola, era durato dagli inizi del 346 per protrarsi fino agli sgoccioli del 351. La denominazione Macedonio II del testo è impropria.

[38] In verità di un Giorgio messo sulla cattedra di Alessandria, parla anche Michele il Siro, *Chronique* (1899), vol. I, p. 272 là dove si fa cenno all'eresia di Fotino e si afferma che al concilio di Sirmio, in Illiria, voluto dall'imperatore, era presente anche Giorgio il Cappadocio, di Alessandria, che era stato messo al posto di Gregorio. Per altre notizie concernenti Macedonio e Giorgio e Gregorio vedi pure pp. 273, 278. Vedi pure A. Vasiliev, *Kitab* (1915), p. 571 dove ha, tra parentesi, «Gregorio». Si tratta comunque di Giorgio, successore di Gregorio, entrambi ariani, che fu patriarca di Alessandria dal 24 febbraio 357 al 24 dicembre 361. Vedi pure Eutichio, *Gli Annali* (1987), p. 211.

[39] Questa notizia compare già per l'innanzi, in 29,4.

[40] Nel 351, in procinto di recarsi in Oriente per combattere contro Magnenzio, che nel 350 si era proclamato imperatore facendo catturare e uccidere Costante, Costanzo II aveva creato cesare, con il compito di controllare l'Oriente, il cugino Flavio Gallo, cui diede in isposa la sorella Costanza. Lo fece poi uccidere nel 354 dietro accusa di congiura.

demolì le loro città e dimore. Dopo essersi impadronito di dette città, Gallo si empì di boria, vanità e arroganza e si inorgoglì. Ebbe di mira due dei più insigni patrizi di tra i suoi uomini e li fece uccidere senza previa autorizzazione da parte dell'imperatore. Essendo venuto a conoscenza del fatto, Costanzo mandò contro di lui delle truppe, lo fece uccidere e stabilì al suo posto il di lui fratello, il cui nome era Giuliano[41].

27 In questo tempo morì Giulio, patriarca di Roma. Aveva retto la sede 15 anni. Gli successe Liberio.

28 Nell'anno 20 del regno di Costanzo, ci fu, a Nicomedia, uno spaventoso terremoto. La città sprofondò.

Intrighi degli ariani

29 In questo anno scoppiarono discordie tra i sostenitori di Ario e il partito opposto[42]. Cirillo, vescovo di Gerusalemme, fu cacciato e ugual sorte toccò a Liberio[43], vescovo di Roma. Al loro posto fu designato Felice[44]. Ma il popolo non lo gradì. Allora lo cacciarono e insediarono al suo posto Eudossio, dopo aver occupato la sede di Antiochia per 3 anni[45]. Dopo Eudossio, occupò la sede di Antiochia Melezio di Sebaste, già vescovo di Aleppo[46]. Di poi i sostenitori di Ario lo tolsero da Aleppo e gli fecero occupare la sede di Antiochia. Salito che fu sul pulpito per predicare, Melezio mostrò loro, durante il sermone, le tre dita dicendo: «Tutt'e tre sono uno». Constatando ch'egli non condivideva la loro dottrina, i sostenitori di Ario lo deposero. Aveva governato la

[41] Giuliano, fratello di Flavio Gallo, fu invero subito relegato ad Atene nel 354, e tuttavia lo riabilitò e lo associò al trono nel 355, dandogli in isposa la sorella Elena. Vedi pure Michele il Siro, *Chronique* (1899), vol. I, p. 268.

[42] Le notizie che seguono sono alquanto confuse, almeno per quanto concerne la struttura delle proposizioni. Le concordanze lasciano a desiderare, ma si evince che il discorso riguarda soprattutto le iniziative prese dagli ariani. Felice II fu l'antipapa creato per contrastare il papa cattolico, ma non fu eletto certamente al posto di Cirillo di Gerusalemme! La traduzione sarà fedele all'originale, anche perché i vuoti o le lacune non sembrano poter essere facilmente colmabili. Del resto le notizie relative alle successioni dei patriarchi sul soglio di Antiochia sono già state illustrate per l'innnanzi. Si ha l'impressione che Agapio ripresenti un materiale attinto a più fonti e mai risistemato in maniera critica e articolata.

[43] Il testo presenta un nome illeggibile. In A. Vasiliev, *Kitab* (1915), p. 572 troviamo invece «Ursino». Liberio, fu papa dal 352 al 366. Fu in effetti grande oppositore degli ariani che elessero come antipapa Felice II. Di fatto, nel 355 ci fu un concilio a Milano nel quale sotto costante pressione di Costanzo II, furono nuovamente sconfessati Atanasio e i suoi sostenitori antiariani. Il vescovo di Roma, Liberio, venne esiliato in Tracia e sostituito con Felice II. Liberio sarebbe stato poi reintegrato nel 358. Ursino che era stato eletto nello stesso tempo dell'elezione di papa Damaso, fu nel novembre 367 deposto dal prefetto che pose così fine al disordine imperante.

[44] Il testo presenta un nome illeggibile e un pronome al duale. Si tratta in verità dell'antipapa Felice II.

[45] Allusione ad anni di reggenza di Leonzio d'Antiochia che, morto, ebbe come successore Eudossio di Germanicia per ordine dell'imperatore? In verità Leonzio aveva retto la sede 6 anni, come attestato anche in Michele il Siro, *Chronique* (1899), vol. I, p. 270 e a lui successe, appunto, Melezio, che la resse 3 anni. Per Eudossio cf. Eutichio, *Gli Annali* (1987), p. 210, dove dice che fu patriarca di Antiochia per 2 anni e di Costantinopoli per 10 anni.

[46] Melezio fu patriarca di Antiochia dal 360 al 381. Eutichio, *Gli Annali* (1987), p. 211 dice che resse la sede 25 anni e fu un ortodosso.

chiesa 2 anni. Al suo posto fecero salire Euzoio[47], ch'era stato in Egitto con Ario. Di poi la popolazione di Antiochia si divise: una parte si schierò a favore del prete Marina[48], un'altra per Euzoio.

30 A Gerusalemme occupò la sede Erennio[49], per 9 anni, e dopo di lui Eraclio[50].

Eresie di Macedonio e di Eunomio

31 Macedonio, che era stato cacciato da Costantinopoli, sosteneva che il Figlio è diverso dal Padre quanto alla sostanza e che tra loro non c'è alcun legame. Dopo avere insegnato ciò, fu mandato in esilio nel paese del Ponto ed ebbe come successore Eudossio, che aveva giocato al cospetto dell'imperatore d'ipocrisia e di menzogna e aveva fatto mandare in esilio, allontanandolo da Cizico, il vescovo Eleusio, facendo designare al suo posto Eunomio di Cilicia[51], al quale impose di non essere corrivo nel manifestarne la dottrina.

32 Ma costui cominciò ad impadronirsi di tutte le chiese, perché gli Orientali si mostravano riottosi nei riguardi di una certa dottrina di cui aveva parlato loro. Mandarono quindi un loro rappresentante da Costanzo per renderlo edotto della situazione. L'imperatore ordinò ad Eudossio di punirlo ma, poiché costui era in sintonia con Eunomio verso il quale nutriva una certa simpatia, del resto corrisposta, menarono la faccenda per le lunghe. E però Eudossio non tardò a rimproverare ad Eunomio di aver reso così presto pubblica la loro dottrina. Venutolo a sapere, l'imperatore mandò un suo messo da Eunomio per ingiungergli di abbandonare la sua sede. Dopo accanita resistenza si trasferì e andò da Eudossio per dirgli: «Hai agito male nei miei confronti e nei riguardi del mio maestro Ezio».

33 In seguito si formò un proprio partito, meglio conosciuto come gli Eunomiani. Eunomio e i suoi partigiani affermavano che Dio, eterno ed unico, non genera e non è generato. È creatore del Figlio, da Lui creato come anima spirituale. In seguito lo mandò nel mondo e il Figlio assunse un corpo senza unirsi con esso, restando, detto corpo, come semplice ricettacolo dell'anima. Lo Spirito Santo è creato dal Figlio. Asserivano, ancora, che coloro che ricevono il battesimo non sono battezzati che nella morte di Cristo e ch'essi battezzano unicamente la parte che va dalla testa al petto

47 Euzoio fu patriarca ariano di Antiochia dal 360 al 376.

48 Cf. Michele il Siro, *Chronique* (1899), vol. I, p. 275 che però lo chiama Paolino e, in nota, compare anche la dizione Flaviano. Si tratta in verità di Paolino III, cattolico, che fu patriarca di Antiochia dal 362 al 388.

49 Erennio fu designato vescovo di Gerusalemme dopo la deposizione di Cirillo che aveva retto la medesima sede per dodici anni, come ricorderà più tardi Michele il Siro, *Chronique* (1899), vol. I, p. 274.

50 Michele il Siro, *Chronique* (1899), vol. I, p. 289 lo designa come quarantacinquesimo vescovo di Gerusalemme, al quale successe poi Ilarione.

51 Contro l'ariano Eunomio avrebbe più tardi scritto Gregorio di Nazianzo una *Oratio theologica* nel 380. In Michele il Siro, *Chronique* (1899), vol. I, p. 298 si indica un vescovo di nome Eunomio creato vescovo di Cizico dall'imperatore Valente e in seguito cacciato dalla città ad opera della popolazione che non ne condivideva la dottrina «impura e detestabile».

del bimbo, con esclusione delle parti inferiori del corpo, che definiscono impure. Nel battesimo da essi amministrato non immergono affatto il bimbo nell'acqua, ma quando vogliono battezzare qualcuno gli si fanno incontro, avvolgono in un panno la parte inferiore del corpo dai piedi al petto, lo depongono quindi su una tavola, prendono dell'acqua e gliela versano sulle mani, sul petto e sulla testa. Questo Eunomio credeva in cuor suo di avere autorità su tutte le cose e di avere, della sostanza di Dio, la stessa conoscenza che ne ha Dio.

34 Fu scomunicato ed esiliato al tempo di Costanzo, figlio di Costantino, nell'anno 20 del suo regno, corrispondente all'anno 668 dell'era di Alessandro.

Eresia di Apollinare

35 Di poi comparve un uomo di nome Apollinare[52], originario di Alessandria. Aveva appreso le scienze dei pagani. Dall'Egitto si spostò a Beirut, dove fu ordinato prete al tempo di Teodoto, vescovo della città. Qui il figlio insegnava letteratura mentre il padre insegnava astronomia[53]. Entrambi si recavano di tempo in tempo a vedere il filosofo Epifanio. Informato della cosa, il vescovo Teodoto ingiunse loro di starne alla larga, per timore che fossero distolti dalla verità e propendessero per il paganesimo. Gli obbedirono e si mostrarono docili fino alla morte di Teodoto. A costui successe Giorgio. Ripresero quindi a frequentare il filosofo e cominciarono a sacrificare agli dei insieme con lui. Il vescovo Giorgio usò ogni sforzo pur di allontanarli da lui e troncare i rapporti che si erano instaurati tra loro. Ma non poté farci nulla. Vedendoli irremovibili nel rifiutare di rinunciare a quel che facevano, li scomunicò e li cacciò dalla Chiesa.

36 Quanto ad Apollinare, forte della conoscenza della filosofia, si inventò una nuova eresia e fondò una setta. Recatosi da vescovi scomunicati, lo fecero vescovo e tanto lui quanto il figlio crearono di comune intesa una dottrina perversa in cui presentavano la Trinità secondo gradi e ranghi.

37 Apollinare diceva che il Padre è immenso, il Figlio è grande e lo Spirito Santo è in un grado più basso dei due; che il Figlio ha assunto da noi un'anima animale e un corpo e non, perciò, l'anima razionale al cui posto si sarebbe insediata la natura divina. Scrisse parecchi libri, in uno dei quali asserisce che il corpo di Cristo proviene dal cielo; in un altro dice che prese da noi un corpo fallace e in un altro ancora

[52] Ossia Apollinare di Laodicea il Giovane (310 ca. - 390 d.C.), formatosi alla scuola di Antiochia che per difendere la divinità della persona di Cristo negata dagli ariani cadde a sua volta in una eresia meglio conosciuta sotto il nome di apollinarismo che sostiene una sorta di monofisismo, nel quale l'incarnazione sarebbe una semplice assunzione del corpo e non dell'intera natura umana. Da esso conseguì l'eresia dei sinusiasti che sostenevano, a loro volta, la consustanzialità della carne di Cristo alla sua divinità. L'apollinarismo fu condannato in diversi concili, tra cui quello di Roma nel 377, Alessandria 378, Antiochia 379 e Costantinopoli 381. Fu represso dall'imperatore Teodosio con vari decreti e sparì del tutto intorno al 420. Per dettagli sulla sua eresia, vedi pure Michele il Siro, *Chronique* (1899), vol. I, pp. 275-276.

[53] A. Vasiliev, *Kitab* (1915), p. 575 traduce invece: «Son·fils y appris la littérature (grecque), et le père l'astronomie». Il testo arabo recita: وصار ابنه معلما للكتب وكان الاب يعلم النجوم.

afferma, come Sabellio, che Dio è una sola sostanza e una sola ipostasi. Si limitava a dire 'il Padre, il Figlio e lo Spirito Santo', alla luce delle azioni da Dio compiute nella creazione. Tra le enormi confusioni che faceva andava farfugliando che nella vita futura si mangerà, si berrà e si avranno rapporti con donne; che Cristo è una sola forma composta di elementi divini e di corpo animale e che la sostanza del Figlio è creata. Vantava che i salmi ch'egli stesso aveva composto sono migliori di quelli composti dal profeta David. Per tal regione i vescovi di Costantinopoli si riunirono in concilio contro di lui, lo scomunicarono e lo esiliarono[54].

38 In seguito, l'imperatore Costanzo venne a sapere, mentre si trovava ad Antiochia, che il cesare Giuliano aveva combattuto contro certi barbari mettendoli in fuga, e che i suoi sudditi lo avevano acclamato loro imperatore[55]. Costanzo si fece battezzare dal vescovo di Antiochia[56], radunò un esercito di Romani e si mise in marcia contro il ribelle. Lungo il cammino fu però colto da ansietà e preoccupazione e morì di collera[57]. Aveva regnato con suo padre 13 anni e da solo 25[58].

39 Dopo di lui cominciò a regnare Giuliano l'Apostata[59]. Regnò 2 anni. Era cugino di Costanzo.

[54] Allusione al concilio di Costantinopoli del 381.

[55] Dal 355 le operazioni militari di Giuliano ebbero come campo di battaglia la Gallia, per fronteggiare e respingere un'invasione di Franchi e di Alemanni, durante le quali fece prigioniero il re dei barbari Cnodomaro e impose la pace agli Alemanni. Nel 360 le legioni acclamarono imperatore, a Lutezia, attuale Parigi, il loro comandante Giuliano. Sull'insurrezione di Giuliano, vedi pure Michele il Siro, *Chronique* (1899), vol. I, p. 268.

[56] Allusione a Euzoio di Antiochia.

[57] Avveniva, questo, nel 361.

[58] Sulla concordanza di questi periodi, vedi Michele il Siro, *Chronique* (1899), vol. I, p. 269.

[59] Flavio Claudio Giuliano, detto l'Apostata, fu imperatore romano dal 361 al 363. Su di lui vedasi Athanassiadi-Fowden, *L'imperatore Giuliano*, Milano 1984.

Capitolo 30

Regno di Giuliano l'Apostata

Persecuzione dei cristiani

1 Allorché cominciò a regnare, ordinò che tutta la popolazione facesse pubblica professione della propria dottrina e praticasse la propria religione.

2 In seguito i pagani, spinti dal livore che nutrivano nei confronti dei cristiani, cosa di cui abbiamo già parlato, insorsero contro di loro. Grave fu l'afflizione che s'abbatté in mezzo a loro, soprattutto ad Alessandria, dove ne uccisero un gran numero, in vendetta di ciò che avevano subito da essi, come è stato detto per l'innanzi. Catturarono Gregorio il Teologo, lo percossero e lo trascinarono per tutta la città con la faccia a terra.

3 In seguito Giuliano proibì ai cristiani di studiare le Lettere[1], dicendo: «Potrebbero combatterci con le nostre stesse armi» e ingiunse pure di rastrellare i vasi sacri delle chiese, dei monasteri, degli oratori e di porli nei suoi forzieri.

4 Giuliano l'Apostata aveva anche uno zio che si chiamava Tufilla[2]. Costui venne ad Antiochia per portar via il vasellame delle chiese della città. Entrato che fu in chiesa, si alzò la tunica e orinò sull'altare. Euzoio cercò di impedirglielo, ma non ci riuscì.

5 In seguito l'imperatore diede disposizione di spargere sui cibi e sulle bevande acqua magica e impura, ma i cristiani si rifiutarono di assecondarlo. Ordinò allora di indagare quale fosse la condizione di chi gli disobbediva e anche i romani fecero ricorsero a sottili astuzie. L'imperatore, infatti, dopo aver fatto esporre del danaro ed approntare una tavola con sopra le vittime sacrificali dei pagani, proclamò: «Ecco, chiunque desideri avere il danaro, getti l'incenso sul fuoco, entri, si nutra delle vittime sacrificali dei pagani e avrà ciò di cui ha bisogno». Molti romani si misero in disparte e dissero: «Noi siamo cristiani. Non ti ubbidiremo in ciò che chiedi». Ordinò allora di prenderli e furono molti quelli che in quel giorno subirono il martirio.

6 La madre di Giovanni il Grande[3] entrò in un monastero […] e ordinò loro di [...]. Si dice: «Gli idoli dei popoli non sono altro che argento e oro, opera delle mani degli uomi-

[1] Michele il Siro, *Chronique* (1899), vol. I, p. 280 specifica che «proibì ai cristiani di studiare i libri dei pagani e dei filosofi».

[2] In Michele il Siro, *Chronique* (1899), vol. I, p. 285 è chiamato Giuliano. In nota 4 si precisa che era *comes Orientis*.

[3] Il testo è corrotto. A. Vasiliev, *Kitab* (1915), p. 579 traduce: «Jean le Grand adressa un mandement aux canons de…».

ni. Possano coloro che li fanno e che in essi confidano essere come loro» e via dicendo[4].

7 Avendo saputo ciò, l'imperatore ordinò di percuoterle e di chiuderle in prigione. Ma un fulmine brillò e incendiò il loro dio Pizio[5], il cui tempio sprofondò nelle viscere della terra. I servitori dell'oracolo di Apollo e i sacerdoti, guardiani del tempio, dissero allora all'imperatore: «Abbiamo visto con i nostri stessi occhi il fuoco scendere dal cielo a bruciare l'idolo e il tempio».

8 Poi, avendo Giuliano concepito il disegno di muovere guerra ai Persiani, volle sapere se la sua campagna avrebbe avuto successo o non. Entrò perciò nel tempio dell'oracolo di Apollo, accompagnato dal cristiano Valentiniano[6], dove sorpresero il sacerdote nell'atto di spargere sugli idoli l'acqua impura. Un po' di quell'acqua andò a finire sul mantello di Valentiniano che, colpendo col frustino il sacerdote, gli disse: «Mi hai insudiciato, o impuro!». Quel giorno l'oracolo non lo avvertì di nulla, ma gli disse: «Le ossa deposte qui vicino a me mi impediscono di predirti alcunché». Alludeva alle ossa del martire Babila. L'imperatore ordinò di portarle via dal luogo in cui si trovavano. La popolazione di Antiochia uscì dalla città, le raccolse e le depose in una cassetta per poi portarle in città. Di lì a poco l'oracolo sentenziò in suo favore dicendogli: «Ti accamperai e vincerai il tuo nemico sul Tigri»[7].

Campagna di Giuliano contro i Persiani

9 Udendo un simile pronostico a lui favorevole, si inorgoglì e, travolto da impetuoso furore, concepì di imitare Alessandro il Macedone e così, ripercorrendone l'impresa, invase il territorio dei Persiani[8]. Arrivato che fu ad Ḥarrān, si portò da un oracolo che ivi si trovava e chiese pure a lui quali notizie avesse da dargli. L'oracolo gli pronosticò la vittoria. Ma nel momento stesso in cui si accingeva a lasciare Ḥarrān, ebbe un turbamento di testa e si prostrò in adorazione davanti a Sīn[9], dea degli Ḥarrāniti. In quel mentre gli cadde la corona dalla testa e il cavallo sul quale montava stramazzò a terra, senza vita. L'oracolo gli disse allora: «Sono stati i cristiani che ti accompagnano ad attirare su di te simile sventura». Quel giorno congedò ventimila uomini e invece di far tenere alta la croce che lo accompagnava precedendolo, ordinò di nasconderla dicendo: «Se consegui-

[4] Cf. *Sal* 113, 4. Ci sembra di scorgervi un'allusione a quel Marco di cui in Michele il Siro, *Chronique* (1899), vol. I, pp. 284-285, dove però non è evidenziata la netta correlazione con quanto capita nel tempio di Apollo.

[5] Andrebbe meglio letto «l'idolo di /Apollo/Pizio», epiteto che gli fu dato perché, tornato in Grecia, a Delfo, vi affrontò il serpente Pitone che stava a guardia dell'oracolo di Temi, lo uccise, istituì i giochi pitici e si impossessò dell'oracolo.

[6] In Michele il Siro, *Chronique* (1899), vol. I, p. 287 è identificato come il tribuno Valentino. A. Vasiliev, *Kitab* (1915), p. 579 ha una nota chiaramente fuori posto, ma nella quale afferma che si tratta dello zio dell'imperatore.

[7] Per un'altra tradizione cf. Michele il Siro, *Chronique* (1899), vol. I, pp. 280-281.

[8] È la campagna da lui intrapresa nel 363 contro il re sasanide Sapore II, durante la quale cadde, pur vincendo, sotto le mura di Ctesifonte.

[9] Sīn era la dea Luna adorata dagli abitanti di Ḥarrān.

remo la vittoria, diremo di aver vinto non in virtù della croce, ma per la nostra forza; se saremo invece vinti, diremo di esserlo stati a causa della croce che era con noi»[10].

10 Prima di arrivare ad Ḥarrān, aveva sostato alcuni giorni a Tarso. I Giudei del luogo si erano recati da lui per offrirgli una corona d'oro di sette *miṯqāl*[11] per gli idoli che adoravano. Giuliano chiese loro: «Perché non sacrificate così come prescrive la vostra Legge?» Gli risposero: «Non possiamo sacrificare fuori Gerusalemme», e così dicendo versarono incenso davanti a lui e, incensato che ebbero anche gli idoli, offrirono ad essi dei sacrifici. L'imperatore fece dare loro dei doni e li lasciò tornare alle loro dimore, impartendo l'ordine di ricostruire i loro templi e di lasciarli sacrificare secondo le loro usanze.

I Giudei di Gerusalemme

11 Avendo quindi preparato tutto il macchinario di cui abbisognavano per procedere alla costruzione, Cirillo, vescovo di Gerusalemme, disse: «Questo è il tempo di cui nostro Signore Cristo ha profetizzato dicendo: "Verranno giorni in cui non resterà pietra su pietra che non sia rovesciata"»[12]. Durante la notte si alzò un vento violento che distrusse tutto ciò che avevano costruito. Di poi ci fu un gran terremoto, durante il quale sprofondarono ventidue città.

Morte di Giuliano

12 In questo stesso anno, dopo aver regnato 2 anni e 4 mesi, Giuliano fu ucciso in guerra, all'età di 31 anni. Ed ecco quale fu la causa della sua uccisione. Nel cuore della battaglia in corso tra i Persiani e lui, mentre passava tra i ranghi dei suoi soldati per incitarli a combattere, un persiano gli lanciò uno strale che andò a conficcarsi nel suo fianco. Cadde così da cavallo e, avendo preso tra atroci sofferenze una manciata del sangue che colava, lo scagliò contro il cielo, esclamando «Mi hai vinto, figlio di Maria!», e così dicendo morì. Fu trasportato a Tarso e qui seppellito[13].

Regno di Gioviano

Fine della guerra con i Persiani

13 L'esercito romano rimase senza un imperatore. Dietro consiglio di Sapore, i soldati elessero Gioviano[14], perché era a capo dell'avanguardia di Giuliano. Giuliano declinò

[10] Molto più sobria è la narrazione in Michele il Siro, *Chronique* (1899), vol. I, p. 281.

[11] Unità di peso, in Eg. 4,68 gr.

[12] Cf. *Lc* 21,6; *Mt* 24,2 e *Mc* 13,2.

[13] Per altre diverse tradizioni cf. Michele il Siro, *Chronique* (1899), vol. I, pp. 281-282. Sulla morte di Giuliano in una leggenda egiziana, vedi pure B. Pirone, «Sangue e icone nella tradizione della chiesa egiziana», in *Atti della VIII Settimana «Sangue e antropologia nella teologia medievale»*, Roma 1993, pp. 470-489.

[14] Flavio Gioviano fu imperatore romano dal 363 al 364.

dicendo di essere un cristiano. Gli risposero che anch'essi erano cristiani e che solo il timore di Giuliano li aveva trattenuti dal manifestare pubblicamente la loro fede. Gioviano tirò quindi fuori la croce dal tesoro, la fece issare davanti a loro nel mezzo dell'accampamento e tutti l'adorarono, eccetto un buon numero di sacerdoti pagani. Ristabilita la pace tra lui e Sapore, costui lo accompagnò a Nisibi, che Gioviano gli cedette in dono dopo aver fatto trasferire ad Āmid[15] i romani colà residenti.

14 Al suo tempo si resero celebri Basilio il Grande, Giuliano il Vecchio e Didimo[16].

15 Gioviano regnò 1 anno, cominciando dall'anno 675 dell'era di Alessandro. Si racconta che mentre era a capo dell'avanguardia di Giuliano, andò a Nisibi, allontanandosi dalle sue truppe, in cerca dei monaci che ivi si trovavano. Gli apparve allora *mār* Eugenio, per ordinargli di far ritorno tra i soldati, per metterlo al corrente che il suo sovrano sarebbe stato ucciso, che l'impero sarebbe passato a lui e che il re Sapore sarebbe venuto nell'accampamento di Giuliano in un determinato momento per spiare la situazione. Gli ordinò pure di precipitarsi a dargli la caccia in quel preciso momento, di trattarlo, una volta vinto, con onore e rispetto e di lasciarlo infine libero.

16 Gioviano partì dunque, come gli aveva ordinato *mār* Eugenio. Nel tempo che *mār* Eugenio gli aveva indicato, Sapore si recò nell'accampamento, e qui egli lo sorprese nottetempo benché resosi irriconoscibile e travestito a mo' d'un mercante. Gioviano lo catturò, lo portò nella sua tenda e, restato a quattr'occhi con lui, gli confidò di averlo riconosciuto. Gli giurò tuttavia che mai gli sarebbe stato arrecato alcun danno né da parte sua né da parte di chi gli stava intorno. Diede poi ordine di approntare di che mangiare e desinarono insieme. Quindi navigarono sul fiume, di notte. Gioviano restò sempre con lui finché non gli fece raggiungere l'accampamento. Poi si ritirò. Ecco perché Sapore aveva consigliato di affidare a lui l'impero.

17 Non appena cominciò a regnare, mandò una delegazione da Sapore, re dei Persiani, sottoscrisse con lui un trattato di pace e gli diede in dono Nisibi. Da allora Nisibi appartiene ai Persiani con i suoi confini[17].

18 Salito che fu dall'Oriente, Gioviano fece richiamare dall'esilio tutti i vescovi. Atanasio, vescovo di Alessandria, ricomparve e attese alla sua sede.

19 L'imperatore scrisse poi una lettera al patriarca Atanasio chiedendogli di illustrargli la retta fede secondo verità e autenticità, di esporgliela in uno scritto e di mandarglielo.

[15] La più grande, potente e celebre città del Diyār Bakr, occupata dagli Arabi nel ventesimo anno dell'ègira, ossia nel 641. Cf. Yāqūt, *Mu'ǧam al-buldān* (1990), vol. I, pp. 76-77.

[16] Si tratterebbe di Basilio di Cesarea di Cappadocia, del vegliardo Giuliano di Saba e di Didimo, come è dato leggere anche in Michele il Siro, *Chronique* (1899), vol. I, p. 282. Per quanto concerne Giuliano, qui si dice «il vecchio Giuliano», mentre nel testo di Agapio sembra essere un'apposizione! Leggiamo infatti: «La morte di Giuliano fu rivelata al vegliardo Giuliano, che allora si trovava sul monte Sinai, a Basilio il Grande di /Cesarea / di Cappadocia, a Didimo e ad altri Santi».

[17] Il trattato di pace del 363 sancì, infatti, la restituzione di alcune regioni mesopotamiche ai Persiani e la rinuncia al protettorato sull'Armenia. Su altri dettagli cf. Michele il Siro, *Chronique* (1899), vol. I, p. 290.

20 Atanasio riunì alcuni vescovi e scrissero all'imperatore di attenersi al simbolo di fede dei Trecentodiciotto vescovi che si erano riuniti in concilio nella città di Nicea.

21 Di poi, in questo tempo, morì Gioviano. Aveva regnato 1 anno. Dopo di lui cominciò a regnare Valentiniano[18] con Valente[19]. Regnarono 15 anni[20].

[18] Ossia Flavio Valentiniano I, imperatore romano dal 364 al 375. Morì in Pannonia durante una campagna contro i Quadi.

[19] Ossia Flavio Valente, imperatore romano dal 364 al 378, fratello di Valentiniano I. Ebbe l'incarico di governare l'Oriente nel 364.

[20] Agapio accomuna i due nell'arco di tempo del regno effettivo di Valente, pur se Valentiniano muore alcuni anni prima di lui.

Capitolo 31

Regno di Valentiniano e Valente

Iniziative degli ariani

1 Detto Valentiniano era lo stesso che aveva colpito il sacerdote dicendogli: «Mi hai sporcato con quest'acqua!». Si stabilì egli a Roma e fece suo fratello Valente imperatore d'Oriente. Avveniva, ciò, nell'anno 676 dell'era di Alessandro.

2 Valentiniano aderiva alla vera fede e approvava il Simbolo dei Trecentodiciotto. Quanto a Valente, propendeva per la dottrina di Ario, essendo stato battezzato da Eudossio, vescovo di Costantinopoli, che era un ariano[1]. Si racconta che Valente, allorché fu battezzato dall'ariano Eudossio, espresse il desiderio di comunicarsi e però Eudossio non glielo permise e non gli diede l'eucarestia fino a quando non gli giurò di comunicarsi esclusivamente secondo la dottrina di Ario e di opporsi a coloro che la combattevano. Divenuto imperatore, diede compimento al suo giuramento, esiliò tutti i vescovi che erano in disaccordo con le opinioni di Ario, osteggiò tutti i vescovi che non professavano la sua dottrina e commise soprusi ai danni loro.

3 Eusebio, vescovo di Samosata, dava ad intendere di essere del partito dei Romani. Per tutto il tempo che occupò la sede vescovile, con addosso un copricapo per timore dei Romani, girava e percorreva le città, ordinando in segreto preti e diaconi.

4 In questo anno si portò da Valente un ribelle di Costantinopoli, di nome Procopio[2]. Si era recato da lui per ucciderlo e farla finita.

5 In questo anno cadde una grandine grossa come pietre. Ci furono scosse e terremoti a Costantinopoli, dove parecchi quartieri sprofondarono e sprofondò altresì una parte della città di Nicea.

6 Atanasio, vescovo di Alessandria, si nascose in un sepolcro, di cui non si notava la porta, per quattro mesi, per timore di Valente. Venne fuori ed attese al governo della sua sede fino alla morte solo quando le circostanze gli furono propizie.

[1] Michele il Siro, *Chronique* (1899), vol. I, p. 292 sostiene che all'atto del battesimo si impegnò a sostenere la dottrina di Ario, a favorire in ogni maniera i sostenitori degli Ariani e a perseguitare gli Ortodossi. Vedi pure p. 295.

[2] Nel testo troviamo مرقوس. In A. Vasiliev, *Kitab* (1915), p. 585 leggiamo invece «Procopio». Per il forte sostegno che l'imperatore dava all'arianesimo, Procopio, parente di Giuliano l'Apostata, si rivoltò contro di lui. La rivolta venne sedata e repressa nel sangue, nel 366, ma Procopio gli si era ribellato già l'anno prima contando sull'appoggio dei Goti. Per «Procopio» è altresì Michele il Siro, *Chronique* (1899), vol. I, p. 292, dove dice che fu giustiziato legato a due alberi e spaccato in due.

Eresia di Euchite

7 In questo tempo comparve ad Edessa un uomo chiamato Eusebio e soprannominato Euchite[3]. Ebbe cinque discepoli[4]. La sua dottrina contemplava che Dio è unico pur se qualificato come Padre, Figlio e Spirito Santo. Sosteneva che il corpo di Cristo non era altro che un'apparenza, perché Dio l'aveva creato di creazione sottile e spirituale e che /pure/ la sua crocifissione era stata una pura e semplice apparenza. Vietò la preghiera in comune e diceva che tutte le visioni provengono dallo Spirito Santo; che la comunione è inutile e senza profitto; che lo Spirito Santo abita in tutti coloro che professano la sua dottrina; che l'adulterio è una cosa lecita e che dopo Cristo non c'è né peccato né colpa. Sosteneva /inoltre/ che chi soffre di mal caduco, lo è per opera dello Spirito Santo.

8 Furono designati con il nome di Messalieni. Sostenevano, infatti, che chiunque prega e digiuna dodici anni /e/ ordina ad una montagna di spostarsi dal luogo in cui si trova, si sposterà. Tutti quelli che avevano accolto la sua dottrina, uscirono, allo spirare di detto tempo, e dissero alla montagna: «A te, o montagna, io ordino di spostarti dal luogo in cui sei», ma poiché la montagna non si spostava abbandonarono la sua dottrina denunciandone la falsità[5].

Eventi vari

9 In questo tempo si resero noti Diodoro /di Tarso/ e Teodoro /di Mopsuestia/[6]. Tra i Dottori rifulsero Atanasio; *mār* Efrem il Siro[7]; Zenobio, prete di Edessa[8]; Basilio il Grande[9]; suo fratello Gregorio[10]; Malco[11] e Arsisio[12].

10 In questo tempo si rese noto Macario il Pio, /detto/ l'Egiziano[13] e Macario d'A-

[3] Si tratta dell'eresia dei Messalieni, predicata da Eusebio e dai suoi cinque discepoli. Furono soprannominati *Euchiti* o *Entusiasti*.

[4] Michele il Siro, *Chronique* (1899), vol. I, p. 298 li chiama Saba, Dadoe, Adelfo, Herma e Simeone.

[5] Cf. EPIFANIO, *Adversus haereses*, LXXX.

[6] Michele il Siro, *Chronique* (1899), vol. I, p. 298 aggiunge che condividevano la dottrina di Paolo di Samosata.

[7] Di Efrem il Siro, strenuo difensore dell'ortodossia contro gli ariani e celebre per i suoi inni e discorsi, fondatore della scuola di Edessa, ha già parlato!

[8] Michele il Siro, *Chronique* (1899), vol. I, p. 297 ha «Atanasio, e Mar Efrem con i suoi discepoli Zenobio e Abba».

[9] Basilio il Grande (329-379) , elaboratore della regola classica del monachesimo greco, scrisse tra l'altro parecchie *Omelie*, *Sullo Spirito Santo* e *Confutazione di Eunomo*.

[10] Gregorio di Nissa (335-dopo 394), autore di opere contro l'arianesimo, l'apollinarismo e il macedonismo. La sua maggiore opera dogmatica fu *Oratio catechetica magna*.

[11] Dovrebbe essere il monaco presso il quale si recò Palladio, autore della celebre *Storia lausiaca* e di cui si fa parola in Michele il Siro, *Chronique* (1899), vol. I, p. 297.

[12] Non è improbabile che voglia qui alludere ad Arsenio, monaco del deserto egiziano di cui parla Michele il Siro, *Chronique* (1899), vol. I, p. 304.

[13] Allusione a Macario il Grande detto anche l'Egiziano. Cf. Michele il Siro, *Chronique* (1899), vol. I, p. 297, dove è riportato il miracolo con il quale Macario restituì alle sue fattezze una donna che era stata

lessandria che, stando a quanto si dice, fu portato nel giardino[14]. Valente li fece esiliare in un'isola del mare[15].

11 Si rese del pari noto il monaco Evagrio, discepolo di Basilio[16].

12 Nell'anno 7 del regno di Valente, morì Abramo, vescovo di Nisibi[17]; sul monte Sinai morì Giuliano il Vegliardo[18] e morì altresì Atanasio, vescovo di Alessandria, al quale successe Pietro[19], che gli era stato compagno in tutte le sue traversie[20].

13 In seguito Euzoio, vescovo di Antiochia, partigiano di Ario, chiese a Valente l'autorizzazione di portarsi ad Alessandria. Avutala, Euzoio vi andò, portando con sé un certo numero di Greci. Fece quindi catturare Pietro, lo imprigionò e al suo posto mise Ario di Samosata[21]. Alcuni giorni dopo, Pietro evase dalla prigione, andò a Roma da Damaso, patriarca di Roma, e lo mise al corrente di come Valente aveva trattato la gente[22].

14 In seguito Valente oppresse molto brutalmente i sostenitori di Sapore, molti dei quali destinò alla morte ed altri all'esilio. Fu allora che un gruppo di venerandi sacerdoti, ottanta per la verità, e altri personaggi si unirono insieme e si presentarono al cospetto di Valente, chiedendogli la pace, il salvacondotto sulle loro vite e la fine di ogni afflizione. L'imperatore ordinò allora ad uno dei suoi uomini di metterli in mare su una barca, fingendo di mandarli in esilio su di un'isola, cosa di cui si rallegrarono grandemente. Giunti che furono in mezzo al mare, però, il patrizio al quale erano stati affidati trasbordò insieme con i suoi uomini su un'altra barca, diede quindi fuoco alla barca nella quale si trovavano i sacerdoti e li bruciò insieme con la barca.

mutata in cavallo in virtù dei sortilegi di alcuni maghi, i quali avevano ceduto alle pressanti preghiere di un respinto innamorato.

14 Michele il Siro, *Chronique* (1899), vol. I, p. 297, dice di lui che «entrò nel giardino di Jannes e di Mambres». Palladio racconta a tal proposito: «Una volta lo prese il desiderio di penetrare nella tomba di Jannes e Jambres, che sorge in un giardino…». Cf. Palladio, *La storia lausiaca*, a cura di G.J.M. Bartelink, Fondazione Lorenzo Valle/Arnoldo Mondatori Editore, Vicenza 1985, p. 81.

15 Michele il Siro, *Chronique* (1899), vol. I, p. 305 dice che furono relegati sopra un'isola di pagani.

16 Michele il Siro, *Chronique* (1899), vol. I, p. 305, dice che Evagrio fu ordinato diacono da Gregorio di Nazianzo.

17 Ossia Abramo Qidunaya. Cf. Michele il Siro, *Chronique* (1899), vol. I, p. 297. Più che Nisibi, bisognerebbe leggere quindi Edessa.

18 Ossia Giuliano Saba. Cf. Michele il Siro, *Chronique* (1899), vol. I, p. 298.

19 Nel testo abbiamo بطرس اسيس. Si tratta di Pietro II che fu patriarca di Alessandria dal 28 aprile 373 al 15 febbraio 380.

20 Michele il Siro, *Chronique* (1899), vol. I, p. 298 lo indica come il ventesimo vescovo succedutosi sulla cattedra di Alessandria che fu da lui retta 7 anni.

21 In A. Vasiliev, *Kitab* (1915), p. 587 troviamo invece «Lucio di Samosata». Cf. Michele il Siro, *Chronique* (1899), vol. I, p. 300. In effetti dovrebbe trattarsi qui del secondo periodo in cui Lucio sedette sulla cattedra di Alessandria, precisamente dal 375 al 30 maggio 378. Cf. anche Eutichio, *Gli Annali* (1987), p. 213.

22 Preferiamo la lettura di Vasiliev perché quella di Cheikho non si presta ad una buona comprensione del testo. Troviamo infatti باليأس mentre A. Vasiliev, *Kitab* (1915), p. 587, ha بالناس.

Valente e Basilio

15 Poi Valente andò ad Edessa per vedere la chiesa dell'apostolo *mār* Tommaso ma, notando che la popolazione era in disaccordo con lui, diede ordine di esiliare i recalcitranti insieme con Barsā, vescovo di Edessa, sull'isola di Rodi[23]. Mandò in esilio altresì ottanta abitanti di Edessa, i capi e tutti i vescovi che non condividevano la dottrina di Ario, eccetto Basilio e Gregorio il Teologo che non poté proscrivere.

16 In seguito Valente mandò a cercare Basilio e lo fece portare ad Antiochia per metterlo alla prova. Essendo suo figlio malato, Valente gli disse: «Se la tua dottrina e la tua religione sono vere, prega per questo bimbo perché guarisca dal suo male». Basilio rispose: «Se il bimbo sarà battezzato presso coloro che detengono la verità, guarirà e tornerà sano». Allorché l'imperatore ebbe raccontato ciò che Basilio s'era fatto promettere, Eudossio, vescovo ariano, ordinò ai sostenitori di Ario di battezzare il bimbo. Lo avevano appena battezzato quando morì. L'imperatore, afflitto, entrò in chiesa per pregare. Chiamò Basilio e gli disse: «Quale prova hai che la verità si trova dalla parte tua e di coloro che sostengono la tua religione?» Basilio allora gli espose la vera fede e si intrattenne con lui in una lunga conversazione, così che poi l'imperatore trattò bene Basilio e lo congedò sano e salvo. Qualche giorno più tardi, l'imperatore cambiò idea e diede ordine di esiliare Basilio. Poi cambiò nuovamente idea su quanto aveva ordinato di fargli e lo lasciò in pace.

Valente solo imperatore

17 Dopo aver regnato 13 anni, l'imperatore Valentiniano morì[24].

18 Valente continuò a regnare, ma si incollerì ancor di più nei riguardi di coloro che erano in disaccordo con lui e li represse a tal punto che un filosofo andò da lui e gli disse: «O imperatore, non irritarti se vedi che molte sono le sette dei cristiani. Del resto /anche/ i pagani sono divisi in /ben/ ottanta credenze. Dio, di cui grande è la lode, ama essere glorificato e descritto /in siffatto modo/. Per questo si presenta sotto diversi attributi». Valente allora si addolcì alquanto e smise di fare il male.

19 Nell'anno 14 del regno di Valente, morì Euzoio, vescovo ariano di Antiochia. Aveva amministrato la sede 17 anni[25] ed era stato il settimo vescovo a capo dei sostenitori di Ario.

20 Pietro, vescovo di Alessandria, ritornò poi da Roma nella sua città. Morì dopo aver retto la sede 6 anni[26]. Gli successe il fratello Timoteo, che occupò la sede 7 anni[27].

21 In seguito Valente si preparò a muovere guerra ai Goti. Aveva divisato di partire,

[23] Cf. Michele il Siro, *Chronique* (1899), vol. I, pp. 296-297.

[24] Morì infatti nel 375 in una campagna contro i Quadi a Bregilio, nell'Illirico, lasciando come unico imperatore d'Occidente il figlio Graziano.

[25] Fu infatti patriarca dal 360 al 376.

[26] Pietro II resse infatti la sede di Alessandria dal 28 aprile 373 al 15 febbraio 380.

[27] Timoteo I fu patriarca di Alessandria dal 380 al 20 luglio 384. Anche Eutichio, *Gli Annali* (1987), p. 214 precisa che era fratello di Pietro e che resse la sede 7 anni.

quando un religioso di nome Isacco[28] il Monaco, che menava vita da eremita, lo apostrofò dicendogli: «O nemico di Dio! Se intendi prosperare e avere successo, ordina di reintegrare nelle loro sedi i vescovi che hai mandato in esilio. Se non lo farai, non vincerai e non prospererai». Valente rispose: «Vincerò, tornerò e ti ucciderò», ma Isacco ribatté: «Se tornerai, non lasciarmi in vita». La stessa cosa gli dissero tutti i religiosi che erano lì presenti. Valente, però, non prestò attenzione alle loro parole e partì per i fatti suoi[29].

22 Scontratosi con i suoi nemici e nel mentre li combatteva, entrò in un villaggio lì accanto, dove si nascose con la sua guardia del corpo. I nemici seppero che si muoveva sotto mentite spoglie ma pure un suo nemico si travestì, attraversò le truppe, entrò nel villaggio dove Valente si era nascosto, e vi appiccò il fuoco. Fu così che Valente, insieme con la sua guardia del corpo, fu bruciato, dopo aver regnato 15 anni. Era vissuto 50 anni[30].

[28] Per un sicuro refuso in A. Vasiliev, *Kitab* (1915), p. 590 troviamo «Giacomo» qui e in appresso.

[29] Michele il Siro, *Chronique* (1899), vol. I, p. 304 ha una narrazione del tutto differente e più che di un monaco parla di un soldato di nome Terenzio.

[30] Morì durante la battaglia di Adrianopoli contro i Visigoti della Mesia. Cf. pure Michele il Siro, *Chronique* (1899), vol. I, p. 295.

Capitolo 32

Regno di Graziano e Valentiniano

Avvenimenti vari

1 Nell'anno 690 dell'era di Alessandro, cominciò a regnare Graziano[1] con il fratello Valentiniano[2]. Regnò 1 anno.

2 In questo anno morì Sapore, re dei Persiani. Aveva regnato 70 anni. Dopo di lui salì sul trono suo fratello Ardašīr. Regnò 4 anni[3].

3 Graziano ordinò di far rientrare tutti i vescovi e altri che Valente aveva mandato in esilio. Diede disposizione che ciascun uomo praticasse liberamente la religione con la quale esprimeva a Dio la propria sottomissione, eccezion fatta per i Manichei e gli Eunomiani[4].

4 Poi Graziano associò all'impero un uomo di nome Teodosio[5] e si fece battezzare a Costantinopoli. Graziano morì.[6]

5 Dopo di lui cominciò a regnare, nell'anno 691 dell'era di Alessandro, Teodosio il Grande. Regnò 17 anni, ma altri dicono 19[7]. Prescrisse che ogni popolo praticasse liberamente la propria religione e fece rientrare tutti coloro che erano stati esiliati.

[1] Flavio Graziano, associato dal padre Valentiniano già nel 374, fu imperatore romano dal 375 al 383.

[2] Ossia Flavio Valentiniano II, figlio di Valentiniano I e della seconda moglie Giustina, venne acclamato imperatore alla morte del padre. Il fratellastro Graziano gli assegnò l'Italia, l'Illirico e l'Africa. Simpatizzò per gli ariani, entrò in conflitto con sant'Ambrogio di Milano, fu avversato dall'usurpatore Magno Massimo e si vide assegnare l'Occidente dall'imperatore Teodosio I. Morì nel 392, fatto forse assassinare dal suo ministro franco Arbogaste.

[3] Nel 379 a Sapore II successe Ardašīr II. Più in avanti Agapio salta la successione del 383 tra Ardašīr II e Sapore III e quella del 388 tra Sapore III e Bahrām IV.

[4] Il testo arabo non è alquanto chiaro, almeno per il secondo termine. Seguiamo l'interpretazione di A. Vasiliev, *Kitab* (1915), p. 591 che ha in sequenza «gli Eunomiani e i Manichei».

[5] La riconciliazione con Teodosio il Giovane avvenne nel 379, anno in cui l'associò all'impero assegnandogli le province orientali. Michele il Siro, *Chronique* (1899), vol. I, p. 306 lo chiama Teodosio di Spagna, di origine iberica, definendolo «coraggioso, prudente ed esperto nelle arti belliche».

[6] Michele il Siro, *Chronique* (1899), vol. I, p. 306 precisa che fu ucciso da un uomo di nome Massimo, a Roma, nell'anno 3 del regno di Teodosio. Vedi pure p. 310.

[7] Teodosio il Grande fu imperatore romano dal 379 al 395.

Regno di Teodosio il Grande

Melezio e i vescovi

6 Quando i vescovi, sostenitori di Macedonio, ebbero veduto ciò, rinunciarono al loro atteggiamento, scrissero più di una lettera a Damaso, vescovo di Roma, e restarono ligi alla loro religione.

7 Per questo, rientrato che fu ad Antiochia, Melezio abbordò Paolino, vescovo della città, dicendogli: «Il popolo non è favorevolmente disposto né per te né per me. Alcuni sono con te, altri con me. Suvvia, troviamo un accordo, metti insieme i miei sostenitori con i tuoi; se ambire al ruolo di capo suscita astio tra noi, metteremo il Vangelo in mezzo alla sala, tu ti disporrai da una parte, io dall'altra e chi sopravvivrà all'altro, sarà designato qual capo». Paolino rifiutò.

8 Nel frattempo Melezio seguiva da vicino le mosse di Dioscoro, apprese che sapeva egregiamente tener testa agli eretici e li refutava con solide argomentazioni. Così lo creò vescovo di Tarso.

9 Poi Melezio e parecchi altri vescovi si trovarono di comune accordo nel rimuovere, per la sua notevole intelligenza e la grandezza del suo sapere, Gregorio il Teologo dal luogo in cui si trovava a Costantinopoli. Così fecero. La gente cominciò a radunarsi attorno a lui, nella povera e angusta dimora ch'egli abitava, di proprietà di un tale Atanasio, e la istruiva. Ma passarono appena due anni che si dimenticarono di lui l'abbandonarono, trovarono insopportabile il luogo che occupava ed egli si trasferì altrove.

10 Timoteo, vescovo di Alessandria, mise al posto suo un uomo di nome Massimo figlio di Kunīqūs[8]. Era un uomo presuntuoso e orgoglioso e condivideva le idee di Apollinare.

Teodosio contro gli ariani

11 Teodosio si diede poi a perseguitare gli ariani, dopo ch'erano stati padroni del paese e delle chiese per quarant'anni. Fu con loro del tutto inesorabile.

12 In seguito ordinò che si tenesse un concilio a Costantinopoli, dove si riunirono 150 vescovi. Avveniva, ciò, nell'anno 2 del suo regno, corrispondente all'anno 692

[8] Così legge A. Vasiliev, *Kitab* (1912), p. 400, ma che poi traduce con «Massimo il cinico». Cheikho interpreta il testo per lui illeggibile suggerendo in nota che il successore di Gregorio il Teologo fu in verità Nettario. In effetti Gregorio di Nazianzo fu vescovo di Costantinopoli dal 379 al giugno 381 e gli successe Nettario che fu patriarca dal giugno 381 al 27 settembre 397. Massimo, resse la sede vescovile nel 380. Cf. Michele il Siro, *Chronique* (1899), vol. I, p. 320. Eutichio, *Gli Annali* (1987), p. 212 dice che Gregorio era vescovo di Costantinopoli. Purtroppo la terminologia di Agapio non è univoca e non sempre fa distinzione tra vescovo e patriarca, cosa comuna anche a Eutichio che ritiene patriarca di Costantinopoli Demofilo, che fu invece vscovo della città, come vescovi erano stati tutti quelli sino a questo momento ritenuti patriarchi. Le liste ufficiali cominciano a designare i patriarchi di Costantinopoli partendo da Nettario. Noi comunque tradurremo attenendoci al termine con cui questi prelati vengono designati da Agapio.

dell'era di Alessandro, il 3 del mese di *āb* /=agosto/[9].

13 In questo tempo c'erano a Roma un patriarca[10] di nome Damaso, ad Alessandria Timoteo, ad Antiochia il patriarca Melezio e a Gerusalemme il patriarca Cirillo. Con costoro si riunirono Basilio, Gregorio il Teologo, /Diodoro/ vescovo di Tarso, il quale affermava che lo Spirito Santo è creato, Massimo, vescovo di Costantinopoli[11] e Nettario.

14 Formularono appieno e confermarono il Simbolo /di Nicea/, aggiungendo ad esso che il Figlio è della stessa sostanza del Padre e che lo Spirito Santo è Dio e Signore, dà la vita e procede dalla /stessa/ sostanza del Padre e del Figlio.

15 Anatemizzarono Eustazio, che professava la stessa dottrina di Macedonio, e isituirono quattro canoni, nel primo dei quali anatemizzarono i sostenitori della dottrina di Eunomio, di Ario, di Sabellio, di /Apollinare/, di Montano e di Macedonio[12]. Negli altri tre canoni definirono che i vescovi non si spostassero da una sede all'altra e che ciascuno occupasse la propria fino alla morte o fino a quando, dopo aver commesso una qualche azione illecita, non fossero stati rimossi ed esiliati. Ordinarono che la sede di Costantinopoli fosse la prima dopo quella di Roma e che non fosse ritenuto valido il pronunciamento di vescovo eretico contro un vescovo ortodosso.

16 Nell'anno 5 del regno di Teodosio cominciò a regnare sui Persiani Bahrām, fratello di Sapore[13]. Regnò 11 anni.

17 In questo anno si ribellò, a Roma, un tale di nome Massimo. Teodosio inviò contro di lui le sue truppe e fu ucciso[14].

18 In questo anno morì Timoteo, vescovo di Alessandria. Al posto suo fu eletto Teofilo, che resse la sede 28 anni[15].

19 Cirillo, vescovo di Gerusalemme, morì. Al posto suo fu eletto Giovanni, che resse la sede 22 anni[16].

[9] Primo dei quattro concili tenutisi a Costantinopoli, il Costantinopolitano I fu convocato da Teodosio nel 381, alla presenza di 186 vescovi, da cui se ne staccarono 36, tutti orientali, perché contrari alla formula nicena di fede. Vi fu definita, contro Macedonio, la divinità dello Spirito Santo e vi fu riconosciuto al vescovo di Costantinopoli il primato d'onore dopo il vescovo di Roma. Per notizie concernenti detto concilio, vedi Michele il Siro, *Chronique* (1899), vol. I, pp. 310-320.

[10] Qui introduce per la prima volta questo termine per designare il vescovo di Roma. Lo stesso termine è usato per designare Melezio di Antiochia e Cirillo di Gerusalemme, mentre è sottinteso per Timoteo di Alessandria.

[11] A. Vasiliev, *Kitab* (1912), p. 401 ritiene che si tratti qui di Massimo, filosofo cinico.

[12] Il testo è oltremodo illeggibile. Ci siamo attenuti in parte anche a quanto interpreta A. Vasiliev, *Kitab* (1912), p. 401.

[13] A. Vasiliev, *Kitab* (1912), p. 401 ha invece «figlio di Sapore» pur se nel testo arabo compare l'espressione اخو سابور.

[14] L'episodio è più ampiamente illustrato in Michele il Siro, *Chronique* (1899), vol. I, p. 306.

[15] Vedi pure Michele il Siro, *Chronique* (1899), vol. I, p. 320. Teofilo fu patriarca dal 384 al 15 ottobre 412. Vedi anche Eutichio, *Gli Annali* (1987), p. 227.

[16] Giovanni II, patriarca di Gerusalemme dal 386 al 10 gennaio 417, al cui tempo fu trovato il corpo di santo Stefano. Cf. Michele il Siro, *Chronique* (1899), vol. I, pp. 319, 321. Eutichio, *Gli Annali*

20 In questo periodo si rese celebre ad Antiochia, tra i dotti, il prete Giovanni[17].

21 In questo anno Teodosio ingiunse ai sostenitori delle diverse dottrine di definire e mettere per iscritto la religione da essi professata su appositi fogli da consegnare all'imperatore. Non appena lo fecero e glieli consegnarono, egli si alzò e pregò, quindi ordinò di porli sull'altare e Dio gli ispirò che non c'è più retta dottrina che quella di coloro che professano che il Figlio è della stessa sostanza ed essenza del Padre. Dispose quindi di dare alle fiamme tutte le altre opinioni e di cacciare dalla città i loro sostenitori, disponendo, inoltre, di deporre dall'esercito, dall'amministrazione e dal servizio dell'imperatore tutti coloro che professavano la dottrina di Ario. Ordinò, ancora, di abbattere, in ogni paese, le chiese degli ariani e i templi dedicati agli idoli e fece uccidere, ad Alessandria, molti pagani.

Morte di Teodosio

22 In questo anno apparve nel cielo una colonna di fuoco. Vi restò trenta giorni. Lo stesso anno si verificò, a mezzogiorno, una spaventosa oscurità.

23 Poi Teodosio si ammalò e mandò a chiamare suo figlio Onorio. Arrivato che fu, Teodosio lo fece acclamare imperatore, mandandolo in Occidente. Fece acclamare imperatore altresì Arcadio, l'altro suo figlio, e lo mandò in Oriente. Morì in quel preciso momento, dopo aver regnato 17 anni, all'età di 60 anni.

Regno di Arcadio

Vicende di Giovanni Crisostomo

24 Arcadio, figlio di Teodoro, cominciò a regnare nell'anno 708 dell'era di Alessandro. Regnò 13 anni[18].

25 Al suo tempo si resero celebri, tra i sapienti, Epifanio, vescovo di Cipro[19]; Teofilo, vescovo di Alessandria e Acacio, vescovo di Aleppo.

26 Dopo Damaso, che aveva amministrato la sede 18 anni, fu insediato a Roma un vescovo di nome Siricio[20].

27 In questo anno, dopo Nettario, occupò la sede di Costantinopoli Giovanni Cri-

(1987), p. 224 dice: «A Costantinopoli si riunirono in concilio centocinquanta vescovi... Fecero poi patriarca di Costantinopoli uno delle guardie del re di nome Fīqṭūriyūs /ossia Nettario /. Definirono il primato del patriarca di Roma, ponendo al secondo posto il patriarca di Costantinopoli, al terzo il patriarca di Alessandria e al quarto il patriarca di Antiochia. Elevarono al grado di patriarca il vescovo di Gerusalemme, che era stato sino ad allora solo vescovo – mai Gerusalemme aveva avuto un patriarca prima di allora – e lo posero al quinto posto». In Eutichio, *Gli Annali* (1987), p. 230 si dice che Giovanni resse la sede di Gerusalemme 16 anni.

17 Allusione a Giovanni Crisostomo.

18 Arcadio fu imperatore romano d'Oriente dal 395 al 408.

19 Per giudizi sulla sua personalità vedi Michele il Siro, *Chronique* (1899), vol. II, pp. 10-11.

20 Siricio fu vescovo di Roma dal 15 dicembre 384 al 26 novembre 399.

sostomo[21]. Era originario di Antiochia. All'età di 28 anni aveva già composto il *Commento al Vangelo* e il *Commento alle Epistole di Paolo*. Allorché fu eletto vescovo di Costantinopoli vietò ai preti parecchie pratiche di corruzione. Si rese così oggetto di invidia e si cominciò a cercare contro di lui un qualche errore di cui accusarlo. In quel tempo studiava i libri di Origene. Teofilo, patriarca di Alessandria, mandò suoi messaggeri da Epifanio, vescovo di Cipro, e da tutti i vescovi di sua giurisdizione perché mettessero all'indice i libri di Origene. Ma Giovanni non smise di occuparsene e tutti divennero a lui ostili. Tra i suoi nemici figuravano Epifanio, vescovo di Cipro, e Antioco, vescovo di Acri.

28 Anche l'imperatrice[22], moglie dell'imperatore Arcadio, nutriva del risentimento nei suoi confronti, perché aveva fatto abbattere la statua che si trovava vicino alla chiesa e perché un giorno l'aveva ingiuriata in una sua omelia comparandola a Gezabele, moglie di Acab, che si era impossessata della vigna di Nabot di Izreel[23].

29 Per questo ella un giorno si incamminò e, prendendo con sé ventinove vescovi ai quali se ne aggiunsero altri sette di quelli che erano in urto con Giovanni, si recarono tutti insieme da Teofilo, si riunirono in conciliabolo contro di lui e gli mandarono a dire, intendo dire a Giovanni, di recarsi da loro. Ma egli non andò, ed essi lo scomunicarono e lo deposero.

30 Dopo che Giovanni Crisostomo fu scomunicato, gli abitanti della città furono sconvolti e si divisero. Spettatore di questa loro divisione, l'imperatore mandò a cercare Giovanni e gli restituì il grado di patriarca. Dopo il suo rientro, compose una serie di omelie. Mentre un giorno teneva un sermone, apostrofò l'imperatrice con il nome di Erodiade[24]. Pervasa da violenta collera, ella convocò allora Teofilo, Epifanio e tutti gli altri vescovi, li fece riunire a Costantinopoli e qui, dopo essersi riuniti, scomunicarono /una seconda volta/ Giovanni e lo esiliarono. Avveniva, ciò, nell'anno 8 del regno di Arcadio, corrispondente all'anno 716 dell'era di Alessandro. Fu esiliato sopra un'isola del Chersoneso[25], dove morì all'età di 46 anni. Aveva retto la sede vescovile 4 anni[26].

[21] Giovanni Crisostomo (344-407) fu eletto patriarca di Costantinopoli il 26 febbraio del 398 e ne resse la sede fino al 20 giugno 404, anno in cui fu esiliato. Michele il Siro, *Chronique* (1899), vol. II, pp. 3-9, gli dedica particolare attenzione.

[22] Eudossia Elia, figlia di un generale, sposò Arcadio nel 395. Ebbe grande ascendente sulla debole personalità del marito, al quale aveva dato cinque figli, tra cui il futuro Teodosio II. Giovanni Crisostomo la riprese per i suoi facili costumi e per la sua sconsiderata ingerenza in questioni di ordine religioso. L'astio e il rancore dell'imperatrice furono così all'origine del suo duplice esilio consumato negli anni 403 e 404, anno in cui Eudossia morì a Costantinopoli.

[23] Cf. *1Re* 21. Ma in Eutichio, *Gli Annali* (1987), p. 231 si precisano meglio le ragioni di questa comparazione perché l'imperatrice stessa si era in effetti impossessata della vigna di una donna il cui marito era stato condannato all'esilio dall'imperatore dopo avergli confiscato tutti i beni.

[24] Vedi pure Michele il Siro, *Chronique* (1899), vol. II, p. 8.

[25] A. Vasiliev, *Kitab* (1912), p. 405 traduce «Ponto Eleusino».

[26] Michele il Siro, *Chronique* (1899), vol. II, p. 9 precisa che morì a Comana, all'età di 50 anni, di cui 5 come vescovo e 3 in esilio.

31 Di lì a poco morì /anche/ l'imperatrice. Dopo Giovanni fu eletto Arsacio, fratello di Nettario[27]. Resse la sede 14 mesi. Al suo posto fu eletto Antimo[28] [...] e Sebaste e Armenia[29].

32 Paolino[30], vescovo di Antiochia, morì e al suo posto fu eletto Porfirio[31].

33 Di poi si verificò un deterioramento delle relazioni tra i bizantini, gli egiziani e gli Orientali a causa dei resti mortali di Giovanni Crisostomo. Trentatré anni dopo la sua morte, essi furono traslati e sepolti a Costantinopoli. Impressero così per sempre il suo nome nel libro della Vita[32].

Eventi vari

34 Nell'anno 5 del regno di Arcadio cominciò a regnare sui Persiani Yazdagird, figlio di Sapore. Regnò 21 anni[33].

35 Epifanio, vescovo di Cipro, morì. Giudeo di origine, si era fatto cristiano e aveva ricevuto il battesimo. Fu lui a battezzare Arcadio e Onorio, figli di Teodosio[34].

36 Poi Arcadio morì. Aveva 30 anni. Lasciò il trono a suo figlio Teodosio, dell'età di 8 anni, che regnò 42 anni, a partire dall'anno 721 dell'era di Alessandro[35].

[27] Eutichio, *Gli Annali* (1987), p. 232 afferma che dopo Giovanni Cristostomo fu eletto patriarca della città un altro Giovanni che ne resse la sede 2 anni, al quale successe un certo Eusebio che resse la sede 1 anno e a costui un certo Iǧnādiyūs, che ne resse la sede 3 anni. In verità nelle liste ufficiali questi due ultimi patriarchi non compaiono. Successore di Giovanni Crisostomo fu in effetti Arsace, che resse la sede dal 27 giugno 404 all'11 novembre 405. Per un solo anno, quindi, come l'Eusebio menzionato da Eutichio. Michele il Siro, *Chronique* (1899), vol. II, 8, dice che al posto di Giovanni fu fatto vescovo di Costantinopoli Arsacio, fratello di Nettario.

[28] Meglio «Attico». Michele il Siro, *Chronique* (1899), vol. II, p. 8, dice che alla morte di Arsacio gli successe Attico, uomo virtuoso. A p. 11 precisa che fu il settimo vescovo /patriarca/ di Costantinopoli.

[29] A. Vasiliev, *Kitab* (1912), p. 405 traduce invece «A costui successe Attico, originario di Sebaste, in Armenia». In effetti Attico fu patriarca di Costantinopoli dai primi di marzo 406 al 10 ottobre 425. Eutichio, *Gli Annali* (1987), p. 233 sostiene che resse la sede 15 anni.

[30] A. Vasiliev, *Kitab* (1912), p. 405 ha invece più appropriatamente «Flaviano». Flaviano era infatti succeduto a Melezio e aveva retto la sede dalla fine del 381 al settembre 404, anno in cui gli successe Porfirio che fu patriarca dal 404 al 414 (?). La confusione di Paolino con Flaviano non sembra comunque di per sé scontata giacché pure Eutichio, *Gli Annali* (1987), p. 233, parla di un Paolino al quale fa succedere Evagrio, entrambi però preceduti da Porfirio. Per quanto concerne Paolino e Flaviano vedi pure Michele il Siro, *Chronique* (1899), vol. I, p. 321.

[31] Michele il Siro, *Chronique* (1899), vol. II, p. 11, lo indica come il trentaquattresimo vescovo di Antiochia.

[32] Allusione al dittico.

[33] Nel 399 al re sasanide Bahrām IV successe Yazdagird I che continuò a regnare fino al 420. Fu benevolo nei confronti dei cristiani del suo regno, attirandosi così le antipatie della casta sacerdotale dei Magi dai quali fu bollato come «peccatore».

[34] Sulla figura e sul ruolo di Epifanio di Cipro si sofferma Michele il Siro, *Chronique* (1899), vol. II, specialmente pp. 5-11.

[35] Flavio Teodosio II, imperatore romano d'Oriente dal 408 al 450, cominciò a regnare sin da piccolo sotto la tutela del prefetto del pretorio Antemio, poi sotto quella della sorella Pulcheria.

Regno di Teodosio II

Successioni di vescovi

37 Nell'anno 3 del suo regno morì Teofilo, vescovo di Alessandria. Al suo posto fu eletto Cirillo, figlio di suo fratello. Resse la sede 33 anni[36].

38 A Roma fu eletto Anastasio[37]. Resse la sede 4 anni. Dopo di lui fu eletto Bonifacio. Resse la sede 3 anni[38] e dopo costui Celestino, che la resse per 9 anni[39].

39 Ad Antiochia, dopo Porfirio che aveva retto la sede 5 anni[40], fu eletto Alessandro, che la resse 15 anni[41]. Costui ristabilì la pace tra gli Orientali e gli Occidentali divisi da reciproca indignazione e per l'affare di Paolino che era stato vescovo al tempo dell'empio Novaziano[42]. Dopo aver retto la sede 10 anni, fu eletto al suo posto Teodoto, che l'occupò 13 anni[43]. Dopo di lui vi salì Giovanni e la resse 13 anni[44].

Eventi in Persia

40 In questo tempo grazie a Maruta, vescovo di Mayyāfāriqīn, che dietro ordine di Teodosio si era recato in Persia, i cristiani residenti nell'impero si moltiplicarono e il cristianesimo divenne fortissimo[45].

[36] Cirillo fu patriarca di Alessandria dal 17 ottobre 412 al 27 giugno 444. Gli anni della sua reggenza concordano con quelli indicati da Eutichio, *Gli Annali* (1987), p. 233.

[37] Anastasio I fu vescovo di Roma dal 27 novembre 399 al 19 dicembre 401, ma prima di lui aveva retto la sede Silicio, che fu papa dal dicembre 384 al 26 novembre 399.

[38] In verità dopo Anastasio I fu vescovo di Roma Innocenzo I, che resse la sede dal 21 dicembre 401 al 12 marzo 417. Bonifacio I successe invece a Zosimo, vescovo di Roma dal 18 marzo 417 al 26 dicembre 418, e resse la sede dal 28 dicembre 418 al 4 settembre 422.

[39] Celestino I fu vescovo di Roma dal 10 settembre 422 al 27 luglio 432. Michele il Siro, *Chronique* (1899), vol. II, p. 11 ha una diversa narrazione e dice: «A Roma, dopo Innocenzo, che fu vescovo 16 anni, venne Zosimo che resse la sede 8 anni; è il trentanovesimo /vescovo/. Dopo di lui ci fu Bonifacio, per 3 anni e poi Celestino per 9 anni».

[40] Sembra che l'abbia retta dal 404 al 410 (?).

[41] Alessandro resse la sede di Antiochia dal 414 al 424. Eutichio, *Gli Annali* (1987), p. 233, dice che la resse per 4 anni. Lo stesso Agapio, tuttavia, più sotto dice che la resse 10 anni. Michele il Siro, *Chronique* (1899), vol. II, p. 11, lo descrive come colui che riportò l'unione tra tutti gli ortodossi di Antiochia. Gli assegna un periodo di 10 anni di episcopato.

[42] Così in A. Vasiliev, *Kitab* (1912), p. 407, ma il nome è illeggibile in Cheikho.

[43] Teodoto fu patriarca di Antiochia dal 424 al 428. Eutichio, *Gli Annali* (1987), p. 233, chiama questo patriarca Baradūtuṣ, asserendo che resse la sede di Antiochia per il periodo di 6 anni.

[44] A tal proposito Michele il Siro, *Chronique* (1899), vol. II, p. 11 ha una sua attestazione che così recita: «Il trentaquattresimo vescovo di Antiochia fu Porfirio...Ad Antiochia, dopo Porfirio, il trentacinquesimo vescovo fu Alessandro, durante 10 anni», e riporta le stesse notizie che Agapio riferisce a proposito del vescovo Alessandro. Eutichio, *Gli Annali* (1987), p. 233, afferma che resse la sede di Antiochia 17 anni. Giovanni I fu patriarca di Antiochia dal 428 al 441/442. Per questa figura di patriarca monofisita d'Antiochia e avversario di san Cirillo vedi pure Michele il Siro, *Chronique* (1899), vol. II, pp. 19, 20, 23, 33, 43, 100, 141, 288.

[45] Michele il Siro, *Chronique* (1899), vol. II, p. 2 mette in risalto la sua opera di intermediario tra i Bizantini e i Persiani.

41 Poi cominciò a regnare Yazdagird. Fu ingiusto e tiranno. I suoi sudditi si rivoltarono contro di lui, lo temettero e lo maledirono. Un giorno un cavallo agile, di bel colore e di grazioso aspetto di cui mai si era visto l'uguale, si lanciò in corsa fino a raggiungere la porta del palazzo di Yazdagird, nei pressi della quale si fermò. Tutti coloro che lo videro rimasero con il fiato sospeso. I servitori entrarono e misero al corrente del fatto Yazdagird, loro sovrano. Costui si precipitò fuori, per vedere il cavallo, lo trovò bello e si trattenne a carezzarlo. Quando gli fu dietro per accarezzargli la groppa, il cavallo lo colpì con le zampe posteriori e lo ammazzò. Quindi si mise a correre e si dileguò. Nessuno seppe mai donde fosse venuto quel cavallo. La popolazione fu così liberata dalle sue persecuzioni.

42 Dopo di lui cominciò a regnare suo figlio Bahrām[46]. Costui fu estremamente inesorabile con i cristiani e li oppresse[47].

43 In questo anno ci fu un'eclissi di sole.

44 In questo stesso anno ebbe luogo una battaglia tra i Bizantini e i Persiani durante la quale ci fu immane massacro tanto nell'una quanto nell'altra parte. Ma i Persiani furono messi in fuga e la persecuzione contro i cristiani cessò[48].

Eventi vari

45 In questo tempo si rese celebre, tra i sapienti, *mār* Isacco, discepolo di *mār* Efrem[49]. Abitò ad Antiochia, dove compose parecchie omelie sulle festività, i martiri, le guerre e le invasioni che c'erano state a quei tempi. Era originario di Edessa.

46 In questo periodo vivevano ad Alessandria molti Giudei. Un giorno un bel gruppo di essi ricevettero il battesimo, presero un idolo, lo appesero ad una croce e dissero: «Costui è il Messia». Scoppiò quindi un'aspra discordia tra loro e i cristiani e molta gente rimase uccisa[50].

47 Nell'anno 6 del regno di Teodosio il Giovane furono rinvenute, a Gerusalemme, le ossa di santo Stefano martire[51]. Sul luogo fu eretta una chiesa dedicata al suo nome[52].

[46] Bahrām V Gōr, allevato presso la corte vassalla di Ḥīra, regnò sui Persiani dal 421 al 438 o 439. La sua figura è stata impreziosita di leggende e racconti che trovarono la loro sistemazione nel poema romanzesco di NEZĀMĪ (sec. XII) *Haft Peikar*, Le sette principesse, tradotta in italiano da A. Bausani, ed. Rizzoli, Milano 1982. Fu soprannominato *Gōr*, ossia onagro, perché sembra essere stato un appassionato cacciatore di tale animale.

[47] Michele il Siro, *Chronique* (1899), vol. II, pp. 13, 15-16 indugia molto su questa ostilità di Bahrām nei confronti dei cristiani e dei Bizantini.

[48] Nel 421, infatti, Bahrām V, in conflitto con Teodosio II a causa della sua ostilità nei confronti dei cristiani del suo territorio e indebolito dalle costanti pressioni degli Unni da NE, concluse una pace con l'imperatore impegnandosi a garantire libertà di religione nel suo impero.

[49] Allusione a Isacco di Ninive.

[50] Forse è travisando questa notizia che Michele il Siro, *Chronique* (1899), vol. II, p. 12 riporta una notizia del tutto differente concernente i Giudei di Alessandria.

[51] Vedi pure Michele il Siro, *Chronique* (1899), vol. II, p. 14.

[52] In realtà la tomba del santo Protomartire si trova nelle adiacenze della Valle di Giosafat, alquanto sotto l'attuale Porta di santo Stefano, come è accennato in Pietro della Valle: «Veduta la probatica

48 Nell'anno 10 del regno di Teodosio si rese noto, ad Antiochia, Simeone lo Stilita. Operava miracoli e prodigi[53].

49 Tra i dotti si distinsero Cirillo, patriarca di Alessandria, Teodoreto di Ciro e Acacio di Aleppo[54].

50 Dopo aver retto la sede 22 anni, morì Giovanni, vescovo di Gerusalemme[55]. Al suo posto fu eletto Prailio. Resse la sede 5 anni[56]. Poi fu eletto, dopo di lui, Giovenale, che la resse 40 anni[57].

piscina, uscimmo fuor della città per una porta che è quivi presso a man sinistra, perché per essa uscì quel santo, quando fu condotto là vicino ad esser lapidato». Cf. P. Della Valle, *Viaggi*, ed. G. Gancia, Brighton 1834, vol. I, p. 271. Bisogna tuttavia precisare che il corpo del martire Stefano fu in un primo momento deposto in detta chiesa, come testimoniano più pellegrini. Già il venerabile Beda (673) dice che vi si indicava la pietra sulla quale era stato lapidato il martire Stefano. Cf. D. Baldi, *Enchiridion Locorum Sanctorum. Documenta S. Evangelii Loca Respicientia*, Franciscan Printing Press, Jerusalem 1982, p. 490; nel *Calendario della Chiesa di Gerusalemme* (VII-VIII sec.) il 27 dicembre vi si fa commemorazione di santo Stefano. Ibidem, p.490; S. Willibaldus (723-726) dice che qui fu traslato il corpo del diacono e protomartire Stefano. Ibidem, p. 492; qui Saewulfus (1102) dice che il patriarca Giovanni fece con ogni onore deporre le reliquie dei santi Stefano, Nicodemo, Gamaliele e Abibonis. Ibidem, p. 496; qui, nella parte sinistra, Teoderico (1172) attesta che era venerato il corpo di santo Stefano perché si credeva senza ombra di dubbio che ivi fosse stato egli seppellito. Ibidem, p. 500; dello stesso parere sono Giovanni Foca e Odoricus de Foro Iulii (1320), Ludolfo di Sudheim (1336-1341) e fra Niccolò da Poggibonsi (1347). Ibidem, pp. 501, 502, 507, 512. Ma non bisogna perdere di vista che tutte queste testimonianze hanno il loro precedente nella *Lettera di Luciano* nella quale si narra come nel 415 ci fu il ritrovamento del corpo del Santo a Cafargamala, le cui reliquie furono poi traslate nella «santa chiesa del Sion», come in PL 41, 813, e in seguito nella grande basilica fuori le mura dove oggi sorge il centro biblico dei Domenicani.

[53] Vedi pure Michele il Siro, *Chronique* (1899), vol. II, p. 14.

[54] Gli ultimi due nomi sono illeggibili. Teniamo conto della lettura di A. Vasiliev, *Kitab* (1912), p. 409.

[55] Giovanni II fu in effetti patriarca di Gerusalemme dal 386 al 10 gennaio 417. Eutichio, *Gli Annali* (1987), p. 230 asserisce che resse la sede patriarcale per 16 anni. Michele il Siro, *Chronique* (1899), vol. I, p. 319, dice che al suo tempo fu rinvenuto il corpo di santo Stefano.

[56] Prailio fu patriarca di Gerusalemme dal 417 al 422. Eutichio, *Gli Annali* (1987), p. 233 dice che la resse 12 anni.

[57] Stesse notizie in Michele il Siro, *Chronique* (1899), vol. II, p. 15. I nomi sono anche qui di difficile lettura. Eutichio, *Gli Annali* (1987), p. 233 dice che a Prailio successe Flavio, Flābiyūs o anche Būflābiyūs, che resse la sede 38 anni. La forma presente in Eutichio è facilmente riconducibile a Giovenale, che fu patriarca di Gerusalemme dal 422 al 458.

Capitolo 33

Eresia di Nestorio

Nestorio

1 In Oriente viveva un uomo di nome Nestorio. Aveva ricevuto una buona educazione e si era formato sui libri di Teodoro /di Mopsuesta/ e di Teodoreto. Arrivò poi ad Antiochia, ai tempi di Teodoto e si stabilì in un monastero. Leggeva assiduamente le Sacre Scritture e per tal motivo Teodoto lo ordinò prete. Quindi lo mandò a chiamare Teodosio e lo creò patriarca di Costantinopoli[1]. Teneva parecchi sermoni al popolo. Una volta, mentre teneva un'omelia, invece di asserire che la Signora Maria è genitrice di Dio, disse ch'ella è genitrice dell'uomo /Cristo/. Constatarono, inoltre, che non aveva fatto alcuna menzione della divinità /di Cristo/[2]. Anastasio, suo discepolo, che era venuto con lui da Antiochia, professava la stessa cosa[3]. Siccome il popolo era rimasto turbato e agitato a tal proposito, egli salì sul pulpito e rincarò la dose. Il popolo ascoltò, si indignò e si angustiò.

2 L'accaduto si propalò e ne giunse notizia fino al vescovo di Roma. Costui mandò delle lettere a Nestorio, nelle quali lo ammoniva e lo metteva in guardia dal tenere ancora discorsi di quel genere. Anche Cirillo, vescovo di Alessandria, gli mandò una lettera nella quale gli faceva divieto di ripetere quello che aveva fatto. Giovanni, vescovo di Antiochia, gli scrisse una lettera dello stesso tenore.

3 Trascorsero tre anni, con la speranza ch'egli si ricredesse e facesse ritorno alla verità. Ma quando constatarono ch'egli persisteva nella sua posizione, ne fecero rapporto al vescovo di Roma. Il patriarca /di Roma/ scrisse allora a Cirillo, patriarca di Alessandria, chiedendogli di rappresentarlo e di indire un'assemblea di vescovi perché scomunicassero Nestorio nel caso non avesse ritrattato le sue opinioni. Del che scrisse parimenti all'imperatore.

4 A tal uopo Teodosio il Giovane convocò ad Efeso un concilio di duecento vescovi che scomunicarono Nestorio, patriarca di Costantinopoli. Presenziarono a detto concilio Cirillo, vescovo di Alessandria; Giovanni, vescovo di Antiochia; Giovenale, vescovo di

[1] Fu patriarca di Costantinopoli dal 10 aprile 428 all'11 luglio 431, dopo Sisinnio I, che aveva retto la sede dal 28 febbraio 426 al 24 dicembre 427.

[2] Qui i termini *al-insān* e *al-lāhūt* vanno intesi rispettivamente come «natura umana» e «natura divina». Non è quindi del tutto corretta la traduzione del Vasiliev che suona «madre di un uomo». Cf. A. Vasiliev, *Kitab* (1912), p. 410.

[3] Michele il Siro, *Chronique* (1899), vol. II, p. 15 attribuisce le dichiarazioni di Nestorio proprio a questo Atanasio, suo discepolo.

Gerusalemme; Memnone, vescovo di Efeso e Acacio, vescovo di Melitene[4]. Dopo aver esaminato accuratamente i libri e le lettere di Nestorio e dopo aver preso atto ch'egli si scostava dalla fede di Dio e deviava dal sentiero della verità, lo scomunicarono[5].

5 A scomunica avvenuta, Nestorio disse loro: «Io non chiamerò giammai "Dio" colui che ebbe due o tre mesi di età, costui io non lo adorerò giammai come "Dio"». Poi Nestorio riunì i vescovi che condividevano la sua dottrina e costoro scomunicarono /a loro volta/ Cirillo, patriarca di Alessandria[6], e Memnone, vescovo di Efeso[7]. Al concilio non era stato presente nessun vescovo d'Oriente. Or quando arrivarono Giovanni, vescovo di Antiochia, e insieme con lui i vescovi d'Oriente, trovarono che Nestorio era già stato scomunicato. Se ne stettero perciò là dove si trovavano. Cirillo mandò da loro più di una volta i suoi uomini, ma non si mossero per andare da lui. Cirillo allora li scomunicò ed essi, a loro volta, scomunicarono Cirillo. Vedendo ciò, Nestorio capì che la faccenda stava prendendo per essi la piega di una grande calamità. Prese perciò ad urlare e a dir «Basta, si professi che Maria è la Genitrice di Dio!»[8]. La paventata calamità svanì e Giovanni[9] fece ritorno al suo monastero, ad Antiochia.

Dissensi tra Orientali e Occidentali

6 In seguito sette di tra i vescovi sostenitori di Cirillo e altri sette dei sostenitori di Giovanni si recarono, a tal proposito, dall'imperatore Teodosio. Introdotti che furono al suo cospetto, l'imperatore ingiunse loro di non fare assolutamente parola di Nestorio in sua presenza. Ciascuno fece così ritorno nel proprio paese.

7 Le ostilità tra gli Orientali e la popolazione dell'Egitto non cessarono. Teodoreto, vescovo di Ciro, e Andrea, vescovo di Samosata, provvidero a far circolare le risoluzioni redatte da Cirillo, vescovo di Alessandria, così come erano definite nella

[4] Michele il Siro, *Chronique* (1899), vol. II, p. 18 menziona altresì Arcadio, Proietto e Filippo, rappresentanti di Celestino, vescovo di Roma e Teodoto di Ancira.

[5] Concilio dell'agosto 449, tradizionalmente chiamato «Latrocinio di Efeso». Fu convocato da Teodosio II per risolvere i problemi sorti in seguito alla condanna di Eutiche, archimandrita di Costantinopoli, deposto e scomunicato nel sinodo di Costantinopoli del 448 sotto l'accusa di monofisismo. Il Concilio dichiarò ortodossa la dottrina sostenuta da Eutiche e condannò i suoi avversari, ma le decisioni da esso adottate furono poi rovesciate nel Concilio di Calcedonia del 451. Michele il Siro, *Chronique* (1899), vol. II, p. 16 dice che il concilio fu convocato nell'anno 21 del regno di Teodosio, corrispondente al 742 del computo dei Greci e all'anno 423 di nostro Signore. Puntualizza, inoltre, che Nestorio fu deposto e mandato in esilio sull'isola Oasis o Aosa.

[6] Notare come Agapio usa per uno stesso personaggio i titoli «vescovo» e «patriarca» a seconda delle circostanze in cui espleta il suo ufficio. Quando la sua è una funzione normale, di prassi, lo chiama «vescovo», quando si tratta di stabilire una funzione in ordine alla dottrina e alla sua salvaguardia ricorre al termine «patriarca».

[7] Vedi pure Michele il Siro, *Chronique* (1899), vol. II, p. 19.

[8] Michele il Siro, *Chronique* (1899), vol. II, p. 19.

[9] A. Vasiliev, *Kitab* (1912), p. 411 ha invece «Nestorio», pur precisando che nel manoscritto compare il nome «Giovanni».

sua terza lettera a Nestorio[10].

8 A Costantinopoli venne eletto, al posto di Nestorio, un tale di nome Massimo, un prete di lodevole regime di vita[11].

9 Teodosio il Giovane scrisse al patriarca Cirillo a proposito dell'ostilità che regnava tra la popolazione dell'Egitto e quella d'Oriente. Ricevuto che ebbe la lettera, Cirillo scrisse al vescovo di Aleppo, pregandolo di adoprarsi per ristabilire concordia e pace. Acacio, vescovo di Aleppo, riunì in sinodo un folto gruppo di vescovi che scrissero una lettera a Cirillo, nella quale esponevano la vera fede, e la mandarono per mezzo di Paolo, vescovo di Emesa, dicendo tra loro: «Se accoglierà quel che essa contiene, ci sarà pace tra noi e lui»[12].

10 Arrivati che furono da Cirillo, gli consegnarono la lettera. La lesse, apprezzò quanto dicevano e ordinò poi a Paolo, vescovo di Emesa, di tenere un'omelia per il popolo, in chiesa. La gente colà convenuta, apprezzò quanto egli disse. Cirillo mandò allora una lettera agli Orientali in cui riconosceva la verità della fede a proposito della quale gli avevano scritto, li ringraziò e si discolpò con essi dell'errore che c'era stato. Consegnò la lettera a Paolo e lo congedò. Fu così che ritornò la concordia tra di loro.

11 Dalla convocazione del Concilio di Nicea al Concilio dei 150 vescovi riunitisi a Costantinopoli erano trascorsi 56 anni; da questo concilio a quello dei 200 vescovi riunitisi a Efeso, erano trascorsi 50; dal Concilio di Efeso fino al Concilio di Calcedonia, erano trascorsi 21 anni.

Eventi vari

12 Nell'anno 763[13] dell'era di Alessandro, subì il martirio Giacomo l'Interciso[14].

13 Massimo[15]. patriarca di Costantinopoli, morì. Al suo posto fu eletto un tale di nome Proclo[16]. Era stata appena ristabilita la concordia di cui sopra, quando si misero a disputare a proposito delle ossa di Giovanni Crisostomo. Proclo, allora, le fece prendere e dispose di collocarle nella grande chiesa di Costantinopoli[17].

14 In questo tempo fece la sua comparsa tra i Giudei un tale di nome Mosè, che disse loro: «Sono sceso dal cielo per liberarvi come già fece Mosè figlio di ʿImrān». Ebbe luo-

10 Michele il Siro, *Chronique* (1899), vol. II, p. 22 ricorda pure Alessandro di Gerapoli.

11 Michele il Siro, *Chronique* (1899), vol. II, p. 22 lo chiama Massimiano, come già lo storico Socrate.

12 A. Vasiliev, *Kitab* (1912), p. 413, traduce invece: «dopo aver tra loro convenuto che la concordia tra essi e lui correva già da prima».

13 Meglio 733. Cf. A. Vasiliev, *Kitab* (1912), p. 413.

14 Per questo Giacomo, martire in Persia e poi seppellito a Bahnasā', in Egitto, cf. Iacopo da Varazze, *Legenda aurea*, Fabbri Editori, Milano 2001, vol. II, pp. 974-978.

15 A. Vasiliev, *Kitab* (1912), p. 413, preferisce «Massimiano». Massimiano fu in effetti patriarca di Costantinopoli dal 25 ottobre 431 al 12 aprile 434, dopo essere succeduto a Nestorio. Anche Eutichio, *Gli Annali* (1987), p. 239 ha «Massimo», dicendo che resse la sede 3 anni.

16 Nel testo *Murquṣ*. Proclo fu patriarca di Costantinopoli dal 12 o 13 aprile 434 al 12 luglio 446. Eutichio non fa parola degli anni in cui resse la sede patriarcale di Costantinopoli.

17 Vedi pure Michele il Siro, *Chronique* (1899), vol. II, p. 11.

go, ciò, su un'isola del mare meglio conosciuta come Creta. Un giorno, mentre in gran numero camminavano con lui costeggiando il mare accompagnati dalle loro donne e dai loro figli, arrivarono in un posto a strapiombo sul mare. Mosè esclamò allora: «Vi farò attraversare il mare, a cominciare da me». Molti tra loro si gettarono in mare e annegarono. Nel vedere ciò e quanto era capitato ai loro compagni annegati, /gli altri/ si rifiutarono di gettarsi e divisarono di acciuffare quel tale Mosè che, però, se la diede a gambe e trovò ricettacolo presso alcuni spiriti impuri. Molti di essi si fecero cristiani[18].

15 A Edessa era allora vescovo un tale di nome Rabbula[19]. Morì e dopo di lui fu eletto Ibas[20].

L'imperatore contro i nestoriani

16 Nell'anno 29 del suo regno, l'imperatore Teodosio il Giovane si sovvenne di Nestorio e diede ordine di esiliarlo in Egitto, dove rimase fino al giorno della sua morte. L'imperatore mandò poi dei messi ad Antiochia, fece arrestare tutti coloro che non avevano scomunicato Nestorio e li esiliò. In tale circostanza furono mandati in esilio diciotto metropoliti e parecchi vescovi, preti, monaci e laici.

17 L'imperatore diede disposizione di bruciare i resti mortali di *Ūdrīs*[21]. Molte persone in Oriente si dissero pronte ad affrontare la morte, e perciò non li bruciarono. Erano rimasti tutti turbati e non pochi dissero: «Non si brucia un uomo già morto!».

18 In questo anno, dopo 182 anni, quelli della Caverna[22] si destarono dal sonno nel quale erano sprofondati al tempo dell'imperatore Decio. L'imperatore Teodosio uscì accompagnato da vescovi, presbiteri, metropoliti e capi della città, li videro e conversarono con essi. Fu allora che morirono, ciascuno dove si trovava[23].

19 In questo anno ci fu uno spaventoso terremoto a Costantinopoli. L'intera popolazione si riversò fuori città e parecchie località crollarono.

20 Celestino restò patriarca di Roma 9 anni e morì. Dopo di lui fu eletto Sisto[24], resse la sede 8 anni e dopo di lui fu eletto Leone[25].

[18] Stesso episodio in Michele il Siro, *Chronique* (1899), vol. II, pp. 25-26.

[19] Cf. pure Michele il Siro, *Chronique* (1899), vol. II, p. 19.

[20] Michele il Siro, *Chronique* (1899), vol. II, p. 23 dice che venticinquesimo vescovo di Edessa fu l'eretico Ibas. Per ulteriori particolari che lo riguardano vedi Michele il Siro, *Chronique* (1899), vol. II, pp. 25, 33, 37, 40, 69, 75, 83, 100, 112, 117, 121, 142, 252, 329, 407.

[21] Michele il Siro, *Chronique* (1899), vol. II, p. 32 lo identifica con Eusebio di Dorilea. Ma l'episodio è ben diverso, perché Eusebio di Dorilea era ancora vivo quando fu minacciato di essere votato al fuoco!

[22] La terminologia richiama quella di sura XVIII.

[23] Sulla leggenda dei Sette Dormienti si veda I. Guidi, *Testi orientali inediti sopra i Sette Dormienti di Efeso*. Atti della Reale Accademia dei Lincei. Memorie, vol. XII, Roma 1884 (1883-1884), pp. 356-404. Michele il Siro, *Chronique* (1899), vol. II, pp. 17-21. Si veda altresì la nota bibliografica illustrata da A. Vasiliev, *Kitab* (1912), p. 415.

[24] Sisto III fu vescovo di Roma dal 31 luglio 432 al 19 agosto 440.

[25] Leone I fu vescovo di Roma dall'agosto/settembre 440 al 10 novembre 461.

21 Cirillo resse la sede di Alessandria 33 anni e morì. Dopo di lui fu eletto Dioscoro[26].

22 Dopo Giovanni, che l'aveva retta per 13 anni, salì sulla sede di Antiochia Domno[27].

23 Nell'anno 33 del regno di Teodosio /il Giovane/ morì Bahrām, re dei Persiani. Aveva regnato 21 anni. Dopo di lui cominciò a regnare Yazdagird[28]. Regnò 8 anni.

24 In questo anno alcuni abitanti di Edessa trascinarono il loro vescovo a Costantinopoli sostenendo che un giorno aveva tenuto un'omelia nel corso della quale aveva così asserito: «Non invidio il Messia per ciò che ha fatto, giacché in tutto ciò che ha avuto luogo in lui io sono come lui»[29].

25 In questo stesso anno certuni si recarono ad Alessandria, dove al cospetto di Dioscoro affermarono che il loro vescovo, quando teneva le omelie, non diceva che Maria aveva generato Dio, ma che era stata la genitrice di un uomo e che perciò aveva dato alla luce un puro e semplice uomo come lui[30], conformemente alla dottrina di Nestorio.

Eutiche e la sua dottrina

26 In questo anno fece la propria comparsa un uomo chiamato Eutiche[31], il quale asseriva: «Il Figlio eterno non ha preso nulla da Maria, si è piuttosto trasmutato e trasformato, divenendo così carne e sangue. Pur passando per Maria, nulla ha egli assunto da lei». Fu quindi indetto un concilio contro di lui, lo scomunicarono e lo mandarono in esilio. Contro di lui, infatti, si erano riuniti ad Efeso 130 vescovi[32]. Come presidente del Concilio fu designato Dioscoro, vescovo di Alessandria, che insieme con lui depose parecchi /altri/ vescovi dalle rispettive sedi.

27 Nell'anno 41 del regno di Teodosio /il Giovane/ fu rinvenuta ad Emesa la testa di Giovanni il Battista[33].

[26] Michele il Siro, *Chronique* (1899), vol. II, 25 dice che fu vescovo per 8 anni e a p. 33 dice «8 anni e 3 mesi». Dioscoro fu patriarca di Alessandria dal 444 al 13 ottobre 451 e morì il 4 settembre 454. Eutichio, *Gli Annali* (1987), p. 262 dice che il giacobita Dioscoro resse la sede per 6 anni, fu scomunicato ed esiliato.

[27] Il termine arabo è del tutto illeggibile. Seguiamo la lettura di A. Vasiliev, *Kitab* (1912), p. 416. Domno fu patriarca di Antiochia dal 441/442 al 450, succedendo a Giovanni I, patriarca della stessa sede dal 428 al 441/442. Eutichio, *Gli Annali* (1987), p. 262 dice che Domno resse la sede 21 anni.

[28] Yazdagird II, succeduto a Bahrām V, regnò sui Persiani dal 438 al 457.

[29] Cheikho ritiene che si tratti qui di Iba di Edessa, secondo quanto riportato in Lequien, *OC*, vol. II, p. 960. Vedi anche A. Vasiliev, *Kitab* (1912), p. 416.

[30] A. Vasiliev, *Kitab* (1912), p. 417 traduce qui «un uomo perfetto simile a Dio», leggendo *muḥṣan* al posto di *mahḍ*. Il termine arabo *muḥṣan* è coniato sulla stessa voce verbale *aḥṣana* che il Corano riferisce a Maria per mettere in risalto come si fosse conservata, per decisione e per condotta, casta al cospetto di Dio in tutta la sua esistenza sulla terra. Cf. sure XXI,91; LXVI,12.

[31] Michele il Siro, *Chronique* (1899), vol. II, 23-29.

[32] Concilio dell'agosto 449, tradizionalmente chiamato «latrocinio di Efeso». Fu convocato da Teodosio II per risolvere le questioni sorte in seguito alla condanna di Eutiche, archimandrita di Costantinopoli, deposto e scomunicato nel sinodo di Costantinopoli del 448 sotto l'accusa di monofisismo. Il concilio dichiarò ortodossa la dottrina sostenuta da Eutiche e ne condannò gli avversari, ma le decisioni da esso adottate furono poi rovesciate al Concilio di Calcedonia del 451.

[33] Cf. Migne, PL, LXVII, 420-446. Michele il Siro, *Chronique* (1899), vol. II, p. 240, dice appunto che la testa di Giovanni Battista si trovava a Emesa e che era fonte di prodigi per chi riponeva fiducia nel Santo.

Capitolo 34

Regno di Marciano

L'imperatore Marciano e Pulcheria

1 Teodosio /il Giovane/ morì. Aveva 50 anni. Dopo di lui cominciò a regnare Marciano, nell'anno 762 dell'era di Alessandro. Regnò 7 anni[1].

2 Sposò Pulcheria[2], sorella di Teodosio il Giovane. Costei covava rancore contro Dioscoro per aver egli mandato in esilio il vescovo di Costantinopoli insieme con tutti gli altri vescovi e ogni altro ancora che lo avevano scomunicato in quel concilio. Prese così ad istigare l'imperatore a che si vendicasse di lui.

3 L' imperatore e l'imperatrice scrissero poi una lettera a Leone, vescovo di Roma, e a tutti i vescovi ordinando loro di riunirsi e di esaminare le questioni teologiche e l'operato di Dioscoro durante il secondo Concilio di Efeso. Dopo avere essi espresso il desiderio che il concilio si tenesse a Nicea, l'imperatore dispose invece ch'esso si riunisse a Calcedonia, poiché Nicea era lontana e Calcedonia vicina.

Concilio di Calcedonia (451)

4 I vescovi colà convenuti si riunirono nell'anno 2 del regno di Marciano, il 25 del mese di *tišrīn al-awwal* /=ottobre/ dell'anno 763 dell'era di Alessandro. Erano presenti 630 persone[3]. Costoro scomunicarono Dioscoro e istituirono parecchi canoni. Dichiararono che il Figlio ha assunto una natura senza ipostasi, dato che la natura è altra cosa che le ipostasi, ed è costituito di una sola ipostasi e di due nature; che gli vengono riconosciute due sostanze, due operazioni, due volontà e una sola ipostasi e che la sostanza della natura divina è altra cosa che le tre ipostasi[4].

[1] Imperatore romano d'Oriente dal 25 agosto 450 al 26 gennaio 457, Marciano fu l'ultimo imperatore della dinastia iniziatasi con Teodosio I. Michele il Siro, *Chronique* (1899), vol. II, p. 36 lo definisce «attempato, stupido e illetterato» e lo fa regnare 6 anni e 7 mesi.

[2] Nel testo *Qlwḏkyyah*. Sorella di Teodosio II, successe al fratello, sposando immediatamente il senatore Marciano che divenne, così, il nuovo imperatore.

[3] Michele il Siro, *Chronique* (1899), vol. II, p. 36 lo fa cominciare nel mese di *tišrīn al-ṯānī* /=novembre/ dell'anno 765 e dice che vi convennero 704 vescovi.

[4] Per ragguagli su tale Concilio, cf. Michele il Siro, *Chronique* (1899), vol. II, pp. 37-125.

Regno di Leone

Eventi vari

5 Marciano aveva regnato 7 anni pieni quando morì[5]. Aveva 65 anni. Nell'anno 769 dell'era di Alessandro salì sul trono, quale imperatore, Leone. Regnò 16 anni[6].

6 All'inizio di questo anno cominciò a regnare sui Persiani Fīrūz, figlio di Yazdagird[7]. Regnò 27 anni.

7 In questo anno ci fu ad Antiochia, città della Siria, una scossa tellurica a causa della quale sprofondarono parecchie località.

Successioni di vescovi

8 Dopo aver retto la sede 22 anni, Leone, vescovo di Roma, morì. Al suo posto fu eletto Ilario, che resse la sede 7 anni[8]. Dopo di lui fu eletto Simplicio, che la resse 16 anni[9].

9 Sulla sede di Antiochia salì Acacio, dopo che l'aveva retta per 3 anni Paolino[10]. Vi restò 5 anni[11] e come suo successore fu eletto Martirio[12].

10 Dopo Anatolio, che l'aveva retta 21 anni, sulla sede di Costantinopoli salì Gennadio, per reggerla 15 anni.[13]

11 Dopo Giovenale, che l'aveva retta 40 anni, sulla sede di Gerusalemme salì Anastasio[14].

[5] Fu ucciso a Costantinopoli dall'alano Aspar.

[6] Leone I, detto il Trace, imperatore d'Oriente regnò dal 457 al 474. Michele il Siro, *Chronique* (1899), vol. II, 126 dice che cominciò a regnare nell'anno 770 dei Greci.

[7] Nel 457 al sasanide Yazdagird II successe in verità Hormizd III e fu nel 459 che ad Hormizd III successe Fīrūz o Parwīz.

[8] Ilario fu vescovo di Roma dal 19 novembre 461 al 29 febbraio 468. Michele il Siro, *Chronique* (1899), vol. II, p. 141 lo considera il quarantaquattresimo vescovo di Roma.

[9] Simplicio fu vescovo di Roma dal 3 marzo 468 al 10 marzo 483.

[10] O forse Basilio. Cf. A. Vasiliev, *Kitab* (1912), p. 419. Dopo Basilio, infatti, fu fatto patriarca di Antiochia Acacio, che ne resse la sede dal 458 al 459.

[11] Acacio fu patriarca di Antiochia dal 458 al 459. Di un Acacio patriarca di Antiochia, Eutichio non fa parola.

[12] Martirio, apertamente schierato per Nestorio, resse la sede di Antiochia da prima di settembre 459 al 470. Eutichio, *Gli Annali* (1987), p. 266, dice che la resse 8 anni.

[13] Michele il Siro, *Chronique* (1899), vol. II, p. 141 lo definisce «eretico» e lo considera il quattordicesimo vescovo della città. Gennadio, successore di Anatolio che aveva retto la sede di Costantinopoli dal novembre 449 al 3 luglio 458, fu patriarca di Costantinopoli dall'agosto o settembre 458 al 20 novembre 471. Eutichio, *Gli Annali* (1987), p. 266, dice che resse la sede 10 anni, succedendo a Martirio, che la resse invece 8 anni. Eutichio, *Gli Annali* (1987), p. 266, dice che era un giacobita e che resse la sede 19 anni.

[14] Anastasio I fu patriarca di Gerusalemme dagli inizi di luglio 452 agli inizi di gennaio 478.

Eventi vari

12 Nell'anno 9 del regno di Leone, si verificò un'eclissi di sole ed apparvero nitide le stelle.

13 Nell'anno 10 del suo regno, ci fu, in Oriente, una grande carestia con molte cavallette.

14 Nell'anno 12 del suo regno, i Persiani fecero una spedizione contro Āmid, la cinsero d'assedio e la devastarono.

15 In questo anno cominciò a regnare sui Persiani Balās[15]. Regnò quattro anni.

16 Nell'anno 16 del regno di Leone cominciò a regnare sui Persiani Qabād, figlio di Fīrūz[16]. Regnò 21 anni.

17 Martirio[17], vescovo di Antiochia, aveva retto la sede 13 anni quando vi salì, dopo di lui, Giuliano, reggendola poi per 14 anni[18]. Dopo di lui fu eletto Pietro il Fullone. Costui fu poi scomunicato ed esiliato[19].

18 Ai giorni di Leone morì Simeone lo Stilita. Era stato il primo a salire /e a vivere/ sopra una colonna[20].

Regno di Zenone isaurico

Storia di Pietro il Fullone[21]

19 Nell'anno 785 dell'era di Alessandro cominciò a regnare Zenone[22]. Regnò 15 anni. Ma vogliamo ora raccontarvi la storia di Pietro il Fullone. Detto Pietro si era ritirato in un monastero di Calcedonia, di cui divenne superiore. Zenone mosse guerra all'imperatore Leone e, preso con sé Pietro, lo fece suo compagno e insieme anda-

[15] Si tratta di Valāš figlio di Fīrūz che, dopo aver regnato quattro anni, ossia dal 484 al 488, fu destituito ed accecato. Al suo posto fu intronizzato il fratello Qabād.

[16] Ossia Qabād I figlio di Fīrūz, re dei Persiani, che regnò dal 488 al 13 settembre 531 e gli successe Cosroe I, dal 13 settembre 531 al febbraio del 579.

[17] Michele il Siro, *Chronique* (1899), vol. II, p. 141 ha la seguente successione: «Ad Antiochia dopo Domno, venne Massimo e, dopo di lui, il quarantesimo vescovo, vale a dire Martirio, che fu poi espulso. Dopo costui venne il quarantunesimo, ossia Giuliano; quindi il quarantaduesimo, ossia Stefano; poi il quarantatreesimo, ossia un altro Stefano, che fu poi espulso e infine il quarantaquattresimo, ossia Pietro, che fu esiliato e tornò poi per altre tre volte».

[18] Giuliano salì sulla sede di Antiochia nel 471 (?) e vi restò fino al 475. Eutichio, *Gli Annali* (1987), p. 270, dice che resse la sede 5 anni.

[19] Pietro il Fullone fu patriarca di Antiochia per la prima volta nel 470, prima, quindi, di Giuliano. Eutichio, *Gli Annali* (1987), p. 271, riporta che detto Pietro, un giacobita, fu patriarca di Antiochia 6 anni o, come da altra fonte, 2 e fu rimosso. Tornò ad occuparne la sede dopo Calendion e vi restò 8 anni.

[20] Michele il Siro, *Chronique* (1899), vol. II, p. 142 fissa il giorno della sua morte nell'anno 3 del regno di Leone, corrispondente al 773 dei Greci.

[21] Ossia il Lavandaio, dal mestiere che svolgeva prima di imbarcarsi nell'avventura che Agapio si accinge a narrare. Fu patriarca di Antiochia a più riprese, la prima delle quali nel 470 e l'ultima dal 485 al 489.

[22] Successe nel 474 al giovane figlio Leone II che morì nel corso dello stesso anno. Regnò fino al 491. Michele il Siro, *Chronique* (1899), vol. II, p. 143 dice che cominciò a regnare all'età di 6 anni.

rono a Tarso, città della Cilicia. Non appena Pietro ebbe messo piede in città, disse ai vescovi del paese: «Leone mi ha mandato qui da voi insieme con Zenone perché mi facciate vescovo di Antiochia. Se gradite ingraziarvelo, createmi vescovo prima che Leone stesso ve lo ordini». La popolazione gradì quanto aveva detto e lo designò vescovo all'insaputa dell'imperatore. Quando gli portarono la notizia, l'imperatore lo scomunicò e lo condannò all'esilio.

20 Poi ad Antiochia venne fuori un ribelle detto Basilisco[23]. Costui reintegrò con la forza Pietro nel suo rango, senza chiedere l'assenso dei vescovi che erano nel paese, stilò una lettera nella quale lo confermava antistite e ingiunse ai vescovi di accoglierlo e di sottoscrivere la lettera di propria mano. Poiché i vescovi non acconsentirono, diede ordine di decapitarli. In simile frangente, alcuni vescovi e parecchi monaci fuggirono trovando nascondimento nella chiesa di *mār* Tommaso in Antiochia. Pietro mandò a cercarli, li scovò e li fece uccidere tutti.

21 Quando il ribelle fu ucciso e Zenone divenne imperatore, quest'ultimo scrisse al vescovo di Roma e a tutti gli altri vescovi per metterli al corrente del caso di Pietro e del suo perverso operato. Venuto a conoscenza di ciò, il vescovo di Roma scomunicò lui e tutti i vescovi che stavano dalla sua parte.

22 Poi Zenone lo mandò in esilio a Eucaita[24]. Il suddetto Pietro aveva alterato le Sacre Scritture, aggiungendo e togliendo. Tra l'altro aveva soppresso le parole di Giovanni l'Evangelista dove dice: «Tutto è stato fatto per mezzo di lui e senza di lui nulla è stato fatto»[25]. Come pure soppresse le parole di chi professa: «Fu crocifisso per noi»[26].

23 Dopo che Pietro fu scomunicato, fecero salire al suo posto, sulla sede di Antiochia, Giovanni. Resse la sede 6 anni[27].

24 Alla sede di Costantinopoli (sic!) fu eletto Calendion. La resse 3 anni[28].

25 L'imperatore Zenone scrisse poi a tutti i vescovi per consultarli sull'affare di Pietro

[23] Si tratta di Basilisco, fratello di Verina vedova di Leone. Questa insurrezione aveva luogo nel 475 e Zenone si vide costretto a fuggire in Isauria. Ma tornato a Costantinopoli nell'agosto del 476, fece esiliare Basilisco in Cappadocia dove fu decapitato. Sulle sue gesta vedi pure Michele il Siro, *Chronique* (1899), vol. II, pp. 143-149.

[24] Michele il Siro, *Chronique* (1899), vol. II, p. 141 accenna solo all'esilio, snza specificare il luogo. A p. 154 parla di Eucaita come isola nel Ponto.

[25] Cf. *Gv* 1,3.

[26] Allusione a quanto si asserisce nel Simbolo o Credo della Chiesa.

[27] Michele il Siro, *Chronique* (1899), vol. II, p. 153 asserisce che Calendion successe invece a Pietro e che una volta espulso, salì sul soglio di Antiochia Palladio, quarantanovesimo vescovo della città, a cui successe Flaviano che venne espulso al tempo di Anastasio. Giovanni è forse qui Giovanni II Codonato che solitamente è annoverato dopo Giuliano, succeduto a Pietro nel primo periodo del suo patriarcato. La lista di Grumel, *Cronologie* (1958), pp. 446-447 riporta la seguente successione a partire dal primo periodo di Pietro Fullone: Pietro Fullone, Giuliano, Giovanni II Codonato, Stefano II, forse un secondo Stefano sopo costui, Calendion, Pietro Fullone, Palladio, Flaviano II e Severo. Giovanni II Codonato resse la sede di Antiochia dalla fine del 476 agli inizi del 477.

[28] Calendion non fu però patriarca di Costantinopoli, bensì di Antiochia dal 479 al 484. Eutichio, *Gli Annali* (1987), p. 271 dice che era un nestoriano e che resse la sede 4 anni.

e sulla possibilità di reintegrarlo nel suo rango, dicendo: «Se lo stimate opportuno, fatelo». Avendo Pietro saputo che l'imperatore aveva scritto a suo riguardo, rientrò e, senza consultarsi con nessuno, rioccupò la sua sede che resse per altri 5 anni[29].

26 Alla sede di Gerusalemme fu eletto, dopo Anastasio che l'aveva retta 18 anni [...] La resse 18 anni[30]. Dopo di lui fu eletto Ǧanādil. La resse 8 anni[31].

Regno di Anastasio

Successione di vescovi in varie sedi

27 All'età di 61 anni morì Zenone[32]. Nell'anno 806 dell'era di Alessandro cominciò a regnare Anastasio[33]. Regnò 27 anni.

28 Nell'anno 6 del suo regno finì il sesto millennio a partire da Adamo.

29 Dopo essere stato sulla sede di Roma 9 anni, Felice morì[34]. Dopo di lui vi salì, per 5 anni, Gelasio[35]. Dopo di lui vi salì per 1 anno Anastasio[36] e, dopo costui, per 14 anni, Simmaco[37].

30 /A Gerusalemme, dopo averla retta Atanasio[38] per 18 anni, salì sulla sede Martirio, reggendola anch'egli 18 anni e, dopo di lui, Sallustio[39] che la resse 5 anni/[40].

29 Allusione al terzo periodo di patriarcato di Pietro Fullone, dal 485 al 489. Eutichio, *Gli Annali* (1987), p. 271 dice che la resse per altri 8 anni e morì, ma aggiunge che in altre fonti si legge che la resse per altri 3 anni.

30 Anastasio I fu in effetti patriarca di Gerusalemme dagli inizi di luglio 452 agli inizi di gennaio 478. Eutichio, *Gli Annali* (1987), p. 266 dice che era un giacobita e che resse la sede 19 anni e morì. Anastasio ebbe come successore Martirio, che resse la sede dal 478 al 13 aprile 486. In Eutichio, *Gli Annali* (1987), p. 270 lo chiama *Martīnūs*, dice che resse la sede 8 anni e che era un giacobita.

31 Per questa successione di vescovi sulla sede di Gerusalemme, vedi A. Vasiliev, *Kitab* (1912), p. 422, dove ad Anastasio succede Martirio e a costui Sallustio. A tal proposito vedi 34,30, dove lo stesso Agapio propone una lista diversa. Eutichio, *Gli Annali* (1987), p. 271 dice che nell'anno 7 del regno di Zenone salì sulla cattedra di Gerusalemme un tale di nome Milīṭūs, un giacobita che resse la sede 8 anni e morì. Michele il Siro, *Chronique* (1899), vol. II, p. 153, presenta la seguente successione: Anastasio, Martirio e Sallustiano.

32 Stranamente Agapio salta qui parecchi anni del regno di Zenone! Salta altresì la menzione del papato di Felice IV.

33 Ossia Anastasio, imperatore bizantino (491-518), eletto alla morte di Zenone, del quale aveva sposato la vedova Ariadne.

34 Trattasi di Felice III, che fu vescovo di Roma dal 13 marzo 483 al 1° marzo 492. Agapio non ha menzionato a chi successe e quando cominciò a reggere la sede di Roma.

35 Gelasio I fu vescovo di Roma dal 1° marzo 492 al 21 novembre 496.

36 Anastasio II fu in effetti vescovo di Roma dal 24 novembre 496 al 19 novembre 498.

37 Simmaco fu vescovo di Roma dal 22 novembre 498 al 19 luglio 514.

38 Michele il Siro, *Chronique* (1899), vol. II, p. 153 ha invece Anastasio. Lo stesso nome è comparso in XXXIV.4.1.26 e prima.

39 Michele il Siro, *Chronique* (1899), vol. II, p. 153 lo chiama Sallustiano e lo indica come il cinquantaquattresimo vescovo della città.

40 Questo numero è del tutto assente in Cheikho. Agapio lo ha in certo senso illustrato al nr. 26 dove però sono riscontrabili delle lacune.

31 Sulla sede di Alessandria salì per 4 anni Atanasio[41], dopo che Pietro Mongo l'aveva retta per 19 anni[42]. Dopo Atanasio la resse 6 anni[43] Giovanni il Recluso[44]. Dopo di lui la resse 2 anni Dioscoro[45] e, dopo costui, la resse Timoteo, per 14 anni[46].

32 Dopo che Acacio aveva retto la sede di Costantinopoli 16 anni, vi salì per 7 anni Eufemio[47]. L'imperatore lo esiliò sopra un'isola del Ponto[48]. Dopo di lui la sede fu retta da Macedonio per 14 anni[49], ma anche costui fu mandato in esilio dall'imperatore Anastasio perché lo redarguiva e gli diceva: «Sei un manicheo, condividi le stesse idee dei Manichei». Dopo di lui fu eletto Timoteo[50]. Resse la sede 6 anni. Poi fu eletto, dopo di lui, Giovanni e la resse 2 anni[51].

33 Dopo Saul[52], che aveva retto la sede 8 anni, fu eletto alla sede di Gerusalemme Elia[53]. La resse 20 anni. Gli successe Giovanni, che la resse 14 anni[54].

[41] Trattasi di Atanasio II Keletès, monofisita, che fu patriarca di Alessandria dal 489 al 496.

[42] In verità Pietro III Mongo fu patriarca di Alessandria per ben due volte, la prima dal 31 luglio 477 al 4 settembre 477 e per la seconda volta dal dicembre 482 al 29 ottobre 489.

[43] A. Vasiliev, *Kitab* (1912), p. 422 ha invece che dopo Giovanni il Monaco, la sede di Alessandria fu amministrata per 7 anni da Giovanni l'Eremita. Anche in Eutichio, *Gli Annali* (1987), p. 277 si afferma che dopo Giovanni il Monaco, sulla sede di Alessandria salì un altro Giovanni, vale a dire Giovanni II, monofisita, patriarca di Alessandria dal 505 al 22 maggio 516.

[44] Lett. il Monaco. Allude a Giovanni I, monofisita, patriarca di Alessandria dal 496 al 29 aprile 505. Eutichio, *Gli Annali* (1987), p. 277 precisa che era un giacobita e resse la sede per 9 anni.

[45] Allusione a Dioscoro II, successore di Giovanni II, che resse la sede dal 516 al 14 ottobre 517. Eutichio, *Gli Annali* (1987), p. 277 dice che resse la sede un solo anno e morì.

[46] Michele il Siro, *Chronique* (1899), vol. II, p. 153 offre un diverso resoconto. A p. 157 dice poi che Giovanni fu il ventottesimo vescovo di Alessandria, la cui sede egli resse 8 anni. Timoteo III, monofisita, occupò in effetti la stessa sede dal 517 al 7 febbraio 535. Eutichio, *Gli Annali* (1987), p. 277 dice che Timoteo aveva retto la sede 2 anni quando fu rimosso.

[47] Michele il Siro, *Chronique* (1899), vol. II, p. 153 pone tra i due Fravita, patriarca di Costantinopoli dal dicembre 489 al marzo 490. Eufemio fu patriarca di Costantinopoli dalla primavera 490 alla primavera 496. Eutichio, *Gli Annali* (1987), p. 271 menziona prima di Eufemio un patriarca di nome Iwfūtiyūs, al quale attribuisce 5 anni di reggenza.

[48] Ossia l'isola Eucaita, nel Ponto. Cf. Lequien, *OC.*, I, 220. Cf. Michele il Siro, *Chronique* (1899), vol. II, pp. 154-155.

[49] Si tratta di Macedonio II, patriarca di Costantinopoli dal luglio 496 all'11 agosto 511, anno in cui fu esiliato. Eutichio, *Gli Annali* (1987), p. 277 dice che resse la sede 4 anni e morì.

[50] Ossia Timoteo I, patriarca di Costantinopoli dall'ottobre 511 al 5 aprile 518. Era il ventesimo vescovo della città. Cf. Michele il Siro, *Chronique* (1899), vol. II, p. 155. Eutichio, *Gli Annali* (1987), p. 278 gli fa reggere la sede di Costantinopoli per 6 anni.

[51] Giovanni II di Cappadocia, fu patriarca di Costantinopoli dal 17 aprile 518 al febbraio 520. Eutichio, *Gli Annali* (1987), p. 278 dice che resse la sede 9 anni e morì.

[52] Meglio Sallustio, patriarca di Gerusalemme dal 486 al 23 luglio 494.

[53] Ossia Elia I, patriarca di Gerusalemme dal 494 al 20 luglio 516. Morì confortato da san Saba nel 518. Vedi B. Bagatti, *Alle origini della Chiesa*, vol. II, p. 46. Eutichio, *Gli Annali* (1987), p. 271 dice che ne resse la sede 24 anni o, come in altre fonti, 14 anni.

[54] Giovanni III, patriarca di Gerusalemme dall'1 settembre 516 al 20 aprile 524. Sulla condotta di questo patriarca cf. Eutichio, *Gli Annali* (1987), pp. 279-280. A p. 284 dice che resse la sede 7 anni e morì.

L'imperatore Anastasio e il Simbolo di fede

34 Nell'anno 1 del suo regno, Anastasio diede ordine di sgozzare i figli di molte donne e giovanetti di tra coloro che apprendevano a leggere e a scrivere[55].

35 Nell'anno 3 del suo regno fu costruita la città di Dārā[56], situata sovra Nisibi, nella zona in cui fu ucciso Dario il Persiano[57].

36 Poi l'imperatore Anastasio divisò di sopprimere dal *Simbolo* e dalla Chiesa la frase: «Sei stato crocifisso per noi»[58]. La popolazione della città si sollevò tutta e diede di piglio alle pietre, decisa a lapidarlo. Il fatto lo atterrì e, spinto dalla paura che aveva di essi, l'imperatore si tolse la corona dalla testa e disse loro: «Agirò come voi comanderete in tutto ciò che vi farà piacere». Il popolo lo lasciò così tranquillo.

Eventi vari

37 Nell'anno 11 del regno di Anastasio il paese dei Bizantini fu flagellato da una dura carestia, durante la quale comparvero sciami e sciami di cavallette che devastarono tutti i loro raccolti.

38 In questo stesso anno ci fu una violenta scossa tellurica.

39 Sempre in questo anno si rese noto Giacomo, vescovo di Baṭnān[59], il quale compose omelie sulla carestia che si era abbattuta sui Bizantini in quel periodo. Noto si rese altresì Marino il Monaco, originario di Apamea, che aveva composto numerosi libri nel periodo in cui era stato a Emesa[60].

40 Nell'anno 22 del regno di Anastasio ebbe luogo un'eclissi di sole nel mese di *ḥazirān* /= giugno/, a mezzogiorno.

41 In questo periodo si rese noto Severo, vescovo di Antiochia, che compose numerosi scritti contro i suoi avversari. Condivideva le opinioni di Dioscoro, patriarca di Alessandria[61].

55 Michele il Siro, *Chronique* (1899), vol. II, p. 154 dice che lo fece perché si erano burlati di lui.

56 Città della Mesopotamia, tra Nisibi e Māridīn, a NO della prima, ricca di frutteti e acque correnti dalle cui terre gli Arabi si procuravano il pruno odoroso. Fu resa celebre dalle guerre tra Cosroe Anūširwān e i Bizantini nel VI secolo. Per maggiori notizie sulla storia di questa città nelle fonti arabe, cf. Yāqūt, *Mu'ǧam al-buldān* (1990), vol. II, pp. 477-478.

57 Cf. Michele il Siro, *Chronique* (1899), vol. II, pp. 159-160. Nel testo troviamo una parola illeggibile subito dopo il nome Dario.

58 La formulazione è personalizzata, calata quasi a livello di devozione popolare, meno solenne di come in effetti compare nella formulazione del Simbolo di fede redatto dal Concilio nel quale assurge a proclamazione di dogma nelle parole: «Fu crocifisso per noi». Sulla questione cf. anche Michele il Siro, *Chronique* (1899), vol. II, pp. 492-496. Vedi 34,22.

59 Il toponimo sta qui per Sarūǧ. Sta parlando infatti di Giacomo di Sarūǧ. Cf. Michele il Siro, *Chronique* (1899), vol. II, p. 161. Sulla sua morte vedi pure pp. 175-176.

60 Questo personaggio Cheikho propone di identificarlo con il *Balaeus* di cui in Bibl. Or. Assemani I, 466. Ma si veda Michele il Siro, *Chronique* (1899), vol. II, pp. 155-157.

61 Per questo Severo, considerato il corifeo dei Monofisiti, cf. anche Michele il Siro, *Chronique* (1899), vol. II, pp. 165-166.

Capitolo 35

Regno di Giustino

Guerre con i Persiani

1 Nell'anno 829 dell'era di Alessandro cominciò a regnare Giustino[1]. Regnò 9 anni. Era originario di Roma[2]. Ricondusse a concordia tutte le chiese, cacciò via i Gentili e restituì la libertà ai vescovi d'Oriente.

2 Nell'anno 7 del suo regno i Bizantini e i Persiani si diedero battaglia in riva all'Eufrate. Molti Bizantini annegarono[3].

3 In questo anno caddero abbondante neve e una forte gelata che distrussero alberi e vigneti.

4 Nell'anno 8 del suo regno le piogge si fecero rare e il raccolto fu scarso, mentre l'acqua scemava nelle sorgenti. Di poi sopraggiunsero a sciami le cavallette e dilagò una grave pestilenza che durò sei anni.

5 Nello stesso anno l'imperatore inviò una delegazione presso al-Mundir, re degli Arabi, per fare la pace con lui, giacché aveva razziato territori appartenenti ai Bizantini, distrutto le loro abitazioni e portato in cattività la popolazione.

6 In questo anno i Persiani, al comando di Cosroe il Persiano, fecero una spedizione contro Edessa, massacrandovi un gran numero di persone[4].

7 Nel cielo comparve una stella cometa. Vi restò senza mai alterarsi 40 notti[5].

8 L'imperatore Giustino fece sedere accanto a sé nell'impero un socio chiamato anch'egli Giustiniano. Era il figlio di suo fratello[6]. Regnò 39 anni[7].

[1] Nel testo è detto ora Yūstīsānūs ora Yūstīnān, ora Yūstiniyān. Si tratta di Giustino I, Tauresio, Illirico, imperatore bizantino (518-527). Eutichio lo presenta come originario della Tracia. Cf. Eutichio, *Gli Annali* (1987), p. 283. Gli autori siriaci usano per lo più la forma *Ioustinianos* per indicare tanto Giustino I quanto Giustiniano I. Così in Michele il Siro, *Chronique* (1899), vol. II, p. 169, nota 1.

[2] Michele il Siro, *Chronique* (1899), vol. II, p. 169 è pure egli per una sua origine dalla Tracia.

[3] Ostilità tra Giustino e i Persiani si ebbero in verità nel 527, quando, profittando delle difficoltà di questi ultimi minacciati a Oriente dalle incursioni degli Eftaliti, l'imperatiore cinse d'assedio la fortezza persiana di Nisibi.

[4] Questa notizia sconcerta perché in realtà un Cosroe compare solo nel 531, quando alla morte di Qabād sale sul trono di Persia Cosroe I.

[5] A. Vasiliev, *Kitab* (1912), p. 426, traduce invece: «Vi restò 41 notti», forse tratto in inganno dall'espressione على حال واحد اربعين ليلة.

[6] In Michele il Siro, *Chronique* (1899), vol. II, 189, 190 si dice che era figlio di sua sorella.

[7] Agapio comincia a far confusione da qui tra Giustino I e Giustiniano, suo nipote. Più avanti dirà

Regno di Giustiniano

Eventi vari

9 Ci fu un'intensa scossa tellurica a ragione della quale sprofondarono molte località.

10 Tra i sostenitori di Severo e quelli di Giuliano[8] scoppiò una discordia. Giuliano affermava che il corpo di Cristo è corruttibile, mentre i partigiani di Severo professavano che una cosa del genere è impossibile e mai potrebbe essere.

11 Nell'anno 3 del regno di Giustino e del suo socio, gli Arabi attaccarono i Bizantini.

12 In questo stesso anno ebbe luogo un violento conflitto tra i Bizantini e i Persiani. Moltissimi Bizantini trovarono la morte e un gran numero di essi annegarono nell'Eufrate. Le loro ostilità durarono quattro anni. Il comandante delle schiere bizantine si chiamava Basilidis[9].

13 I Giudei[10] della Palestina insorsero e, rifiutandosi di prestare obbedienza ai Bizantini, si scelsero un loro re. I Bizantini li invasero e uccisero tanto loro quanto il loro re.

L'imperatore e le discordie religiose

14 Poi l'imperatore Giustiniano ordinò che in tutto l'impero bizantino non sopravvivesse nessun pagano, a meno che non si battezzasse e divenisse cristiano. Chi non l'avesse fatto, sarebbe stato messo a morte e i suoi beni confiscati. La maggior parte di essi abbracciò il cristianesimo[11].

15 Nell'anno 5 del suo regno diede ordine che i vescovi sostenitori di Severo e di Dioscoro tenessero un concilio a Costantinopoli[12]. Quando si furono riuniti, li ammonì con forza e li pregò di accettare la dottrina di Leone, vescovo di Roma, e del Concilio di Calcedonia, ossia che il Signore Cristo ha una sola ipostasi e due sostanze. Ma non accolsero questa sua preghiera. Severo, patriarca di Antiochia, colà presente e del quale tutti i vescovi orientali condividevano le opinioni, asseriva invece che la natura divina è

che Giustino regnò da solo 9 anni e 30 con il suo associato al regno. In realtà Giustino regnò solo 9 anni e Giustiniano 39. Quale che sia il termine nel testo, lo daremo qui di seguito con Giustiniano.

[8] Ossia Giuliano, vescovo di Alicarnasso.

[9] Ossia Belisario (500-565), generale bizantino, che nel 530 sconfisse i Persiani nella battaglia di Dārā, presso Nisibi, subendo poi una dura sconfitta l'anno successivo nella battaglia di Callinico dalle schiere del re Qabād. Ottimo stratega, fu vittima degli intrighi di corte ma riuscì a conservare intatto il suo prestigio soprattutto con le fortunate battaglie contro i vandali d'Africa e gli ostrogoti d'Italia. Vedi pure Michele il Siro, *Chronique* (1899), vol. II, p. 191.

[10] Michele il Siro, *Chronique* (1899), p. 191 parla invece di Samaritani della Palestina, che si fecero un capo, invasero Naplusa, uccisero il vescovo e, bruciando molte chiese, portarono con sé un ingente bottino. Questi eventi sono invece collocati da Eutichio, *Gli Annali* (1987), p. 293, nell'anno ventunesimo del regno di Giustiniano, ma parla espressamente di una rivolta dei Samaritani, e in nessun passo di una rivolta dei Giudei. Che Agapio abbia forse confuso i Samaritani con i Giudei?

[11] Vedi pure Michele il Siro, *Chronique* (1899), vol. II, pp. 191-192.

[12] Allusione al Costantinopolitano II che Giustiniano convocò il 5 maggio 553. Durò fino al 2 giugno dello stesso anno. Vi parteciparono circa 150 vescovi. Papa Vigilio ne approvò i decreti l'8 dicembre. Il Costantinopolitano II condannò i cosiddetti «Tre capitoli» di tendenze nestoriane.

la stessa cosa che le ipostasi e che il Signore Cristo è una sola ipostasi e una sola sostanza, fatto uomo costituito di due persone[13] e di due sostanze: l'una divina, l'altra umana. I vescovi di Severo non accolsero, perciò, le parole dell'imperatore ed egli li rinviò onorati alle loro sedi.

Eventi vari

16 Nell'anno 6 /del regno di Giustiniano/ i Persiani fecero una spedizione /contro i territori bizantini/ e li conquistarono. Qabād[14], re dei Persiani, morì e i Bizantini stipularono la pace con i Persiani[15].

17 Tra quanto successe quest'anno ci fu la rivolta degli abitanti della Samaria. Giustino mandò contro di essi delle truppe alla cui vista furono travolti dal panico. La maggior parte di essi venne massacrata[16].

18 Nell'anno 8 del suo regno ci fu un'eclissi di sole il 19 *nīsān* /= aprile/, alle due del giorno.

19 In questo anno i Barbari occuparono Roma[17].

20 Dopo aver retto la sede 3 anni, morì Giovanni, patriarca di Roma[18]. Dopo di lui fu eletto Agapito[19].

21 Tra quanto capitò quest'anno, morì Epifanio, patriarca di Costantinopoli, dopo aver retto la sede 7 anni[20]. Dopo di lui fu eletto Antimo, che resse la sede per 10 anni[21].

[13] Rendiamo così il termine *qunūm* già in precedenza tradotto con «ipostasi».

[14] Si tratta di Qabād I al quale successe il figlio Cosroe I dal 13 settembre 531 al febbraio del 579.

[15] Allusione alla pace perpetua stipulata tra Giustiniano e il re Cosroe nel 532. Di questa pace durata sette anni parla pure Michele il Siro, *Chronique* (1899), vol. II, p. 191.

[16] Si tratta forse della stessa notizia riportata in XXXV.2.1.13?

[17] Nel 537, infatti, il re goto Vitige mosse contro Belisario e pose l'assedio a Roma, facendo abbattere gli acquedotti per privare d'acqua la città. Dopo 364 giorni di assedio, Vitige stipulò una tregua di tre mesi con Belisario, nel 358. Di una conquista di Roma da parte degli Unni parla in appresso Michele il Siro, *Chronique* (1899), vol II, p. 241, collocandola nell'anno 18 del regno di Giustiniano. O allude forse all'incursione di Totila, come suggerisce Cheikho?

[18] Giovanni I fu vescovo di Roma dal 13 agosto 523 al 18 maggio 526, saltando così il periodo in cui fu vescovo di Roma Ormisda, che ne resse la sede dal 20 luglio 514 al 6 agosto 523. Ma in considerazione del fatto che qui Agapio fa succedere a Giovanni il vescovo Agapito, si potrebbe anche supporre che voglia qui parlare di Giovanni II, che fu vescovo di Roma dal 2 gennaio 533 all'8 maggio 535, saltando così più di un pontificato, ossia quelli di Simmaco, Ormisda, Giovanni I, Felice IV e Bonifacio II.

[19] Agapito I fu vescovo di Roma dal 13 maggio 535 al 22 aprile 536. Michele il Siro, *Chronique* (1899), vol II, p. 189, ricorda che Giovanni era succeduto a Ormisda che a sua volta era succeduto a Simmaco.

[20] Fu patriarca di Costantinopoli dal 25 febbraio 520 al 5 giugno 535, succedendo a Giovanni II di Cappadocia. Eutichio, *Gli Annali* (1987), p. 296 dice che era un giacobita, resse la sede 6 anni e morì.

[21] Ossia Antimo di Trebisonda, che stando a Michele il Siro, *Chronique* (1899), vol. II, p. 190 occupò la sede fino a quando non l'abbandonò di sua volontà. Era succeduto ad Epifanio, ventunesimo vescovo della città. Antimo I fu in verità patriarca della sede di Costantinopoli dal giugno 535 al marzo 536, tempo in cui fu deposto. Eutichio, *Gli Annali* (1987), p. 278 dice che resse la sede 5 anni e fu rimosso. Per come presenta la successione di questi due patriarchi vedi Eutichio, *Gli Annali* (1987), p. 288, nota 63.

22 Ad Alessandria, dopo Timoteo che ne aveva retto la sede 17 anni[22], fu eletto Gaiano, che resse la sede per 3 mesi e, dopo di lui, fu eletto Teodosio[23].

23 In questo anno ci fu un'eclissi di sole che durò un anno e due mesi, in tutto quattordici mesi. Accadeva, ciò, nell'anno 846 dell'era di Alessandro. Della luce del sole non appariva altro che una tenue porzione. Gli astronomi e la gente tutta dicevano che si era verificato un qualcosa che non sarebbe più cessato e che mai più il sole sarebbe tornato al suo pristino stato.

24 In questo anno le cavallette invasero la terra intera.

25 Nello stesso anno l'inverno fu rigorosamente freddo e nevoso e moltissima gente trovò per esso la morte[24].

26 Nell'anno 10 del regno di Giustiniano apparve nel cielo uno strano segno: il calore del sole si raffreddò e i frutti stagionali non giunsero a maturazione[25].

27 In questo anno si rese noto Sergio di Resina[26]. Era filosofo, traduttore di libri e glossatore[27], autore di numerose opere e medico, anche. Andò da Efrem, patriarca di Antiochia, e soggiornò da lui. Efrem lo mandò poi da Agapito, vescovo di Roma, per sbrigare alcune faccende che colà lo riguardavano. Sergio morì a Costantinopoli[28].

28 In questo anno, dietro ordine dell'imperatore, si riunirono a Costantinopoli 92 vescovi[29] che condannarono Pietro[30] e Origene insieme con i loro libri[31].

29 In questo anno apparve in cielo un segno simile ad una lancia di doppia grandezza. Vi restò 40 giorni.

22 In precedenza ha detto che la resse per 14 anni. Michele il Siro, *Chronique* (1899), p. 190 dice che Timoteo, successore di Dioscoro, resse la sede di Alessandria per 12 anni e, morendo, l'affidò ad un uomo della stessa chiesa chiamato Teodosio. Come abbiamo già indicato, Timoteo III, monofisita, resse la sede di Alessandria dal 517 al 7 febbraio 535. Ad ogni modo Gaiano, patriarca giulianista di Alessandria, resse la sede dal 10 febbraio 535 al maggio o giugno dello stesso anno. Gli successero altri due giulianisti, ossia Elpidio, che fu patriarca fino al 565, e Doroteo, che fu patriarca dal 565 al 580.

23 È un canovaccio costante. Non dice per quanti anni l'abbia poi occupata perché intende far partire da qui una successiva serie di patriarchi e vescovi su una medesima cattedra o soglio. Teodosio fu comunque patriarca di Alessandria dal 9 febbraio 535 al 19 o 22 giugno 566. Da qu in poi Agapio cessa di presentarci qualsiasi altra lista di successioni patriarcali suoi diversi sogli della cristianità di allora.

24 Michele il Siro, *Chronique* (1899), vol. II, p. 194.

25 Di diverso tenore è la descrizione che con molti dettagli offre invece Michele il Siro, *Chronique* (1899), p. 220 collocando l'evento nell'anno 15 del regno di Giustiniano.

26 Detta in arabo Ra's ʿAyn, è descritta da Yāqūt come città grande e rinomata della Mesopotamia, tra Ḥarrān, Niṣṣībīn e Dunaysir, ricca di stupende e limpide sorgenti che formano il fiume al-Ḫābūr. Cf. Yāqūt, *Muʿǧam al-buldān* (1990), vol. III, pp. 15-16. Era chiamata anche Teodosiopoli. Sulla figura di Sergio vedi pure Michele il Siro, *Chronique* (1899), vol. II, pp. 199-200.

27 Nel testo *waḍḍāʿ*.

28 Per maggiori notizie su questo Sergio, cf. Michele il Siro, *Chronique* (1899), II, pp. 199-200.

29 A. Vasiliev, *Kitab* (1912), p. 430 ha invece «72 vescovi».

30 Allusione a Pietro Mongo. Michele il Siro, *Chronique* (1899), vol. II, pp. 151, 153, 168.

31 Per questo sinodo vedi pure Michele il Siro, *Chronique* (1899), vol II, pp. 251-261.

Campagne di Cosroe

30 In questo anno Cosroe, figlio di Qabād, fece un'incursione contro Antiochia, la conquistò, ridusse in cattività gli abitanti, li deportò a Babilonia, fece costruire per essi una città che chiamò Antiochia, oggi meglio conosciuta sotto il nome *al-Māḫūz al-Ǧadīd*, e li fece ivi abitare[32]. Cosroe fu poi con essi benevolo, accordò loro protezione ed essi, impegnandosi a versare l'imposta fondiaria, lo distolsero dal darsene pensiero. Di poi Cosore marciò su al-Raqqah[33] e la conquistò.

31 I Bizantini erano nel frattempo impegnati con i Barbari e gli Slavi che vivevano ai confini di Bisanzio[34]. Dopo aver finito di lottare contro costoro, si interessarono dei Persiani, con i quali furono in guerra per quattro anni di seguito[35].

32 Nell'anno 16 /del regno di Giustiniano/ si abbatté su tutta la terra una virulenta peste che imperversò 3 anni. Sotto le ascelle, le natiche e i reni della gente uscirono pustole e la maggior parte di essa trovò inaspettatamente la morte[36].

33 In questo anno Belisario, generale di Giustiniano, fece una spedizione contro i Persiani[37].

34 Nello stesso anno un arabo, di nome al-Ḥariṯ Ibn Ǧabalah, invase il territorio dei Persiani[38]. Cosroe giaceva infermo, a causa delle pustole di cui abbiamo parlato, e mandò quindi delle schiere contro di essi, ma i Persiani subirono una pesante sconfitta. Gli Arabi distrussero infatti molte loro città, facendo un gran numero di prigionieri. In seguito un satrapo di Cosroe marciò contro di essi, li mise in fuga e riportò con sé tutti i prigionieri.

Eventi vari

35 In questo anno apparve nel cielo un segno di fuoco, a forma di spada, che si spostava da oriente ad occidente. Vi rimase tutto l'inverno.

[32] In realtà fu nel 540 che Cosroe I, cogliendo l'occasione della guerra tra i Bizantini e i Goti e dei dissidi di frontiera tra i Ġassānidi e i Laḫmidi, attraversò l'Armenia, il Lazistan e principalmente la Siria, dove distrusse Antiochia. Per i diversi assalti e accanimenti di Cosroe contro Antiochia e altre città tra cui Aleppo e Apamea, vedi pure Michele il Siro, *Chronique* (1899), pp. 205-206.

[33] Capoluogo del Diyār Muḍar, in Mesopotamia, sull'Eufrate, fu occupata poi dalle schiere di ʿIyāḍ Ibn Ġanm nel 639. Per ampie notizie sul toponimo, cf. Yāqūt, *Muʿǧam al-buldān* (1990), vol. II, pp. 45-46.

[34] Il testo ha qui il termine *rūmiyyah* usato in una espressione elativa. Se fosse significazione astratta dei territori bizantini l'avremmo dovuto trovare in una forma determinata con l'articolo. Il senso di quanto espresso, tuttavia, indicherebbe più pertinentemente l'idea di territorio soggetto alla giurisdizione di Bisanzio e, quindi, potrebbe tradursi anche con «confinanti con i territori bizantini».

[35] Corrisponde forse a quanto sarà poi detto in Michele il Siro, *Chronique* (1899), p. 269 ma che aveva luogo dopo l'anno 27 del regno di Giustiniano?

[36] Per la descrizione di questa piaga abbattutasi sulla terra, cf. Michele il Siro, *Chronique* (1899), pp. 235-240.

[37] Questa campagna si concluse con un armistizio stipulato nel 545.

[38] In Michele il Siro, *Chronique* (1899), vol. II, p. 269 si ricorda piuttosto una sua spedizione contro Munḏir Ibn Šaqīqah nell'anno 27 del regno di Giustiniano. Della suscettibilità religiosa del cristiano al-Ḥariṯ Ibn Ǧabalah si parla altresì in pp. 246-248.

36 Nell'anno 17 del regno di Giustiniano, Cosroe, figlio di Qabād, fece una spedizione contro Kafartūṯà[39] e Ra's ʿAyn[40]. Contro di essi marciò Belisario[41], alla testa delle schiere dei Bizantini, e lo respinse prima ancora che le prendesse.

37 Nell'anno 18 del regno di Giustiniano, Cosroe salì contro Edessa, l'assediò due mesi ma, non avendola potuta prendere, fece marcia indietro.

38 Nell'anno 20 del regno di Giustiniano calò sull'Oriente una dura carestia, tanto dura che un moggio si vendeva a tredici *dirham*.

39 Nell'anno 26 del regno di Giustiniano sopraggiunse una violenta peste e molti furono coloro che morirono. I buoi si estinsero, la gente arava servendosi di somari e di cavalli, ci fu guerra tra uomini e uomini, ci si ammazzava a vicenda e molti abbandonarono i loro paesi natii.

Controversie religiose

40 In questo anno Giustiniano ordinò di interdire Teodoro e i suoi libri, di condannare altresì i capitoli composti da Teodoreto e di accogliere invece quelli composti da Cirillo, patriarca di Alessandria. Si riunirono, allora, 164 vescovi e condannarono Teodoro e Teodoreto, in una con i loro libri e la loro dottrina[42], nonché Ibas, vescovo di Edessa, in una con la sua dottrina. Vigilio, vescovo di Roma, rifiutò tuttavia di apporre la propria firma a questa condanna, dicendo: «Chi è morto senza scomunica non è lecito che sia scomunicato in morte». Giustiniano, però, insistette ed egli lo scomunicò, firmando di sua mano insieme con tutti gli altri vescovi[43].

Eventi vari

41 In questo anno si verificò una violenta scossa tellurica a causa della quale crollarono molte località.

42 Nell'anno 28 del regno di Giustiniano, i Bizantini conclusero la pace con i Persiani[44]. Tale pace tra le due parti sarebbe durata fino all'anno 8 del regno di Giustino il Giovane.

43 In questo anno ci fu una scossa tellurica a Costantinopoli, nel mese di *kānūn al-*

[39] Meglio Kafartūṯā. Grosso centro della provincia di al-Ǧazīrah o Mesopotamia settentrionale, a cinque parasanghe da Dārā, tra quest'ultima e Ra's ʿAyn, ad est di Ḥarrān e della stessa Ra's ʿAyn. Cf. Yāqūt, *Muʿǧam al-buldān* (1990), vol. IV, p. 532.

[40] Ossia Resina o Teodosiopoli.

[41] In nota Cheikho suggerisce di leggere «Basilio»! Vedi invece A. Vasiliev, *Kitab* (1912), p. 431.

[42] Nel testo il termine *ʿilm*, di per sé conoscenza, riveste, come nell'Islām, il senso di ciò che è oggetto di fede. Così come il Corano è il *ʿilm* per eccellenza.

[43] La resistenza di papa Vigilio riguardò piuttosto l'editto dei «Tre capitoli» di Giustiniano del 551. Michele il Siro, *Chronique* (1899), p. 251 puntualizza come tale sinodo, riunito da Giustiniano nella città di Costantinopoli nell'anno 25 del suo regno, vale a dire l'anno 864 dei Greci, abbia avuto la designazione di *Quinto Sinodo*. Per i Capitoli in esso definiti vedi pp. 253-260. Eutichio, *Gli Annali* (1987), p. 297 lo definisce il quinto Concilio e lo colloca nell'anno 27 del regno di Giustiniano.

[44] Una pace durevole tra Bisanzio e Cosroe I si stipulò anche nel 562.

awwal /= dicembre/. Sempre in questo anno si abbatté su Roma e sulle regioni ad essa circostanti una grave pestilenza.

44 Nell'anno 35 del suo regno, Giustiniano fece scrivere a tutti i vescovi ingiungendo loro di celebrare il Natale il 24 *kānūn al-awwal* /= dicembre/ e l'Epifania il 6 *kānūn al-ṯānī* /= gennaio/. Questo perché molta gente festeggiava il Natale e l'Epifania insieme, nello stesso giorno, cioè nel giorno dell'Epifania, vale a dire il 6 *kānūn al-ṯānī* /= gennaio/.

45 Nell'anno 39 di Giustiniano apparve nel cielo un segno, simile a lancia di fuoco. Vi restò 4 mesi, spostandosi da una parte all'altra[45].

46 In questo anno si rese noto, ad Alessandria, Giovanni il Grammatico[46]. Fu filosofo. Scrisse molte opere di grammatica, filosofia, logica, religione, ecc. Condivideva le idee di Giacomo /Baradeo/ e di Severo. Poi si dissociò e asserì che il Padre, il Figlio e lo Spirito Santo sono tre persone e tre nature incluse da una comune sostanza.

47 In questo tempo fecero mostra di sé i sostenitori di Giuliano di Alicarnasso. Di essi alcuni asserivano che il corpo di Cristo è increato ma disceso dal cielo insieme con lui; altri invece asserivano: «Al contrario, è creato, solo che è sottile e spirituale, non suscettibile di patimenti a meno che non ci sia stata associazione nel peccato, ma Cristo non è mai stato associato al peccato, di conseguenza non è stato veramente crocifisso, non ha patito e, quindi, non è morto. Tutto ciò è stato solo un'apparenza»[47].

48 Poi l'imperatore Giustiniano morì. Aveva regnato 9 anni da solo e 39 insieme con Giustiniano, suo associato[48].

[45] Michele il Siro, *Chronique* (1899), vol. II, p. 271 parla invece di una cometa simile ad una lancia di fuoco che si trattenne su nel cielo per tre mesi, sparendo definitivamente alla morte dell'imperatore.

[46] Giovanni Filopono, grammatico di Alessandria, dei cui quattro Τμήματα o Tomi Michele il Siro, *Chronique* (1899), vol. II, p. 121 ci offre un sunto, si era convertito al cristianesimo nel 520, assumendo però posizioni triteiste e monofisite. Tra le altre cose scrisse il *Dieteto* (Arbitro). Michele il Siro, *Chronique* (1899), vol. II, p. 244.

[47] Su questo Giuliano vescovo di Alicarnasso e la sua eresia, vedi pure Michele il Siro, *Chronique* (1899), vol. II, p. 251.

[48] Eutichio, *Gli Annali* (1987), p. 300 menziona solo i trentanove anni. Ma qui Agapio continua a fondere e a confondere i due regnanti e i loro rispettivi periodi di regno.

Capitolo 36

Regno di Giustino II

Eventi vari

1 Nell'anno 878[1] dell'era di Alessandro Giustino[2], associato di Giustiniano, cominciò a regnare da solo dopo 39 anni[3].

2 Nell'anno 1 del suo regno, la domenica 1 *āb* /=agosto/, il sole si eclissò.

3 Nell'anno 8 del suo regno comparve nel cielo un segno di fuoco che passava provenendo dal Nord[4], stagliandosi nel cielo nella sua pienezza. Quindi sopravvenne un buio che avvolse l'universo intero dalle nove del giorno fino a notte, sì che veniva giù un non so che simile ad erba secca e cenere[5].

4 In questo anno l'imperatore mandò un suo luogotenente ad Apamea con il compito di prendere la Croce di nostro Signore Cristo che Elena aveva ivi collocato. La popolazione si sollevò e rifiutò di lasciargliela prendere. Il luogotenente scrisse perciò all'imperatore mettendolo al corrente del fatto. Costui ordinò quindi di spezzarla in due e di portarne una metà a lui e di lasciare l'altra in città. Così fece[6].

5 Nell'anno 3 del regno di Giustino II, ci fu penuria di piogge e l'inverno fu come l'estate, sopravvenne una violenta scossa tellurica e si propagò una grave pestilenza.

6 Nell'anno 6 del suo regno, apparve in cielo una colonna di fuoco nella regione dell'Occidente. Durò tutto l'anno.

7 Nell'anno 7 del suo regno, il re dei Persiani fece un'incursione contro Abarān[7], distruggendola; incendiò poi Apamea, si impossessò del legno della Croce che si trovava

[1] Vasiliev ha invece 788, traducendo male il testo arabo che recita وثمنىماية ثمان وسبعين. Michele il Siro, *Chronique* (1899), vol. II, 282 ha «nell'anno 878 dei Greci», come qui in Agapio.

[2] Giustino II, imperatore bizantino dal 565 al 578, nipote e successore di Giustiniano, autore di disastrose campagne contro i Persiani al fianco dei Turchi, per cui si vide costretto a stipulare con essi una gravosa pace dietro la perdita della Siria, nel 574 si associò al governo il capo delle guardie imperiali, Tiberio, che poi nominò imperatore nel 578.

[3] Michele il Siro, *Chronique* (1899), vol. II, p. 282 precisa che cominciò a regnare con sua moglie Sofia.

[4] Lo stesso avvenimento è collocato nell'anno 1 del regno di Giustiniano o Giustino II, ossia nell'anno 878 dei Greci, in Michele il Siro, *Chronique* (1899), vol. II, p. 283. Anche qui si precisa ch'esso avvenne nella regione del Nord.

[5] Vedi pure Michele il Siro, *Chronique* (1899), vol. II, p. 283.

[6] Con più particolari l'episodio è altresì narrato in Michele il Siro, *Chronique* (1899), vol. II, p. 285.

[7] Nel testo che traduciamo il termine è di difficile identificazione. Cheikho ritiene possa alludere a Edessa.

colà e lo fece portare in Persia[8].

8 Nello stesso anno scoppiarono delle guerre a Costantinopoli, come pure tra i patrizi dell'Armenia, i quali scrissero all'imperatore Giustino supplicandolo di mandare qualcuno per mettere pace tra di loro. L'imperatore mandò un suo uomo che ristabilì la pace in mezzo a loro.

9 Nell'anno 8 del suo regno Cosroe, re dei Persiani, fece una spedizione contro Dārā, la tenne sotto assedio per qualche mese, ma non riuscì a conquistarla. Si diresse quindi ad Antiochia, ne invase i territori circostanti e fece poi ritorno ad Apamea la cui popolazione, fidando nella pace che regnava tra i Bizantini e i Persiani, aprì le porte della città. I Persiani entrarono e si sparsero qua e là. Poi il loro sovrano diede l'ordine di passare a fil di spada la popolazione. Fu così che distrussero la città e ne massacrarono tutti gli abitanti[9]. Era intento ad assediare Dārā, quando Cosroe mandò un suo satrapo perché si impadronisse di quelle località. Costui, infatti, tornò da lui con molti prigionieri, ricchezze e cavalli. Cosroe attese all'assedio di Dara per sei mesi, conquistandola l'11 *tišrīn / al-ṯānī* = novembre/.

10 Giustino si preparò poi a far guerra ai Persiani, però si ammalò gravemente, uscì di senno e la campagna non ebbe luogo[10].

11 In questo anno infierì una grande e violenta peste in tutto il paese, in modo particolare a Costantinopoli. I corpi della gente si empirono di grossa scabbia e molti divennero ciechi.

12 Giustino curò la propria malattia, guarì e riacquistò la ragione. Radunò i suoi patrizi insieme con i comandanti delle sue schiere e proclamò cesare, perché regnasse dopo di lui, un tale di nome Tiberio, appartenente ai notabili dell'impero, ognora presente là dov'era l'imperatore.

13 Nell'anno 11 del regno di Giustino, i Samaritani si rivoltarono. L'imperatore mandò contro di loro un suo uomo. Costui fece loro guerra, distrusse il loro territorio e massacrò la maggior parte della popolazione.

Regno di Tiberio

Guerre con i Persiani

14 Nell'anno 889 dell'era di Alessandro cominciò a regnare Tiberio[11]. Regnò 4

[8] La datazione ci porta al 572, anno in cui Bisanzio, fiduciosa dell'alleanza con i Turchi e forte del loro sostegno, conquista la Bactriana e l'Armenia.

[9] Di una incursione di Cosroe contro Apamea si parla pure in Michele il Siro, *Chronique* (1899), vol. II, p. 312, dove si dice anche che il marzban Adarmūn devastò e incendiò la città, facendovi molti prigionieri. Ma sono imprecise le notizie relative alla Croce e al suo trasferimento in Persia, cosa che avvenne invero al tempo di Cosroe II durante la campagna del 614 contro la Palestina con la devastazione di Gerusalemme e di molti altri Luoghi santi.

[10] Giustino aveva cominciato a combattere contro i Persiani nel 572, ma gli esiti negativi di ben due campagne, che lo costrinsero a versare un esoso tributo annuo al sovrano persiano, lo fecero uscire di senno e lo resero troppo remissivo ai consigli della moglie Sofia, nipote dell'imperatrice Teodora.

[11] Ossia Tiberio II Costantino, imperatore bizantino dal 6 ottobre 578 al 14 agosto 582, già generale

anni, dopo essere stato erede presuntivo del trono 6 anni.

15 Durante il suo regno, spirata che fu la tregua che era stata conclusa tra i Bizantini e i Persiani, scoppiò tra loro una violenta guerra. Tiberio, imperatore dei Bizantini, scrisse al re dei Persiani proponendogli di fare la pace o di dichiarare la guerra. Il re dei Persiani rifiutò di fare la pace con i Bizantini, promise anzi all'imperatore che sarebbe venuto a combatterlo in un luogo che lui stesso gli indicava. I Bizantini si riunirono per combattere, arrivarono al luogo indicato e si schierarono in attesa dei Persiani. Ma Cosroe li aveva ingannati. Di fatto non si presentò al luogo indicato. I Persiani sferrarono invece un attacco contro Ra's ʿAyn, al-Ḫānūrīs e *Bkrmwdn*[12]. Tiberio mandò contro di essi delle schiere al comando di uno dei suoi patrizi di nome Maurizio il quale, scontrandosi colà con i Persiani, li mise in fuga. Tiberio raggiunse quindi Maurizio e le sue schiere, fece quarantamila prigionieri, li deportò e li insediò sull'isola di Cipro[13].

Eventi vari

16 In questo anno ci fu ad Antiochia una paurosa scossa tellurica, durante la quale crollarono due torri della cinta muraria.

17 In questo anno ebbero luogo in estate abbondanti piogge e intenso freddo[14]. L'atmosfera si intorbidò e si oscurò, comparvero sciami di cavallette che divorarono il raccolto di grano, le erbe e i legumi e sopravvenne una grande peste.

18 In questo tempo furono trovate persone che adoravano /ancora/ gli idoli. Furono sterminate.

19 Nell'anno 4 del suo regno Tiberio diede sua figlia in moglie a Maurizio[15], il più illustre dei suoi comandanti, lo proclamò cesare e il regno passò dopo di lui nelle sue mani.

tracio associato al trono nel 574. Michele il Siro, *Chronique* (1899), vol. II, p. 316 dice che cominciò a regnare nell'anno 886 dei Greci. Tale notizia è ripresa a p. 334, tutta consacrata con quanto segue al momento della morte di Giustino, dove è detto che costui, gravemente malato, apostrofò Tiberio e lo nominò cesare il 7 *kānūn al-awwal* dell'anno 886 dei Greci. La sua proclamazione pubblica avvenne invece il 6 settembre dell'anno 890 dei Greci. Cf. Michele il Siro, *Chronique* (1899), vol. II, p. 338.

12 A tal proposito Michele il Siro, *Chronique* (1899), vol. II, p. 322 indica come località verso la quale i Persiani si ritirarono in gran segreto Mayyāfāriqīn da dove si misero a devastare «tutta la Beyt Sophenayê, bruciando e devastando le chiese e i monasteri che si trovavano nella regione di Āmid». Prima di questo ricorda comunque che i Persiani avevano già devastato e saccheggiato i paesi di «Beyt Darayê, di Tella, di Rešʿayna e di Tell Bešmê».

13 Nel 578 Maurizio sconfisse le schiere di Cosroe I a Melitene, oggi Malaṭyah, in Turchia. Agapio omette di ricordare che nel 580 muore Cosroe I e gli succede, come re di Persia, il figlio Hormizd IV, che regnò dal febbraio 579 all'estate 590. Michele il Siro, *Chronique* (1899), vol. II, p. 323 afferma che Maurizio portò con sé i cristiani di Arzūn dalla Persia nel paese dei Bizantini.

14 A. Vasiliev, *Kitab* (1912), p. 438, traduce invece: «l'estate fu oltremodo piovosa e freddissima».

15 Michele il Siro, *Chronique* (1899), vol. II, p. 359 dice esplicitamente che gli diede in moglie la figlia Augusta.

Capitolo 37

Regno di Maurizio

Maurizio e i Giudei

1 Tiberio morì e nell'anno 894 dell'era di Alessandro si assise sul trono dell'impero Maurizio[1]. Regnò 20 anni. Maurizio era di vita integerrima, affabile nel trattare, molto caritatevole, sessanta volte l'anno faceva imbandire la tavola per i bisognosi e i poveri e tanto lui quanto sua moglie, come immemori della loro dignità regale, servivano ad essi da mangiare e da bere, elargendo poi loro preziosi doni.

2 Nell'anno 4 del regno di Maurizio imperversò su Costantinopoli una tremenda pestilenza che mieté circa quattrocentomila anime.

3 Nell'anno 11 del suo regno, Maurizio diede disposizione di mandare in esilio i Giudei che abitavano in Antiochia. Di fatto, furono cacciati dalla città. Eccone il motivo. Un cristiano aveva preso in affitto una casa per abitarvi. Quando ne uscì, vi lasciò dentro un'immagine di Maria. Dopo di lui prese in affitto quella casa un giudeo che, entratovi, si trovò davanti a quell'immagine e vi urinò sopra. Venuto a conoscenza del fatto, l'imperatore diede ordine di espellere i Giudei da Antiochia, facendo loro rasare la parte centrale della testa perché li si riconoscesse per siffatto segno.

Eventi vari

4 Nell'anno 6 del regno di Maurizio, /il 29/ *tišrīn al-awwal* /= ottobre/, ci fu ad Antiochia una scossa tellurica a causa della quale sprofondò tutta la città[2]: crollarono grandi templi, la gran parte delle mura e dei mercati e tutte le abitazioni. Si racconta che c'era un mercante originario di Apamea che, durante tutta la sua vita, si era preso cura dei bisognosi e dei poveri ed era stato molto caritatevole. La notte in cui ci fu la scossa tellurica, egli uscì per le strade e per i mercati della città in cerca di chi consolare. Ma non trovò nessuno. Andò allora a cercare fuori città quando scorse due angeli. Non appena li vide, lo informarono che avrebbero fatto sprofondare la città, gli fecero segno di abbandonarla tempestivamente tanto lui quanto la sua famiglia, lo fece subito e ne uscì, sano e salvo, con le sue fortune.

5 In questo anno i Persiani attaccarono Mayyāfāriqīn e la conquistarono.

6 In questo anno i Bizantini di stanza in Siria si rivoltarono e crearono loro capo uno

[1] Ossia Maurizio Flavio Tiberio, imperatore bizantino dal 14 agosto 582 al 23 novembre 602.

[2] Se ne ha notizia anche in Michele il Siro, *Chronique* (1899), vol. II, p. 359.

dei loro[3]. Maurizio scrisse quindi a Gregorio, patriarca di Antiochia, pregandolo di mettere pace tra lui e i Bizantini. Il patriarca fu persuasivo e tutti i Bizantini si strinsero attorno al governatore che l'imperatore aveva mandato in mezzo ad essi, mettendosi in marcia alla volta di Mayyāfāriqīn, dove giunsero quando i Persiani si erano già impadroniti della città. Non potendo riprenderla, edificarono non lontano da essa una borgata che chiamarono Maurizio e là si sistemarono in attesa di potersi impadronire dell'altra e di dar morte ai Persiani che vi si trovavano[4].

7 In questo tempo si rese noto Qūriyā il filosofo, autore di numerosi libri[5].

Ostilità tra Cosroe e Bahrām

8 Nell'anno 8 del regno di Maurizio, i Persiani assalirono Hormizd[6], loro re, gli cavarono gli occhi, indi lo uccisero, dividendosi però in due partiti: l'uno parteggiava per il di lui figlio Cosroe, l'altro per un satrapo di nome Bahrām[7]. Il partito favorevole a Cosroe, figlio di Hormizd, prese il sopravvento e prevenne l'altro nel dichiararlo re. Il satrapo Bahrām aveva intanto mosso guerra ai Daylamiti ed era perciò assente quando proclamarono /re/ Cosroe. Ma finita che fu la guerra, scrisse a Cosroe in questi termini: «Io non ti riconosco. O rinunci quindi al potere o sarà una dichiarazione di guerra!». Bahrām contava su numerose truppe. Cosroe, figlio di Hormizd, era giovane, ebbe paura di entrare in guerra con Bahrām e pensò così di ricorrere all'aiuto del sovrano dei Bizantini[8].

Contatti tra Cosroe e Maurizio

9 Chiamò perciò uno dei suoi fidati servitori e lo mise al corrente della sua decisione. Udito che ebbe le parole del re, costui uscì in gran segreto e si mise in cammino alla volta dell'accampamento dei Bizantini. Entrò, incontrò un comandante arabo di nome Ǧafnah, che aveva chiesto protezione ai Bizantini, e lo informò del fatto[9]. Ǧafnah, udito che ebbe

[3] Forse si tratta dello stesso Prisco di cui in Michele il Siro, *Chronique* (1899), vol. II, p. 359, al posto del quale i soldati accolsero come loro comandante Filippico, cognato di Maurizio.

[4] Notizia non facilmente rintracciabile. Stando alla cronologia di Michele il Siro, *Chronique* (1899), vol. II, 360 è forse da pensare alla fortezza di Samakart fatta erigere da Maurizio.

[5] Diverse notizie tardive lo fanno originario di Batna e lo descrivono come scrittore ad Edessa di eventi dal tempo di Giustino a quelli di Tiberio in quattordici capitoli. Cf. A. Vasiliev, *Kitab* (1912), p. 441, nota 2. Vedi pure Michele il Siro, *Chronique* (1899), vol. II, pp. 357-358, dove lo chiama Qurà di Baṭnah, autore di una *Cronaca* alla quale l' autore stesso riconosce di volersi ispirare in quel che dirà.

[6] Dell'anno in cui questo re cominciò a regnare Agapio non ha mai fatto parola. Si tratta comunque di Hormizd IV (579-590).

[7] L'insurrezione era guidata dal generale Bahrām Šūbīn che, dopo aver fatto accecare il re Hormizd IV, mise sul trono il di lui figlio Cosroe II Parwīz /= il Vittorioso/. In seguito lo stesso Bahrām depose Cosroe II Parwīz e si autoproclamò re. Michele il Siro, *Chronique* (1899), vol. II, p. 360 dice che cominciò a regnare nell'anno 9 del regno di Maurizio, corrispondente all'anno 902 del computo dei Greci, dieci mesi dopo la morte di Hormizd.

[8] Avveniva, questo, nel 591. Vedi pure Michele il Siro, *Chronique* (1899), vol. II, p. 371.

[9] In Michele il Siro, *Chronique* (1899), vol. II, p. 371 è invece presentato come Giovanni, comandante delle schiere bizantine di stanza a Ruṣāfah.

ciò, partì alla volta di Costantinopoli, dove tanto fece che fu ammesso al cospetto dell'imperatore.

10 Contrariato, l'imperatore gli disse: «Cos'è dunque che vuoi?». Ǧafnah gli rispose: «Voglio mettere l'imperatore al corrente di un segreto che serbo in cuor mio e rivelargli poi una cosa straordinaria». L'imperatore temette che Ǧafnah volesse fargli del male e comandò perciò di svestirlo. Si avvicinò così all'imperatore con le sole braghe addosso e gli disse: «O imperatore! Voglio che tu mi mandi presso il re dei Persiani perché si sottometta e ti obbedisca». L'imperatore gli rispose: «Credo che tu sia vittima di un'enorme allucinazione!». Ǧafnah estrasse allora una lettera che Cosroe aveva scritto e gliela porse. L'imperatore la lesse, comprese quanto essa conteneva e se ne rallegrò.

11 L'imperatore gli ordinò poi di portare Cosroe da lui perché gli fornisse tutto ciò di cui abbisognava e lo sostenesse contro tutti i suoi nemici. Maurizio scrisse poi la risposta alla lettera di Cosroe. Ǧafnah la prese e, accompagnato dal servitore, fece ritorno da Cosroe, gli consegnò la lettera e lo mise a parte delle ottime disposizioni dell'imperatore nei suoi riguardi. Allorché Cosroe ebbe letto la lettera, lasciò il regno, si travestì da mendicante e attraversò così l'impero dei Persiani, passando per Nisibi e arrivando ad Edessa dove, entrato che fu, si presentò innanzi al governatore e gli svelò chi fosse e per cosa era venuto. Il governatore lo abbracciò, lo trattò con i dovuti onori, gli fornì tutto il necessario e scrisse all'imperatore a suo riguardo.

12 Maurizio scrisse una missiva a Cosroe nella quale gli ordinava di portarsi a Manbiǧ e di trattenersi colà fino all'arrivo delle truppe con quanto faceva al caso, di tenersi nelle vicinanze dei territori soggetti alla sua giurisdizione per poi piombare fulmineo sul suo nemico prima ancora ch'egli si impadronisse del suo regno. Letto che ebbe questa lettera di Maurizio, Cosroe provò una grande gioia.

13 Quindi gli scrisse una lettera dal seguente tenore: «A Maurizio padre benedetto, branditore della spada vittoriosa, figlio d'un sovrano, dalla parte di Cosroe, figlio di Hormizd e suo, salve! Informo l'imperatore che Bahrām e i suoi sostenitori, /già/ schiavi di mio padre, non hanno affatto riconosciuto la mia autorità, si sono coalizzati contro di me che pur sono il loro sovrano, non hanno mostrato gratitudine per i favori che mio padre aveva loro accordato, si sono rivoltati contro di me che sono il loro signore e avrebbero voluto uccidermi. Mi sono perciò deciso a ricorrere a te, a cercare protezione nel tuo favore e a sottomettermi a te. Sottomettermi, infatti, ad un re come me, benché nemico, mi va meglio che cadere tra le mani di schiavi ribelli. Morire per mano di re è più nobile, per me, che morire per mano di un altro. Lo considero meno ignominioso. Mi rifugio quindi presso di te, confidando nella bontà tua, nella generosità che Iddio ti ha ispirato e nella tua clemenza. Vorrei che tu avessi pietà di me, effondessi sopra di me la tua misericordia, che mi trattassi con benevolenza, poiché ho fatto ricorso a te e mi sono presentato a te umile e implorando aiuto. Sono venuto nel tuo impero per affidare la mia sorte nelle tue mani. Orsù vieni presto in mio aiuto e sii cortese verso di me. Non essere insensibile alla sorte di uno che, re qual tu sei, è sopraffatto dai propri schiavi e cacciato dal proprio regno. Se agirai così nei miei riguardi, sarò per te un figlio docile e sottomesso, io come tutta la mia

famiglia, il mio seguito e i sudditi del mio regno, se così piacerà all'Altissimo Iddio».

14 Dopo aver letto questa lettera, Maurizio convocò i comandanti dei Bizantini, i patrizi, i guerrieri e i capi della città e diede ordine di leggere la lettera alla loro presenza. Terminata che fu la lettura, ciascuno chiese a chi gli stava accanto cosa ne pensasse. L'imperatore prestò ascolto alle loro risposte, ma si trovò solo in quel che ne pensava. Decise comunque di rispondere in modo favorevole a colui che aveva cercato rifugio presso di lui e di porgere aiuto a chi aveva implorato il suo soccorso. Ordinò quindi alle truppe di prepararsi ad andare in guerra e di portare con sé il danaro necessario a Cosroe. Gli uomini marciarono in direzione di Cosroe: erano quarantamila guerrieri e portavano con sé macchinari da guerra e ingenti somme di danaro.

15 La risposta di Maurizio alla lettera di Cosroe era del seguente tenore: «Da parte di Maurizio, servitore di Gesù Cristo, sia egli glorificato, a Cosroe, re dei Persiani, mio figlio e fratello mio, salute! Ho letto la tua lettera ed ho, grazie ad essa, appreso qual è stato il comportamento degli schiavi che si sono rivoltati contro di te, la loro diserzione, l'ingratitudine da essi mostrata in cambio dei favori dei tuoi padri e dei tuoi antenati nonché la loro ribellione nei confronti tuoi, cacciandoti dal tuo regno. Per tutto ciò è subentrato in me un qualcosa ch'io non riesco ad esprimere compiutamente e la preoccupazione per quanto ti ha colpito mi sollecita a confortarti e a soccorrerti, come tu chiedi. Giacché mi dici che è preferibile trovar riparo sotto le ali di un re nemico e di porsi all'ombra della sua protezione piuttosto che cadere nelle mani di schiavi ribelli; che morire per mano di un re vale meglio che morire per mano di schiavi, ma che tu preferisci una nobilissima amicizia e che l'implori da noi, ebbene noi crediamo in quello che dici e accogliamo le tue parole. Confermeremo il tuo regno, daremo compimento al tuo desiderio e soddisfazione ai tuoi bisogni. Noi lodiamo e apprezziamo i tuoi buoni sentimenti. Ti inviamo dunque le truppe e il danaro, perché hai piegato il capo e ti sei abbassato, nonostante il tuo rango e la tua dignità /regale/. Ti faccio figlio mio ed io sarò per te un padre. Non ti lesinerò né il danaro né le mie truppe e non mi tratterrò da mandarle in tuo aiuto. Prendi il danaro e ti arrida per esso la fortuna! Mettiti in marcia, con la benedizione e il soccorso di Dio. Prendi del pari le truppe e non cedere né all'angoscia né al panico, ma corri veloce contro il tuo nemico, gettandoti alle spalle ogni negligenza e ogni flemma. Spera che Dio ti dia la vittoria sul tuo nemico, lo faccia cadere ai tuoi piedi, renda vane le sue macchinazioni e ti ristabilisca nel tuo rango, se così a Dio piacerà!».

Vittoria di Cosroe su Bahrām

16 Quando le truppe dell'imperatore furono giunte là dove se ne stava Cosroe, figlio di Hormizd, gli consegnarono la lettera dell'imperatore ed egli, non appena ebbe preso il danaro con sé, si mise in marcia contro il suo nemico. Bahrām, a sua volta, dopo aver appreso della fuga di Cosroe presso i Bizantini, era andato ad al-Māḫūzah[10], si era impadronito delle ricchezze stipate nei tesori, delle armi e di tutta la suppellettile, aveva

[10] Nome siriaco della città di Ctesifonte e Seleucia, detta in seguito al-Madā'in.

appiccato il fuoco alla città, aveva distrutto il palazzo di Cosroe e si era preparato alla guerra. Cosroe, figlio di Hormizd, si mise in marcia alla testa delle truppe bizantine e lo incontrò tra al-Madā'in[11] e Wāsiṭ[12]. Bahrām fu messo in fuga[13], tutti i suoi uomini furono uccisi e le sue fortune nonché il suo accampamento vennero votati al saccheggio. Cosroe rientrò così nel suo regno, salì sul trono e la popolazione tutta lo riconobbe come proprio sovrano[14].

Gratitudine di Cosroe

17 Quando poté concedersi un po' di requie, chiamò a sé i Bizantini, li colmò di doni, li rimandò dal loro sovrano e mandò all'imperatore Maurizio il doppio del danaro e dei favori che aveva ricevuto da lui. Prese poi a restituire ai Bizantini Dārā, di cui i Persiani si erano impadroniti diciassette anni prima e, del pari, Mayyāfāriqīn dalla quale fece trasferire altrove i Persiani che vi abitavano[15]. Cosroe mantenne presso di sé un manipolo di Bizantini ai quali affidò la custodia dei suoi tesori, fece erigere due chiese per i cristiani ad al-Madā'in, dedicate una a Martmaryam e l'altra a *mār* Sergio martire[16]. Invitò quindi a venire Anastasio, patriarca di Antiochia, che le consacrò e vi stabilì dei presbiteri e dei diaconi. Cosroe lo coprì di lauti doni e Anastasio fece ritorno alla sua sede. Avveniva, ciò, esattamente nell'anno 902 dell'era di Alessandro.

Eventi vari

18 In questo anno scoppiò una grave pestilenza tra la gente e di lì a poco si trovarono tutti coperti di virulenta scabbia.

19 L'anno successivo, ossia nell'anno 903 dell'era di Alessandro, nel mese di *adār* /= marzo/, a mezzogiorno, ci fu un'eclissi di sole e nello stesso giorno la terra sussultò e tremò.

20 Nell'anno 14 del regno di Maurizio, un caldo eccessivo bruciò gli alberi, le viti, le vigne e ogni sorta di verdura.

21 Nell'anno 16 del suo regno, le piogge caddero così abbondanti che molte città

[11] Nome con cui si designava una o più città dell'Iràq a 30 km a sud di Baġdād, sulla riva del Tigri, già Ctesifonte e detta al-Madā'in dagli Arabi che la conquistarono ad opera di Sa'īd Ibn Abī Waqqāṣ nel 647. Suo principe e governatore fu anche Salmān al-Fārisī, primo persiano convertito all'Islàm e confidente del profeta Muḥammad.

[12] Era così chiamata perché situata tra Bassòra e Kūfah, a 50 parasanghe da ciascuna delle due. Su questo toponimo cf. Yāqūt, *Mu'gam al-buldān* (1990), vol. V, pp. 400-401.

[13] Trovò asilo presso il Khāqān dei Turchi nel 591.

[14] Salì sul trono con il nome Cosroe II Parvīz, re sasanide di Persia (590-628), figlio di Hormizd IV e nipote di Cosroe I. Particolari sullo scontro tra Cosroe Aparwīz /=Vittorioso/ e il suo avversario sono in Michele il Siro, *Chronique* (1899), vol. II, pp. 371-372.

[15] Michele il Siro, *Chronique* (1899), vol. II, p. 372 ha invece «Dara e Reš'ayna».

[16] Michele il Siro, *Chronique* (1899), vol. II, p. 372 parla invece di tre grandi chiese consacrate da Anastasio, patriarca di Antiochia, ossia una dedicata alla Madre di Dio, una seconda agli Apostoli e la terza a san Sergio martire. Dice inoltre che l'imperatore gli diede in moglie la figlia Maria. Sugli ottimi rapporti tra i due sovrani vedi pure p. 374.

furono inghiottite dalle acque insieme con i loro abitanti e il bestiame. In seguito vi fu una invasione di cavallette di cui non si era mai visto l'uguale. Passarono l'anno intero a divorare e a seminare distruzione.

22 Nell'anno 17 del suo regno, ci fu una violenta scossa tellurica e cadde abbondante neve.

Macchinazioni contro Maurizio

23 Era esattamente l'anno 20 del regno di Maurizio, quando i magnati e i patrizi dei Bizantini si riunirono nella città di Eraclea[17]. C'era con loro un patrizio di nome Foca che avrebbero voluto proclamare loro imperatore. Già per l'innanzi avevano deciso di proclamare loro imperatore Pietro, fratello di Maurizio, perché costui, dopo aver concluso la pace con i Persiani, aveva soppresso il soldo alle truppe e aveva radiato i loro nomi dal ruolo. Avevano perciò fatto sapere a Pietro, fratello di Maurizio, che nutrivano l'intenzione di farlo loro imperatore, ma egli era fuggito lontano da loro, riparando a Costantinopoli.

24 Dopo tali fatti, Maurizio fuggì a Calcedonia. I Bizantini lo raggiunsero, vestito com'era di stracci, a guisa d'un mendicante, e uccisero lui, i suoi figli e i suoi sostenitori, per poi proclamare Foca loro imperatore[18].

[17] Nel 579 Maurizio aveva stabilito la divisione dell'impero tra i due figli Teodosio e Tiberio.

[18] Per diversi particolari sulle cause che portarono all'uccisione dell'imperatore Maurizio, cf. Michele il Siro, *Chronique* (1899), vol. II, pp. 374-375.

Capitolo 38

Regno di Foca

Cosroe rompe la pace con i Bizantini

1 Foca cominciò a regnare nell'anno 914 dell'era di Alessandro. Regnò 8 anni[1]. Non apparteneva affatto alla famiglia imperiale[2].

2 Alla notizia dell'uccisione di Maurizio, Cosroe annullò il trattato concluso tra lui e i Bizantini, ruppe la pace che li univa, marciò su Dārā e la conquistò[3].

Eventi vari

3 Nell'anno 8 del regno di Foca, apparve nel cielo un segno simile ad una enorme stella lucente dalla quale si dipartivano raggi come di fuoco che si stendevano per gran parte del cielo e dell'atmosfera. Restò visibile dal mese di *tišrīn al-awwal* /= ottobre/ al mese di *nīsān* /= aprile/.

4 Nello stesso anno si abbatté sulla Siria un' immane sciagura. Ve ne illustro la causa. I Giudei che abitavano colà e in Mesopotamia concepirono di massacrare i cristiani di tutte le città e di abbattere le loro chiese. Mentre erano intenti a tramare ciò, furono denunciati alle autorità. I cristiani li assalirono e ne uccisero un gran numero. Messo al corrente dell'accaduto, Foca si adirò contro i cristiani, imponendo gravose imposte a chi di loro viveva in Antiochia, a Laodicea, in tutta la Siria e nella Mesopotamia.

5 In questo stesso anno i Persiani salirono contro Āmid e la occuparono; piegarono poi su Qinnasrīn e fecero ritorno a Edessa.

6 In questo stesso anno si rivoltarono contro Foca, imperatore dei Bizantini, due ribelli, uno dei quali era Eraclio e l'altro Gregorio di stanza in Ifrīqiyyah. Costoro inviarono delle truppe alla testa di due loro uomini e ordinarono ad essi, vale a dire ad Eraclio, figlio di Eraclio, e a Niceta, figlio di Gregorio, di uccidere Foca. Avevano tra di loro convenuto che l'impero sarebbe passato nelle mani di colui che per primo sarebbe giunto a Costan-

[1] Foca fu imperatore romano d'Oriente dal 602 al 610.

[2] Michele il Siro, *Chronique* (1899), vol. II, p. 375 precisa che fu il cinquantatreesimo imperatore dei Romani e il terzo degli imperatori greci a cominciare da Tiberio. Facciamo notare che nella nostra traduzione tale termine è pressoché reso sempre con «bizantini» là dove compare la forma *Rūm*.

[3] Infatti nel 605 l'armata persiana di Cosroe II occupò Dārā, irruppe nell'Asia Minore occupando Cesarea e si spinse fino a Calcedonia. Michele il Siro, *Chronique* (1899), vol. II, pp. 378-379 è più attento nel descrivere tutte le battaglie e le conseguenti conquiste di città operate da Cosroe addolorato per l'uccisione di Maurizio.

tinopoli e avrebbe ucciso Foca. Eraclio, figlio di Eraclio, prese la via del mare che trovò calmo e favorevole, mentre Niceta si mise in marcia per terra. Eraclio arrivò prima di Niceta, entrò in città e uccise Foca[4].

Regno di Eraclio

Guerre tra Eraclio e i Persiani

7 Eraclio regnò 31 anni e 5 mesi a partire dall'anno 922 dell'era di Alessandro[5].

8 Nell'anno 1 del suo regno, Eraclio mandò alcuni ambasciatori dal re dei Persiani per stringere con lui la pace, ma quest'ultimo non fu del parere. Non appena i Persiani seppero che Eraclio era salito al trono, attaccarono Antiochia, uccisero il patriarca e deportarono la popolazione[6].

9 Niceta, figlio di Gregorio, prevenne poi i Persiani arrivando per primo ad Alessandria e la conquistò. I Persiani invasero i territori dei Bizantini e conquistarono Antiochia, ripiegarono quindi su Apamea e la conquistarono, marciarono infine su Emesa e la conquistarono. Avveniva, tutto ciò, nel mese di *tišrīn al-awwal* /= ottobre/. I Bizantini serrarono le file e affrontarono i Persiani nelle prossimità del fiume Halis[7], ma furono messi in fuga e un gran numero di essi annegò nel fiume, mentre /i Persiani/ conquistavano Cesarea[8].

Eventi vari

10 In questo anno ci fu nel paese dei Bizantini una sì dura carestia che la gente si cibava dei cadaveri e delle pelli delle bestie.

11 In seguito Niceta, figlio di Gregorio, uscì contro il satrapo che aveva conquistato

[4] Per tali eventi cf. Michele il Siro, *Chronique* (1899), vol. II, p. 378, che però non fa parola di Niceta.

[5] Eraclio, imperatore romano d'Oriente, regnò dal 610 al 641. Michele il Siro, *Chronique* (1899), vol. II, p. 400 dice che cominciò a regnare nell'anno 922 dei Greci, corrispondente all'anno 21 del regno di Cosroe.

[6] Questo avveniva, invero, nel 613, quando l'armata persiana dopo aver sconfitto i Bizantini alle porte di Antiochia, dilagò verso sud occupando Damasco e spingendosi poi fino in Cilicia, dove conquistò Tarso. Nel frattempo i Bizantini vennero estromessi anche dall'Armenia. Calcedonia veniva invece occupata da Šahrbarāz nel 626. Michele il Siro, *Chronique* (1899), vol. II, pp. 400-401 dopo aver parlato della vittoria sulla città di Antiochia, dice che il suo patriarca fu ucciso e che la sede rimase vacante per ben 38 anni.

[7] Così legge A. Vasiliev, *Kitab* (1912), p. 450. Nel testo che traduciamo abbiamo invece il termine دلس.

[8] Fu, questo, l'anno 614, quando i Persiani, dopo tre settimane di lungo assedio, presero Gerusalemme e la devastarono. Tra le altre cose, si impadronirono della reliquia della santa Croce e la mandarono a Ctesifonte. Sulla triste cronaca della devastazione di Gerusalemme cf. B. Pirone, *La presa di Gerusalemme nel sermone del monaco Strategio*, in *Studia Christiana Orientalia, Collectanea* 28 (1995), pp. 167-236. Michele il Siro, *Chronique* (1899), vol. II, p. 400 situa la conquista di Cesarea di Cappadocia nell'anno 2 del regno di Eraclio, attribuendola a Bahrām, generale dei Persiani.

quelle città, di nome Kisrū'ān[9], ingaggiò con lui battaglia e lo mise in fuga. Tra l'una e l'altra parte caddero sul campo ventimila uomini.

12 In questo anno comparvero numerosi sciami di cavallette.

13 Nell'anno 4 del regno di Eraclio, vale a dire nell'anno 935 dell'era di Alessandro, gli Arabi diedero inizio alle loro conquiste[10].

14 Nell'anno 5 del regno di Eraclio, i Persiani si lasciarono alle spalle Cesarea, marciarono alla volta di Gerusalemme e se ne impadronirono[11].

15 Nell'anno 8 di Eraclio i Persiani conquistarono Alessandria e le contrade circonvicine, spingendosi fino alla Nubia[12]. Invasero poi Calcedonia e la conquistarono[13].

16 Nell'anno 10 di Eraclio, vale a dire nell'anno 931 dell'era di Alessandro, ci fu grande mobilitazione di Arabi a Yaṯrib[14].

17 Nell'anno 15 del regno di Eraclio, i Persiani fecero un'incursione contro Rodi e la conquistarono[15].

18 In questo anno Cosroe, figlio di Hormizd, diede disposizione di prelevare i marmi dalle chiese in tutte le città di cui si era impadronito e di convogliarlo su al-Madā'in e al-Maḫūzah, il che espose ad enorme fatica tanto gli uomini quanto le bestie.

Eraclio entra in guerra con i Persiani

19 In questo anno Eraclio mosse guerra ai Persiani, si impadronì della città di Kisrà[16], fece molti prigionieri e andò via. Di lì a tre anni, ossia nell'anno 17 del suo

[9] In Eutichio è invece chiamato Ḥarwazayh. Cf. Eutichio, *Gli Annali* (1987), pp. 306-308. Si tratta molto probabilmente di Šahrvarāz, il generale che conquistò le città della Siria e Gerusalemme. Sull'assedio di Gerusalemme da parte dei Persiani nel 614 vedi anche F.M. Abel, *Histoire de la Palestine depuis la conquête d'Alexandre jusq'à l'invasion arabe,,* vol. II, pp. 388-390. Vedi anche G. Garitte, *Expugnationis Hierosolimae A.D. 614, Recensiones Arabicae*, in CSCO, voll. 340-341, tomi 26-27 e voll. 347-348, tomi 28-29, Lovanio 1973- 1974. Il nome è Šahrbarāz nelle fonti arabe ed è così che lo renderemo qui di seguito. Vedi nr. 22.

[10] È una traduzione di comodo, adottata da A. Vasiliev, *Kitab* (1912), p. 451. Il testo è di fatto alquanto confuso e non si presta ad una soddisfacente traduzione. A tradurlo letteralmente, senza intervenire con la punteggiatura, avremmo: «Nell'anno 4 del regno di Eraclio regnarono gli Arabi regnarono Alessandria e da quando regnò fino a quando regnarono gli Arabi 935 anni dell'era di Alessandro».

[11] Michele il Siro, *Chronique* (1899), vol. II, p. 400 indica in Šahrbarāz il devastatore implacabile di Gerusalemme, dei suoi dintorni e delle sue chiese.

[12] La campagna persiana contro l'Egitto cominciò nella primavera del 619. Michele il Siro, *Chronique* (1899), vol. II, p. 401 colloca questi avvenimenti nell'anno 6 del regno di Eraclio e sempre ad opera di Šahrbarāz, che si spinse fino ai confini dell'Etiopia dopo aver sottomesso la Libia.

[13] Tale conquista è attribuita al generale persiano Šahīn. Cf. Michele il Siro, *Chronique* (1899), vol. II, p. 401.

[14] Michele il Siro, *Chronique* (1899), vol. II, p. 403 precisa che nell'anno 933 dei Greci, 12 di Eraclio e 33 di Cosroe, cominciò l'impero degli Arabi «quando un uomo di nome Muḥammad, della tribù dei Qurayš, comparve nella regione di Yaṯrib dicendo di se stesso di essere un profeta». Yaṯrib era il nome di Medina prima che vi entrasse Muḥammad nel 622.

[15] Michele il Siro, *Chronique* (1899), vol. II, p. 408 l'attribuisce a Šahrbarāz, collocandola nell'anno 1 di Muḥammad.

[16] Allusione a Dastagird residenza preferita di Cosroe II. Siamo nel 627.

regno, stipulò la pace con i Persiani.

20 In questo tempo ci fu un'eclissi di sole che si protrasse da *tišrīn al-awwal* /= ottobre/ fino al mese di *ḥazīrān* /= giugno/, vale a dire per nove mesi. Il disco solare rimase per metà eclissato e per metà no, sì che del chiarore del sole si vedeva solo un'esile parte.

21 Nell'anno 18 del regno di Eraclio, dopo aver regnato 38 anni fu ucciso Cosroe figlio di Hormizd, re dei Persiani. Dopo di lui regnò il figlio Qabād[17]. Stipulò la pace con i Bizantini e restituì loro le città che suo padre aveva conquistato[18].

22 Nell'anno 19 del regno di Eraclio, Qabād, figlio di Cosroe, morì[19]. Aveva regnato 1 anno. Dopo di lui regnò il figlio Ardašīr, che fu poi ucciso da Šahrbarāz[20], vale a dire il satrapo che era stato artefice di tutte quelle conquiste[21]. Costui fece la pace con i Bizantini e restituì loro tutte le città che tanto lui quanto altri avevano conquistato, fino a Dārā, situata al di là di Nisibi.

23 In questo anno apparve nel cielo una cometa, nella regione occidentale.

24 Poi Eraclio emanò l'ordine che i Bizantini /residenti in Persia/ abbandonassero il paese e facessero ritorno ai loro paesi di origine giacché i Bizantini e i Persiani aveva stipulato la pace tra loro. Šahrbarāz ordinò a sua volta a tutti i Persiani di rientrare nei loro paesi, ciascuno nella sua città e tra la propria famiglia, e di guardarsi dal seminare discordia nel paese. Tuttavia non accolsero le sue raccomandazioni.

25 Esattamente nell'anno 20 del regno di Eraclio, i Persiani effettuarono un'incursione lungo le rive dell'Eufrate, durante la quale Šahrbarāz fece prigioniere non poche truppe dei Bizantini e massacrò molti capi persiani in una con i loro adepti[22].

26 Nell'anno 21 del regno di Eraclio, Šahrbarāz, che aveva usurpato il potere sui Persiani, morì. Cominciò così a regnare sua figlia Būrān[23], che stipulò la pace con i Persiani. Morta che fu, le succedette sua sorella[24].

[17] Trattasi di Qabād II Šīrōē, figlio di Cosroe, il cui regno durò solo sei mesi. Cf. A. Christensen, *l'Iran sous les Sassanides*, ed. Otto Zeller, Osnabrück 1971, p. 497.

[18] Nella primavera del 628 Cosroe II venne detronizzato e ucciso. Al suo posto salì sul trono il figlio Qabād Šīrōē che si affrettò a stipulare la pace con Eraclio. Qabād II regnò dal febbraio 628 al settembre dello stesso anno. Di questa pace fa menzione anche Michele il Siro, *Chronique* (1899), vol. II, p. 409.

[19] Qabād II venne a morire sei mesi dopo la pace, forse avvelenato. Gli successe il figlio Ardašīr III che regnò dal 628 al 630. Poi ci fu un periodo di estrema instabilità, dove nello spazio di quattro anni si succedettero ben dodici re e una regina, Būrān, figlia di Cosroe III.

[20] Nel testo troviamo la forma سهريار e, in nota, si suggerisce di leggere شهربار, ma andrebbe letto meglio Šahrvarāz, come nelle fonti persiane o Šahrbarāz, come nelle fonti arabe. Lo renderemo in seguito con Šahrbarāz. Per questo personaggio vedi pure Michele il Siro, *Chronique* (1899), vol. II, pp. 378, 400, 401, 408-410, 420, 421, 427.

[21] Michele il Siro, *Chronique* (1899), vol. II, p. 410 precisa che Ardašīr III regnò 1 anno e 10 mesi.

[22] Una considerazione alquanto strana dentro un discorso in cui si fa parola di truppe bizantine prese prigioniere!

[23] Regnò circa un anno e quattro mesi e stipulò un trattato di pace con i Bizantini. In Eutichio, *Gli Annali* (1987), p. 327 compare la forma Mūrlī.

[24] Michele il Siro, *Chronique* (1899), vol. II, 410 dice invece che era figlia di Cosroe e che regnò sui Persiani per alcuni mesi, quindi morì. Le successe la sorella Zarimanduḫt. In Eutichio, *Gli Annali* (1987),

Comparsa degli Arabi

27 In questo anno si diffusero dappertutto notizie sugli Arabi che terrorizzarono non pochi tra Bizantini e Persiani.

28 Nell'anno 22 del regno di Eraclio i Bizantini si scontrarono con gli Arabi presso il fiume Yarmūk dove questi ultimi massacrarono una tale quantità di Bizantini che i loro corpi formavano un ponte su cui attraversare. Avveniva, ciò, nell'anno 943 dell'era di Alessandro[25].

29 Era allora ad essi preposto, gestendone le cose, Abū Bakr ʿAtīq Ibn Abī Quḥāfah. Risiedeva a Yaṯrib, in quel di Fārus[26], da dove mandò truppe ai quattro angoli della terra al comando di quattro comandanti, uno dei quali fu infatti mandato nel paese dei Persiani e un altro ad Aleppo e a Damasco. Un patrizio bizantino, di nome Sergio e di stanza a Cesarea, era allora governatore della città in nome dei Bizantini. Costui si scontrò con gli Arabi, ma lo misero in fuga e ne massacrarono gli uomini[27].

30 In questo anno ci fu una grossa scossa tellurica e nel cielo comparve un segno sotto forma di una colonna di fuoco che prese a muoversi da oriente ad occidente e da nord a sud per poi dileguarsi[28].

31 Eraclio mandò contro gli Arabi suo fratello, allora di stanza ad Edessa, ma costui si astenne dall'affrontarli per codardia[29]. Eraclio andò perciò a Costantinopoli, lasciò la Siria e mandò alcune truppe contro gli Arabi, ma costoro le misero in fuga e votarono al saccheggio i loro accampamenti[30].

p. 327 compare invece la forma Azarminduḫt. Figlia di Cosroe Aparvìz, salì sul trono reggendolo quattro mesi. Morì avvelenata.

25 La battaglia sul fiume Yarmūk , in Siria, avvenne nel 636 tra le schiere di Ḫālid Ibn al-Walīd e l'armata bizantina al comando di Teodoro, fratello di Maurizio. I Bizantini cominciarono così a perdere la Siria. Michele il Siro, *Chronique* (1899), vol. II, p. 420 colloca questa battaglia nell'anno 5 del governo di ʿUmar.

26 Nel testo في ارض فارس, toponimo di cui non siamo riusciti a trovare un riscontro nelle fonti. Potrebbe essere una errata scrittura per *al-Furs*, valle posta tra Medina e Diyār Ṭayyi', sulla via per Ḫaybar, di cui in Yāqut vol. IV, p. 284? Ad ogni modo sappiamo che a Medina il califfo Abū Bakr aveva la sua residenza nel quartiere al-Sunḥ.

27 Sergio era governatore bizantino di Cesarea nel 634. Fu sconfitto da Yazīd, figlio di Abū Sufyān, nel wādī al-ʿAraba, estesa depressione a nord del Mar Morto. Avendo già perso pure Seleucia e Ctesifonte nel 637, Yazdagird si vide costretto a fuggire verso la Media, segnando così il declino della dinastia sasanide. Michele il Siro, *Chronique* (1899), vol. II, p. 413 dice che dei quattro generali uno fu mandato in Palestina, un secondo in Egitto, un terzo in Persia e un quarto contro gli arabi cristiani. Tutt'e quattro ritornarono vittoriosi. In questo stesso passaggio di Michele il Siro viene descritta la disfatta del patrizio Sergio.

28 Michele il Siro, *Chronique* (1899), vol. II, p. 414 colloca questo fenomeno nell'anno 945 dei Greci, afferma che durò trenta giorni e che si presentò sotto la forma di una spada che si stendeva da sud a nord, quasi presagio della venuta o comparsa degli Arabi.

29 Allusione a Teodorico, fratello di Eraclio, che però avrebbe affrontato, stando a Michele il Siro, *Chronique* (1899), vol. II, p. 418, gli Arabi con orgoglio e arroganza esclamando: «Cosa sono i figli di Agar? Dei cani morti!».

30 Sembra che sia proprio questo il senso che Agapio intende qui dare al termine عساكر. Lo renderemo così anche in seguito.

32 In questo stesso anno ʿUmar Ibn al-Ḫaṭṭāb si levò alla volta della Siria, spingendosi fino a Gerusalemme. Il patriarca /Sofronio/ gli andò incontro e lo introdusse in città. ʿUmar la contemplò, contemplò anche il tempio ch'essa conteneva e pregò dentro di esso. Si trattenne colà quaranta giorni, poi partì dirigendosi alla volta di Damasco, dove soggiornò a lungo, e da qui tornò poi a Yaṯrib[31].

33 Eraclio, imperatore dei Bizantini, morì. Aveva regnato 31 anni e 5 mesi[32].

Regno di Costante II

Torbidi alla corte bizantina

34 In questo anno gli Arabi conquistarono la città di Cesarea e la Palestina[33].

35 Di poi cominciò a regnare, nell'anno 953 dell'era di Alessandro, Costantino figlio di Eraclio. Regnò 4 mesi, e fu ucciso[34].

36 Dopo di lui cominciarono a regnare insieme Eracleona, figlio di Eraclio, e sua madre[35]. Regnarono 8 mesi e furono banditi dall'impero.

37 Cominciò poi a regnare Costante[36]. Regnò 27 anni, a cominciare dall'anno 954 dell'era di Alessandro.

38 Nell'anno 6 del suo regno gli Arabi conquistarono Cipro e ne presero possesso[37].

39 Nell'anno 7 del suo regno gli Arabi e i Bizantini si spartirono l'isola di Cipro, prendendone ciascuno una metà[38].

40 Al compimento del suo ventisettesimo anno di regno i Bizantini uccisero Costante, in un bagno, in Sicilia[39].

Ricapitolazione di eventi ben datati

41 Da Adamo fino al diluvio trascorsero 2.242 anni; dal diluvio fino alla costruzione

[31] Per quanto ebbe luogo tra il patriarca Sofronio e il califfo, cf. pure la bella descrizione di Michele il Siro, *Chronique* (1899), vol. II, pp. 425-426.

[32] Michele il Siro, *Chronique* (1899), vol. II, p. 426 dice che morì nell'anno 952 dei Greci, 19 degli Arabi, 7 di ʿUmar, dopo aver regnato 30 anni e 5 mesi.

[33] Siamo sempre nel 638. Ma Michele il Siro, *Chronique* (1899), vol. II, 430-431 descrive la caduta di Cesarea ad opera di Muʿāwiyah nell'anno 961 dei Greci.

[34] In realtà Costantino III moriva di tisi lo stesso anno (641), mentre il suo fratellastro Eraclio II o Eraclione, che venne accusato della sua morte insieme con sua madre Martina, fu deposto e mutilato.

[35] Lett. «e suo figlio». Così pure A. Vasiliev, *Kitab* (1912), p. 455. Per «madre» vedi pure Michele il Siro, *Chronique* (1899), vol. II, p. 426.

[36] Ossia Costante II Eraclio, detto poi Pogonato /= Barbuto/, imperatore bizantino (641-668), figlio di Costantino III. Vedi pure Michele il Siro, *Chronique* (1899), vol. II, pp. 426, 430 dove afferma che Costante fece uccidere i suoi due zii e la loro madre Martina.

[37] La conquista di Cipro fu portata a termine da Muʿāwiyah nel 649!

[38] Per queste due incursioni contro l'isola di Cipro vedi anche Michele il Siro, *Chronique* (1899), vol. II, p. 442.

[39] Questa sua morte avvenuta a Siracusa nell'anno 980 dei Greci è descritta altresì da Michele il Siro, *Chronique* (1899), vol. II, p. 450.

della torre, alla confusione delle lingue a Babele e all'epoca di Arġūs[40] trascorsero 650 anni; dalla confusione delle lingue fino alla nascita di Abramo trascorsero 413 anni; dalla nascita di Abramo fino all'uscita dei figli di Israele dall'Egitto trascorsero 506 anni; dall'uscita dei figli di Israele dall'Egitto fino a quando il loro primo re, vale a dire Saul, regnò su di loro trascorsero 696 anni; dal regno di Saul fino a quando Nabucodonosor li portò in cattività bruciando il Tempio e distruggendo la città, trascorsero 505 anni; da Ḏahāb[41], re dei figli di Israele, luogotenente del re Nabucodonosor e dai re dei Persiani fino ad Alessandro, trascorsero 2.239 /sic!/ anni; da Alessandro fino a quando cominciarono a regnare gli imperatori romani trascorsero 280 anni e 5 mesi; da quando han cominciato a regnare i Bizantini, son trascorsi 687 anni; dall'inizio dell'impero degli Arabi fino ad ora, vale a dire l'anno 1.273[42] dell'era di Alessandro, sono trascorsi 330 anni e 8 mesi.

42 Menzioneremo ora gli anni degli Arabi, dei loro regnanti, re dopo re, e quanto ciascuno di essi abbia regnato per quanto /ci/ sarà possibile, se a Dio Altissimo piacerà.

[40] Così nel testo, ma andrebbe meglio letto Arʿū. Vedi pure A. Vasiliev, *Kitab* (1912), p. 455.

[41] Così nel testo, ma va meglio letto Sedecia.

[42] Perché i tempi combacino alla perfezione dovrebbe essere indicato come l'anno 1253 dell'era di Alessandro, poiché solo il 1253 corrisponde al 941/942, anno in cui Agapio scrive, che è in effetti il 330 dell'egira, corrispondente all'anno 941/942. Cf. A. Vasiliev, *Kitab* (1912), p. 456. Da notare che il testo approntato da Cheikho presenta delle ambiguità che il curatore suggerisce di sanare con alcune indicazioni fornite in nota. Tale data armonizza altresì con il particolare che lo storico arabo al-Masʿūdī, che scrive la sua opera *Kitāb al-tanbīh wa-al išrāf* nel 945, asserisce di conoscere la storia scritta da Agapio. Cf. al-Masudi, *Kitāb at-Tanbīh wa'l-Ischrāf*, Bibl. Geographorum arabicorum, éd. De Goeje, VIII, Leida 1894, p. 154 e Al-Masʿudī, *Le livre de l'avertissement et de la revision*, trad. a cura di B. Carra de Vaux, Parigi 1896, p. 212.

Capitolo 39

Storia degli Arabi

Muḥammad

1 Nell'anno 933 dell'era di Alessandro, corrispondente all'anno 11 del regno di Eraclio, imperatore dei Bizantini, ed esattamente all'anno 30 del regno di Cosroe, figlio di Hormizd, ci fu grande mobilitazione di Arabi a Yaṯrib[1]. Stabilirono come loro capo un uomo di nome Muḥammad Ibn ʿAbd Allāh. Divenne in effetti loro capo e loro re[2] e li governò per 6 anni[3].

2 La sua famiglia, i suoi parenti e la sua tribù si strinsero attorno a lui ed egli li incitò a credere in Allāh, solo[4] e senza socio accanto a sé[5]; respinse il culto degli idoli ed essi ripresero ad adorare unicamente Allāh. Ordinò loro di praticare la circoncisione, di astenersi dal bere vino, di non mangiare carne né di porco né di animale soffocato e

[1] Parlando degli eventi occorsi durante il regno di Eraclio a proposito degli Arabi, Agapio si è così espresso: «Nell'anno 10 di Eraclio, vale a dire nell'anno 931 dell'era di Alessandro, a Yaṯrib ci fu gran movimento di schiere di Arabi». Allude qui all'egira del Profeta, che ebbe luogo nel 622 e con la quale Eutichio introduce gli eventi concernenti gli Arabi con le parole: «Nel primo anno del regno di Eraclio, re dei Rūm, ebbe luogo l'egira del Profeta a Medina, nel mese di *rabīʿ al-awwal*. Vi rimase emigrato per dieci anni...». Cf. Eutichio, *Gli Annali* (1987), p. 319. Per quanto riguarda Eutichio c'è da tener presente che l'indicazione dell'anno primo del regno di Eraclio ci riporta all'anno 620, e quindi essa andrebbe meglio letta, pur con uno scarto di tempo, «nell'anno undicesimo del regno di Eraclio». Contrariamente ad Agapio, Eutichio è molto avaro di notizie nei confronti di Muḥammad, del quale fa la prima volta cenno con l'indicazione dell'egira, per poi riprendere il discorso e chiuderlo con le parole: «Nell'undicesimo anno del regno di Eraclio morì Maometto, figlio di ʿAbd Allāh, profeta dei musulmani, il lunedì 2 del mese *rabīʿ al-awwal* dell'anno undicesimo dell'egira. Fu seppellito nella propria casa, dove era morto, ossia nella casa di ʿĀ'išah, dopo tredici giorni di malattia. Morì all'età di sessantatré anni, senza lasciare /altri/ figli all'infuori di Fāṭimah che morì quaranta giorni dopo di lui (Altri dicono «settanta giorni dopo»), al tempo del califfato di Abū Bakr». Cf. Eutichio, *Gli Annali* (1987), p. 325.

[2] Il concetto di monarca o re è assente in tutta la struttura governativa della comunità musulmana che riconosce come unico e solo re Allāh, detentore assoluto della sovranità su ogni essere del creato, compreso l'uomo. Il capo e la guida della comunità musulmana è designato perciò con il nome di *ḫalīfah*, vale a dire vicario di Allāh sulla terra e tra i credenti. Per sola continuità stilistica tradurremo come se si trattasse di un regno vero e proprio, alla stregua di tanti altri regni di cui Agapio fa parola.

[3] Sorprende una indicazione così approssimativa e difettiva. In realtà dopo l'egira Muḥammad diresse la comunità dei musulmani per ben dieci anni.

[4] Cf. sure VII,70; XVII,46; XXXIX,45; XL,16.84; LX,4.

[5] Cf. sure VI,163; XVII,111; XXV,2.

nemmeno il sangue; di fare la preghiera e di versare la *zakāh*[6]. Chi accoglieva tale appello era sano e salvo, chi invece lo rifiutava e gli opponeva resistenza, lo combatteva. Uccise così molti capi arabi della sua e delle altre tribù e si impadronì di molte città dei popoli sottomessi.

3 Gli Arabi cristiani ed altri si portarono quindi da lui ed egli accordò loro la sua protezione. munendoli di salvacondotti. Del pari fecero tutte le altre genti che non erano d'accordo con lui, vale a dire i Giudei, i Magi, i Sabei[7] ed altri; gli fecero solenne atto di omaggio e ricevettero così la sua protezione, obbligandosi a versare tanto l'imposta di capitazione quanto quella fondiaria.

4 Ordinò alla sua comunità di credere nei profeti, negli inviati e in ciò che Dio aveva loro rivelato; di credere in Cristo, figlio di Maria, e di professare ch'egli è l'inviato di Dio e il suo Verbo, il suo servitore e il suo spirito; di credere nel Vangelo, nel paradiso, nell'inferno e nel giorno del Giudizio. Diceva che in paradiso c'è di che mangiare e di che bere, si va a nozze e si hanno fiumi di vino, di latte e di miele e giovanette dagli occhi neri che non sono state deflorate né da uomini né da *ginn*. Prescrisse loro il digiuno e le cinque preghiere nonché altre cose di cui non parleremo per tema di essere prolissi.

Conflitti tra Persiani e Bizantini

Conquiste persiane

5 Nell'anno 1 del suo regno, Šahrbarāz, satrapo dei Persiani, si mise in marcia contro i Bizantini, assediò Ancira, la espugnò e di tutti gli abitanti ci fu chi uccise e chi portò in schiavitù. Conquistò altresì, sul finire di questo stesso anno, l'isola di Rodi, portandone in schiavitù gli abitanti[8].

[6] Ossia l'imposta personale o testatico, da non confondere con il *ḫarāǧ* o imposta fondiaria. D'ora in avanti tradurremo la prima con «imposta di capitazione» e la seconda con «imposta fondiaria».

[7] In al-Ṭabarī, *Ǧāmiʿ al-bayān*, Dār al-fikr, Beirut 1995, vol. I, pp. 455-456 si cerca di precisare, alla luce di diverse tradizioni trasmesse dai Compagni del Profeta o da altri insigni tradizionisti, che i Sabei rappresentavano un gruppo di gente né giudea né cristiana, ma di certo senza religione vera, o, forse, un gruppo religioso da porsi tra il giudaismo e il mazdeismo, di cui è fatto forte divieto di mangiare le loro carni e di sposare le loro donne, o, anche, una tribù originaria del Sudan né giudea, né mazdea, né cristiana. O sono stati forse una qualche propaggine dei Mandei o una qualche setta gnostica? Non mancano, tuttavia, tradizionisti che li considerano appartenenti ad una delle tanti religioni, anzi addirittura monoteisti, in quanto professerebbero che non c'è dio all'infuori di Allāh, pur non avendo un loro Libro (ma non manca chi asseriva che leggessero il Salterio) e un loro profeta. Forse seguivano anche loro la *qiblah* e pregavano cinque volte al giorno. Per questo alcuni tradizionisti li consideravano una sorta di setta della gente del Libro. Lo stesso al-Ṭabarī, *Ǧāmiʿ al-bayān*, vol. 10, parte XVII, p. 169 li presenta come «un popolo che adora gli angeli, prega rivolto alla *qiblah* e legge il Salterio». Alcuni ritenevano che digiunassero anch'essi, così come i manichei presso i quali si usava digiunare durante un mese lunare senza interruzione.

[8] Qui Agapio fa un passo all'indietro e torna ad occuparsi di eventi che maturarono al tempo dell'imperatore Eraclio. Della conquista di Ancira e di Rodi ad opera di Šahrbarāz vedi pure Michele il Siro, *Chronique* (1899), vol. II, p. 408.

6 Nell'anno 2 del suo regno, Cosroe figlio di Hormizd mise alle strette le genti del suo impero che non condividevano la religione che professava; orgoglio e vanità lo avevano pervaso a cagione delle numerose conquiste che aveva conseguito e dell'estensione della sua autorità. Impose pesanti balzelli, raddoppiò i loro tributi e diede ordine di abbattere le chiese della Siria e della Mesopotamia facendone portare il marmo nel suo regno, come abbiamo già sopra menzionato, con tutto il vasellame d'oro, d'argento e di legno[9].

7 Nell'anno 3 di Muḥammad Ibn ʿAbd Allāh, corrispondente all'anno 14 del regno di Eraclio e all'anno 35 del regno di Cosroe figlio di Hormizd[10], Šahrbarāz condusse una spedizione contro Costantinopoli alla testa di numerose schiere di Persiani e la cinse di assedio; quindi sferrò l'attacco decisivo alla città ma, non essendo riuscito ad espugnarla, si ritirò dopo sì lungo tempo[11].

Melchiti e Giacobiti

8 In questo stesso anno Cosroe persequitò gli abitanti di Edessa che professavano la dottrina dei Melchiti, ingiungendo loro di seguire quella dei Giacobiti. Eccovene la ragione. C'era un giacobita di nome Yūnān che figurava tra i medici personali di Cosroe figlio di Hormizd, imparentato con un tale di Edessa di nome Qurrah che era di confessione giacobita[12]. Cosroe aveva conferito a Qurrah il compito di prelevare l'imposta fondiaria ad Edessa, ragion per cui la popolazione lo ebbe in odio, intrigò contro di lui e tanto lo calunniò al cospetto del re che fu destituito. Spettatore del comportamento della popolazione di Edessa nei confronti del suo parente Qurrah, il medico ribollì di indignazione e, trovandosi un giorno solo a solo con il re, gli disse: «O re! Non è tollerabile che gli abitanti di Edessa osservino la propria religione, perché sono gente, ohimè!, perversa. Opprimili, dunque, finché restano nel tuo impero, giacché la loro religione è la stessa che quella di Eraclio e dei suoi sostenitori e dicono di Dio le stesse cose che lui. Sono in corrispondenza con lui e si scambiano missive. Imponi ad essi di abbracciare la dottrina dei Giacobiti o dei Nestoriani, di modo che, abbracciando o l'una o l'altra, prenda piede l'inimicizia tra essi e i Bizantini. Se infatti conserveranno la stessa credenza dei Bizantini saranno per sempre sostenitori di questi ultimi».

9 Cosroe trovò condivisibili queste sue parole e fece scrivere al satrapo, governatore della Mesopotamia, ordinandogli di recarsi ad Edessa con le sue truppe, di costringere la popolazione ad abbracciare la religione dei Giacobiti o dei Nestoriani e di mettere a morte chiunque si rifiutasse di farlo. Non appena il satrapo ricevette la lettera di Cosroe, si mise senza indugio in marcia e, giunto che fu ad Edessa, radunò gli abitanti in una chiesa

9 Vedi pure Michele il Siro, *Chronique* (1899), vol. II, p. 408.

10 Michele il Siro, *Chronique* (1899), vol. II, p. 408 ha invece «nell'anno 936 dei Greci, 15 di Eraclio, 35 di Cosroe e 4 di Muḥammad, Šahrbarāz e Qardârigan posero l'assedio a Costantinopoli». A. Vasiliev, *Kitab* (1912), p. 461, nota 3, identifica quest'ultimo con Mardif. I due non sono tuttavia affatto menzionati nella descrizione che Eutichio ci offre dell'assedio di Costantinopoli da parte dei Persiani.

11 Cf. Michele il Siro, *Chronique* (1899), vol. II, p. 408.

12 Per questo e quanto oltre, cf. Michele il Siro, *Chronique* (1899), vol. II, pp. 402-403, 410-413.

e disse loro: «Voi siete nemici di Dio e nemici di Cosroe. Siete delle spie che tengono i suoi nemici al corrente di ogni suo affare. Delle due scegliete ora: o vi fate Giacobiti o vi fate Nestoriani. Se abbraccerete una di queste due confessioni, continuerete a stare nel vostro paese natale conservando il vostro modo di vivere; se vi rifiuterete, vi farò mettere a morte e vi farò portare alla corte del re in una con le vostre famiglie, i vostri beni e ogni vostra fortuna. Vi concedo, perché possiate pensarci, alcuni giorni. Rifletteteci bene, prima che la sventura si abbatta su di voi».

10 Dissero allora gli uni agli altri: «Si tratta di scegliere una di queste due alternative: o mangiare il bue soffocato oppure l'asino sgozzato». Per «bue soffocato» intendevano i Nestoriani e per «asino sgozzato» i Giacobiti. Il popolo scelse di seguire la dottrina giacobita, senza dover così abbandonare le proprie dimore e il proprio paese natale. Tutti gli abitanti di Edessa divennero così giacobiti e designarono come loro capo un tale di nome Isaia.

11 Di lì a pochi mesi, Cosroe ordinò di trasferire in Persia gli abitanti di Edessa, scrivendo in tal senso al suo governatore di stanza nella città. Il governatore, clemente dolce e benevolo qual era, temporeggiò nel dare esecuzione all'ordinanza e comunque non li deportò tutti in una volta, bensì cominciò a mandarli via poco a poco, con la riposta speranza che nel cuore del re si insinuasse pietà nei loro confronti. Anche per questo passò sul loro errore. Nel frattempo l'imperatore dei Bizantini attaccò i Persiani ed invase l'Iràq. Cosroe non ebbe più tempo di occuparsi degli abitanti di Edessa e fu così che il resto della popolazione sfuggì alla deportazione. Nessuno uscì incontro ad Eraclio per combatterlo ed egli seminò morte e cattività, facendo poi ritorno in Siria.

Šahrbarāz ed Eraclio

12 Nell'anno 7 di Muḥammad Ibn ʿAbd Allāh ci fu un'eclissi di sole e le stelle apparvero in pieno giorno.

13 Šahrbarāz era ancora accampato davanti a Costantinopoli. In seguito fece solenne atto di omaggio ad Eraclio, imperatore dei Bizantini, e gli prestò obbedienza. Causa di ciò fu il fatto che alcuni avevano intrigato ai danni di Šahrbarāz al cospetto di Cosroe dicendogli ch'egli screditava il re affermando: «Sono io colui che ha realizzato tutte queste conquiste». Dicevano ancora ch'egli attaccava il re, si vantava su di lui e su tutti gli altri uomini e affermava che senza di lui l'impero di Cosroe non esisterebbe. Cosroe ne fu irritato e fece scrivere una lettera a un *marzbān*[13], un uomo che era insieme con

[13] Il testo lo presenta sotto la forma indeterminata, il che farebbe pensare o ad un nome proprio o ad un vero e proprio sostantivo che escluderebbe la sua identificazione con il Mardīf di cui si parla subito dopo come persona ben nota a Šahrbarāz. Anche in seguito tale nome è presentato nella sua forma indeterminata in un contesto in cui gli altri individui sono ben descritti come capi e satrapi. Del resto Marzbān è pure nome proprio. L'episodio si trova comunque anche in Michele il Siro, *Chronique* (1899), vol. II, pp. 408-409 dove il collega di Šahrabāz è chiamato Qardârigan. Nel seguito del testo si ha l'impressione ch'esso sia un vero e proprio nome e come tale lo renderemo, in corsivo, con le dovute riserve per una sua precisa identificazione. A. Vasiliev, *Kitab* (1912), p. 461, lo traduce con «satrapo».

Šahrbarāz, chiamato Mardīf. A costui egli ingiungeva di trovare il modo di tagliare la testa di Šahrbarāz e di mandargliela. Lo incaricò, inoltre, di prendere il comando di quelle truppe e di continuare lui la guerra.

14 Mentre il messaggero di Cosroe si dirigeva verso l'armata di Šahrbarāz, fu catturato dai Bizantini lungo la loro frontiera e fu portato al cospetto dell'imperatore Eraclio. Avveniva, ciò, dopo il rientro di Eraclio dalla Persia. L'imperatore prese la lettera e fece trattenere il messaggero presso di sé.

15 Dopo aver letto la lettera, mandò un messaggio a Šahrbarāz e, dicendogli di non temere affatto per la sua persona, i suoi beni e la sua famiglia, lo pregò di venire da lui, assicurandogli di avere a cuore il suo bene. Šahrbarāz entrò quindi a Costantinopoli e si presentò alla corte dell'imperatore Eraclio. L'imperatore gli fece leggere la lettera che Cosroe inviava a *Marzbān* e fu allora che gli portarono il messaggero e lo piazzarono davanti a lui. Šahrbarāz lo riconobbe, gli parlò, gli fece delle domande sul caso e il messaggero glie ne espose la causa.

16 Venuto a sapere per filo e per segno quanto era accaduto, Šahrbarāz fece solenne atto di omaggio ad Eraclio, stilò poi una lettera a nome dell'imperatore, la consegnò a Mardīf e gli ordinò di leggerla a tutti i suoi comandanti e satrapi. A *Marzbān* scrisse in questi termini: «Credi proprio di poter fare una cosa simile?». I satrapi e i sottocomandanti[14] furono pieni di irritazione e di collera nei confronti di Cosroe, si presentarono perciò al cospetto di Eraclio, gli fecero solenne atto di omaggio e gli giurarono sottomissione. Eraclio ordinò di lasciar partire liberamente in Persia coloro che facevano parte delle loro truppe, senza nessun fastidio. Chi volle partì, congiungendosi al suo sovrano.

17 Eraclio si preparò poi ad invadere la Persia, inviando al Ḫāqān, re dei Khazari, una lettera nella quale gli chiedeva di mandargli delle truppe ausiliarie di 40.000 cavalieri, con l'impegno di farlo suo genero dandogli in isposa la propria figlia[15]. Eraclio partì quindi per la Siria, cominciò a conquistare, una dopo l'altra, le città che erano sotto il dominio dei Persiani e vi stabilì dei propri governatori.

18 Venuto a conoscenza della condotta di Šahrbarāz e dei suoi uomini, della sottomissione che avevano giurato a Eraclio, che costui si era messo in marcia per fargli guerra e che rispondevano a verità tanto la sua reale situazione quanto le città che aveva conquistato, Cosroe ne fu spaventato e turbato e si pentì di ciò che aveva fatto. Tutte le truppe persiane erano disseminate qua e là per la Siria e la Mesopotamia ed Eraclio, nella sua marcia trionfale, le annientava una dopo l'altra.

[14] Il termine arabo è qui *'urafā'*, diverso quindi dal termine *quwwād* che poco prima ha usato per designare i comandanti.

[15] L'alleanza tra Eraclio e i Khazari fu stretta nel 626, all'indomani della ritirata di Šahrbarāz da Calcedonia, in Siria. Al tempo della stipula di questa alleanza, Eraclio e la sua armata erano di stanza a Làzika, regione transcaucasica sulla riva del Mar Nero, mentre Costantinopoli era sotto assedio. Michele il Siro, *Chronique* (1899), vol. II, 409 identifica in Eudocia la figlia di Eraclio.

Disfatta dei Persiani

19 La Siria, l'Egitto, la Mesopotamia e l'Armenia facevano ancora parte dell'impero persiano. Cosroe ordinò poi ad uno dei suoi satrapi, di nome Rūzbihān, di prendere le truppe persiane e di marciare contro Eraclio, imperatore dei Bizantini[16]. Rūzbihān partì ed arrivò nella regione di Mossul. Eraclio aveva già conquistato l'Armenia, la Mesopotamia, l'Egitto e la Siria, massacrando la maggior parte delle schiere persiane che si trovavano in queste regioni. I più della popolazione, come pure la maggior parte degli Armeni, fecero solenne atto di omaggio ad Eraclio.

20 Eraclio si mise poi in marcia alla testa di circa trecentomila soldati, ed altri quarantamila gli arrivarono da parte dei Khazari. Dopo essersi spinti fino all'Aḏarbayǧān, Eraclio mandò loro una lettera dando disposizione di trattenersi colà fino a quando non li avesse raggiunti. Dopo essersi impadronito dell'Armenia, Eraclio continuò la sua avanzata, arrivò a Ninive e si accampò sul Grande Zāb. Rūzbihān, a sua volta, marciò contro di lui e i due schieramenti si scontrarono in una dura battaglia nella quale i Persiani furono sbaragliati, lasciando sul campo più di cinquantamila uomini, tra cui lo stesso Rūzbihān. Eraclio votò al saccheggio il loro accampamento.

21 Messo al corrente della disfatta subita da Rūzbihān e dalle sue truppe, Cosroe fuggì da al-Māḫūzah e da al-Madā'in[17]. Giunto che fu costì, Eraclio entrò in città, si impadronì del tesori del re e portò via tutto ciò che vi si trovava. Votò quindi al fuoco al-Madā'in, distrusse i villaggi circostanti e ne trasse gli abitanti in cattività.

22 Šīrūyeh, figlio di Cosroe[18], era tenuto agli arresti per ordine del padre. Uscì dalla prigione, andò in cerca del padre e, trovatolo, lo uccise e regnò al posto suo. Cosroe aveva regnato 38 anni. Suo figlio Šīrūyeh cominciò a regnare nell'anno 7 di Muḥammad Ibn ʿAbd Allāh, corrispondente all'anno 18 del regno di Eraclio e all'anno 940 dell'era di Alessandro[19].

Iniziative di Eraclio

23 Eraclio tornò quindi indietro e si accampò nei pressi di un villaggio chiamato Ṯamānīn[20], vale a dire il villaggio dove si fermò l'Arca al tempo del diluvio, ai giorni di Noè. Salì sul monte chiamato al-Ǧūdī, osservò il luogo dell'Arca, contemplò il

[16] Vedi a tal proposito anche Michele il Siro, *Chronique* (1899), vol. II, p. 409.

[17] Michele il Siro, *Chronique* (1899), vol. II, p. 409 dice che Cosroe abbandonò la sua città, vale a dire Saqarta, con tutti i suoi tesori e ricchezze.

[18] Si tratta di Qabād II Šīrūyeh.

[19] Si è già detto che Cosroe II morì assassinato nella primavera del 628, anno in cui gli successe il figlio Qabād Šīrūyeh che si affrettò a concludere la pace con i Bizantini.

[20] Villaggio dell'antica Mesopotamia nei pressi del monte Ararat. al-Idrīsī, *Opus* (1972), p. 664 menziona un *ǧabal Ṯamānīn* come sinonimo di *al-Ǧūdī*. Cf. Yāqūt, *Muʿǧam* (1990), vol. II, p. 98 e Ṭabarī (1987), vol. I, pp. 180, 192 che ha anche la forma *sūq Ṯamānīn*. Allude certamente a questo territorio il testo A. Battista-B. Bagatti, *La caverna*, cit., p. 2 del testo arabo dove si dice che Noè si costruì un villaggio cui diede il nome *Ṯamāniyā*. Cf. pure Abū Ṣāliḥ, *The Churches* (1969), p. 302 ed Eutichio, *Gli Annali* (1987), p. 40.

mondo guardandolo dai quattro punti cardinali e si avviò verso la provincia di Āmid, dove svernò.

24 Šīrūyeh, figlio di Cosroe, mandò alcuni messaggeri da Eraclio per chiedergli di fare la pace. Eraclio accolse favorevolmente questa sua richiesta, a condizione, tuttavia, che restituisse tutte le città e tutti i villaggi di cui si era impadronito il padre e che avevano appartenuto ai Bizantini. Da parte sua Eraclio si impegnava a rimandare in Persia tutti i Persiani che risiedevano nel suo impero.

25 In questo tempo si rese noto, tra i filosofi, Stefano, un saggio d'Egitto originario di Alessandria, che fu discepolo del filosofo Olimpiodoro e di Teodoro, filosofo di Costantinopoli[21].

26 Eraclio risolse in seguito di partire per la Mesopotamia e la Siria, mandando in avanguardia il fratello Teodoro[22], al quale ordinò di consentire ai Persiani che risiedevano in tutta la Mesopotamia e la Siria di lasciare l'impero e di fare ritorno in Persia. Teodoro partì quindi con l'avanguardia mentre Eraclio si diede ad entrare in una città dopo l'altra, senza tralasciarne nessuna, stabilendovi propri governatori, per poi rientrare a Costantinopoli.

27 Per quanto concerne Teodoro, fratello di Eraclio, giunse ad Edessa e diede subito ordine ai Persiani che ivi risiedevano di abbandonare la città e di tornarsene in Persia. Si rifiutarono tuttavia di ottemperare a tale ordine e dissero: «Noi non riconosciamo affatto Šīrūyeh, figlio di Cosroe, e perciò non ci muoveremo dai luoghi che sono ormai la nostra patria». Egli issò quindi contro di loro le baliste, le caricò con pietre d'asfalto e le lanciò contro di essi. Ne lanciò circa quaranta, uccidendo molte persone. Vedendosi troppo deboli per resistere, chiesero il salvacondotto, fu loro concesso e abbandonarono la città, facendo ritorno in Persia.

I Cristiani di Edessa

Dottrina melchita

28 Teodoro diede ordine di uccidere i Giudei che si trovavano a Edessa, perché avevano prestato aiuto ai Persiani nel procurar danno ai cristiani. Nel mentre si accingeva ad ucciderli, si levò uno di essi, si recò da Eraclio, lo scongiurò di risparmiarli e di mostrarsi con essi benevolo. Eraclio lo esaudì e scrisse a Teodoro ingiungendogli di lasciarli in pace e di passare sulla loro colpa. Non appena Teodoro ebbe la lettera tra le mani, desistette da far loro del male[23].

29 Eraclio si recò in seguito ad Edessa e ordinò ai cristiani colà residenti di abbracciare nuovamente la dottrina melchita. Abiurarono così la dottrina giacobita, eccezion fatta

[21] A proposito di questo filosofo alessandrino, cf. V. H. Usener, *De Stephano Alexandrino*, I, Bonn 1879, citato in A. Vasiliev, *Kitab* (1987), p. 465, nota 5.

[22] È chiamato invece Teodorico in Michele il Siro, *Chronique* (1899), vol. II, p. 409.

[23] Vedi pure Michele il Siro, *Chronique* (1899), vol. II, pp. 409-410.

per alcune famiglie che rimasero fedeli alla dottrina giacobita.

30 Eraclio si trattenne ad Edessa un intero anno. Accortosi che Qurrah, vescovo di Edessa, non sapeva leggere come di dovere il Vangelo, lo fece esiliare sull'isola di Cipro, dopo averlo così apostrofato: «O tu, come hai fatto a divenire vescovo se non sai nemmeno leggere come di dovere il Vangelo? Vai dunque su quell'isola, ora, stabilisciti nella sua parte interna e impara come leggere e altre cose concernenti la chiesa».

31 Šīrūyeh, figlio di Cosroe, morì. Gli successe Ardašīr che fu però ucciso da Šahrbarāz[24]. Ecco come avvenne. Dopo la morte di Cosroe, Šahrbarāz e parecchi satrapi con lui, grazie a degli accorgimenti, presero la fuga dall'accampamento di Eraclio e giunsero in Persia, attenendosi a quanto conteneva la lettera che Šīrūyeh, figlio di Cosroe, aveva loro mandato. Šīrūyeh venne però a morire e gli successe il figlio Ardašīr. Šahrbarāz lo uccise e radunò delle truppe persiane. Ma radunò parecchie truppe anche Mardīġān[25], e per tal fatto i Persiani si divisero in due partiti.

Vicissitudini della Croce

32 Abbiamo pure[26] già detto che dopo la conversione dell'imperatore Costantino in una con sua madre Elena al cristianesimo, costei si recò in pellegrinaggio a Gerusalemme alla ricerca del legno della Croce. Ella radunò i Giudei, li mise alle strette e tanto insistette che lo portaron fuori. Lo trovò spezzato in due, una metà la prese e la collocò ad Apamea, mentre portò l'altra a Costantinopoli. Gli imperatori dei Bizantini concepirono di riprendere l'altra metà custodita ad Apamea, ma la popolazione si oppose e diedero loro solo la metà della metà.

33 Al tempo di Costante[27] i Persiani fecero un'incursione contro i Bizantini, distrussero [Apamea], presero con sé quanto era rimasto del legno della Croce e lo portarono con sé ad [al-Madā'in]. In questa città esso rimase fino a che Eraclio mandò a chiedere a Šahrbarāz di riportarglielo. Glielo portò e glielo consegnò. Dopo averlo preso, Eraclio lo portò a Costantinopoli, lo aggiunse a quanto era rimasto, lo fece rivestire d'oro e là è esso rimasto sino ai nostri giorni[28].

[24] Šīrūyeh era successo al padre Cosroe II nel 628, ma venne ucciso sei mesi dopo. A lui successe il figlio minorenne Ardašīr III che regnò sotto la tutela dello stesso imperatore Maurizio, dal settembre 628 al 27 aprile 630.

[25] In Michele il Siro, *Chronique* (1899), vol. II, p. 408 è chiamato, come abbiamo già notato, Qardârîgan. Vedi nr. 39,13 nota 13.

[26] Di fatto molto di quello che si accinge a dire è già stato narrato per l'innanzi! Agapio è però qui più accurato e più preciso.

[27] Allusione a Costante II. A. Vasiliev, *Kitab* (1987), p. 468, traduce con «Giustiniano», facendo notare che si allude alla guerra contro Cosroe nel 540 e successiva caduta della città di Apamea nello stesso anno.

[28] La Croce era stata portata a Ctesifonte o in Persia già nel 572, stando a quanto narra Agapio negli avvenimenti concernenti Cosroe I durante il regno di Tiberio. Ma qui allude a quanto avvenne invece nel 614, quando dopo la devastazione di Gerusalemme i Persiani si impadronirono del legno della Croce e lo portarono con sé a Ctesifonte. Eraclio lo riebbe nel 630 e lo riportò subito a Gerusalemme, dove lo sistemò nella sua antica teca, nel Santo Sepolcro.

Capitolo 40

Califfato di Abū Bakr

Eventi vari

1 In questo anno ci fu una spaventosa scossa tellurica e il sole si oscurò[1].

2 Šahrbarāz, satrapo dei Persiani, fu poi ucciso e regnò, dopo di lui, Būrān, figlia di Cosroe. Regnò alcuni giorni, poi morì.

3 Abū Bakr mandò quattro emiri ognuno alla testa di un esercito: mandò il primo in Palestina, il secondo in Egitto, il terzo in Persia e il quarto dagli arabi cristiani. Quanto a colui che aveva mandato in Palestina, fu ucciso, insieme con tutti i suoi uomini, da un patrizio bizantino di nome Sergio, il quale votò poi il loro accampamento al saccheggio[2]. Gli altri tre ebbero successo e fecero ritorno a Yaṯrib.

4 Nell'anno 3 del regno di Abū Bakr, ci fu in Palestina una violenta scossa tellurica. La terra tremò 30 giorni. Ci fu altresì una grande epidemia in più di una località.

Califfato di ʿUmar Ibn al-Ḫaṭṭāb

Eventi vari

5 Abū Bakr morì a Yaṯrib[3]. Dopo di lui cominciò a regnare ʿUmar Ibn al-Ḫaṭṭāb. Regnò 12 anni, a partire dall'anno 946 dell'era di Alessandro e dall'anno 13 dell'egira[4].

6 Nell'anno 1 del suo regno, mandò delle truppe contro al-Balqāʾ[5]. Šuraḥbīl con-

[1] Vedi pure Michele il Siro, *Chronique* (1899), vol. II, p. 414. Seguono dei righi del tutto illeggibili nel manoscritto oggetto di edizione critica. Lo stesso fa notare A. Vasiliev, *Kitab* (1987), p. 468.

[2] Di parere discorde è invece Michele il Siro, *Chronique* (1899), vol. II, p. 413 che descrive la disfatta e la morte del patrizio Sergio a Cesarea. Dello stesso parere è altresì Eutichio, *Gli Annali* (1987), pp. 328-329 che individua nel condottiero arabo ʿAmr Ibn al-ʿĀṣ ma tace il nome del patrizio e sposta la battaglia sulla città di Gaza. Il testo curato da Cheikho attribuisce tuttavia al patrizio una vittoria che fu invece degli Arabi!

[3] Siamo nel 634. Michele il Siro, *Chronique* (1899), vol. II, p. 417, dice che morì nell'anno 946 dei Greci, 24 di Eraclio e 13 dell'egira, dopo aver governato 2 anni. Si è discordi sulla data della morte di questo califfo. A tal proposito vedi L. Caetani, *Gli Annali dell'Islàm*, Milano, 1907-1910, vol. I, p. 82.

[4] Agapio ha l'espressione «degli Arabi». Tradurremo sempre «dell'ègira». Il secondo califfo ʿUmar Ibn al-Ḫaṭṭāb governò i suoi sudditi dal 634 al 644.

[5] Termine con cui si designava l'attuale Transgiordania, comunemente individuata con il territorio tra Damasco e il Wādī al-Qurà, con capitale ʿAmmān. Così in Yāqūt, *Muʿǧam* (1990), vol. I, pp. 579-580. Michele il Siro, *Chronique* (1899), vol. II, p. 417 dice che mandò le sue truppe che si impadronirono di Bosra o Bassòra, distruggendo altre città.

quistò al-Baṣrah[6] e numerose /altre/ città, quindi fece ritorno a Yaṯrib.

7 Nell'anno 2 del suo regno, mandò alla testa di ingenti schiere Ḫālid Ibn al-Walīd contro al-Balqā' e la conquistò. Ḫālid si scontrò poi con il patrizio dei Bizantini e, sconfitto che ne ebbe le schiere, le lasciò alla mercé dei suoi uomini. /Eraclio/ marciò quindi su Manbiğ... contro Ḫālid, uccidendo di tra gli Arabi... Damasco. In seguito Eraclio partì da Manbiğ alla volta della Siria, vale a dire al-Šām, ma gli diedero l'indubitabile notizia che gli Arabi l'avevano già conquistata[7].

8 Nell'anno...del regno di ʿUmar gli Arabi uscirono da Damasco al comando di Ḫālid Ibn al-Walīd. Il patrizio bizantino di stanza ad Antiochia, venuto a sapere che Ḫālid era uscito da Damasco in testa alle sue truppe, fu preso da timore e da inquietudine, radunò numerose truppe e marciò contro Damasco con settantamila guerrieri[8]. Ḫālid ripiegò poi su Damasco, la conquistò concedendo sicurezza alla popolazione, fece incursioni contro tutte le altre città della Siria e le conquistò, concedendo sicurezza ai loro abitanti[9].

9 Saʿd Ibn Abī Waqqāṣ[10] uscì da Yaṯrib e marciò nel deserto di Qadas[11] spingendosi fino ad al-Qādisiyyah [...] al-Kūfah[12] alla distanza di cinque parasanghe e vi soggiornò.

10 Essendo stato messo al corrente dell'invasione degli Arabi, Yazdagird radunò numerose truppe e le inviò /contro gli Arabi. I Persiani/ si accamparono lungo l'Eufrate, dirimpetto a Kūfah. Di poi si scontrarono e ingaggiarono battaglia nei pressi di al-Qādisiyyah, dove gli Arabi misero in fuga i Persiani inseguendoli fino ad al-Madā'in, città di Cosroe, situata sopra il Tigri[13].

[6] Città dell'Iràq, capoluogo della provincia omonima, situata sullo Šaṭṭ al-ʿArab, è il maggior porto del paese. Gli Arabi vi fondarono nel 635-638 un campo militare, ma la città, fiorente sotto la dinastia ʿabbāside, fu poi devastata dai Mongoli nel 1258. D'ora in avanti la daremo sempre con Bassòra.

[7] Il testo manca qui di cinque righi ed è per questo che è impossibile darne una traduzione. Non abbiamo nemmeno tenuto conto di quel che Cheikho ritiene di aggiungere alle poche parole che compaiono qua e là tra i righi scomparsi quasi del tutto. Il testo è lacunoso anche nel manoscritto studiato da Vasiliev. Cf. A. Vasiliev, *Kitab* (1987), pp. 469-472.

[8] Michele il Siro, *Chronique* (1899), vol. II, 418 parla di una campagna dei Bizantini contro gli Arabi nei pressi di Antiochia, ma afferma che a capo delle schiere bizantine c'era sempre Teodorico, fratello dell'imperatore. Ma a p. 421 parla ancora di una campagna contro la regione di Aleppo e di Antiochia dietro ordine del califfo affidata al comandante delle schiere musulmane Ḫālid Ibn al-Walīd.

[9] Michele il Siro, *Chronique* (1899), vol. II, p. 420 pone la conquista della Siria e di altri territori fino al fiume Eufrate nell'anno 4 del governo di ʿUmar.

[10] Uno dei dieci Compagni cui Muḥammad aveva predetto il paradiso, ebbe parte attiva alla conquista del territorio persiano ed ebbe parte attiva nelle battaglie di al-Qādisiyyah e di Ğalūlā'. Fondò la città di Kūfah e morì intorno al 670.

[11] Centro siriano nelle vicinanze di Emesa. Cf. Yāqūt, *Muʿğam* (1990), vol. IV, p. 353 che però lo considera tra le vittorie di Saʿd Ibn Abī Waqqāṣ. Michele il Siro, *Chronique* (1899), vol. II, p. 421 allude a questa spedizione dicendo che Saʿd piazzò la sua tenda e il suo accampamento accanto a Kufah, ossia ʿAqūlah.

[12] Celeberrima città dell'Iràq, sull'Eufrate, costruita da Saʿd Ibn Abī Waqqāṣ dopo la battaglia di al-Qādisiyyah (636), fu eletta a capitale della dinastia ʿabbāside (749), prima che venisse scelta Baġdād. Cf. Yāqūt, *Muʿğam* (1990), vol. IV, pp. 557-561. D'ora in avanti la daremo con Kūfah.

[13] Per questa battaglia vedi pure Michele il Siro, *Chronique* (1899), vol. II, p. 421.

11 Yazdagird[14] partì poi con i suoi satrapi e guerrieri, si accampò sulla riva orientale del Tigri e ingaggiò battaglia con gli Arabi. Costoro si gettarono nell'acqua, l'attraversarono con tutti i loro cavalli, fecero carica contro i Persiani e li misero in fuga, impadronendosi poi di al-Madā'in e dintorni e portando via i tesori del re insieme con altro bottino.

12 Yazdagird trovò riparo nei pressi del /fiume/ Ḥaluwān[15], dove mise su numerose schiere. Gli Arabi lo inseguirono e lo raggiunsero su Ḥaluwān, lo misero in fuga e uccisero la maggior parte dei suoi soldati. Yazdagird fuggì e riparò a Nihāwand ma gli Arabi lo inseguirono e lo stanarono. Yazdagird riparò quindi nel Ḫurāsān[16].

Conquista dell'Egitto

13 Vedendo come i Bizantini venivano scacciati e venuto a conoscenza di quanto gli Arabi avevano fatto ai Persiani, Eraclio, che allora si trovava ad Antiochia, sbottò incollerito e indignato e ne fu molto afflitto. Scrisse perciò in Egitto, in Siria, in Mesopotamia e in Armenia dando disposizione di non ingaggiare più battaglia alcuna con gli Arabi e di non opporsi alla volontà di Dio. Sosteneva, infatti, che era stato il Gran Dio a mandare quella sventura sugli uomini, che irrevocabile è il suo comando e che non c'è modo di… /avendo di fatto promesso a/ Ismaele, figlio di Abramo, che dai suoi lombi sarebbero venuti fuori /numerosi re/[17].

14 Saʿīd e ʿAmr Ibn al-ʿĀṣ marciarono sull'Egitto e vi entrarono. Qurrah[18], vescovo di Alessandria, andò loro incontro e stipulò con essi la pace a queste condizioni: avrebbe versato loro, ogni anno, duecentomila *dīnār* purché le loro truppe non fossero più entrate in Egitto, varcandone le frontiere. Avrebbe egli stesso provveduto a raccogliere il danaro e a mandarlo loro. Su questo stipularono un patto con lui. Ciro continuò ad essere vescovo /di Alessandria/, governandola con risolutezza e con fermezza per tre anni, senza che nessun arabo vi entrasse.

15 Di lì a poco un certo numero di abitanti dell'Egitto si recarono al cospetto dell'imperatore Eraclio per accusare Ciro sostenendo che riscuoteva il denaro dell'Egitto e lo consegnava agli Arabi, come agli stessi dava il ricavato della tassa

[14] Si tratta di Yazdagird III, salito al trono nel 632, ultimo re sasanide di Persia, che riportò l'ordine nella grave situazione interna seguita alla morte di Cosroe II.

[15] Meglio Ǧalūlā', fiume del Ḫurāsān, dove nell'anno 16 dell'ègira (637) ci fu lo scontro finale con i Persiani in seguito alla cui sconfitta gli Arabi si aprirono l'accesso ai passi dei monti Zagros, per poi spingersi nell'altopiano iranico. Cf. Yāqūt, *Muʿǧam* (1990), vol. II, pp. 181-182.

[16] Le vicende narrate in questi due ultimi numeri sono riportate altresì in Michele il Siro, *Chronique* (1899), vol. II, pp. 423-424, precisando che esse ebbero luogo in uno stesso anno.

[17] Cf. *Gn* 21,13. Per diverse considerazioni sul flagello delle invasioni musulame attribuite ad Eraclio, cf. Michele il Siro, *Chronique* (1899), vol. II, pp. 424-425. Interessante è qui l'allusione al malinconico addio che l'imperatore diede alla Siria augurandole la pace. Un *topos* della letteratura cristiana che trova il suo precedente nell'addio e nell'augurio di pace che Adamo rivolse al paradiso terrestre quando, cacciato da esso, si volse indietro per rammaricarsi di ciò che stava perdendo.

[18] Allusione a Ciro, vescovo monotelita di Alessandria. D'ora in avanti lo renderemo con Ciro.

fondiaria, destinato invece all'imperatore. Eraclio ne fu irritato e mandò in Egitto un suo governatore di nome Manuele, al quale diede ordine di destituire Ciro dall'amministrazione dell'Egitto, di assumerne egli stesso l'amministrazione e di difendere la popolazione.

16 Quando fu la fine dell'anno e gli Arabi si presentarono in Egitto, come d'abitudine, per pretendere il danaro /convenuto/, si imbatterono in Manuele accampato in Egitto con le truppe dei Bizantini. Furono catturati e portati davanti a lui. Manuele domandò loro per quale motivo e necessità fossero venuti ed essi lo misero al corrente di tutta la storia. Sapendo che erano venuti per il danaro, inveì contro di loro in preda a furiosa collera e, cacciandoli fuori con spregio, disse loro: «Io non sono il vescovo Ciro che vi dà il danaro per il timore che ha di voi, perché è un uomo votato al servizio di Dio; io sono un uomo di armi, di guerra e di coraggio, come vedete da come sono. Io per voi non sento che imbarazzo e disprezzo. Andatevene dal paese e non ritornate più, altrimenti vi ucciderò. Uomo avvisato mezzo salvato»[19].

17 La delegazione fece ritorno dal proprio comandante, mettendolo al corrente di quanto era accaduto. ʿAmr Ibn al-ʿĀṣ si levò, si mise in marcia e arrivò in Egitto, dove si scontrò con Manuele[20], mettendolo in fuga e massacrando la maggior parte dei suoi uomini. Manuele riparò con il resto delle sue truppe in Alessandria. In seguito gli Arabi si impadronirono dell'Egitto[21].

Reazione di Eraclio

18 Dopo aver ricevuto tale notizia, Eraclio scrisse a Ciro, vescovo di Alessandria, la seguente lettera: «Alcune persone ti hanno calunniato e ti hanno accusato falsamente davanti a me, asserendo che ti sei precipitato ad accogliere gli Arabi e ad esaudire quanto chiedevano. Sai bene che sono stati mandati come un flagello sugli uomini, che Dio ha promesso ad Abramo, riferendosi a Ismaele, che dai suoi lombi sarebbero usciti numerosi re, che le promesse di Dio sono vere, irrevocabili e inevitabili. Se puoi addolcire gli Arabi e allontanarli dell'Egitto con tutti i mezzi possibili, fallo e se puoi riproporre loro le condizioni ad essi già fatte e fargliele accettare, fallo. Io ti costituisco capo dell'Egitto e te ne affido il governo. Agisci per il meglio dei suoi interessi!»[22].

19 Dopo aver ricevuto /e letto/ la lettera dell'imperatore Eraclio, Ciro esclamò: «Come riuscire ad allontanare gli Arabi, se già mi considerano un mentitore, ma, soprattutto, ora che si sono impadroniti dell'Egitto? Tuttavia farò tutto il mio possibile e starò a vedere quale piega prenderanno le cose». Ciro uscì quindi da Alessandria,

[19] Lett. «Scusabile è chi ammonisce».

[20] Generale bizantino, Manuele era a capo della flotta che riconquistò Alessandria nel 645, ma venne sbaragliato con la sua armata presso Nikiu da ʿAmr Ibn al-ʿĀṣ nel 646.

[21] Vedi pure Michele il Siro, *Chronique* (1899), vol. II, p. 425.

[22] Non poche di queste notizie sono già state anticipate in 40,13.

dirigendosi alla volta dell'accampamento degli Arabi. Non appena fu sotto la tenda di ʿAmr Ibn al-ʿĀṣ, si discolpò mettendolo al corrente di non essere stato lui la causa della inadempienza al patto che c'era tra loro, bensì l'imperatore Eraclio, il quale lo aveva forzato e indotto a cambiar parere a tal proposito. Lo pregò, quindi, di rifare la pace alle condizioni contemplate nel primo patto.

20 ʿAmr Ibn al-ʿĀṣ gli fece sapere di non essere disposto ad esaudirlo. «Io», aggiunse, «non ho fiducia in te, perché mi hai già ingannato una prima volta. Del resto, chiedi una cosa impossibile perché abbiamo conquistato l'Egitto con le armi e non lo abbandoneremo più». Ciro tornò dunque ad Alessandria con le pive nel sacco.

21 Di poi ʿUmar Ibn al-Ḫaṭṭāb tolse il comando della Siria a Ḫālid Ibn al-Walīd e nominò al suo posto Abū ʿUbaydah Ibn al-Ğarrāḥ. Avveniva, ciò, nell'anno 15 dell'egira, corrispondente all'anno 26 del regno di Eraclio[23].

ʿUmar Ibn al-Ḫaṭṭāb a Gerusalemme

22 ʿUmar lasciò Yaṯrib, arrivò in Palestina e vi si acquartierò. Sofronio[24], patriarca di Gerusalemme, gli andò incontro e ottenne da lui sicurezza per Gerusalemme e per tutte le città della Palestina. ʿUmar gli accordò protezione e fece redigere per lui un rescritto, nel quale era specificato: «Sarà privato della protezione delle leggi ciascun giudeo che noi troveremo a Gerusalemme, a partire da oggi. Il giudeo che vi troveremo, sarà punito intervenendo sui suoi capelli, la sua figura e i suoi beni».

23 Poi ʿUmar entrò in Gerusalemme e pregò. Entrò quindi nell'imponente tempio che aveva fatto erigere Salomone, figlio di David, e ordinò di costruirvi una moschea dove i musulmani potessero fare le loro preghiere. Il patriarca allora, avendo notato che gli abiti di lana che ʿUmar aveva addosso erano sporchi, lo pregò di gradire da lui un altro abito. ʿUmar rifiutò, ma il patriarca insistette e ʿUmar gli disse allora: «Fammi il piacere, ti prego, di far prendere questi miei abiti, falli portare dal lavandaio e nel frattempo prestami quelli che tu mi hai portato, perché li indossi fino a quando i miei non siano lavati. Allora te li restituirò». Il patriarca fece come aveva detto, prese gli abiti di ʿUmar e li fece portare da un lavandaio. Lavati che furono, glieli riportò, ʿUmar li indossò e restituì al patriarca i suoi abiti[25].

24 Poi ʿUmar lasciò Gerusalemme, tornò a Yaṯrib e affidò il governo dell'Egitto in una con quello della Siria ad Abū ʿUbaydah. Costui mandò ʿAbbād Ibn Ġānim[26] a perlustrare tutte le città della Siria alla testa di numerose schiere. Ad esse egli accordò

[23] Ma quanto narrato qui era avvenuto nel 636!

[24] Già monaco nel monastero di s. Teodosio, divenne patriarca di Gerusalemme nel 634 e ne governò la chiesa sino al 638. Gli sono attribuite vari opere, tra cui *Gli Atti dei santi Ciro e Giovanni*, una vita di s. Maria Egiziaca, una raccolta di omelie e lettere pastoriali nonché una raccolta di anacreontiche. Cf. A. Bagatti, *Alle origini della Chiesa*, vol. II, p. 77.

[25] Vedi pure, a tal proposito, quanto è riportato in Michele il Siro, *Chronique* (1899), vol. II, pp. 425-426.

[26] Meglio ʿIyāḍ Ibn Ġanm /al-Fahrī al-Qurašī/.

protezione, occupandole tutte. Tornò quindi in Mesopotamia, ne conquistò tutte le città e accordò ad esse protezione, dopo aver stipulato un patto con il quale si impegnavano esse a versargli ogni anno centomila *dīnār* e lui a garantire che nessun arabo avrebbe attraversato l'Eufrate sotto qualsivoglia pretesto fino a che detto patto fosse stato in vigore. Gli abitanti della Mesopotamia portarono allora ad ʿAbbād Ibn Ġānim il tributo[27] di un anno. Il patto fu sottoscritto dal patrizio Paolo che era allora governatore di Eraclio, imperatore dei Bizantini, sulla Mesopotamia[28].

25 Avuto notizia del fatto, Eraclio, imperatore dei Bizantini, destituì Paolo, mandandolo in esilio in Ifrīqiyyah, e nominò qual governatore della Mesopotamia un patrizio di nome Tolomeo[29].

26 Gli Arabi si impadronirono poi di Antiochia facendo prigionieri gli abitanti dei dintorni e delle campagne circostanti.

27 In seguito ʿUmar tolse il comando della Siria a Abū ʿUbaydah e nominò al posto suo Muʿāwiyah Ibn Abī Sufyān. Avveniva, ciò, nell'anno 6 del regno di ʿUmar, corrispondente all'anno 18 dell'egira e all'anno 29 del regno di Eraclio.

28 ʿAbbād attraversò l'Eufrate e marciò alla volta di Edessa perché i suoi abitanti non avevano versato nel secondo anno ciò che avevano promesso[30]. Arrivato che fu, la popolazione gli andò incontro chiedendo la grazia per essi e per Tolomeo, loro governatore e patrizio. ʿAbbād entrò in Edessa, espulse Tolomeo e lo rinviò tra i Bizantini. Poi in pochi giorni si fece versare centomila *dīnār*.

29 ʿAbbād lasciò quindi Edessa e si diresse a Mawzan[31], perché detta città non aveva ancora capitolato come tutte le altre città della Mesopotamia. Arrivato che fu, i Bizantini di stanza nella città gli opposero resistenza. Irritato e indispettito, fece issare contro la città le baliste e restarono così, ognuno sulla sua, fino a quando la espugnò, massacrando i Bizantini che vi erano dentro. ʿAbbād fece capitolare le città della Mesopotamia accordando ad esse protezione, ad eccezione di Dārā ch'egli prese con la spada, facendo massacrare i Bizantini che vi si trovavano. Dopo aver designato dei governatori su tutte le città della Mesopotamia, tornò da Muʿāwiyah Ibn Abī Sufyān, che allora era in Siria.

30 ʿUmar scrisse poi ai suoi governatori di imporre la tassa fondiaria ad ogni contrada sottoposta alla sua autorità. Furono così creati i ruoli e la tassa fondiaria venne

[27] Il termine arabo è qui *ḫarāǧ*, che di solito sta per imposta fondiaria.

[28] Michele il Siro, *Chronique* (1899), vol. II, p. 426 dice che il suo nome era Giovanni. Nel testo tradotto «Iwannis».

[29] Di un generale bizantino di nome Tolomeo, coinvolto in un impegno o patto che contemplava il versamento di un tributo annuale agli Arabi, si parla in Michele il Siro, *Chronique* (1899), vol. II, p. 446, ma è collocato durante l'assedio che i musulmani portarono contro Costantinopoli nell'anno 9 del governo di ʿUṯmān.

[30] Michele il Siro, *Chronique* (1899), vol. II, 426 colloca l'evento nell'anno 951 dei Greci, 27 di Eraclio, 18 dell'egira, 6 di ʿUmar.

[31] Località della Ǧazīrah dapprima e del Diyār Muḍar poi, conquistata per capitolazione da ʿIyāḍ Ibn Ġanm.

imposta a ciascuna regione, a ciascuna provincia, a ciascuna città e a ciascun villaggio. Raccoglieva così danaro tanto per le tasse dei non-musulmani quanto grazie alle elemosine /dei musulmani/[32].

31 Eraclio, imperatore dei Bizantini, morì. Aveva regnato 31 anni. Morì la domenica 9[33] *šubāṭ* /= febbraio/ dell'anno 952 dell'era di Alessandro, corrispondente all'anno 19 dell'egira e all'anno 7 del regno di ʿUmar[34].

[32] A. Vasiliev, *Kitab* (1912), p. 478 traduce invece: «Tale imposta consisteva in grano e denaro».

[33] A. Vasiliev, *Kitab* (1912), p. 478 ha invece «7».

[34] Le datazioni corrispondono appieno con quelle che indicherà più tardi Michele il Siro, *Chronique* (1899), vol. II, p. 426.

Capitolo 41

Regno di Costante II

Altre conquiste arabe

1 Dopo di Eraclio cominciò a regnare Costantino, figlio di Eraclio. Regnò 4 mesi. Lo uccise una delle donne di suo padre. Cominciò così a regnare Eracleona, figlio di Eraclio[1]. Regnò 8 mesi.

2 In questo anno Muʿāwiyah conquistò Cesarea[2], città della Palestina, dove massacrò settemila Bizantini.

3 Traendo cattivi presagi dal regno di Eracleona, figlio di Eraclio, i Bizantini lo deposero. Cominciò così a regnare Costante, figlio di Costantino, figlio[3] di Eraclio. Regnò 27 anni, dall'anno 954 dell'era di Alessandro.

4 Nell'anno 10 del regno di ʿUmar Ibn al-Ḫaṭṭāb, gli Arabi fecero un'incursione contro una città della Cilicia, la conquistarono e trassero prigionieri una buona parte dei suoi abitanti[4].

5 Nell'anno 11 del regno di ʿUmar, il sole si oscurò: era il venerdì 1 *tišrīn al-ṯānī* /= novembre/[5].

6 Nell'anno 12 del regno di ʿUmar Ibn al-Ḫaṭṭāb, si presentò al cospetto di ʿUmar un uomo di nome Abū Lu'lu'ah. Non gli levò mai gli occhi di dosso mentre era intento a pregare. Allorché ʿUmar fece l'inchino profondo, lo colpì ripetutamente con un coltello e lo uccise. ʿUmar morì dopo aver regnato 12 anni[6].

[1] Sono i due figli di Eraclio, vale a dire Costantino ed Eracleona da lui avuti dalle due mogli Eudossia e Martina. Come si è già fatto notare, Costantino III morì di tisi o forse avvelenato nel 641, nello stesso anno in cui morì il padre Eraclio. Non regnò quindi 4 anni; Eracleona, ossia Eraclio II, fratellastro di Costantino III, venne deposto insieme con la madre Martina e mutilato; Costante II Eraclio, figlio di Costantino III, rimase così unico imperatore. Michele il Siro, *Chronique* (1899), vol. II, p. 430 afferma che fu ucciso dalla moglie di suo padre e che dopo di lui regnò Costante, il quale uccise i suoi due zii e la loro madre. Per Eracleona il testo ha il termine هرقل.

[2] Ossia Cesarea Marittima. Su questa conquista, già adombrata per l'innanzi, cf. Michele il Siro, *Chronique* (1899), vol. II, p. 430.

[3] A. Vasiliev, *Kitab* (1912), p. 478 ha invece «nipote».

[4] Allusione a Euchaita di cui in Michele il Siro, *Chronique* (1899), vol. II, p. 431.

[5] In Michele il Siro, *Chronique* (1899), vol. II, p. 432 si dice che il sole si oscurò alla terza ora, il nove di *tišrīn al-awwal* /=ottobre/.

[6] Anche Michele il Siro, *Chronique* (1899), vol. II, p. 430 si sofferma sul come fu ucciso ʿUmar e ad opera di chi.

Califfato di ʿUṯmān Ibn ʿAffān

Eventi vari

7 Dopo di lui cominciò a regnare ʿUṯmān Ibn ʿAffān. Regnò 11 anni , dall'anno 958 dell'era di Alessandro e dall'anno 5 del regno di Costante.

8 In questo anno si rivoltò Gregorio, il patrizio dei Bizantini di stanza in Ifrīqiyyah.

9 Gli Arabi attaccarono Alessandria, presidiata dal patrizio dei Bizantini Manuele, che si diede alla fuga insieme con i suoi soldati, riparando per via mare in terra bizantina. Gli Arabi espugnarono così Alessandria, distruggendone le mura, e si impadronirono della città e delle coste che da Alessandria andavano sino ad al-Faramā[7].

10 Nello stesso anno, invasero l'Ifrīqiyyah, dove diedero battaglia a Gregorio, patrizio dei Bizantini, mettendolo in fuga e facendo massacro delle sue truppe[8]. Gregorio arrivò poi in terra bizantina e si riappacificò con l'imperatore[9].

11 In questo anno infuriò un vento impetuoso: imponenti alberi furono sradicati, i raccolti e le vigne distrutti e numerose torri crollarono[10].

12 Nell'anno 3 del regno di ʿUṯmān, Muʿāwiyah prese il mare e si spinse fino a Cipro, conquistandola. Aveva al suo seguito millesettecento imbarcazioni cariche d'armi e di beni[11]. Menò con sé da questa come dalle altre isole ad essa vicine un gran numero di prigionieri. Messo al corrente che erano state inviate contro di lui delle truppe bizantine, ritornò in Siria e cinse d'assedio Arwad[12], contro la quale impegnò tutte le sue forze senza tuttavia riuscire ad espugnarla. Mandò allora un vescovo di nome Tommaso per chiedere agli abitanti della città di abbandonare l'isola e riparare in terra bizantina, perché vi si potessero installare gli Arabi. Arrivato che fu in mezzo a loro, imprigionarono il vescovo, non gli consentirono di tornare da Muʿāwiyah e non tennero in nessun conto il suo

[7] Antica Pelusio, città della frontiera nord-orientrale dell'Egitto in cui si scontrarono gli Arabi e i Bizantini al tempo delle invasioni musulmane. Fu espugnata nel 640 da ʿAmr Ibn al-ʿĀṣ. Il nome di questa città è variamente presente nelle fonti arabe. Cf. Yāqūt, *Muʿǧam* (1990), vol. IV, pp. 290-291; al-Idrīsī, *Opus* (1972), pp. 335-336, 346-348, 357.

[8] Con queste battaglie del 647, la Cirenaica e Cartagine furono annesse ai territori musulmani.

[9] Michele il Siro, *Chronique* (1899), vol. II, p. 440 afferma infatti che nell'anno 958 dei Greci, 25 dell'egira e 5 di Costante, Gregorio, patrizio dell'Ifrīqiyyah, si era rivoltato contro Costante.

[10] Vedi pure Michele il Siro, *Chronique* (1899), vol. II, p. 445.

[11] Cf. pure Michele il Siro, *Chronique* (1899), vol. II, p. 441 dove troviamo perfetta concordanza sul numero delle imbarcazioni.

[12] In effetti Muʿāwiyah nel 654 fu impegnato nell'assedio contro l'isola di Arwad. Il termine arabo è invero *Arwād* ed è quello sotto cui Yāqūt, *Muʿǧam* (1990), vol. I, p. 194 parla di «un'isola del mare vicino Costantinopoli...invasa e conquistata dai musulmani nell'anno 45 dell'ègira ad opera di Ǧunādah Ibn Abī Umayyah, ai tempi di Muʿāwiyah Ibn Abī Sufyān e che Muʿāwiyah /stesso/ ridusse in desolazione...». L'episodio è largamente trattato anche in Michele il Siro, *Chronique* (1899), vol. II, p. 442, dove la città è chiamata «Arouad» e, in nota, Arados. Ma a proposito dell'invasione dell'isola, lo stesso Michele il Siro parla di un attacco sferrato contro la città di Pathos o Làpados in un secondo momento da Abū al-ʿAwar. La battaglia di Muʿāwiyah «contro la città di Arwad, che è un'isola», è collocata subito dopo questo precedente avvenimento.

messaggio. Muʿāwiyah rientrò a Damasco. Era vicino l'inverno e si trovava nondimeno nelle vicinanze del mare.

13 Alla fine dell'inverno e all'inizio della primavera Muʿāwiyah puntò nuovamente sull'isola Arwad ma questa volta con truppe più forti e più numerose delle prime. La cinse di assedio e trattò gli abitanti con durezza. Subodorando la gravità della situazione nella quale si erano cacciati e mirando le truppe che premevano, gli abitanti di Arwad chiesero sicurtà impegnandosi a trasferirsi in Siria e a stabilirsi in una località di loro gradimento. Muʿāwiyah Ibn Abī Sufyān accondiscese alla loro richiesta ed essi abbandonarono la città. Usciti che furono, Muʿāwiyah ordinò di abbattere le mura. Furono così distrutte, vi appiccarono il fuoco e furono incendiate[13].

Campagna contro Yazdagird

14 In questo anno ʿUṯmān Ibn ʿAffān inviò il proprio figlio Saʿīd, alla testa di ingenti truppe, sulle tracce di Yazdagird, re dei Persiani, che si trovava, in simile frangente, nel Sigistān[14]. Avendo saputo che Saʿīd veniva in cerca di lui, Yazdagird fuggì dal Sistān a Merv[15], dove rimase due anni. Saʿīd si impadronì di tutte le città del Ḫurāsān concedendo ad esse sicurtà e stabilendovi propri governatori. Arrivò poi a Merv, dove si trovava Yazdagird il quale, messo al corrente della venuta di Saʿīd e temendo che la popolazione della città potesse consegnarlo nelle sue mani, uscì nottetempo e si nascose dentro un mulino, situato lungo il fiume, nelle vicinanze della porta della città. Il proprietario del mulino lo riconobbe, gli mozzò la testa e la portò a Saʿīd. Saʿīd si impadronì di Merv e, dopo aver fatto prendere la corona e la testa di Cosroe, vale a dire Yazdagird, le portò al padre. ʿUṯmān Ibn ʿAffān infilzò la testa su un palo e fece mettere la corona nella Kaʿbah, dove si trova fino a questo anno[16].

Costante chiede la pace

15 Costante, imperatore dei Bizantini, mandò degli ambasciatori da Muʿāwiyah per chiedere la pace. Muʿāwiyah si trovava allora a Damasco. Accompagnato da un certo numero di Bizantini, mandò pure Manuele, che era allora di stanza in Egitto. Muʿāwiyah acconsentì alla sua richiesta, ma pose come condizione che lasciasse presso di lui, come ostaggi, un certo numero di membri della sua casa.

16 Nell'anno 4 del regno di ʿUṯmān, gli abitanti dell'Armenia rifiutarono obbedienza a Costante, imperatore dei Bizantini, e fecero atto di sottomissione agli Arabi. Il loro governatore, un patrizio bizantino di nome Pasagnathès, scrisse a Muʿāwiyah inviandogli

[13] Per una descrizione più sobria di questi eventi cf. Michele il Siro, *Chronique* (1899), vol. II, p. 4.

[14] Questa notizia è collocata da Michele il Siro, *Chronique* (1899), vol. II, p. 430, nell'anno 961.

[15] Michele il Siro, *Chronique* (1899), vol. II, p. 430 dice invece che ripiegò su Kūfah e che a Merv arrivò Saʿīd dopo aver conquistato molte città, come dirà in seguito lo stesso Agapio.

[16] Yazdagird III), incalzato dall'irresistibile avanzata delle schiere musulmane, si trovava infatti nell'estremo lembo nord-orientale del suo regno e fu in effetti trucidato a Merv nel 651. Per queste notizie vedi pure Michele il Siro, *Chronique* (1899), vol. II, p. 430.

come ostaggio il proprio figlio[17]. Avendo saputo che gli Armeni si erano rivoltati ed erano insorti, Costante partì alla testa delle truppe bizantine marciando alla volta di Cesarea di Cappadocia, per portarsi poi in Armenia. La notizia /della loro sottomissione agli Arabi/ lo sorprese mentre era ancora in cammino e lo rattristò molto. Aveva nutrito il proposito di entrare in Armenia, ma poi invertì la marcia, disperando di riprenderla.

17 Muʿāwiyah mandò poi delle truppe all'isola di Rodi, la conquistarono, vi organizzarono l'amministrazione e ne fecero un punto di controllo a vantaggio degli Arabi. Su quest'isola si trovava una statua che era stata abbattuta più o meno trecentosessanta anni[18] dopo ch'era stata innalzata. Era alta cinquanta bracci. Gli Arabi la portarono fuori dall'isola e la gettarono a mare. Avveniva, ciò, nell'anno 8 del regno di ʿUṯmān[19].

18 In questo anno, un comandante arabo sconfinò in Armenia con ingenti truppe, la conquistò e vi fece massacrare tutti i Bizantini che c'erano[20].

19 In questo anno ʿUṯmān Ibn ʿAffān guidò il pellegrinaggio dei fedeli alla Mecca.

Datazione musulmana

20 Chi legge questo nostro libro deve sapere che gli anni degli Arabi non concordano con gli anni dei non Arabi, poiché c'è tra essi una differenza: trentadue anni dei non Arabi fanno trentatré anni degli Arabi. Io, tuttavia, non ometterò di fare la concordanza. Per questo fornirò questo anno supplementare, così come computato dagli Arabi, aggiungendolo[21] ai loro anni, per far sì che il loro calendario concordi con quello che era già in uso prima del /cominciamento del/ loro regno.

Spedizione contro Costantinopoli

21 Poi, nell'anno 9 del regno di ʿUṯmān, corrispondente all'anno 34 dell'egira e all'anno 13 del regno di Costante, imperatore dei Bizantini, Muʿāwiyah Ibn Abī Sufyān

17 Di gran lunga diversa la narrazione in Michele il Siro, *Chronique* (1899), vol. II, p. 446 dove il patrizio Tolomeo si impegna a versare il tributo agli Arabi pronti ad assediare Costantinopoli e l'imperatore manda Gregorio, figlio di suo fratello, come ostaggio presso Muʿāwiyah, dopo aver trattato su una tregua di tre anni a fronte di un tributo annuale. Patto sciaguratamente non onorato. Cheikho evidenzia che a gestire gli affari dei Greci in Armenia a quel tempo era Sempad. A tal proposito cfr H. François Tournebize, *Histoire politique et religieuse de l'Armenie*, Parigi: Librairie Alphonse Picard et Fils, 1900, p. 96.

18 Indicazione alquanto strana. Cheikho suppone che la preposizione على del testo andrebbe meglio letta الف ossia «mille». In tal caso avremmo «1360».

19 Altra tradizione vuole che essa fu venduta ad un mercante ebreo di Edessa, il quale la fece trasportare da novecento cammelli. Si era nel 654. Sull'abbattimento del Colosso di Rodi vedi pure Michele il Siro, *Chronique* (1899), vol. II, 442-443.

20 La prima conquista dell'Armenia avvenne nel 640, anno in cui gli Arabi espugnarono la fortezza di Dvin, importantissima per il sistema difensivo bizantino. Di una spedizione in Armenia voluta da Muʿāwiyah che mise a capo delle truppe musulmane un malvagio persiano di nome Ḥabīb, si fa parola in Michele il Siro, *Chronique* (1899), vol. II, p. 441. L'evento è collocato nel 25 dell'egira.

21 Sembrerebbe più logico sopprimere piuttosto che aggiungere. Cf. A. Vasiliev, *Kitab* (1987), p. 483, nota 2.

preparò una spedizione per mare contro Costantinopoli[22]. Muʿāwiyah equipaggiò parecchie navi nella città di Tripoli[23] situata in riva al mare e vi imbarcò una grande quantità di armi. Non appena le navi furono pronte ed egli si accingeva a dare inizio alla spedizione, c'erano a Tripoli due fratelli, figli di un tale di nome *B q ṭ r*[24]. Erano al servizio degli Arabi. Costoro, avendo visto i preparativi di Muʿāwiyah, furono travolti da irritazione e da collera, si precipitarono alle prigioni, le aprirono e fecero uscire tutti i Bizantini che vi erano rinchiusi. Costoro assalirono quindi il governatore della città e lo uccisero, poi appiccarono il fuoco alle navi e all'equipaggiamento militare, si imbarcarono e arrivarono in terra bizantina.

22 Messo al corrente dell'accaduto, Muʿāwiyah equipaggiò contro i Bizantini numeroso truppe che si impadronirono del paese di Bizanṭiyah[25] e di Malaṭiyah[26], si spinsero fino a Ḥiṣn al-Murrah alle porte di Malaṭiyah e trassero centomila prigionieri tra la popolazione. Muʿāwiyah inviò pure un uomo di nome Abū al-ʿŪd[27] alla testa di ingenti schiere contro Phoenix, situata sulla costa della Licia, vi entrò e la mise a ferro e fuoco[28].

23 Di lì a poco Costante marciò contro di lui alla testa di truppe bizantine, mentre mandò per mare suo fratello Yāqūt[29] alla testa di una grossa flotta. I Bizantini e gli Arabi si scontrarono e ingaggiarono battaglia. Dal primo imbatto i Bizantini furono sbaragliati e Costante fu sul punto di essere travolto dai flutti. Si salvò, dopo che un gran numero di Bizantini erano stati massacrati fino a far del mare una chiazza rossa di sangue. Gli Arabi riportarono una strepitosa vittoria, mentre Costante riparava in Sicilia.

24 In questo anno alcune persone dell'Egitto e dell'Iràq si portarono da ʿUṯmān Ibn ʿAffān, lo accerchiarono da ogni lato e lo uccisero. Era il venerdì 19 del mese di *ḏū al-qaʾdah*[30].

[22] Siamo nel 654, subito dopo la conquista e il saccheggio di Rodi e di Creta. Michele il Siro, *Chronique* (1899), vol. II, p. 445 fissa l'evento nell'anno 966 dei Greci, 35 dell'egira, 10 di Costante e 9 di ʿUṯmān.

[23] Detta anche Ṭarābulus al-Šām, capoluogo della provincia del Libano del Nord, situata sulla riva del Mediterraneo, presso la foce del Qādīšā. Cf. Yāqūt, *Muʿǧam* (1990), vol. IV, p. 29.

[24] In Michele il Siro, *Chronique* (1899), vol. II, pp. 445-446 si parla di un figlio di Buccinator che salva l'imperatore da sicura morte, facendolo passare da una imbarcazione ad un'altra durante la spedizione per mare che Muʿāwiyah intraprese nell'anno 10 di Costante, corrispondente all'anno 9 di ʿUṯmān. Fu però una disfatta dei Bizantini e non una gloriosa impresa dei due fratelli come narra qui Agapio. Vedi pure come la pensa Michele il Siro, *Chronique* (1899), vol. II, pp. 445-446.

[25] Probabile espressione per denotare il territorio di Bisanzio.

[26] Antica Melitene, celebre città in territorio bizantino, ai confini con la Siria, attualmente in Turchia. Cf. Yāqūt, *Muʿǧam* (1990), vol. V, p. 223.

[27] Michele il Siro, *Chronique* (1899), vol. II, p. 445 è invece per ʿAbū al-«Awar».

[28] Si tratta della battaglia di Tessalonica di cui pure in Michele il Siro, *Chronique* (1899), vol. II, p. 445.

[29] In verità Costante II aveva un fratello di nome Teodosio, che nel 660 costrinse a farsi da parte per evitare una co-reggenza. Poi lo fece addirittura uccidere. Vedi pure Michele il Siro, *Chronique* (1899), vol. II, p. 446.

[30] Sulle cause che portarono all'uccisione del califfo si veda pure Michele il Siro, *Chronique* (1899), vol. II, pp. 449-450.

25 Nello stesso anno ʿAbd Allāh Ibn al-ʿAbbās guidò il pellegrinaggio dei fedeli alla Mecca.

Califfato di ʿAlī

Eventi vari

26 In questo anno, Ṭalḥah e al-Zubayr uscirono dalla Mecca nel mese di *rabīʿ al-āḫar* e convennero di marciare contro Bassòra. Allora ʿAlī Ibn Abī Ṭālib, lasciando a Medina[31] come suo luogotenente Sahl Ibn Ḥanīfah, uscì dalla città per combattere contro di loro, dirigendosi alla volta di Fayd[32]. Scrisse poi al suo luogotenente per dargli l'ordine di raggiungerlo e conferì l'amministrazione di Medina ad Abū Ḥasan al-Māzanī. I due schieramenti si scontrarono e ingaggiarono battaglia nei pressi di Bassòra. ʿAlī ne uscì vittorioso, ma gridò alle sue truppe di non massacrare i fuggiaschi, di non infierire sui feriti. Persino a chi si era chiuso in casa concesse il salvacondotto. ʿAlī si trattenne a Bassòra quindici giorni, poi andò a Kūfah e lasciò a Bassòra qual suo luogotenente ʿAbd Allāh Ibn al-ʿAbbās.

27 ʿAlī conferì l'amministrazione dell'Egitto a Qays Ibn Saʿīd[33]. Costì egli si insediò e governò, ma Muʿāwiyah intrigò contro di lui e lo fece destituire[34]. In seguito Muʿāwiyah e ʿAmr Ibn al-ʿĀṣ si recarono da Muḥammad Ibn Ḥuḏayfah, in Egitto, dove era stato fatto governatore da ʿAlī. Lo defraudarono e lo cacciarono ad al-ʿArīš. ʿAlī nominò allora governatore dell'Egitto al-Ḥakam Ibn al-Ṣalt. Muʿāwiyah e ʿAmr mossero contro di lui e gli issarono contro le catapulte. Egli uscì contro di loro alla testa di trenta uomini, ma lo uccisero. In seguito ʿAlī mandò in Egitto Qays Ibn Saʿd.

28 Nell'anno 41 dell'egira fu prestata la *bayʿah*[35] a Ḥasan Ibn ʿAlī. Muʿāwiyah andò allora in Iràq, dove lo raggiunse Ḥasan Ibn ʿAlī. Ebbero un abboccamento a Maskin[36], in quel di al-Sawād, nella provincia di Kūfah, e là essi fecero la pace per iscritto e a delle condizioni davanti a testimoni.

[31] È la prima volta che Agapio chiama questa città, già Yaṯrib, con il nome che le divenne comune all'indomani della emigrazione del Profeta tra la sua gente.

[32] Località situata a metà strada sulla via che da Kūfah si seguiva per andare in pellegrinaggio alla Mecca. Cf. Yāqūt, *Muʿǧam* (1990), vol. IV, pp. 320-321.

[33] Meglio Qays Ibn Saʿd. Così lo renderemo in appresso.

[34] Michele il Siro, *Chronique* (1899), vol. II, p. 450 afferma che Muʿāwiyah mandò un suo emissario in Egitto perché lo uccidesse.

[35] Espressione tipica per indicare il formale riconoscimento di un'autorità e il conseguente giuramento di fedeltà. D'ora in avanti tradurremo con «prestare giuramento», pur se in precedenza, in contesti diversi, l'abbiamo tradotto con «fare atto solenne di omaggio».

[36] Yāqūt, *Muʿǧam* (1990), vol. V, pp. 149-150 la descrive come località vicina ad Awānā, nei pressi del fiume Duǧayl.

Capitolo 42

Dinastia Omayyade: califfato di Muʿāwiyah

Eventi vari

1 Muʿāwiyah entrò nella moschea, tenne la *ḫuṭbah*[1] e la popolazione gli prestò giuramento. In seguito lasciò come suo luogotenente a Kūfah /al-Muġīrah Ibn Šuʿbah[2] e partì per la Siria/, alla quale assegnò come *qāḍī*[3] Faḍālah Ibn ʿAbd.

2 Ḥasan Ibn ʿAlī andò a Medina, dove gli fu chiesto: «Cosa hai fatto?». Rispose: «Odio quelli di Kūfah, gente della quale nessuno dovrebbe fidarsi. Mio padre aveva incontrato [...] ma non poté trarne nessun profitto, in nessun modo, e non sono buoni a niente [...] ʿAtabah Ibn Abī Sufyān»[4].

3 Il potere di Muʿāwiyah si consolidò. Dominò da Yaṯrib a Damasco e si impadronì del mondo intero, dopo essere stato un semplice governatore per ben 20 anni[5]. Avveniva, ciò, nell'anno 972 dell'era di Alessandro, corrispondente all'anno 41 dell'egira e all'anno 19 del regno di Costante, imperatore dei Bizantini.

4 In questo tempo fece la propria comparsa la setta degli Ḥarūriti[6]...di tutti gli altri

[1] Sermone che si tiene dall'alto del pulpito o *minbar* di una moschea durante la solenne preghiera del mezzogiorno, intercalata da rendimenti di lode a Dio, menzione delle qualità del Profeta, preghiera per i credenti e recitazioni di passi coranici nonché, almeno nei primi tempi di espansione dell'Islàm, dalla menzione dei califfi o dei regnanti o amministratori del tempo. La vera e propria parte centrale di tale discorso affronta solitamente un tema di attualità della vita quotidiana della comunità musulmana, con riguardo soprattutto alla dottrina, all'etica e alle problematiche specifiche della tradizione islamica, che illumina di sé ogni attualità.

[2] Ossia al-Muġīrah Ibn Šuʿbah al-Ṯaqafī. Convertitosi all'Islàm nell'anno della battaglia del Fossato (627), partecipò alle battaglie della Siria e della Persia. Il califfo ʿUmar gli affidò il governo di Bassòra. Fu messo da parte al tempo del califfato di ʿUṯmān , ma Muʿāwiyah gli conferì poi il governo di Kūfah. Morì nel 666.

[3] Il termine significa «giudice» ed è così che lo daremo d'ora in avanti. A Faḍālah e al figlio Yazīd affidò la campagna contro Costantinopoli del 669. L'assedio fu tolto nel 670, dopo che gli Arabi si furono impadroniti di Cizico, sul Mar di Marmara. Altre campagne contro Costantinopoli furono intraprese nel 674 e nel 678, ma i Bizantini ebbero la meglio ricorrendo all'uso del «fuoco greco».

[4] Il testo è qui oltremodo lacunoso ed è ciò che stanno a significare i numerosi puntini sospensivi. Di non sufficiente aiuto risulta altresì il testo curato da Vasiliev.

[5] Michele il Siro, *Chronique* (1899), vol. II, p. 450 ha una diversa narrazione, dove sostiene che Muʿāwiyah «fu comandante per 15 anni, ebbe la metà dell'impero /musulmano/ per 5 anni, governando in tutto 20 anni».

[6] Setta *ḫārigita* così denominata dalla località di provenienza, vale a dire Ḥarawrā' o Ḥarūrah, villaggio alla periferia di Kūfah, come ci informa Yāqūt, *Muʿǧam* (1990), vol. II, p. 283. Vedi pure Michele il Siro, *Chronique* (1899), vol. II, p. 450.

musulmani, che i loro avversari vagolavano nell'errore e che essi avevano più diritto a regnare di chiunque altro. Ormai padrone del regno, Muʿāwiyah preferì gli abitanti d'occidente a quelli d'oriente a causa della sottomissione di questi ultimi e dell'insubordinazione di quelli[7].

5 Nell'anno 8, ci fu un'incursione degli Alani dall'Armenia, durante la quale i Bizantini subirono una disastrosa sconfitta. Capo dell'incursione era Bišr Ibn Arṭāh, che uccise un gran numero di patrizi. I musulmani fecero prigionieri e saccheggiarono [...]. Erano i primi prigionieri che facevano.

6 Muʿāwiyah conferì il controllo del mare a [...] Ibn Marwān che in quel tempo... del mare e con lui comandò su tutti [...] e chiamato Bišr Ibn Arṭāh.

7 In questo anno nominò [...] e conferì la carica di giudice ad ʿAbd Allāh Ibn Nāfiʿ.

8 In questo anno Bišr Ibn Arṭāh marciò [...] Raḥmān e *Q m*, figli di ʿAbd Allāh Ibn ʿAbd al-Muṭṭalib. Nei sobborghi di Kūfah fu ucciso il khārigita[8] Abū Laylā.

9 In questo anno guidò il pellegrinaggio dei fedeli alla Mecca ʿUtbah Ibn Sufyān.

10 Nell'anno 3 del regno di Muʿāwiyah, Bišr Ibn Arṭāh fece per la seconda volta un'incursione contro i Bizantini, traendo seco molti prigionieri. I Bizantini furono messi in rotta e ripararono in Costantinopoli.

11 In questo anno Muʿāwiyah ordinò a Marwān Ibn al-Ḥakam[9] di tenersi pronto a dirigere il pellegrinaggio con i credenti. Venuta che fu la ricorrenza, lo guidò[10].

12 In questo anno morì in Egitto, il giorno della rottura del digiuno di *ramaḍān*, [Saʿd Ibn Abī] Waqqāṣ[11]. Aveva governato l'Egitto [al tempo del califfo ʿUmar Ibn] al-Ḫaṭṭāb 4 anni e 10 mesi e altri 3 anni e 10 mesi durante il califfato di ʿUṯmān. [...] e due anni e mezzo[12].

13 Muʿāwiyah nominò governatore dell'Egitto il di lui figlio ʿAbd Allāh Ibn ʿAmr Ibn al-ʿĀṣ [...][13].

14 L'eunuco /Andrea/[14] fece amputare i testicoli di /Sergio/ e li fece appendere

[7] Una chiosa di cui in Michele il Siro, *Chronique* (1899), vol. II, p. 450 è più esplicita e recita: «Da allora /ossia dopo l'uccisione del califfo ʿUṯmān/ gli Arabi furono divisi: a Yaṯrib e a Babilonia si era schierati dalla parte di ʿAlī, che era il genero di Muḥammad, mentre coloro che erano in Siria e in Egitto erano schierati dalla parte di Muʿāwiyah».

[8] Nome con il quale vengono designati gli appartenenti alla setta dei Khārigiti. Qui e in seguito nel senso generico di ribelle o di rivoltoso contro l'autorità costituita.

[9] Tra i più insigni comandanti degli Omayyadi, combatté contro ʿAlī nella famosa battaglia del Cammello (656). Morì nel 684.

[10] Il mese dedicato al solenne pellegrinaggio dei credenti musulmani alla Mecca è l'ultimo del calendario islamico ed è chiamato *ḏū al-ḥiǧǧah*.

[11] A. Vasiliev, *Kitab* (1912), p. 488 ha invece «ʿAmr Ibn al-ʿĀṣ».

[12] Leggermente diversa è invece la lettura che ne dà A. Vasiliev, *Kitab* (1912), p. 488.

[13] Cheikho fa notare che salta qui sette righi perché del tutto illeggibili.

[14] Dell'eunuco Andrea, camerlengo dell'imperatore, si parla anche in Michele il Siro, *Chronique* (1899), vol. II, 452, ma qui Andrea fa recidere i testicoli a Sergio, glieli mette in mano e lo fa crocifiggere.

alla cima di una lancia con questa iscrizione: «È questa la vendetta di Andrea, eunuco dell'imperatore, sul messaggero di Sapore il ribelle»[15].

Guerra tra Sapore e Costante

15 Informato di come l'eunuco aveva trattato il messaggero del ribelle e che le truppe di Muʿāwiyah si erano mosse in suo aiuto, Costante mandò un patrizio di nome Niceforo alla testa delle truppe bizantine per fare guerra a Sapore, che in quel tempo si trovava ad Awdīnā[16].

16 La notizia dell'invio di truppe contro di lui giunse fino a Sapore che prese ogni giorno ad uscire per prepararsi alla battaglia. Un giorno, uscito che fu come d'abitudine e arrivato che fu alla porta /della città/, diede un colpo di frusta al suo cavallo che si impennò e corse via con lui in groppa. Sapore urtò con la testa contro la porta della città e stramazzò privo di sensi, restando poi alcuni giorni infermo, finché morì[17]. Muʿāwiyah aveva mandato ingenti truppe a soccorrere Sapore, ma arrivate che furono a Malaṭiyah furono raggiunte dalla notizia della sua morte. /Il loro comandante Faḍalah/ si trattenne allora a Malaṭiyah e scrisse a Muʿāwiyah chiedendo di mandargli truppe di rinforzo per cogliere di sorpresa i Bizantini. Muʿāwiyah ordinò allora al figlio Yazīd di prendere la cavalleria araba e di congiungersi all'armata. Yazīd partì, le truppe arabe si congiunsero e si spinsero fino a Calcedonia, la saccheggiarono, fecero numerosi prigionieri, quindi si ritirarono portandosi dietro un ingente bottino[18].

17 In questo anno si ebbe un sì forte aumento delle acque del Tigri, del Nilo e dell'Eufrate che strariparono e distrussero non poche località. Fu soprattutto alta la crescita delle acque del fiume di Edessa sì che inondò la città, ne demolì le mura e causò la morte per annegamento di un numerosi abitanti e di un incalcolabile numero di animali[19].

Uccisione di Costante

18 Nell'anno 9 del regno di Muʿāwiyah, Costante, imperatore dei Bizantini, fu ucciso all'indomani del suo rientro dalla spedizione contro gli Slavi. Era andato al bagno, in Sicillia, dove aveva fissato la sua residenza per la ragione che ora esporremo. Dopo l'uccisione del fratello, temendo il furore del popolo indignato contro di lui a causa di

[15] Di questo Sapore, comandante degli Armeniaci e ribelle contro l'imperatore nell'anno 977 dei Greci, corrispondente all'anno 26 del regno di Costante, vedi Michele il Siro, *Chronique* (1899), vol. II, pp. 451-454.

[16] Le città ricordate in Michele il Siro, *Chronique* (1899), vol. II, p. 454 sono Melitene e Callisura.

[17] Così anche in Michele il Siro, *Chronique* (1899), vol. II, p. 454, dove però non si menziona nessun Niceforo ma si continua a parlare dell'eunuco Andrea, noto guerriero, mandato presso Muʿāwiyah da Costantino, figlio dell'imperatore Costante.

[18] Questo particolare è riscontrabile altresì in Michele il Siro, *Chronique* (1899), vol. II, p. 454.

[19] Michele il Siro, *Chronique* (1899), vol. II, p. 451 parla di una inondazione verificatasi nella città di Edessa durante la notte.

siffatto crimine, aveva trasferito la sede dell'impero da Costantinopoli a Roma e da qui ad Antiochia[20]. Si era infine stabilito in Sicilia, un'isola del mare, e là egli risiedeva insieme con i suoi generali e i suoi soldati. In seguito mandò a chiamare la propria famiglia. Gli abitanti di Costantinopoli, però, non permisero che i suoi lo raggiungessero, dicendo: «Sono i nostri imperatori, e non permetteremo ai nostri imperatori di lasciarci». Allorché Costante entrò nel bagno, uno dei suoi domestici[21] prese un vaso con ansa, dentro cui aveva approntato un intruglio di altea selvatica con sapone, e glielo versò sulla testa. L'imperatore ebbe gli occhi pieni di altea selvatica e di sapone e non riuscì più ad aprirli. Il domestico afferrò allora il vaso, glielo spaccò sulla testa e lo uccise. Quindi uscì in tutta fretta dal bagno e si diede alla fuga, senza che nessuno se ne accorgesse.

19 Nel frattempo i domestici aspettavano che l'imperatore uscisse dal bagno. Aspettarono a lungo. Il tempo passava, ma l'imperatore non usciva. Entrarono allora nel bagno, lo trovarono privo di sensi e lo portarono via. Visse ancora un paio di giorni e morì. Aveva regnato 29[22] anni.

Regno di Costantino III e dei suoi fratelli

Campagne musulmane

20 In seguito i Bizantini si riunirono e fecero loro imperatore Mizizio[23], di origine armena[24]. Era saggio, forte e coraggioso[25].

21 Quando Costantino, figlio di Costante, apprese a Costantinopoli che suo padre era stato ucciso, si imbarcò e veleggiò alla volta della Sicilia, dove sbarcò, mise le mani su Mizizio e lo fece decapitare. Fece poi catturare coloro che avevano preso parte all'assassinio di suo padre, proclamando un altro imperatore, e alcuni li uccise, altri li fece gettare in prigione ed altri li mandò in esilio. Quindi tornò a Costantinopoli. Costantino[26] e i suoi fratelli[27] regnarono 16 anni, a partire dall'anno 981 dell'era di Alessandro, corrispondente all'anno 50 dell'egira[28].

20 Questo particolare di Antiochia è assente in Michele il Siro, *Chronique* (1899), vol. II, p. 446, dove dopo Roma si ha subito la Sicilia e, in particolare, Siracusa.

21 Michele il Siro, *Chronique* (1899), vol. II, p. 451 lo chiama «Andrea, figlio di Troilo».

22 A. Vasiliev, *Kitab* (1912), p. 490 ha invece «27 anni».

23 Il termine nel testo è بربري ma è sicuro refuso per مزيزي, ovvero Mizizio.

24 Mizizio era infatti membro di una delle famiglie armene che insieme con quelle bizantine avevano ordito la congiura contro Costante II. In alcune fonti si narra che la sua ribellione venne troncata dall'esarca di Ravenna nel 669.

25 Michele il Siro, *Chronique* (1899), vol. II, p. 451 lo descrive come robusto, di bell'aspetto e di sani costumi. Fu fatto imperatore suo malgrado.

26 Costantino IV Pogonato, imperatore bizantino dal 668 al 685. I fratelli di cui si fa qui parola sono Tiberio ed Eraclio che nel 681, privati di ogni diritto, vengono fatti mutilare con l'amputazione del naso.

27 Ossia Tiberio ed Eraclio.

28 Michele il Siro, *Chronique* (1899), vol. II, p. 454 ha invece «corrispondente all'anno 55 dell'egira e 10 di Muʿāwiyah».

22 In questo anno gli Arabi fecero una spedizione contro i Bizantini di stanza in Ifrīqiyyah e fecero centomila prigionieri[29].

23 In questo anno cadde un'abbondante nevicata e ci fu un freddo rigoroso. Molta gente e molti animali perirono[30].

24 Nell'anno 12 del regno di Muʿāwiyah, Bišr Ibn Arṭāh intraprese una campagna contro i Bizantini, massacrandone molti e traendo seco un gran numero di prigionieri.

25 Nell'anno 13 del regno di Muʿāwiyah, apparve tra le nuvole un arcobaleno nella sua pienezza. Paura e terrore si impadronirono della gente e molti dicevano che l'ora della fine del mondo era venuta[31].

26 Muʿāwiyah approntò parecchie navi e, attaccato che ebbe i Bizantini, ne fece strage e portò seco prigionieri.

27 In questo anno imperversò più di una volta la peste tra la popolazione dell'Egitto e della Palestina.

28 Nell'anno 14 del regno di Muʿāwiyah, gli Arabi condussero una campagna navale contro i Bizantini spingendosi fin nella Licia. Tre patrizi[32] mossero loro incontro e li affrontarono, massacrando trentamila Arabi. I sopravvissuti riguadagnarono le navi ma, arrivati che furono in alto mare, un bizantino li raggiunse con la sua nave e appiccò il fuoco alla loro flotta, che fu interamente consumata dalle fiamme. Quest'anno la vittoria e il trionfo arrisero ai Bizantini. Furono i primi a far uso del fuoco e se ne servirono abitualmente[33].

Eventi vari

29 In questo stesso anno ci fu una invasione di ratti in Siria che provocò una grave carestia[34].

30 Nell'anno 17 del regno di Muʿāwiyah, i Bizantini equipaggiarono una flotta, presero il mare, guadagnarono la costa di Tiro e di Sidone, sbarcarono e si impadronirono del Monte Libano, dove si stabilirono. La popolazione locale diede ad essi il nome di *al-Ḫarāniqah*[35]. I Bizantini si impadronirono così della montagna Sacra fino

[29] Michele il Siro, *Chronique* (1899), vol. II, p. 454 dice invece che i prigionieri furono ottantamila uomini.

[30] Michele il Siro, *Chronique* (1899), vol. II, p. 456.

[31] Michele il Siro, *Chronique* (1899), vol. II, p. 456 lo colloca nell'anno 989 dei Greci.

[32] In Michele il Siro, *Chronique* (1899), vol. II, p. 455, nota 1, vengono identificati con Floro, Petrona e Cipriano.

[33] Allusione alla vittoria della flotta bizantina contro quella musulmana riscossa nell'anno 678, con l'uso del «fuoco greco», come puntualizza qui Agapio. Siamo nel 678. Michele il Siro, *Chronique* (1899), vol. II, p. 455 dà al patrizio il nome di Callinico.

[34] Michele il Siro, *Chronique* (1899), vol. II, p. 457.

[35] Lett. «inverecondi o impudenti». Allusione ai Mardaiti o Maridayê, ossia «ribelli, rivoltosi» che in al-Balāzurī, *Futūḥ al-buldān*, Manšūrāt Mu'assasat al-Maʿārif, Beirut 1987, pp. 217, 228, sono chiamati *al-Ǧurāgimah* e in Michele il Siro, *Chronique* (1899), vol. II, p. 455 *al-Gargoumayê*, ovvero «inverecondi, impudenti». L'episodio è in questa ultima fonte connesso all'anno 9 del regno di Costantino.

alla montagna Nera[36]. Costantino aveva voluto che si stabilissero colà per stornare gli Arabi dalle loro incursioni.

31 In questo stesso anno ci fu una scossa tellurica a Baysān[37]. Un villaggio di Sarūǧ[38], chiamato Qaṭnān[39], sprofondò e con esso crollarono le sue mura e pressoché tutte le sue abitazioni. Del pari accadde ad Edessa dove più di una località subì ingenti danni. Muʿāwiyah diede disposizione di restaurare e riedificare le chiese di Edessa che erano crollate. Agì così perché aveva soggiornato ad Edessa nel mentre si accingeva a combattere contro ʿAlī Ibn Abī Ṭālib[40].

32 Poi Muʿāwiyah morì. Aveva regnato 20 anni dopo essere stato per altri 20 anni emiro[41]. Morì la domenica 6 del mese di *ayyār* /= maggio/ dell'anno 991 dell'era di Alessandro e fu sepolto a Damasco.

Califfato di Yazīd Ibn Muʿāwiyah

Eventi vari

33 Dopo di lui cominciò a regnare Yazīd Ibn Muʿāwiyah. Regnò 3 anni e 5 mesi[42].

34 Nell'anno 1 del suo regno, si riunì a Costantinopoli, dietro ordine di Costantino, un concilio di 189 vescovi, quello comunemente chiamato il Sesto Concilio[43]. Agatone, vescovo di Roma[44], aveva scritto esponendo la sua condivisione con la dottrina formulata dai 120 vescovi che non avevano assistito al concilio, i quali avevano redatto dei canoni che furono accettati esclusivamente dai Melchiti, con l'esclusione di tutte le altre comunità dette cristiane.

36 Qui «montagna sacra» sta per i monti della Galilea e «montagna Nera» sta per l'Amano. Cf. Michele il Siro, *Chronique* (1899), vol. II, p. 455, nota 6.

37 È la Bet-Shean di cui in *Gs* 17,11, appartenente alla tribù di Issachar, chiamato poi Scitopoli al tempo ellenistico. Si trova ai piedi di Tell al-Ḥuṣn, suo primitivo sito, tra vegetazione lussureggiante e diversi rivoli d'acqua. Yāqūt, *Muʿǧam* (1990), vol. I, pp. 625-625 la descrive, tra l'altro, come città della zona del Giordano tra Ḥawrān e la Palestina di allora. Arabizzata in Beisan è oggi ridente cittadina della Galilea e sembra riproporre ancora l'entusiastica meraviglia dei talmudisti che solevano esclamare: «Se il paradiso si trova in Palestina, la porta è Beit-Shean».

38 Cittadina nelle vicinanze di Ḥarrān, nel Diyār Muḍar. Yāqūt, *Muʿǧam* (1990), vol. III, pp. 244-245.

39 Michele il Siro, *Chronique* (1899), vol. II, p. 457 ha invece «Baṭna».

40 Michele il Siro, *Chronique* (1899), vol. II, p. 457 dice invece che diede ordine di ricostruire la chiesa di Edessa perché aveva sognato la rovina di ʿAlī e la conferma del suo regno.

41 Michele il Siro, *Chronique* (1899), vol. II, p. 468 dice: «Governò la Siria 21 anni: quindici al tempo di ʿUṯmān e sei durante l'opposizione di ʿAlī, e regnò su tutto l'impero degli Arabi per ben 20 anni». Muʿāwiyah morì nel 680 e gli successe il figlio Yazīd, dando così inizio ad una successione ereditaria.

42 Yazīd I regnò dal 680 al 683. Michele il Siro, *Chronique* (1899), vol. II, p. 468 ha «3 anni e 6 mesi».

43 Tale concilio, detto anche Trullano, fu convocato per condannare una volta per tutte il monotelismo, affermare la dottrina delle due nature e delle due volontà in Cristo e farne un dogma. Il concilio terminò nel 681.

44 Agatone Taumaturgo, organizzatore del Sesto Concilio Ecumenico, fu papa dal 27 giugno 678 al 10 gennaio 681. Dall'anno della morte di Agapito I, avvenuta nel 536, Agapio salta direttamente al papato di Agatone!

Costantino III regna da solo

35 In seguito Costantino esautorò i suoi fratelli e regnò da solo. I patrizi dei Bizantini lo avevano incoraggiato a farlo, perché li aveva compiaciuti. Tuttavia un patrizio di nome Leone non lo sostenne, ma esternò il suo malcontento dicendo: «Non è lecito che gente che ha regnato su di noi per così a lungo venga esautorata». Costantino diede allora disposizione che gli fossero tagliati la lingua, le mani e i piedi e che i propri fratelli fossero relegati su un'isola del mare[45].

Lotte tra gli Arabi per la successione

36 Poi Yazīd Ibn Muʿāwiyah morì. Prima ancora ch'egli morisse, fece la sua comparsa a Kūfah[46] al-Muḥtār il Mendace. Pretendeva di essere profeta e aveva riunito intorno a sé molta gente. Yazīd era morto senza avere un figlio maggiore che potesse succedergli, il che provocò sedizione tra gli Arabi che si divisero in più partiti. Coloro che erano a Yaṯrib, nell'Iràq e in Mesopotamia proclamarono ʿAbd Allāh Ibn al-Zubayr; quelli della Siria e della Palestina restarono fedeli, per spirito di parte, alla famiglia di Muʿāwiyah e fecero propaganda per essa; per parte sua al-Ḍaḥḥāk Ibn Qays[47] riunì numerose truppe, arrivò a Damasco e dichiarò di combattere per la causa di ʿAbd Allāh Ibn al-Zubayr. Gli Arabi della Mesopotamia avevano fatto propaganda per ʿAbd Allāh Ibn al-Zubayr, per cui ciascuno cominciò a possedere una provincia da difendere e per la quale fare la guerra. Al-Muḥtār fu vincitore a Kūfah.

37 In seguito Marwān Ibn al-Ḥakam lasciò Yaṯrib, prese i suoi figli con sé e puntò su Damasco[48]. Alla notizia del suo arrivo, i figli di Yazīd Ibn Muʿāwiyah si unirono con quegli Arabi e affrancati che intendevano sottomettersi alla sua obbedienza e si recarono da lui. Marwān disse loro: «O voi gente! Io sono un vegliardo. Il mio corpo è debole e infiacchito ed ho le ossa rotte. Ma non appena ho avuto notizia della vostra discordia, il mio spirito mi ha spinto a mettere a repentaglio la mia vita e a usare la mia posizione per porre pace tra di voi. Ho ritenuto che non sarebbe stato degno o giusto, né davanti a me né davanti a Dio, abbandonare il mio popolo nel vederlo diviso, non rappacificarlo, non placare le sue discordie, non indurlo a riconoscere come proprio capo uno di loro, a cui obbedire e a cui sottomettersi. Se condividete queste mie considerazioni, fate ciò che sto per dirvi: mandate a prendere tre frecce, scriveteci sopra i nomi di tre uomini scelti tra

[45] Michele il Siro, *Chronique* (1899), vol. II, p. 455, pone questi avvenimenti dopo che Costantino III ebbe sedato una rivolta capeggiata da una certo Giovanni figlio di Mizizio e si fu convinto che il proprio figlio Giustiniano, soprannominato l'Arrogante, fosse degno di regnare al suo posto sui Bizantini.

[46] Michele il Siro, *Chronique* (1899), vol. II, p. 468 dice che si rivoltò nel paese di ʿAqūlah, nome con il quale intende Babilonia.

[47] Personaggio illustre del tempo degli Omayyadi, si vide affidare da Muʿāwiyah tremila soldati perché combattesse contro i fautori di ʿAlī nel Ḥiğāz (659). Spinto dall'ambizione di diventare califfo, raccolse attorno a sé i Qaysiti e combatté contro i Kalbiti e i Yemeniti sostenitori di Marwān I nella battaglia di Marğ Rāhiṭ, dove fu ucciso (684).

[48] Questo personaggio è qui introdotto come ne avesse già parlato. Più conseguente e chiaro è invece Michele il Siro, *Chronique* (1899), vol. II, p. 469.

voi, consegnatele poi ad uno che sia estraneo a questa assemblea e ditegli di mescolarle ben bene. Poi ne tiri fuori una e la consegni all'assemblea. Colui il cui nome verrà fuori, regnerà su di noi».

38 Dopo aver udito ciò, il popolo fu persuaso di quanto aveva detto, accolse il suo consiglio e condivise il suo giudizio. La loro scelta cadde su al-Ḥasan Ibn Mālik, della famiglia di Muʿāwiyah, uno dei loro capi, che era governatore della Palestina e del territorio del Giordano. Costui diede il proprio assenso e accettò /di prendere le frecce/. Allora Marwān Ibn al-Ḥakam, ʿAmr Ibn Saʿīd Ibn al-ʿĀṣ e altri Qurayšiti si riunirono e scrissero i loro nomi su tre frecce che consegnarono ad al-Ḥasan Ibn Mālik. Costui le prese con una mano e le mescolò a lungo. Quindi ne estrasse una e la gettò in mezzo all'assemblea. La scrutarono, videro che portava il nome di Marwān Ibn al-Ḥakam e gli consegnarono il regno[49].

Califfato di Marwān Ibn al-Ḥakam

Notizie varie

39 Allorché al-Ḍaḥḥāk Ibn Qays apprese che Marwān Ibn al-Ḥakam era stato fatto re[50], marciò sotto mentite spoglie con una truppa della sua tribù e dei suoi sostenitori e si intrufolò nell'armata di Marwān per trarre notizie su di lui. Quando fu in mezzo alle truppe, uno degli uomini di al-Ḥasan Ibn Mālik lo riconobbe e lo trascinò al cospetto di Marwān /Ibn al- Ḥakam/ al quale prestò giuramento a malincuore. Giunta che fu la notte, si diede alla fuga e si ricongiunse con le sue truppe. Fattosi giorno lo inseguirono, ma non riuscirono a raggiungerlo. Marwān marciò quindi con le sue truppe contro al-Ḍaḥḥāk e lo sorprese presso una prateria chiamata Marǧ Rāhiṭ[51]. Qui ingaggiarono battaglia e Marwān uccise al-Ḍaḥḥāk insieme alla maggior parte dei suoi uomini. Gli scampati prestarono giuramento a Marwān.

40 Marwān fece quindi ritorno a Damasco e vi fissò la propria residenza. Sposò la moglie di Yazīd Ibn Muʿāwiyah e abitò nel di lei palazzo. Marwān decise poi di recarsi in Egitto per ricevere il giuramento della popolazione. Ma fu colto da un malanno e morì. Aveva regnato 9 mesi.

[49] Vedi pure Michele il Siro, *Chronique* (1899), vol. II, p. 469.

[50] Questa terminologia inappropriata per il governo conferito ai califfi, legittimi successori di Muḥammad alla guida della comunità musulmana e del loro impero, sarà da noi mantenuta per il fatto che Agapio non concepisce altro potere sulla terra se non quello conferito per successione o elezione ad un individuo perché regni e governi il proprio popolo. Marwān Ibn al-Malik fu califfo dal 684 al 685.

[51] Località nei pressi di Damasco dove nel giugno del 684 ebbe luogo la battaglia vinta dai partigiani degli Omayyadi, appartenenti per lo più ai Banū Kalb, sostenitori della causa di Marwān Ibn al-Ḥakam, cugino e segretario di stato di ʿUṯmān, il terzo califfo. Si affermava così il ramo marwānide della dinastia omayyade. Muʿāwiyah II, figlio di Yazīd, muore di malattia dopo solo tre mesi di governo. L'anticaliffo ʿAbd Allāh è sempre padrone della Mecca, ma verrà poi debellato e ucciso nel 692 da al-Ḥaǧǧāǧ, generale di ʿAbd al-Malik.

Califfato di ʿAbd al-Malik Ibn Marwān

Morte di Costantino III

41 Dopo di lui cominciò a regnare suo figlio ʿAbd al-Malik Ibn Marwān. Regnò 22 anni, a cominciare dall'anno 65 dell'egira, corrispondente all'anno 996 dell'era di Alessandro[52].

42 In questo anno le popolazioni furono colpite da una grande carestia e da peste.

43 In questo stesso anno ʿAbd al-Malik Ibn Marwān fece la pace con i Bizantini[53].

44 Sempre in questo anno Costantino, imperatore dei Bizantini, morì.

[52] ʿAbd al-Malik Ibn Marwān governa dal 685 al 705.

[53] Questa pace, stipulata tra Giustiniano II e ʿAbd al-Malik Ibn Marwān nel 685, vide diminuire ulteriormente il prestigio di Bizanzio. Le entrate di Cipro, dell'Armenia e dell'Iberia transcaucasica vennero di fatto ripartite tra le due potenze di allora.

Capitolo 43

Regni di Giustiniano e di Filippico

Tra Giustiniano e Ḫāqān

1 Dopo di lui cominciò a regnare Giustiniano. Regnò 10 anni[1].

2 In seguito ʿAbd al-Malik scrisse una lettera in cui chiedeva la pace. Giustiniano acconsentì a sottoscrivere una tregua di dieci anni impegnandosi, lui, a richiamare e far rientrare in patria i Bizantini che si trovavano sul Monte Libano e ʿAbd al-Malik a versare giornalmente a Giustiniano mille *dīnār*, un cavallo e uno schiavo come indennizzo al richiamo in patria dei Bizantini che vivevano sul Monte Libano. Tra le altre condizioni, l'isola di Cipro sarebbe stata divisa in due: una metà ai Bizantini e l'altra agli Arabi[2].

3 [...]da Ḫāqān, re dei Khazari, e annegarono tutti. A questa notizia, Ḫāqān mandò a Giustiniano una lettera nella quale diceva: «O uomo di poco comprendonio! Ti bastava mandare da me una persona di tua fiducia, ed io ti avrei mandato tua moglie e il figlio che ti ha dato. Sarebbe stato certamente meglio che far perire per annegamento tanta gente. O hai forse pensato che non te l'avrei mandata se non dopo una guerra o una battaglia, che sarei stato avaro con te e ti avrei privato di lei? Se rivuoi tua moglie e tuo figlio, manda un messaggero e noi li consegneremo a lui». Dopo aver letto la lettera, Giustiniano mandò un suo servitore che gli portò indietro la moglie e il figlio. Chiamò suo figlio Tiberio e lo fece sedere accanto a sé sul trono del regno. Avveniva, ciò, nell'anno 22 del regno di ʿAbd al-Malik Ibn Marwān[3]. Tiberio regnò 7 anni[4].

[1] Giustiniano II Rinotmeto, figlio di Costantino IV Pogonato, imperatore dal 685 al 695, anno in cui fu deposto, durante una rivolta contro l'esasperato fiscalismo della corte, gli venne mozzato il naso ad opera dell'insorto Leonzio, da cui il soprannome Rinotmeto, e fu esiliato a Chersona. I suoi due luogotenenti Stefano e Teodoto furono messi a morte. Vedi pure Michele il Siro, *Chronique* (1899), vol. II, p. 469.

[2] Vedi pure Michele il Siro, *Chronique* (1899), vol. II, pp. 469, 473. Da quest'ultima parola due fogli del manoscritto risultano vuoti.

[3] Michele il Siro, *Chronique* (1899), vol. II, p. 478 ha altri particolari a proposito di questo scambio di vedute tra l'imperatore Giustiniano e il Ḫāqān e comunque colloca l'evento nell'anno 1015 dei Greci, corrispondente all'anno 19 del governo di ʿAbd al-Malik.

[4] Ci sembra che qui Agapio faccia alquanta confusione tra due Tiberi. Nel 695 Giustiniano II venne dimesso e esiliato ma gli successe Leonzio. Nel 698 la flotta bizantina si ammutinò contro Leonzio e fu proclamato imperatore Absimaro che, impadronitosi di Costantinopoli, salì sul trono con il nome di Tiberio III. Giustiniano II riuscì a fuggire presso i Khazari, dove venne accolto con tutti gli onori dal Ḫān di allora, di cui sposò la sorella che, battezzata, fu chiamata Teodora. Nel 704 Giustiniano II

4 In questo anno morì ʿAbd al-Malik Ibn Marwān[5].

Califfato di Al-Walīd

Spedizioni musulmane

5 Dopo di lui cominciò a regnare suo figlio al-Walīd I. Regnò 9 anni e 6 mesi, a cominciare dall'anno 1.018 dell'era di Alessandro[6].

6 Nell'anno 1 del suo regno, diede mano alla distruzione delle chiese di Damasco. Si accanì soprattutto contro la Cattedrale che demolì, costruendo sul suo sito una grande moschea[7]. Diede disposizione di non scrivere più in greco negli uffici amministrativi ma solo in arabo, considerato che la maggior parte degli Arabi che erano in Siria[8] scrivevano in greco.

7 Nell'anno 2 del regno di al-Walīd, Maslamah Ibn ʿAbd al-Malik fece un'incursione contro i Bizantini ed entrò nella città di Ṭuwayliyah[9] dove si trattenne nove mesi. Un patrizio bizantino uscì contro di lui e lo impegnò in battaglia, ma i Bizantini furono sbaragliati e lasciarono sul campo quarantamila morti. Gli Arabi ridussero in rovina la città di Tiana, ne fecero prigionieri gli abitanti e li bruciarono.

8 In questo anno al-ʿAbbās Ibn al-Walīd fece una spedizione e portò via con sé molti prigionieri[10].

9 Nello stesso anno ʿUṯmān Ibn Ḥayyān fece un'incursione su Nicea[11], costrinse alla capitolazione numerose fortezze concendendo il salvacondotto ai loro occupanti e ne deportò la popolazione in Siria.

fuggì, chiese appoggio ai Bulgari e, con le schiere fornitegli da Tervel, Ḫān dei Bulgari, marciò nel 705 su Costantinopoli, se ne impadronì, costrinse Tiberio III alla fuga e lo fece poi uccidere insieme con Leonzio. Fu allora che costituì sovrano suo figlio Tiberio II che venne poi ucciso dal rivoltoso Filippico insieme con suo padre Giustiniano II.

[5] Michele il Siro, *Chronique* (1899), vol. II, p. 478 lo fa morire nell'anno 1017 dei Greci, avanzando altresì la tesi di chi lo vuole morto per uccisione.

[6] Al-Walīd Ibn ʿAbd al-Malik governò dal 705 al 715. Michele il Siro, *Chronique* (1899), vol. II, p. 478, lo fa regnare 9 anni e 5 mesi, definendolo, comunque, il nono sovrano. Su questo particolare vedi nota 11, dove la successione è così esemplificata: Muḥammad, Abū Bakr, ʿUmar, ʿUṯmān, Muʿāwiyah, Yazīd, Marwān, ʿAbd al-Malik e al-Walīd, omettendo ʿAlī.

[7] Così descritto anche in Michele il Siro, *Chronique* (1899), vol. II, p. 481.

[8] Il testo arabo ha l'espressione *fi al-Šām wa-Sūriyyah*. Per questa disposizione emessa dal califfo, vedi pure Michele il Siro, *Chronique* (1899), vol. II, p. 481.

[9] Ossia Tiana, la più importante fortezza bizantina in Cappadocia, Turchia sud-orientale. Ma nella descrizione che Michele il Siro dà di alcuni di questi eventi, menziona altresì altre città di cui si impadronì nell'anno 1022 dei Greci lo stesso Maslamah, tra cui Toranda, Gargarum, Tunada e di altre fortezze della Cilicia. Per una possibile identificazione di dette città vedi pure la serie di note in calce alla pagina testé citata. A. Vasiliev, *Kitab* (1912), p. 498 ha «Ṭuwayniyah».

[10] Vedi Michele il Siro, *Chronique* (1899), vol. II, p. 479.

[11] A. Vasiliev, *Kitab* (1912), p. 499 ha invece «in Cilicia».

Regno di Filippico

Rivolta di Filippico

10 Sempre in questo anno si rivoltò un patrizio bizantino di nome Filippico, che era di stanza sopra un'isola del mare[12]. Giustiniano mandò allora un suo patrizio a combattere contro di lui, ma quest'ultimo, arrivato che fu da lui, gli prestò giuramento e si unì a lui. Venuto a conoscenza del fatto, l'imperatore si mise in marcia diretto alla costa del mar del Ponto. Il ribelle Filippico e i suoi sostenitori si spinsero allora fino a Costantinopoli, dove i Bizantini lo accolsero e lo proclamarono imperatore. Tiberio, figlio di Giustiniano, fu ucciso insieme con i suoi patrizi. Filippico mandò quindi le truppe sulle tracce di Giustiniano. Lo raggiunsero, gli tagliarono la gola e ne portarono la testa a Filippico. Avveniva, ciò, nell'anno 93 dell'egira, corrispondente all'anno 7 del regno di al-Walīd.

11 Ancora in questo anno Maslamah Ibn ʿAbd al-Malik fece un'incursione contro i Bizantini e si impadronì della città di Amasia[13] e di molte altre fortezze.

12 In questo stesso anno Filippico, imperatore dei Bizantini, diede ordine di espellere in Armenia ogni armeno che viveva nei territori sotto la sua autorità. /Detti Armeni/ partirono e passarono sotto la giurisdizione degli Arabi. Al-Walīd li fece installare a Malaṭiyah e a Samosata.

13 In questo anno al-ʿAbbās Ibn al-Walīd fece un'incursione contro i Bizantini, si impadronì di Antiochia /di Pisidia/ e ne portò seco gli abitanti in cattività.

14 In questo anno ci fu una violenta scossa tellurica, durante la quale crollarono parecchie zone di Antiochia.

15 Poi i Bizantini assalirono il loro imperatore Filippico, gli cavarono gli occhi, lo detronizzarono e proclamarono imperatore Anastasio[14]. Filippico aveva regnato 3 anni[15].

16 Nell'anno 7 del regno di al-Walīd, Maslamah fece un'incursione contro i Bizantini, riportandosi dietro molti prigionieri.

[12] Allusione all'armeno Bardane che, capeggiando i ribelli di Chersona e i Khazari che lo seguivano, marciò contro Costantinopoli, entrò in città e si fece proclamare imperatore con il nome di Filippico. Avveniva, ciò, nel 711. Giustiniano venne ucciso, come già detto, con il figlio Tiberio.

[13] Città del Ponto posta ad un giorno di cammino da Anqarà, come dice al-Idrīsī, *Opus* (1972), p. 813. Per la conquista di Amasia di cui nel testo cf. anche Michele il Siro, *Chronique* (1899), vol. II, p. 479.

[14] Anastasio II fu il nome assunto come imperatore da Artemio, segretario di Filippico. Fu imperatore bizantino dal 713 al 715. Nel 716 si fece monaco, ritirandosi a Tessalonica, ma nel 721, a capo di una rivolta contro Leone III che era succeduto a Teodosio III, fu messo a morte per ordine dell'imperatore.

[15] Michele il Siro, *Chronique* (1899), vol. II, p. 479 precisa: «due anni e sei mesi».

Capitolo 44

Califfato di Sulaymān Ibn ʿAbd al-Malik e regno di Anastasio

Scontri tra musulmani e schiere bizantine

1 Al-Walīd morì. Dopo di lui cominciò a regnare Sulaymān / Ibn ʿAbd al-Malik/. Regnò 2 anni e 4 mesi[1].

2 Nell'anno 1 del suo regno, Maslamah fece un'incursione contro i Bizantini, penetrò nella Galazia, conquistò molte fortezze e ne portò in cattività la popolazione[2].

3 In questo anno Anastasio, imperatore dei Bizantini, mandò delle truppe contro i nemici circonvicini. I Bizantini assalirono il loro patrizio, lo uccisero e proclamarono loro imperatore un altro uomo[3]. Essendo stato messo al corrente dell'accaduto, Anastasio paventò un attacco della popolazione di Costantinopoli e si trasferì a Nicea. Inviò poi dei messaggeri a Maslamah, pregandolo di chiedere a Sulaymān di soccorrerlo con l'invio di truppe arabe. Venuto a sapere che l'imperatore Anastasio si trovava a Nicea[4], il ribelle marciò contro di lui. Al suo arrivo, Anastasio lasciò dietro di sé un patrizio perché lo sostituisse durante la sua assenza. Poi /il ribelle/ entrò in Costantinopoli [...][5] lo fece portare davanti a sé e ordinò[6] di mandarlo in esilio, sopra un'isola del mare. Aveva regnato 1 anno e 7 mesi.

4 Nell'anno 2 del regno di Sulaymān, Maslamah intraprese una spedizione contro Costantinopoli, mettendo alla testa della sua avanguardia Sulaymān Ibn Maʿāḏ e al-Baḫtarī Ibn al-Ḥasan che, accompagnati da numerose truppe, si misero in marcia via

[1] Sulaymān Ibn ʿAbd al-Malik fu califfo dal 715 al 717. Michele il Siro, *Chronique* (1899), vol. II, p. 479 lo fa regnare 2 anni e 6 mesi.

[2] Nel 716 Maslamah, fratello del califfo Sulaymān, conquistò Sardi e Pergamo, città sottoposte a Bisanzio, spingendosi fino alle porte di Costantinopoli. Per la notizia nel testo cf. pure Michele il Siro, *Chronique* (1899), vol. II, pp. 479, 483.

[3] La proclamazione di un altro imperatore si ebbe in effetti nel 715 quando gli Opsiciani, con l'appoggio dei Gotoyani di stanza nell'attuale Turchia, riuscirono a proclamare imperatore un loro candidato, Teodosio III e Anastasio si ritirò monaco a Tessalonica. Vedi pure Michele il Siro, *Chronique* (1899), vol. II, p. 479, che però dice che l'imperatore Anastasio fuggì a Nicea..

[4] Preferiamo seguire qui la lettura di A. Vasiliev, *Kitab* (1912), p. piuttosto che quella di Cheikho dove leggiamo «lo aveva preceduto», سبقه.

[5] Cheikho evidenzia un vuoto nel manoscritto.

[6] Anche qui mancano dei righi. In A. Vasiliev, *Kitab* (1912), p. 501 troviamo scritto: «la popolazione lo accolse e lo proclamò imperatore... Poi l'imperatore...».

terra. Al comando di numerose navi mandò invece ʿAmr Ibn Hubayrah[7], mentre egli stesso li raggiungeva in seguito, facendo molti prigionieri a Nicea[8].

Il patrizio Leone

5 Un patrizio di nome Leone si portò poi al cospetto di Sulaymān Ibn Maʿāḏ per promettergli che l'avrebbe aiutato ad entrare in Costantinopoli. Sulaymān lo introdusse sotto la tenda di Maslamah. Costui fu con lui prodigo di promesse. Leone lo lasciò e andò a Nicomedia[9]. Teodosio /III/, imperatore dei Bizantini, mandò contro di lui delle truppe. Leone le mise in fuga e uccise il figlio di Teodosio. In seguito i Bizantini decisero di intronizzare il ribelle Leone e lo proclamarono imperatore. Leone radunò quindi le truppe, assalì Costantinopoli e si impadronì dell'impero. Teodosio aveva regnato 1 anno e 7 mesi[10].

[7] A. Vasiliev, *Kitab* (1912), p. 501 preferisce leggere «ʿUmar ibn Hubayrah».

[8] Per un riscontro o confronto con altre fonti, vedi Michele il Siro, *Chronique* (1899), vol. II, pp. 484-485.

[9] Qui Leone fece prigioniero il figlio di Teodosio. Michele il Siro, *Chronique* (1899), vol. II, p. 484 afferma invece che rientrò a Costantinopoli.

[10] Sembra il duplicato di quanto detto al nr. 3. Teodosio III si ritirò infatti a Efeso, dietro garanzie di salvezza. Con lui si chiudeva la dinastia degli eraclidi per lasciare spazio a quella isaurica nella persona di Leone III, già stratego dell'impero bizantino.

Capitolo 45

Califfato di ʿUmar Ibn ʿAbd al-ʿAzīz e regno di Leone III

Eventi vari

1 Leone cominciò così a regnare sui Bizantini[1], mentre Maslamah attese per tutti i giorni dell'estate che onorasse le sue promesse. Avendo saputo che Leone era stato creato imperatore dei Bizantini e che gli aveva voltato le spalle, puntò su Costantinopoli e la cinse d'assedio per un anno intero. Avendo saputo poi della morte di Sulaymān, cessò di fare la guerra e restò in attesa degli eventi senza muoversi[2].

2 Morto Sulaymān, gli successe ʿUmar Ibn ʿAbd al-ʿAzīz[3] . Regnò 1 anno, 4 mesi [...][4].

3 [In questo anno ci fu una violenta scossa tellurica][5] che distrusse molte località.

4 ʿUmar Ibn ʿAbd al-ʿAzīz manifestò la sua devozione e il suo timore di Dio: scacciò dal suo impero i corrotti, interdisse ai musulmani [di bere ogni sorta di vino e di] bevande fermentate ed ebbe sempre una condotta esemplare[6]. Scrisse all'imperatore Leone una lettera in cui lo invitava ad abbracciare l'Islām, poi polemizzò con lui sulla religione da lui praticata. Leone gli rispose confutando e smontando le sue argomentazioni e gli provò la perversità della sua dottrina, dimostrandogli la luce della religione cristiana con prove attinte ai Libri rivelati, con criteri propri dell'intelletto e con passi singolari desunti dal Corano[7].

5 In seguito un patrizio bizantino inviò all'imperatore Anastasio, nel suo esilio, una lettera nella quale denigrava l'imperatore Leone e sosteneva che l'impero non gli si addiceva ma che si addiceva di più a lui, lasciando intendere che essa lettera esprimeva il sentimento unanime degli abitanti dell'impero sulla di lui usurpazione del trono e

[1] Leone III fu imperatore bizantino dal 717 al 741.

[2] Per tali eventi vedi pure Michele il Siro, *Chronique* (1899), vol. II, 485.

[3] Non riusciamo a capire del tutto perché A. Vasiliev, *Kitab* (1912), p. 502 afferma che bisogna leggere «Ibn ʿAbd al-Malik». La dizione «Ibn ʿAbd al-Malik» è presente anche in Eutichio. Cf. Eutichio, *Gli Annali* (1987), p. 367. Il califfo di cui qui nel testo era il fratello di ʿAbd al-Malik.

[4] ʿUmar Ibn ʿAbd al-ʿAzīz fu califfo dal 717 al 720. Da qui in poi mancano due righi. A. Vasiliev, *Kitab* (1912), p. 502 ha «4 mesi e 6 giorni».

[5] Così in A. Vasiliev, *Kitab* (1912), p. 502.

[6] Fu il primo ad imporre anche ai musulmani l'imposta fondiaria.

[7] Per la descrizione del carattere e della religiosità di questo califfo, vedi pure Michele il Siro, *Chronique* (1899), vol. II, pp. 488-489.

dell'esilio inflitto al suo rivale. Anastasio doveva quindi agire di conseguenza e cercare il modo di ritornare. Anastasio lesse la lettere e ne fu lusingato. In seguito il patrizio gli scrisse a nome di altri patrizi sollecitandolo a venire. Anastasio fuggì di notte, si recò alla corte del re dei Nubi[8], reclamò la sua protezione e gli chiese di soccorrerlo. Il Bulgaro gli fornì come aiuto numerose truppe, Anastasio s'avviò finché reggiunse Costantinopoli. I Bizantini, però, non lo accolsero. Constatando che i Bizantini non lo gradivano, i Bulgari lo consegnarono ad essi e a Leone, loro imperatore, che lo mise ai ceppi, lo imprigionò a vita e rimandò le truppe bulgare dal loro sovrano. In seguito fece uccidere Anastasio e i patrizi.

Califfato di Yazīd Ibn ʿAbd al-Malik

Insurrezioni ed eresie

6 ʿUmar Ibn ʿAbd al-ʿAzīz morì nel settimo mese del secondo anno. Nell'anno 1.025 dell'era di Alessandro cominciò a regnare Yazīd Ibn ʿAbd al-Malik[9].

7 Nell'anno 1 del suo regno, si rivoltò nell'Iràq un tale di nome Yazīd Ibn al-Muhallab, attorno al quale si strinsero gli Arabi orientali. Uscito che fu contro di lui, Maslamah Ibn ʿAbd al-Malik lo mise in fuga e lo uccise insieme con i suoi uomini[10].

8 In questo anno fece la propria comparsa un abitante di Mārdīn che andava dicendo ai Giudei di essere il Messia. Già cristiano, questo uomo si era poi convertito al giudaismo. Pretendeva di essere venuto per liberarli e ammassò ingenti somme. Aveva appreso un sacco di ciurmerie e giochi di magia, perciò si mise a darne loro prova e ad attirare la loro attenzione su di sé. Yazīd Ibn ʿAbd al-Malik ne fu messo al corrente e ordinò di ucciderlo[11].

9 In questo anno Leone, imperatore dei Bizantini, cominciò a convertire al cristianesimo le genti del suo impero che professavano una religione differente e in contrasto con la sua. Fece perciò abbracciare la religione cristiana alla maggior parte dei Giudei e dei [...] e li chiamò 'nuovi cristiani'[12].

10 In questo anno, al-ʿAbbās Ibn al-Walīd fece un'incursione contro i Bizantini, sconfinò nella Paflagonia, la conquistò, fece prigionieri ventimila abitanti e si impadronì di una fortezza chiamata *W s w n*[13].

[8] Così nel testo, ma bisogna intendere qui i Bulgari. Così tradurremo in appresso.

[9] Yazīd Ibn ʿAbd al-Malik fu califfo dal 720 al 724.

[10] Michele il Siro, *Chronique* (1899), vol. II, p. 489 lo descrive con più particolari e con maggiore attenzione rispetto ai luoghi e alle città coinvolte nella ribellione.

[11] Michele il Siro, *Chronique* (1899), vol. II, p. 490 dice ch'era un siriano di nome Severo, del distretto di Mardê e diceva di sé di essere il Messia o altre volte di essere l'inviato del Messia.

[12] Michele il Siro, *Chronique* (1899), vol. II, p. 490 ha invece νεαπολίτας , ovvero «nuovi cittadini».

[13] Michele il Siro, *Chronique* (1899), vol. II, p. 489 fa riferimento alla conquista di una fortezza ben difesa e solida di cui gli Arabi si impadronirono nel paese della Cilicia, chiamata Šîzâ.

11 Poi Yazīd Ibn ʿAbd al-Malik morì. Aveva regnato 4 anni[14]. Dopo di lui cominciò a regnare suo fratello Hišām / Ibn ʿAbd al-Malik/. Regnò 19 anni, a partire dall'anno 105 dell'egira[15].

Califfato di Hišām Ibn ʿAbd al-Malik

Giudizio sul suo califfato

12 Si appropriò di ingenti entrate nella maggior parte delle città del suo impero, dei caravanserragli, delle botteghe, delle piccole abitazioni, dei villaggi e delle fattorie. Fu il primo che si appropriò dei fondi degli Arabi. Derivò molti canali d'acque abbondanti e fu proprio lui a deviare il corso di un fiume che si trovava sopra al-Raqqah. Favorì piantagioni di ogni genere in Mesopotamia e in Siria. Le sue entrate superarono quanto veniva riscosso in tutto il suo impero come tassa fondiaria[16].

Incursioni contro i Bizantini

13 In questo anno Kuṯayr Ibn Rabīʿah[17] fece un'incursione contro i Bizantini che però massacrarono i suoi uomini ed egli riuscì a mettersi in salvo, insieme con uno sparuto numero di essi.

14 In questo anno Leone dispose di rimuovere dalle chiese, dalle abitazioni e dai monasteri le immagini dei martiri. Gregorio, patriarca di Roma[18], messo al corrente del fatto, ne fu irritato e proibì agli abitanti di Roma e di Antiochia[19] di versargli l'imposta.

15 Nell'anno 3 del regno di Hišām, Maslamah fece un'incursione contro i Bizantini, si impadronì della città di Neocesarea e ne portò in cattività gli abitanti[20].

[14] Michele il Siro, *Chronique* (1899), vol. II, p. 490 lo fa morire nell'anno 1037, dopo aver regnato 4 anni e mezzo.

[15] Hišām Ibn ʿAbd al-Malik fu califfo dal 724 al 743. Michele il Siro, *Chronique* (1899), vol. II, p. 490 dice che regnò 19 anni e lo considera il tredicesimo sovrano degli Arabi.

[16] Per queste misure e iniziative realizzate dal califfo, vedi pure Michele il Siro, *Chronique* (1899), vol. II, p. 490, dove si specifica che fece deviare le acque del fiume Eufrate per alimentare canali con cui provvedere acqua alle piantagioni.

[17] Questo personaggio, come del resto non pochi altri che compaiono nella narrazione di Agapio, è di difficile identificazione, almeno stando alla forma sotto cui compare nel testo arabo che traduciamo.

[18] Gregorio II, papa dal 19 maggio 715 all'11 febbraio 731. Michele il Siro, *Chronique* (1899), vol. II, p. 491 si contenta di un breve cenno all'iniziativa dell'imperatore Leone che, sull'esempio del califfo, fece togliere le immagini dalle chiese e dalle case. Dalla menzione di Agatone, vescovo di Roma dal 678 al 681, Agapio si riallaccia qui al periodo in cui fu vescovo di Roma Gregorio II!

[19] A. Vasiliev, *Kitab* (1912), p. 506 ha invece «e dell'Italia», facendo tuttavia notare la variante «Antiochia». Sarebbe un passo estremamente importante da cui emergerebbe l'alta autorità del papa di Roma sull'Italia e non, quindi, sulla sola Roma. La variante del testo curato da Vasiliev sembra comunque più convincente, non esistendo alcun motivo o giustificazione di un'autorità del papa di Roma sulla popolazione di Antiochia!

[20] Sull'incursione contro Neocesarea del Ponto, che fu devastata e completamente distrutta, vedi pure Michele il Siro, *Chronique* (1899), vol. II, p. 490.

16 In questo tempo dilagò in Siria una violenta peste, durante la quale la popolazione fu colpita da diversi bubboni e ulcere[21].

17 In questo anno Muʿāwiyah Ibn Hišām fece un'incursione contro i Bizantini, ma fallì.

18 Nell'anno 4 del regno di Hišām, Muʿāwiyah Ibn Hišām fece /una seconda/ incursione contro i Bizantini, conquistò numerose fortezze e fece molti prigionieri.

Incursioni contro i Khazari

19 In questo stesso anno, il figlio di Hāqān, re de Khazari, uscì contro l'Aḏarbayǧān e invase parecchie province. Al-Ǧarrāḥ, governatore dell'Armenia, mosse contro di lui, ma il figlio di Ḫāqān lo affrontò, mise gli Arabi in fuga, uccise circa ventimila soldati e ne fece due volte più prigionieri[22].

20 Nell'anno 5 del regno di Hišām, Maslamah fece un'incursione contro i Khazari, ma lo misero in fuga, uccisero un gran numero dei suoi soldati e Maslamah si salvò fuggendo.

21 In seguito Muʿāwiyah Ibn Hišām marciò contro i Bizantini, conquistò numerose fortezze e fece molti prigionieri.

22 Nell'anno 8 del regno di Hišām Ibn ʿAbd al-Malik, Maslamah marciò contro i Turchi e si spinse fino al Passo [di Derbend] che si frapponeva tra loro e gli Arabi. Non potendolo attraversare, stipulò la pace e si allontanò[23].

Altre campagne dei musulmani

23 In questo anno Leone, imperatore dei Bizantini, si imparentò con il re dei Khazari ammogliando il proprio figlio con la di lui figlia. Entro l'anno il re gli portò la figlia[24].

24 In questo anno Muʿāwiyah /Ibn Hišām/ fece un'incursione contro i Bizantini, entrò nella Paflagonia, espugnò la città di [Karsianon], ne prese prigionieri gli abitanti e la incendiò[25].

25 In questo anno Hišām Ibn ʿAbd al-Malik mandò Marwān Ibn Muḥammad come governatore in Armenia[26].

26 Nell'anno 10 /del regno di Hišām/, Muʿāwiyah /Ibn Hišām/ fece un'incursione

[21] Per la notizia di questa peste bubbonica abbattutasi soprattutto in Mesopotamia, vedi pure Michele il Siro, *Chronique* (1899), vol. II, p. 491.

[22] In Michele il Siro, *Chronique* (1899), vol. II, pp. 490, 501 si parla piuttosto di azioni di guerra contro i Turchi.

[23] Vedi pure Michele il Siro, *Chronique* (1899), vol. II, p. 501.

[24] Nel 733 Costantino V, erede al trono, sposò la figlia del *Ḫān* dei Khazari.

[25] Michele il Siro, *Chronique* (1899), vol. II, p. 501 parla di una spedizione del figlio del califfo contro la città di Gangres e poi contro la città di Nicea. Della città di Karsianon parlerà comunque più avanti, precisando però ch'essa è in Cappadocia. Vedi p. 501.

[26] Vedi Michele il Siro, *Chronique* (1899), vol. II, 503.

contro i Bizantini, espugnando un gran numero di fortezze[27].

27 In questo anno imperversò in Palestina e in Egitto una paurosa pestilenza e sempre in questo anno comparve nel cielo, nel mese di *tišrīn al-awwal* /= ottobre/, un qualcosa simile ad una spada di fuoco.

28 Nell'anno 11 del regno di Hišām, Muʿāwiyah effettuò un'incursione in Asia [Minore] dove fece molti prigionieri. Ne intraprese poi una seconda e trasse altri prigionieri. Ma un giorno uscì, cadde da cavallo e morì.

29 In questo anno Marwān Ibn Muḥammad marciò contro i Khazari e fece tra di essi molti prigionieri.

30 Nell'anno 12 del regno di Hišām, Sulaymān Ibn Hišām marciò contro i Bizantini, arrivò fino in Asia ed espugnò una fortezza chiamata Sūrūr[28], di cui fece prigionieri gli occupanti.

31 Nell'anno 13 del suo regno, Maslamah Ibn ʿAbd al-Malik fece un'incursione contro i Bizantini. Mentr'egli teneva sotto assedio Ancira, Hišām andò a Malaṭiyah, dove si trattenne qualche giorno per far poi ritorno a Damasco. Maslamah espugnò Ancira e vi fece molti prigionieri.

32 In questo anno si rivoltò a Kūfah Zayd Ibn ʿAlī Ibn al-Ḥusayn Ibn ʿAlī Ibn Abī Ṭālib che, dopo aver attaccato la gente in non poche località, alcuni li fece prigionieri altri li massacrò.

33 In questo anno le popolazioni dell'Ifrīqiyyah si rivoltarono e massacrarono il governatore insieme con tutti i musulmani che vi si trovavano.

34 Nello stesso anno Sulaymān Ibn Hišām marciò contro i Bizantini. Costoro lo misero in fuga, fecero massacro delle sue truppe e catturarono più di ventimila Arabi.

35 In questo anno ci fu a Costantinopoli una violenta scossa tellurica, durante la quale venne giù la maggior parte delle case e dall'alto delle montagne precipitarono acque in abbondanza[29].

36 In questo anno morì Leone, imperatore dei Bizantini. Aveva regnato 23 anni e 3 mesi e mezzo[30]. Dopo di lui cominciò a regnare il figlio Costantino, dall'anno 1.042 dell'era di Alessandro. Regnò 34 anni[31].

[27] Vedi Michele il Siro, *Chronique* (1899), vol. II, 501.

[28] In A.Vasiliev, *Kitab* (1912), p. 508 troviamo invece «Sūdūr» e, come variante, «Sūrūl». Lo stesso curatore precisa, in nota 3, che detta località corrisponde in effetti alla fortezza Sīdarah, che al-Ṭabarī presenta invece sotto la dizione Sandarah, chiamata anche *Ḥiṣn al-ḥadīd*. Cf. al-Ṭabarī, *Tārīḫ* (1987), vol. VIII, p. 5 e vol. VII, p. 370.

[29] Vedi pure Michele il Siro, *Chronique* (1899), vol. II, p. 504, dove l'evento è riferito all'anno 1040 dei Greci.

[30] Michele il Siro, *Chronique* (1899), vol. II, p. 502 dice che morì nell'anno 1053 dei Greci, dopo aver regnato 24 anni.

[31] Costantino V Copronimo fu imperatore bizantino dal 741 al 775.

Capitolo 46

Regno di Costantino Copronimo

Lotte interne tra i Bizantini

1 Nell'anno 12 del regno di Hišām[1], Sulaymān Ibn Hišām fece un'incursione e cinse d'assedio una fortezza dell'Asia. Ma le sue truppe furono decimate dalla peste e spossate da una grave carestia. I Bizantini ne fecero un gran massacro, la maggior parte delle loro cavalcature perirono e un gran numero di essi, dopo aver trovato rifugio tra i Bizantini, si fecero cristiani a causa della sciagura che si era abbattuta su di loro. Sulaymān ripiegò fuggendo.

2 In questo anno i Bizantini marciarono contro Malaṭiyah, seminarono rovina nella maggior parte dei suoi villaggi limitrofi e sferrarono contro di essa un violento attacco, ne catturarono la popolazione e la condussero con sé in terra bizantina.

3 In questo anno si rivoltò contro Costantino, imperatore dei Bizantini, un ribelle di nome Artavasde[2], entrò in Costantinopoli e si arrogò il potere imperiale[3]. Costantino era assente, ma, messo al corrente di quanto era accaduto, rientrò per punirlo. Si scontrarono, infatti, e mentre si battevano Sulaymān fece un'incursione contro i Bizantini spingendosi fino in Paflagonia. Nessuno gli oppose resistenza, giacché i Bizantini erano intenti a farsi la guerra gli uni gli altri. Sulaymān massacrò così cinquantamila uomini.

Califfato di al-Walīd Ibn Yazīd

Ambascerie tra l'imperatore e il califfo

4 Poi Hišām Ibn ʿAbd al-Malik morì. Gli successe al-Walīd Ibn Yazīd che regnò 1 anno e 2 mesi[4].

[1] Come mai riprende a parlare di avvenimenti riferiti all'anno 12 di Hišām se ha già accennato poc'anzi ad eventi accaduti negli anni 12 e 13 del medesimo califfo?

[2] Ossia Artavasde o Artavasdos cui Leone III Isaurico aveva dato in moglie la propria figlia Anna e che divenne usurpatore dal luglio 741 al 2 novembre 742. Sulla rivolta di Artabas o Artavasde vedi pure Michele il Siro, *Chronique* (1899), vol. II, p. 502.

[3] Fu incoronato imperatore dal patriarca Anastasio e nominò co-imperatore il figlio maggiore Niceforo. Nel frattempo Costantino V, grande e ostinato iconoclasta, ha trovato asilo ad Amorio, nel tema anatolico.

[4] Al-Walīd Ibn Yazīd fu califfo dal 743 al 744.

5 Nell'anno 1 del suo regno, sottopose a immani vessazioni i membri della famiglia di Hišām.

6 Costantino, imperatore dei Bizantini, mandò in seguito un'ambasceria da al-Walīd latrice di molti doni. La stessa cosa fece altresì il ribelle Artavasde.

7 In questo anno ci fu poi scarsità di piogge e le sorgenti e i fiumi scemarono. Ci furono pure una dura carestia e frequenti scosse telluriche.

8 In questo anno nello Yemen le scimmie attaccarono gli uomini che trovarono scampo fuggendo dalle loro dimore, dopo che parecchi erano stati uccisi.

9 In questo anno il ribelle Artavasde uscì da Costantinopoli puntando contro l'imperatore Costantino. Dopo averlo affrontato in battaglia, fu messo in fuga e tutti i suoi uomini rimasero sul campo[5].

10 In questo stesso anno ʿUmar Ibn ʿAbd al-ʿAzīz fece un'incursione contro i Bizantini. Massacrò e fece prigionieri.

11 Nel mese di *ḥazīrān* /= giugno/ apparve nel cielo un grande segno sotto forma di colonne di fuoco che fiammeggiavano pur restando immobili. Fu una prima avvisaglia. In seguito, nel mese di *aylūl* /= settembre/ apparve un secondo segno simile ad una fiamma di fuoco che si stendeva da oriente ad occidente.

12 Al-Walīd Ibn Yazīd diede disposizione di trasferire gli abitanti di Cipro dai loro focolari e dai loro paesi e di sistemarli nello spazio[6] situato lungo la riva del mare, tra Tiro e Sidone.

13 In questo anno, nel mese di *kānūn al-āḫar* /= gennaio/ apparve un terzo segno sotto forma di luna e l'atmosfera si fece torbida e buia.

Discordie interne al califfato

14 Al-Walīd Ibn Yazīd fu ucciso a Tadmor[7]. Per qual ragione, ve lo illustro qui di seguito. Yazīd, soprannominato al-Nāqiṣ[8], appartenente al gruppo dei Badriti[9], andò in gran segreto a Damasco. Radunò attorno a sé quei Badriti che la pensavano come lui e si impadronirono della città, saccheggiando i forzieri del regno. Quindi mandò contro

[5] Allusione alla battaglia di Sardi (743) dove le truppe di Artavasde furono sconfitte da Costantino V che di lì a poco sbaragliò anche le schiere di Niceta, figlio di Artavasde. Rientrato a Costantinopoli, l'imperatore fece accecare Artavasde e i suoi due figli nonché tutti coloro che avevano cospirato contro di lui appoggiando il ribelle.

[6] Nel testo abbiamo la forma *al-māḥūr* che Cheikho suggerisce di leggere *al-māḥūz* traducendola con «villaggio» e A. Vasiliev, *Kitab* (1912), p. 511, lascia come toponimo con un punto di domanda. In effetti il termine *māḥūz*, dalle radicali *mḥz* , è nome comune e non un toponimo e sta ad indicare lo spazio tra due oggetti o cose. Cf. A. de Biberstein Kazimirski, *Dictionnaire arabe-français*, Beirut: Librairie du Liban, vol. II, p. 1066.

[7] Ossia Palmira, in Siria. D'ora in avanti tradurremo Palmira.

[8] Fu così chiamato perché aveva ridotto il soldo alle truppe. A. Vasiliev, *Kitab* (1912), p. 511 e in seguito lo chiama «il Semplice».

[9] Ossia gli appartenenti a coloro che avevano combattuto nella battaglia di Badr, o forse i membri della tribù di Badr o, come sospetta Cheikho, potrebbe alludere ai *qadariti*.

al-Walīd un grosso esercito al comando di ʿAbd al-ʿAzīz Ibn al-Ḥaǧǧāǧ che uccise al-Walīd, il quale aveva appena fatto guerra ad una tribù araba e si era intrattenuto a Palmira. Dopo l'assassinio di al-Walīd Ibn Yazīd, Yazīd al-Nāqiṣ fece prendere ʿUṯmān e Yazīd, figli di al-Walīd Ibn Yazīd, e li rinchiuse in una prigione.

15 Rientrato che fu portando con sé la testa di al-Walīd, ʿAbd al-ʿAzīz Ibn al-Ḥaǧǧāǧ ordinò di infilzarla sulla cima di una lancia, di cospargerla di vino e di portarla in giro per la città con questa scritta: «Ecco una testa a cui piace il vino»[10].

16 Alla notizia dell'assassinio di al-Walīd, gli Arabi si videro precipitare in un grande sconforto, diversi e molteplici erano i pareri, discordie e divisioni si frapposero tra gli uni e gli altri, furono sbarrate le strade, ovunque dominava la costernazione e la gente soccombette al peso della sventura. Sulaymān Ibn Hišām, era allora in prigione. Il governatore di Damasco si ribellò e i suoi soldati prestarono giuramento a Yazīd Ibn al-Walīd[11].

17 Marwān Ibn Muḥammad che, come abbiamo detto, si trovava in Armenia, si rifiutò di prestare giuramento a Yazīd. Partì comunque dall'Armenia per andare in Mesopotamia e qui riparò tra gli Arabi del paese che gli prestarono giuramento. Decise perciò di passare l'Eufrate, di marciare contro Yazīd al-Nāqiṣ e di combatterlo per rivendicare da lui il sangue di al-Walīd.

18 Yazīd al-Nāqiṣ fece poi riportare sulla loro isola i Ciprioti che al-Walīd aveva fatto cacciare dalla loro terra.

19 Apparve nel cielo un fuoco fiammeggiante.

Califfato di Ibrāhīm

Divisioni tra musulmani

20 Yazīd morì. Aveva regnato 5 mesi. Gli successe il fratello Ibrāhīm[12].

21 La gente gli prestò giuramento, eccetto Marwān Ibn Muḥammad[13] e gli abitanti di Emesa che parteggiavano per Marwān. In seguito Marwān attraversò l'Eufrate alla testa di ingenti truppe, facendo credere alla gente che andava a liberare i due figli di al-Walīd che si trovavano in prigione a Damasco per farli regnare al posto del padre. Non appena fu messo al corrente dell'arrivo di Marwān, Ibrāhīm mandò ʿAbd al-ʿAzīz Ibn

[10] Una sorta di *damnatio memoriae* voluta esplicitamente per stigmatizzare il continuo abuso che tale sventurato califfo aveva fatto del vino celebrandolo con incisiva e impressionante forza lirica nei suoi poemi.

[11] Ossia Yazīd III che sarebbe stato califfo per solo sei mesi. Il testo è diversamente letto e interpretato da A. Vasiliev, *Kitab* (1912), p. 512, che così traduce: «Sulaymān Ibn Hišām, allora in prigione, uscì e riparò a Damasco, dove i suoi soldati prestarono giuramento a Yazīd Ibn al-Walīd».

[12] Ibrāhīm, principe ereditario, califfo per pochi giorni, sopraffatto in breve tempo dal cugino Marwān II. Michele il Siro, *Chronique* (1899), vol. II, p. 503 dice che morì a causa di un tumore alla testa.

[13] Ossia Marwān II che sarebbe poi stato califfo dal 744 al 750.

al-Ḥağğāğ con numerose truppe contro gli abitanti di Emesa[14], perché non gli avevano prestato giuramento. Nello stesso tempo mandò il di lui fratello[15] Masrūr alla testa di un ingente esercito ad Aleppo, da Bišr, che era colà residente.

22 ʿAbd al-ʿAzīz arrivò ad Emesa, la cinse d'assedio e ingaggiò battaglia contro gli abitanti che aspettavano l'arrivo di Marwān perché desse loro man forte. Marwān, in verità, aveva marciato su Damasco, aveva conquistato Aleppo ed aveva fatto prigionieri Bišr e Masrūr, figli di al-Ḥağğağ /sic!/. Venuto a sapere che Marwān si era impadronito di Aleppo e che aveva fatto prigionieri i suoi due figli, ʿAbd al-ʿAzīz Ibn Marwān partì da Emesa nottetempo e fece ritorno a Damasco.

23 Marwān andò poi ad Emesa, i cui abitanti gli uscirono incontro e gli prestarono giuramento. Marciò quindi su Damasco in cerca di Ibrāhīm, il quale, messo al corrente del suo avvicinarsi, mandò ad affrontarlo, alla testa di un'armata, Sulaymān Ibn Hišām che, partito subito da Damasco, arrivò in un villaggio tra Lubnān[16] e Tell Ġazā[17]. Marwān marciò contro di lui e lo incontrò ma, dando a vedere di dirigersi verso il Giordano, preparò al suo nemico un'imboscata per prenderlo alle spalle. Fece dunque finta di allontanarsi e d'un subito Sulaymān si diede ad inseguirlo con i suoi soldati. Quando la sua armata fu divisa e le file disciolte, i soldati che erano imboscati alle sue spalle uscirono allo scoperto e li passarono a fil di spada. Le truppe di Marwān si gettarono quindi sui soldati e sulle ricchezze che portavano con sé, ne fecero bottino e massacrarono tutti quelli che poterono.

24 Quando ebbero sentore dell'accaduto, Sulaymān e le sue truppe si piegarono al nemico e presero la fuga. Marwān e i suoi soldati irruppero su di loro e li finirono. In quel giorno ne perirono ben dodicimila. Sulaymān Ibn Hišām trovò scampo con uno sparuto manipolo dei suoi. Ibrāhīm razziò le ricchezze di Damasco e fuggì lontano dalla città insieme con Sulaymān Ibn Hišām, mentre ʿAbd al-ʿAzīz Ibn al-Ḥağğāğ entrò nella prigione e uccise i due figli di al-Walīd Ibn Yazīd. Fece quindi ritorno alla propria abitazione, ma gli abitanti della città lo assalirono, appiccarono il fuoco al suo palazzo e bruciò.

[14] Vedi pure Michele il Siro, *Chronique* (1899), vol. II, p. 505.

[15] Subito dopo dirà che era figlio di al-Ḥağğāğ.

[16] Catena montuosa prospiciente Emesa. Cf. Yāqūt, *Muʿğam* (1990), vol. V, p. 12.

[17] A. Vasiliev, *Kitab* (1912), p. 514 propone la lettura «Tell Gara». Meglio ʿAyn al-Ğarr.

Capitolo 47

Califfato di Marwān II

Sua proclamazione

1 Marwān marciò quindi su Damasco, gli abitanti gli aprirono le porte ed egli vi fece il proprio ingresso. Gli Arabi si riunirono e gli prestarono giuramento. Si accampò poi ad una distanza di tre miglia da Damasco, in un luogo detto al-ʿĀliyah, dando ordine di esumare il corpo di Yazīd al-Nāqiṣ e di appenderlo. Comandò altresì di far comparire al suo cospetto i Badriti e inflisse loro un castigo esemplare: ad alcuni, infatti, fece tagliare mani e piedi, altri comandò di crocifiggerli, altri li fece uccidere ed altri li bandì. Marwān dispose quindi di riporre i tesori del regno nei suoi tesori personali, cosa che fu subito eseguita. Ibrāhīm si portò al suo cospetto e ottenne da lui un salvacondotto. Quanto a Sulaymān, riparò nel deserto della Fūniqiyyah[1], dove rimase nascosto per un certo lasso di tempo.

Eventi vari

2 In questo anno Costantino, imperatore dei Bizantini, entrò in Costantinopoli, fece acciuffare il ribelle che si era rivoltato contro di lui[2], lo fece mettere a morte, quindi salì sul trono. Avveniva, ciò, nell'anno 1040 dell'era di Alessandro, corrispondente all'anno 127 dell'egira.

3 Attorno a Sulaymān si unirono nel deserto alcuni Arabi chiamati Kalbiti[3] e insieme marciarono su Palmira che si trova nel deserto da essi abitato, a est di al-Ruṣāfah[4].

4 In questo anno apparve una stella cometa.

[1] Il termine arabo è qui *Fūnīqiyyah*. L'allusione è al deserto che circondava la zona di Palmira. Lo stesso toponimo ricorrerà in appresso.

[2] Allusione ad Artavasde, cui Costantino V fece cavare gli occhi, come già ricordato. Vedi pure Michele il Siro, *Chronique* (1899), vol. II, p. 506.

[3] Nel testo abbiamo الكلبية, probabile refuso. Allude ai membri della tribù dei banū Kalb, una delle tribù più celebri della Siria al tempo dell'emigrazione di Muḥammad a Medina. Già cristiani, si convertirono all'Islām e sostennero la causa degli Omayyadi. Una loro donna, di nome Maysūn, fu moglie del califfo Muʿāwiyah. Ebbero a patire molte vessazioni durante il periodo ʿabbāside.

[4] Città situata nel deserto di Tadmor a 25 km dall'Eufrate. Divenne famosa per la chiesa dedicata a san Sergio martire ricavandone il nome di Sergiopoli. Nel secolo VI l'imperatore Giustiniano vi fece erigere le mura, il foro ed altri edifici, di cui ancora oggi è dato vedere le rovine. Per esservi morto e stato seppellito il califfo Hišām Ibn ʿAbd al-Malik (743) fu chiamata Ruṣāfat Hišām. Cf. Yāqūt, *Muʿǧam* (1990), vol. III, pp. 54-55.

Rivolta di Ṯābit contro Marwān II

5 Nello stesso anno si rivoltò in Palestina un ribelle di nome Ṯābit[5]. Costui radunò parecchie truppe e si impadronì della Siria.

6 Sempre in questo anno si rivoltò a Kūfah e a Dayr al-ʿĀqūl[6], al-Ḍaḥḥāk al-Ḥarūrī che si impadronì della maggior parte dell'Iràq. Quindi partì per recarsi da Marwān e quando fu a lui vicino gli mandò una deputazione, gli prestò giuramento e ricevette in cambio un salvacondotto. Dopo aver al-Ḍaḥḥāk prestato giuramento e dopo che Marwān Ibn Muḥammad gli ebbe ingiunto di far ritorno nel suo paese, lo stesso Marwān attraversò l'Eufrate e marciò contro Ṯābit, il ribelle della Palestina che, messo al corrente dell'arrivo di Marwān, si portò in quel di Tiberiade. Or mentre Marwān passava per Emesa, si rivoltò un abitante della città. Costui radunò i Kalbiti[7] e si impadronì della città. Marwān lo attaccò, lo catturò, lo uccise insieme con la maggior parte dei suoi uomini e li fece crocifiggere tutti. Dopo aver bandito tutti gli altri Kalbiti di Emesa, fece aprire una enorme breccia nelle mura della città.

7 Ṯābit puntò poi su Tiberiade, ma gli abitanti della città, messi al corrente del suo arrivo, fecero ogni giorno delle sortite per combatterlo e in tal modo uccisero circa diecimila suoi uomini, saccheggiando inoltre le sue ricchezze. Ṯābit si diresse, in seguito, in una con i suoi figli e un certo numero dei suoi sostenitori, alla volta di al-Multān, dove si trattenne, errante e fuggitivo.

8 Arrivato che fu in Palestina, Marwān fu messo al corrente di come gli abitanti di Tiberiade avevano trattato Ṯābit, ne fu oltremodo felice e contento, fu liberale con la popolazione della Palestina e ne apprezzò il sostegno. Colà egli si trattenne e mandò le truppe all'inseguimento del ribelle Ṯābit, che fu raggiunto sulle montagne di *Snyr*. Le truppe, catturato che ebbero tanto lui quanto i sostenitori che lo accompagnavano, li portarono alla presenza di Marwān, che diede ordine di tagliare a Ṯābit la mano destra e il piede sinistro. Marwān lasciò poi la Palestina e andò a Damasco, dove fece uccidere Ṯābit.

9 Marwān lasciò in seguito Damasco per al-Raqqah, con l'intenzione di scendere in Iràq. Sulaymān Ibn Hišām gli mandò una deputazione per chiedergli sicurtà: Marwān gliela accordò ed egli si portò alla sua presenza. Quando Marwān fu sul punto di partire per al-Raqqah, Sulaymān lo pregò di accordargli di recarsi ad al-Ruṣāfah per trascorrere colà alcuni giorni. Marwān glielo accordò e Sulaymān partì. Marwān

[5] Ossia Ṯābit Ibn Nuʿaym di cui si fa parola in al-ṬABARĪ, *Tārīḫ* (1987) vol. VIII, pp. 198-199, ribelle in Palestina, dove si fa anche menzione della località detta al-Multān.

[6] Località situata tra Madāʿin Kisrā e al-Nuʿmāniyyah, sulla riva del Tigri, distava quindici parasanghe da Baġdād. Cf. Yāqūt, *Muʿǧam* (1990), vol. II, p. 590. Abbiamo preferito attenerci alla lettura di A. Vasiliev, *Kitab* (1912), p. 515, piuttosto che a quella di Cheikho vistosamente errata perché così formulata: «Sempre in questo anno si rivoltò a Kūfah al-Ḍaḥḥāk al-Ḥarūrī, amministrò al-ʿĀqūl e si impadronì della maggior parte dell'Iràq».

[7] Qui il termine arabo è invece الكلابيون.

era ormai a Qirqīsiyā[8] quando Sulaymān Ibn Hišām si rivoltò e radunò gli Arabi della Siria. La maggior parte degli Arabi che erano con Marwān si schierarono dalla parte di Sulaymān, che risolvette di marciare contro Ḥarrān.

10 Informato di questi eventi e delle truppe che Sulaymān aveva raccolto intorno a sé, Marwān invertì la marcia, andò ad al-Raqqah e combatté spostandosi da un luogo all'altro. Sulaymān lo raggiunse e ingaggiarono battaglia. Sulaymān fu vinto e sul campo di battaglia rimasero senza vita settemila suoi sostenitori. Egli invece fuggì, si portò nel deserto della Fūnīqiyyah e riparò a Palmira[9]. Marwān diede ordine di devastare i possedimenti che Hišām aveva lungo l'Eufrate e in ogni altra località. In seguito un certo numero di servitori di Hišām si asserragliarono in una sua fortezza situata sull'Eufrate, dirimpetto ad al-Raḥbah[10], e presero ad infamare e ad ingiuriare Marwān che, mandato contro di loro un esercito, li stanò e li fece decapitare. Erano circa quattrocento uomini.

Rivolta di al-Ḍaḥḥāk contro Marwān II

11 Poi si rivoltarono contro Marwān gli abitanti di Emesa. Uccisero ʿAbd Allāh, suo governatore a Emesa, e ripararono la breccia che Marwān aveva aperto nella fortezza. Gli Arabi kalbiti si schierarono con il partito di Yazīd Ibn Hišām, arrivarono a Damasco e la cinsero d'assedio. In Palestina si rivoltarono i figli di Ṯābit, si impadronirono della contrada e fecero la guerra a coloro che restavano fedeli a Marwān. In questi giorni insorse in Iràq al-Ḍaḥḥāk al-Ḥarūrī che radunò numerose schiere alla caccia di Marwān.

12 Circondato da ogni parte da sventure e accerchiato dai nemici, Marwān mandò il figlio ʿAbd Allāh con delle truppe alla volta di Nisibi, giacché aveva saputo che al-Ḍaḥḥāk era colà diretto. Inviò altresì delle truppe al comando di Yazīd Ibn Hubayrah a Qirqīsiyā e ad entrambi rivolse delle raccomandazioni dicendo loro: «Al-Ḍaḥḥāk è insorto. Lo attacchi uno di voi e l'altro sarà così libero di muoversi, scenda in Iràq, occupi il paese e se ne impadronisca!».

Marwān II ed Emesa

13 Marwān marciò alla volta di Emesa. Informati della sua marcia, gli abitanti mandarono contro di lui un uomo di nome Muʿāwiyah con un esercito perché gli opponesse resistenza. Poi con la connivenza di Sulaymān Ibn Hišām, scelsero Saʿīd Ibn Hišām e lo nominarono capo delle truppe. Arrivato che fu a Qinnasrīn, Marwān apprese che Muʿāwiyah marciava contro di lui, gli andò incontro, lo raggiunse, lo mise in fuga e poi

[8] Località sul fiume al-Ḫābūr , alla foce dello stesso là dove si getta nell'Eufrate. Cf. Yāqūt, *Muʿǧam* (1990), vol. IV, p. 373.

[9] Vedi pure Ibn al-Aṯīr, *al-Kāmil fī al-tārīḫ*, vol. IV, p. 284, dove si dice espressamente che Sulaymān si trovava a Tadmur o Palmira.

[10] Yāqūt, *Muʿǧam* (1990), vol. III, pp. 37-41, ci presenta vari toponimi sotto questo nome. Qui dovrebbe essere la località situata tra al-Raqqah e Baġdād sulla riva dell'Eufrate di cui in Yāqūt, *Muʿǧam* (1990), vol. III, p. 38.

lo uccise insieme con la maggior parte dei suoi uomini. Marciò quindi contro Emesa, la cinse d'assedio in primavera e mandò i suoi messaggeri in città promettendo sicurtà agli abitanti, ammonendoli e garantendo loro il perdono. Ma rifiutarono di sottomettersi. Considerando come stavano le cose, Marwān fece issare le baliste e tenne loro testa.

14 In questi giorni al-Ḍaḥḥāk al-Ḥarūrī marciò su Mossul, uccise il governatore che la governava a nome di Marwān, quindi andò a Nisibi e l'assediò. A questa notizia, Yazīd scese in Iràq, massacrò tutti i sostenitori di al-Ḍaḥḥāk nonché i membri della sua famiglia e ristabilì l'ordine in tutto l'Oriente.

15 Marwān mandò in Palestina Abū al-Ward alla testa di un ingente esercito. Qui trovò un figlio di Ṯābit, lo sbaragliò, lo fece prigioniero e lo portò da Marwān che allora si trovava ad Emesa. L'assedio di Emesa si trascinò a lungo, gli abitanti rifiutavano di aprire le porte a Marwān. Ordinò perciò alle sue truppe di percorrere la provincia e i villaggi di Emesa e di devastarli. Vedendo ciò, la popolazione di Emesa scrisse una lettera /a Marwān/ chiedendo sicurtà. Marwān gliela accordò, escludendo tuttavia Saʿīd Ibn Hišām al quale non concesse la grazia. Fu così che gli aprirono le porte.

Uccisione di al-Ḍaḥḥāk

16 Mentre le genti subivano tale sciagura, l'imperatore dei Bizantini fece un'incursione in Siria, spingendosi fino a Dulūk[11]. Dopo essere stato informato che Marwān aveva conquistato Emesa, temendo di essere attaccato tornò a Costantinopoli con molti prigionieri.

17 In questo anno si sparsero ovunque, nel mese di *āb* /= agosto/, spesse tenebre che durarono cinque giorni. L'atmosfera si fece torbida e buia, il sole divenne simile a sangue e il suo chiarore si affievolì. Non era un'eclissi di sole, ma un' impressionante oscurità che copriva il cielo.

18 Marwān diede disposizione di demolire le mura di Emesa e di Baʿalbik. Tornò poi ad Ḥarrān e vi si accampò, levò quindi il campo e marciò alla volta di Nisibi per affrontare al-Ḍaḥḥāk al-Ḥarūrī. Costui, informato dell'arrivo di Marwān, uscì dalla città e gli andò incontro. Sulaymān Ibn Hišām si era già schierato dalla parte di al-Ḍaḥḥāk. Quest'ultimo arrivò a Kafartūṯā e la cinse d'assedio. Marwān arrivò a Ra's ʿAyn e da qui uscì contro al-Ḍaḥḥāk, con il quale si scontrò tra Ra's ʿAyn e Kafartūṯā. Nella battaglia da essi ingaggiata caddero parecchie persone dell'una e dell'altra parte. Al-Ḍaḥḥāk e i suoi uomini si diedero alla fuga, ma Marwān li inseguì, li raggiunse e massacrò tutti in una con al-Ḍaḥḥāk.

Sterminio dei sostenitori di al-Ḍaḥḥāk

19 Dopo la morte di al-Ḍaḥḥāk, gli Ḥarūriti si diedero come capo un tale di nome al-Ḫaybarī. Costui si travestì, si portò all'accampamento di Marwān e, girandovi e

[11] Piccolo centro del distretto di Aleppo, compreso tra le città-fortezze della Siria. Cf. Yāqūt, *Muʿǧam* (1990), vol. II, p. 525.

spostandosi da una parte all'altra, giunse fino alla sua tenda. Attaccò di sorpresa sia Marwān sia i suoi uomini, mettendoli in fuga. Marwān stesso avrebbe trovato la morte se suo figlio ʿAbd Allāh e un gruppo di Arabi, di ritorno dalla sconfitta, non avessero attaccato gli Ḥarūriti cacciandoli dall'accampamento.

20 Gli Ḥarūriti tornarono a riunirsi ed elessero come loro capo un tale di nome Šaybān che formò un esercito e marciò alla volta di Ninive. Marwān mosse contro di lui e si accampò nelle sue vicinanze. La guerra tra i due si protrasse tra una scaramuccia e l'altra per due mesi, poi le truppe di Marwān irruppero contro gli Ḥarūriti, li sbaragliarono e li inseguirono fino all'Aḏarbayǧān. Marwān mandò allora ʿAmr Ibn Ṣanārah con numerose truppe alla caccia degli Ḥarūriti. Poi, scappando e fuggendo, fece ritorno a Ḥarrān, dove sostò[12].

21 In questo tempo Costantino, imperatore dei Bizantini, fece un'incursione in Siria, attaccò non poche località, quindi rientrò.

22 Nel mese di *kānūn al-āḫar* /= gennaio/ ci fu una violenta scossa tellurica lungo il litorale del mare della Palestina. Molte località furono devastate e molta gente perì, soprattutto a Tiberiade, dove trovarono la morte più di centomila persone.

La rivolta di Abū Muslim

23 Le gente continuò a subire tali sventure e guerre quando un tale di nome Abū Muslim[13] insorse a Kūfah e a Dayr al-ʿĀqūl[14]. Si appartava a segreto colloquio con la gente inducendola a cambiare le proprie opinioni a favore delle sue. Accolsero così favorevolmente il suo appello ed egli assunse per sé e per i suoi seguaci il color nero. C'erano, con lui, quattordici sciiti che ostentavano vita di astinenza, di mortificazione e di attaccamento alla famiglia di Muḥammad Ibn ʿAbd Allāh, ritenuto l'origine dell'impero degli Arabi, e si erano lasciati crescere i capelli. Si unì a loro una buona parte della popolazione del Ḫurāsān, formarono un grosso partito e, essendosi alquanto rafforzata la loro posizione, la gente cominciò a prestare giuramento a Ibrāhīm Ibn Muḥammad [...]. Arrivò nel campo fortificato di Ḥarrān e massacrò i più distinti capi degli Arabi e dei Ḫurāsānidi.

24 La notizia giunse a Marwān e ne fu grandemente rattristato. Scrisse perciò a ʿAmr Ibn Ṣanārah, che in quel frangente si trovava in Iràq, e gli ingiunse di mettersi in marcia e di combattere contro Ibrāhīm. Abū Muslim, intanto, si era impadronito

12 La descrizione di tutte le vicende di cui sopra non è presente in Michele il Siro se non per cenni e comunque per soli pochi dettagli. Vedi infatti Michele il Siro, *Chronique* (1899), vol. II, pp. 505-506 e 517.

13 Siamo nel 747. Abū Muslim al- Ḫurāsānī, valoroso condottiero, fu a capo del movimento religioso e politico sorto nel Ḫurāsān che portò alla caduta degli Omayyadi e all'ascesa degli ʿAbbasidi. Dopo un periodo di ininterrotta ribellione, finì con l'impadronirsi di Merv, capitale del Ḫurāsān. Fu ucciso in Iràq al tempo di al-Manṣūr.

14 Il testo ha qui العاقول وزير, ma si tratta di un refuso!

del Ǧurǧān, di al-Rayy, di Qarmīsīn[15] e della maggior parte delle città del Ḫurāsān, costringendo la popolazione a prestare giuramento a Ibrāhīm Ibn Muḥammad. ʿAmr Ibn Ṣanārah marciò quindi contro di lui e lo affrontò nei pressi di Isfahān. Gli abitanti del Ḫurāsān lo sbaragliarono e lo uccisero insieme con i suoi uomini.

25 Yazīd Ibn Hubayrah era governatore su tutto l'Oriente in nome di Marwān Ibn Muḥammad. Dopo la morte di ʿAmr Ibn Ṣanārah, Yazīd Ibn Hubayrah radunò le truppe dell'Iràq e si accampò nei pressi di al-Madā'in. Allorché Abū Muslim lo avvistò, lo affrontò ma Yazīd fuggì davanti a lui e si accampò tra i due fiumi, vale a dire tra l'Eufrate e il Tigri. Abū Muslim il Ḫurāsānide marciò tuttavia contro di lui ed egli si diede nuovamente alla fuga per trovare poi riparo a Wāsiṭ, dove si fortificò. Abū Muslim abbandonò al saccheggio il suo accampamento e ogni sua ricchezza. Yazīd Ibn Hubayrah, da parte sua, aveva già fatto incetta a Wāsiṭ delle ricchezze e dei beni di cui abbisognava.

26 Abū Muslim si recò poi a Dayr al-ʿĀqūl, ebbe un abboccamento con un tale del suo partito e si consigliò con lui sul da farsi. In questo frangente la famiglia di Ibrāhīm Ibn Muḥammad viveva giorni inquieti a Kūfah. Marwān aveva mandato delle truppe contro Ibrāhīm, lo avevano catturato ed egli lo aveva fatto rinchiudere in una prigione di Ḥarrān. I suoi fratelli avevano preso tutti la fuga. Ibrāhīm morì in prigione, dopo aver designato come suo successore il proprio fratello ʿAbd Allāh, soprannominato Abū al-ʿAbbās. In seguito a tali eventi, Abū Muslim andò a trovare ʿAbd Allāh nel luogo in cui se ne stava nascosto, lo fece comparire in pubblico e lo proclamò re su tutti i Ḫurāsānidi che si trovavano con lui.

Governo di ʿAbd Allāh Ibn Muḥammad Abū al-ʿAbbās al-Saffāḥ

Discordie tra Arabi

27 Divenuto re, ʿAbd Allāh Ibn Muḥammad mandò contro Mossul un tale di nome Abū ʿAwn[16], alla testa delle truppe del Ḫurāsān, e mandò pure al-Ḥasan Ibn Qaḥṭabah con delle truppe contro Yazīd Ibn Hubayrah che si trovava a Wāsiṭ. Messo al corrente di tali fatti, Marwān mandò suo figlio ʿAbd Allāh al comando di numerose truppe a Mossul, mentre l'altro suo figlio, ʿUbayd Allāh, lo mandò a Qirqīsiyā. Abū al-ʿAbbās invece, mandò il fratello maggiore a Wāsiṭ sulle tracce di Ibn Qaḥṭabah, affidandogli il comando delle sue truppe e ordinandogli di indurli a prestare giuramento. Inviò del pari lo zio ʿAbd Allāh Ibn ʿAlī a Mossul alla ricerca di Ibn Abī ʿAwn affidandogli il comando delle truppe che erano di stanza colà e ordinandogli di indurre a prestargli giuramento tutte le truppe occidentali e altri.

[15] Ossia Qirmān Šāhān di cui in Yāqūt, *Muʿǧam* (1990), vol. IV, pp. 375-376, nelle vicinanze di al-Daynawar.

[16] Ossia Abū ʿAwn ʿAbd al-Malik Ibn Yazīd al-Azdī al-Ḫurāsānī, comandante ʿabbāside. Sconfisse ʿUṯmān Ibn Sufyān a Šahrazūr e Marwān nella battaglia di al-Zāb (749), uccidendolo poi in Egitto dove divenne governatore. Nel 776 fu fatto governatore del Ḫurāsān.

28 ʿAbd Allāh al-Manṣūr arrivò a Wāsiṭ e s'avvide che al-Ḥasan Ibn Qaḥṭabah la teneva ancora cinta d'assedio temporeggiando a sferrare l'attaco. Ordinò quindi alle sue truppe di prepararsi a combattere. I due schieramenti avanzarono e ingaggiarono una infuocata battaglia che durò alcuni giorni.

29 Marwān Ibn Muḥammad radunò quindi le truppe della Siria, dell'Egitto e della Mesopotamia e marciò su Mossul. ʿAbd Allāh Ibn ʿAlī sopraggiunse intanto con le truppe del Ḫurāsān e si accampò sul Grande Eufrate, nei pressi di Mossul. Qui arrivò pure ʿAbd Allāh Ibn Marwān che si accampò invece sulla riva occidentale, dirimpetto ad ʿAbd Allāh Ibn ʿAlī, e però non ingaggiarono battaglia, in attesa dell'arrivo di Marwān. Ma non appena giunsero al figlio le lettere in cui Marwān gl ordinava di passare il fiume /Zāb/, di accamparsi sulla sua riva orientale e di scavare un fossato attorno al proprio accampamento, ʿAbd Allāh /Ibn ʿAlī/ non indugiò nell'eseguire tale ordine e fece di fatto costruire un ponte sullo Zāb, dispose i soldati in assetto di combattimento e fece equipaggiare la cavalleria e la fanteria[17].

Esito della battaglia

30 Sin dal primo scontro tra i due schieramenti, Marwān si avvide che i Ḫurāsānidi erano degli eroi, che non mollavano nel battersi e sembravano come un blocco di pietre contro cui nulla potevano né il ferro né il fuoco. Li vide intrepidi e valorosi. La guerra tra le due parti si protrasse a lungo e tanto gli uni quanto gli altri subirono tante perdite al giorno che solo Dio sa. I soldati di Marwān mancarono ben presto in ardore e persero coraggio, mentre i Ḫurāsānidi restarono irremovibili e decisero subito la vittoria. I Siriani cedettero alla spossatezza e i Ḫurāsānidi li attaccarono con tanta veemenza da sbaragliarli. Ripiegando, i Siriani si ammassarono sul ponte gli uni contro gli altri e ciò fece sì che la maggior parte di essi cadesse nelle acque dell'Eufrate dove annegarono, mentre gli altri trovarono la morte calpestati e schiacciati nella ressa. Il resto morì sul campo o fu tratto prigioniero.

31 Teofilo l'Astrologo[18], dal quale abbiamo preso siffatte notizie, racconta: «Sono stato io in persona testimone di queste battaglie, e annotavo molte cose sì accuratamente che nulla di ciò che le riguardava mi è sfuggito». Teofilo ha composto a tal proposito

[17] Vedi pure Michele il Siro, *Chronique* (1899), vol. II, p. 505.

[18] Visse al tempo del califfo al-Mahdī. Della storia da lui scritta, sembra che questo sia il solo frammento rimasto. Cf. l'edizione curata da L. Cheikho, Agapio, *Kitāb al-ʿUnwān*, p. 369, nota 1. A. Vasiliev, *Kitab* (1912), p. 525 sostiene che si tratti qui di «Teofilo di Edessa, figlio di Tommaso, celebre astronomo, vissuto al tempo del califfo al-Mahdī e morto nel 785. Fu autore di opere al giorno nostro andate perse, tra le quali una storia e una traduzione siriaca dell'Iliade e dell'Odissea». Cf. anche Michele il Siro, *Chronique* (1899), vol. II, p. 358 che, come Agapio, attinge alle sue opere ritenendo che in esse ci sono notizie conformi a verità. Vasiliev rimanda, tra l'altro, a V. W. Wright, *A short history of Syriac Literature*, Londra 1894, pp. 163-164. Vedi anche Ibn ʿIbrī, *Tārīḫ muḫtaṣar al-duwal*, ed. Dār al-rāʾid al-lubnānī, Beirut 1983, pp. 41, 98, 219-220, dove gli vengono attribuite rispettivamente la traduzione dal greco in siriaco dell'Iliade di Omero, la notizia che da Adamo al primo anno dell'era di Alessandro erano trascorsi 5197 anni, la ragione che lo indusse a consigliare un viaggio al califfo al-Mahdī.

diversi libri dai quali abbiamo desunto questa breve sintesi che presentiamo in questo /nostro/ libro, a cui abbiamo altresì aggiunto ciò che non abbiamo reputato bene di passare sotto silenzio, pur evitando, per quanto possibile, di essere prolissi.

32 Ma riprendiamo la nostra narrazione. Orbene, allorché ʿAbd Allāh Ibn ʿAlī ebbe riportato la vittoria e Marwān e i suoi soldati subirono una completa disfatta, Marwān e suo figlio ʿAbd Allāh si salvarono riparando a Ḥarrān. Marwān riunì la sua famiglia e i suoi clienti, fece ammassare quante più ricchezze ed armi poté, attraversò l'Eufrate e si mise in marcia alla volta di ʿAsqalān[19] per attendere ivi le mosse dei Ḫurāsānidi.

33 Alla testa delle sue truppe ʿAbd Allāh Ibn ʿAlī marciò poi contro le truppe di Marwān, si impadronì delle ricchezze, armi e altre cose che trovò e portò il tutto ad ʿAbd Allāh Ibn Muḥammad, che in quel frangente si trovava a Kūfah. Dopo la fuga di Marwān Ibn Muḥammad, gli Arabi della Siria e della Mesopotamia, come pure gli abitanti non arabi della Mesopotamia, prestarono giuramento ad ʿAbd Allāh Ibn ʿAlī. La battaglia tra ʿAbd Allāh Ibn ʿAlī e Marwān Ibn Muḥammad ebbe luogo sull'Eufrate il sabato 21 del mese di *kānūn al-āḫar* /= gennaio/ dell'anno 132 dell'egira[20].

[19] Nel testo عسقلان. Uno dei villaggi appartenenti alla provincia di Balḫ o, forse, luogo di sosta lungo la via che ad essa menava. Cf. Yāqūt, *Muʿǧam* (1990), vol. II, p. 138.

[20] A. Vasiliev, *Kitab* (1912), p. 526 ha invece «nell'anno 133 degli Arabi». In realtà la battaglia finale che vide la sconfitta di Marwān II ebbe luogo nel gennaio del 132 presso la foce del Grande Zāb, affluente del Tigri.

Capitolo 48

Gli ʿAbbāsidi: califfato di Abū al-ʿAbbās

Assedio contro Damasco

1 In questo giorno l'impero passò dalle mani degli Omayyadi in quelle degli Hāšimiti. Di fatto cominciò a regnare Abū al-ʿAbbās ʿAbd Allāh Ibn Muḥammad, al quale successe il fratello al-Manṣūr.

2 ʿAbd Allāh Ibn ʿAlī andò a Ḥarrān alla testa delle truppe del Ḫurāsān e diede ordine di abbattere i castelli di Marwān che vi si trovavano. Fece sparire ogni sua traccia e, dopo aver affidato il governo della Mesopotamia al ḫurāsānide Mūsà Ibn Kaʿb, si mise in marcia sulle tracce di Marwān.

3 Allorché al-Walīd, allora a Damasco, venne a sapere dell'arrivo di ʿAbd Allāh Ibn ʿAlī, si fortificò e si preparò a combattere, come gli aveva prescritto Marwān. Appena arrivato, ʿAbd Allāh Ibn ʿAlī cinse d'assedio Damasco, fece approntare delle scale e comandò di poggiarle contro le mura con la connivenza della popolazione della città. Ma coloro che parteggiavano per al-Walīd combatterono contro le truppe di ʿAbd Allāh e impedirono loro di salire, il che fece divampare la guerra tra di loro. Uno dei nemici di al-Walīd corse allora ad aprire le porte della città, i soldati di ʿAbd Allāh Ibn ʿAlī entrarono e passarono a fil di spada chiunque opponeva loro resistenza. Per tre lunghe ore si diedero a troncar teste nei mercati, tra le vie e nelle case, impadronendosi di enormi ricchezze. Sulla preghiera del mezzogiorno, ʿAbd Allāh Ibn ʿAlī ordinò di porre fine al massacro. Tra i morti c'era anche al-Walīd e sempre in quella circostanza trovarono la morte numerosi cristiani e parecchi Giudei.

All'inseguimento di Marwān II

4 ʿAbd Allāh Ibn Muḥammad mandò suo zio Ṣāliḥ Ibn ʿAlī all'inseguimento di Marwān alla testa di un ingente esercito, ordinandogli di prendere la via di al-Qādisiyyah onde dirigersi in Egitto e raggiungere suo fratello ʿAbd Allāh, per poi unirsi a lui e mettersi in marcia alla ricerca di Marwān.

5 ʿAbd Allāh Ibn Muḥammad al-Manṣūr restò sempre a Wāsiṭ, impegnato a combattere contro Yazīd Ibn Hubayrah. Ma poiché la situazione a Wāsiṭ si era fatta troppo critica per la popolazione, chiesero a Yazīd di andarsene, dicendogli: «Se ti rifiuti, presteremo aiuto ai tuoi nemici». Yazīd mandò allora dei messaggeri da al-Manṣūr per definire le condizioni di sicurtà. La concesse tanto a lui quanto a tutti i suoi uomini e a tale condizione uscirono e si portarono da lui. /Al-Manṣūr/ diede però l'ordine di

mozzargli la testa, di demolire le mura di Wāsiṭ e, con questa notizia, fece ritorno dal fratello Abū al-ʿAbbās.

6 In seguito Abū al-ʿAbbās si fece costruire una città in cui insediarsi. La città fu costruita sull'Eufrate, la chiamò al-Anbār e vi si insediò.

7 Avendo appreso ciò che ʿAbd Allāh Ibn ʿAlī aveva fatto con il corpo di al-Walīd e che gli abitanti di Damasco avevano prestato giuramento ad Abū al-ʿAbbās, Marwān perse ogni speranza e si diede immantinente alla fuga, seguito da uno sparuto numero dei suoi clienti e dei membri della sua famiglia. Si diressero alla volta dell'Egitto. Marwān prese di qua la via del Nilo e arrivò ai confini con la Nubia. Ma trovò come ostacolo lungo la via Ṣāliḥ Ibn ʿAlī che aveva preceduto il fratello ʿAbd Allāh. Quest'ultimo, infatti, si era attardato sotto le mura di Damasco, era poi entrato in città e vi si era fermato.

Battaglia sul Nilo

8 Non appena arrivato in Egitto, Ṣāliḥ Ibn ʿAlī mandò alla ricerca di Marwān Ibn Muḥammad un suo sostenitore, un certo ʿĀmir Ibn Ismāʿīl, alla testa di alcune truppe. Lo trovò accampato sul Nilo e, caduta la notte, lo attaccò. Gli uomini di Marwān lo abbandonarono ed egli restò solo. Si rifugiò sopra una collina che era là nei paraggi, e non cessò di combattere fino a che stramazzò e fu ucciso. I suoi due figli, ʿAbd Allāh e ʿUbayd Allāh, fuggirono sotto mentite spoglie confusi tra la gente e arrivarono nel paese [...] che era sul Nilo. Poi ʿAbd Allāh si separò da ʿUbayd Allāh [...] alla Mecca. ʿUbayd Allāh proseguì verso [...] lungo il cammino e morì.

9 ʿĀmir /Ibn Ismāʿīl/ fece caricare [...] le ricchezze che aveva con sé e fece ritorno da Ṣāliḥ Ibn ʿAlī che si trovava in Egitto. Ordinò poi di appendere ad una croce il cadavere di Marwān, ne fece imbalsamare la testa e la portò ad Abū al-ʿAbbās, figlio di suo fratello.

Gli Omayyadi della Palestina

10 Ṣāliḥ Ibn ʿAlī era il suo luogotenente in Palestina. Una settantina di Omayyadi si radunarono presso di lui e gli si fecero dappresso: leggevano il Corano con voce modulata, pensavano che così facendo lo avrebbe disposto a risparmiarli. Aveva già garantito loro sicurtà sulle loro vite e i loro beni, quando un giorno li convocò nel suo castello. Accanto a ciascuno di loro piazzò due Ḫurāsānidi che avevano nelle loro mani una mazza appuntita. Nel mentre che gli rivolgevano la parola, fece un cenno con gli occhi ai Ḫurāsānidi e costoro massacrarono gli Omayyadi con quelle loro mazze. Ṣāliḥ fece prendere le loro teste e le mandò ad Abū al-ʿAbbās. Di poi si impossessò delle loro ricchezze, si diede alla caccia degli altri [Omayyadi]: li cercò in [tutta la] Palestina con tanto accanimento da sterminarli.

Abū al-Ward in Siria

11 Gli Arabi della Siria, nel vedere come Abū al-ʿAbbās li esponeva all'umiliazione e alla dominazione degli stranieri che prendevano alloggio nelle loro dimore e si impa-

dronivano delle loro ricchezze, si pentirono di ciò che avevano fatto, tumultuarono e rifiutarono di prestargli giuramento. [Ḥabīb Ibn] Murrah, della tribù dei *banū* Qays [...] la cui dimora era ad al-Ramlah e nella sua provincia, Abū al-Ward [...] e nel suo circondario e /al-/Manṣūr Ibn [...] tumultuarono e diedero luogo ad una sedizione [...] della famiglia di Hāšim. Poi [...] gli Arabi [...] e se ne impadronirono.

12 Abū al-Ward radunò un gran numero di Arabi e marciò contro ʿAbd Allāh Ibn ʿAlī. ʿAbd Allāh partì dalla Palestina diretto ad Emesa, si accampò a Marǧ, ad est di Emesa, e ordinò alle sue truppe di disporsi in assetto di guerra. Arrivato che fu Abū al-Ward e vedendo le sue numerose truppe, ʿAbd Allāh provò un leggero fremito di codardia. Ingaggiarono battaglia e tanto nell'una quanto nell'altra parte ci furono parecchie vittime. Alla fine Abū al-Ward e le sue truppe si diedero alla fuga. ʿAbd Allāh mise alle strette gli abitanti della Siria e fece ritorno a Damasco, dove si scontrò con Ḥabīb Ibn Murrah che poi uccise insieme con i suoi uomini. Dopo di ciò si fece prestare giuramento dalla popolazione di Damasco e di tutte le città della Siria.

Rivolta di Isḥāq Ibn Muslim

13 Dopo tali eventi si rivoltò a Samosata Isḥāq Ibn Muslim, attorno al quale fecero quadrato i capi della tribù di Qays. Aveva già designato un arabo qual governatore su gran parte delle città della Mesopotamia, su Qirqīsiyā, Raʾs ʿAyn, Tell Mūzan, Kafartūṯā, Ṯamānīn, Āmid, Mayyāfāriqīn e su tutte le altre città. Ḥarrān riconosceva l'autorità di Mūsà Ibn Kaʿb, che colà risiedeva.

14 In seguito gli Arabi della Mesopotamia si riunirono, marciarono su Ḥarrān e combatterono contro Mūsà Ibn Kaʿb. Avendo saputo che Abū al-Ward era stato ucciso, ruppero le file e presero la fuga, dal primo all'ultimo. Messo al corrente del fatto, ʿAbd Allāh Ibn Muḥammad mandò ʿAbd Allāh al-Manṣūr in Mesopotamia alla testa di un ingente esercito per fare la pace con la popolazione delle rispettive città e per combattere coloro che non gli avevano prestato giuramento.

15 Arrivato che fu a Qirqīsiyā, nominò governatore uno dei suoi uomini e andò ad Ḥarrān. Quanto ad ʿAbd Allāh Ibn ʿAlī, dopo aver fatto prestare giuramento agli abitanti della Siria, si mise in marcia, durante l'inverno, alla volta di Samosata. Ricorse poi a vari espedienti pur di attirare a sé Isḥāq Ibn Muslim e Manṣūr Ibn Ǧaʿūnah [1], garantì loro sicurtà ed essi si recarono da lui. Quindi conquistò Samosata e ne prese la popolazione con sé. Anche ʿAbd Allāh al-Manṣūr conquistò tutte le città della Mesopotamia, inducendo la popolazione a prestare giuramento. La sventura continuò a farla da padrone per nove mesi.

[1] Nel testo troviamo scritto «Ḥayʿūnah». A. Vasiliev, *Kitab* (1912), p. 531 ha invece Ǧaʿūnah, ma indica anche la variante presente nel testo di Cheikho. Ibn al-Aṯīr, *al-Kāmil fī al-tārīḫ*, vol. IV, p. 365 dice che al-Manṣūr fece uccidere Manṣūr Ibn Ǧaʿūnah al-ʿĀmirī nella città di al-Raqqah subito dopo il suo pellegrinaggio alla Mecca.

Eventi vari

16 Nel mentre le popolazioni subivano tali guerre, l'imperatore dei Bizantini attaccò Malaṭiyah, la espugnò, fece prigionieri gli abitanti e tornò indietro[2].

17 In questo anno Kūšān, primate degli Armeni, prese con sé la maggior parte della popolazione armena e la portò in terra bizantina[3].

18 ʿAbd Allāh Ibn Muḥammad andò poi a Ḥarrān e fece portare i tesori reali degli Omayyadi ad al-Anbār. Nominò poi Ṣāliḥ Ibn ʿAlī governatore dell'Egitto e dei territori di sua pertinenza, ʿAbd Allāh al-Manṣūr governatore della Mesopotamia e dell'Armenia e Yaḥyà Ibn Muḥammad governatore di Mossul e dei territori di sua pertinenza. Arrivato che fu a Mossul, Yaḥyà Ibn Muḥammad diede ordine che gli Arabi di Mossul e i loro rispettivi capi si radunassero nella Grande Moschea e li fece scannare tutti insieme. Persino i loro familiari e le loro donne fece mettere a morte. Gli Arabi si sentirono strozzati dal dolore e sopraffatti dalla vergogna e dall' umiliazione. Gli Hāšimiti si accanirono contro tutta la popolazione, la soverchiarono di imposte e si impadronirono delle ricchezze di tutti gli Arabi.

19 In seguito si rivoltò, in Ifrīqiyyah, un qurayšita di nome Ḥabīb[4], se ne impadronì e uccise il governatore locale.

20 In seguito ʿAbd Allāh al-Manṣūr entrò in Armenia, impose la capitolazione ai nobili, confiscò le loro ricchezze e li sottopose ad ogni sorta di vessazioni.

Morte di Abū al-ʿAbbās ʿAbd Allāh Ibn Muḥammad

21 ʿAbd Allāh Ibn Muḥammad scrisse poi ad Abū Muslim, che si trovava allora nel Ḫurāsān, per ordinargli di recarsi da lui. Ordinò del pari ad ʿAbd Allāh al-Manṣūr di ritornare da lui in tutta fretta. Non appena giunsero al suo cospetto, ordinò ad ʿAbd Allāh di andare alla Mecca e di dirigere il pellegrinaggio e ad Abū Muslim di accompagnarlo, suggerendo in gran segreto al fratello che se gli fosse riuscito di avere la testa di Abū Muslim, lo facesse pure. Partirono dunque insieme, tutt'e due, alla testa di numerose truppe di Arabi e di Persiani. ʿAbd Allāh Ibn Muḥammad scrisse poi ad ʿAbd Allāh Ibn ʿAlī per ordinargli di fare una spedizione. Attaccò di fatto i Bizantini, ma dovette ripiegare con le pive nel sacco.

22 ʿAbd Allāh al-Manṣūr entrò alla Mecca, assistette alla festa e tornò indietro, men-

[2] Nell'anno 752 l'imperatore Costantino V intraprese una campagna contro gli Arabi in Armenia e in Mesopotamia, durante la quale occupò le città di Teodosiopoli e di Melitene, due tra le più importanti città-fortezze del *limes* bizantino. Vedi pure Michele il Siro, *Chronique* (1899), vol. II, p. 518.

[3] Per notizie concernenti questo personaggio cf. A. Vasiliev, *Kitab* (1912), p. 531, nota 2, dove cita tra l'altro anche A. Lombard, *Constantin V, empereur des Romains (740-775)*, Parigi 1902. Michele il Siro, *Chronique* (1899), vol. II, p. 522, parla invece di una campagna di Costantino contro gli Armeni di Teodosiopoli, in seguito alla quale distrusse la città e ne deportò la popolazione in cattività. Ibn al-Aṯīr, *al-Kāmil* (1983), vol. IV, pp. 329, 341, lo indica come un patrizio dell'Armenia Quarta (così nel testo, ma nell'indice abbiamo invece Armenia Seconda).

[4] Probabile allusione a Ḥabīb Ibn ʿAbd al-Malik al-Qurašī di cui in Ibn al-Aṯīr, *al-Kāmil* (1983), vol. V, pp. 34, 62.

tre Abū al-ʿAbbās ʿAbd Allāh Ibn Muḥammad moriva. La sua morte avvenne la domenica 7 *ḥazīrān* /= giugno/, nell'anno 136 dell'egira[5]. Aveva regnato 4 anni e 10 mesi. Lasciò per testamento il califfato ad Abū Ǧaʿfar ʿAbd Allāh al-Manṣūr in prima persona e poi al cugino ʿĪsà Ibn Mūsà[6].

[5] Michele il Siro, *Chronique* (1899), vol. II, p. 518 afferma che morì nell'anno 1065 dei Greci, corrispondente all'anno 135 dell'egira.

[6] La successione tra Abū al-ʿAbbās ʿAbd Allāh Ibn Muḥammad e suo fratello al-Manṣūr si consumava nel 754, quando quest'ultimo sconfisse altresì lo zio ʿAbd Allāh Ibn ʿAlī, eroe della battaglia di al-Zāb e governatore della Siria. Al-Zāb si trova vicino Mossul ed è la località in cui fu sconfitto Marwān nel 750. Abū Ǧaʿfar ʿAbd Allāh al-Manṣūr fu califfo ʿabbāside dal 754 al 775.

Capitolo 49

Califfato di al-Manṣūr

Conflitti per il potere

1 In questo anno Costantino, imperatore dei Bizantini, riunì a Costantinopoli un concilio di circa 300 vescovi perché esaminassero e considerassero la questione delle immagini nelle chiese: bisogna o non bisogna venerarle? Condivisero l'opinione dell'imperatore, e cioè che non le si dovesse venerare e che non si dovesse in alcun modo tollerare una cosa simile, adducendo testimonianze attinte dai Libri sacri tanto del Vecchio quanto del Nuovo Testamento e dai trattati dei Padri. Scomunicarono Giovanni, figlio di Manṣūr, il Damasceno[1], e Gregorio di Cipro[2]. Istituirono non pochi canoni e lo chiamarono il Settimo Concilio[3].

2 Venuto a conoscenza della morte di ʿAbd Allāh Ibn Muḥammad e vedendo che ʿAbd Allāh al-Manṣūr e Abū Muslim erano lontani, ʿAbd Allāh Ibn ʿAlī arse dal desiderio dell'impero e ordinò agli Arabi e ai Ḫurāsānidi che erano con lui di prestargli giuramento. Lo fecero, ad eccezione di suo fratello Ṣāliḥ Ibn ʿAlī, che rifiutò. /ʿAbd Allāh Ibn ʿAlī/ aveva concepito un'incursione contro i Bizantini, ma travolto dall'ardente desiderio dell'impero, vi rinunciò e partì per la Mesopotamia. In questo frangente si trovava a Ḥarrān un tale di nome Muqābil, soprannominato al-ʿAlī[4], al comando

[1] Giovanni Damasceno (675-750), padre della Chiesa di lingua greca e strenuo difensore del culto delle immagini, ricoprì importanti incarichi amministrativi sotto gli Arabi. Scelse poi vita solitaria e si rinchiuse nel monastero di san Saba, nel deserto della Giudea, dove attese alla composizione di opere di alto profilo teologico e devozionale, tra cui *Discorsi per le immagini sacre*, *La fonte della conoscenza*, *Capitoli filosofici*, *Libro delle eresie*, *Sulla fede ortodossa*. Pregevoli sono pure i suoi *Inni* e la sua opera liturgica *Otto-eco*. Per la questione relativa al culto delle immagini si veda altresì Teodoro Abū Qurrah, *La difesa delle icone*, traduzione, introduzione e cura di Paola Pizzo, Jaca Book, Milano 1995.

[2] Meglio Giorgio di Cipro.

[3] Michele il Siro, *Chronique* (1899), vol. II, pp. 520-521 ne parla come il settimo sinodo di vescovi calcedoniensi convocati da Costantino dalle regioni di Roma, della Grecia, della Dalmazia, della Cilicia e della Sicilia. Ebbe luogo il 10 febbraio del 754, nel palazzo imperiale di Hieria sulla costa asiatica del Bosforo. I Calcedoniensi detestavano Costantino e lo chiamavano Iconofobo, scomunicarono Giovanni figlio di Manṣūr, Giorgio di Damasco e Giorgio di Cipro. Il concilio in oggetto è conosciuto anche come il «sinodo acefalo».

[4] A. Vasiliev, *Kitab* (1912), p. 534, ha invece «Muqātil, soprannominato al-ʿAkkī». In effetti Muqātil Ibn Ḥakīm al-ʿAkkī si trovava ad Ḥarrān, dove Abū Ǧaʿfar lo aveva lasciato come suo luogotenente, durante gli avvenimenti che ebbero luogo nell'anno 137 dell'egira. Cf. Ibn al-Aṯīr, *al-Kāmil* (1983), vol. IV, p. 348.

di numerose truppe che ʿAbd Allāh al-Manṣūr aveva approntato per salvaguardare la propria posizione fino al suo rientro dal pellegrinaggio. /La popolazione di/ Ḥarrān fu irremovibile e non prestò giuramento ad ʿAbd Allāh Ibn ʿAlī. Costui marciò quindi su di essa e fece issare le baliste con le quali impegnò gli abitanti in combattimento per quaranta giorni. Alla fine gli chiesero sicurtà, gliela accordò e gli aprirono la porta della città. Dopo aver conquistato Ḥarrān, ʿAbd Allāh Ibn ʿAlī partì alla volta dell'I-ràq. Manifestò un debole per gli Arabi piuttosto che per i H̱urāsānidi, preferì loro nella distribuzione delle alte cariche e degli onori e si diede ad uccidere i Persiani e a confiscarne le ricchezze per darle agli Arabi.

Abū Ǧaʿfar ʿAbd Allāh al-Manṣūr reclama il califfato

3 In seguito ʿAbd Allāh al-Manṣūr tornò dalla Mecca accompagnato da Abū Muslim e fece il suo ingresso a Kūfah. Tenendo la *ḫuṭbah* dall'alto del suo pulpito, reclamò per sé il califfato e la gente gli prestò giuramento. Prima del suo arrivo, intanto, ʿĪsà Ibn Mūsà aveva già radunato gli Arabi d'Oriente e i H̱urāsānidi, aveva letto loro il testamento di Abū al-ʿAbbās, aveva loro dichiarato che gli succedeva ʿAbd Allāh al-Manṣūr e con esortazioni e promesse li aveva persuasi a prestare giuramento a quest'ultimo. Al suo arrivo, al-Manṣūr trovò le sue truppe a lui sottomesse, prese possesso dell'impero e il suo potere ne uscì consolidato.

Gesta di Abū Muslim

4 Ordinò poi ad Abū Muslim di recarsi alla testa di numerose truppe a Mossul, per affrontare ʿAbd Allāh Ibn ʿAlī che il quel momento si trovava a Qirqīsiyā. ʿAbd Allāh Ibn ʿAlī apprese che Abū Muslim aveva già lasciato al-Anbār e si era messo in cammino per Mossul. ʿAbd Allāh Ibn ʿAlī, che era accampato sull'Eufrate, si mise in marcia seguendo il corso del fiume al-H̱ābūr[5], si diresse verso la confluenza tra al-Hirmās[6] e al-H̱ābūr, costeggiò poi il corso di al-Hirmās e arrivò a Nisibi, che cinse d'assedio. Abū Muslim, però, diede a vedere di dirigersi verso Ra's ʿAyn e d'un subito ʿAbd Allāh Ibn ʿAlī si mise ad inseguirlo. Venuto a conoscenza di ciò, Abū Muslim abbandonò la strada per Ra's ʿAyn, invertì la marcia, ritornò per un'altra via ed arrivò a Nisibi, dove si accampò, disponendosi così tra ʿAbd Allāh Ibn ʿAlī e la città.

5 Avendo saputo che Abū Muslim si era impadronito di Nisibi, ʿAbd Allāh ne fu alquanto spaventato e, di volta in volta che si portava da un luogo ad un altro, si accingeva a far circondare il suo accampamento di fossati, guardie e triboli. I due schieramenti si avvicinarono l'uno all'altro, la guerra si infuocò giorno dopo giorno e tanto nell'uno quanto nell'altro campo si contò un gran numero di vittime.

[5] Grande fiume tra Ra's ʿAyn e l'Eufrate nella Mesopotamia settentrionale. Yāqūt, *Muʿǧam* (1990), vol. II, pp. 382-383.

[6] Ossia il fiume di Nisibi. Cf. Yāqūt, *Muʿǧam* (1990), vol. V, p. 459. Nel testo che traduciamo il vocabolo con cui si designa questo fiume è ماسح.

6 Apparve nel cielo un segno simile ad una lancia di fuoco che si stendeva da est ad ovest, ora ingrossandosi ora rimpicciolendosi[7]. La guerra di ʿAbd Allāh Ibn ʿAlī si protrasse per tutto questo tempo.

7 In una delle sue spedizioni Abū Muslim piombò poi su ʿAbd Allāh Ibn ʿAlī, costui prese la fuga insieme con i suoi uomini ma i soldati di Abū Muslim non diedero ad essi tregua, li massacrarono e ne saccheggiarono l'accampamento. ʿAbd Allāh si involò, sotto mentite spoglie, fuggendo in una località ignota, dove restò, senza che nessuno lo riconoscesse, fino a che decise di andare a Bassòra, riparando da suo fratello Sulayman Ibn ʿAlī.

Nomine di diversi comandanti

8 Ṣāliḥ Ibn ʿAlī mandò dall'Egitto in Palestina Abū ʿAwn, alla testa di un ingente esercito. Costui cercò dappertutto le tribù degli Arabi fino a Qirqīsiyā dove, una volta entrato, uccise ventimila Arabi facendoli sgozzare fino all'ultimo e portandosi come bottino i loro beni e i loro greggi.

9 ʿAbd Allāh al-Manṣūr mandò poi a Mossul un tale di nome Ǧawhar, alla teste delle truppe dei Ḫurāsānidi, accompagnato da Ḥumayd Ibn Qaḥṭabah. Gli era giunta voce, infatti, che ʿAbd Allāh Ibn ʿAlī era arrivato a Ḥarrān e in altre città della Mesopotamia ed era divenuto il capo di tutti gli Arabi della Mesopotamia e della Siria, ormai esasperati e senza speranza alcuna di vivere.

10 In seguito Abū Muslim ritornò da Ḥarrān passando per Mossul, lasciò poi la via per Kūfah e al-Anbār[8], prese quella per Ḥulwān[9], entrò nell'Aḏarbayǧān e in Iràq e decise di non tornare da Abū Ǧaʿfar. Costui, però, messo al corrente che Abū Muslim era partito per il Ḫurāsān e conoscendo i suoi disegni, mandò contro di lui ʿĪsà Ibn Mūsà che, tuttavia, dopo averlo raggiunto, non lesinò di mostrarsi con lui benevolo e dolce, di fargli promesse e rabbonirlo con parole di adulazione e di astuzia. Tanto fece che lo distolse dalla realizzazione dei suoi disegni ed egli non se ne diede più pensiero. ʿĪsà Ibn Mūsà andò poi insieme con Abū Muslim da Abū Ǧaʿfar al-Manṣūr. /Abū Muslim/ era appena arrivato e stava sul punto di entrare al cospetto di al-Manṣūr, quando costui diede l'ordine di ucciderlo[10].

[7] Vedi pure Michele il Siro, *Chronique* (1899), vol. II, p. 520.

[8] Antica città dell'Iràq sull'Eufrate, fu conquistata da Ḫālid Ibn al-Walīd (634) e fu sede dei califfi finché non fu costruita Baġdād (762). Oggi è dato vederne solo le rovine.

[9] Posta ai confini di al-Sawād, fa parte delle montagne di Baġdād. Fu un tempo città famosa con molta popolazione, una delle più belle città dell'Iràq dopo Kūfah, Bassòra, Wāsiṭ, Baġdād e Samarra. Cf. Yāqūt, *Muʿǧam* (1990), vol. II, p. 334.

[10] L'uccisione di Abū Muslim, voluta dal califfo al-Manṣūr, provocò una rivolta nel Ḫurāsān, capeggiata da Sinbadh il Mago, per vendicarne la morte. Il califfo fu pronto a domarla.

Accanimento contro i Magi

11 Un certo Šaybah[11], di religione mazdaica, uno dei comandanti di Abū Muslim da costui favorito rispetto ad altri, se ne stava intanto nell'Aḏarbayǧān in attesa dell'arrivo di Abū Muslim. Venuto a conoscenza della sua morte, si rivoltò e decise di vendicare il suo sangue. Venne perciò ad al-Rayy e, sminuendo le idee dei Magi, dei Daylamiti, degli Indiani e di altri, li indusse a condividere le sue. Messo al corrente del fatto, Abū Ǧaʿfar mandò contro Šaybah il Mago un tale di nome Ǧawhar che, appena arrivato ad al-Rayy, lo attaccò, mettendolo in fuga. Ǧawhar diede ordine di mettere a morte tutti quei Magi che avevano preso partito per Šaybah: furono circa cinquantamila[12], requisendo le loro famiglie e le loro ricchezze e costringendo gli abitanti della città a prestare giuramento ad Abū Ǧaʿfar al-Manṣūr. Dopo aver fatto ciò, si fissò in città e non fece affatto ritorno da al-Manṣūr[13].

12 Al-Manṣūr mandò per tal ragione contro di lui Ibn al-Ašʿaṯ[14]. Costui lo sconfisse e votò alla morte tanto lui quanto i suoi uomini.

Nomine di altri comandanti

13 Al-Manṣūr ordinò poi al cugino Ṣāliḥ Ibn ʿAlī di stabilire Abū ʿAwn qual governatore dell'Egitto e di mandare Šaybah in Siria e nei paesi della costa. Al-Manṣūr mandò poi Mūsà Ibn Kaʿb nel Sind e sue regioni, dove si scontrò con un ribelle di nome Aṣbaġ Ibn Dāwud[15]. Lo vinse, lo uccise in una con i suoi uomini, costrinse gli Arabi che erano colà e gli altri abitanti a prestare giuramento, nominò un governatore sul paese e prese la via del ritorno. Avveniva, ciò, nell'anno 137 dell'egira.

14 Costantino, imperatore dei Bizantini, attaccò poi Qālīqalā[16], la conquistò e ne portò in cattività la popolazione. Ṣāliḥ Ibn ʿAlī fece un'incursione contro i Bizantini alla testa di truppe arabe e persiane. Poi uscì per un'altra campagna ma senza successo, fece trasferire gli Armeni e gli Alani[17], che i Bizantini avevano fatto venire dall'Arme-

[11] Bisognerebbe leggere Sinbādh o Sinbād, come in Ibn al-Aṯīr, *al-Kāmil* (1983), vol. IV, pp. 357-358, che nell'anno 137 dell'egira si rivoltò nel Ḫurāsān per vendicare la morte di Abū Muslim. Lo stesso storico precisa che era della religione dei Magi. Sfortunatamente nemmeno Michele il Siro, *Chronique* (1899), vol. II, pp. 522-523 ci offre il nome di questo «capo» che i Magi si scelsero per combattere contro gli Arabi e vennero poi sterminati, essendosi creato un regno, insieme al loro «capo». Siamo comunque nel 755.

[12] Ibn al-Aṯīr, *al-Kāmil* (1983), vol. IV, p. 357 dice che erano «circa sessantamila».

[13] Questo eventi sono narrati in maniera differente da Ibn al-Aṯīr.

[14] Si tratta di Muḥammad Ibn al-Ašʿaṯ. Cf. pure Ibn al-Aṯīr, *al-Kāmil* (1983), vol. IV, p. 358.

[15] In Ibn al-Aṯīr, *al-Kāmil* (1983), vol. IV, p. 344 leggiamo invece che al-Saffāḥ mandò Mūsà Ibn Kaʿb nel Sind perché combattesse contro Manṣūr Ibn Gamhūr.

[16] Città della Grande Armenia, attuale Erzurun e antica Teodosiopoli. Questo episodio è collocato da Michele il Siro, *Chronique* (1899), vol. II, p. 521 prima di quanto appena narrato a proposito dei Magi e dice che la città in oggetto, ossia Teodosiopoli degli Armeni, è chiamata da costoro Garnoikagak, vale a dire «la città di Karin /Garin/», dagli Arabi Erzerum e dai Greci Qaloniqala /Kalikala/.

[17] Il testo arabo non è chiaro in quanto non interpone alcuna congiunzione tra il primo e il secondo nome. Ci atteniamo quindi alla lettura di A. Vasiliev, *Kitab* (1912), p. 538.

nia insieme al loro primate Kūšān, e assegnò loro come abitazione la Siria. Da questo giorno, gli imperatori bizantini interdissero a qualsiasi armeno di dimorare nei territori di loro giurisdizione e soprattutto nelle località vicine alla frontiera[18].

15 In questo tempo ʿAbd Allāh Ibn al-Manṣūr ordinò di riedificare Malaṭiyah ridotta in rovine dagli imperatori bizantini e di approntarvi dei *ḫān* che servissero come abitazioni per gli incursori[19].

Rivolta di Mulabbid ed eventi vari

16 In questo tempo si rivoltò in Mesopotamia Mulabbad il ḥarūrite, attorno al quale si riunì un gran numero di Ḫurāsānidi[20]. Ciò spaventò non poco ʿAbd Allāh Ibn al-Manṣūr che mal sopportò il fatto. Allorché il ribelle si fu avvicinato a Mossul, ʿAbd Allāh /Ibn/ al-Manṣūr mandò contro di lui Ḫāzim Ibn Ḫuzaymah[21]. Lo vinse, lo uccise insieme con i suoi uomini e prese la via del ritorno. ʿAbd Allāh /Ibn/ al-Manṣūr nominò governatore del Ḫurāsān un tale di nome ʿAbd al-Ǧabbār, che si rivoltò /poi/ contro di lui[22]. Avveniva, ciò, nell'anno 140 dell'egira.

17 In questo anno un discendente di ʿAli Ibn Abū Ṭālib si rivoltò e si diede il nome di al-Mahdī. Una parte degli Arabi si unì attorno a lui, ma ʿAbd Allāh /Ibn/ al-Manṣūr gli mandò contro uno dei suoi che lo uccise insieme con i suoi sostenitori[23].

18 In questo anno al-Ašʿaṯ fece una spedizione contro l'Ifrīqiyyah, la conquistò e costrinse la popolazione a prestare giuramento[24].

19 In questo anno ʿAbd Allāh /Ibn/ al-Manṣūr diede ordine di ricostruire Qālīqalā ridotta in rovine dagli imperatori dei Bizantini, di stabilirvi delle guarnigioni e di farvi passare delle strade[25].

Campagna contro il Ṭabaristān

20 In questo anno / ʿAbd Allāh Ibn al-Manṣūr/ nominò il figlio Muḥammad governatore del Ḫurāsān, dove lo mandò insieme con i comandanti e le truppe. Il ribelle ʿAbd al-Ǧabbār si trovava allora a Merv. Nel Ǧurǧān si rivoltò poi un altro ribelle di

[18] Michele il Siro, *Chronique* (1899), vol. II, pp. 521-522.

[19] Vedi pure, sebbene meno esaustiva, la notizia che ne dà Michele il Siro, *Chronique* (1899), vol. II, p. 522.

[20] Si tratta della rivolta di Mulabbad Ibn Ḥarmalah al-Šaybānī, di cui parla Ibn al-Aṯīr, *al-Kāmil* (1983), vol. IV, pp. 358-359 collocandola nell'anno 138 dell'egira.

[21] Tanto Cheikho quanto Vasiliev hanno invece Ḥāzim Ibn Ḥuzaymah.

[22] Per questo personaggio, già capo della guardia del corpo di Abū al-ʿAbbās al-Saffāḥ, cf. S. Moscati, *La rivolta di ʿAbd al-Ǧabbār contro il califfo al-Manṣūr,* in Rendiconti Accademia dei Lincei, serie 8, 2 (1947), pp. 613-615.

[23] Per una diversa narrazione di questo avvenimento, cf. Ibn al-Aṯīr, *al-Kāmil* (1983), vol. IV, p. 364.

[24] Michele il Siro, *Chronique* (1899), vol. II, 522 dice che avvenne nell'anno 1071 dei Greci.

[25] Vedi pure Michele il Siro, *Chronique* (1899), vol. II, 522 dove la città è chiamata Teodosiopoli, uno dei suoi diversi nomi, come abbiamo già visto.

nome al-Ḥasan Ibn Ḥarrān. Questo paese è circondato da mari e da montagne, ha ad ovest i Daylamiti e al sud l'Aḏarbayǧān. Ha dei valichi oltremodo impervi e sentieri ai quali si accede con estrema difficoltà. La sua lunghezza, seguendo la riva del mare da est ad ovest, è di quaranta parasanghe; la larghezza[26] da nord a sud è invece di venti parasanghe. Ci sono vaste praterie grandi e larghe, sorgenti in abbondanza, alberi frondosi e varietà di frutti. Ci sono cinque città, ciascuna delle quali dotata di una duplice o triplice serie di mura e sulle cime delle montagne si ergono in gran numero le fortezze. La popolazione è la più delicata quanto al fisico, la più bella quanto a colorito e la più duttile quanto ai mestieri. È oltremodo popolato[27]. L'isbehbeḏ[28] di questo tempo si chiamava Kūršīb[29].

21 Muḥammad Ibn ʿAbd Allāh /Ibn/ al-Manṣūr[30] gli mandò dei messaggeri, gli aggravò l'imposta e gli aumentò il tributo intimandogli o di versargli tanto l'una quanto l'altro o di uscire contro di lui e dichiarargli guerra. Il messaggero che aveva mandato era Abū ʿAwn con al seguito qualche suo uomo. Quando il messaggero si fu presentato ed ebbe letto la lettera, l'isbehbeḏ gli riservò ogni onore e inviò ad al-Manṣūr una lettera dal seguente tenore: «Sono una persona abituata a confrontare le cose le une con le altre. Il mio paese è piccolo e angusto. Quando penso alla guerra e alle sventure, alle prove, alle calamità, ai dolori e alle afflizioni che essa si porta dietro, mi raccolgo in me stesso, cerco di scongiurarle e impegno per ciò che ho testé menzionato le mie ricchezze, provvedo al mio onore e alla mia vita e recido tutto ciò che potrebbe comprometterli. Ciò che versavo ad altri che ti hanno preceduto, sarà dato ugualmente a te in tutto e per tutto. Ma stai attento!».

22 Non appena il messaggero ebbe preso la risposta dell'isbehbeḏ e si mise in cammino, l'isbehbeḏ si precipitò a mettere al sicuro le sue ricchezze, armi e tappeti nelle fortezze, dentro le quali si fortificò.

23 La lettera fu consegnata a Muḥammad Ibn ʿAbd Allāh /Ibn al-Manṣūr/, la lesse, fu pieno di collera e di furore e mandò contro di lui Abū ʿAwn alla testa di tutte le truppe del Ḫurāsān. Penetrarono nel Ṭabaristān, si dispersero nei villaggi e nelle campagne e vi si stabilirono. Quindi assalirono gli abitanti, seminando dappertutto enorme rovina. L'isbehbeḏ e la sua famiglia si salvarono riparando nelle fortezze, dove si fortificarono. Vedendo la moltitudine di truppe che arrivavano nel suo paese, comprese che non poteva opporre duratura resistenza. Le truppe attaccarono una fortezza, la espugnarono e vi trovarono dentro ingenti ricchezze, oggetti vari, tappeti, pietre preziose e altre cose.

26 Tutto il testo da qui al nr. 8 del capitolo seguente Cheikho lo riporta da p. 378 a p. 380 della sua edizione. Ricostruiamo quindi la sequenza degli eventi alla luce delle indicazioni degli anni del califfato di al-Manṣūr.

27 Fin qui anche la descrizione che ne dà Michele il Siro, *Chronique* (1899), vol. II, p. 522.

28 Titolo allora conferito al principe del Tabaristan.

29 A. Vasiliev, *Kitab* (1912), p. 540 riporta anche la lettura «Churchid».

30 Intende qui al-Mahdī, di cui parlerà in seguito.

24 Alla vista di tutto ciò, l'isbehbeḏ decise di fare una sortita per combattere le truppe. Uscì dunque contro di esse seguito dai suoi soldati, ma le truppe lo sopraffecero ed egli si diede alla fuga, riparando presso i Daylamiti. Di lì a poco mise su altre truppe di uomini e ritornò contro i suoi nemici, il quali gli inflissero una seconda disfatta. Riparò ancora una volta presso i Daylamiti e vi restò fino alla sua morte.

25 I nemici attaccarono quindi le sue fortezze, si impadronirono delle ricchezze, armi e tappeti e trassero in cattività gli abitanti. Poi conquistarono tutto il paese, fecero versare il totale dell'imposta dovuta e si ritirarono[31].

26 Muḥammad Ibn ʿAbd Allāh /Ibn al-Manṣūr/ partì da al-Rayy e arrivò a Nīsābūr, soffermandosi ad una distanza di [...] parasanghe dal Ǧurǧān e ad una distanza di settanta parasanghe da Merv[32].

27 In questo anno apparve una stella cometa. Era nell'Ariete, davanti al sole, che era allora nel Toro. Camminò fino a quando arrivò sotto i raggi del sole, poi gli si parò dietro e perdurò quaranta giorni[33].

[31] Per le vicende legate a questo episodio, vedi pure Ibn al-Aṯīr, *al-Kāmil* (1983), vol. IV, p. 368-369.

[32] Vedi Michele il Siro, *Chronique* (1899), vol. II, p. 522.

[33] Vedi pure Michele il Siro, *Chronique* (1899), vol. II, p. 524.

Capitolo 50

Trasferimento della corte a Baġdād

Ritorno dal pellegrinaggio

1 Agli sgoccioli di questo anno, Muḥammad Ibn ʿAbd Allāh /Ibn al-Manṣūr/ ritornò dal Ḫurāsān e guidò il pellegrinaggio insieme con ʿAbd Allāh al-Manṣūr. Costui fece in seguito costruire una città sul Tigri, sopra al-Madāʾin, chiamandola città della pace[1], dove si stabilì e fece trasferire la corte[2].

2 Inviò il figlio Muḥammad nel Ḫurāsān dandogli l'ordine di stabilirsi ad al-Rayy. Partì e, giunto che fu, fece costruire, accanto ad essa, un'altra città che chiamò al-Muḥammadiyyah[3].

Rivolta di Muḥammad e di suo fratello Ibrāhīm

3 Nell'anno 9 del regno di ʿAbd Allāh al-Manṣūr si rivoltò, a Medina, un ribelle della famiglia di Fāṭimah. Si chiamava Muḥammad, discendeva da al-Ḥasan Ibn ʿAlī Ibn Abī Ṭālib[4]. Il popolo gli prestò giuramento. ʿAbd Allāh al-Manṣūr mandò allora contro di lui suo cugino ʿĪsà Ibn Mūsà e Ḥumayd al-Ṭūsī[5], mettendoli alla testa di numerose truppe. /ʿĪsà Ibn Mūsà/ lo uccise in una con i suoi sostenitori, ne prese la testa e la portò ad Abū Ǧaʿfar. ʿAbd Allāh aveva già abbandonato la città e marciato alla volta di /Dayr/ al-ʿĀqūl, dove restò accampato fino a che gli giunse notizia dell'uccisione del ribelle e ne ricevette la testa. Aveva agito in questa maniera perché temeva una rivolta degli abitanti di Kūfah che avevano già, come quelli di Bassòra e dei villaggi vicini, prestato giuramento al ribelle che aveva un fratello di nome Ibrāhīm[6]. Costui, una volta arrivato

[1] Così fu chiamata Baġdād appena costruita. Cf. anche Michele il Siro, *Chronique* (1899), vol. II, p. 522.

[2] Siamo nell'anno 762. Facciamo notare che i nr dal 38 al 47 Michele il Siro, *Chronique* (1899), vol. II, pp. 521-522 li colloca tutti tra l'anno 1066 dei Greci, anno in cui Abū Ǧaʿfar cominciò a governare, e il 1080, con la narrazione di quanto capitò ai Magi.

[3] Per ulteriori notizie su questa città costruita da al-Mahdī in aggiunta alla già preesistente al-Rayy, cf. Yāqūt, *Muʿǧam al-buldān* (1990), vol. V, pp. 77-78.

[4] Il suo nome era infatti Muḥammad Ibn ʿAbd Allāh Ibn al-Ḥasan Ibn ʿAlī Ibn Abī Ṭālib. Su tutta la vicenda della sua ribellione cf. Ibn al-Aṯīr, *al-Kāmil* (1983), vol. V, pp. 2-13.

[5] Ossia Ḥumayd Ibn ʿAbd al-Ḥamīd al-Ṭūsī. Per l'evento qui descritto vedi pure Michele il Siro, *Chronique* (1899), vol. II, p. 522.

[6] Ossia Ibrāhīm Ibn ʿAbd Allāh Ibn al-Ḥasan Ibn ʿAlī Ibn Abī Ṭālib. Su tutta la vicenda della sua ribellione cf. Ibn al-Aṯīr, *al-Kāmil* (1983), vol. V, pp. 15-20.

a Bassòra, indusse la popolazione a prestargli giuramento e si propose di muover guerra ad ʿAbd Allāh al-Manṣūr.

4 Essendo stato messo al corrente dell'uccisione del fratello, partì alla testa di un ingente esercito, marciò contro Abū Ǧaʿfar e si portò nelle vicinanze di /Dayr/ al-ʿĀqūl. Lo separavano da Abū Ǧaʿfar circa quindici parasanghe. ʿĪsà Ibn Mūsà uscì allora contro di lui alla testa di un ingente esercito, lo sbaragliò e massacrò la maggior parte dei suoi sostenitori. Ibrāhīm fuggì evitando così di cadere sul campo. Ma ʿĪsà Ibn Mūsà uscì poi al suo inseguimento, lo catturò e, dopo averlo ucciso, ne portò la testa ad Abū Ǧaʿfar. Dopo la morte di Ibrāhīm le guerre si sedarono e le sventure cessarono[7].

Guerre con i Khazari

5 Poi i Khazari fecero un'incursione contro Ḥazūn[8], Lāḏiqiyyah[9] e tutti i valichi degli Alani traendo prigionieri circa cinquantamila Arabi con grandi ricchezze e greggi. Si scontrò con essi Mūsà Ibn Kaʿb, ma i Khazari lo vinsero e uccisero la maggior parte dei suoi uomini[10].

6 In questo anno ʿAbd Allāh Ibn Muḥammad al-Manṣūr invalidò il giuramento che il popolo aveva prestato a suo cugino ʿĪsà Ibn Mūsà in virtù del quale avevano convenuto di farlo re dopo ʿAbd Allāh al-Manṣūr. Il popolo prestò poi giuramento a Muḥammad Ibn ʿAbd Allāh e lo proclamò principe ereditario dell'impero dei musulmani[11].

7 Costantino proclamò imperatore suo figlio Leone[12] e lo fece principe ereditario dell'impero dei Bizantini. In questo anno Costantino, imperatore dei Bizantini, fece costruire parecchie città nelle quali installò degli Armeni e altre popolazioni[13].

8 Nell'anno 10 del regno di ʿAbd Allāh al-Manṣūr, gli Arabi si impadronirono di una città del paese dell'India chiamata Kābūl[14].

9 In questo anno ci fu nel Ḫurāsān una violenta scossa tellurica durante la quale alcune montagne si spostarono dai luoghi su cui si ergevano. Non risparmiò né alberi né pietre. Infatti quando la terra tremò sotto di essi, alberi e pietre furono disvelti e turbinarono su per l'aria[15].

[7] Notizia di questa ribellione s trova pure in Michele il Siro, *Chronique* (1899), vol. II, 522.

[8] A. Vasiliev, *Kitab* (1912), p. 543 ha invece «Ḥarūn» con un punto di domanda. Michele Il Siro, *Chronique* (1899), vol. II, p. 522 ha invece Gourzayē.

[9] A. Vasiliev, *Kitab* (1912), p. 543 traduce invece «Laziqah».

[10] Michele il Siro, *Chronique* (1899), vol. II, p. 522 parla invece di una città di nome «Gurzayê».

[11] Da quanto ha cominciato a parlare di Muḥammad e delle vicende dell'Islām è la prima volta che fa ricorso al termine «musulmani».

[12] Ossia Leone IV il Cazaro, imperatore d'Oriente dal 24 settembre 775 all'8 settembre 780.

[13] Da questo punto riprendiamo la narrazione degli eventi occorsi dall'anno 10 del governo di ʿAbd Allāh al-Manṣūr così come riportato nel testo curato da Cheikho.

[14] Stessa notizia in Michele il Siro, *Chronique* (1899), vol. II, p. 522.

[15] Michele il Siro, *Chronique* (1899), vol. II, p. 524 dice che ciò avvene nell'anno 1076 dei Greci.

Rivolta dei Magi

10 Nell'anno 14 del regno di ʿAbd Allāh, nel Ḫurāsān si rivoltarono i Magi, disimpegnandosi dall'obbedienza prestata ad ʿAbd Allāh al-Manṣūr per la ragione che qui di seguito esponiamo. In una contrada del Ḫurāsān chiamata Fārʿīs[16], c'era una montagna da cui si estraeva argento in abbondanza, con trentamila operai che avevano lo specifico compito di estrarlo e raffinarlo. Gli operai che soprintendevano alla miniera erano Magi e la montagna, su cui avevano scoperto una miniera ricchissima, costituiva una garanzia nelle loro mani. Il sultano[17] divisò di espropriarli della montagna e di darla ad altri, ma si opposero a questo suo progetto ed egli ordinò di fustigarne alcuni. Allora lo assalirono e uccisero un gran numero dei suoi soldati. All'indomani di questi avvenimenti, il sultano scrisse a Muḥammad Ibn ʿAbd Allāh al-Manṣūr, che allora si trovava ad al-Rayy, per metterlo al corrente di ciò che stava avvenendo. Costui gli mandò trentaquattromila guerrieri che formarono la sua avanguardia ed egli in persona partì subito dopo contro i Magi, alla testa di trentamila guerrieri.

11 Le truppe che formavano l'avanguardia arrivarono nei pressi della montagna su cui si trovavano le miniere e i Magi ed ingaggiarono un'aspra battaglia, durante la quale i Magi li sopraffecero e ne massacrarono la gran parte. Alla notizia della disfatta dei suoi soldati, Muḥammad Ibn ʿAbd Allāh non si mosse dal luogo in cui si trovava e mandò ad ʿAbd Allāh al-Manṣūr una lettera in cui lo metteva al corrente della sorte delle sue truppe e dell'affare della miniera. Si trovava allora nella località chiamata *Arfas (?) r*, dove svernò.

12 Passato che fu l'inverno, mandò contro i ribelli un tale di nome Ḥāzim alla testa di quarantamila guerrieri. Fattosi dappresso ai ribelli, i suoi soldati li attaccarono, li vinsero, ne uccisero più di ventimila e fecero prigionieri i sopravvissuti, portandoli poi a Muḥammad Ibn ʿAbd Allāh che si trovava allora lungo il Tigri, dirimpetto a Baġdād[18].

Morte di Costantino

13 Nell'anno 15 del regno di al-Manṣūr, gli abitanti dell'Ifrīqiyyah si rivoltarono e uccisero ʿAmr Ibn al-Muhallab in una con i suoi uomini. Marciò allora contro di essi Yazīd Ibn al-Muhallab, alla testa di numerose truppe, ne massacrò all'incirca trentamila e prese poi la via del ritorno[19].

14 Al-Manṣūr mosse poi con tutte le sue truppe e si portò in Mesopotamia, dove si trattenne qualche giorno, poi passò l'Eufrate e arrivò in Palestina, dove infierì contro la popolazione tutta procurando ad essa dolori e sciagure più di ogni altro re suo predecessore. La trattò con tanta durezza che non ci fu nessuno, né operaio, né servitore, né

[16] Il nome è illeggibile nella sua parte finale. Non siamo riusciti ad identificare tale località.

[17] Questo nome irrompe qui d'improvviso e sembra, dal contesto, significare l'autorità locale che amministrava in nome del califfo.

[18] Michele il Siro, *Chronique* (1899), vol. II, pp. 522-523 colloca tale evento nell'anno 1080 dei Greci e precisa che le vittime tra i Magi furono circa quarantamila.

[19] Tali eventi sono altresì raccontati in Michele il Siro, *Chronique* (1899), vol. II, p. 526.

cammelliere, né scavatore di fosse, né agricoltore, né uomo caritatevole, né altra classe di gente ch'egli non sottoponesse ad imposta o non ne confiscasse i beni. La gente fu ridotta ad un tal grado di miseria che taluni scavavano le tombe, ne tiravano fuori i cadaveri, li cuocevano e li mangiavano e certuni ammazzavano i cani, li arrostivano e li vendevano nei mercati. Le mani della gente non toccavano più danaro. Una indescrivibile sciagura si era abbattuta su di loro e, per colmo di sventura, si propagò tra essi la peste bubbonica[20].

15 In così tanta loro estenuazione, morì al-Manṣūr. Aveva regnato 21 anni e 3 mesi e mezzo[21].

16 In questo stesso anno morì Costantino, imperatore dei Bizantini. Aveva regnato 34 anni e 3 mesi[22].

[20] Vedi pure Michele il Siro, *Chronique* (1899), vol. II, pp. 526-527.

[21] Michele il Siro, *Chronique* (1899), vol. II, p. 527 assegna la sua morte all'anno 1087 dei Greci. Aveva regnato 21 anni.

[22] Michele il Siro, *Chronique* (1899), vol. II, p. 527 dice che morì il 19 settembre, dopo aver regnato 34 anni e 5 mesi.

Capitolo 51

Regno di Leone IV e califfato di Muḥammad Ibn ʿAbd Allāh al-Mahdī

Eventi vari

1 Muḥammad Ibn ʿAbd Allāh al-Mahdī, figlio di al-Manṣūr, cominciò a regnare nell'anno 158 dell'egira[1], dando ordine di aprire le prigioni e di mettere in libertà tutti coloro che suo padre vi aveva fatto rinchiudere[2].

2 Leone, figlio di Costantino, regnò sui Bizantini 5 anni, dall'anno 1.084 dell'era di Alessandro, mettendo in libertà tutti coloro che si trovavano nella prigione di suo padre e facendo rimpatriare tutti coloro che quest'ultimo aveva fatto esiliare[3].

3 Nell'anno 2 del regno di Muḥammad Ibn ʿAbd Allāh al-Mahdī, al-ʿAbbās Ibn Muḥammad fece un'incursione contro i Bizantini spingendosi fino ad Ancira, città della Galazia, dove entrò ma senza farvi nulla.

4 In questo anno si rivoltarono in Oriente quattro ribelli: il primo nel paese dell'Alto Egitto; il secondo nel Sigistān; il terzo nel Baḥrayn e il quarto nella Transoxsiana[4].

[1] Muḥammad Ibn ʿAbd Allāh al-Mahdī fu califfo dal 775 al 785.

[2] Michele il Siro, *Chronique* (1899), vol. III, pp. 1, 3, precisa tra l'altro che cominciò a governare 25 giorni dopo Leone, figlio di Costantino, nell'anno 1088 dei Greci.

[3] Leone IV il Cazaro, imperatore bizantino, succube della moglie Irene, sostenitrice del culto delle immagini, cominciò a regnare dal 24 settembre 775, ma morì prematuramente l'8 settembre 780. Gli successe il figlio Costantino VI, ancora decenne, e per tal ragione il governo fu affidato alla madre Irene. Come detto sopra, Michele il Siro, *Chronique* (1899),vol. III, p. 1 dice che cominciò a regnare nell'anno 1088 dei Greci.

[4] Gli eventi descritti da Agapio si arrestano quindi al secondo anno di governo del califfo al-Mahdī, ossia all'anno 160 dell'egira, corrispondente al 778/779 dell'era cristiana. La sua *Storia* risulta quindi più ridotta rispetto alle cronache di Eutichio che si arrestano invece all'anno 326 dell'egira, corrispondente al 937/938 dell'era cristiana. In considerazione delle numerose lacune del testo su cui abbiamo approntato il presente lavoro di traduzione e alla luce del modo in cui esso termina, si hanno sufficienti motivi per ritenerlo monco. Come già Eutichio, anche Agapio avrà stilato una cronaca vicina ai suoi giorni e attenta agli ultimi eventi del periodo di cui era stato osservatore.

Indice dei passi biblici

I numeri precedenti i due punti si riferiscono al capitolo e al versetto del libro biblico. Quelli successivi ai due punti si riferiscono al capitolo del testo e al paragrafo. I numeri romani si riferiscono all'Introduzione. Si tenga presente che le citazioni sono dirette e indirette così come compaiono nelle note.

Indice dei passi coranici

I numeri prima dei due punti si riferiscono alla sura e ai versetti della sura (II,59 = sura 2 versetto 59), mentre i numeri successivi si riferiscono ai capitoli e ai paragrafi in cui ricorre la citazione.

Indice analitico

Indice generale

PARTE PRIMA

PARTE SECONDA